Gila Kolb

Zeichnen können
Ein Paradigma der Kunstpädagogik

Kunst Medien Bildung
Band 13

Andreas Brenne / Christine Heil / Torsten Meyer / Ansgar Schnurr
(Herausgeber*innen im Auftrag der Wissenschaftlichen Sozietät Kunst Medien Bildung e.V.)

Editorial

Die Schriftenreihe Kunst Medien Bildung ist ein Forum für den wissenschaftlichen Austausch über die Erforschung von existierenden und denkbaren Verknüpfungen von Kunst, Medien und Bildung in wechselnden diskursiven Feldern.

- Bildung wird dabei als ein vieldimensionaler und durchaus unscharfer Begriff verstanden und als Herausforderung begriffen. Bildung ist ein Handlungs- und Forschungsfeld, das Interaktion und Kommunikation anders bestimmt als eines, das sich nur auf quantitative Evaluation oder intentional zu erreichende Standards beschränken lässt.
- Kunst wird dabei als ein vieldimensionaler und durchaus unscharfer Begriff verstanden und als Herausforderung begriffen. Kunst ist ein Handlungs- und Forschungsfeld, insbesondere für die Untersuchung der Konstitution des Subjekts unter bestimmten historischen Bedingungen.
- Medium wird als konstitutives Dazwischen verstanden und nicht auf ein passives technisches Werkzeug, Gerät oder Instrument für die intentional ausgerichtete Übertragung oder Verbreitung von Information reduziert.
- Das Feld der Verknüpfung lässt sich unterschiedlich konzipieren: beispielsweise als Vermittlung, Information, Erziehung, Sozialisation, Unterricht, Experiment, Anlass zur Forschung oder zum Diskurs.

Die Schriftenreihe Kunst Medien Bildung wird – wie die gleichnamige Online-Zeitschrift zkmb – herausgegeben im Auftrag der Wissenschaftlichen Sozietät Kunst Medien Bildung e.V., die sich als Interessengemeinschaft von Wissenschaffenden versteht, mit dem Ziel, theoretisch ausgerichtete Ergebnisse aus Forschung und Lehre, die das Profil des Gegenstandsbereichs und seine bildungstheoretischen Besonderheiten im Schnittfeld transdisziplinärer Ansätze betreffen, zu befördern und zu dokumentieren. Die Schriftenreihe dient der Darstellung und Veröffentlichung dieser Arbeit und ihres Umfeldes.

kunst-medien-bildung.de
zkmb.de

Gila Kolb

Zeichnen können

Ein Paradigma der Kunstpädagogik

kopaed

Bibliografische Information der Deutschen Nationalbibliothek
Die Deutsche Nationalbibliothek verzeichnet diese Publikation in der Deutschen Nationalbibliografie; detaillierte bibliografische Daten sind im Internet über https://dnb.de abrufbar

Diese Dissertation wurde 2021 von der Humanwissenschaftlichen Fakultät der Universität zu Köln angenommen.

Impressum

Autorin: Gila Kolb
Herausgeber*innen der Reihe „Kunst Medien Bildung": Andreas Brenne, Christine Heil, Torsten Meyer, Ansgar Schnurr (im Auftrag der Wissenschaftlichen Sozietät Kunst Medien Bildung e.V.)
Korrektorat: Wolfgang Jung, Nanette Kolb
Layout und Satz: Sarah Winter
Gestaltungskonzept: Torsten Meyer, Konstanze Schütze, Gesa Krebber
Umschlagbild: Martina Bramkamp, Sarah Winter
Umschlaggestaltung: Sarah Winter
Druckerei: docupoint, Barleben

Arnulfstr. 205, 80634 München
Fon: 089.68890098 Fax: 089.6891912
E-Mail: info@kopaed.de
Internet: www.kopaed.de

ISBN 978-3-96848-133-3

Inhalt

Vorwort von Torsten Meyer 10

1. Einleitung 17

1.1. Das Unbehagen beim Zeichen 19
1.2. Können im Kunstunterricht 25
1.3. Bezugsfeld Kunstpädagogik 27
1.4. Datenerhebung und Zeichnen mit beiden Händen 29
1.5. Zur Struktur dieser Forschungsarbeit 33
1.6. Exkurs: Ein beidhändig zeichnerisches Experiment oder ein Anfang, der zugleich ein Setting ist 35
1.7. Methoden bezeichnen I 40

2. Ausgangspunkte 49

2.1. Die Gegenwart ernst nehmen 49
2.1.1. Das Leben im shift 49
2.1.2. Shift 52
2.1.3. „Unerwünschte" Praktiken der „digital natives" oder: #kidsignoringrembrandt 55
2.1.4. Bursts of high attention: Augen und Ohren der „kleinen Däumlinge" 60
2.1.5. Was wollen Schüler*innen im Kunstunterricht können? 61
2.1.6. Wie wollen Schüler*innen Zeichnen können? Oder: Sich ein U für ein L vormachen 64
2.1.7. Wie praktizieren Lehrpersonen Zeichnung in der Lehre? 66
2.1.8. Verschiebungen im Kanon und Zwischenfazit 70
2.2. Die Zeichnung als Gründungsmedium des Kunstunterrichts 73
2.2.1. Zeichnen lernen für „edle", bzw. „freie" Menschen 76
2.2.2. Zeichnen lernen für Alle 78
2.2.3. Zeichnen lernen als persönliche Entwicklungsmöglichkeit 80
2.2.4. Zeichenunterricht als Teil allgemeinbildender Schulen 83
2.2.5. Zeichnen als Kulturtechnik 84
2.2.6. Beim Zeichnen lehren, dass etwas nicht erlernt werden kann 85
2.2.7. Zeichnen lehren in Zeiten der Konzeptkunst und darüber hinaus 88

2.2.8. Zeichnen lehren aufgrund wissenschaftlicher Erkenntnisse 91
2.2.9. Zwischenfazit zum Eröffnen des Zeichnenlernens 103
2.3. Gelenkt ungelenk zeichnen – die Aufgabe des beidhändigen Zeichnens in der Kunstpädagogik 105
2.3.1. Die beidhändige Zeichnung in der Kunstpädagogik 108
2.3.2. Ein Leitfaden des kompetenten Zeichnenlernens – beidhändig gezogene Kreise, Schleifen, Palmetten und das einhändige Naturstudium 114
2.3.3. Rhythmus und innere Vorstellungskraft: Beidhändiges Zeichnen als Vorübung am Bauhaus 121
2.3.4. Beidhändiges Erleben 127
2.3.5. Können verschieben durch unbeholfenes beidhändiges Zeichnen 128
2.3.6. Gewohnheiten beidhändig zum Tanzen bringen. Eine erste Annäherung an das Zeichnen verlernen 129

3. ZEICHNEN 137

3.1. Was ist eine Zeichnung? Ursprünge 137
3.2. Die Zeichnung als Grundlage der Kunst und Ausweis des künstlerischen Könnens 146
3.3. Künstlerisches Können im Zeichnen: Drawing the shift 149
3.3.1. Skizze 1: Zufällig zeichnen 152
3.3.2. Skizze 2: Robert Rauschenberg radiert de Kooning und eröffnet das nicht-zeichnen 154
3.3.3. Skizze 3: Strategisch nicht zeichnen können mit Imi Knoebel 156
3.3.4. Skizze 4: Die Gruppe robotlab verschiebt das Zeichnen können 158
3.3.5. Skizze 5: Beidhändiges Zeichnen als Übertragung 161
3.3.6. Zwischenfazit zum künstlerischen Können in der Zeichnung mit einem Ausblick auf Kritikalität 163

4. KÖNNEN im Kunstunterricht 169

4.1. Was meint Können? 169
4.2. Zeichnen können und nicht zeichnen können 169
4.3. Können als Kompetenz 170
4.4. Kompetentes Zeichnen 172
4.4.1. Eine Aufgabenstellung zum kompetenten Zeichnen 175
4.5. Können als Normerfüllung 178

4.6. Zeichnen entlang der Norm 179
4.6.1. Naturalismus als normierte Konstante 180
4.6.2. Beidhändig normiertes Zeichnen 187
4.7. Können als Kritik 188
4.8. Können als Hacken 191
4.9. Zeichnen können hacken 193
4.9.1. Aufgaben mit Einschränkungen als Hack 195
4.10. Können in der Krise. Vom Verschieben und Verlernen 200
4.10.1. Können verschieben 200
4.10.2. Können Verlernen 202
4.10.3. Beidhändig Zeichnen verlernen 207
4.11. Zwischenfazit 208
4.11.1. Hacken, nicht zeichnen können, verlernen 209

5. IM KUNSTUNTERRICHT 215

5.1. Forschungen zur Kinder- und Jugendzeichnung 215
5.2. Und wie zeichnen Schüler*innen? 216
5.2.1. Kartoffeln zeichnen 217
5.3. Methoden bezeichnen II 221
5.3.1. Zur Forschungsperspektive 224
5.4. Methodisch-methodologische Überlegungen zur Erhebung 230
5.4.1. Implizites Wissen explizit machen 232
5.5. Beschreibung der Erhebung 237
5.5.1. Zur Darstellung des Datenkorpus 249
5.5.2. Zur Darstellung von Videographie 250
5.6. Methodische Überlegungen zur Auswertung 255
5.6.1. Datenfunde: Kollaborationen innerhalb gestalterischer Prozesse 258
5.6.2. Axiale Codierung 260
5.7. Auswertung 262
5.7.1. Achse 1: Normen des Zeichnens: 266
5.7.2. Achse 2: Kompetentes Handeln 271
5.7.3. Achse 3: Hack 279
5.7.4. Achse 4: Experimentieren 280
5.7.5. Achse 5: Bewerten 286
5.7.6. Achse 6: Zeichnen von und mit anderen lernen 290
5.7.7. Achse 7: Verschieben/ Ins Verhältnis setzen 301

5.7.8. Was geschieht eigentlich nicht? 304

5.7.9. Zusammenfassende Interpretation der Achsen 304

5.8. Kommentierung der Forschungssituation und Methodenkritik 307

5.9. Zum Unterricht als Erhebungsform 309

5.10. Forschendes Lehren im Kunstunterricht 309

6. Fazit: Kein Schlussstrich 315

6.1. Was hat denn Verlernen jetzt mit meinem Kunstunterricht zu tun? Zeichnen Verlernen Vermitteln 317

Anhang 325

Literaturverzeichnis I 325

Literaturverzeichnis II 325

Abbildungsverzeichnis 346

Materialteil Link 353

Materialteil 354

Videographierte oder interviewte Schüler_innen 358

Zeichnungen 364

Fragebögen 381

Deskriptive Inhaltsangabe 411

Gruppengespräch Klasse 10 Tisch 1 421

Dank

Zur Autorin

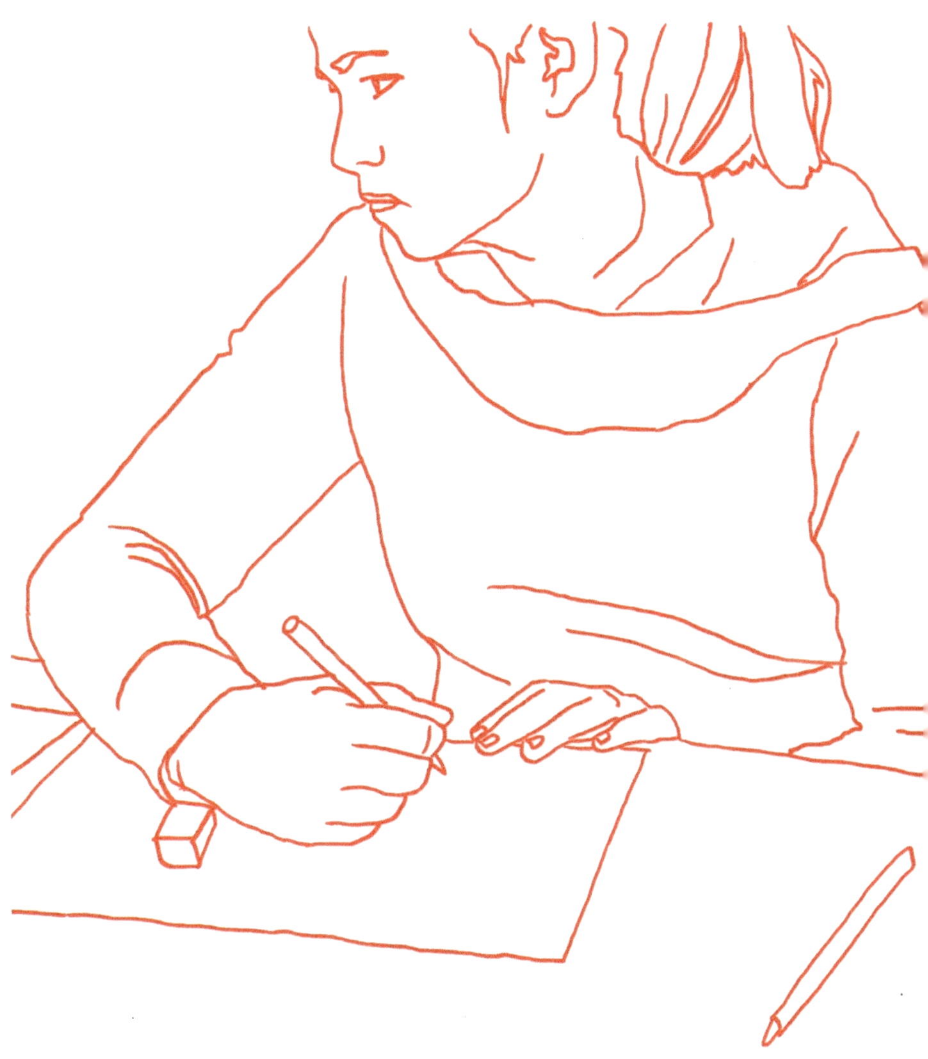

Allen gewidmet, die glauben,
nicht zeichnen zu können.

Vorwort

Torsten Meyer

Zeichnen ist wohl der empirische Normalfall des Kunstunterrichts. Zeichnen ist eine Selbstverständlichkeit im alltäglich vollzogenen und erlebten schulischen Kunstunterricht.

Gila Kolb hinterfragt diese Selbstverständlichkeit aus verschiedenen Perspektiven. Eine Perspektive ist das Können. Es geht um das *Zeichnen Können* – im Kunstunterricht. Und damit weitergedacht und – losgelöst von der Kunst – auch um das Können im Unterricht, also um das, was unter Können verstanden wird im Unterricht und im institutionellen Kontext des Unterrichts, in der Schule und durch die Schule. Und in der Folge geht es auch darum, wie das zurückwirkt auf das Verständnis von Können im Kunstunterricht: „Kompetenz" ist das zugehörige, seit Beginn der PISA-Studien – vielleicht insbesondere im Fach Kunst – heiß diskutierte Reizwort, das den im kunstpädagogischen Diskurs üblichen Theorien der (humanistischen/Ästheischen/emphatischen) Bildung entgegen zu laufen scheint.

Aber dieses Können im *Zeichnen Können* hat in der Kunst und in der Kunstpädagogik noch eine andere Bedeutung, die vielleicht als eine Art grundlegendes Medium der Kunstpädagogik angesehen werden kann. Das Können im Kunstunterricht hat eng zu tun mit der Vorstellung von (angeborener) „Begabung" (im Gegensatz zu erworbener Kompetenz). Das liegt an den historischen Wurzeln in der Genieästhetik des 18. und 19. Jahrhunderts, verwundert aber doch immer wieder im Hinblick auf die noch immer virulente Hartnäckigkeit dieser Idee, über die zwar theoretisch immer ungern gesprochen, mit der jedoch praktisch quasi durchgängig gehandelt wird. In der hier vorliegenden Forschungsarbeit geht es dem gemäß auch darum, wie mit diesem Können (als Kompetenz und als Begabung) im Unterricht, in der Schule umgegangen wird, also in gewisser Weise um die Alltagskultur und die damit verbundenen Selbstverständnisse der Schüler:innen in Auseinandersetzung mit dem Können in der Schule und mit dem Können in der Kunst.

Und im Hintergrund, der aber gelegentlich – und wie ich meine: eigentlich – auch Vordergrund wird, geht es Gila Kolb in ihrer Forschungsarbeit auch um das Verhältnis der Bedeutung des *Zeichnen Könnens* im Kunstunterricht zur Bedeutung des Zeichnens und des Könnens in der aktuellen Kunst – oder kurz: Um das sich daran zeigende Verhältnis des Kunstunterrichts zur Kunst, im Speziellen zur aktuellen Kunst.

Im Sinne einer explorativen Studie werden verschiedene Diskurse über das Zeichnen und über das Zeichnen Können analysiert und dabei folgende Fragen verfolgt:

- Wie das Zeichnen und wie das Können im Diskurs der professionellen Kunst diskutiert werden und wie sich deren Bedeutung dort historisch entwickelt hat.
- Wie das Zeichnen und das Zeichnen Können im Diskurs der (Theorie der) Kunstpädagogik diskutiert wird und sich diese Diskussion entwickelt hat.
- Wie das Können im Diskurs der Schulpädagogik und Bildungswissenschaft diskutiert wird.
- Wie das Zeichnen und das Zeichnen Können im Diskurs der Schüler:innen im Kunstunterricht diskutiert und wie beidem dort lebenspraktisch handelnd entsprochen wird.
- Und Sie betrachtet diese verschiedenen Diskurse aus der Metaperspektive der durch die mediologische Revolution der digitalen Vernetzung veränderten Selbstverständlichkeiten des fortgeschrittenen 21. Jahrhunderts

Das ist ein methodisch aufwändiges und methodologisch auffälliges Setting, das auch im Kontext der Kunstpädagogik als noch vergleichsweise junge akademische, wissenschaftlich forschende Disziplin zu sehen ist. Durchschnittlich erst in der zweiten, an einigen Standorten gar in erster Generation sind die Professor:innen der Kunstpädagogik promoviert und haben sich durch eigene Forschung wissenschaftlich habilitiert. Von den ersten kunstpädagogischen Professuren (erst seit den 1970er Jahren Universitäten) wurde, wie Wolfgang Legler in seinem historischen Rückblick auf die Entwicklung der Kunstpädagogik als akademischer Disziplin schreibt, „nicht in erster Linie ‚Forschung' erwartet, sondern eine qualifizierte Lehre, die sie als Generalisten nicht selten gleichermaßen auf den Gebieten der künstlerischen Praxis, der Kunstgeschichte und der Didaktik und Methodik des Faches anzubieten in der Lage waren."* Entsprechend klein war der Forschungsertrag. Erst seit etwa 20 Jahren gibt es hier eine sich u.a. an einer wachsenden Anzahl qualifizierter wissenschaftlicher Veröffentlichungen erkennbare Entwicklung, die Constanze Kirchner einmal als „Forschungsruck" bezeichnet hatte. Als akademische Disziplin ist die Kunstpädagogik insofern noch vergleichsweise jung und unerfahren und entsprechend ungesichert ist auch ihr methodischer Kanon. Auch wenn der Druck, den der *empirical turn* in den Bildungswissenschaften auf die jungen Wissenschaftler:innen der nach den PISA-Studien akademisch sozialisierten Generationen ausübt, weil von den Forschungsmittelgebern und -nehmern ein „empirisches" Vorgehen – nicht selten verbunden mit einem recht simplen Verständnis von Empirie – eingefordert wird, auch in der Kunstpäd-

* Vgl. Legler, Wolfgang: Rahmenbedingungen und Perspektiven kunstpädagogischer Forschung. In: Meyer, Torsten; Sabisch, Andrea (Hg.): Kunst Pädagogik Forschung. Aktuelle Zugänge und Perspektiven. Bielefeld: transcript 2009, 51–62.

agogik deutlich spürbar ist, kann von einer Systematik, die verschiedene Formen der Theoriebildung zueinander in Beziehung setzen könnte und im engeren Sinn wissenschaftstheoretische Aspekte mit berücksichtigt, noch nicht gesprochen werden.
Vor diesem Hintergrund ist es sehr zu begrüßen, dass Gila Kolb sich hier am vielfältigen Methodenrepertoire verschiedener Nachbar- und Bezugsdisziplinen über sozialwissenschaftlich geprägte Formen der Bildungswissenschaften hinaus orientiert und mit einem mehrfach triangulierenden Verfahren ziemlich produktiv zur Theoriebildung und wissenschaftlichen Systematik des Faches beitragen kann. Wissenschaftlich aufgeklärt und methodologisch komplex kann Gila Kolb mit diesem mehrperspektivischen Zugriff auf sehr unterschiedliche Datenquellen ein reichhaltiges und valides Bild des Zeichnen Könnens in der empirischen – d.h. hier diskursiven – Realität liefern.

Es zeigt sich zum Beispiel, dass der Parameter „gut Zeichnen zu können" einerseits im Wandel ist und andererseits stark durch die Lebenswelt der Akteur:innen beeinflusst ist. Der Begriff des Könnens wird von Gila Kolb anhand des Zeichnens historisch aufbereitet und in die Gegenwart gewendet, was für den Kunstunterricht nichts anders bedeutet, als das zu *verlernen*, was schon lange nicht mehr in der Kunst tradiert wird. Spätestens seit den 1960er-Jahren haben konzeptuelle Ansätze und immaterielle Verfahren das Feld der Zeichnung im künstlerischen Kontext weit geöffnet. Der Wandlungsprozess, den die Autorin mit dem Marker „shift" versehen schon zuvor perspektivisch gesetzt hatte, findet sich hier wieder und wirkt sich v.a. in den neueren Entwicklungen des Zeichnens im Kontext der Kunst aus. Der Weg führt über Skizzen zu John Cage, Robert Rauschenberg und Imi Knoebel, hin zu robotlab und Morgan O'Hara, die das Zeichnen und/als das künstlerische/s Können dekonstruieren, neu kontextualisieren und damit vor dem Hintergrund einer „Entgrenzung der Künste" die Unsin-nigkeit der Verhandlung aktueller Kunst anhand von Werktechniken deutlich machen.

Das Können als Kompetenz im Sinne der mit den PISA-Studien in das deutsche Schulsystem eingeführten Bildungsstandards liest Gila Kolb auch als „Normerfüllung" – und entwirft entlang einer produktiven, widerständigen Verwicklung mit dem naturalistischen – als „richtigem" – Zeichnen ihren Begriff von Können als Kritik und als (cultural) Hacking, das sich zwar noch innerhalb der normativ gesetzten Ordnungen bewegt, diese jedoch unterlaufen oder spielerisch in Bewegung gesetzt werden. Davon ausgehend gelangt die Autorin zu einer Art evasiver Form des Hackings, nämlich einer grundlegenden Verschiebung, die darin besteht, das *Nicht Zeichnen Können* zu affirmieren, was auf eine Ermächtigung hinausläuft, sich dem normativen System und/oder technischen Zeichendispositiv zu entziehen. Sie orientiert sich dabei einerseits an der aktuellen Kunst, andererseits auch an der Auseinandersetzung mit postkolonialen Theorien, die zu einem Umgang mit normierten Kompetenzerwartungen auch in der Kunstpädagogik führen müssen, der diese Kompetenzerwartungen immer wieder kritisch be- und hinterfragt, umdeutet und neu definiert im Sinne eines „Können Verlernens".

Dabei geht es vor allem auch um soziale und kommunikative Prozesse. Das belegt eine beispielhafte Analyse des Diskurses über das Zeichnen und *Zeichnen Können* zwischen Schüler:innen, die in einem unterrichtsähnlichen Setting gewonnen wurde, in dem die Schüler:innen Kartoffeln zeichnen sollten. Die auch für gut geübte Zeichner:innen sehr große Herausforderung eine Kartoffel „richtig" zu zeichnen, führte hier zu intensiven sozialen und kommunikativen Interaktionen zwischen den Schüler:innen, die nach weiteren Forschungen im Anschluss an diese umfangreiche explorative Studie – eines eigentlich recht gut untersucht scheinenden Gegenstands – rufen. Die Forschungsarbeit hat insofern nicht alle im Vorfeld aufgebrachten Fragen geklärt, sondern durch die Form der Untersuchung vor allem auch neue Fragen aufgeworfen – ganz so, wie man es von einer wegweisenden Forschungsarbeit erwartet. Diese weiteren Fragen betreffen substanzielle Grundannahmen der Kunstpädagogik und auch der Schulpädagogik im Allgemeinen, die noch tief in der Theoriebildung der Moderne wurzeln und, wie sich hier zeigt, einigen Überdenkens bedürfen. Wesentlich für die Kunstpädagogik ist dabei insbesondere das Verhältnis der Selbstverständlichkeiten des Kunstunterrichts zur Kunst und zu den aktuellen Formen der Symbolisierung, im Speziellen zur aktuellen Kunst des 21. Jahrhunderts.

Die vorliegende Forschungsarbeit hat das Potential eine erhebliche Nachdenklichkeit bezogen auf das Zeichnen, als zumeist wenig reflektierte selbstverständliche Praxis, und auf das *Zeichnen Können* als ebenso wenig reflektierten selbstverständlichen Gegenstand des Kunstunterrichts im Fachdiskurs zu erzeugen. Und sie hat auch das Potential, die m. E. wesentliche Problematik der z.T. erheblichen Diskrepanz zwischen dem schulpädagogischen (bzgl. Kompetenzorientierung), aber auch des vermeintlich kunstpädagogischen (bzgl. Begabungsdiskurs) und dem akademisch-professionellen Diskurs der (aktuellen) Kunst – beispielhaft bezogen auf das *Zeichnen Können* – deutlich zu machen. In diesem Sinne: Möge Gila Kolbs Arbeit insbesondere in der jüngeren Generation des Fachdiskurses sehr dankbare Leser:innen finden, die hier eine wunderbare Grundlage für die Erweiterung des theoretischen wie praktischen Spektrums des Zeichnens und des Zeichnen Könnens im Kontext des fortgeschrittenen 21. Jahrhunderts vorfinden.

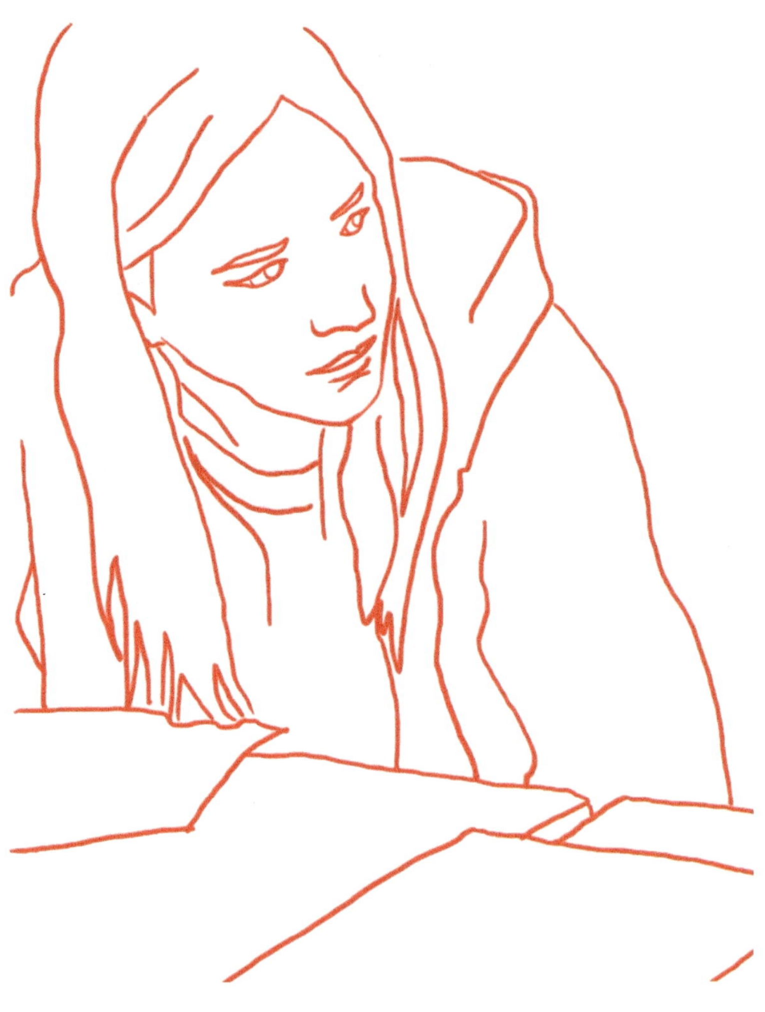

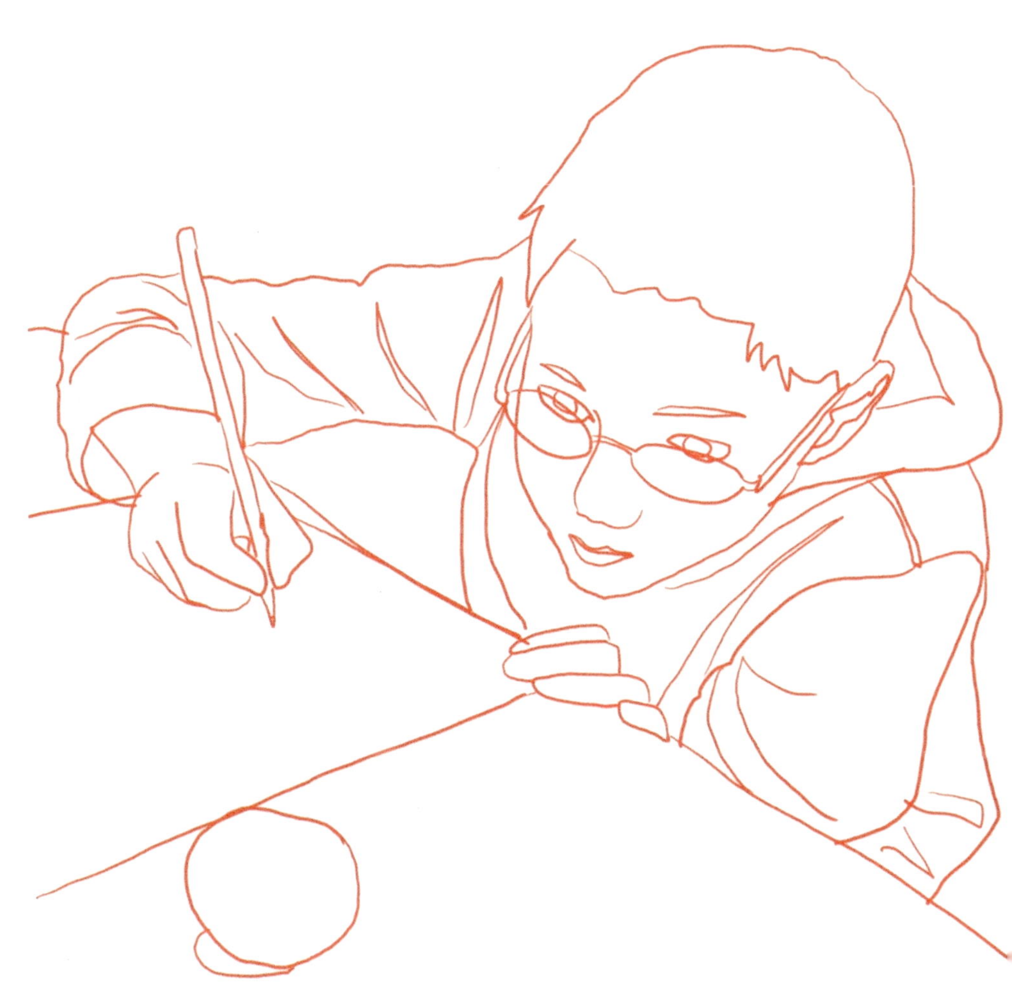

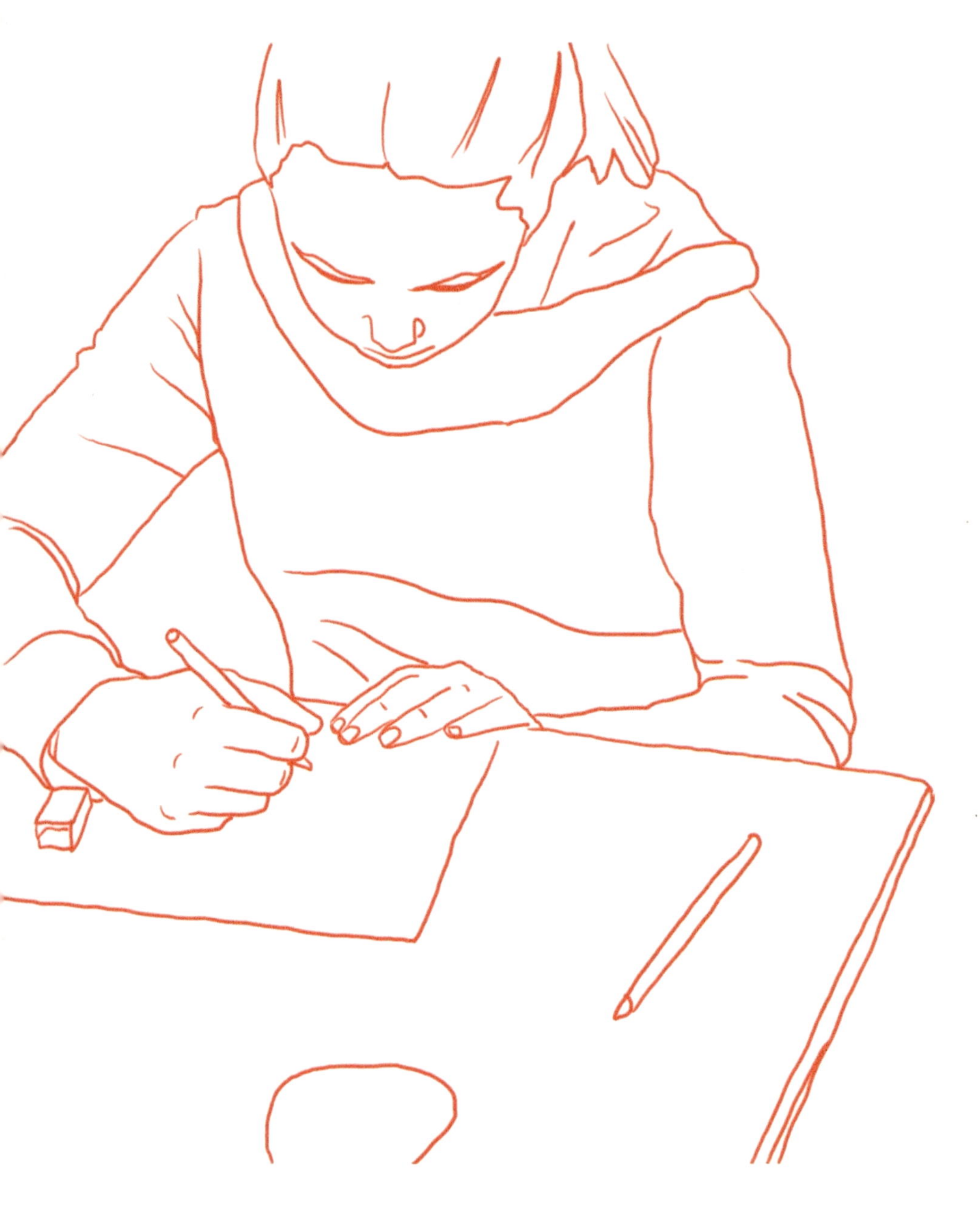

1. Einleitung

„Le dessin est l'ouverture de la forme. Il l'est en deux sens: l'ouverture en tant que début, départ, origine, envoi, élan ou levée, et l'ouverture en tant que disponibilité ou capacité propre.“ (Nancy 2009:9)

„Die Zeichnung ist die Öffnung der Form. Und zwar im doppelten Sinn: die Öffnung als Anfang, Aufbruch, Entstehung, Anstoß, Anlauf, oder Anheben und die Öffnung als eigentliche Bereitstellung oder Fähigkeit.“[1]

Diese Publikation untersucht das Verhältnis zwischen Zeichnen und Können im Kunstunterricht. Was kann eigentlich Zeichnung? Und was meint Zeichnen können? Warum ist das Zeichnen lernen eigentlich so verbunden mit dem Kunstunterricht? Was lässt sich am Zeichnen können zeigen? Und welches Können ist gemeint? In dieser Einleitung werden die grundlegenden Richtungen dieser Studie vorgestellt. Ich beginne diese mit dem ersten Satz[2] eines anderen Buches. Der Philosoph Jean-Luc Nancy charakterisiert die Zeichnung als eine doppelte Öffnung. Sie eröffnet einen Prozess der Bildfindung und sie trägt in sich die Möglichkeit, im Verlauf ihres Entstehens eine ganz andere werden zu können.[3] Damit verweist Nancy auf einen wichtigen Gegenstand dieser Studie: Der Prozess und die Gleichzeitigkeit einer Tätigkeit. So kann die Zeichnung im Sinne des Beginns, der Schickung sowie des Festhaltens und zugleich wiederum des Generierens, das Bergen von Ideen verstanden werden. Es geht niemals allein um das zu erreichende Ergebnis, sondern immer auch um die sich im Prozess entwickelnde Potenzialität. Dieser Doppelcharakter ist dem Zeichnen inhärent: Es kann die Spur einer spontanen Geste sein oder ein Werk tagelanger, genauer Strichsetzungen, von Visionen und Revisionen. Zeichnen verstehe ich deshalb nicht nur als vorliegendes Ergebnis, sondern zugleich als prozessuales

1 In den vorliegenden Studien werden noch viele Übersetzungen stattfinden. Die Übersetzung des Eingangszitats von Jean-Luc Nancy ist von Paul Maercker von 2011. Zur Offenheit, die etwa durch die eigene Übersetzungsleistung beim Lesen des französischsprachigen Zitats entsteht, sei an diesem Punkt der Eröffnung der Problemstellung der Studien zu einem Paradigma der Kunstpädagogik eingeladen.

2 Marc André Alt schreibt zu der Funktion von ersten Sätzen in der Literatur: „Das Erzählte ist mithin doppelt abhängig vom ersten Satz. Als Geschichte funktioniert es einzig, wenn es einen Anfang gibt. Und als Gegenstand der Lektüre darf es sich allein dann entfalten, wenn dem Lesen des ersten Satzes eine weitere Vertiefung folgt.“ (Alt 2020:11)

3 Damit gemeint ist die Differenz zwischen dem Konzept und der Realisation, also die Möglichkeit, dass die Zeichnung eine ganz andere wird, als eigentlich von der zeichnenden Person geplant, sei es durch äussere Einflüsse oder innerliche Prozesse.

Potenzial. Genau so, wie eine Zeichnung sowohl bereits eine vollendete Form als auch das Werden der Form zeigt, so ist auch ihr Anfertigen ein Aushandlungsprozess auf verschiedenen Ebenen. Die Tätigkeit des Zeichnens besitzt die Fähigkeit[4], einen Raum zu eröffnen, in dem weitere Ideen entstehen und geborgen werden können. Genauso wie das Zeichnen charakterisiert auch diese Publikation verschiedene Prozesse des Suchens, dem Zusammentragen von verschiedenen Perspektiven und Fragen über einen längeren Zeitraum. Dies liegt an der schieren Größe der Fragestellung, der Omnipräsenz des Zeichnens als künstlerische, gestalterische und pädagogische Praxis und daran, dass am Zeichnen im Kontext der Bildung sich viele Vorstellungen und Erwartungen bündeln.

Das Zeichnen ist eine der ältesten Kulturtechniken des Menschen überhaupt. Es ermöglicht vielfältigen Konzeptionen von Welt physische Präsenz, verleiht und tradiert sich kontinuierlich. Gezeichnet haben schon viele, wenn nicht gar alle Menschen. Das liegt sicherlich auch daran, dass das Zeichnen einfach verfügbar ist – etwa mit dem Finger im Sand oder mit einem Stift auf Papier. Es hat damit den Charakter der Unmittelbarkeit: Denken wir an das Hinterlassen einer visuellen Spur, kann es von „fast mystischer Ärmlichkeit" sein[5] (Lyotard 1985:67). Es ist, „radikal" und „ontologisch", und stellt ein „Minimum an Sinn her" (ebd.). Deshalb kann Zeichnen vieles sein und abbilden. Dies gilt in besonderem Maße für die bildende Kunst, aber auch für andere epistemologische Vorgänge – in der das Zeichnen Konzeption, Skizze, Ursprung, aber auch finale Ausführung umfassen kann.

Was beim Zeichnen gelernt werden kann und gekonnt werden soll ist vielfältig und unterliegt unterschiedlichen Erwartungen, zum Beispiel an die Funktion von Bildung, konkreter an zu vermittelnden Inhalten. Zeichnen zu Können gehört zum Bildungskanon des eurozentristisch geprägten Weltbilds[6] und damit auch zum Kunstunterricht[7] in Deutschland[8], dessen Gründungsmedium die Zeichnung darstellt.

4 Fähigkeit sei hier verstanden als disponibilité und capacité, als Vermögen und Können zugleich. Auf diesen Zusammenhang wird im Kapitel 2 noch weiter eingegangen. Bemerkt sei vorab: „Bildung lässt sich nicht auf ein Vermögen reduzieren" Marr 2014:100. Aber es kann dann zu etwas befähigen, wenn es nicht nur als savoir-faire (Vermögen), sondern auch als pouvoir-faire (tun-können) verstanden wird (vgl. Sternfeld 2010:29). In den Worten Nancys sind das „disponibilité ou capacité", also die *Verfügbarkeit, Bereitstellung*, oder die *Fähigkeit,* die dem *Können* nahesteht.

5 „Eine Linie ziehen auf einer Oberfläche, welcher auch immer, heißt jenes Minimum an Sinn herstellen, von dem ich vorhin sprach. [...] Ein schlichter Bleistiftstrich auf dem Papier ist eine Kunst, die karger, ärmer nicht sein kann, einer der ärmsten Formen von Kunst. Diese fast mystische Ärmlichkeit hat für mich zunächst etwas Ureigenes, Ursprüngliches." (Lyotard 1985:67)

6 Dass Kinder auf aller Welt zeichnen, ist unbenommen. Dieter Maurer und Claudia Ribboni haben beispielweise Zeichnungen von Kindern zwischen 4 und 7 Jahren in Europa, Südindien und Indonesien gesammelt; diese sind auch online einsehbar. Siehe: Maurer et al. 2018

7 Fachdidaktische Literatur bezieht sich nicht nur auf den Kunstunterricht, sondern auch auf kunstpädagogische Situationen, Unterricht im Bildnerischen Gestalten etc.; im Folgenden wird aufgrund der besseren Lesbarkeit nur mehr Kunstunterricht verwendet.

8 Diese Untersuchung bezieht sich in ihrer Datenerhebung insofern auf die Situation des Kunstunterrichts in Deutschland, als dass dort die im zweiten Teil der Studien dargestellten Daten gewonnen wurden.

1.1. Das Unbehagen beim Zeichen

Der Künstler und Projektmanager Martin Schick schreibt mit Schüler*innen einer 3./4. Klasse in einem gemeinsam verfassten „Lehrplan 22“[9] über das Zeichnen lernen:

> *„Als schlimm empfand ich die Schule nie. Nur habe ich im Nachhinein das Gefühl, in neun Jahren Schule nicht wirklich viel gelernt zu haben. Zumindest nicht viel, was ich später hätte brauchen können […] und im Zeichnungsunterricht hab ich vor allem gelernt, dass ich es nicht kann.“ (Schick und Kanton Zürich. Neue Bildungsdirektorinnen. Konferenz NB-K 2019:157)*

Die vorliegende Studie ist aus meinem *Unbehagen an der Zeichnung*[10] entstanden – insbesondere an der mimetischen, gegenstandsorientierten Zeichnung in ihrer tradierten und oft auch disziplinierenden Unterweisung im Kunstunterricht. Hier scheint es, als würde der von Nancy beschriebene *Doppelcharakter der Offenheit*[11], des inspirierenden Moments nicht von Bedeutung sein und als wäre allein die Form, das Ergebnis Gegenstand der Betrachtung und Bewertung. Bei der Lektüre fachdidaktischer Publikationen der letzten Jahre und Jahrzehnte wird das Zeichnen im Kunstunterricht überwiegend mit Sorgfalt, mit der Erfüllung von Normen, mit Disziplin und Übung[12], wie auch mit förderbaren und zugleich messbaren Tätigkeiten[13] in Verbindung gebracht. Von der Öffnung experimenteller Räume, oder von einem sich entwickelnden Prozess ist weniger zu lesen. Es scheint, als würden kompetenzorientierte oder analysierende Zugänge sich häufig mit einer qualifizierbaren und dadurch wenig individuellen Leistungsbewertung verbinden. Doch finden sich auch analysierende Zugangsweisen zu einem lustvollen, experimentellen Umgang mit dem Zeichnen.[14] Desiderate bilden grundsätzlich allerdings noch der Einbezug des grundlegenden gesellschaftlichen Wandels durch die Digitali-

9 Der Titel bezieht sich auf den gegenwärtig aktuellen „Lehrplan 21“ in der Deutschschweiz – es ging in dem Kunstprojekt (Festival Blickfelder 2019 Zürich) darum, den nächsten Lehrplan zu verfassen – mit denen, die es betrifft.

10 Das Unbehagen wird hier verwendet (vgl.: Freud 1930, Butler 2018), um den Begriff des Zeichnens insofern in Schwierigkeiten zu bringen, als dass sich verschiedenste Erwartungen – wie etwa Norm, Disziplin, Leistung, Entwicklung und Können – an diesen richten und sich daran bündeln. Damit wird eine vermeintlich selbstverständliche Gegebenheit im Kunstunterricht – in dem schließlich gezeichnet wurde und wird – befragt.

11 Mit dem Entwurf ist nach Nancy nicht eine Form der Zeichnung, sondern ihr Charakter selbst gemeint – also das, was die Zeichnung als Handlung ausmacht.

12 Vgl. hierzu etwa die Publikationen von Sowa 2009a, Sowa und Krautz 2013, Miller 2013.

13 So wird schon historisch bis heute das Zeichnen für Erhebungen im pädagogischen und kunstpädagogischen Feld zur Entwicklung, Begabung, Kommunikation, Ausdruck sowie einzelner gestalterischer Aspekte wie etwa Raumdarstellung herangezogen. Vgl. hierzu etwa die Publikationen Kerschensteiner 1905, Glas 1998, Uhlig 2014, Glas et al. 2018, Glaser-Henzer et al. 2012, Peez 2007, Baum und Kunz 2007, Bader 2018.

14 Vgl. hierzu Peters 1998, Marr 2014, sowie im Sammelband von Bader 2010.

sierung und die sich damit grundlegend verändernden Bildpraktiken der Schüler_innen[15] sowie der grundsätzliche Einbezug des Paradigmenwechsels in der Kunst bzw. den Künsten[16], der Loslösung der Kunst von Können und damit von handwerklichen Fähigkeiten und tradierten künstlerischen Techniken.[17] Denn genau hier zeigt sich etwas exemplarisch: Dass der Kunstunterricht einerseits sich dem Erlernen und Tradieren gestalterischer Techniken und sich andererseits an den aktuellen künstlerischen Entwicklungen orientiert – zwei Ziele, die sich nicht immer konfliktfrei in Einklang bringen lassen, wie auch die Umbenennung des „Zeichenunterrichts"[18] in „Bildende Kunst", „Kunst" etc. zeigt.

Diese Studie richtet ihr Augenmerk vor dem Hintergrund der zweifachen Öffnung der Zeichnung, wie sie Nancy beschrieb, auf die sich daraus im schulischen Kontext häufig ergebende Diskrepanz zwischen verordnetem Können sollen – Schüler_innen formulieren häufig die Annahme, nicht Zeichnen zu können, da sie bestimmte Normen nicht in der ihnen gegebenen Zeit erfüllen können – und dem Potenzial des Zeichnens als Öffnung der Form. Nun mag es seine Berechtigung haben, mit dem Zeichnen *auch* die Fähigkeit zu lehren, Objekte wiedererkennbar abbilden zu können[19], doch stellt sich – gerade vor dem Hintergrund des Potenzials, das Nancy dem Zeichnen als Vermögen zuschreibt – mit Beginn des 21. Jahrhunderts und des sogenannten *Medienwandels* auch die Frage, was *zeichnen Können* heute eigentlich bedeuten kann? Um eines gleich klar zu stellen: Es ist nicht damit gemeint, dass im Kunstunterricht fortan nichts mehr gekonnt oder nicht mehr gezeichnet werden soll.

15 In diesem Text werden verschiedene Formen der geschlechtergerechten Schreibweisen verwendet, die auf die aktuellen Diskurse rund um die gesellschaftlich konstruierten und zugewiesenen Geschlechterrollen verweisen. Um der Vielfalt des Diskurses, auch innerhalb der Entstehungszeit dieses Textes Rechnung zu tragen, verwende ich gleichermaßen Binnen-I, Unterstrich, Gender-Punkt, bzw. Doppelpunkt und Gendersternchen: Der*die Leser_in wird also durch die Autor:in verschiedene Formen der gendergerechten Schreibweise lesen können.

16 Hinzu kommt eine sich zunehmend verknappende Unterrichtszeit im Fach Kunst, welche die Arbeitsbedingungen und Handlungsräume stark beeinflusst.

17 Weiterführend dazu ist Sonja Neefs Habilitationsschrift über die „Handschrift im Zeitalter der technischen Reproduzierbarkeit" (2008) zu empfehlen, die dem verzwirnten Verhältnis von Abbild und Spur nachgeht und auf die Prozessualität und Gestik als Index der Handschrift als vermeintlich rückläufiges Medium nachdrücklich hinweist (Neef 2008:47).

18 So z. B., dass es im Unterricht um das Zeichnen gehen könnte, aber auch um das Zeichen. Das liegt nahe, denn Kunstunterricht ist auch Zeichenunterricht in dem Sinne, dass dort gelernt werden kann, mit visuellen Zeichen umzugehen. Im Folgenden ist aber der Unterricht des Zeichnens gemeint. Eine Nähe zum „Zeichen Setzen" des Zeichnens ist jedoch nicht nur sprachlich gegeben, reicht aber über die Fragestellung dieser Arbeit hinaus.

19 Vgl. hierzu auch Stefanie Marr (2014:93–176), die zwei gegenwärtige Tendenzen einer Didaktik des Zeichnens beschreibt; einerseits die der Befürworter des „sachorientierten Zeichnens" (sie nennt hierfür als Vertreter z. B. Sowa, Scheurer oder Kopenhagen) und andererseits eine „künstlerisch-experimentelle Annäherung" (welches sie mit einem Unterrichtsbeispiel von Maria Peters (1998) belegt). Marr beschreibt diese Ansätze als sich jeweils „entgegenstehende Praktiken". Davon ausgehend entwickelt sie einen Vorschlag, einer dritten Form des Zeichnen Lehrens, die einer vom „Pluralismus bestimmten Wirklichkeit" (ebd.: 117) gerechter wird.

Im Gegenteil. Es stellt sich vielmehr die Frage, *welches Zeichnen Können*[20] gegenwärtig überhaupt stattfinden kann. Damit bestimmt sich auch ein kunstpädagogisch forschender Standpunkt[21] zwischen dem Erfassen eines Feldes und einer hier entworfenen Politik des *nicht zeichnen könnens*[22]. Diese geht von jenem Unbehagen an einer Praxis des Zeichnens im Kunstunterricht aus, die das Medium in den Dienst eines zu erfüllenden Auftrags stellt. Statt dessen wird für einen *shift*[23] hin zu einem dem Medium inhärenten Potenzial plädiert, das darin besteht, Räume zu eröffnen, Prozesse zu initiieren – und Können zu verlernen[24].

Um der Bedeutung des *Zeichnen Könnens* auf die Spur zu kommen, bietet sich zunächst eine Klärung der Verhältnisse, vielmehr der Verstrickungen an, die sich zwischen dem Zeichnen, der Kunst und dem Können aufspannen, und die sich in der folgenden Studie entfalten wird. Einige Vorannahmen seien hier vorangestellt: Dass „gute" Kunst etwas mit einer traditionellen handwerklichen Könnerschaft zu tun haben könnte, ist seit der Moderne eigentlich hinfällig – scheint aber noch nicht überall verinnerlicht zu sein. In der Zeit, die seit Begründung des Schulfachs Kunst bzw. Zeichenunterricht vergangen ist, hat sich der Gegenstand seiner immer noch häufigsten Praxis, die Zeichnung, grundlegend verändert. War sie zur Einführung der allgemeinen Schulpflicht noch klar als linear und technisch mittels eines Stifts, einer

20 Zur Frage nach der Orthografie des Zeichnen Könnens: Diese Wortkombination bildet bei näherer Betrachtung schon einen Teil der Problemstellung der vorliegenden Studien ab. Das „Zeichnen können" ist gemeint, wenn es darum geht, dieses zu erlernen, also einen Gegenstand (Zeichnen) in einen Prozess zu verwickeln (lernen, können). Die verbale Form „zeichnen können" ist inhaltlich gemeint, wenn es um den prozessualen Charakter des Zeichnens geht. Diese Schreibweise „Zeichnen können", die damit einer grammatikalischen Vergegenständlichung und Feststellung entgegenwirken würde, entspräche jedoch nicht der orthographischen Normierung. Wenn es um das „Können" einer bestimmten Tätigkeit geht (z. B. zeichnen), ist es das Zeichnen Können, wobei bei diesen Ad-hoc Kompositum der verbindende Strich (Zeichnen-Können) fehlt. Dies würde jedoch eine Wortkreation darstellen, die so nicht intendiert ist, denn das Zeichnen Können ist ja per se nichts Neues. Das substantivierte „Zeichnen Können" wird also der besseren Lesbarkeit halber verwendet; wenn damit der Prozess des *Zeichnen Könnens* gemeint ist, wird dies kursiv markiert.

21 Karl-Josef Pazzini weist in seinem Text „Von der kindlichen Sexualforschung zu Forschung in Kunst & Pädagogik" darauf hin, dass sich manche Fragen „eben nur in diszipliniert noch nicht verallgemeinerten Formen bearbeiten" lassen und es ist „neben der Wissenschaft mit Mitteln der Kunst zu forschen und das Unlösbare aufzubewahren als Frage für den nächsten Tag" (Pazzini 2009:78). Infolge dessen wird bereits bei der Problemstellung in Anschlag gebracht, dass diese Forschungsfrage weitere Fragen nach sich ziehen wird, die sich – zudem unter Bezugnahme unterschiedlicher Disziplinen – nicht im Rahmen dieser Studien beantworten lassen. Wohl aber werden diese in einer größeren Explizitheit zum Vorschein kommen.

22 Mit *nicht zeichnen können* referiere ich 1) einen bestimmten Moment des Unvermögens im Kunstunterrichts eine*r Schüler*in, als auch 2) auf das *nicht zeichnen* im künstlerischen Handeln das in Form einer Haltung zum Ausdruck kommt, als auch 3) auf das *nicht können* als ein erfahrenes Unvermögen, das Potenzial zu Bildungsprozessen bietet. Die Strategie, innerhalb einer zeitlich und ggf. auch räumlich prekären Unterrichtssituation gleichwohl eine Situation zu schaffen, in der mit einer Erfahrung von Autonomie eine subversive Emanzipationsbewegung einhergeht, wäre dann die Politik des *nicht zeichnen könnens*.

23 Shift verstehe ich dabei nicht als eine Wende, einen turn oder ein Update, durch das ein tradiertes Konzept von einem anderen, nun neu entwickelten abgelöst wird – sondern vielmehr als ein beständiges, fortwährendes Verschieben bestehender Muster und Ordnungen (vgl. Kolb 2014).

24 Es erscheint mit nur folgerichtig, die postkoloniale Figur des Verlernens auf eine eurozentristisch geprägte Praxis wie das Zeichnen anzuwenden, wenn es darum geht, ein *Unbehagen* sichtbar zu machen.

Feder oder eines Pinsels auf einer zweidimensionalen Fläche definiert, so kann sie sich heute nicht nur über Wände und Räume, sondern auch über zeitbasierte Techniken erstrecken, und sich in unterschiedlichen Materialien wie etwa Fäden, Spaziergängen, Netzwerken usw. manifestieren. Denn die Künste haben sich nicht nur medial entgrenzt. Die Kunst und damit auch die Zeichnung hat seit Beginn der Moderne[25] eine Entwicklung genommen, die sich von Paradigmen wie etwa der Meisterschaft abwendet. Dass also eine *Könnerschaft* hinsichtlich des Zeichnens nicht mehr bedeutet, besonders realistisch zeichnen zu können, ist keine Neuigkeit mehr. Und trotzdem ist das gegenständliche und räumliche Zeichnen immer noch ein großes Thema im Kunstunterricht. Die Handzeichnung verleitet zwar leicht zur Vermutung, dass das Zeichnen als analoges Medium heute nicht mehr von Interesse sein könnte, weil es mit den gegenwärtigen digitalen, global zirkulierenden Bildwelten möglicherweise nicht standhalten könnte. Doch das Gegenteil ist der Fall. Sie erfährt derzeit eine bemerkenswerte Aufmerksamkeit, nicht nur im Fach der Kunstpädagogik[26], sondern auch in Ausstellungen der bildenden Kunst[27], in der Forschung der Kunstgeschichte und Bildwissenschaft.[28] Sie beschäftigt die kunstpädagogische Forschung im täglichen Medienhandeln schulpflichtiger

25 Vgl. etwa das kolportierte und oft im Kontext von Bildung und Kunst verwendete Zitat Picassos „Ich konnte schon früh zeichnen wie Raffael, aber ich habe ein Leben lang dazu gebraucht, wieder zeichnen zu lernen wie ein Kind". Die mit dem Zitat verbundene Sicht auf eine „gekonnte Zeichnung" als Orientierungsrahmen für Lernende im Kunstunterricht wird in Kap. 2 mit dem Verweis auf Nina Schulz (2007:91 ff.) kritisch befragt. Im Rahmen der Datenerhebung wird von einem Schüler aus der 10. Klasse (10.15) die Referenz Picassos als Beispiel eines „großen Künstlers" ironisch verwendet. Der Schüler ergänzt einen Satz des Fragebogens so: „Ich finde, ich kann ‚wie Picasso' zeichnen". Wenn jemand „Zeichnen kann wie Picasso", eröffnet sich das Feld der Interpretation: Zeichnet diese Person dann wie ein Kind? Wie ein Kind, das gelernt hat zu Zeichnen? Wie ein*e (junge*r) Erwachsene*r, der*die gelernt hat, zu Zeichnen? Wie ein Künstler, der versucht, wie ein Kind zu zeichnen?

26 Vgl. dazu die regen Forschungs- und Publikationstätigkeiten zum Zeichnen lehren in der Kunstpädagogik, welche eine kontinuierliche Auseinandersetzung zeigen und hier nur historisch exemplarisch sowie mit einem Fokus auf die letzten 20 Jahre dargestellt werden: Kerschensteiner 1905, Kemp 1979, Peters 1998, Glas 1998, Mohr 2005, Peez 2007, Skladny 2009, Sowa und Krautz 2013 Wiegelmann-Bals 2009, Miller 2013, Glaser-Henzer et al. 2012, Lutz-Sterzenbach und Kirschenmann 2014, Uhlig 2014, Lutz-Sterzenbach 2015, Marr et al. 2016, sowie die folgenden Ausgaben der Zeitschrift Kunst + Unterricht zum Zeichnen lehren (Auswahl!): Nr. 228: Zeichnen (1998), Nr. 229: Zeichnen Material kompakt (1999), Nr. 246/247: Kinder- und Jugendzeichnung (2000), Nr. 271: Zeichnen als Experiment (2003), Sammelband: Kinder- und Jugendzeichnung (2003), Nr. 299: Erfinden (2006), Nr. 302/303: Zeichnen: Sachen klären und verstehen (2006), Nr. 325/326: Raum auf der Fläche, (2008), Nr. 341: Bildkompetenz- Aufgaben stellen (2010).

27 Vgl. z. B. die Ausstellungen Gegen den Strich / Baden-Baden 2004 (Emslander et al. 2004); Tauchfahrten – Zeichnung als Reportage / Hannover 2004 (Berg 2004); Notation. Kalkül und Form in den Künsten / Berlin 2008 (von Amelunxen et al. 2008); Zeichnung als Prozess / Essen 2009(Museum Folkwang Essen 2008); Die Gegenwart der Linie / München 2009 (Semff et al. 2009); Linie Line Linea/Bonn 2010 (Städtisches Kunstmuseum Bonn 2010); Je mehr ich zeichne. Zeichnung als Weltentwurf / Siegen 2010 (Schmidt und Museum für Gegenwartskunst Siegen 2010); LINEA. Vom Umriss zur Aktion. Die Kunst der Linie zwischen Antike und Gegenwart / Zug 2011 (Haldemann et al. 2010); Walk the Line. Neue Wege der Zeichnung/Wolfsburg 2014 (Beil et al. 2015); Drawing Now/Wien 2015(O A 2007); die seit 2006 jährlich stattfindende Ausstellung Anonyme Zeichner in Berlin.

28 Vgl. hierzu die Forschungsprojekte „Das Technische Bild" des Hermann von Helmholtz-Zentrums für Kulturtechnik oder der „Cluster 4: Bild, Modell, Entwurf" eikones, NFS Bildkritik, das Graduiertenkolleg „Sichtbarkeit und Sichtbarmachung", „Hybride Formen des Bildwissens" in Potsdam.

Jugendlicher.[29] Diese Felder wie die gesellschaftlich-medialen Bedingungen, die Zeichnung in der Lehre und in den Künsten historisch und gegenwärtig, die künstlerischen Tendenzen und Zugänge wurden für diese Studie umfassend gesichtet und exemplarisch dargestellt. Ebenfalls wurde diese für den Könnensbegriff vorgenommen, bevor die Auswertung einer qualitativen Erhebung einen Einblick gibt und zugleich darauf verweist, dass noch kein Schlussstrich unter das Zeichnen Können zu setzen ist.

Die Kunstpädagogik ist jedoch noch (immer) an einem tradierenden Verständnis von Zeichnen sowie einem damit zusammenhängenden *Könnens*begriff orientiert und dies teilweise aus nachvollziehbarem Grund: Dem Können haftet schließlich pädagogisches Potenzial an, mit dem sich differenziert auseinandergesetzt werden muss. Und dennoch gilt es, gerade für eine zeitgenössische Kunstpädagogik, sich von einem aktuellen Verständnis von *Können*[30] affizieren zu lassen. Insofern ist die vorliegende Studie eine kritische Arbeit am Könnenshorizont der Praxis des Kunstunterrichts[31] und der kunstpädagogischen Theoriebildung. Die vorliegende Publikation ist keine Anleitung zum Zeichnen[32] fordert keine neue[33] „Zeichendidaktik"[34] ein und ist nicht das nächste Kompendium zur Geschichte des Zeichnen-

29 Wie es Jutta Zaremba zum Beispiel für die Fan-Art beschreibt: Gestalterische Produktionen (auch Zeichnungen), welche auch klar formulierten Normierungen (erlaubt/ nicht erlaubt) unterliegen, von peers begutachtet, öffentlich kommentiert und zum Teil daraufhin überarbeitet werden und deutliche Anlässe zur Kommunikation über Bildwelten im Kunstunterricht anbieten. (Zaremba 2010:175–188)

30 Der Bezug wird hier sowohl auf das „Können" im künstlerischen Kontext gelegt, als auch auf eine aktuelle Bildungstheorie, in der der Begriff der „Bildung", welcher als etwas, das sich in Bewegung befindet verstanden wird, gegen das „Lernen" gesetzte, welches lediglich Wissen erwirbt (vgl. Koller 2012). Folglich muss sich auch im Verständnis des Könnens wiederfinden, was den Erwerb der in „Transformation" befindlichen Bildung zuträgt (vgl. Haug 2004).

31 Oder auch des Bildnerisches Gestaltens / Bildende Kunst (Schweiz), der Bildnerischen Erziehung, (Österreich). Hieran lassen sich jeweils unterschiedliche konzeptionelle und bildungspolitische Ausrichtungen ablesen. Während im bundesdeutschen „Kunstunterricht" die Orientierung an künstlerischen Inhalten wie „Bild", „Design" oder „Architektur" dies sprachlich deutlich macht, steht das Handeln im „Bildnerischen Gestalten" und der „Bildenden Kunst" im Vordergrund. Diskussionen um eine Umbenennung der Fachbezeichnungen (z. B. analog zum „Rechnen" die „Mathematik") kommen historisch und aktuell immer wieder auf. All diesen Fachbezeichnungen gemein ist, dass sie sich als Varianten aus dem „Zeichenunterricht" entwickelt haben. (Vgl. dazu Billmayer 2007 sowie Peez 2002).

32 Vgl. hierzu historisch die zahlreichen Handreichungen zum Zeichnen Lernen seit 1500, welche z. B. von Künstler*innen erstellt wurden; ab 1525 wurde dies in dem Band „Lernt Zeichnen! Techniken zwischen Kunst und Wissenschaft 1525–1925 von Heilmann et al. 2015 erfasst, sowie Heilmann 2014 oder Matile et al. (2017). Gegenwärtig seien die Bände von Peter Jenny als Übungen genannt: Notizen zur Zeichentechnik (Jenny 1999), Notizen zur Figuration (Jenny 2001), Anleitung zum falsch Zeichnen (Jenny 2005a), Zeichnen im Kopf (Jenny 2005b), Notizen zum figürlichen Zeichnen (Jenny 2009). Zum realistischen Zeichnen weiterhin Martin Schmidl (Schmidl 2015), zum räumlichen Zeichnen Peter Boerboom und Tim Proetel (Boerboom und Proetel 2013).

33 Den Begriff „neu" halte ich insbesondere vor dem Hintergrund aktueller Diskurse für problematisch da er impliziert, „das Alte" ersetzen zu können, während „das Neue" manchmal häufig nur das Gegenteil, mithin also das Alte in einem neuem Gewand oder unter einem neuen Begriff gefasst meint. Mit Irit Rogoff wird die Bewegung der Verschiebung, also eines shifts, als Wandel, der eine andere Perspektive ermöglicht, verstanden. (Vgl. hierzu Rogoff 2008, Tavin und Tervo 2018)

34 Vgl. hierzu Bettina Uhligs Forderung nach „eine[r] anthropologisch fundierte[n] Zeichendidaktik, die das Zeichnen weniger als künstlerische Ausdrucksform, denn als universelle menschliche Handlungsform und kulturelle Praxis in den Blick nimmt." (Uhlig 2014:447), die sich des weiteren vom Anspruch der Kunst löst und vielmehr auf das Bild, das „zeichnende Kind und seine Kontexte" verweist (Ebd.).

lernens[35] vorlegen. Sie führt Diskurse zusammen und leistet einen Beitrag, Lehrpersonen für die Berechtigung des Unvermögens, also des *nicht können*s als Potenzial innerhalb von leistungsorientierten Kontexten zu sensibilisieren. Die Besonderheit ist neben dem diskursiven auch der empirische Zugang auf Perspektiven und Praxen des Zeichnens von Schüler*innen in Sek I und II. Anhand des Zeichnens, verstanden als ein Gründungsmedium des Kunstunterrichts, wird einerseits aufgezeigt, welche Aktualisierungen im Kunstunterricht bereits praktiziert werden und andererseits werden diese exemplarisch sichtbar gemacht. Dies soll anhand einer Verschiebung (*shift*) des Blicks auf das *können* und *nicht können* geschehen. Es wird dadurch kein neuer „Könnensbegriff" ausgerufen, sondern vielmehr dazu aufgefordert, das, was da im Unterricht bereits *nicht gekonnt wird*, wahr- und ernst zu nehmen.

Der Titel dieser Arbeit ist mehrdeutig. Er wurde mit zwei verbundenen und dennoch für sich stehenden Bedeutungen gewählt: Einerseits wird ein Paradigma, das *Zeichnen K*önnen, im Kontext des Kunstunterrichts[36] untersucht. „Paradigma[37]" wird in dieser Arbeit im ursprünglichen Sinn des Wortes verwendet – als etwas, an dem sich etwas zeigen lässt, das Normen und Erkenntnisformen abbildet und sichtbar macht, während es sich zeitgleich auch etwas gegenüberstellt.

Im Rahmen dieser Arbeit wird anhand des Zeichnen Könnens in der Kunstpädagogik etwas gezeigt, offengelegt und gegenübergestellt. Im Falle dieser Arbeit ist dies das *Zeichnen können* und das *nicht zeichnen können* als zwei miteinander verbundene Figuren des aktuell praktizierten Kunstunterrichts, mit dem sich wiederum die Kunstpädagogik befasst. In diesem Sinne wird „Paradigma" als eine relevante, beispielhafte, aber nicht als eine allgemein gültige Weltsicht[38] verstanden. Zugleich entwickle ich in der vorliegenden Studie das Paradigma des *Nichtkönnens* mit dem Ziel, einen umfassenderen Blick auf ein Feld zu geben, das lange als gegeben wahrgenommen und praktiziert wurde.

35 Vgl. hierzu Kemp (1979) zum „Zeichnen und Zeichenunterricht der Laien 1500–1870", die „Einführung in die Geschichte des Zeichen- und Kunstunterrichts von der Renaissance bis zum Ende des 20. Jahrhunderts" von Legler (2011) oder die ideengeschichtliche Untersuchung zu der Frage: „Was macht das Zeichnen und die Beschäftigung mit Kunst zu erziehungs- und bildungsrelevanten schulischen Unterrichtsinhalten?" (Skladny 2009).

36 Dass der Kunstunterricht eng mit dem Zeichnen Lernen verbunden ist, liegt auch in dessen Geschichte begründet. Dazu u.a.: Kemp (1979), Legler (2011), Skladny (2009).

37 „Para" hat im altgriechischen die Funktion, Relationen zu etwas zu klären – während, wie Nora Sternfeld anmerkt, es in seiner lateinischen Verwendung ein Gegenüber bezeichnet. „The Greek word παρά can be translated in many respects, for instance, locally as from…to, nearby, next…to; temporally as during, along; and figuratively as in comparison, in contrast, contra-, and against. Although para refers to deviation rather than opposition in Greek, in Latin it becomes contra" (Sternfeld 2017:169). „Digma" wird im Altgriechischen übersetzt als das Zeichen, Exemplar, Muster. Es bezeichnet das, an dem sich etwas zeigen lässt. Das Paradigma ist also eine Denkfigur, die einen exemplarischen Fall bezeichnet – und gleichermaßen dessen Gegenfigur.

38 Im Sinne der Auffassung von Welt, welche sich je nach Sicht darauf in sehr unterschiedliche Horizonte fügen kann.

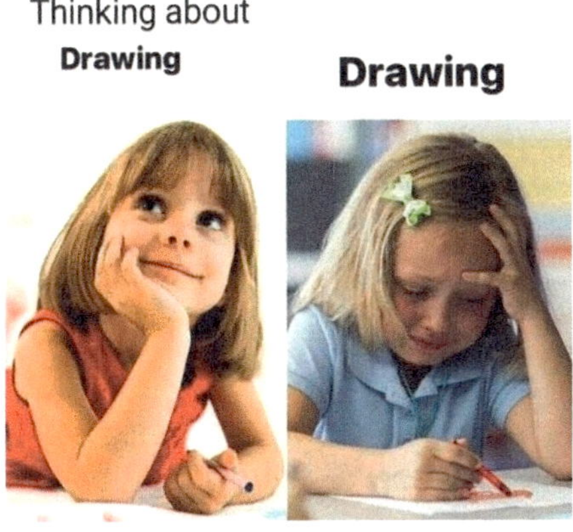

Abb. 1: Meme.

1.2. Können im Kunstunterricht

Schüler*innen erleben im Kunstunterricht Momente des Könnens und Nicht-Könnens. Nicht nur, aber auch beim Zeichnen. Dabei ist es, wie das oben stehende Meme[39] überspitzt darstellt, zweierlei: Zeichnen ist etwas, das eigentlich positiv besetzt ist – so lange es nur als Vorstellung passiert. Und: Beim Zeichnen selbst können Dinge misslingen. Manchmal steht das Zeichnen unter einer hohen Erwartung, die spätestens beim ersten selbstkritischen Blick durchaus zu Zweifeln am Zeichnen führt. Gerade letztere Momente führen manchmal dazu, dass eine Aussage über die eigenen Fähigkeiten und Fertigkeiten getroffen wird, wie etwa: „Ich kann nicht Zeichnen – deshalb war ich im Kunstunterricht auch nicht gut" – eine Aussage mancher Schüler_innen oder der Schule längst entwachsener Personen, die sich an ihre Schulzeit und ihre mit dem Kunstunterricht verbundenen Erfahrungen erinnern.[40] Das „Zeichnen können", bzw. es *nicht zu k*önnen scheint in diesem Zusammenhang eine grundlegende Erfahrung im Rahmen des Kunstunterrichts zu sein: Denn hier finden Bewertungsprozesse statt, es werden

39 Hier handelt es sich um ein Meme in Bild-Text Kombination. Zum Mikroformat des Art-Meme vgl. Kolb/ Schmidt 2020 sowie Moormann/ Zahn et al 2021.

40 Diese Aussage begegnete der Autorin immer wieder bei Berichten über die Dissertation, vor allem in fachfremden Kontexten. Die Tätigkeit des Zeichnens ist für viele gleichbedeutend mit dem, was Schüler*innen im Kunstunterricht häufig machen. Es kann davon ausgegangen werden, dass auch in anderen Schulfächern gezeichnet wird. So etwa in der Mathematik, der Biologie oder der Geografie. Ein Unterschied könnte darin bestehen, dass in diesen Fächern eher das Zeichnen nach der Anschauung (Biologie), eine Analyse oder konstruierendes Zeichnen (Geometrie) praktiziert wird, während im Kunstunterricht neben der Perspektiv- und Sachzeichnung genauso auch das Experiment, der Entwurf und die Suche nach dem Ausdruck zum Thema werden kann – mit anderen Worten: ein größerer Facettenreichtum dessen, was Zeichnen sein kann, ausgeschöpft wird.

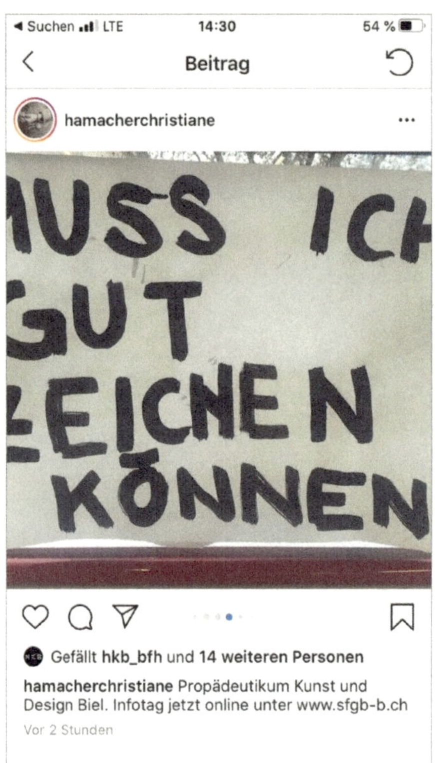

Abb. 2: Christiane Hamacher. Screenshot eines Instagram Posts.

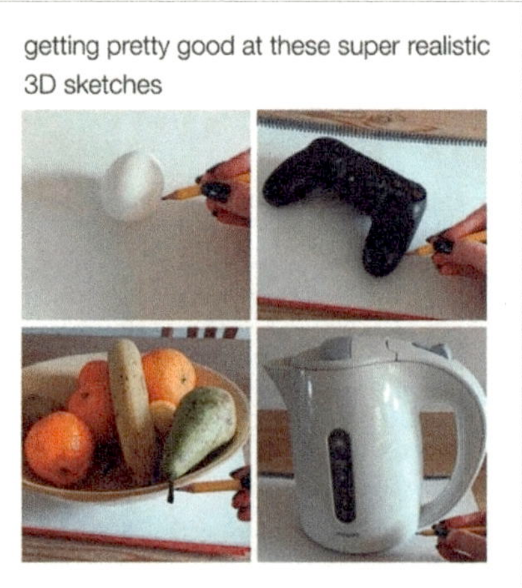

Abb. 3: Meme.

Vorstellungen vermittelt, wie eine Zeichnung aussieht – und was ihre Funktion sei. Das unterscheidet das Zeichnen im Kunstunterricht häufig von dem Zeichnen in privaten Kontexten[41].

Oft ist die Vorstellung, gut Zeichnen zu können eine, die mit künstlerischer oder gestalterischer Praxis einher geht. Das obige Bild entstand während eines Tages der offenen Tür in einem Vorbereitungskurs (Propädeutikum Kunst und Design Biel) der Schule für Gestaltung und vereint in sich die Frage nach dem *Zeichnen Können* mit der Vorstellung, dies eher nicht zu tun. Am Zeichnen im Kunstunterricht werden die aktuellen Implikationen der Debatte um Können im Kunstunterricht aufgezeigt und um die Dimensionen der überaffirmativen Normerfüllung, des Hacks und des Verlernens erweitert. Denn am Zeichnen im Kunstunterricht lassen sich grundlegende Phänomene zeigen, die im Kunstunterricht aufscheinen. Zum Beispiel und in diesem Falle, was gekonnt werden soll (Vorgaben und Normen), was gekonnt werden kann (Möglichkeiten, z. B. räumliche und zeitliche Voraussetzungen), was gekonnt werden darf (Disziplinierung und ggf. Ausschlüsse), was gekonnt eigentlich heißt (Bewertung und Kontexte), wer dieses Gekonnte in einen Kontext stellt und damit auch das Nicht-Gekonnte kontextualisiert. Können kann nur dabei relational, also im Kontext der Verhältnisse verstanden werden. Eine Relation ist das Feld, in dem das Können stattfindet.

1.3. Bezugsfeld Kunstpädagogik

Die vorliegende Studie bewegt sich in den Feldern Kunstpädagogik, der Kunstvermittlung und dem Kunstunterricht.[42] Im Wortsinn ist die Lehre, die Kunst und die Wissenschaft des Kunstunterrichts die Kunstdidaktik. Die Kunstpädagogik ist das Fach, in der die Kunstdidaktik, aber auch die kunstpädagogische Forschung verortet ist. Die Autorin spricht nicht von Kunsterziehung, da sie wie Hermann K. Ehmer und Georg Peez (1995) oder auch Karl-Josef Pazzini (2000) davon ausgeht, dass es von der Kunst nichts zu lernen gibt, geschweige denn, dass sie als Erzieherin verstanden werden kann. In weiten Teilen überlappend, aber auch innerhalb anderer Institutionen als der Schule, wird der Begriff „Kunstvermittlung“ verwendet. Deren in der Mitte gesetztes Präfix „ver-“ verweist nach Nora Sternfeld (Sternfeld 2015:9) nicht nur darauf, dass es da etwas Festgeschriebenes gäbe, das in gleicher Form weitergegeben

41 Zur Kinder- und Jugendzeichnung auch außerhalb des Unterrichts siehe z. B.: Zaremba 2010, Küstner 2015.

42 Im Folgenden wird von Kunstunterricht gesprochen. Bei der Sichtung des Forschungsstandes wurden auch Untersuchungen, die sich nicht auf den Kunstunterricht in Deutschland beziehen, ausgewertet. Bemerkt sei hierbei, dass die Bedingungen sich aufgrund des föderalen Systems in Deutschland schon unterscheiden, ebenso wie die Bedingungen von Unterricht im Bildnerischen Gestalten in der Schweiz (BG-Unterricht), der z. B. Ausgangslage für die Untersuchungen von Bader 2018) oder auch Gysin (2010) ist. Weiterhin sei angemerkt, dass hier insofern ein enges Feld abgesteckt wird, als hier eine Schulform in zwei Bundesländern im Zentrum der qualitativen Erhebung steht. Zugleich sei auf das hypothesengenerierende Verfahren der qualitativen Forschungsmethoden hingewiesen, welches keinesfalls eine Allgemeingültigkeit der Erkenntnisse beansprucht – vor allem nicht über einen in diesem Falle engen und auch elitären Rahmen des Gymnasiums hinaus.

(also *ver*mittelt) werden kann. Sternfeld setzt ein dekonstruktivistisches Verständnis von Welt und ihrer Vermittlung voraus, wenn sie ausführt, dass die *Ver*mittlung weniger als eine simple Übermittlung, Datenübertragung oder Mediation funktioniert, sondern durch Brüche, Widerstände und Irritationen eine kritische Reflexion ermöglicht. Weiterhin setzt Eva Sturm eine Definition von Kunstvermittlung in Unterscheidung zur Kunstpädagogik:

> *„Nicht jede Kunstpädagogik ist Kunstvermittlung, sondern nur da, wo sie mit Kunst, von Kunst aus, rund um Kunst arbeitet" (Sturm 2004:176).*

Zugleich sei angemerkt, dass der Begriff „Kunstvermittlung"[43] oft auch dann verwendet wird, wenn das Wort „Pädagogik" nicht verwendet werden soll, also zum Beispiel in Museen – obgleich diesen Angeboten allein durch das Meiden des Wortes „Pädagogik" im Sinne einer zuvor gefertigten Struktur und eines Wissenshorizontes nicht mehr oder weniger Offenheit inne liegt.[44] Im Folgenden wird im Bewusstsein dieses Diskurses mit den Begriffen „Kunstpädagogik" und „Kunstunterricht" gearbeitet. Dies zum einen, um den deutschsprachigen Diskurs aufzunehmen und zum anderen, um die Position der Lehrenden zu beschreiben als eine, die sich an der gemeinsamen Bildung und Entwicklung orientiert und sich nicht als „Mittler_in", welche Kunst benötigt, konstruiert. Dennoch sei das Präfix „*ver-*" des Kompositums Kunst*ver*mittlung auch und als selbstverständlich in das hier dargelegte Verständnis von Kunstpädagogik mitgedacht.

Seit der Entdeckung der Kinderzeichnung als Forschungsgegenstand gibt es Arbeiten von Pädagog_innen, Soziolog_innen, Künstler*innen, Kunsthistoriker*innen, Architekt*innen, Designer*innen, Lehrenden, Kunstpädagog*innen zum Zeichnen lernen, lehren und ersten kindlichen Zugängen der Zeichnung bis hin zum Zeichnen lernen im Erwachsenenalter. Eine Übersicht eines Forschungsstandes zum Zeichnen lehren und lernen würde eine eigene Bibliographie sein, welche unter unterschiedlichsten Aspekten – wie etwa Handreichungen, Forschungen, Selbstdokumentationen, Alter der Lernenden, Ausbildungsziele (allgemeinbildende Schule oder Künstler*innenbildung), historisch oder gegenwärtig, regional – unterteilt und so immer wieder neu sortiert und dargestellt werden könnte. Deshalb wird der jeweils relevante Forschungsstand innerhalb der jeweiligen Kapitel benannt.

43 In der deutschsprachigen Schweiz wird „Kunstvermittlung" in der Praxis häufig synonym zu „Kunstpädagogik" verwendet.

44 Weiterführend dazu: Carmen Mörsch (2019): Die Bildung der A_n_d_e_r_e_n durch Kunst: eine postkoloniale und feministische historische Kartierung der Kunstvermittlung. Wien: Zaglossus.

1.4. Datenerhebung und Zeichnen mit beiden Händen

In dieser Publikation wird das *Können* und das *Zeichnen* im Kontext des Kunstunterrichts diskutiert. Es schließt sich eine dritte Perspektive an: Das Machen. Im Rahmen des Kunstunterrichts am Gymnasium wurde ein Setting aus vier Aufgabenstellungen zur Datengewinnung geschaffen, das gleichermaßen Können erhebt und Erfahrungen mit dem Nicht-Können ermöglicht. Dabei konzentriert sich die Erhebung zunächst auf das Zeichnen eines Objektes in drei Aufgaben mit der gelenken und der ungelenken Hand, erst einzeln und dann simultan, sprich beidhändig. In der vierten Aufgabe wurde dann in einer Gruppenarbeit eine erste Bewertung der so entstandenen Zeichnungen von Schüler*innen erhoben.

Das beidhändige Zeichnen ist in der deutschsprachigen historischen Zeichenlehre ebenso belegbar (vgl. Tadd 1900), wie in einem aktuelleren Unterrichtsvorschlag aus dem Jahr 2003 von Gysin oder (im Rückbezug auf Itten 1930) die *bauhaus werkblätter* von 2021.[45] Es ist darüber hinaus auch eine künstlerische Praxis in der Postmoderne.[46] Die Praxis und Übung des beidhändigen Zeichnens ist eine experimentelle Konstante der Kunst und der Bildung und eignet sich darum hervorragend als exemplarisches Erhebungsbeispiel.[47] Zugleich setzt das Zeichnen mit der ungelenken Hand oder mit beiden Händen eine Vorbedingung voraus, die innerhalb der Untersuchung zum Ausgang gemacht wird: Es fordert verschiedene Ausprägungen des bisher gekonnten Könnens und das Potenzial des zu erlebenden Unvermögens heraus. Denn beim Wechsel der geübten zur ungeübten Hand müssen selbst die, die schon *„zeichnen können"*, *anders* zeichnen. Die, die zuvor schon glaubten, *„nicht zeichnen zu können"*, zeichnen unter den gleichen und zugleich anderen Voraussetzungen. Es geht in der Erhebung darum, Bedingung des Zeichnen Könnens zu verändern und dabei die Vorstellung von *Können* im Kunstunterricht genauer zu untersuchen. Das Zeichnen mit beiden Händen ermöglicht hier eine Wendung zum gewohnten Zeichnen mit der geübten Hand: Indem das Zeichnen in seiner bekannten und normierten Existenz unmöglich oder unsinnig wird, kann innerhalb des hier geschaffenen spezifischen Settings im Kunstunterricht ein anderes *Zeichnen Können* zum Vorschein kommen.

45 Vgl. dazu: „Die Übung des beidhändigen Zeichnens in der Kunstpädagogik" (Kolb 2011) und Kap. 1.3. „Ausgangspunkte – Gelenkt ungelenk zeichnen" der vorliegenden Arbeit. Die bauhaus werkblätter sind online hier verfügbar: https://www.bauhaus.de/de/programm/1922_bauhaus_werkblaetter/6576_bauhaus_werkblatt_10_beidhaendiges_zeichnen/ [28.11.2020].

46 Vgl. dazu die umfassende Studie „Entwurf und Entgrenzung. Kontradispositive der Zeichnung 1955–1975" von Toni Hildebrandt (2017), in welcher auch die Händigkeit der Zeichnung bearbeitet wird.

47 Ich möchte mich an dieser Stelle herzlich bei Lena Lang und bei allen Teilnehmenden der Seminare zum Zeichnen an der Kunsthochschule Kassel 2007–2011 bedanken.

Zeichnen ist zunächst basales Mittel eines bildnerischen Ausdrucks und gilt spezifisch bezogen auf die Fähigkeiten von Kindern und Jugendlichen als Index für Entwicklung.[48] Ferner unterliegt das *Zeichnen Können,* wie alle gestalterischen Tätigkeiten, den Bedingungen des aktuellen Medienwandels (Kapitel 4 KÖNNEN) und ist schon historisch im Kunstunterricht verankert (Kapitel 3 ZEICHNEN). Mit dem Zeichnen ist eine Auffassung von *Könnerschaft* verbunden. Diese Vorstellung, die sich so hartnäckig hält, findet unmittelbaren Niederschlag in der Schule: Unter „*Zeichnen Können*" verstehen Schüler_innen im Kunstunterricht häufig realistisches, gegenstandsorientiertes Zeichnen (vgl. Kapitel 5 IM KUNSTUNTERRICHT). Sie haben zudem, wie es sich in der unternommenen Erhebung im Kapitel 5 zeigt, eine klare Vorstellung davon, wie eine solche gegenständliche Zeichnung entstehen und aussehen soll – und unter welchen Kriterien sie im Kontext Schule als „gelungen" gilt. Diese Perspektive teilen Lehrpersonen nicht immer mit ihnen (Vgl. Expert*inneninterview). Was dieses Konglomerat verschiedener Erwartungen im Kontext schulischen Kunstunterrichts zu Tage fördert, führt direkt zum Kern des Fachs Kunstpädagogik und zum Kern der vorliegenden Arbeit: An dem Medium Zeichnung lassen sich die aktuellen Implikationen der Debatte um das Können im Kunstunterricht aufzeigen. Dass Schule eine Normierung von Wissen und Können herstellt, ist unbestritten. In schulischen Kontexten zeigt sich folglich nicht nur beim Zeichnen im Kunstunterricht, sondern auch dort, wo vermutet werden kann, dass Schüler*innen mehr Gestaltungsspielraum haben, eine überaffirmierende Normierung. Denn dort, wo eine Aufgabe Spielraum lässt, findet nicht automatisch freie Gestaltung statt – sondern häufig das Erfüllen vermeintlich erwarteter Normen. Dies zeigt sich auch daran, dass alle Schüler*innen, die an der Erhebung teilnahmen, die Aufgabe so bearbeitet haben, dass dabei drei Zeichnungen eines prinzipiell wiedererkennbaren Gegenstandes entstanden. Dass „Zeichnen" auch in einem experimentellen Setting als das Abbilden eines erkennbaren Gegenstandes verstanden wird, ist somit deutlich erkennbar.[49] Darüber hinaus wurden nicht nur die zeichnerischen Resultate, sondern auch der Zeichenprozess selbst erhoben, der nicht nur aus dem Wahrnehmen, Zeichnen, Abgleichen, Radieren und neu Zeichnen besteht, sondern auch die konkreten Situation im Klassenzimmer und damit einem Austausch mit anderen Schüler*innen im Raum reflektiert. Insbesondere letzterer beeinflusste die zeichnerischen Ergebnisse zum Teil sicht-

48 Ein klassisches Beispiel hierfür ist der „Draw a person test" (Florence Goodenough 1926), dessen Variation bis heute viele angehende Erstklässler_innen bei der schulärztlichen Untersuchung in Deutschland absolvieren. Darin werden bestimmte Entwicklungsmerkmale wie die Darstellung von Proportionen oder motorische Fähigkeiten wie die Hand-Auge Koordination oder die Feinmotorik, bewertet werden. Zur kritischen Diskussion der Grundlagen dieser Tests ausführlicher Gardner und Spengler (2002/2008) und für die deutschsprachige Kunstpädagogik Anna Schürch 2019.

49 Die durch die Erhebung vorliegenden 387 Zeichnungen (im Pretest 156 Zeichnungen, in der Erhebung 231 Zeichnungen) zeigen diese Versuche des Abbildens. Im Rahmen des Pretests und der Erhebung wurden einige Zeichnungen in späteren Gruppengesprächen umgedeutet, zum Beispiel im Vergleich mit einem „Burger" oder durch das Erschaffen eines Charakters, nämlich einer „Räuberkartoffel".

bzw. nachvollziehbar. Daraus leiten sich Folgen für den Kunstunterricht ab – zum Beispiel, wie solche Situationen produktiv genutzt anstatt verhindert werden können. So können am *zeichnen können* Erkenntnisse über Kunstunterricht abgeleitet werden: Weil sich am Zeichnen eben so viel zeigt.

Im Feld der bildenden Kunst erweist sich das Zeichnen insbesondere vor dem Hintergrund der fortschreitenden Digitalisierung als eine sehr aktuelle Praxis. Dies mag im ersten Moment erstaunen, da insbesondere das analoge Zeichnen im Verhältnis zu den Möglichkeiten einer Zeichnung am Tablet eher zeit- und vor allem korrekturintensiv erscheint. Doch genau dieser Umstand des schwer(er) zu Korrigierenden analogen Zeichnens birgt eine Faszination einer scheinbar anachronistischen Praxis. Auch im Diskurs um die zeitgenössische bildende Kunst ist diese Frage einer post-digitalen zeichnerischen Praxis virulent.[50] Die Frage, wie es sich mit dem Zeichnen im Zeitalter der entgrenzten Künste[51] verhält, ist Gegenstand dieser Arbeit, da diese Auseinandersetzung direkte Auswirkungen auf den aktuellem Kunstunterricht hat. Wenn Kunstunterricht Relevanz für Lernende haben soll, ist ein Bezug zur Gegenwart, mithin zu aktuellen digitalen Bildwelten und zeitgenössischen künstlerischen Praktiken unerlässlich.[52]

Das Feld des Zeichnens berührt viele Diskurse und Theoriefelder, wie das der Kunstpädagogik, der Kunstwissenschaft, der bildenden Kunst, der Bildungstheorie, sowie das der Bildwelten der Gegenwart. Es geht um einen differenzierten Blick auf eine traditionelle Praxis des Kunstunterrichts, die sich, wenn sie ernst genommen[53] und angewandt[54] wird, beständig in der Aushandlung zwischen Theoriebildung und Praxis befindet. Wie unter einem Brennglas zeigt sich dies auch an der Frage des Zeichnen Könnens: Denn wenn das, was als eine „gute Zeichnung" dem Kontext der jeweiligen Zeit und gesellschaftlichen Umstände unterliegt und der Soziologe Dirk Baecker aus dem aktuellen medienkulturellen Wandel einschneidende

50 Vgl. diesbezüglich Emma Dexter (2006): Vitamin Z: Neue Perspektiven in der Zeichnung. Eine umfassendere Aufzählung sowie die Argumentation der Aktualität der Zeichnung als künstlerische Praxis unter der Prämisse eines „Offenheitszwangs", welcher anhand von Ausstellungen und Texten seit 1995 argumentiert wird, findet sich bei Gesa Foken (Foken 2017) S. 25–30. Insbesondere die Entwicklungen der bildgebenden so genannten „Künstlichen Intelligenz", mit der sich bildnerische Ergebnisse in kürzester Zeit realisieren lassen, verstärken die analogen, zeitintensiven Charakteristika der Handzeichnung.

51 Mindestens seit den 1960er Jahren entziehen sich die Künste ihrer bisher bekannten Definition und verquicken sich zugleich im beständigen Wandel immer wieder neu. Mit dem so genannten Medienwandel und vielmehr noch mit dem shift vom „digitalen Bild als geschäftsführenden Mediums einer nächsten Gesellschaft" (Schütze 2020) ergibt sich jedoch eine weitere Perspektive auf das Zeichnen mit Bleistift und Papier, denn nun ist die Entscheidung für das Medium der analogen Zeichnung immer auch eine bewusste gegen die aktuelle, geschäftsführende Technologie.

52 Es geht mir dabei nicht darum, den Kunstunterricht nur als Unterricht der Gegenwartskunst zu entwerfen. Im Gegenteil: Bilder und insbesondere Werke und Praktiken bildender Kunst stehen immer auch in einem historischen Kontext (Belting 2001). Ein Bezug zur Lebenswelt der Schüler_innen einerseits sowie zu den aktuellen künstlerischen Praktiken andererseits stellt die Relevanz des Faches Kunst ausserhalb des Fächerkanons der Schule erst sicher. (Vgl. Meyer 2013).

53 Indem die Dinge hier erst einmal ernst genommen werden, ergeben sich andere, teils umgestülpte, komplexere Sichtweisen auf vormals klare Verhältnisse. (Vgl. Meyer 2013): Next Art Education. Erste Befunde. Hier: These 1, S. 20–21.

54 Vgl. Karl-Josef Pazzini: Kunst existiert nicht, es sei denn, als angewandte. In: Thesis, Tatort Kunsterziehung, wissenschaftliche Zeitschrift der Bauhaus-Universität Weimar, 2000, S. 8–17.

gesellschaftliche Wandlungsprozesse ableitet (Baecker 2011:7), lässt sich fragen, welche Folgen dies für die Definition einer Zeichnung und ihre Praxis hat. Dies lässt sich am besten da beobachten, wo Menschen zeichnen, die bereits mit solchen „neuen Medien“[55] aufgewachsen[56] sind. Eine gegenwärtig[57] angefertigte Handzeichnung, selbst wenn sie mit den gleichen Mitteln wie vor 130 Jahren angefertigt würde, hätte eine andere Bedeutung für ihre* Produzent*innen und Rezipient*innen – denn ihr Kontext hat sich verschoben. Aktueller Kunstunterricht nimmt, so Torsten Meyer in seinem Entwurf einer *Next Art Education,* die Gegenwart ernst. Nach Meyer geht es „um das Werden, nicht um das Sein. Das erreicht man am besten, indem man sich ernsthaft am Jetzt orientiert“ (Meyer 2013:12). Wenn Akteur*innen im Kunstunterricht diese Gegenwart ernst nehmen und sie folglich als eine Bedingung verstehen würden, wirft das Fragen auf: Erstens nach aktuellen Praxen der Zeichnung in der Kunst, zweitens nach den aktuellen Bedingungen von Kunstunterricht wie etwa die Kompetenzorientierung als eine Vorstellung von Könnerschaft und drittens nach dem Umgang mit den Interessen sowie lebensweltlichen Kontexten von Schüler_innen und wie sich diese viertens mit dem Zeichnen Können (sollen) in Verbindung bringen lassen.

Was also sind die Bedingungen für das Zeichnen im Kunstunterricht vor dem Hintergrund der aktuellen einschneidenden medienkulturellen Veränderungen[58]? Festzuhalten ist, dass die

55 „Neue Medien“ ist ein Begriff, der unterschiedlich gefasst wird und der Zeitgenossenschaft unterliegt. Heute, am 28. November 2020, verstehe ich darunter digitale, vernetzungsfähige und bildgebende Medien wie etwa Digitalkameras, Smartphones, Tablets, Computer. Zu der Relation der Technologie in Bezug auf das eigene Alter schreibt der Schriftsteller Douglas Adams 1999: “I’ve come up with a set of rules that describe our reactions to technologies: 1. Anything that is in the world when you’re born is normal and ordinary and is just a natural part of the way the world works. 2. Anything that’s invented between when you’re fifteen and thirty-five is new and exciting and revolutionary and you can probably get a career in it. 3. Anything invented after you’re thirty-five is against the natural order of things.” (Adams 2002). Ich möchte diese Gelegenheit nutzen um darauf hinzuweisen, dass es gilt, den Begriff der „Neuen Medien“ immer wieder erneut zu klären, denn „neu“ ist, wie das Zitat von 1999(!) deutlich zeigt, ein relative Größe und oft ist das „Neue“ für Lehrpersonen und für Schüler*innen nicht so „neu“, sondern eine Lebensrealität, wie etwa das Smartphone, das schon seit dem Jahr 2018 mit den Schüler*innen in der Pubertät ist.

56 Im Kontext der folgenden Studie sei auf das Begriffspaar „digital natives/ digital immigrants“ von Mark Prensky (2001) verwiesen. Diese Unterscheidung wird beispielsweise dann wirksam, wenn die Autor_innen von vorliegenden zeichendidaktischen Überlegungen häufiger der Gruppe der „digital immigrants“ angehören, während Schüler_innen, die im Jahr 2013 das Gymnasium besuchten, als „digital natives“ gelten, die bereits mit der Technologie und Selbstverständlichkeit des Internets oder auch von Smartphones aufgewachsen sind. Zugleich sei darauf hingewiesen, dass in den hier vorliegenden Studien die Schüler_innen vor allem und vorrangig als Personen mit spezifischem Wissen, Haltungen, Fähigkeiten und Fertigkeiten verstanden werden. Die Konstruktion bzw. Re-Konstruktion einer Identität von digitalnativen Schüler_innen im Kunstunterricht als Ausgangslage wird hier nicht verfolgt.

57 Die Gegenwart lässt sich nicht umfassend beschreiben oder erfassen, denn sie bildet die grundlegende Bedingung des Seins als Ausgang. Im Moment des Beschriebs entzieht sie sich dem Zustand des Seins und wird zur Vergangenheit. Bezogen auf die Gegenwartskunst bedeutet dies zweierlei: Zum einen, dass dann, wenn die Kunst gegenwärtig ist, ihr Gegenwartsbezug auch immer dazu führen kann, dass sie selbst ihre Gegenwart verändert. Zum anderen, dass dies ebenso durch die sie rezipierenden Personen geschieht. Das macht die Gegenwartskunst zu einem so wichtigen Gegenstand für den Kunstunterricht. Vgl. Kolb 2012. Zur Relation der Gegenwart und Kunstgeschichte vgl. Krieger 2008; Busch 2008.

58 Auf die wandelnden Vorgaben durch einen vermehrt an „Kompetenzen“ begründeten Schulbetrieb wird in Kapitel 2 eingegangen.

gegenwärtigen Bedingungen von Kunstunterricht sich durch das aktuelle Medienhandeln verändert haben. Die Frage nach Praktiken und Inhalten eines aktuellen Kunstunterrichts stellt sich umso mehr, wenn die schon jetzt sehr knappen Stundentafeln in den Blick rücken. Nochmals: Dass das Zeichnen relevant für aktuellen Kunstunterricht ist, will diese Untersuchung nicht in Abrede stellen. Vielmehr will sie Sichtweisen auf *das Zeichnen* und *dessen Können* eröffnen: qualitativ-empirische und quellenkritische.

1.5. Zur Struktur dieser Forschungsarbeit

Mit diesen Studien wird das *Zeichnen Können*, das zugleich als Paradigma und Anachronismus in der Kunstpädagogik wirkt, in vier Konzepte des Könnens gefasst und um drei Hypothesen erweitert, die das Potenzial eines *shifts* zu einem *anderen Zeichnen Können* beschreiben. Diese Arbeit ist in zwei aufeinander bezogene Teile gegliedert: Einerseits wird der nach den zu klärenden Ausgangspunkten (Kapitel 2) der Diskurs des ZEICHNENS (Kapitel 3) dargestellt. Die Diskurse des KÖNNENS im Kunstunterricht, bezogen auf das *Zeichnen Können,* werden in vier Konzepten dargestellt und diskutiert (Kapitel 4). Daraus wurde ein Forschungssetting IM KUNSTUNTERRICHT entwickelt (Kapitel 5) und weiterhin Daten gewonnen, aufbereitet (vgl. Materialteil), ausgewertet, und deren Ergebnisse ausgewertet dargestellt (Kapitel 5), welche die deduktiv abgeleiteten Konzepte des Könnens um drei weitere Aspekte erweitern.

Die Erhebung wurde aufgrund einer Fragestellung nach dem *Zeichnen Können* entwickelt und unterlag deshalb Vorannahmen. Umgekehrt beeinflussten die Ergebnisse der Erhebung die Darstellung der nun vorliegenden Analyse. Die Kapitel, die zugleich Studien in komplexe Themenfelder sind, erschließen das Zeichnen als Inhalt der Lehre (Kapitel 2), als künstlerische Technik (Kapitel 3). Das Können und das *Zeichnen Können* werden unter den Aspekten der Kompetenz, der Normerfüllung, des Hackings und des Verlernens vorgestellt (Kapitel 4). Aufgrund der im Kunstunterricht gewonnenen Daten können die deduktiv erarbeiteten Kategorien größtenteils induktiv bestätigt und in der Auswertung um drei weitere Aspekte, nämlich das Bewerten beim Zeichnen, Aspekte der Kollaboration, sowie das ins Verhätnis setzen, ergänzt werden. Allen Teilen gemein ist die hier gewonnene und nun im Folgenden darzustellende Erkenntnis, dass *Zeichnen Können* relational ist und als Ereignis, selbst wenn es „nicht gekonnt" wird, Erkenntnisse fördert.

Dem wird in verschiedenen Perspektiven nachgegangen. Zuerst wird das „Zeichnen" und das „Zeichnen Lehren" in dessen historischen und aktuellen Diskursen vorgestellt. Bereits hier werden die vier Konzepte des Könnens (Kompetenz, Normierung, Hacking und Shift) als

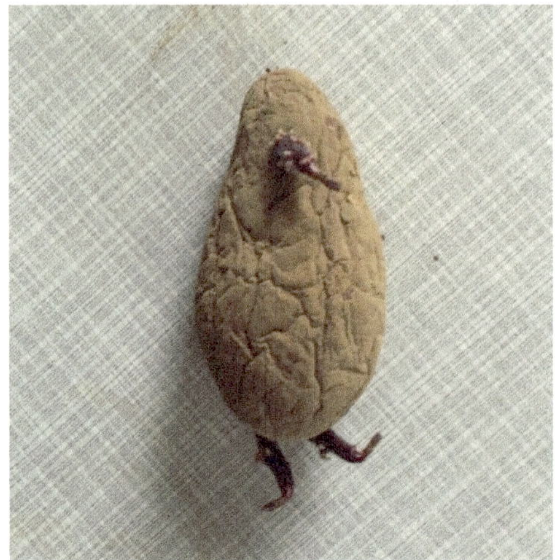

Abb. 4:
Keimende Kartoffel.

Grundordnung unterlegt. Dass nicht alle aufgeworfenen Fragen neu sind[59], zeigt sich sowohl in der These, dass Zeichnen Lernen als Gründungsmedium des heutigen Kunstunterrichts gelten kann, als auch in der Erkenntnis, dass zum Zeichnen Lehren eine breite kunstpädagogische Forschungspraxis vorliegt, die bis in das erste Jahrzehnt des 20. Jahrhunderts zurück reicht (vgl. dazu Kapitel 2). Es zeigt sich aber auch, dass das Zeichnen Lernen im Kunstunterricht vor dem Hintergrund global zirkulierender, digitaler Bildwelten sowie aktueller Praktiken in den Künsten einer kritischen Befragung bedarf.

In vier Konzepten wird im Kapitel KÖNNEN das Können im Diskurs dargestellt – hier werden die zuvor als Strukturmerkmal verwendeten vier Konzepte aufgeschlüsselt und dann auf das Zeichnen Können bezogen. Nun stellt sich die Frage, welchen Umgang Schüler_innen mit dem Zeichnen Können praktizieren – beziehungsweise machen. (siehe Kapitel IM KUNSTUNTERRICHT). Diese Ergebnisse werden hinsichtlich eines anderen Umgangs mit dem Zeichnen Können im Kunstunterricht im Fazit und Ausblick zusammengeführt.

Für eine bessere Lesbarkeit wurde eine Gliederung gewählt, die den Text linear ausfaltet, auch wenn sich die Faltungen teilweise überlappen. Einige Zwischenbezüge (oder auch

59 Fragen müssen keineswegs neu sein, um neue Erkenntnisse zu befördern oder auch nur um auf bereits formulierte Erkenntnisse erneut hinzuweisen. Im Gegenteil ist es auch wichtig, bestimmte Fragen wie z. B. nach Normen, Machtverhältnissen immer wieder und erneut zu stellen.

Hyperlinks[60]) werden in Form von Fußnoten oder Verweisen gegeben; zugleich sollte man sich die Bezüge in diesem Buch mehr als ein Wurzelwerk mit Setzungen, die wiederum auskeimen, vorstellen – ähnlich der Pflanze einer Kartoffel, die als Zeichenobjekt in dieser Studie noch eine Rolle spielen wird, deren Wurzelwerk nicht nur nahrhaft ist, sondern deren Knollen im Einzelnen auch je eine Keimzelle einer neuen Pflanze in sich trägt. Triebe bildet sie bei passenden Temperaturen und Lichtverhältnissen dann aus, wenn sie nur lange genug liegen gelassen wird, von aussen betrachtet also gewissermaßen *nichts* tut.

Bevor sich nun die Studien auffalten, möchte ich Ihnen als Leser*in ein Experiment vorschlagen. Dieses hat zum Ziel, den Gegenstand der Arbeit, das Zeichnen Können, sowie dessen Problemstellung, dem Umgang damit, nicht Zeichnen zu Können, zu erfahren. Auf den folgenden vier Seiten finden Sie deshalb eine Aufgabestellung, die in modifizierter Form zur Datengewinnung genutzt wurde.

1.6. Exkurs: Ein beidhändig zeichnerisches Experiment oder ein Anfang[61], der zugleich ein Setting[62] ist

Dem beidhändigen Zeichnen kommt hier eine zweifache Funktion zu. Es ist das Setting innerhalb einer Erhebung in der Schule. Als künstlerische Praxis und als Praxis der Lehre der Zeichnung verweist es auf Diskurse. Beim beidhändigen Zeichnen als Praxis begegnen sich Erwartung und Störung, Fähigkeit und Widerstand, Können und Nichtkönnen. Deshalb möchte ich mit einer Einladung zu einer Erfahrung[63] beginnen. Sie benötigen dafür zwei Bleistifte, einen Radiergummi, einen Gegenstand, sowie die hier im Buch folgenden drei Seiten. Wählen Sie nun einen kleinen Gegenstand in Ihrer Umgebung aus, den Sie bisher noch nicht gezeichnet haben. Beginnen Sie nun zu zeichnen: Zeichnen Sie erstens auf der folgenden Seite den Gegenstand mit der Hand, mit der Sie gewohnt sind, zu schreiben. Zeichnen Sie zweitens auf der darauffolgenden Seite den Gegenstand mit der Hand, mit der Sie nicht gewohnt sind, zu schreiben. Zeichnen Sie drittens auf der letzten Seite den Gegenstand mit beiden Händen und zwei Stiften.

60 Intertextuelle Bezüge werden via Fußnoten, Zitationen und analoges Blättern hergestellt. Ein Sprung durch das Dokument wie etwa im Hypertext ist dies jedoch nicht (vgl. Meyer 2002:12 Fußnote 8).

61 Traditionell bestimmt der Anfang in Bildungskontexten vieles: Einleitende Worte, Informationen, Gesten beeinflussen die folgenden Prozesse. Aber auch das Anfangen in gestalterischen Prozessen ist ein Schritt, eine Suche, ein Anstoß, der nicht selten mit einem zeichnerischen Strich beginnt. Zum Anfangen in kunstpädagogischen und anderen Kontexten vgl. Pazzini, Sabisch 2007, Rollig & Sturm 2002.

62 Setting wird verstanden als Aufstellung einer Situation, die eine Erfahrung ermöglicht.

63 *Eine* Erfahrung meint nicht notwendigerweise *ähnliche* Erfahrungen, wenngleich der Konzeption dieser drei Aufgaben zugrunde liegt, dass sich eine gewisse Störung beim Zeichnen einstellen sollte. In diesem Falle eine, die zum Potenzial des Zeichnen Könnens und zugleich *nicht zeichnen könnens* im Kontext des beidhändigen Zeichnen hin- bzw. dies einleitet.

Zeichnen Sie auf dieser Seite den Gegenstand
mit der Hand, mit der Sie gewohnt sind, zu schreiben.

Zeichnen Sie auf dieser Seite den Gegenstand
mit der Hand, mit der Sie nicht gewohnt sind, zu schreiben.

Zeichnen Sie auf dieser Seite den Gegenstand
mit beiden Händen und zwei Stiften.

Als partizipierende*r Leser*in haben Sie nun drei Mal einen Gegenstand gezeichnet. Es sollte sich dabei eine gewisse Erfahrung bezüglich des Gegenstandes und der Bemühung, diesen zu zeichnen, eingestellt haben. Was ist Ihnen beim Zeichnen aufgefallen? Was *gelang* Ihnen beim Zeichnen und was war *schwierig*?[64] Diese Aufgabe sollte Erfahrungen bezüglich der eigenen Zeichenpraxis ermöglichen. Sie könnten einiges dabei erlebt haben.

Ich spekuliere: Bei Aufgabe 1 könnten Sie erlebt haben, wie Ihr Blick sich zwischen Gegenstand und Zeichnung hin und her gewechselt ist. Bei Aufgabe 2 kann sich eine Un-vertrautheit der eigenen Hände beim Wechsel des Zeichenstifts in die nicht gewohnte Hand einstellen. Bei Aufgabe 3, dem beidhändigen Zeichnen, kann ein taktiler, temporärer Kontroll-verlust und das gleichzeitige, nahezu magische[65] Verhalten einer Hand, die der anderen folgt, von Ihnen wahrgenommen werden. Konzentriert man sich auf die zeichnende Schreibhand, folgt die andere Hand. Doch es passiert auch, dass eine Hand nicht *nur* der anderen folgt. Sie kann die gewohnt leitende Hand stören und bringt sie durch ihr Verfolgen aus dem Konzept. Was ist daraus für Sie entstanden?

Ausgehend davon, dass das Zeichnen ein Potenzial für das körperliche Erleben und der Wahrnehmung *gekonnten und nicht gekonnten Zeichnens* hat, wird in diesen Studien das Zeichnen mit der Schreibhand, sowie das Zeichnen mit der Hand, mit der nicht geschrieben wird und das Zeichnen mit beiden Händen als Beispiel und Aufgabenstellung verwendet. Zugleich ist das Zeichnen mit beiden Händen[66] eine Aufgabe, die sich auch in der Geschichte des Zeichenunterrichts immer wieder finden lässt (vgl. dazu Kap. 2).

Nach diesem Exkurs, der aus drei Zeichnungen und einer Erfahrung bestand, stellt sich die Frage: Und was sagt mir dieses Zeichnen nun? Wie lassen sich daraus Erkenntisse gewonnen, die über ein individuelles Erleben hinaus gehen? Im Folgenden soll darum beschrieben werden, mit welchen Methoden innerhalb der vorliegenden Studien gearbeitet wird, bevor auf die Geschichte des Zeichnen Lernens als Gründungsmedium des Kunstunterrichts eingegangen wird.

64 Das Begriffspaar „gelungen – schwierig" wurde in der Erhebung im Fragebogen verwendet, um Qualitäten der eigenen Wahrnehmung gegenüber dem Zeichnen zu beschreiben. „Gelungen – schwierig" wirft implizit die Frage nach den eigenen Fähigkeiten auf; denn wenn etwas „schwierig" wird, ist es noch nicht unbedingt „misslungen", benötigt aber mehr Aufmerksamkeit.

65 Magisch verstehe ich hier in einem zunächst Erleben eines Phänomens, das erst einmal nicht erklärbar ist oder auch zum ersten Mal erlebt wird. Zugleich sehe ich darin auch einen Bezug in die Zukunft, ähnlich wie Konstanze Schütze von „*pragmagics" spricht: der Moment, an dem das gewohnte, zielorientierte Handeln umklappt in etwas, das bis dahin möglicherweise als zukünftiges Gefühl gewusst war. Dies beschreibt sie insbesondere als eine Fähigkeit zeitgenössischer Künstler*innen, die dazu fähig sind, Dinge sichtbar zu machen, um sie zeitgleich wieder „in einen Stream einzuspeisen". Hervorzuheben ist ihr Plädoyer für diesen Effekt in Bildungskontexten, welche zu einem überbrückenden Ausruf des Entzückens wie etwa „Aww" werden können (vgl.: Schütze 2016:93).

66 Bereits 1899 ist in James Liberty Tadds „New methods in art education" das beidhändige Zeichnen aufgeführt. Heute ist das beidhändige Zeichnen oft im Kontext von konzentrationsfördernden Übungen zu finden. Wenn Sie ambidextrisch veranlagt sind, könnte dieses Experiment nicht zu den beschriebenen Erfahrungen führen.

1.7. Methoden bezeichnen I

Die Fragen der vorliegenden Studie[67] sind:

- Wie wird das *Zeichnen Können* vor dem Hintergrund des Zeichnen Lernens als Gründungsmedium des Kunstunterrichts begründet?
- Inwiefern lässt sich dies in Verbindung setzen mit den Bezugsdisziplinen der Kunstpädagogik, hier die bildende Kunst, die Pädagogik, die Kunstwissenschaft, sowie den gegenwärtigen Voraussetzungen der global und digital zirkulierenden Bildwelten?
- Was meint „Zeichnen Können" im Kontext von Kunstunterricht – wie verstehen es Schüler_innen[68], wie verstehen dies Expert_innen, die Zeichnungen von Lernenden bewerten?
- Welche Formen des *Zeichnen Könnens* zeigen Schüler_innen im Umgang mit Aufgabenstellungen, die ein bisher gekonntes Zeichnen nicht zulassen?

Es scheint im Feld Kunstpädagogik einen latenten Konsens des Zeichnen Lehrens zu geben, welcher sich eher an der Sachzeichnung[69] orientiert. Dies kritisiert beispielsweise bereits 1998 Joachim Kettel in Bezug auf den Wettbewerb „Jugend zeichnet und gestaltet", dessen Ergebnisse er sichtete, mit folgenden Worten:

> *„Ich vermisse den experimentellen und offenen Umgang mit dem Medium der Zeichnung, der auf der Höhe einer künstlerischen oder kunstnahen Reflexion wäre An seine Stelle tritt die überflüssige Selbst-Disziplinierung und Funktionalisierung des Subjekts gegenüber gesellschaftlichen Ansprüchen auf Genauigkeit, Sauberkeit, Wiedererkennbarkeit und Kunstfertigkeit. (Kettel 1998:7)*

Er vermutet darin „die Didaktik längst vergangener Zeiten" und beschreibt weiterhin:

> *„Faßt (sic) überall brilliert die technische Perfektion, so als wäre der prozessuale oder konzeptionelle Ansatz in der zeitgenössischen Kunst überhaupt niemals bei den PädagogInnen angekommen. […] Offenbar dominieren im Unterricht Disziplinierungsverfahren, die die Schüler (sic) von der Kunst, von sich und der Welt abhalten. (ebd.)*

67 Diese Fragen werden im Verlauf aufgezeigt und hergeleitet.

68 Vorausgesetzt wird etwa, dass Schüler_innen im Kunstunterricht anders als etwa Zuhause zeichnen insofern, dass sie in der Schule eine bestimmte Norm voraussetzen, die sie erfüllen sollen. Dies zeigt sich in den in dieser Erhebung vorliegenden Zeichnungen, Selbstbewertungen und Äußerungen.

69 Vgl. Marr 2014:115 ff.

Stefanie Marr macht hierzu ein ähnliches Gedankenexperiment eines gezeichneten Schuhs als Aufgabenstellung (Marr 2014:138) und schlägt vor, dieser „Ödnis“ mit Bedeutungszuschreibungen zu begegnen. Gysin (2010) bemerkt etwa in einer Studie mit 79 Gymnasiast*innen und 60 Menschen unterschiedlichen Alters zum Thema „Wozu zeichnen?“:

„Sorgfalt und Sauberkeit als wichtige Faktoren für „gutes Zeichnen“? Hier drückt sich vermutlich der erzieherische Anspruch des Schulunterrichts aus. Viele der Befragten, die das erkennbare Abbilden als Massstab für gute zeichnerische Fähigkeit nennen, weisen darauf hin, dass Zeichnen ein Schulfach ist, indem Erkennbarkeit, perspektivische Darstellung und bestimmte technische Verfahren ‚gelehrt“ werden. Und: Diese Kriterien lassen sich überprüfen und vergleichen. (Die Ängste der SchülerInnen vor dem leeren Blatt spiegeln diesen Anspruch auf überprüfbares Abbilden) Individuelle zeichnerische Sprachen zu entwickeln kommt im Unterricht sicher zu kurz.“ (Gysin 2010:126)

Tendenziell wird die Sachzeichnung auch häufiger als Gegenstand der Forschung in der Kunstpädagogik aufgegriffen.[70] Es werden für Erhebungszwecke z.B. Gießkannen (Sucker 2014), Stühle (Sowa 2009), Schuhe (Marr 2014), Taschen (Bader 2019) und Fahrräder (Krautz/Sowa 2013) gezeichnet. Dass das Sachzeichnen in Kunstpädagogik und deren Forschung so präsent ist, führt dazu, dass das Sachzeichnen eine deutliche Aufmerksamkeit erfährt – aber auch, dass insofern eine Normierung erfolgt, als wäre dies die einzig bewertbare (Kunstunterricht) und messbare (Forschung) zeichnerische Form.

Ausgehend davon, dass bereits dieser Schwerpunkt des Sachzeichnens in Frage gestellt werden muss, strukturieren zwei grundlegende Herangehensweisen diese Arbeit. Das Vorgehen ist einerseits diskursiv und andererseits hypothesengenerierend. Hier wird nun das Vorgehen der Vorarbeiten, des Erfassens der Problemstellung und deren Diskurs beschrieben. Im zweiten Teil der Arbeit werden erneut Methoden bezeichnet (II), welche dann das Vorgehen der qualitativen Datengewinnung und Auswertung beschreiben. Beide Methodenkapitel zeigen das methodische Vorgehen in den Studien auf. Sie bedingen sich einander insofern, als dass der Diskurs die Inspiration für das Design der Erhebung und die Ergebnisse wiederum den Umgang und die Fragen im Diskurs beeinflusst haben.[71] In diesem Sinne lässt sich der erste Teil der Studien als diskursanalytisch beschreiben, da zunächst zusammengefasst wird, unter welchen

70 Vergleiche hierzu den Forschungsstand zum Zeichnen in der Kunstpädagogik Kap 2.2 und Kapitel 5.1, und Fußnote 26.

71 So haben beidhändige Zeichenübungen, die im Zuge der Vorarbeiten analysiert wurden, das Erhebungssetting offensichtlich insofern beeinflusst, als dass die Qualitäten des beidhändigen Zeichnens wie etwa der Kontrollverlust über die Werkzeuge der Hand und den Bleistift zu einem grundlegenden Element der Erhebung wurden. Dies erklärt noch nicht alle Aspekte der Erhebung, wie etwa die Wahl des Zeichensujets, die Aufgabe 4, die nach einer Bewertung der Zeichnungen fragt oder gar methodische Überlegungen wie die Triangulation der Daten. Vgl. hierzu Kapitel 5.

zeitgenössischen Bedingungen die Erhebung im Feld erstellt wurde und auf welche Annahmen bereits aufgebaut werden kann. Der erste Teil zeigt auf, welche Strukturen sich rund um das Zeichnen Können im Kunstunterricht und in der Kunstpädagogik als geradezu fest stehende Annahmen gebildet haben, wie etwa das gegenständliche oder naturalistische Zeichnen als Ausgangspunkt für gekonntes Zeichnen, sowie die damit verbundene Loslösung der Inhalte des Kunstunterrichts von gegenwärtigen Entwicklungen in der Kunst.

Diese Studien zeichnet aus, dass sowohl historische Diskurse des Zeichnen Könnens als auch innerhalb einer Datengewinnung eine Perspektive des Zeichnen Könnens zur Zeit erarbeitet werden. Darüber hinaus hat sie zum Ziel, dem Verständnis des *Zeichnen K*önnens eine neue Dimension hinzuzufügen – nämlich die des *nicht zeichnen können*s im Sinne des Verlernens. Hier orientiere ich mich an einer Zuschreibung der Kulturwissenschaftlerin Kathrin Busch, die eine Definition der Qualität von Kunst vorlegt, die ich auf die kunstpädagogische Forschung, welche sich per se in verschiedenen Feldern und Disziplinen bewegt, anwenden möchte:

> *„Kunst verdient die Zuschreibung echter Zeitgenossenschaft nur dann, wenn sie in die Definition dessen eingreift, was als aktuell und zukunftsweisend gilt. Die Bestimmung des Zeitgenössischen ist keine Bestandsaufnahme des Vorfindlichen, sondern selbst ein Effekt von Remarkierungen, Akzenturierungen und Visionierungen." (Busch 2008:90)*

Nimmt man diese Zuschreibung „echter Zeitgenossenschaft" ernst, so ist die Frage nach der Qualität aktueller Kunst zu beantworten mit dem Potenzial, auf ihre eigene Definition einwirken zu können. Das möchte ich für die Forschung in der Kunstpädagogik in dieser Arbeit behaupten, indem einerseits Methoden angewandt und zugleich insofern adaptiert werden, als dass sie für den Anwendungsfall sowohl handhabbar als auch nachvollziehbar bleiben. Die grounded theory in der qualitativen Sozialforschung ist deshalb ein wichtiger Ausgangspunkt im zweiten Teil der Studie.

Statt nun eine erneute Stilübung zur Rekonfiguration des Forschungsfeldes in qualitative und quantitative Segmente[72] vorzunehmen, sei eingangs darauf verwiesen, dass vorliegende Studien sich primär um einen Zugang bemühen, der die Erfahrungsperspektive der Akteur_innen zum Ausgang nimmt. Was damit gemeint ist, möchte ich mit sechs Anmerkungen ausführen:

Das meint *erstens*, dass deren Sinnhorizonte – historisch und gegenwärtig verstanden – hermeneutisch rekonstruiert werden.

72 Für eine instruktive Rekonstruktion des qualitativ-empirischen Forschungsfeldes im Kontext kunstpädagogischer Fragestellungen vgl. Claudia Althann-Birkner (Kommunikative Praktiken von Schulanfängern und Schulanfängern im Bildgespräch (AT)), noch unveröffentlichtes Manuskript.

Darüber hinaus erstreckt sich der Fokus *zweitens* auch auf Erfahrungen des Sinnentzugs, des Mangels und des Unvermögens, der für die Betrachtung des *nicht könnens* grundlegend ist und in der herkömmlichen qualitativen Sozialforschung nicht als eigenständiges Moment gilt.[73] Während hier Sinnentzug und Unvermögen als bloß transitorische Sequenzen in einem hermeneutischen Vermittlungsprozess verstanden wird, haben in der Kunstpädagogik zahlreiche dekonstruktive Ansätze darauf aufmerksam gemacht[74], dass bei solchen Figuren des Unverhältnisses[75] ein eigenes Potenzial auszuloten und zu heben ist. Nicht der hermeneutische Ansatz als solcher wird deshalb von mir abgelehnt, sondern lediglich der Ausschließlichkeitsanspruch, Erfahrungen des Bruchs, des Mangels, des Unvermögens und des Sinnentzugs in eine zugrunde gelegte Sinnhaftigkeit aufzulösen. Denn die Möglichkeit des unsinnigen Handelns ist eine der grundlegenden Potenziale gestalterischen und kreativen Tuns.

Schließlich soll *drittens* die Erfahrungsperspektive nicht ausschließlich auf den individuellen Standpunkt reduziert werden. Dieser wird auch von kontextuellen und geschichtlichen Gegebenheiten her, wie etwa der so genannte Medienwandel, betrachtet. Denn individuelle Erfahrung vollzieht sich nie im luftleeren Raum. Gleichzeitig bleiben individuelle Einsatzpunkte bestehen und werden nicht vollständig in den Kontext eingeordnet, da auch dieser hegemoniale Tendenzen entwickelt. Eine individuelle Selbstbestimmung kann nur ernst genommen werden, indem sie eben nicht vollständig und final erklärt wird – und damit womöglich der Anschein einer Reproduzierbarkeit entsteht. Methodisch geht es also um einen flexiblen Standpunkt, der sich zwischen individuellen und kontextuellen Gegebenheiten bewegt, also die Verbindung zwischen Selbstbestimmung und Weltbeziehung mitdenkt. Für die hier entwickelte spezifische Fragestellung nach dem *nicht zeichnen können* greift die gewohnte methodische Dichotomie von quantitativen und qualitativen Perspektivierungen also zu kurz.

Gleichwohl bieten *viertens*, so der hier eingenommene methodische Standpunkt, klassisch-qualitative Methoden das Instrumentarium, auch nicht-entschlüsselbare Sequenzen zu erheben, deren Eigenständigkeit aber erst vor dem Hintergrund dekonstruktiver Sensibilisierung – also auch der Destabilisierung– eines analytischen Blicks sichtbar wird. Dieser entdeckt Momente des Unverhältnisses und des Sinnentzugs, wie sie für ein transformatorisches Bildungsver-

73 Vgl. z. B. Bohnsack et al. (2007), Mayring (2015), Flick et al. (2017), Kruse (2015), Przyborski (2004). Zu dieser Problematik vgl. u.a. Reichertz (2013). Innerhalb dieser Studien wird sich insofern auf die Ansätze bezogen, als dass sie es ermöglichen, Hypothesen über Lebenswirklichkeiten herzustellen. Die Auswertung wird mit der Methode der Grounded Theory vorgenommen.

74 Vgl. Sturm (1996), Peters (1996), Meyer 2002, Sabisch (2007).

75 Vgl. hierzu Nora Sternfeld (2009), die pädagogische Verhältnisse als Machtverhältnisse analysiert und dabei die Möglichkeit entwirft, dieses Verhältnis als Unverhältnis zu verstehen (S. 128–129). Durch diese Figur wird es möglich, nicht nur sich selbst erklärende Relationen zu erfassen, sondern auch solche, die sich zunächst so wiederständig darstellen, dass sie ein Drittes benötigen, um sie zu kontextualisieren. Beispielsweise dann, wenn affirmierte Normierungen sich mit subjektiven Erfahrungen widersprechend artikuliert werden, oder die Verhältnisse einer Erhebung selbst zum Thema werden.

ständnis, das Sinnkrise und Kritik bestehender normativer Ordnungen als konstitutiv begreift, tragend sind.[76]

Es sei *fünftens* angemerkt, dass eine solche Arbeit im Bewusstsein einer gewissen unvermeidlichen Paradoxie oder Widersprüchlichkeit geschieht, und zwar so, dass einerseits ohne die Kritik bestehender Verhältnisse keine Verschiebungen oder Räume der selbstbestimmten Tätigkeit eröffnet werden. Und andererseits ein solches Tun – umso mehr im Rahmen der Institution Schule – in der Gefahr steht, neue hegemoniale Verhältnisse – gegen die eigene kritische Absicht – zu schaffen, bzw. alte Verhältnisse im neuen Gewand auftreten zu lassen. Auch wenn es kein einfaches Heraustreten gibt[77], so wird doch gleichwohl daran festgehalten, dass die Bewegung der Kritik – etwa im Sinne der Aufwertung des Unvermögens gegen bestehende Normen und Erwartungen der Institution Schule – eine zentrale Rolle spielt in der Eröffnung selbstbestimmten Handelns und Denkens. Umso mehr, wenn sich diese Kritik als Aktivität[78] fassen lässt.

Schließlich *sechstens* wurde Unterricht für eine Erhebung entworfen, der nicht nur als Test, sondern insofern auch als Unterricht funktionieren kann, wenn das in den Aufgaben inne liegende Potenzial einer Bedeutungsverschiebung dessen, was Gekonntes Zeichnen sein kann, aufgegriffen wird. Dieses Setting wurde aus der Überzeugung heraus gewählt, dass die Praxis des Kunstunterrichts wertvolle Einsatzpunkte bieten kann, um die Theorie aus der Praxis heraus in Frage zu stellen, d.h. sie gegebenenfalls auch bereichern zu können.[79]

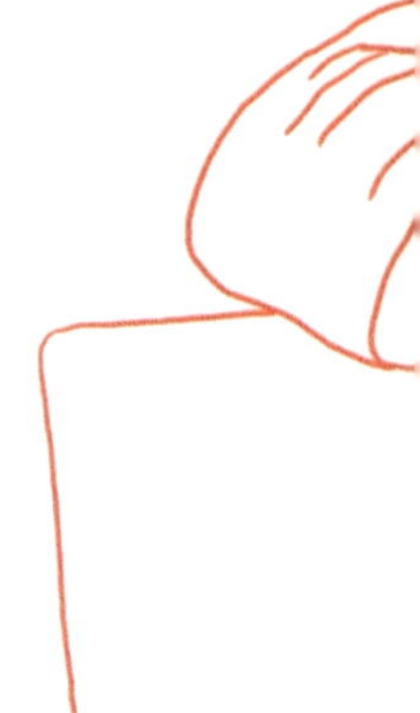

76 Vgl. hierzu Koller (2012).

77 Vgl. hierzu die Ausführungen zur „Mündigkeit als Pathosformel. Beobachtungen zur pädagogischen Semantik" von Markus Rieger-Ladich (2002), insbesondere zur „Mündigkeit als Haltung der Kritik", S. 422–437.

78 Vgl. hierzu: Rogoff (2003).

79 Weiterführend zu nennen für eine solche Bereicherung der Theorie durch die Praxis ist das forschende Lernen und Lehren (Peters 2007), aktuelle Konzeptionen des Bremer Modells des Design Based Research, welches Forschen und Unterrichten als eine miteinander verknüpfte Tätigkeit auslegt und reflektiert (Peters und Roviró 2017).

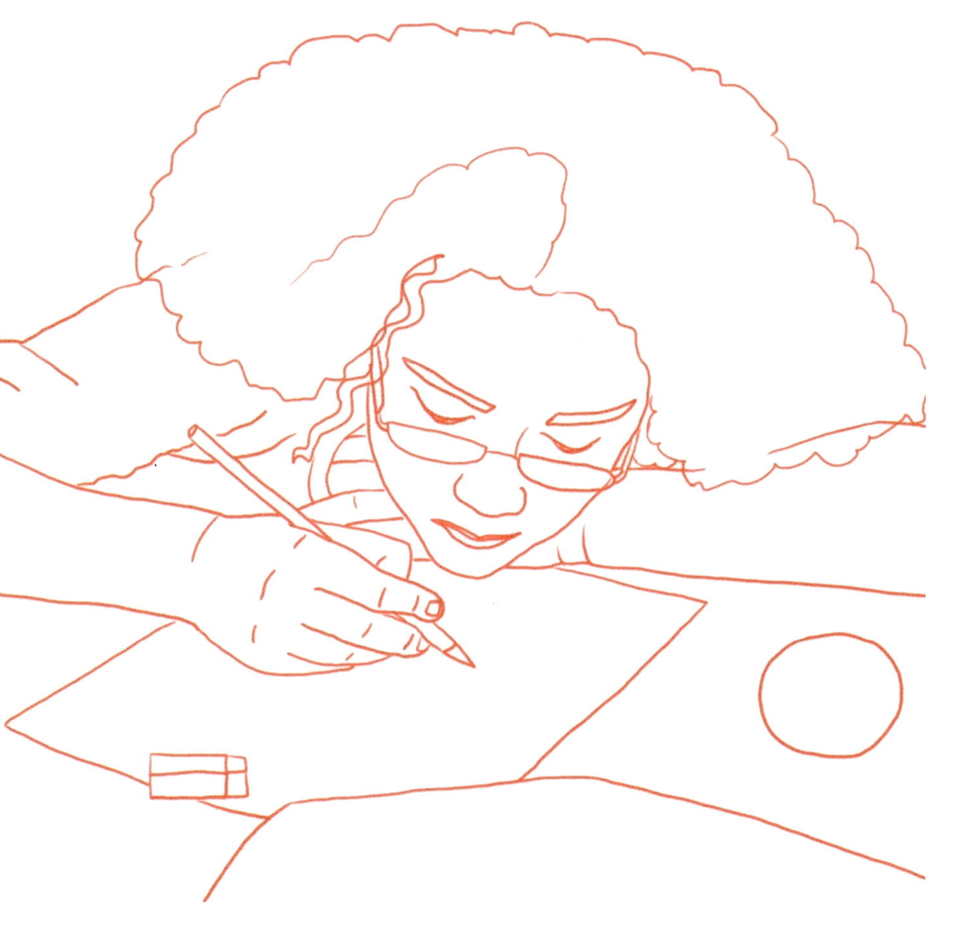

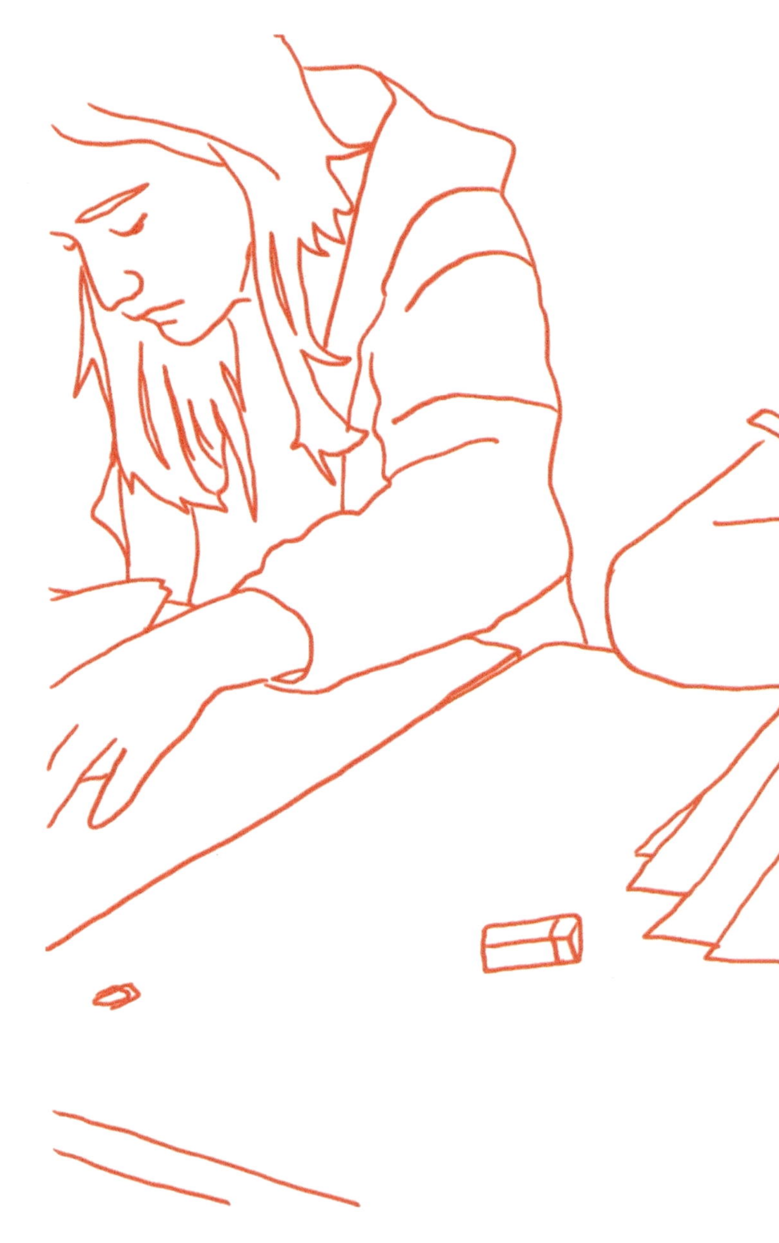

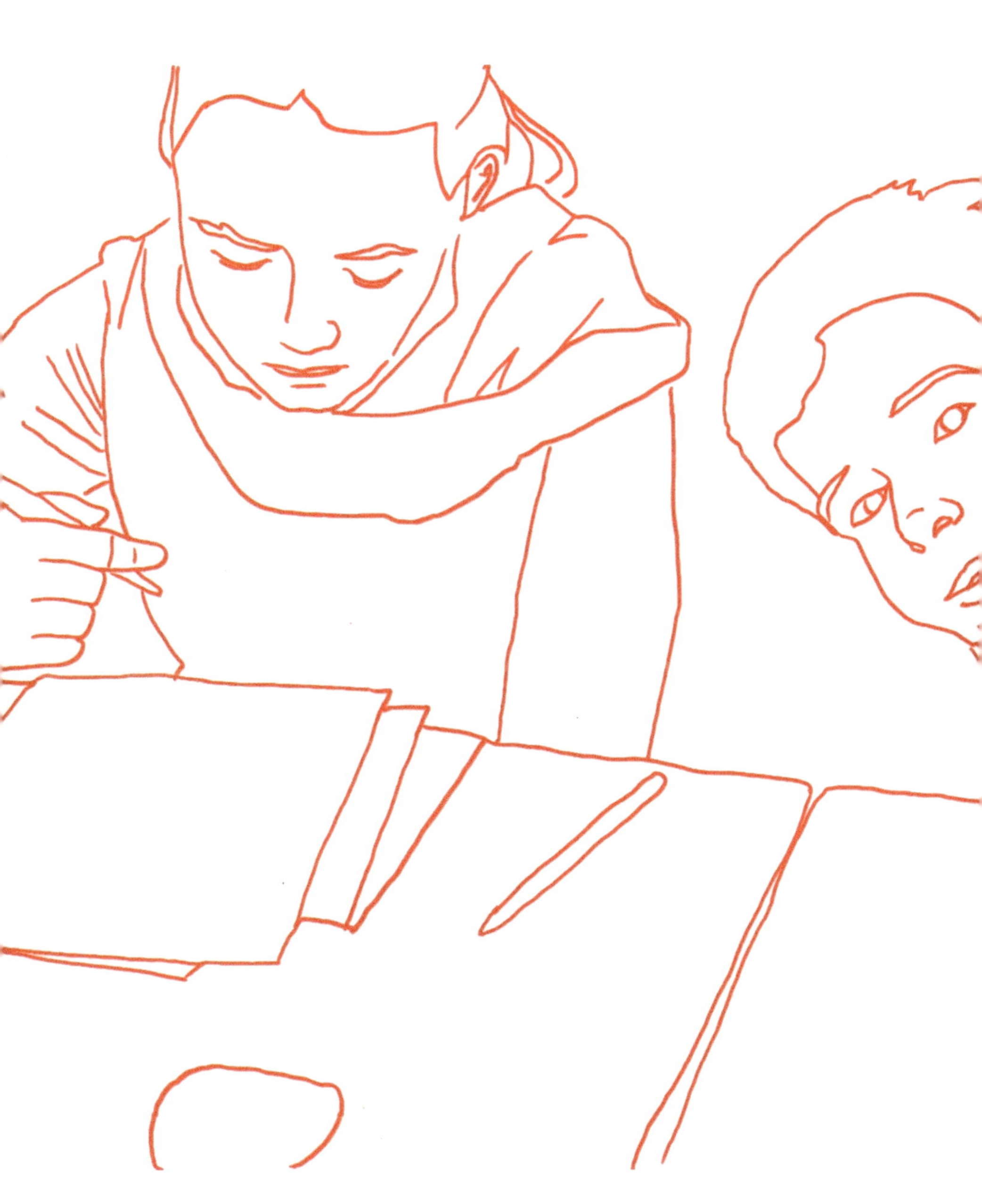

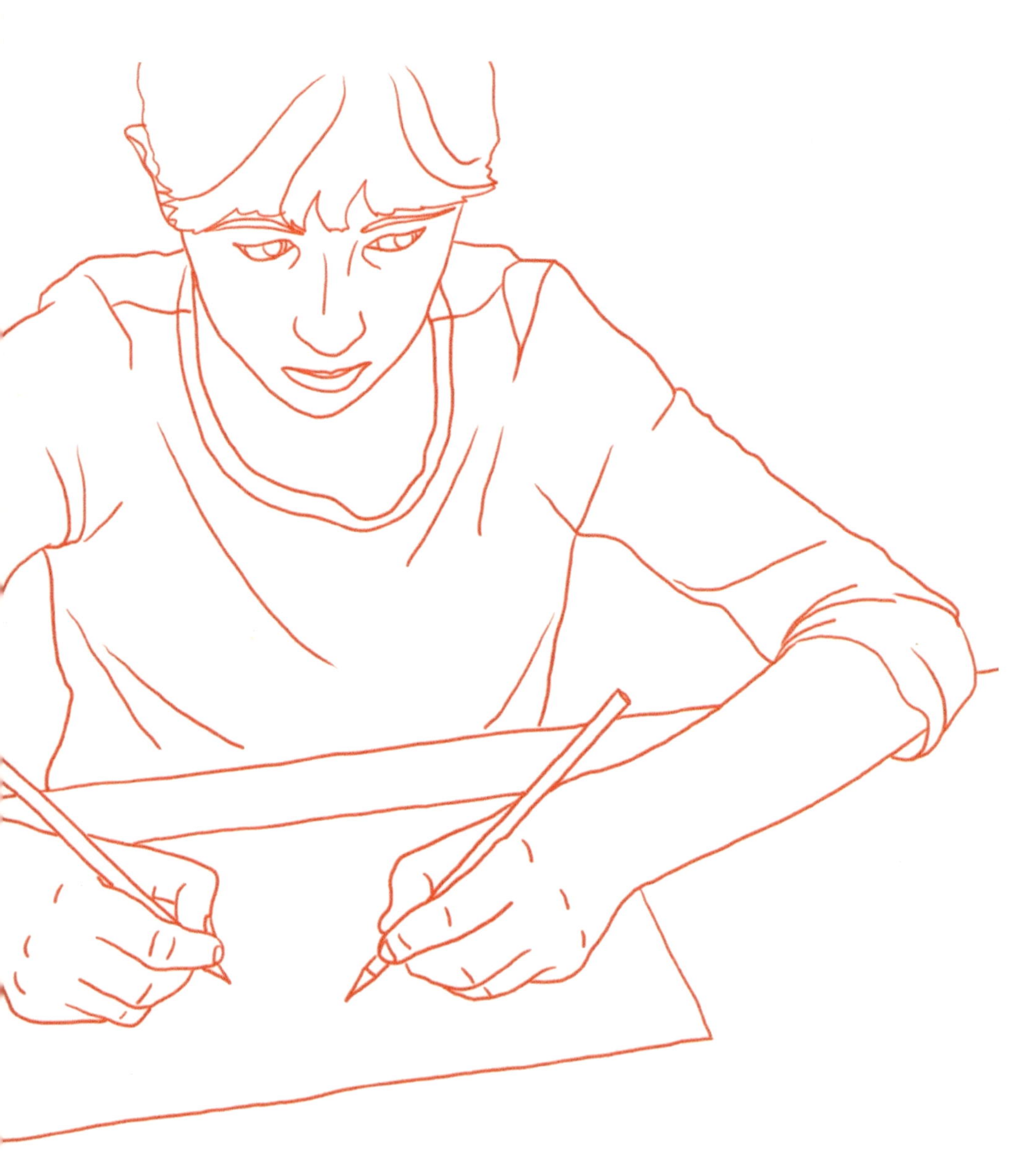

2. Ausgangspunkte[80]

2.1. Die Gegenwart ernst nehmen

„Gegenwart ernst nehmen", schreibt Torsten Meyer, ist einer der Ausgangspunkte einer „Next Art Education" (2013:12). Eine wesentliche Voraussetzung dieser Arbeit sind die Kontexte und Momente von Gegenwart, die für das Zeichnen lernen im Kunstunterricht relevant sind. Dies ist sowohl der so genannte „Medienwandel", die damit einher gehenden veränderten Bildpraktiken der so genannten „digital natives", als auch die Perspektiven der Schüler_innen auf das Fach Kunstpädagogik hinsichtlich dessen, was sie dort lernen können, die Bedingungen des Kunstunterrichts und die damit verbundenen Verschiebungen im Kanon. All dies möchte ich unter dem Begriff des *shifts* fassen.

Die hier beschriebenen Kontexte sind Aspekte der Gegenwart, welche eine Grundlage für die gesamte Arbeit als auch das Setting der Erhebung im zweiten Teil bilden. Ausgehend von der These, dass sich die gegenwärtigen Bedingungen des Kunstunterrichts verändert haben, stelle ich im Folgenden die für das Zeichnen relevanten Änderungen und Bildpraktiken vor. Sie werden in den folgenden fünf Ausgangspunkten, die einen Paradigmenwechsel (shift) zeigen, aufgeführt.

2.1.1. Das Leben im shift

„Wie groß ist das Internet?" fragt ein/e anonyme UserIn auf der Plattform Jodel[81] am 02.12.2017, nah an dem Ort, an dem ich gerade an diesem Text schreibe. Ich muss über die Frage lächeln, scrolle durch die Antworten anderer UserInnen und lese: „Ohne die Pornoseiten passt es auf eine CD", „Drölf" oder „324 Badewannen". Ich mache einen Screenshot vom Gesprächsverlauf, wissend, dass ich aufgrund der Regeln der App morgen um diese Zeit nicht mehr so einfach in der Lage sein werde, den Dialog einzusehen. Mit dem Screenshot sichere ich den

80 Die in diesem Kapitel ausgeführten Überlegungen wurden in kürzerer und stark veränderter Form in folgenden Publikationen von mir veröffentlicht: Kolb (2020ba); Kolb (2020b), Schütze und Kolb (2020).

81 Jodel ist seit 2014 als App erhältlich. Auf ihr können Texte und Bilder anonym veröffentlicht und regional codiert gelesen und kommentiert werden. Die App verzeichnet (Selbstauskunft) im August 2017 1,5 Millionen UserInnen, die Zielgruppe sind vor allem Studierende. Vgl.: http://www.faz.net/aktuell/stil/leib-seele/jodel-app-anonym-lokal-und-lustig-kommunizieren-15126386.html [28.11.2020]

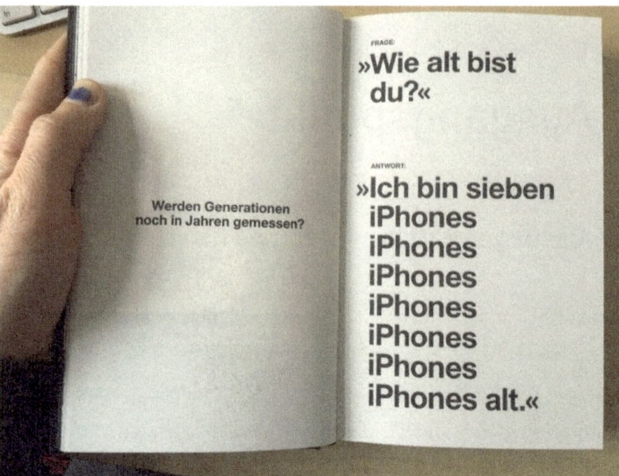

Abb. 5. Basar et al. 2015: Erschütterung der Welt: Leitfaden für die extreme Gegenwart.

zufällig vor gelbem Hintergrund erscheinenden Text als Bild automatisch in den Ordner „Meine Bilder" auf meinem Smartphone. Via iMessage teile ich das Fundstück aus der Hosentasche[82] die inzwischen als Bild weiter verarbeitete Information mit einer Kollegin und sie antwortet prompt. All das mache ich mit einer taktil minimalen Aktivität des Daumens: Ich *swipe* und *scrolle*. Michel Serres spricht hier von den „kleinen Däumlingen" (Serres 2013: 10), die er nicht nur mit ihren Fähigkeiten, Geräte mit dem Daumen zu bedienen charakterisiert, sondern ihnen zusätzlich attestiert, dass sie nicht mehr die gleichen Bezugsreferenzen wie etwa Raum oder Zeit haben. Damit zeichnet sich eine Transformation ab, die bisher noch nicht mit einem Blick überschaubar ist (vgl. Serres 2016:18). Wir alle befinden uns – in verschiedenen Positionierungen – inmitten einer Transformation, in deren Prozess wir mehr oder minder aktiv involviert sind und den wir mehr oder minder gut beobachten und reflektieren können. Während ich beim Lesen der kurzen Texte in „Jodel" einer Community folge,

82 Vgl. Torsten Meyer (2008) o.p. (http://medialogy.de/2008/10/22/internet-in-der-hosentasche-%E2%80%93-prufungs-strategien/) sowie Gila Kolb und Clare Butcher: „Chorwissen für die Hosentasche" einer Workshopreihe zur Kunstvermittlung der documenta 14 aneducation im Frühjahr 2017, bei der Werkzeuge für das (Ver-)lernen mit Kunst im Zentrum standen.

die sich mehrheitlich gerade im Studium befindet[83], beobachte ich deren Praktiken dabei mit einem ähnlichen Staunen wie Serres, der sich wohl bei der Veröffentlichung von „*Petice Poucette*" im Jahr 2012 noch auf die Praktiken des SMS-Schreibens, Wikipedia oder des Bloggens bezog. Beides ist schon jetzt wieder anachronistisch.[84] Denn nicht nur die Praktiken verändern sich, sondern auch die verschiedenen Gruppen, die sie ausüben. Das ist nicht neu.

In dem 1997 erschienenen Band „Hyperkult. Geschichte, Theorie und Kontext digitaler Medien", ist von einem Epochenwechsel die Rede, die der Computer einläutet (Amelunxen et al. 1997:99). Darin finden sich Beiträge, die über den Computer als Medium reflektieren, die dessen Geschichte bisher darstellen und zugleich über den Umgang mit ihm und damit über das Internet spekulieren, als es noch „neu"[85] war. Erinnern wir uns: Der erste massentaugliche Browser war „Netscape Navigator" (vs. „Internet Explorer") – jetzt surfen wir mit „Safari", „Chrome" oder „Firefox". „Where do you want to go today?" fragte Microsoft seine (potenziellen) UserInnen 1994[86]; „drin" [im Internet]; verkündete Boris Becker für AOL 1999. Jetzt kommt das Smartphone langsam in die Pubertät (das iPhone 1 wurde 2007 vorgestellt); das Internet befindet sich währenddessen schon in der midlife crisis und mit ihm die Nutzer*innen.

Aktuell geht es nicht mehr darum, *im* Internet irgendwohin zu kommen, sondern *mit* dem Internet zu navigieren: Das wirkt gelegentlich magisch[87] und führt ab und zu zum Staunen. Zum Beispiel, wenn mit der App Sky Guide die Sterne auch *unter* den Füßen (gewissermaßen durch die Erde hindurch) zu sehen sind oder ein Pokémon in der *Augmented Reality Version* der App auf dem Küchentisch sitzt. Dieses Staunen weicht bei einer alltäglichen Verwendung – oder gerät allenfalls ins Vergessen.

Das Internet und seine verschiedenen Erscheinungsformen (hier: Wikipedia) haben zum Ende der Lexika in Buchform geführt (z. B. Brockhaus 2014) und zu vermeintlichen Filter-Bubbles, also individualisierte Wissenswelten. Michael Seemann zeigt dabei sehr anschaulich, dass diese gerade nicht mit den Möglichkeiten von Web 2.0, sondern mit der Entscheidung der Nutzer_innen einher geht (Seemann 2017). Es stellt sich damit die Frage, über welches Wissen

83 Vgl.:https://www.heise.de/newsticker/meldung/Berliner-Social-Media-App-Jodel-zaehlt-mehr-als-eine-Million-Nutzer-4027422.html [28.11.2020]

84 Jetzt, da ich diese Zeilen schreibe, wäre mein Impuls, TikTok zu öffnen, um dort ein geeignetes Beispiel von gegenwärtigem Mediengebrauch zu suchen. Dieses Beispiel wäre beim Druck dieses Buches bereits veraltet und ggf. erklärungsbedürftig, weil die Kontexte der Gegenwart nicht mehr verfügbar sein könnten.

85 „Neu" war das Internet für unterschiedliche Personengruppen wohl zu unterschiedlichen Zeiten. Ich beziehe mich hier auf die Verbreitung des Personal Computers in den 1990er Jahren.

86 Dieser Satz sollte das Surfen im Internet als zielgerichtet und weniger sich verlierend, aber immer noch entdeckende Tätigkeit darstellen. "We want to take away any sense of mystery and replace it with a sense of discovery", zitiert nach: http://www.nytimes.com/1994/11/11/business/media-business-advertising-microsoft-takes-user-friendly-approach-selling-its.html [28.11.2020]

87 „Any sufficiently advanced technology is indistinguishable from magic." (Arthur C. Clarke, 1962), Zitiert nach: (Meyer und Kolb 2015:90); vergleiche auch: Where the magic happens. Bildung nach der Entgrenzung der Künste (Meyer 2016)

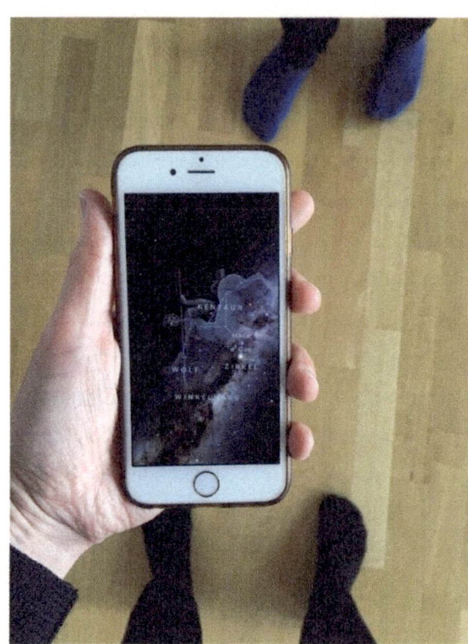

Abb. 6: Die App Sky Guide zeigt den Sternenhimmel auf der gegenüberliegenden Erdkugel.

Menschen in welchen Formaten zukünftig verfügen werden. Ähnlich einer google-Suche mit dem Hashtag „Medienwandel & Handzeichnung" werden nun Aspekte aufgerufen, zu denen sich ein Bezug zur Kunstpädagogik, als genuines Fach für Kunst, Medien und Bildung, herstellen lässt. Sie dienen dazu aufzuzeigen, dass sich die Welt und wir uns so sehr im Wandel befinden, dass ein Überblick nicht mehr möglich ist und dass die Art und Weise, Dinge zu verstehen, sich für Generationen verändert hat.

2.1.2. Shift

Die Welt verändert sich beständig. Sie ist in *shift*. *Shift* verstehe ich nicht als eine Wende, einen turn oder ein Update, durch welche ein tradiertes Konzept von einem anderen, nun neu entwickelten abgelöst wird – sondern vielmehr als ein beständiges, fortwährendes *Verschieben* bestehender Muster und Ordnungen (vgl. Kolb 2014). Wie Wissen generiert und vermittelt wird, muss demzufolge auch im Wandel sein, bzw. diesen mit bedenken.[88] Für die Kunstpädagogik werden die zuvor beschriebenen Phänomene in Forschungsprojekten bearbeitet.[89] Würden der *shift*, die aktuellen Verschiebungen nicht reflektiert werden, können traditionelle Methoden der Kunstpädagogik jüngeren Generationen (wie etwa die der „kleinen Däumlinge" (Serres 2021)) kaum noch auf Augenhöhe erreichen. Erst wenn Verschiebungen wie etwa das Medienhandeln, die Aufmerksamkeit oder Zugänge zur Historizität vermittlerisch mitgedacht werden, können Methoden und Wissen innerhalb der Kunstpädagogik aktualisiert werden. Auf dieser Basis können gemeinsame (Schnitt-)Punkte zwischen Lehrenden und Lernenden entstehen, aus denen heraus *gemeinsam* Wissen generiert werden kann. Die Kunstpädagogik kann hier Bedeutungen generieren und Möglichkeiten eröffnen – als Disziplin ist sie dafür ausgelegt (vgl. Meyer und Sabisch 2009). Die jeweiligen Veränderungen und Verschiebungen (von *diesem* zu *jenem*) zu beschreiben, objektiv zu erfassen, zu definieren und damit für Lehrende/Lernende erfahrbar zu machen, ist ein Schritt. Diesen in Praktiken zu erfahren und gegebenenfalls mitzuprägen – was im Umgang mit zeitgenössischer Kunst schon immer möglich war – ist ein weiterer. Neu hinzu kommt, dass die Generierung und Vermittlung von Wissen im Sinne gültiger Wahrheiten sowie das Verhältnis von Lern-/Lehrbeziehungen vor diesem Hintergrund neu gedacht werden muss. Einen Ansatz dafür hat Nora Sternfeld mit „Verlernen Vermitteln" dargelegt:

> *„‚Verlernen' meint nicht, auf den ‚delete'-Knopf drücken können oder hinter bestehende Machtverhältnisse zurück zu gehen – gemeint ist eine Auseinandersetzung mit den bestehenden Machtverhältnissen im Hinblick auf ihre Verschiebung."*
> *(Sternfeld et al. 2015:333)*

Eine solche Kunstpädagogik zu konzipieren, würde bedeuten, dass das Wissen verhandelbar ist und dass nicht sicher ist, dass eine Person über ein bestimmtes Wissen verfügt und es an andere weiter gibt. Damit verbunden ist dann, wenn Macht – und Wissensverhältnisse verhandelt werden, auch die Konsequenz einer Verschiebung von Privilegien. Das erfordert Mut und ist manchmal unangenehm. Mit anderen Worten: Wenn sich eine Lehrperson für diesen Weg entscheidet, bedeutet dies auch, Unsicherheiten und Nicht-Wissen in Lehr-Lernsituationen zuzulassen.

88 Vgl. hierzu Thomas S. Kuhn: The Structure of Scientific Revolution. Chicago & London, 1972. Diesen Hinweis verdanke ich Jelena Toopeekoff.

89 Durch aktuelle Forschungsprojekte wie etwa Post-Internet Arts Education Research (2017–2021) am Institut für Kunst & Kunsttheorie der Universität zu Köln sowie die Dissertation „Bildlichkeit nach dem Internet. Aktualisierungen für eine Kunstvermittlung am Bild" (2020) von Konstanze Schütze, sowie die Dissertation „Navigating the Present, Prototyping the Future. Kunstpädagogik im Kontext digitaler Kulturen (Arbeitstitel)" von Kristin Klein.

Nun soll gezeigt werden, dass selbst und gerade mit dem Zeichnen eine solche *Verschiebung* stattfinden kann. Dafür gilt es zunächst, noch einmal zu klären, mit welchen Lernbiografien wir es gegenwärtig zu tun haben. Beginnen wir also mit einer Unterscheidung, die 2001 von dem Autor und Game Designer Mark Prensky getroffen wurde: Die von den *digital natives* und *digital immigrants,* indem er zunächst feststellt: „Today's students are no longer the people our educational system was designed to teach" (Prensky 2001:1). Prensky argumentiert, dass es einen entscheidenden Unterschied der Generationen gebe, die sich aus seiner Sicht vor allem darin manifestiere, dass es Menschen gibt, die mit dem Internet aufgewachsen sind (*natives*) und andere, die vor dem Internet geboren wurden und folglich in ihrem Erwachsenenalter hinein gewachsen sind (*immigrants*).

Für diese so unterschiedenen Gruppen, die sich teilweise noch in die Gruppen der Lernenden (*natives*) und Lehrenden (*immigrants*) unterteilen lassen, folgert Prensky, dass sich Lehrende an die digitalen Welten anpassen sollten, um Lernende zu erreichen (ebd.:6). Die Kuratorin und Künstlerin Vanessa Kowalski, die digitale Praktiken des Online-Kuratierens untersuchte und nach Prensky der Gruppe der *digital natives* angehört, weist darauf hin, dass der Begriff eine Fremdzuschreibung sei. Die Zuschreibung wurde von Seiten der Generation der *digital immigrants* gemacht, während sie sich selbst aus ihrer eigenen Erfahrung heraus eher

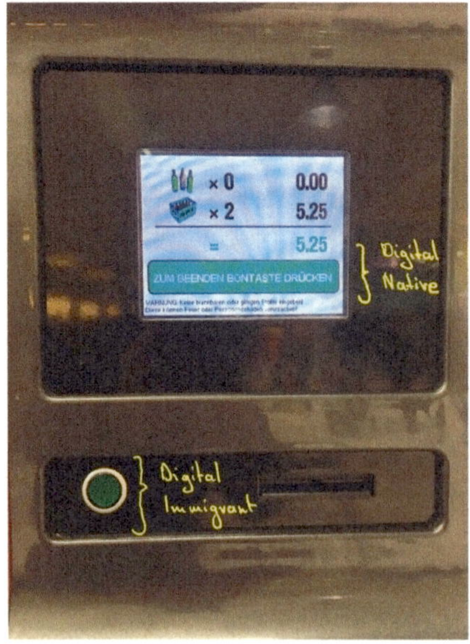

Abb. 7: Digital immigrant vs. digital native.

als *digital naïve* beschreiben würde (vgl. Kowalski 2018:21–22). Eine andere Eigenzuschreibung bietet Piotr Czerski mit dem Begriff „web kids“ (Czerski 2012/ 2015) an, indem er die Praktiken und Wünsche einer Gruppe, die sich nicht eindeutig fassen lässt, die sich aber als ein aktiver Teil des Internets begreift, zusammenfasst und deren Ausgangspunkt setzt:

> *“We grew up with the Internet and on the Internet. This is what makes us different; this is what makes the crucial, although surprising from your point of view, difference: we do not 'surf' and the internet to us is not a 'place' or 'virtual space'. The Internet to us is not something external to reality but a part of it: an invisible yet constantly present layer intertwined with the physical environment. We do not use the Internet, we live on the Internet and along it. (...) The Web is a process, happening continuously and continuously transforming before our eyes; with us and through us.” (Czerski 2015:124)*

Wie sich diese Onlinewelten für Jugendliche selbstverständlich erschließen und Anteil an ihrer Biografie, ihrem Handeln und ihren (wechselnden) Identitäten haben, welche Verletzbarkeit und Möglichkeiten diesen inne liegen, zeigt eindrucksvoll die Webseite *memories of being online* (www.allmyfriendsatonce.com) von Gene McHugh, auf der Erinnerungen der ersten Erlebnisse des online-Seins geteilt werden – sei es als Bild, Text oder sonstige Formen digitaler Collage. Vanessa Kowalski beschreibt in ihrer Masterthesis “On curating, online: Buying time in the middle of nowhere“ über ihre eigene Situiertheit und ihre Verbindung mit der Welt durch ihre Fingerspitzen:

> *“I have grown up with the world (within worlds) at my fingertips, and it is without a doubt that as a user, cultural worker and curator, as a viewer, and as a scholar, I – and it seems I am not alone – have taken this technology for granted.”(Kowalski 2018:22)*

2.1.3. „Unerwünschte“ Praktiken der „digital natives“ #kidsignoringrembrandt

Das alltägliche (Medien-)handeln von Schüler_innen, die Marc Prensky als *digital natives* bezeichnet, bietet ausreichend großes Potenzial, Vorstellungen des Lernens, und die Normen, der sie noch immer unterliegen, zu differenzieren. Ein Beispiel aus dem Jahr 2014: Die breit rezipierte Fotografie des Kunsthistorikers und Journalisten Gijsbert van der Wal hat in Sachen Medienhandeln der Schüler*innen den Fachdiskurs wie die öffentliche Debatte gleichermaßen aufgewühlt. Es zeigt eine Gruppe Schüler*innen im Rijksmuseum vor dem Gemälde „Nachtwache“ Rembrandt van Rijns sitzend, die in ihr Smartphone schauen. Nachdem er es mit dem

Hinweis auf „eine neue Generation“[90] auf seinem twitter-Account gepostet hatte, entstand eine rege Diskussion und Distribution des Bildes, die er auf seinem flickr-Account so zusammenfasst:

> *“It went viral, with people often adding rather dispirited captions: today's youth is more interested in Whatsapp than they are in Rembrandt. On the other hand there were people who warned not to be misled by the image: they asserted that the students were in fact attentive to the art works, using the museum's freely downloadable multimedia tour.” (van der Wal, 27. Nov. 2014)*

Nachdem van der Wal es mit dem Hinweis auf „eine neue Generation“ auch auf seinem facebook-Account[91] gepostet hatte, entzündete sich eine rege Diskussion und Distribution online. Der offizielle twitter-Account des Museums teilte der Öffentlichkeit derweil mit, dass die Kinder die App des Museums nutzen würden. In der Folge nahm das Rijksmuseum die Diskussionen auf und bietet seither unter dem hashtag #startdrawing Möglichkeiten an, sich zeichnend im Museum zu bewegen und bittet darum, auf Fotoaufnahmen zu verzichten. Kurz nach dem Start dieses Vermittlungsprogramms twittert eine Kunstvermittlerin des Rijksmuseums eine Aufnahme[92], die eine frappierende Ähnlichkeit mit der oben beschriebenen Fotografie aufweist – mit dem Unterschied, dass die abgebildeten Personen sich der „Nachtwache“ zuwenden und Zeichenblöcke vor ihnen liegen.

Dieses Beispiel illustriert das immer wieder beschworene (Un-)Verhältnis „aktueller“ und „traditioneller“ Medien – wobei die Handzeichnung als „traditionell“ gilt – sowohl für künstlerische, als auch für kunstpädagogische Kontexte. Zudem zeigt sich ein gesellschaftlich normierender Auftrag der Museen, der sich seit ihrer Einrichtung in der Mitte des 19. Jahrhunderts etabliert hat (vgl. Duncan 1995), der nicht nur Kunstwerke bewahrt, sondern bestimmte Wahrnehmungs- und Verhaltensweisen vermittelt. So zeigt das Museum die Kinder und Jugendliche beim Zeichnen und nicht mit dem Smartphone hantierend, oder stellt einen kontemplierenden Besucher aus: Im Juni 2017 verbrachte der zehnmillionste Besucher eine Nacht vor dem bekannten Gemälde. Die Pressemitteilung zeigt den Gewinner, der von Beruf Kunstlehrer ist, auf einer Liege mit einem Glas Sekt in der Hand und einem Bücherstapel neben sich

90 Der Tweet ist in niederländischer Sprache verfasst. Übersetzt lautet dieser: „Neue Generation von Museumsbesuchern heute Nachmittag im @rijksmuseum.“ https://twitter.com/wijdopenogen/status/538085905987567616 [28.11.2020]

91 Wie van der Val dort weiter beschreibt, wurde das Foto alleine auf der social media-Plattform facebook 9.500 mal geteilt. https://www.flickr.com/photos/gijsvanderwal/15893868835 [28.11.2020]

92 Im Kontext des weltweit umgesetzten Formats „the big draw“, eine Art Aktionstag, an dem an bestimmten öffentlichen Orten gezeichnet wird. https://www.rijksmuseum.nl/nl/big-draw. Der Tweet der Kunstvermittlerin Frouke Journa findet sich hier: https://twitter.com/froukejorna/status/658326516649107457 [28.11.2020]

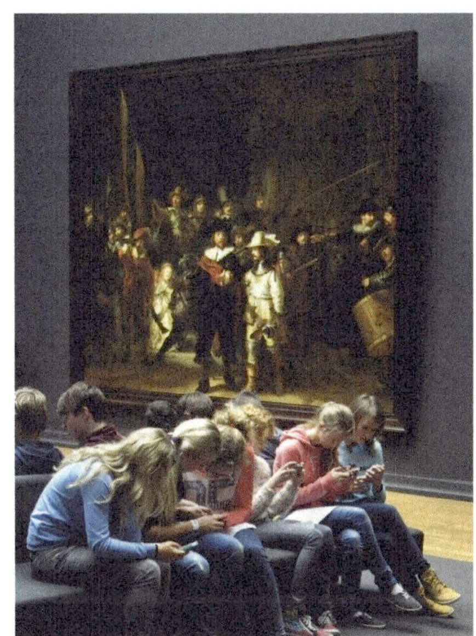

Abb. 8: Gijsbert van der Wal: 27 november 2014, Rijksmuseum Amsterdam.

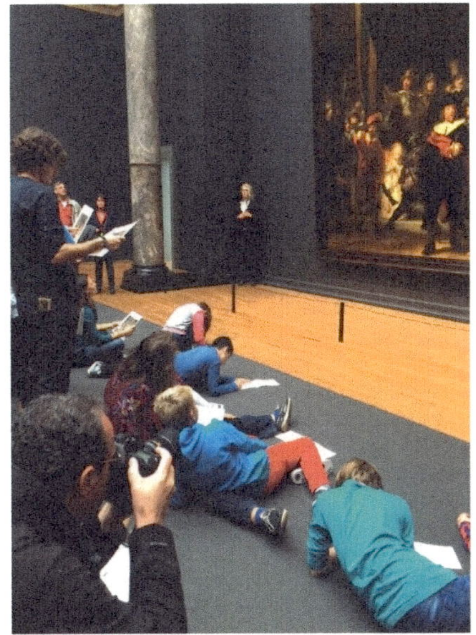

Abb. 9: #startdrawing, Rijksmuseum Amsterdam via @froukejorna.

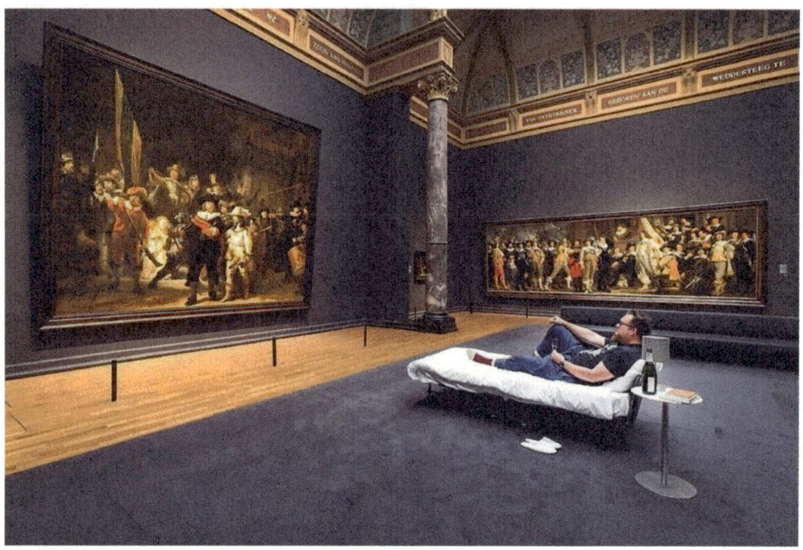

Abb. 10: Der 10.000.000. Besucher übernachtet im Rijksmuseum, 2017.

vor dem Gemälde platziert.[93] Vor einem Kunstwerk zu schlafen, wie es auch Ruth Noack mit Studierenden praktizierte, ist im normativen Sinne nicht *vorzeigbar,* wenn es um Bilder geht, in denen Institutionen als Bildungsorte sichtbar sein wollen.[94] Im Falle des Übernachtungsgastes des Rijksmuseums wird eben nicht der Schlaf als widerständige Praxis innerhalb von hegemonialen Räumen verstanden, schließlich sind mit den Büchern auch noch Hinweise auf analoge Recherche gegeben. Ausgestellt wird die Vorstellung, dass die Betrachtung des berühmten Gemäldes mit viel Zeit, Genuss und bereit gestelltem Wissen stattfindet.

Das wirft nicht nur Fragen auf, warum welche Praktiken in der Bildungseinrichtung Museum erwünscht oder nicht erwünscht sind, bzw. gezeigt werden.[95] Vielmehr verschiebt

93 "10 millionth visitor Stefan Kasper said: 'What a surprise! I am looking forward to spending some hours alone with all the Dutch Master paintings in the Rijksmuseum. Tonight, I will dream of the Night Watch.'" Vgl.: https://www.rijksmuseum.nl/en/press/press-releases/rijksmuseums-10-millionth-visitor-spends-the-night-beneath-the-night-watch [28.11.2020]

94 Vgl.: Ruth Noack, Roaming Assembly #20: Between Subversion and Hallucination (Veranstaltung am 18. März 2018) und der 2017–2018 COOP study group: Sleeping with a Vengeance, Dreaming of a Life ~ María Berríos, Tina Gverović, Ruth Noack, Dutch Art Institute.

95 Eine detaillierte Kritik dieser Inszenierung und der damit verbundenen Vorstellung von Kunstrezeption würden den hier gegebenen Rahmen überschreiten Vergleiche hierzu institutionskritische Publikationen wie etwa Duncan 1995, Jaschke et al. 2005, Kazeem et al. 2009.

sich die Frage von: Wie *sollten* Kinder und Jugendliche einen Umgang mit Kunst betreiben? hin zu der Frage nach der Praxis der Gegenwart: Wie *betreiben* sie diesen bereits? Denn weder ist ein sichtbarer Bleistift eine Garantie für intensives Lernen, oder ein Smartphone mit frei zugänglichem WIFI eine Garantie für kein intensives Lernen. Selbstverständlich ist es grundsätzlich möglich, auch beim analogen Zeichnen nicht hinzusehen, ein Spiel zu spielen oder mit anderen zu kommunizieren, dies geht mit und ohne Smartphone. Aber: Es sieht in den Augen der Betrachtenden jeweils anders aus – und kann unterschiedlich interpretiert werden. Dieses Beispiel hat etwas mit dem Zeichnen lernen und lehren zu tun, da das Lernen Erwartungen unterliegt, wie es aussehen soll, wenn wie etwas aussieht, wenn es z. B. ‚gekonnt' ist.

Das Smartphone und dessen damit einhergehenden Möglichkeiten erlaubt andere Lösungen für Problemstellungen des Kunstunterrichts, wie etwa die Frage nach dem Nachzeichnen von beweglichen Sujets. Die Kunstlehrerin und Kuratorin Helena Björk zeigt mit „cat croquis" in ihrem Unterricht, wie das Zeichnen mit YouTube-Videos zu produktiven Ergebnissen führt (Björk o. J.). Björk zeigt, dass nicht das Smartphone oder ein Internetanschluss alleine, sondern vielmehr die Praktiken des Internets unterschiedliche Weisen ermöglichen, Wissen zu verarbeiten und mit anderen zu teilen.

Und doch trifft beim Beispiel der zuvor beschriebenen Kinder, die Rembrandts Nachtwache zu ignorieren scheinen, ein Teil der Vorurteile zu: Wenn Schüler*innen das Smartphone in der Hand haben, sind sie zumeist online. Die im Oktober 2015 vorgestellte Shell-Jugendstudie belegt, was schon längst als Meinung (oder Vorurteil) über das Verhalten Jugendlicher existiert: 99% von ihnen nutzen das Internet regelmäßig. Für sie sei eine Grenze zwischen Online-Sein und realem Leben nicht wahrnehmbar – das Internet und die mit einem Smartphone verbundenen Techniken (wie etwa Fotos, Videos und Texte produzieren, reproduzieren oder teilen)

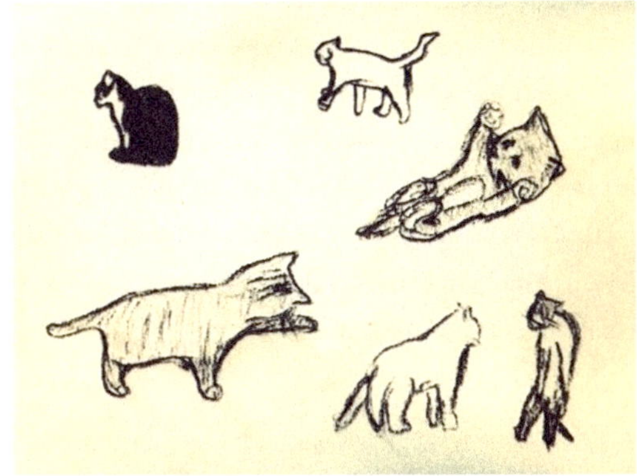

Abbildung 11:
Helena Björk: Cat Croquis.
Rechts oben im Bild:
Tickle me Kitten, 2019.

begleiten Jugendliche in ihrem Alltag (vgl. Albert, Hurrelmann et. al 2015). Torsten Meyer fasst dies so zusammen:

> „*Die Eingeborenen der Digitalkultur tragen keine Cybernauten-Anzüge, um sich in parallele Welten zu versenken. Stattdessen tragen sie das Internet in der Hosentasche mit sich herum. Sie haben das Internet ins real life geholt und damit gewissermaßen den Cyberspace von drinnen nach draußen gestülpt.*" *(Meyer 2016:237)*

Das Smartphone stellt laut Shell-Jugendstudie den primären Kontakt zum Internet dar – und damit zu Plattformen wie instagram, facebook, twitter, snapchat, TikTok, YouTube et al.. Das lässt sich kritisch kommentieren, denn ein beständiges Online-Sein bedeutet auch, dass die Aufmerksamkeit sich wandelt, da es die ständige Möglichkeit gibt, Aufmerksamkeit zu vergeben – aber auch auf sich zu ziehen.

2.1.4. Bursts of high attention: Augen und Ohren der „kleinen Däumlinge"[96]

Die Studie „Attention Spans. Consumer Insights, Microsoft Canada"[97] von 2015 weist darauf hin, dass sich die menschliche Aufmerksamkeitsspanne beim Aufnehmen von Informationen verkürzte. Sie unterscheidet zwischen „early adopters" (Menschen, die von Kindheit an mit einem Smartphone agieren) und „late adopters". Die so gemessene Verkürzung wurde quantifiziert: Von 12 Sekunden im Jahr 2000 auf 8 Sekunden im Jahr 2013 – gemessen anhand „traditioneller Medien", wie etwa Film oder Zeitung. Doch bedeutet diese zeitliche Verkürzung nicht, dass (junge) Menschen nun nicht mehr in der Lage sind, sich zu konzentrieren: Denn die Studie zeigt auch, dass Personen, die häufig mit dem Smartphone interagieren und dies schon von Kindheit an (early adopters), häufiger zu sehr konzentrierten Phasen (bursts of high attention) neigen. Dabei verarbeiten und erinnern sie, obgleich scheinbar unaufmerksamer, die Informationen präziser – im Vergleich zu Personen, die weniger häufig Neue Medien nutzen (Microsoft Canada 2015:21). Die Studie entwickelt drei Typisierungen von Mediennutzer_innen: „Sustained", „Selective" und „Alternating" – und stellt damit letzteres als die Fähigkeit heraus, zwischen verschiedenen medialen und inhaltlichen Ebenen rasch wechseln zu können (ebd.:47). Die Animationsfilmerin Martina Bramkamp zeigt mithilfe der Studie des Softwareunternehmens, dass dieser Wandel in der Aufmerksamkeit sich bereits vollzogen hat und weist auf einen wichtigen Aspekt hin:

96 Siehe: Serres 2013

97 Online: https://dl.motamem.org/microsoft-attention-spans-research-report.pdf [28.11.2020]

> *"The speed at which audio-visual content is uploaded, consumed and shared online is increasing as never before. The tendency towards shorter and more compact formats reflects a decrease in the attention span of younger audiences. The increasing pace and amount of information being shared via social media platforms highlights a global shift in viewing habits." (Bramkamp 2016:17)*

„Alternating", das Wechseln zwischen verschiedenen Informationskanälen, zählt der Studie zufolge zu den Fähigkeiten und Fertigkeiten, die Schüler*innen in (weiterführenden) Schulen in den Unterricht mitbringen. Die Wahrnehmung und das Handeln von Schüler*innen sind demnach vom sogenannten „Medienwandel" geprägt – auch wenn die elektronischen Geräte im Unterricht gerade nicht zur Hand sind. Sprechen wir also von einer Grundbedingung – dem *internet state of mind* (Carson Chan 2013), mit dem Schüler*innen bereits umgehen – und das deshalb bei der Konzeption von aktueller Kunstpädagogik mit bedacht werden sollte, denn die Qualität der hohe Konzentrationsfähigkeit steht schließlich zur Verfügung.

2.1.5. Was wollen Schüler*innen im Kunstunterricht können?

Was Schüler*innen im Kunst- bzw. Unterricht Bildnerisches Gestalten lernen wollen, hat Franz Billmayer im Jahr 2009 innerhalb der Umfrage „Was SchülerInnen lernen wollen"[98] erhoben. Zwölf Tätigkeiten wurden zur Auswahl angeboten. Die Umfrage enthielt 12 multiple choice-Fragen zu möglichen Unterrichtsinhalten, wurde in Gymnasien durchgeführt und wurde von 1791 Schüler*innen beantwortet. 45% der Schüler*innen setzen „... lernen, möglichst so genau zu zeichnen, so dass die Bilder wie in echt ausschauen" auf einen der drei ersten Plätze. Nun lässt sich einwenden, dass die Items durch ihre Formulierung insofern einer gewissen Vorprägung unterliegen, da geschlossene Fragen verwendet wurden; ein freies Feld, um selbst Inhalte einzutragen, gab es nicht. Aus den begleitenden Materialien geht nicht hervor, ob die Umfrage mit oder ohne Lehrperson im Raum, in der Schule oder zu Hause beantwortet wurde. Durch die verhältnismäßig wenig differenzierten Antwortmöglichkeiten in diesem quantitativ orientierten Setting ergibt sich ein klares Ergebnis, das der zuvor eröffneten Fragestellung entgegenkommt: Nämlich der nach der Gewichtung von den Inhalten, die (vermutet) am häufigsten von Schüler*innen mit Kunstunterricht vermutet werden.[99] Nichtdestrotz zeigt diese Umfrage: Es gibt eine Vorstellung von *Können*, die übersetzt werden kann in eine

98 Franz Billmayer: Was SchülerInnen lernen wollen. Eine Umfrage unter SchülerInnen in Deutschland und Österreich – 2009. Zitiert nach: http://www.bilderlernen.at/2017/09/30/was-schuelerinnen-lernen-wollen/ [28.11.2020]

99 Es gilt deshalb zu bemerken, dass Fragen auch immer etwas über das Erkenntnisinteresse des Fragenden aussagen, in diesem Falle auch um die Überprüfung von zuvor erarbeiteten Inhalten.

Wertung (mehr oder weniger interessant); die vermutlich geprägt ist von Erwartungen, wie etwa, dass im Kunstunterricht vermittelt werden würde, *realistisch zeichnen zu lernen.*

Dass Schüler*innen und ehemalige Schüler*innen sehr genaue Vorstellungen haben, was sie im Kunstunterricht lernen wollen, zeigt sich auch in einer weiteren Erhebung aus dem Jahr 2011, welche von Claudia Althann-Birkner, Kathrin Zapp und der Autorin zum Thema „Schwierige Schüler*innen" durchgeführt wurde.[100] Dann haben 188 Personen mit Schulerfahrung einen Fragebogen ausgefüllt, wobei 55 Personen mit aktueller Schulerfahrung, also Schüler*innen waren. Ich zitiere daraus:

> *„Schüler/innen scheinen sehr klare Vorstellungen davon zu haben, welche Themen sie gerne im Kunstunterricht behandeln möchten. In den Antworten auf die Frage: „Es gibt etwas, das ich gerne einmal im Kunstunterricht machen würde/ wollte:", werden Erwartungen oder Wünsche an den Kunstunterricht formuliert. Geäußert wurde vor allem von jüngeren Schüler/innen: „Töpfern/Arbeiten mit Ton" (16 mal), gefolgt von „etwas mit Holz machen" und „basteln" (je fünfmal). Noch konkreter benennt dies eine zwischen 2000–2004 geborene Schülerin: „Aus Knette (sic) was basteln und es der Klasse das Gebastelte vorstellen und dazu noch ein Text darüber schreiben z. B. man bastelt ein Schloss und erzählt darüber was, zum Beispiel wer in Schlössen wohnte usw."[101]. Ein gleichaltriger Schüler ergänzt: „Als erstes würde ich töpfern oder größere Sachen in einer Gruppe gestalten. Außerdem würde ich gerne mit Holz arbeiten. Oder etwas nützliches oder schönes (sic) gestalten. (z. B. ein kleines Windrad)."[102] Jüngere wie ältere Schüler/innen formulieren zudem den Wunsch, ohne allzu viele Vorgaben alleine oder in der Gruppe an etwas arbeiten zu können: „Ich würde gerne mal nur das ZEICHNEN was ich will und nichts was vorgeschrieben ist."[103] Dreimal wird in der Gruppe der Schüler der Wunsch geäußert, „nichts"[104] oder „nicht alles" zu tun; eine Schülerin schreibt: „Am liebsten würde ich einen vogel zeichnen und nicht ausmalen."[105] Von keinem der befragten aktiven Schüler/innen wurde hingegen der Bedarf formuliert, (mehr) aktuelle Jugendkultur im Unterricht zu behandeln oder (häufiger) mit dem Computer zu arbeiten. Im Vordergrund steht der Wunsch nach praktischem Arbeiten im Kunstunterricht. (...) An zweiter Stelle steht der Wunsch nach Freiraum, der sich gegen eine enge zeitliche und inhaltliche Organisation der Schule zu wenden scheint. Dass*

100 Siehe: Birkner et al. 2018
101 Fragebogen 54, w, Jahrgang 2000–2004.
102 Fragebogen 58, m, Jahrgang 2000–2004.
103 Fragebogen 47, w, Jahrgang 2000–2004.
104 Fragebogen 51, o. Geschlechtsangabe, 2000–2004.
105 Fragebogen 64, w, Jahrgang 2000–2004.

Kunstunterricht als ein Raum wahrgenommen wird, in dem das Potential einer anderen Organisationsform vermutet oder gar erwartet wird, zeigt zum einen der fünfmalige Verweis auf Projektarbeit." (Birkner et al. 2018:45 ff.)

Weiterhin wird vor allem von Personen, die den Kunstunterricht rückblickend reflektieren, die Vermittlung handwerklicher Tätigkeiten genannt und nachträglich gewünscht. Mit einer der höchsten Nennungen steht hier das Zeichnen – ebenso bei der Frage, was ehemalige Schüler*innen gerne im Kunstunterricht gemacht haben (111 Personen, 61%). (Birkner et al. 2018:50) Auch die Frage nach „idealen Schüler*innen" wird das „zeichnen können" als Indikator genannt (Birkner et al. 2018:54), bzw. umgekehrt werden „schwierige Schüler*innen" häufig mit „nicht zeichnen können" in Verbindung gebracht, eine befragte Person versteht unter einer*m schwierigen Schüler*in eine Person, die „nicht gut zeichnen kann und es schwerer als andere Schüler hat.[106]" (Birkner et al. 2018:43)

In diesen Erhebungen und Stimmen aus dem aktuell erlebten oder erinnerten Kunstunterricht zeigen sich zweierlei Dinge, die im Folgenden vertieft diskutiert werden:

1. Schüler*innen scheinen im schulischen Kunstunterricht dem Zeichnen gerne nachgehen zu wollen. Schüler*innen und ehemalige Schüler*innen haben Vorstellungen vom Kunstunterricht, die geradezu untrennbar mit der Vorstellung, dass darin Zeichnen stattfindet, verbunden sind – und sie es dort auch lernen können (oder, aus der Retrospektive, sollten).

2. Das „Können" steht mit dem „Zeichnen" verbunden insofern, dass zwar auch andere, sehr konkrete Dinge gewünscht werden (etwa dreidimensionales Gestalten), aber wenn es um die Bewertung geht (ideale oder schwierige Schüler*innen), das Zeichnen wieder prominent wird.

Wenn Kinder und Jugendliche außerhalb des Kunstunterrichts nach den Medienwelten, in denen sie sich bewegen, bzw. die sie nutzen gefragt werden, gewinnt das gestaltende Handeln jedoch eine andere Gewichtigkeit. In der seit 1998 durchgeführten Erhebung (Feierabend et al. 2015) verzeichnet die Studie aus 2014 unter Freizeitaktivitäten „Malen und basteln"[107] einen Anteil von 14%, welcher im Vergleich zu Sport (70%) und Unternehmungen mit der Familie (rund 60%) deutlich kleiner ausfällt – und zugleich eine relevante Größe im alltäglichen

106 Fragebogen 8, w, Jahrgang 1995–1999, zitiert nach Birkner et al. 2018:43.

107 Vgl. hierzu ausführlicher: Sabine Feierabend: Biografien im Wandel. Wie sich Jugendliche die Medienwelt erobern. In: Ulrich Dittler/ Michael Hoyer: Zwischen Kompetenzerwerb und Mediensucht. Chancen und Gefahren des Aufwachsens in digitalen Erlebniswelten aus medienpsychologischer und medienpädagogischer Sicht, München 2010, S. 21 ff.

Leben von Jugendlichen zu sein scheint. Differenzierter bildet dies die Shell – Jugendstudie von 2019 ab, die insbesondere bei jungen Frauen eine Zunahme von „kreativen und künstlerischen Tätigkeiten“ im Vergleich innerhalb der letzten 20 Jahre, feststellt. (Albert et al. 2019:29 ff.)

2.1.6. Wie wollen Schüler*innen Zeichnen können? Oder: Sich ein U für ein L vormachen

Béatrice Gysin hat innerhalb ihrer künstlerischen Forschung „Wozu zeichnen? Qualität und Wirkung der materialisierten Geste durch die Hand“ (Gysin 2010) 79 Schüler*innen eines Schweizer Gymnasium gefragt, wie sie sich fühlen, kurz bevor sie mit dem Zeichnen beginnen. Ihr Fazit daraus ist, dass es eine „grosse Gruppe der Befragten“ gibt, die Unsicherheit äussern, aber auch solche, die „Vorfreude, Tatendrang und Glücksgefühle“ erleben (Gysin 2010:124). In einem nächsten Schritt befragte Gysin 60 „Menschen, die nicht beruflich mit Zeichnen zu tun haben“ (ebd.:125) verschiedenen Alters. Gysin fasst zusammen:

> *„Die meisten Befragten messen das „Können“ an der Fähigkeit des Abbildens. Die Erkennbarkeit der Dinge ist für sie ausschlaggebend für die Könnerschaft.“ (Gysin 2010:126)*

Aspekte dieser „Könnerschaft“ seien technische Aspekte (z.B. Perspektive, Proportionen, Licht/ Schatten), aber auch Wiedererkennbarkeit ohne den Anspruch auf Fotorealismus. In der Auswertung identifizierte sie einen Aspekt der Angst vor Misserfolg und Unsicherheiten darüber, „dass Normen existieren, wie eine ‚gute Zeichnung‘ aussehen müsste“ (ebd. 124), was zu Resignation führen könne. Aufgabenstellungen mit klarem Resultat sowie das bewertet und verglichen werden durch die Lehrperson (und in der Klasse) werden als mögliche Gründe für eine von den Schüler*innen beschriebene „Blockade“ aufgeführt. Dagegen stehen Schüler*innen, die das Beginnen beim Zeichnen als „ruhig“ und „konzentriert“ beschreiben – oder solche, die „einfach drauflos, unbekümmert – ‚Fehler kann man ja korrigieren‘“ zeichnen. In der exemplarischen Darstellung der Antworten von 6 Schüler*innen, die das Anfangen einer Zeichnung beschreiben zeigt Gysin, wie differenziert Schüler*innen ihren Zeichenprozess erfassen und zugleich, wie sich z.B. eine anfängliche Unsicherheit ausdrückt:

„**1.** *Mir ist eher unwohl. Es ist also mehr ein negatives Gefühl. Ich mache mir meistens Sorgen darum, etwas Falsches zu machen. Mit dem ersten Strich schon das ganze Bild zu versauen. Ich bin aber auch gespannt darauf, wie es herauskommen wird. Dominique W., Jg. 1985*

2. *Ich weiß nie, wie ich beginnen soll. Da ich aber kein guter Zeichner bin, hab' ich von Anfang an so ein komisches Gefühl, dass die Zeichnung so oder so schlecht kommt; meistens bestätigt sich das. Filipe M., Jg. 1986" (Gysin 2021:125)*

Gysin weist darauf hin, „Welchen Mut dieser Durchbruch zur Sichtbarkeit stets wieder fordert!" (Gysin 2010:125) – und diesen auch wertzuschätzen. Ob sich Schüler*innen eine Zeichnung zutrauen, hinge mit „Selbstvertrauen in die persönliche Ausdrucksmöglichkeiten und mit Wertesystemen" (ebd. 125) zusammen.

Diesen Wertesystemen widmet sich Gysin im zweiten Teil ihrer Erhebung mit je 12 Kindergartenkindern, Schulkindern, Jugendlichen, jungen Erwachsenen in Ausbildung, Erwachsenen und Senior*innen. Jugendliche (13–15 Jahre) konzentrieren sich darin auf zwei Aussagenarten (zu je 50%): „Eine Erkennbarkeit der Dinge ist für sie [die Jugendlichen] ausschlaggebend für Könnerschaft." (ebd.:126), sowie: „Die Freude am Tun, die Emotionen, die damit verbunden sind: Das sei der Maßstab" (ebd.:127). Dieser Zwiespalt dieser Aussagen, die zwischen der Vorstellung einer Wiedererkennbarkeit des Ergebnisses und der eigenen Freude am Tun innerhalb des Prozesses aufspannen, führt zu Spekulationen zu den Zusammenhängen der beiden Aussagen: Ist die Freude am Tun dann gegeben, wenn die Zeichnung wiederkennbar ist? Oder scheiden sich hier die Geister bzw. Meinungen über eine gute, über eine gekonnte Zeichnung?

Im Laufe dieser Studien wird dieser Widerspruch immer wieder aufscheinen – er ist, wie bereits im Unbehagen der Zeichnung beschrieben, einer der Ausgangspunkte dieser Arbeit. Bei der Frage Gysins „Ist es ein Bedürfnis, ‚gut zeichnen zu können'?" (ebd.:128) antworten die Jugendlichen einstimmig „Ja" – und weisen somit auf einen weiteren Aspekt hin, der möglicherweise auch mit dem Befragen selbst zu tun hat: Wer möchte denn schon etwas *nicht* können (vor allem in einer Phase der allgemeinbildenden Qualifikation)? Die Gründe für diesen Wunsch wiederum geben die Jugendlichen als „Freude", „Ausdrucksmöglichkeit", „brauchbar" und „gut gegen Langeweile" an (ebd.:129) – oder „sichert in diesem Fach [Bildnerisches Gestalten] eine gute Note" (ebd.:130).

Dass es bei Jugendlichen eine Diskrepanz zwischen „zeichnen können" und „zeichnen wollen" gibt (aus verschiedenen Gründen), zeigt sich sowohl in diesen, wie auch in den von der Autorin erhobenen Daten.

„Zeichnen ist ein weiteres Feld. ‚Zeichnen können' könnte bedeuten: Mut zur eigenen visuellen Sprache haben, sich nicht vergleichen mit Normen, die vielleicht ausserhalb des persönlichen Interesses liegen, Mut zum Versuch, zur Andeutung ... […] Zeichnen bedeutet auch Kommunizieren, etwas mitteilen, aufzeigen, Platz einnehmen im Geviert des Zeichenblattes und im öffentlichen Raum." (Gysin 2021:132)

Béatrice Gysin zieht in diesem Teil ihrer künstlerischen Forschung das Fazit, dass „unbedingt auch individuelle Ausdrucksformen gefördert werden sollten" (ebd.:124) – und fordert für den „Zeichenunterricht" das Experiment: „Zeichnend den planenden Verstand unterlaufen heißt auch, dem Eigenartigen Raum zu lassen." (ebd.:132).

Howard Gardner und Ellen Winner haben die Zeichentätigkeit von Kindern und Erwachsenen untersucht und 1982 die genannte *U-curve*[108] entwickelt, in der sie das „zeichnen – können" von Kindern und Jugendlichen beschreiben. Sie untersuchten dazu Zeichnungen von Kindern, Jugendlichen und Erwachsenden. Dabei setzen die Kinder am höchsten Grad der schöpferischen Kraft an, die langsam bis zum Jugendalter abnimmt. Die meisten Jugendlichen steigen an dieser Stelle aus und zeichnen als Erwachsene immer noch im gleichen Niveau wie als Jugendliche. Daher sei die U-Kurve eher als ein L zu sehen. Wer die U-curve wieder „hinaufkommt", dessen gestalterisches Tun entspricht einer normativen-westlichen Künstler*innentradition (Gardner/ Winner 1982:157). Diese von der Psychologin Nina Schulz (2007:91-100) kritisierte Darstellung vom „Zeichnen können" lässt sich vor allem durch die Selbstwahrnehmung von Jugendlichen widerlegen, die ihre eigene zeichnerische Entwicklung so wie ihr Lernen generell oft nämlich keineswegs als U, sondern eher als L wahrnehmen: Nämlich als ein kontinuierlich anwachsendes Vermögen. Mit diesem Beispiel möchte ich auf die Gefahr hinweisen, die sich ergeben kann, wenn aus einer von Vorstellungen dominierten Zielsetzung (in diesem Falle spielte sicher auch die Kunstrezeption eine Rolle) ausgegangen wird, die nicht der Wahrnehmung der Schüler:innen selbst entspricht.

2.1.7. Wie praktizieren Lehrpersonen Zeichnung in der Lehre?

Während bisher die Perspektiven der Schüler*innen im Fokus standen, soll nun die Praxis des Kunstunterrichts, bzw. eine Selbsteinschätzung der Praxis von Lehrpersonen gegeben werden. Auch ohne Umfrage lässt sich vermuten, dass eine mehr oder weniger intensive Zeichenpraxis in jedem Kunstunterricht stattfindet. Aber wie oft kann das Zeichnen eigentlich praktiziert werden, in maximal zwei Stunden pro Woche auf der Stundentafel? Hierzu wurde von der Autorin im Sommer 2010 eine Umfrage durchgeführt. Die Fragen wurden als Anhang an einen anderen Fragebogen zur Situation des Kunstunterrichts beigefügt.[109] 37 Schulen im Umkreis einer mittleren deutschen Großstadt wurden für die Umfrage kontaktiert und um

108 Den Hinweis auf die U-curve verdanke ich Folkert Haanstra. Nina Schulz geht in ihren Ausführungen auf die von Gardner/Winner angelegte unterschiedliche kulturelle Prägungen ein; Haanstra, van Horn und Damen (2011) differenzieren dies für niederländische Zeichnungen.

109 Insgesamt wurden 14 Fragen zur Situation des Kunstunterrichts in der Großstadt und Umgebung gestellt, davon zwei zum Zeichnen und weitere 5 zur Person und Einsatzort. Prof. Dr. Tanja Wetzel sei für die Möglichkeit, Fragen zur Praxis des Zeichnens zu stellen, herzlich gedankt.

Teilnahme gebeten; an 33 Schulen wurden 183 Fragebögen verschickt, pro Schule zwischen 2 und 10 Bögen, je nach Anzahl der Kolleg*innen. Vier Schulen zeigten entweder kein Interesse (1), oder bieten das Fach Kunst nicht an (3). Insgesamt wurden 64 Fragebögen ausgefüllt und zurückgeschickt. Von den 64 Lehrer*innen die an der Umfrage teilgenommen haben, sind 39 Frauen, 20 Männer, 5 haben dazu keine Angabe gemacht. Im Durchschnitt sind die befragten Lehrer*innen 45 Jahre alt, wobei 9 von ihnen keine Altersangaben machten oder dieses mit Worten wie: „ziemlich jung“ oder „schon etwas älter“ beschrieben wurde. Die Lehrpersonen arbeiteten in den folgenden Funktionen an den Schulen: 11 Referendar*innen, 6 Sek-I Lehrer*innen, 41 Gymnasiallehrer*innen, 4 fachfremd unterrichtende, 2 machten dazu keine Angabe. Unterricht in der Mittelstufe hielten 53 Personen, 39 in der Oberstufe, 17 unterrichteten einen LK; Mehrfachnennungen waren hier möglich.

Eine Frage, die sich in zwei Teilfragen aufteilte, richtete sich an die Praxis der Zeichnung im Kunstunterricht. Sie lautete:

„*9a) Welchen prozentualen Anteil hat die Zeichnung in der ästhetischen Praxis? Antwort: __ % in der Sek I, __ Prozent in der Sek II*

9b) Welche Formen von Zeichnung werden praktiziert (z. B. Objektzeichnung, Entwurf, freie/experimentelle Zeichnung...)? (Offenes Antwortfeld)“[110]

Die Antworten auf die Frage 9a) zusammengefasst und im Durchschnitt sind für die Sekundarstufe I 38,59% und für die Sekundarstufe II 29,27 %[111]. In dieser kleinen, nur für einen bestimmten Raum zutreffenden Umfrage nimmt nach Wahrnehmung der befragten Lehrpersonen das Zeichnen 40 Prozent des Anteils der ästhetischen bzw. gestalterischen Praxis im Unterricht ein. In der Sekundarstufe II sind es noch 30 Prozent. Ein Drittel der ästhetischen Praxis im Kunstunterricht wird laut dieser Umfrage mit dem Medium oder der Technik „Zeichnen“ bestritten. Ein Grund für diesen abnehmenden Anteil kann die Zunahme der Bildbetrachtung bzw. kunstwissenschaftlichen Inhalte gemäß Lehrplan sein.

Die Formen von Zeichnung, die im eigenen Unterricht praktiziert werden wurden in der Frage 9b) genannt. Die Antworten auf die offen gestellte Frage wurden leicht kategorisiert und sind in der Abbildung 12 zusammengefasst.

110 Vgl. Gila Kolb & Tanja Wetzel (2010), Synopse 2010, Kunsthochschule Kassel, nicht veröffentlichte Umfrage.

111 Auf die erste Teilfrage antworteten 14 Personen nicht; auf die zweite 18 nicht – letzteres entspricht genau der Anzahl von befragten Lehrpersonen in Sek II.

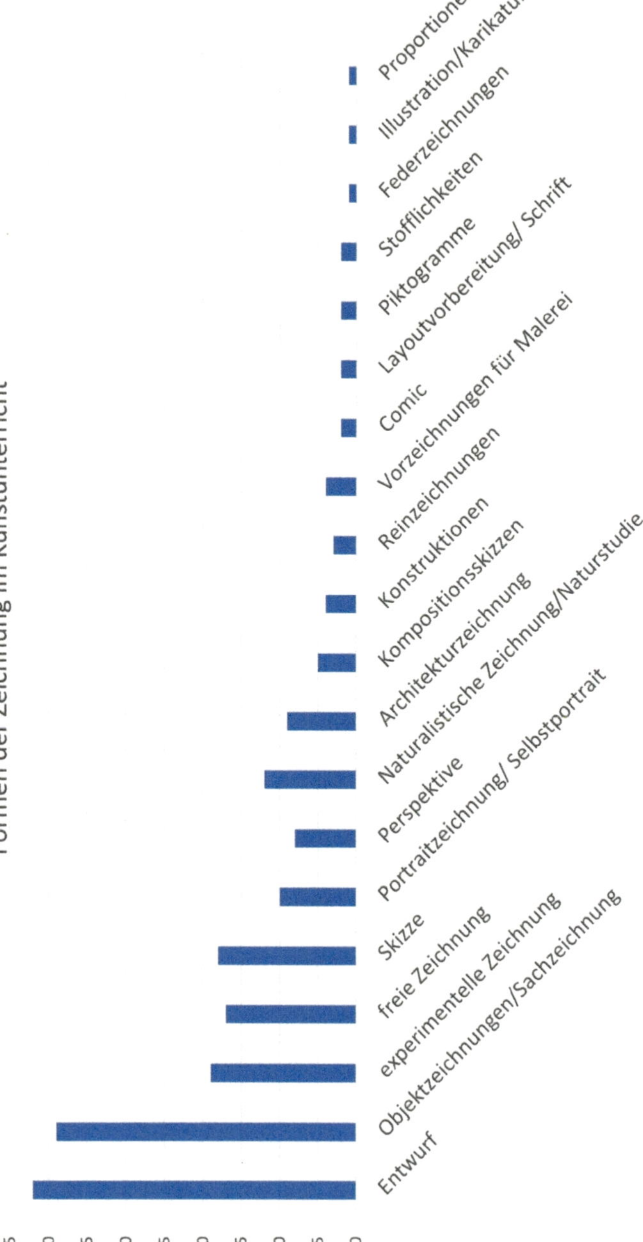

Abb. 12: Fragebogen Synopse 2010.

Weiterhin gibt es in der Antwort 9b nicht zu kategorisierende Beschreibungen von 17 Lehrpersonen, die teils sehr konkrete Formen der Zeichnung, die sie im Unterricht verwenden, beschreiben:

> *„Alle Formen von Zeichnung von den Techniken bis zur freien/ experimentellen. bei vielen Arbeiten Techniken freigestellt" (P9), „Nicht zu beantworten, hängt vom Thema ab" (P11), „Je nach Anlass die genannten, da ich versuche, je Halbjahr verschiedene Techniken zu vermitteln" (P13), „Je nach Jahrgang, 5/6; klare Linien, auch Konzentrationsübungen (Förderstufe), Strukturen (Dürers Rhinozeros) Ideen für verschiedene Strukturen (Lebensbaum). (Klassische Proportionszeichnungen/ Perspektive/ auch Entwürfe für Bewegungsabläufe (Strichmännchen) 9./10. Kl.: Schraffuren/Abstufungen Bleistift/Feder -->bis hin zum experimentelleren Zeichnen mit unterschiedlichen Stiften" (P 13) „Graphische Lockerungen/ CAD, weniger: Acryl und Farbe." (P18), „Teile aus Betty Edwards: Garantiert Zeichnen lernen" (P19), „Skizzen für Fotografien" (P22), „Entwürfe Zeichnen als visuelles Begriffe-Bilden (zB Räumlichkeit)" (P 25), „Themen -Zeichnungen (z. B. zu Gedichten)" (P24), „Werkzeichnung – Nachzeichnen von Werken" (P27), „Fantasie gerichtete Illustrationen, alle" (P 29), (P 51), „Studien/Übungen" (P 30), „one-minute-Skizen (sic)" (P32), „Entwurf ist ein Kampf/letzterer Aspekt stößt im Tun auf Zustimmung in der theoretischen Reflexion auf Unverständnis" (P32), Vervollständigen von kopierten Teilzeichnungen (P 35), „Entwürfe zur Farbgestaltung" (P35), „Linien, Muster, Dekomaterial" (P35), „I: Stillleben, Portraits, Bildergeschichten.. II: Vor allem Entwurfs-Skizzen (Portraitstudien, Architektur), Skizzen/Entwürfe zur Bildanalyse, Kompositionsschemata" (P 38), „Skizzenhafte Zeichnung als Klärung von Gedankengängen" (P42), „Möglichst alle Formen (von Sek I bis Sek II) = Grundlage!" (P43), „lineare/räumliche Experimente" (P 46), „Objekt-/Zeichnung auf dem Schulgelände, (z. B. Einlinienzeichnung, Zeichnung auf Knitterpapier etc)"*[112]

Aus dieser nicht repräsentativen Erhebung lässt sich ableiten, dass die Zeichnung aus der Perspektive von Lehrpersonen einen hohen praktischen Stellenwert Kunstunterricht innehält. Zugleich ist sie in vielfältigen Kontexten im Einsatz: Von der Bildanalyse über Entwürfe, hin zu experimentellem Zeichnen oder Anwendungen aus Zeichenlehren. Aus der Sicht der Kunst-Lehrpersonen stellt das Zeichnen einen nicht unerheblichen Anteil ihres Unterrichts in unterschiedlichen Anwendungen dar. Zugleich zeigt sich einmal mehr die nicht verallgemeinerbare, oder positiv ausgedrückt, universelle Einsetzbarkeit des Zeichnens im Kunstunterricht – die

112 Antworten auf die Fragen 91 und 9b, aus: Gila Kolb & Tanja Wetzel (2010), Synopse 2010, Kunsthochschule Kassel, nicht veröffentlicht.

sich exemplarisch in der Antwort von P11 „Nicht zu beantworten, hängt vom Thema ab“ wiederfindet.

2.1.8. Verschiebungen im Kanon und Zwischenfazit

In den vorherigen Unterkapiteln der *Ausgangspunkte* wurde dargestellt, wie AkteurInnen des Kunstunterrichts, also Schüler*innen und Lehrpersonen gleichermaßen, ihre Verbindungen mit dem Zeichnen im Kunstunterricht beschreiben. Dabei wurde zunächst auf die aktuelle Lebenswelt, den Umstand des *shifts* des Gegenwärtigen, auf die Vorstellungen von Schüler*innen und ehemaligen Schüler*innen gegenüber dem Kunstunterricht und im Speziellen das Zeichnen sowie die Praktiken der Lehrpersonen fokussiert. Nun soll der Blick auf die Vorstellungen der Schüler*innen gegenüber dem Können gelegt werden um zu verstehen, wo sich gerade etwas verschiebt, also der *shift* statt findet.

Die Gruppe „Methode Mandy“[113] hat 2014 ein Projekt zum „Können“ entwickelt und durchgeführt. Im Rahmen eines Workshops und Speed Datings[114] im Kunstverein in Hamburg wurden 24 Schüler*innen nach ihrem Können gefragt – und nach dem, was sie *eigentlich* können wollen.[115] Das weitere Setting wurde 2015 im Rahmen eines Buchbeitrags dargestellt (vgl. Hahn et al. 2015). Im Folgenden werden einzelne Aspekte daraus hervorgehoben und zitiert, um die Verschiebungen im Kanon nachzuzeichnen. Innerhalb des Workshops im Jahr 2014 antworteten die Schüler*innen auf die Frage, was sie bereits können. Die Antworten der Schüler*innen hierzu lauteten:

> *„Schmerzen ertragen; Fingernägel lackieren; lachen; sich ablenken lassen; objektiv bleiben; anderen zuhören; nerven; schweigen; T-Shirts bedrucken; Menschen beobachten; sich zurecht finden; das Chaos beherrschen; Bruschetta machen; schlafen; Einrad fahren; Video spielen; kochen; mit wenig auffallen; trösten; diskutieren; Streit schlichten; ...“ (Hahn et al. 2015:115)*

113 „Methode Mandy ist eine Gruppe junger Kunstpädagog*innen, deren Praxis es ist, einen Raum des freien Programmierens von Handlungen und Kommunikation, von Können, von Wissen und von möglichen zukünftigen Gegenwarten zu eröffnen. In der Logik von Schule ist Mandy ein Name, der nicht unbedingt mit Attributen wie ‚freundlich‘ und ‚leistungsstark‘ in Verbindung gebracht wird. Obgleich es kein einheitliches Verständnis von Mandy gab und gibt, steht dieser Name für eine gewisse ‚unterschätzte Teilhabe‘, ‚ungehörte Stimmen‘, ‚diskursferne Inhalte‘ und das Sichtbarmachen scheinbar unhinterfragter Annahmen in der Kunstpädagogik.“ (Methode Mandy 2017, Online: https://methodemandy.com [28.12.2020]). Die Autorin ist Teil dieses Kollektivs.

114 Bei der hier zitierten Methode des Speed Datings geht es nicht um eine Partner:innenwahl, sondern um den gleichzeitigen, bilateralen Austausch von Wissen. Der Vorteil dieser Methode ist ein schneller Austausch innerhalb der Gruppe, aus der unterschiedliche, aber oft kollaborative und anonyme Fragen und Inhalte generiert werden können. Vgl. hierzu: https://aligblok.de/fragen/ [28.12.2020].

115 Vgl.: Annemarie Hahn, Robert Hausmann, Gila Kolb, Kristin Klein, Matthias Laabs, Konstanze Schütze (2014): METHODE MANDY. Online unter: http://whtsnxt.net/208 [28.11.2020]

Auf die Frage, was sie gerne Können wollen, antworteten sie:

> *„kreativ sein, eigenständig handeln, Ideen umsetzen, Sport, meditieren, debattieren, sich ernähren, denken, sich ausdrücken, Informatik, Biologie, mutig sein, zunehmen, eine Nacht durchschlafen, die eigene Meinung besser ausdrücken, geduldig sein, Zeitreisen, Spagat, in die Zukunft schauen, Songtexte merken können, Ballett, Italienisch sprechen, mehr Geduld aufbringen, 1x um die Alster laufen ohne Pause, Mathe verstehen, die Zeit anhalten ...“ (Hahn et al. 2015:116)*

In einem zweiten Schritt wurde ein Bar Camp[116] angeleitet, bei dem die Schüler.innen einen Workshop zu einem Thema ihrer Wahl anbieten konnten – zu etwas, das sie „können“ und anderen gerne vermitteln wollten. Zur Methode eines Barcamps gehört es, dass nur die Workshops stattfinden können, zu denen sich genügend Teilnehmende anmelden. Diese Workshops haben die Schüler:innen sich zum Beispiel ausgedacht:

> *„Wie verhalte ich mich während einer Zombie-Apokalypse; Zeitmanagement; Fremde Menschen ansprechen; Lachen; Party organisieren; Anti-Pro-Mobbing; Schlafen für Anfänger; Wie backe ich einen perfekten Kuchen; Improvisieren; Schauspiel; Skizzieren – lockerflockig aus dem Handgelenk; Nägel lackieren; Widersprechen und die eigene Meinung sagen; Ironisch sein; Wohnräume einrichten; Stadt, Land, Fluss extrem; Schweigen; (Positives Denken); Vegan Ernähren [...]“*[117]

An dieser Intervention zeigt sich, dass Schüler*innen, wenn sie gefragt werden, Vorstellungen davon haben, was sie bereits können, was sie gerne noch lernen möchten und welches Wissen sie an ihre Mitschüler*innen weitergeben möchten. Doch scheint es, ist nicht jedes Können gleich viel wert – insbesondere im Kontext von Schule. Nora Sternfeld gibt über die Wertigkeit innerhalb des Könnens in der Schule dieses Beispiel:

> *„Rubia Salgado spricht von einem profitablen Nicht-Wissen der Lehrenden über die Lernenden. Und das beschreibt (zumindest in Österreich) sicherlich alltägliche Situationen und Strukturen in der Schule (und in der Gesellschaft). So sind etwa im Fach Geschichte*

116 Ein BarCamp ist eine so genannte „Unkonferenz“, die sich dadurch auszeichnet, dass alle daran teilnehmenden Personen zugleich Teilnehmende und Workshopleitende sein können. Mehr zu Bar Camps und dessen Regeln hier: http://barcamp.org/w/page/405173/TheRulesOfBarCamp [28.11.2020]

117 Antworten von Schüler.innen der 11. Klasse auf die Frage „Was kann ich und möchte, dass die anderen das auch können?“ im Workshop mit Methode Mandy im Kunstverein Hamburg, Oktober 2014. Material aus dem Vortrag „Kunstpädagogische Begriffe: KÖNNEN“. Methode Mandy, 6. November 2014, Burg Giebichenstein Kunsthochschule Halle.

> *bestimmt familiäre Tradierungen relevant für den Unterrichtsstoff und andere nicht, so gelten bestimmt Fertigkeiten und Kompetenzen, Erfahrungen und Wissensformen als relevant und andere nicht. Wie viele Sprachen Jugendliche zum Beispiel sprechen, wissen Lehrende oft gar nicht – (wenn es nicht gerade Englisch, Französisch oder Spanisch ist).“ (Sternfeld et al. 2015:337)*

Dass diese Ignoranz insofern profitabel ist, als dass sie bestimmte Erzählungen bevorzugt und andere benachteiligt, ist das Eine. Das Andere ist, das so ein Kanon weiter tradiert wird:

> *„So lernen wir uns damit abzufinden, dass manche Leute, die sieben afrikanische und drei europäische Sprachen sprechen, trotzdem nicht als gebildet gelten [...].“ (Sternfeld 2014:13)*

Und warum ist das eigentlich so? Anhand diesem – oder anderen, noch zu findenden Beispielen von „erwünschtem“ oder „anerkanntem“ Können lässt sich ein (manchmal versteckter) Kanon aufzeigen, um den es sich lohnt, zu verhandeln. An anderer Stelle beschreibt Nora Sternfeld es als „das gewisse savoir/pouvoir“ („Wissen/Macht“), das, wenn es als „sich aufs Können verstehen“ (Sternfeld 2010:29) gelesen wird, nicht nur eine Frage des Erfüllens von gesetzten Erwartungen, sondern umgekehrt auch eine Möglichkeit des Eröffnens von Handlungsfeldern ist. Die Frage danach, was neben dem in der Schule erwarteten (sei es von Lehrpersonen oder Vorstellungen der Schüler_innen formulierten) Können, noch gekonnt werden kann, kann aufzeigen, dass der Kanon längst nicht so fest steht wie angenommen. Zum Beispiel dann, wenn ein/e SchülerIn sich von ihrem zukünftigen Kunstunterricht wünscht: „Am liebsten würde ich einen vogel zeichnen und nicht ausmalen.“[118] – also etwas nicht zu tun; wenn Lehrpersonen von „Unverständnis“[119] berichten, das sie erleben wenn sie Zeichnen lehren, wenn Nägel lackieren[120] Teil des Kunstunterrichts wird, weil es daran etwas zu lernen gibt.[121] Dann, wenn sich Widerstand zeigt, etwas nicht auf Anhieb funktioniert, anders erscheint, gerät der Kanon in Bewegung. Dies ist ein weiterer Ausgangspunkt dieser Studie.

Ein Zwischenfazit aus dem Unterkapitel der Ausgangspunkte der Gegenwart ist: Es gibt Praktiken, die auf einer selbstverständlichen Nutzung des Internets basieren – und die sich

118 Erhebung Schwierige Schüler/innen im Kunstunterricht (2011) von Claudia Birkner, Gila Kolb, Katrin Zapp. Fragebogen 64, Jahrgang 2000–2004.

119 Antworten auf die Fragen 9a und 9b, aus: Gila Kolb (2010), Synopse 2010, Kunsthochschule Kassel, nicht veröffentlicht.

120 Vgl. hierzu: Phoebe Davies „Influences“ 2013–2016, https://www.phoebedavies.co.uk/index#/influences/ [20.11.2020], Methode Mandy Masterclass 2015 in Salzburg, Agency Art Education2017 „Projekt Micro Displays“ mit der Städtischen Galerie Wolfsburg, Christoph Pfannkuchs Praxis als Lehrperson, 2019.

121 Zum Beispiel: Gestaltung auf kleinem Raum, Verständnisse von Geschlecht und Klasse, Aneignung und Ausstellen von Inhalten.

von den bisher tradierten Logiken des Lernens und Lehrens unterscheiden. Es gibt unterschiedliche Perspektiven auf das, was gekonnt werden soll und kann im Unterricht. Es gibt Interessen von Schüler*innen am Kunstunterricht, welche den bisher formulierten Kanon des Kunstunterrichts verschieben. Das betrifft auch das Verständnis vom Zeichnen. Denn wie gezeigt werden konnte, ist das Verständnis davon was „gut Zeichnen zu können" bedeutet bereits im Wandel und wird zudem durch die Kontexte der Akteur.innen und ihrer Lebenswelt beeinflusst.

2.2. Die Zeichnung als Gründungsmedium des Kunstunterrichts

Genauso, wie das *Primat der Zeichnung*[122] in der Geschichte der Kunst eine besondere Rolle einnimmt (vgl. hierzu ebenso das Kapitel 2.2: „Die Zeichnung als Grundlage der Kunst und Ausweis künstlerischen Könnens"), ist das Zeichnen auch für den Kunstunterricht grundlegend. Der Zeichnung kommt für den Kunstunterricht, sei es hinsichtlich dessen Voraussetzungen als auch für didaktische Überlegungen seit jeher eine große Bedeutung zu, deshalb wird ihre historische Grundanlage des Kunstunterrichts und der Lehre der Kunst als ein Ausgangspunkt vorangestellt. Dieses Primat zeigt sich auch an dessen früherem Namen „Zeichenunterricht", der insbesondere im Schweizerdeutschen Raum in der Umgangssprache noch gebräuchlich ist.[123] Weitgehend unhinterfragt wird es als die zentrale Technik ästhetischer Bildung von der mittelalterlichen Prinzenerziehung (Peez 2002:64 ff.) in den schulischen Kontext überführt (Legler 2011, Skladny 2009). Hier bildet es lange das zentrale Medium. Dies ist auch besonders im Vergleich zu anderen Fächern der Schule bemerkenswert, innerhalb derer im Lauf der Zeit Inhalte hinzugefügt oder ersetzt wurden.[124] An der Zeichnung hingegen wurde nicht nur kontinuierlich festgehalten, sie stellt darüber hinaus auch das bis heute praktizierte, traditionell erprobte Medium im Kunstunterricht dar.

Die jeweiligen äußeren Bedingungen (wie etwa gesellschaftliche, ökonomische) beeinflussen die überlieferten Begründungen für das Zeichnen im Kunstunterricht. Ein ökonomisches Interesse im Sinne einer Berufsausbildung (Kemp 1979:151), die Bildung einer Fähigkeit des individuellen Ausdrucks (Rousseau 1762, Gysin 2010) oder auch der geringe materielle Aufwand

122 Siehe u.a. Petherbridge 2010.

123 Die Diskussion um den Begriff des „Zeichenunterrichts" bzw. die aktuelle deutschschweizer Bezeichnung „Bildnerisches Gestalten" wäre eine eigene, diskursanalytische Forschung wert, insbesondere, da dem Fächerkanon sonst kein Fach mit einer Handlung (z. B. „Rechnen" statt „Mathematik" oder „Rennen" statt „Sport") verbunden ist.

124 Franz Billmayer macht darauf aufmerksam, dass tendenziell die Lehrpläne oder Curricula des Kunstunterricht zwar fortwährend erweitert werden (z. B. durch künstlerische oder gesellschaftliche Entwicklungen, die im Kunstunterricht aufgenommen werden sollen), jedoch selten eine Diskussion darüber stattfindet, welche Inhalte dann nicht mehr zum Kunstunterricht gehören sollen. So füllt sich der Kanon des Kunstunterrichts und mit ihm die Erwartungen. (Podiumsdiskussion mit Joachim Kettel und Franz Billmayer, moderiert von Rudolf Preuss am 20.10.2012 auf dem Kongress „kunst.pädagogik.partizipation" in Dresden).

mit Bleistift und Papier (Lyotard 1985) sind Beispiele dafür – ebenso das historische Argument, dass die Zeichnung zuvorderst in der Tradition der akademischen Künstler.innenbildung stand (Pfisterer 2014). Oder, dass das Zeichnen als Medium Denk- und Forschungsprozessen nahesteht (Lutz-Sterzenbach 2015). Nicht immer lassen sich solche Begründungen – vor allem nachträglich – trennscharf voneinander differenzieren. Nachzufragen, mit welchen Zielen das Zeichnen – und im Besonderen das beidhändige Zeichnen – im Kunstunterricht verbunden wurde, lohnt dennoch, denn:

> *„Nur ein historisches Verständnis schützt uns vor dem Irrtum, die heutigen Begriffe für universal zu halten" (Belting 1998:13).*

Obgleich ein historisches Verständnis auch immer wieder Revisionen bedarf, möchte ich dieses Zitat nutzen um zu erklären, warum hier zunächst auf die Geschichte der Vermittlung von Zeichnung zurückgegriffen wird. Das Gebiet der Zeichnung stellt sich je nach Blickwinkel hinsichtlich (bild-) anthropologischer, kunsthistorischer, kunstpädagogischer und psychologischer Fragestellungen als ein nahezu undefinierbares Gebiet dar. Um zu klären, welcher Gedanke sich als relevant zu verfolgen lohnt, ist ein Blick in die Entwicklung der Lehre der Zeichnung, deren Rezeption und ihrer historischen Bedingtheiten notwendig. Eine umfangreiche Erarbeitung der (bildungs-)historischen Aspekte des Zeichnen Lernens wurde von Kemp 1979, Richter 1981, Peez 2002, Skladny 2009, Legler 2011, Lutz-Sterzenbach 2015, Schürch 2019 umfassend erarbeitet und dargestellt. Auf ihre Erkenntnisse wird im laufenden Text verwiesen. Diesem Vorgehen liegt die Annahme zugrunde, dass das Zeichnen als relevanter Unterrichtsinhalt auch historisch begründet ist. Dem entsprechend fußen viele bis heute zu findende Argumentationen für das Zeichnen auf historischen Positionen etwa von Aristoteles, Jean-Jacques Rousseau, Johann Heinrich Pestalozzi, Wilhelm von Humboldt und John Ruskin, die im Folgenden näher ausgeführt werden. Diese vermeintlich historisch eklektische Auswahl ist dies keineswegs, sondern sie folgt der Logik der verfolgten und später entwickelten *Aspekte des Könnens* innerhalb der Norm, Kompetenz, dem Hack und dem Verlernen (Kapitel 4).

Zeichnen ist eine der ältesten Kulturtechniken. Es ist basales Ausdrucksmedium in der Gestaltungstätigkeit des Menschen von Kind an, es dient der Sammlung und Konzentration von Ideen bzw. forschender Arbeit (Mersch 2015). Die Zeichnung ist „der Ursprung der Form" (Nancy 2013:7). Damit ist nicht nur das Wissen um etwas, das dargestellt wird, sondern auch das Erfassen eines Ausdrucks, der noch gewusst werden wird, umfasst.[125] Zeichnen ist eine Kulturtechnik, die an Lernende vermittelt wurde und wird – zu ganz unterschiedlichen

125 Vgl. hierzu auch: Espinet 2012

Zwecken, wie gleich gezeigt werden wird. Es ist Grundlage des künstlerischen Schaffens und Lehrens (Vgl. Kemp 1979) und weist damit eine Nähe zur Quelle der Legende der Idee[126] auf – zumindest in einem Verständnis von künstlerischem Handeln, das der Vorstellung eines Künstler-Genius folgt. Traditionell verstanden zeigt sich am Zeichnen, dass jemand etwas *kann.*[127] Der Kunsthistoriker Ernst Gombrich (1995:24 ff.) benennt die „Könnerschaft eines berufsmäßigen Künstlers" (Gombrich 1995:616) als Differenzierungsmerkmal zu der (wie er es beschreibt, aufgrund von Kunstunterricht) hohen Anzahl von Freizeitzeichner_innen.

Zeichnen ist eine gestalterische Konstante, die jedoch keineswegs ohne Kontext geschieht, was wiederum bedeutet, dass Zeichnen – in welcher Form auch immer – schon immer an Menschen – vermittelt wurde oder sich vermittelt hat. Kürzer gefasst: Menschen zeichnen, lernen und vermitteln *schon immer* Zeichnen. Es ist eine grundlegende Kulturtechnik und unterliegt dem Interesse an einem eigenen Ausdruck – oder dem menschlichen Interesse am Hinterlassen einer Spur, dem Vermitteln eines Ausdrucks oder auch der Kommunikation. Pädagogische Schriften seit Jean-Jacques Rousseau (Émile oder über die Erziehung 1762), Johann Heinrich Pestalozzis Wirken (1746–1827) und das seiner Schüler begründen das Zeichnen lernen mit einem „natürlichen" Wunsch des Kindes, sich auszudrücken – und zugleich der Notwendigkeit, dass das Zeichen als Form der Kommunikation dient. Während Aristoteles darin ästhetisch-moralische Vorstellungen verankert, hebt Rousseau hingegen die Kenntnis der Dinge durch Anschauung und damit das „Lernen durch Empirie" (Kemp 1979:323) hervor. Im 19. Jahrhundert tritt mehr und mehr der utilitaristische Grund der Berufsbefähigung und Kommunikation in den Vordergrund, begleitet mit der Erziehung einer bestimmten Gesellschaftsklasse durch eine andere, bei der die Disziplinierung eine größere Rolle einnimmt (vgl. Kemp 1979:299 ff.).

Diese Entwicklung wird durch die reformpädagogische Bewegung, an der die Kunsterziehungsbewegung Anteil nahm,[128] kritisiert. Helene Skladny fasst zusammen:

„Die Neubestimmung des Kunst- und Zeichenunterrichts durch die Kunsterziehungsbewegung fußt auf drei wesentlichen Aspekten:

- der wissenschaftlichen Begründung des Faches anhand der Ergebnisse einer zeitgemäßen empirischen Pädagogik und Psychologie
- der Orientierung an der psychologischen Ästhetik
- der (neoromantischen) Annahme der schöpferischen Kraft des Kindes." (Skladny 2009:173)

126 Zum Designo-Diskurs vgl. Lutz-Sterzenbach 2015:160ff.

127 Vergleiche Legenden zu Zeichnungen von KünstlerInnnen, wie etwa Giorgio Vasaris Erzählung von „Giotttos ‚O'" oder Pablo Picassos berühmtes Zitat, lebenslang lernen zu wollen, zu zeichnen wie ein Kind.

128 Näheres dazu in Oelkers 2010, Legler 2004, Skladny 2009:161 ff., Hamann 1997.

Wie der gleich folgende Exkurs zur Aufgabe des beidhändigen Zeichnens zeigt, spielen noch immer die hier aufgeführten historischen Elemente des persönlichen Ausdrucks, der Disziplin, der „natürlichen", „schöpferischen" Tätigkeit sowie die empirische Fundierung von Lernprozessen in die Konzeption und Politiken des Zeichnen Lernens.

2.2.1. Zeichnen lernen für „edle", bzw. „freie" Menschen

Die Legitimation der Kunsttätigkeit von Laien in Form der Zeichnung unterliegt seit der Antike immer wieder ideologischen Umwälzungen. Beginnen wir also mit einer ersten Figur westlich-eurozentristischer Philosophie, mit Platon, der die Zeichnung nicht zu den poietischen Künsten zählt – sie wird als Teil der visuellen Künste schlicht nicht erwähnt.[129] Ein frühes Zeugnis für das pädagogische Potenzial der Zeichnung findet sich in der „Politik" des Aristoteles. Die Praxis des Zeichnens wird darin als ein zentrales Element der Bildung als außerhalb des alltäglichen Nutzens liegend[130] beschrieben. Die Tätigkeit des Zeichnens unterliegt also einem Zweck, der etwas weitaus Höherem als nur dem Alltäglichen zuzuordnen sei.

> *„[...] ebenso ist das Zeichnen nicht nur dazu da, damit man beim Verkauf eigener Waren nicht betrogen werde, oder überhaupt im Kauf und Verkauf von Gegenständen sich nicht täuschen lasse, sondern eher damit man einen Blick für die Schönheit der Körper erhalte. Denn überall das Nützliche zu suchen gehört sich am wenigsten für Männer mit einer hohen Gesinnung und freier Art." (Aristoteles 2005:1338a1–1338 b4)*[131]

Aristoteles zählt das Zeichnen hier explizit zu den Praxen, die einen wesentlichen Beitrag zu „einer sinnerfüllten Lebensführung" leisten. Auch für das Zeichnen gilt, dass es bei der Erziehung „nicht anderen Zwecken dient", sondern einen „Zweck in sich selber" darstellt. Eine solche Praxis ist Aristoteles zufolge, eben weil sie „das Ziel selber" ist, identisch mit menschlichem „Glück" oder „Freude", die ganz allgemein um ihrer selbst willen erstrebt wird (Aristoteles, Politik, 2005:1338a1–1338 b4). In Bezug auf diese

129 Platon: Politeia. Sämtliche Werke. Reinbeck 1958, 401c und d.

130 „[...] ebenso ist das Zeichnen nicht nur dazu da, damit man beim Verkauf eigener Waren nicht betrogen werde, oder überhaupt im Kauf und Verkauf von Gegenständen sich nicht täuschen lasse, sondern eher damit man einen Blick für die Schönheit der Körper erhalte. Denn überall bloß den Nutzen zu suchen, gehört sich für die Großgesinnten und die Edlen am allerwenigsten." Aristoteles: Politik. Zürich 1971, 1338 b, S. 325. In dieser Ausgabe von 1971 wird der Begriff „edel" verwendet.

131 Entgegen der Übersetzung von 1971 findet sich in der aktuellen Ausgabe von 2005 eine andere Übersetzung, die der Autorin auffiel, da der Begriff „frei" statt „edel" darin verwendet wurde. Dies verändert die Lektüre insofern, als dass „edel" im Sprachgebrauch eher als Distinktion, „frei" eher als deskriptiv gelesen werden kann.

Konzeption finden sich durch die Jahrhunderte zahlreiche Belege für die kanonbildende Wirkung des aristotelischen Ansatzes, der je nach historischem Kontext als zentrale Begründung für das Erlernen und die Praxis des Zeichnens angeführt wird (vgl. Kemp 1979:57–65), etwa in der Prinzenerziehung. Weitere Dokumente zeichnerischen Lehrens ab 1525 finden sich in Heilmann et al. 2015 sowie Heilmann 2014.

Der Philosoph und Pädagoge Jean-Jaques Rousseau schreibt 1762 in „Emile oder über die Erziehung":

„Ich wünschte, dass mein Zögling die Kunst eifrig triebe, nicht gerade um der Kunst selbst willen, sondern um einen sicheren Blick zu erlangen und seine Hand geschmeidig zu machen." (Rousseau 1762:311)

In dieser Textpassage, die vom Kunstpädagogen Wolfgang Legler als „revolutionär für die Geschichte des Zeichenunterrichts" (Legler 2011:12) bezeichnet wurde und die sich an die Argumentationslinie Aristoteles, im Zeichnen mehr als den Nutzen zu suchen, lässt sich hier weiterhin die Idee des Erlernens eines ästhetischen Urteils weiter verfolgen. In zeitgenössischen Worten gesprochen erlernte die Figur Émile einerseits motorische Kompetenzen und schulte andererseits die Fähigkeit eines ästhetischen Urteils (sicherer Blick). Darüber hinaus wird beschrieben, auf welches Sujet sich das Zeichnen konzentrieren möge – und auch hier zeigt sich revolutionäres Potenzial, das auch in der Reformpädagogik bzw. der Kunsterziehungsbewegung knapp 140 Jahre später erneut aufgegriffen werden sollte:

„Er soll das Original vor Augen haben und nicht das Papier, auf dem es abgebildet ist, er soll ein Haus nach einem Haus, einen Baum nach einem Baum und einen Mensch nach einem Menschen zeichnen, damit er sich daran gewöhne, die Gegenstände und ihre Erscheinungen genau zu beobachten und nicht falsche und hergebrachte Nachahmungen für echte Darstellungen anzusehen." (Rousseau 1762:144)

Hervorzuheben ist an dieser Stelle die Beschreibung, wie mit den Ergebnissen der Zeichentätigkeit umgegangen wird, denn die Ergebnisse des Lernprozesses sollen besonders gewertschätzt werden:

„Die ersten, ungeschicktesten dieser Zeichnungen erhalten sehr prächtige, reich vergoldete Rahmen, durch welche sie hervorgehoben werden; sobald aber die Abbildung genauer wird und die Zeichnung wirklich gut ist, so gebe ich ihr nur einen ganz einfachen schwarzen Rahmen. Jetzt ist sie sich selbst der höchste Schmuck und bedarf

keiner anderen Verzierung mehr; es würde Schade sein, wenn die Einfassung die Aufmerksamkeit, welche der Gegenstand allein verdient, zum Theil auf sich lenkte. Deshalb strebt Jeder von uns nach der Ehre eines schmucklosen Rahmens; und wenn Einer von uns über die Zeichnung des Anderen seinen Tadel aussprechen will, so verurtheilt er sie zur Strafe des goldenen Rahmens. Vielleicht werden diese goldenen Rahmen eines Tages unter uns zum Sprichwort, und wir werden uns wundern, wie viele Menschen sich Gerechtigkeit widerfahren lassen, indem sie solche Rahmen für ihre Gemälde wählen." (Rousseau 1762, zweites Buch, Kapitel 23)

Die hier beschriebene Wertigkeit durch den Einsatz der prächtigen Rahmen als „Strafe" für eine misslungene Zeichnung und die formulierten Lernziele des lustvollen Zeichnens nicht nach Vorlage, sondern nach der Natur erscheint in diesem Kontext tatsächlich revolutionär. Nicht nur waren bis dahin die Zeichenübungen nach Vorlagenbüchern Usus, sondern auch die Wertschätzung einer Kinderzeichnung an sich, die ebenfalls erst 140 Jahre später als „Kunst des Kindes" von Cooke (1886)[132] und Ricci (1887)[133] dokumentiert wurde. Zur Zeit Rousseaus wurde das Zeichnen für Heranwachsende allenfalls für die Vorbereitung einer Künstlerlehre gelehrt, was Grund dafür ist, dass die bildnerische Tätigkeit von Kindern und Jugendlichen nicht als „spontane bildhafte Objektivationen" (vgl. Richter 1981) betrachtet wurden.

2.2.2. Zeichnen lernen für Alle

Mit der Zunahme so genannter „Volksschulen" und einer Kanonisierung des Zeichenunterrichts überführt nicht nur Pestalozzi (um 1830, ebenso Fröbel in „Menschenerziehung", 1826) die Zeichnung in eine Schematisierung von messbaren Linien, welche vor allem eine berufsbildende Funktion haben soll.[134] Doch gibt es bei Pestalozzi noch einen anderen Aspekt hervorzuheben, welcher sich in diesem Zitat zeigt:

„Ich gab diesen Formen (...) den Namen „ABC der Anschauung" und träumte es mir damals möglich, wenn ihre Benennung den Kindern geläufig genug gemacht worden, diesselbe nicht nur mit unbedingter Leichtigkeit den Zusammenhang jeder Figur mit

132 Cooke, Edward, Journal of Education, 1886, zitiert nach: Mohr, Anja: Digitale Kinderzeichnung. Aspekte ästhetischen Verhaltens von Grundschulkindern am Computer. München 2005:38.

133 In italienischer Sprache erstmalig 1887 als „L'arte dei bambini" erschienen, die deutsche Übersetzung und Veröffentlichung erfolgte 1906.

134 Eine umfassende Untersuchung und Aufarbeitung dieser Entwicklungen findet sich in der vom Kunsthistoriker Wolfgang Kemp vorgelegten Arbeit: "...einen wahrhaft bildenden Zeichenunterricht überall einzuführen". Zeichnen und Zeichenunterricht der Laien 1500–1870. Ein Handbuch. Frankfurt am Main 1979.

der ihr bestimmten, ihr eigenen Ausmessungsform (...) zu erkennen. Ich glaubte mehr, ich glaubte sogar, daß ein darin geübter Mensch an ein Fenster stehen und eine idealisch im Viereck gebrachte Gegend durch diese Formen also bestimmen könnte, daß ein anderer, der ebenso in den Wortfügungen dieser Formen geübt wird, auf die bloße Bestimmung, welche Linien in dem noch in Vierecke angeteilten Papier aufeinanderfolgen müssten, die ganze Gegend linearisch richtig auf das Papier bringen könnte, ohne ein Auge auf sie zu werfen." (Pestalozzi 1935:124)

Das „Linearzeichnen"[135] sowie das „Zeichendiktat"[136], das sich nach Pestalozzi weiter entwickelte, begann nicht mit der „natürlichen"[137] Zeichentätigkeit des Kindes, noch stellte es einen direkten Bezug zur (zeitgenössischen oder antiken) Kunst her – es ist als eine Grundlehre der Grundformen zu verstehen. Die Abstraktion der Natur durch geometrische Einheiten wie etwa dem Punkt, der Linie, dem Quadrat zum Zwecke der Kommunikation, also die Zeichnung als gemeinsam zu sprechende Sprache, stand im Vordergrund. Die aus der heutigen Perspektive auch für Erwachsene schwer nachzuvollziehende Aufgabenstellungen (vgl. Kemp 1979 299 ff.) werden in der damals zeitgenössischen Diskussion mehr und mehr kritisch rezipiert. Wolfgang Legler fasst 2005 rückblickend zusammen, dass die lineare Zeichenlehre des vorletzten Jahrhunderts in einer nahezu gänzlichen Bezugsfreiheit zu den Entwicklungen der zeitgenössischen bildenden Kunst resultiere[138] (Legler 2005:18). Die Gründe für die hohe Verbreitung des Zeichnens lag indes häufiger in den Möglichkeiten der Disziplinierung und schieren Übersicht innerhalb von großen Klassen, in denen alle Lernende das gleiche zur gleichen Zeit tun (vgl. Kemp 1979:304). Zudem auch für die Bewertung: „Je mehr das Ergebnis der Vorlage glich, desto positiver fiel die Beurteilung aus" (Peez 2014:182), beschreibt Georg Peez die gängigen Beurteilungskriterien des 19. Jahrhunderts. Doch sei dabei zu bemerken, dass es sich um ein Projekt der Allgemeinbildung handelte:

„Was die Seite der Schüler anbelangt, so gingen alle Methoden des 19. Jahrhunderts davon aus, daß alle Kinder zeichnen lernen konnten und sollten. Jede Methode seit

135 Damit ist das Zeichnen auf einem zuvor hergestellten Raster gemeint, dass das Zeichnen v.a. geometrischer Formen sowie Bemaßungen vereinfacht. Ein in dieser Studie verwendetes Beispiel dafür ist die „Methode Stuhlmann".

136 Ein Beispiel hierfür: „Diktat einer Figur zur Übung von Senkrechten und Waagerechten. a) Bezeichnet den Mittelpunkt Eures Blattes durch einen feinen scharfen Punkt. b) Zeichnet durch diesen eine Senkrechte und eine Waagrechte und macht nach willkürlich angenommenen Maßen die Winkelarme gleich. c) Zeichnet durch die gewonnenen Endpunkte ein Quadrat mittels senkrechter und waagrechter Linien. d) Zerlegt dessen Seiten in 5 gleiche Teile. e) Verbindet die sich entgegenstehenden Punkte der parallelen Seiten durch blasse gerade Linien. – Frage: Was habt ihr gezeichnet? Antwort: Ein Quadratnetz. […]" Karl Glinzer, Elementarunterricht nach Diktaten, Kassel 1868, S.15, zitiert nach Kemp 1979:303.

137 Zur Ideengeschichte und Kritik der Vorstellung dieser „Natürlichkeit" siehe Schürch 2019.

138 Hier lassen sich Parallelen in der Kritik gegenwärtiger Lehre der Zeichnung im Kunstunterricht, etwa Marr 2014 und Kettel 1998 erkennen.

Pestalozzi wies sich durch mindestens drei gleiche Grundsätze aus: sie wollte auf den natürlichen Anlagen des Kindes aufbauen, beim untersten Element anfangen und einen differenzierten notwendigen Stufengang bieten. Sie setzten nichts voraus, konnten nichts voraussetzen, sondern betrieben in der Regel auch die elementare Qualifikation der Sensormotorik des Kindes mit." (Kemp 1979:307)

Dies wird ein weiterer Grund für die von der Reformpädagogik später sehr kritisierten „Methode Stuhlmann"[139] sowie von Zeichendiktaten, welche es zwar allen Kindern ermöglichte, innerhalb eines Rahmens (im wahrsten Sinne des Wortes) Zeichnen zu lernen – aber zugleich auch kaum Möglichkeiten einer Differenzierung bietet.

2.2.3. Zeichnen lernen als persönliche Entwicklungsmöglichkeit

Nicht erst seit Pestalozzi, aber seitdem immer im Rückbezug auf ihn, ist der Zeichenunterricht im Schulkanon fest verankert ist. Doch er argumentiert nicht alleine in dieser Zeit für die Relevanz des Zeichnen-lernens in der allgemeinbildenden Schule. So sind weitere Ansätze zu dieser Zeit zu nennen:

„Etwas vereinfacht könnte man sagen, dass die Frage, warum Zeichnen ein bildungs- und erziehungsrelevantes Schulfach ist, mit dem Verweis auf die intellektuelle Bildung (Pestalozzi), die ästhetische (J. Schmid) und die funktionale Bedeutung (Ramsauer) beantwortet wird, wobei bis auf Pestalozzi die Urheber dieser Ansätze und, was noch entscheidender ist, ihr theoretischer Hintergrund in Vergessenheit geraten sind."
(Skladny 2009:32)

Dieses Zitat aus der Dissertation von Helene Skladny mit dem Titel: „Ästhetische Bildung und Erziehung in der Schule" (2009) soll dem vorherigen genannten Zitat von Wolfgang Legler gegenübergestellt werden. Helene Skladny erneuert insofern die gängige Sichtweise der Kunstpädagogik auf deren Geschichte (als ein Beispiel unter vielen mag hier das Legler-Zitat dienen) insofern, dass sie einzelne historische Theorien zum schulischen Zeichen- und Kunstunterricht nach Autoren[140] und Positionen gliedert und dann gegenüberstellt. Dabei kommt sie zu dem Ergebnis, dass die Begründungen für das Zeichnen Lernen vielfältiger sind,

139 1887 begründet Georg Hirth die Motivationslosigkeit von Kindern in der Schule wie folgt: "Sehr einfach, weil die beliebten Schablonen des Zeichenunterrichts unnatürlich sind." In: Georg Kolb: Bildhaftes Gestalten als Aufgabe in der Volkserziehung. 1.Teil. Stuttgart 1926:18.

140 Tatsächlich scheint es sehr lange keine Autorinnen gegeben zu haben, die über das Zeichnen vermittelnd oder forschend publiziert haben. Eine weitergehende, kritische Recherche ist hier notwendig.

als zunächst angenommen. Skladny stellt heraus, dass Pestalozzi an einer „verantwortungsvollen Selbsttätigkeit" (Skladny 2009:36) des Menschen interessiert war, welche er aus der Kombination der ersten Ordnung, (häusliches Milieu) und der zweiten Ordnung, der „Urgesetze der Erkenntnis" (in der Schule) zusammensetzt. Die Orientierung an den „Ordnungen der Formen" hält beim Erlernen der Zeichnung einen großen Schwerpunkt inne. Dabei geht es darum, in mäeutischer Manier das bereits im Kinde angelegte „Naturformen" als Teil der göttlichen Ordnung zu begreifen. (Skladny 2009:37 ff.) Eine kreative Eigentätigkeit des Kindes erscheint – dies wiederum aus heutiger Sicht – gerade beim „Linearzeichnen" nicht gegeben. Laut Berichten der Schüler Pestalozzis, namentlich Joseph Ramsauer, wird auch die freie Zeichnung praktiziert, jedoch nicht von der Lehrperson überprüft oder kommentiert. Die Regel schien solches „Freihandzeichnen" im Unterricht nicht zu sein.[141]

Bei aller Kritik, die an Pestalozzis Zeichenlehren im Laufe der Zeit geäußert wurde,[142] hebt Kemp hervor, dass

> *„[...] die generelle Definition des Zeichnens als einer Sprache, die nicht dem Selbstausdruck dient, sondern eindeutig in einem kommunikativen Prozeß aufgeht" (Kemp 1979:152),*

Der Erfolg der Zeichenschulen Pestalozzis und seiner Schüler führt auch dazu, dass das Zeichnen in eine allgemeine Bildung überführt wird. Die Zeichnung der Sprache und der Mathematik als basale Bildung für alle Menschen gleichberechtigt zur Seite zu stellen, die den Menschen zum Vorteil gereichen, auch wenn durchaus unterschiedlichen Begabungen dafür vorhanden sind, dies hat Pestalozzi formuliert und praktiziert. Die Begründung dafür: So diente das Zeichnen der Entwicklung des künstlerischen Talentes, oder aber (bei fehlender Begabung) der beruflichen Bildung:

> *„Das Zeichnen ist eine dem Menschen eigene Kraft, die nach der pädagogischen Maxime der allseitigen harmonischen Bildung des Menschen nicht verkümmern darf. Die anthropologische Fundierung des Zeichnens ist der Grund seiner Legitimation. Darüber hinaus kann es freilich auch äußeren Zielsetzungen dienen." (Kemp 1979:155)*

Wolfgang Kemp stellt hier eine Begründung für das Zeichnen heraus, die sich zunächst nicht abhängig von den Bedürfnissen der sich industrialisierenden Gesellschaft und dem Handwerk

141 Vgl. Ramsauer 1838:7, zitiert nach Skladny 2009:39.

142 Vgl. Richter 1981, Kemp 1979, Bund deutscher Kunsterzieher et al. 1976, Bund deutscher Kunsterzieher et al. o. J. Legler 2010.

macht: durch die anthropologische Fundierung des Zeichnens als eine im Mensch verankerten Anlage entsteht eine grundlegende Unabhängigkeit von den formulierten Bedürfnissen der wirtschaftlichen und handwerklichen Seite. Das Interesse am Zeichnen Lehren ist also primär nicht ein ökonomisch begründetes, sondern eines, das sich am Menschen und seiner persönlichen Entwicklung orientiert. Kemp vergleicht diese Position Pestalozzis mit einem Zeitgenossen aus Frankreich, Gaspard Monge, der die Zeichnung als eine kommunikative und nützliche Methode sieht.

> *„So stehen sich am Anfang des Jahrhunderts, das den Zeichenunterricht zum Schulfach aller Schultypen erhebt, zwei eigenständige ideologische Positionen gegenüber: Beide haben als gemeinsame Wurzel das Nützlichkeitsdenken der Aufklärung und als gesellschaftlichen Hintergrund die Nöte des Handwerks. Beide verstehen sich als ausreichende Begründungen für einen allgemeinen Schulzeichenunterricht. In ihrer reinen und extremen Gestalt geben sie die großen Pole der Pädagogik des 19. Jahrhunderts vor: allgemeine anthropologische Qualifikation hier, besondere, produktionsorientierte Qualifikation dort." (Kemp 1979:164)*

Pestalozzi bezog sich mit dem Elementarunterricht zunächst auf die ersten Schuljahre. Eine Ausarbeitung für die Oberstufe durch die „Pestalozzianer" folgte nicht (vgl. Kemp 1979:195). Insofern ist diese Lehre nicht für die gesamte Oberschule, sondern höchstens für die unteren Klassen zu denken.

Joseph Schmid, ein Schüler Pestalozzis, entwickelt um 1810 die geometrische Zeichenlehre seines Lehrers weiter und variiert sie: Er gibt zwei Bücher heraus, das eine behandelt das geometrische Zeichnen, das andere „Elemente des Zeichnens"[143], in welchem sich der Zeichentätigkeit mittels Übungen angenommen und zugleich versucht wird, deren Begründung theoretisch zu belegen. Schmid argumentiert nach Friedrich Wilhelm Schelling, nach dessen Idee die Dinge nicht auf ihre Form, sondern vielmehr hinsichtlich ihres Wesens hin betrachtet werden müssen, um einen Dialog mit dem eigenen Geist zu erreichen.

> *„Das Erkennen der analogen Gesetzesmäßigkeiten von Mensch und Natur sieht Schmid mit Schelling nicht wie Kant als allein vom kognitiven Vermögen abhängig, das den Menschen befähigt, nur jene Urteile über die Natur zu fällen, die sein Verstand ihm aufgrund der sinnlichen Eindrücke vorgibt." (Skladny 2009:49)*

143 Vgl: Joseph Schmid: Die Elemente des Zeichnens nach Pestalozzischen Grundsätzen bearbeitet von J. Schmid, einem Zögling und Lehrer am Institut zu Ifferten, 2 Bd., Bern 1809

Für den Zeichenunterricht, wie Schmid ihn vorsieht, muss also die Entwicklung des Individuums (des Kindes) mit bedacht werden, um ein bloßes Abbilden der Form zu vermeiden.

„Mit diesen Überlegungen verbindet sich zugleich ein Bild des Kindes, das zu eigenem künstlerischem Schaffen fähig ist, wenn es nur nicht durch theoretische Erläuterung oder den Zwang zur Nachahmung davon abgehalten wird." (Skladny 2009:50)

2.2.4. Zeichenunterricht als Teil allgemeinbildender Schulen

Seit der preußischen Schulreform 1807 gewinnt das Fach Zeichnen deutlich, es werden mehr Stunden gegeben. (Kemp 1979:194) Wilhelm von Humboldt formuliert als Sektionsleiter für Kultus und Unterricht des preußischen Staates 1809 zunächst eine Kritik an der zuvor beschrieben Art und Weise des Zeichenunterrichts nach dem Linearzeichnen.

„Wir bemerken nemlich, dass der Unterricht im Zeichnen theils auf den Gymnasien, theils aber auch auf dem Provincial-Kunstschulen selbst sehr unvollkommen ertheilt würde, und es darin durchaus an einer sichern Methode, einer Vertheilung in Klassen wo man schrittweise vom Leichteren zum Schwereren übergehet u.s.f. mangelt. Daher kommt denn natürlich, dass ein solcher Unterricht theils, indem er auch die wirklich in den Lehrlingen vorhandenen Talente wenig entwickelt, der Kunst, theils aber auch der allgemeinen Bildung wenig hilft, indem der Schüler selten dadurch die nothwenige Uebung des Anschauungs- und Darstellungsvermögens, richtige Kenntniss der Verhältnisse vorzüglich des menschlichen Körpers, die Fertigkeit, Gegenstände der Natur unmittelbar selbst auf das Papier überzutragen und sich des Zeichnens als einer Art von Sprache zu bedienen (...) sondern höchstens eine Fertigkeit erlangen, nach Mustern sauber ausgeführte Zeichnungen zu entwerfen, welche ihnen theils wenig Nutzen gewährt, theils im Leben sehr bald wieder verloren geht." (Humboldt 1809)[144]

Eine weitere Problematik, die sich in diesem Brief nicht findet, wohl aber bei Skladny und in bildungshistorischen Zugängen zur Schulentwicklung (z.B. Oelkers 2010) zu finden, ist, ist die geringere (auch finanzielle) Wertschätzung von Zeichenlehrpersonen.

Inhaltlich fordert Wilhelm von Humboldt als „Sektionsleiter für Kultus und Unterricht 1809 vier Ziele für den Zeichenunterricht: 1) die Fähigkeit des Kopierens, 2) die Ausdrucksmöglichkeit mittels einer Zeichnung, 3) zur Förderung des Schönheitsempfindens, 4) die

144 Wilhelm von Humboldt, Brief vom 18. Okt. 1809. Dank an Harm-Heye Kaninksi, der mich innerhalb seines Studiums der Kunstpädagogik auf dieses Dokument hingewiesen hat.

visuelle Urteilskraft des Menschen. (Kemp 1979:191) Besonders die letzten beiden Punkte sind historisch auffallend (sowie auch das Fehlen eines Verweises auf die handwerklichen Fähigkeiten). Der vierte Punkt verweist auf die eingangs in diesem Kapitel zitierte Äußerung des Aristoteles: Die Urteilskraft des Menschen ist nämlich eine weit über eine technische Fähigkeit hinausgehende. Sie betrifft nicht nur die Leistung innerhalb eines ökonomischen Systems, sondern bezieht sich auf die Verhältnisse im generellen. Denn das Beurteilen eines Verhältnisses verlangt intellektuelle Prozesse. Hier wird das Zeichnen weg von utilitaristischer Ausrichtung hin zu einer ästhetisch-intellektuellen Kompetenz, in der alle Menschen unterrichtet werden sollen, gerückt. Übrigens weist Humboldt auch zu dieser Zeit schon auf einen Mangel an gut ausgebildeten Lehrpersonen, welche in der Lage sein sollen, die „ästhetischen Kräfte allgemein zu bilden" (Kemp 1979:191)

Ähnliches findet sich in einer weiteren zeitgenössischen Begründung des Zeichnens von Friedrich Schleiermacher. Dieser formuliert in seinen Vorlesungen der Pädagogik eine, die „den natürlichen Austausch von Kontemplation und Aktion zur Grundvoraussetzung menschlichen Daseins erhebt" und weiter:

> *„Es ist, wo von wissenschaftlicher Begründung die Rede ist, überall der Satz aufzustellen, dass jeder nur so viel versteht, als er selber produzieren kann (...) bei Beurteilung von Gestalten hängt das Verständnis immer von dem Vermögen der Nachbildung ab." (Schleiermacher: 1813/14 oder 1820/21, zitiert nach Kemp 1979:199)*[145]

2.2.5. Zeichnen als Kulturtechnik

Der französische Kunsthistoriker Luis de Laborde spricht 1858 von der Zeichnung als Kulturtechnik, die gleichberechtigt neben dem Schreiben vermittelt werden soll.

> *„Indem de Laborde das Zeichnen in den Rang einer langue universelle erhebt, die jedem in jeder Lebenslage von Nutzen sei, betont er zunächst den kommunikativen, nicht den ästhetischen Charakter dieser Fertigkeit. [...] Das Zeichnenlernen übernehme so auch eine intellektuelle, erkenntnisfördernde und gleichzeitig geschmacksbildende Funktion." (Kemp 1979:168)*

Die Beobachtungskraft und das „Entdecken" einer neuen Welt in der bereits bekannten hebt de Laborde besonders hervor:

145 Wolfgang Kemp schreibt dazu in einer Fußnote (VII/80), dass nicht zu ermitteln gewesen sei, zu welchem Zeitpunkt der zweimal gehaltenen Vorlesungen das Zeichnen wie oben zitiert beschrieben wurde.

„Die Kunst macht uns glücklicher als Columbus; jeden Tag, jede Stunde entdecken wir eine neue Welt." (de Laborde 1856, zitiert nach Kemp 1979:168)

Was aber wird so genau beobachtet, dass uns täglich, gar stündlich eine „neue Welt" erscheinen mag? Ist es die alltägliche Welt, die dem erkennenden Blick, dem separierenden unterzogen wird, der diese dann neu kontextualisiert? Falls dem so ist, so fand durch de Laborde in der Mitte des 19. Jahrhunderts ein Vorgriff statt auf die Positionen der zeitgenössischen Kunstpädagogik; nämlich auf die These, alltägliche Gegenstände aus ihrem gewohnten Umfeld herauszunehmen, um sie in einem ästhetischen Wahrnehmungs – und Gestaltungsprozess neu erfahrbar zu machen.[146]

2.2.6. Beim Zeichnen lehren, dass etwas nicht erlernt werden kann

Der Maler und Kunsthistoriker argumentiert mit der Freude am Gestalten als Fähigkeit, welche bei de Laborde schon angelegt, aber nicht so ausformuliert wurde:

„Zeichnen ist für ihn Teil der general education: als ein Fach, das den Schönheiten der Natur und der Kunst nahesteht und das eine Restform nicht entfremdeter, von Freude erfüllter Arbeit verwirklicht, hebt es sich aus allem Schul- und Verwertungstrieb heraus. [...] Der Zeichenunterricht soll sich an einem hedonistischen Prinzip ausrichten, das anderen Disziplinen und vor allem der Arbeitswelt abgeht." (Kemp 1979:172)

Besonders die *Freude*[147], die das Zeichnen mittels des genauen Sehens und Beobachtens machen solle, ist ein Anliegen Ruskins. Verfolgt wird weiterhin ein *sozialer, emotionaler* Gehalt, welcher ein Individuum als Schüler*in voraussetzt. Gleichzeitig wird durch Ruskin die Nähe zu dem, was heute unter dem leicht abwertenden Begriff „Erholungsfach"[148] subsummiert werden kann, geschaffen:

„Auf alle Fälle sollten ihre Zeichenstunden so erholsam wie möglich sein. [...] Wenn sie sonst sich der harten Arbeitsdisziplin unterwerfen müssen, sollten sie hier ohne Mühen zu Beschäftigungen angehalten werden, die der Entlastung von der Arbeit

146 Vgl. hierzu z. B. die ästhetische Forschung von Helga Kämpf-Jansen 2001.

147 Auch hier fällt auf, dass die kindliche / jugendliche „Freude am Zeichnen" sich ideengeschichtlich heute tradiert, z. B. in der Erhebung Béatrice Gysins 2010.

148 Mein Plädoyer an dieser Stelle ist, diese scheinbare Abwertung produktiv zu nutzen, denn in einer Zeit, in der das Nichtstun schwer geworden ist und Resilienz als Weiterbildung erlernt werden kann, sollte ein „Erholungsfach" von größtem Nutzen sein.

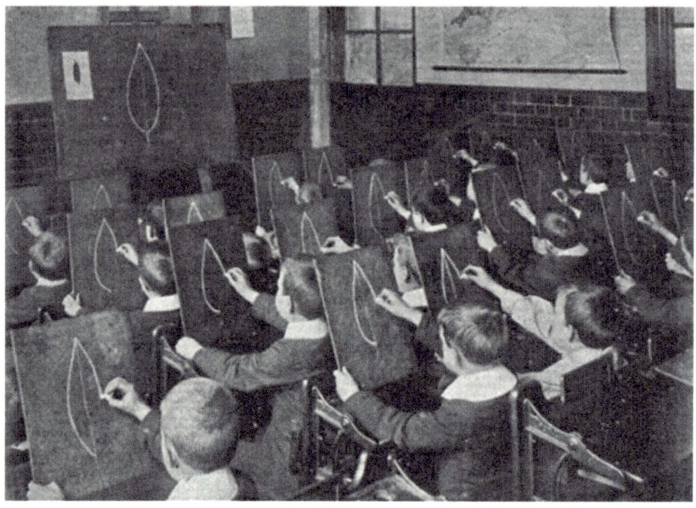

Abb. 13: Unterricht im „Freearm Drawing" in einer Glasgower oder Londoner Schulklasse um 1900.

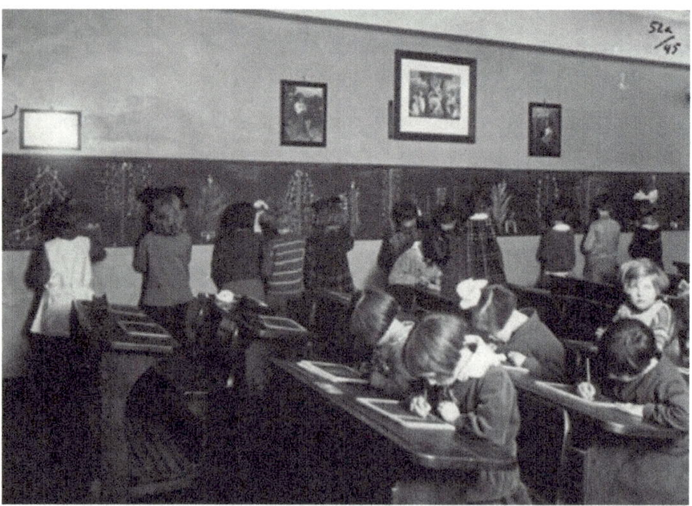

Abb. 14: Die Kleinen an der Lauftafel, 5. Mädchenschule-Volksschule, Hamburg- Ottensen, undatiert (späte 1920er/frühe 1930er Jahre).

dienen. Ob sie die Regeln der Kunst kennen lernen oder nicht, hat kaum Bedeutung; dagegen ist es wichtig, dass ihre Aufmerksamkeit angenehm erregt wird.“ (Ruskin 1857, zitiert nach Kemp 1979:172 ff.)

Neben dieser Auffassung des mühelosen Entlastens als große Motivation der Zeichentätigkeit interessiert sich Ruskin auch für das, was nicht erreicht und gekonnt wird und möchte dieses als ein Lernziel erheben: lehren, dass etwas nicht erlernt werden kann. Ruskin ist ein Vertreter des 19. Jahrhunderts, der durchaus für die Kunstpädagogik, die auf die Moderne reagiert, in Betracht gezogen werden muss. Er nimmt Individuen als Lernende an, lässt die industriellen und ökonomischen Bedingungen nicht auf seinen Lehrplan einwirken, und weist in seiner Gesellschaftskritik und dennoch einer positiven Wahrnehmung seiner Welt Brüche auf, die in der Moderne deutlich und häufiger zu Tage treten. In diesem Zusammenhang ist herauszustellen, dass die Zeichnung und das Lehren des Zeichnens keineswegs als „Überbleibsel der standesgemäßen Erziehung begriffen [wird], sondern als Notwendigkeit der Zeit“ (Kemp 1979:188).

Eine ideengeschichtliche Perspektive der Eigentätigkeit des Zeichnens – hier jedoch als menschliche Ausdrucksform und Zeichen der Entwicklung wird mit dem Beginn der Moderne und der Entdeckung der Kinderzeichnung als „Kinderkunst / L'arte dei bambini“ (Ricci 1877) und mit dem „Genius im Kinde“ (Hartlaub 1930) entworfen. Die ausschließlich berufsbildende Funktion des Zeichnens wird innerhalb der so genannten Kunsterzieherbewegung[149] erneut in Frage gestellt.

In Abb. 13 und Abb. 14, welche beide Schüler*innen beim Zeichnen zeigen, sehen wir zwei Formen des angeleiteten Zeichnens. Bei Abb. 13[150] ist das Zeichnen insofern an der Natur orientiert, als links an der Tafel neben der Vorzeichnung ein echtes Ulmenblatt zu sehen ist. Die einzelnen Zeichenschritte sind durch eine Tafelzeichnung vorgegeben. Sie werden von den Schülern ausgeführt. Da sie alle beim gleichen Zeichenschritt sind, liegt die Vermutung nahe, dass das Zeichnung durch eine sprachliche Anleitung der Lehrperson erfolgt. In der Abb. 14 sind Schülerinnen gerade dabei, an einer Lauftafel auf ihrer Augenhöhe zu zeichnen. Das Sujet scheint dabei ein Weihnachtsbaum zu sein, wobei jeder Baum anders aussieht, jedoch über Merkmale wie Kugeln oder Kerzen verfügt. Die Entwicklung bzw. der Einfluss der Reformpädagogik ist in beiden Bildern, zwischen denen immerhin 30 Jahre und unterschiedliche Schulsysteme liegen, deutlich zu sehen: Sei es durch die Orientierung an der Natur anstatt beispielsweise geometrischen Grundformen (Abb. 13), sowie an der Bewegung im Schulzimmer und die nicht eingeschränkte Zeichenfläche der Lauftafel (Abb. 14).

149 Auch hier sind leider keine weiblichen Positionen zu verzeichnen – m. E. nach ein Desiderat der historischen Forschung in der Kunstpädagogik.

150 Dieses Bild war zudem das Titelbild der Publikation „Kind und Kunst. Zur Geschichte des Zeichen- und Kunstunterrichts.“ (Bund deutscher Kunsterzieher et al. 1976)

Von der Reduktion der Zeichnung auf das Reproduzieren von als unnatürlich empfundenen, weil stilisierten Darstellungsmustern des formalistischen Zeichenunterrichts, wird nach der Jahrhundertwende der Fokus auf die „schöpferische Kraft“ des Kindes gelegt, welches in seiner „Sinnenfülle“ der „ungelenkten Eigentätigkeit“ seiner zeichnerischen Ausdruckskraft nachgeht, und mit den Worten Alfred Lichtwarks zur „Genussfähigkeit“(Lichtwark 1898:18) ausgebildet wird.

Besonders im „Genius im Kinde“, aber auch schon in den vorherigen Texten schwingt ein Ton mit, der innerhalb dieser Fragestellung und Forschungsarbeit nicht weiter aufgegriffen werden kann, aber hier wenigstens angesprochen werden soll: Der zunehmend völkisch-nationalistische Ton, der sich insbesondere durch die folgende Kunsterziehungsbewegung hindurch zieht. Wie es Kerbs formuliert:

> *„Man kann aus pädagogischen Texten jener Zeit, hier Kunsterziehung betreffend, trotz der unterschiedlichen Erwartungen heute noch beängstigend klar eine höchst gleichartige nationale z. T. völkische Tendenz ablesen, auch bei sonst so gegensätzlichen Autoren wie Langbehn und Lichtwark.“ (Helms et al. 1974:18)*

Auch hieran zeigt sich, dass das nationalistische Verständnis schon deutlich vor der Zeit des Nationalsozialismus 1933–45 und vor der so genannten „Gleichschaltung“ des Unterrichts 1938 bereits in den Dokumenten und Diskursen der Kunsterziehungsbewegung angelegt ist (Helms et al. 1974:17).[151]

2.2.7. Zeichnen lehren in Zeiten der Konzeptkunst und darüber hinaus

Mit der Betonung des Konzepts, der gedanklichen Arbeit am Werk tritt für die Zeichnung in der Kunst der Moderne ein großer Wandel ein: Die subjektive Äußerung des Künstlers durch die „Handzeichnung“ wird durch die konzeptionelle Handlung ersetzt. Um ein Beispiel zu nennen: 1953 bittet der (noch junge) Künstler Robert Rauschenberg um eine Zeichnung des (dem schon arrivierten Künstlers) de Kooning, um sie auszuradieren und als eigenes Werk zu deklarieren – wobei der Akt des Ausradierens sowie die ursprüngliche Autorschaft im Titel der Zeichnung erhalten bleibt (Erased de Kooning, 1953).[152]

Auf die Entwicklung solcher Konzeptionalisierungen der Kunst reagierte der Kunstpädagoge Gunter Otto mit der Forderung: „Auch – noch so positive – erste Eindrücke bedürfen

151 Vgl. hierzu auch den Aufruf zur kritischen Reflexion zu solchen oft unhinterfragten Tradierungen in der Fachgeschichte: „Kunstpädagogik als Kontaktzone“ (Sternfeld 2013).

152 „Erased de Kooning“, Robert Rauschenberg 1953, Museum of Modern Art San Francisco.

der rationalen Klärung." (Otto 1964:45), und darauf folgend, dass das „Operationsfeld des Denkens im Kunstunterricht" (Otto 1969:40 zitiert nach Legler 2005:30) zu erweitern sei. Kunibert Bering schließt daran 2003 mit der Forderung an, dass Kunstunterricht einen „entscheidenden Beitrag zur Orientierung des Heranwachsenden in einer vornehmlich visuell geprägten Welt" (Bering 2003:212) leisten möge. Es ist festzustellen, dass die Tätigkeit des Zeichnens im Unterricht also nicht nur ein handwerkliches Element enthält, sondern

„in anderer Weise als Sprechen und Denken auf die Körperlichkeit anderer Subjekte verwiesen und angewiesen" ist (Hartwig 1976b:34).

Nun ist es nicht mehr nur das Ergebnis selbst, das der Forschung unterliegt, sondern auch die Lebenswelt des Kindes: In der Visuellen Kommunikation wird die Auseinandersetzung mit derselben zum Thema gemacht.

„Als symbolische Form der Aneignung steht diese Tätigkeit aber auch immer mit dem Denken in Verbindung und vermittelt zwischen Hand und Kopf." (ebd.)

Diese Verbindung von eigener Vorstellungswelt und deren Ausdruck in der materiellen Wirklichkeit – trotz der zugeschriebenen Unmittelbarkeit der Zeichnung – führt nicht immer zum gewünschten Ergebnis. Denn diese ist mit einem motorischen Einsatz des Leibes verbunden. „Denken und Machen – ein offenes Problem", wie Wolfgang Legler (Legler 1979) es formuliert. In dem Editorial der Doppelausgabe 246/247 der Zeitschrift Kunst + Unterricht stellt Constanze Kirchner fest, „dass der Blick verstärkt auf die ästhetischen Prozesse, die während des ästhetischen Tuns stattfinden gelenkt werden muss." (Kirchner 2000:6)

Mit der PISA Studie, welche seit dem Jahr 2000 durchgeführt wird, wird der Begriff der „Kompetenz" auch in das Spielfeld der Kunstpädagogik geworfen. Der Politikdidaktiker Gert Steffens, der sich im Besonderen und Exemplarischen mit dem hessischen Lehrplan auseinander setzt, macht hieran einen Wertewandel fest, nach dem alle Leistungen von Schülerinnen und Schülern messbar sein müssen und fasst zusammen:

„Es gehe darum, das Schulsystem vom Modus der „Input-Steuerung" auf einen Modus der „Output-Steuerung" umzustellen." (Steffens 2007:5)

Die Beschreibung und Analyse von Schülerergebnissen ist von zentraler Bedeutung, da die praktischen Ergebnisse als tatsächlich erbrachte Leistungen Kompetenzen[153] sichtbar darstellen. So fordert auch Klieme empirische Untersuchungen, die überprüfen, ob Kompetenzmodelle „tatsächlich die Aspekte der Kompetenzen von Lernenden, ihre Niveaustufung und ggf. ihre Entwicklung angemessen widerspiegeln" (Klieme et al. 2007:82). Die besondere Bedeutung praktischer Kompetenzen im Kunstunterricht zeigt sich in der gängigen Praxis der Notengebung im Fach Kunst, die in vielen Fällen hauptsächlich auf der Beurteilung gestalterischer Handlungsergebnisse basiert.

Der Kunstpädagoge Dietrich Grünewald führt in „Orientierung: Bild" „das Zeichnen vom 19. Jahrhundert bis heute als Beitrag zu einer Bildkompetenz" (Grünewald 2009:16), welches das genaue Sehen als Technik (z. B. beim naturgetreuen Zeichnen) voraussetzt, aber auch als Zeichnung (als Betrachtender) das genau Sehen fördere. In der näheren Gegenwart diskutiert Hubert Sowa Bildkompetenz, indem eine imaginierte Ansicht eines Stuhles von Schülerinnen und Schülern in einer Realschule erprobt wird (Sowa 2009a). Annette Wiegelmann-Bals 2009 zeigt in ihrer Untersuchung „Die Kinderzeichnung im Kontext der Neuen Medien", dass die Zeichentätigkeit in Bezug auf Computerspiele und den Ausdruck, den die Lebenswelt der Kinder und Jugendlichen darin finden, ein adäquates Bildmedium sei. Technische Bedingungen und Konsequenzen für zeichnerische Tätigkeiten von Grundschulkindern erforschte Anja Mohr (2005).

Den genannten Studien (Mohr/Peez/Wiegelmann-Bals) ist gemein, dass sie eine Differenz zwischen den Welten aufmachen, die angesichts der heutigen Verschmelzung von analogen und digitalen Welten (Vgl. Michel Serres, der von den „kleinen Däumlingen" spricht), neu zu bewerten sind. So ist das Forschungsergebnis Anja Mohrs, dass Kinder am Computer anders zeichnen – und dass mit dem Programm Bilder entstehen, deren Qualität *anders* zu beschreiben ist, als die von Handzeichnungen es sind. Genauso verhält es sich auch mit dem Stil, in dem gezeichnet wird. Dieser ist von äußeren Umständen und Entwicklungen und Vorbildern geprägt. Und auch von anderen Produktionsbedingungen wie etwa Tutorials oder Webseiten, auf denen gestalterische Ergebnisse hochgeladen und mit anderen geteilt, gezeigt und kommentiert werden können.

Und immer wieder zeigt sich dabei: Es ist die Zeichnung, anhand derer die zu erlernenden Fähigkeiten der Schülerinnen und Schüler festgemacht werden. Dass diese beim Zeichnen „in anderer Weise als Sprechen und Denken auf die Körperlichkeit anderer Subjekte verwiesen

153 Es ist nicht ganz klar, wie der Begriff „Kompetenzen" jeweils verstanden werden kann. Walter Herzog kritisiert seitens der pädagogischen Psychologie in einem Vortrag von 2017: „Der Kompetenzbegriff befördert die irrtümliche Auffassung, die situativen Einflüsse auf unser Verhalten liessen sich pädagogisch ausschalten, indem auch die äusseren Verhaltensdeterminanten dem Individuum eingepflanzt werden." (Herzog 2017: Kompetenzen – Utopie oder Dystopie des schulischen Lernens? Online unter: https://www.walterherzog.ch/vortr%C3%A4ge/2016-2020/ [20.11.2020])

und angewiesen" (Hartwig 1976b:34) sind, wie Helmut Hartwig es ausführt, mag einer der Gründe dafür sein. Nach einer intensiven Auseinandersetzung mit über 500 ihm vorliegenden Jugendzeichnungen folgert Alexander Glas 1998, dass Jugendliche im Umbruch zwischen dem Zeichnenwollen und Zeichnenkönnen sich weiterhin in Formelformen ausdrücken – und dabei das Bedürfnis da ist, eine „bildnerische Sprache" zu finden:

> *„Jugendliche suchen nach neuen aussagekräftigen Formen. Aus der vorliegenden Studie geht ebenfalls eindeutig hervor, dass die inhaltlichen Absichten [der Jugendlichen, Einfügung G.K.] häufig die Möglichkeiten der Zeichnung übersteigen und sich nicht immer in eine bildnerische Form übersetzen lassen. Neben dem formalen Rüstzeug, das der Jugendliche braucht, ist auch ein Wissen notwendig, das nicht nur das Medium „Zeichnung", sondern die Kommunikationsform „Bild" generell reflektiert." (Glas 1998:270 ff.)*

Zeichnen prägt bis heute den Kunstunterricht – und das nicht nur aus Gründen der Tradition. Es wird zudem in der aktuellen Forschung vielfältig zum Anlass genommen, etwa um diagnostische Verfahren voranzutreiben (Glas 1998, Kirchner et al. 2010, Sowa und Krautz 2013), um Strategien individueller Förderung (Kirchner 2013, Miller 2013, Kirchner und Schulz 2013) zu formulieren, die Relation als Erkenntnis stiftendes Medium aufzuzeigen (Lutz-Sterzenbach 2015) oder anhand dessen Interaktionen von Lehrerin und Schüler*innen evaluiert werden (Bader 2018). Ein „empirisch präzisere[s] Erklärungsmodell für die Raumdarstellung in der Kinderzeichnung" (Glaser-Henzer et al. 2012:141), insbesondere das neue Element der Verarbeitungskompetenzen, weist die Studie RAVIKO (Räumlich-visuelle Kompetenzen in Bezug auf ästhetische Erfahrungen im Unterricht Bildnerisches Gestalten) mit Schüler*innen der 4.–6. Klasse nach. Weitere Ergebnisse aus der Forschung werden im folgenden Teilkapitel „Zeichnen lehren aufgrund wissenschaftlicher Erkenntnisse" dargestellt.

2.2.8. Zeichnen lehren aufgrund wissenschaftlicher Erkenntnisse

Aufgabe der Kunstpädagogik als Fachwissenschaft ist es, Lernprozesse von Schülern im Fachbereich zu untersuchen und zu beschreiben. Dies kann innerhalb der Entwicklung von pädagogischen Theorien und Praktiken geschehen. Dies hat nicht nur seit der empirischen Wende in der Bildungslandschaft eine Tradition im Fach. Die Frage, was eigentlich im Prozess des ‚Machens' geschieht und welche didaktischen Implikationen die jeweiligen Schülerergebnisse haben, findet sich durchgängig in der Fachgeschichte; es seien hier einige Beispiele genannt. Diese Auswahl ist keineswegs vollständig, sondern konzentriert sich in der Folge der Darstellung des Zeichnen Könnens vor dem Hintergrund a) historischer Aspekte als

Gründungsmedium, b) der Jugendzeichnung c) dem Zeichnen Können sowie d) der Erfassung prozessualer zeichnerischer Prozesse.

Eine erste empirische Wende

Seit 1888 unternahm Alfred Lichtwark Exkursionen mit Grundschulkindern in die Hamburger Kunsthalle, sprach mit ihnen über die ausgestellten künstlerischen Arbeiten und dokumentierte dies.[154] Dieses zunächst rezeptive Tun sollte, wie Helene Skladny anmerkt, „die Ausbildung von Geschmack und Empfindsamkeit" (Skladny 2009:184) befördern. Weitere Untersuchungen des gestalterischen Tuns innerhalb von Aufgaben finden seit der Entdeckung der Kinderzeichnung als Gegenstand wissenschaftlicher Untersuchungen statt.[155] Helene Skladny stellt also fest:

> *„Um die Jahrhundertwende werden experimentelle und empirische Untersuchungen zum ästhetischen Verhalten von Kindern und Jugendlichen veröffentlicht"*
> *(Skladny 2009:173)*

Sie stellt exemplarisch zwei Erhebungen vor: Zum einen die experimentelle Forschung des Psychologen Marx Lobsiens, der 1.380 Kinder und Jugendliche im Alter von 9–14 Jahren nach ihren Vorlieben im Alltag befragt und darüber hinaus auch gebeten wurden eine „Wahl einer schönen Form" zu beurteilen, was ihn zu der Folgerung führte:

> *„Da die Schüler eher ‚krummlinige' als ‚gradlinige' Formen bevorzugen, rät er den Zeichenlehrern, dieses in ihren geometrischen Konstruktionen zu berücksichtigen."*
> *(Skladny 2009:173)*

Zum Anderen den Psychologen Ernst Meumann; dieser legte „den Kindern verschiedene Farb- und Formkombinationen vor und ließ sie nach Gefallen oder Missfallen auswählen" (ebd.:175) und kam zu der Schlussfolgerung, dass Kinder aus bloßer Eigentätigkeit keineswegs fähig zu ästhetischen Urteilen wären (vgl. ebd.:176) – eine für die junge Kunsterziehungsbewegung durchaus strittige Erkenntnis, die jedoch, wie Skladny als auch Oelkers als „ohne erkennbaren Einfluss auf die Weiterentwicklung des Faches" (ebd.:176) bewerten.

Der Pädagoge und Gymnasiallehrer Georg Kerschensteiner verfolgte zur gleichen Zeit in der 1905 vorgelegten Publikation: „Die Entwicklung der Zeichnerischen Begabung. Neue

154 Vgl.: Klaus Eid/Michael Langner/Hakon Ruprecht: Grundlagen des Kunstunterrichts. Eine Einführung in die kunstdidaktische Theorie und Praxis, Paderborn/München/Wien u.a.: Schöningh 2002 (6. Aufl.), S. 106.

155 Der italienische Kunsthistoriker Corrado Ricci gilt als der ‚Entdecker' der Kinderzeichnung. Er hielt seine Erkenntnisse in der Monographie: „L'arte dei Bambini" von 1887 fest.

Ergebnisse auf Grund neuer Untersuchungen". Die darin gestellten Fragen haben an Brisanz gegenüber dem Fach nicht verloren:

> *„Welche durchschnittliche Höhe lässt sich bei den verschiedenen Altersstufen und den verschiedenen Stoffgebieten erwarten? In welchem Alter stellt sich die nötige Reife für gewisse Aufgaben ein? Ist eine nennenswerte Produktivität vorhanden? Oder ruht die graphische Ausdrucksfähigkeit des Kindes in erster Linie auf reiner Gedächtnisbegabung? Wie stellt sich das Kind zur dekorativen Kunst, wie zur absoluten Raumkunst? Hat Gedächtniszeichnen oder Naturzeichnen eine grössere Bedeutung für ein gewisses Alter?" (Kerschensteiner 1905:X)*

Aus einem Konvolut von „ungefähr 300.000 Zeichnungen" (Ebd.:XI) geht Kerschensteiner der Frage nach dem Erkennen, Fördern und Beurteilen von künstlerischer Begabung nach. Die im Kontext von Reformprozessen stehende Arbeit analysiert thematisch orientierte Aufgaben die an verschiedene Testklassen gegeben wurden. Kerschensteiners Untersuchung, die auch auf den jeweils gewonnenen Ergebnissen aufbaut, konzentriert sich auf die Abbildung von Menschen. Kerschensteiner bemerkt zu seinen, über 10 Jahre laufenden Erhebungen:

> „[…] so veranlasste mich die Beantwortung der Versuche zu zwei neuen, viel konkreteren Fragen […]" – und beschreibt weiterhin, wie sich seine Fragen im Laufe der Untersuchung veränderten. (Kerschensteiner 1905:7)

Die Studie ist insofern als empirisch zu bezeichnen, als sie ein Setting herstellt und versucht, vergleichbare Bedingungen zu schaffen. Es gibt Fragebögen, die neben einer Zeichnung eingereicht werden sollen. Die abschließenden Tests finden alle zur selben Zeit in München statt (5200 Kinder) (Kerschensteiner 1905:12). Aufgrund der aus den Erhebungen gewonnenen Erkenntnisse entwickelt Georg Kerschensteiner „Vorschläge zur Praxis des Zeichenunterrichts" (ebd.:489) und verfasst „Vorschriften" zur „Neugestaltung des Zeichenunterrichts" (Kerschensteiner 1905:490).

Prozesse des Zeichnens

Fast 100 Jahre später und mit einer Stichprobe von 85 Kindern legt die Psychologin Gabriele Koeppe-Lokai 1996 den Forschungsfokus vom Endergebnis hin zur Entstehung von Zeichnungen und damit auf den Prozess des Bildermachens. Das nicht im Unterricht gewonnene Material sollte dafür genutzt werden,

> *„an jeweils drei thematisch differenzierten Zeichnungen pro Kind Zeichenabläufe zu analysieren und die Produktionsverläufe des […] Menschenzeichnens in Abhängigkeit zu unterschiedlichen kontextuellen Einbindungen zu vergleichen“ (Koeppe-Lokai 1996:119).*

Dabei verlagerte sie ihren Forschungsfokus dezidiert weg vom Endergebnis hin zum Prozess der gestalterischen Produktion: Sie filmte Kinder beim Zeichnen. Das in einer Stichprobe von 85 Kindern (zwischen 4–6 Jahren) – nicht im Unterricht sondern innerhalb eines Erhebungssettings[156] – gewonnene Material (Videos und Zeichnungen) sollte ermöglichen, „Zeichenabläufe zu analysieren und die Produktionsverläufe des […] Menschenzeichnens in Abhängigkeit zu unterschiedlichen kontextuellen Einbindungen“ (Koeppe-Lokai 1996:119) aufzuzeigen. Hinsichtlich der Vergleichbarkeit von Entstehungsprozessen von Zeichnungen sind die Analysen der Produktionssequenzen (dem genauen Beobachten der Kinder beim Herstellen der Zeichnungen) besonders aufschlussreich, da sie über verschiedene Entwicklungsstufen (wie etwa die altersabhängige „realistischere“ Wiedergabe von Körperproportionen) Aufschluss geben können (Koeppe-Lokai 1996:178). Daran zeigt Koeppe-Lokai beispielsweise:

> *„Mit zunehmenden Alter verbessern sich die Relationen in Richtung „realistischerer“ Proportionen (Kopf < Rumpf), wobei die Veränderung der Längenrelation deutlich beim Übergang zum sechsten Lebensjahr hervortritt und die Verbesserung der Breitenrelation schon im fünften Lebensjahr zu beobachten ist.“ (Koeppe-Lokai 1996:178)*

Die jeweiligen „Produktionsstrategien“ (also die Art, wie eine Zeichnung begonnen und dann weiter ausgeführt wurde) wurden dokumentiert, ausgewertet und mit anderen Forschungen (bis 1996) verglichen (ebd.:167 ff.). Bemerkenswert ist hierbei, dass die in den bisherigen Forschungsstudien als linear verlaufend beschriebenen Produktionsordnungen nicht nachgewiesen werden konnten. Stattdessen belegt Koeppe-Lokai eine „breite interindividuelle Variabilität“ (also viele, unterschiedliche Arten zu zeichnen), die mit dem Alter sogar noch zunimmt. (ebd.:220). Weiterhin wurden Charakteristika im Produktionsverlauf anhand der Zeichnungen wie etwa die „Strichführung“ (Richtung(en) von Linien oder Linienbündeln auf dem Papier) sowie deren Kombinationen, so genannte „Verknüpfungsstrategien“ ausgewertet (ebd.:167 ff.). Folgende, induktiv gewonnene Kategorien wurden dabei benutzt: Ausrichtung des dargestellten Menschen (z. B. Frontal-, Profil-, Halbprofildarstellung), die Geschlechter-

156 Die Erhebung war zeitlich und räumlich standardisiert. Die Aufgabenstellung lautete: „Bitte zeichne einen Menschen – so schön wie möglich.“ (Koeppe-Lokai 1996:123)

spezifizierung der Figur sowie räumlich-graphische Anordnungen (z. B. die Raumorganisation), häufig auftretende graphische Merkmale (z. B. die Darstellung von Kopf oder Armen), Formkomplexität, Farbgebrauch sowie Überprüfung der Strichführung (Koeppe-Lokai 1996: 141 ff.). Koeppe-Lokais Erhebung dokumentiert Prozesse, die zur Charakterisierung der Teildimensionen „Gestalten" und „Transformieren" aus dem hier vorgelegten Kompetenzstrukturmodell genannt werden. Die von Koeppe-Lokai entwickelten Kriterien (s.o.) können für eine differenzierte Evaluation von unterschiedlichen Lösungsstrategien in Betracht gezogen, sowie für die Beschreibung von *gestalterischen Prozessen* förderlich werden.

Räumlich-visuelle Kompetenzen

Räumlich-visuelle Kompetenzen von Schülerinnen und Schülern in den Klassenstufen 4–6 (Alter 9–13 Jahre) nimmt das deutsch-schweizerische Forschungsprojekt RAVIKO in den Blick. Die qualitativ-empirische Studie widmet sich insbesondere „fachspezifische[n] Kompetenzen des räumlichen Wahrnehmens" und zeichnerischer Darstellung von Raum mit dem ursprünglichen Forschungsziel, „präzise Kriterien" für die Einschätzung der Qualität einer Zeichnung „auf empirischer Basis zu entwickeln" (vgl. Glaser-Henzer et al. 2012:17). Ausgehend von einer „komplexe[n] Wechselwirkung zwischen Wahrnehmung, emotionaler sowie kognitiver Verarbeitung und dem Zeichenprozess" (ebd.) wird hier der „videografierte Entstehungsprozess der Zeichnung" mit einem Leitfaden-Interview und der „Zeichnung selbst" trianguliert (ebd.:17). Die „in dieser Untersuchung erstmals konsequent separierten, drei bildstrukturellen Phänomene Gesamtraum, Körperdarstellung und Raumlagebeziehungen" ermöglichen die Entwicklung von „Darstellungsniveaus innerhalb der traditionellen Raumdarstellungstypen" (ebd.:141). Das induktive (am erhobenen Material) entwickelte Vorgehen führte zu einem „empirisch präziseren Erklärungsmodell[s] für die Raumdarstellung" durch die Berücksichtigung von „Verarbeitungskompetenzen" (ebd.:102 ff.). Eine räumlich-visuelle Kompetenz verstehen Glaser et. al. sowohl als Darstellungskompetenz (sichtbar im gestalteten Ergebnis) als auch als Verarbeitungskompetenz – als verbale oder gestalterische Handlung (Performanz).[157] So werden in der Erhebung unterschiedliche Unterrichtssettings hergestellt, die Verarbeitungskompetenzen befördern: Etwa innerhalb eines Wahrnehmungsparcours einen Tisch nicht nur anzusehen, sondern unter ihm hindurch zu krabbeln (vor dem Zeichnen). (Glaser-Henzer et al. 2012:51)

157 Ein besonderer Dank gilt an dieser Stelle Edith Glaser-Henzer für die Einblicke in die Studie.

Hinsichtlich der Raumdarstellung lassen sich (für die Entwicklung eines Strukturmodells) daraus Teilkompetenzen (bezogen auf räumliche Darstellung in Zeichnungen) ableiten. Anhand von zehn veröffentlichten Fallbeispielen ergeben sich laut der Autorinnen und Autoren folgende „Kompetenzen“[158]: Bildsprachliche Konkretionen, Bildnerische Problemlösung, Diskrepanzerfahrung, Fantasie, Selbstpositionierung im Raum, Raumverständnis und Ästhetisches Urteil. Unter dem Begriff „Fantasie“ wird beispielsweise die Fähigkeit, „Wissenselemente frei und neuartig zu kombinieren oder ihre Ideen bildnerisch zu realisieren“ verstanden (Glaser-Henzer et al. 2012:104). Die vom RAVIKO-Team anhand der bildnerischen Ergebnisse und der Prozessbeobachtungen entwickelten Teilkompetenzen wurden deduktiv im Vorfeld und induktiv am Material entwickelt und bilden deshalb eine gute Grundlage, auch hinsichtlich von fachlichen Teilkompetenzen beim Zeichnen von räumlichen Situationen. Die Verknüpfung der Darstellungs- und der Verarbeitungskompetenzen (verstanden als Teilkompetenzen) innerhalb der RAVIKO-Studie sorgt darüber hinaus für eine „Komplexitätserhöhung“, die es ermöglichen soll, gestalterische und kognitive Prozesse innerhalb bildnerischer Ergebnisse von Schülerinnen und Schülern adäquater zu beurteilen und zu fördern (vgl. ebd.:143). Diese Komplexität bildet einen wichtigen Hinweis für die inhaltliche Weiterarbeit – forschend und lehrend.

Gegenwärtige Studien zur Jugendzeichnung

Im Folgenden werden Studien vorgestellt, die sich der zeichnerischen Tätigkeit der zwischen Kindheit und Jugend befindlichen Schülerinnen und Schüler widmen. Auch in Bezug auf die Jugendzeichnung, einer Phase die geprägt ist vom Wechsel der Darstellungskonzepte, bleiben viele Fragen offen. Dieser Zeitraum ist deshalb von besonderem Interesse, da sich in ihr eine Veränderung des Zeichnens belegen lässt, der in der Literatur vielfach (vgl. Richter 2000:76) als „Bruch“ beschrieben wurde.

Alexander Glas (1999) widerlegt jedoch diese These des „Bruchs“ zwischen Kindes- und Jugendalter anhand einer Testreihe mit 501 Zeichnungen von Schülerinnen und Schülern zwischen 12 und 14 Jahren. Nach einem „Arbeitsimpuls“, einer Fantasiereise, sollte der jeweils imaginierte Ort gezeichnet werden. Glas wertet die zeichnerischen Ergebnisse induktiv aus; zur methodischen Triangulation dient ein zusätzlicher Fragenkatalog mit drei Fragen zum Motiv (Glas 1998:151). Dafür entwickelt er anhand bereits bestehender Forschung (deduktiv) sowie des Materials (induktiv) formal-bildnerische Kategorien wie z. B. Linienführung, Formbildung, Raumdarstellung und Motiv (ebd.:155–236). Durch die Fragebögen kann Glas die (zunächst vermutete) Differenz zwischen Vorhaben (geplantes Motiv) und Realisierung

158 Zum Begriff „Kompetenz“ vgl. das Kapitel 4 zum „KÖNNNEN im Kunstunterricht“.

(Zeichnung) in einigen Fällen nachvollziehen. Dass die Schüler_innen im Fragebogen einen Unterschied zwischen dem Bild in ihrer Vorstellung und ihrer tatsächlichen Zeichnung beschreiben, wertet Glas als „Reflexion". Diese zeigt sich altersunabhängig:

> *„Die Anzahl der Zeichner (sic), die Unterschiede zwischen Bildvorhaben und Ausführung anzeigen, sind in allen Altersstufen annähernd gleich." (Glas 1998)*

Glas zeigt weiterhin eindrucksvoll, dass die kindlichen Darstellungsformeln „variable Ausgangsmodule" darstellen, die – je nach Entwicklung – zu einer „zunehmenden Differenzierung der Formelformen" führt (ebd.:254). Damit belegt Glas, dass es keineswegs um einen „Bruch" im zeichnerischen Tun geht, der sich in der Entwicklung zwischen Kinder- und Jugendzeichnung ereignet, sondern vielmehr um eine kontinuierliche Entwicklung des Zeichnens. Die in der Forschungsarbeit gewählte Schwerpunktsetzung auf ein Motiv (der Ort, an den die Phantasiereise führt und den sich die Probandinnen und Probanden vorstellen sollten) lässt sich mit der Teilkompetenz „Imaginieren" beschreiben. Damit verbunden ist die Teilkompetenz „Realisieren" – die sich in direkter Folge ergibt. Es schließen sich rezeptive Teilkompetenzen wie „Wahrnehmen" oder „Beurteilen" an – als Teil der Produktionsprozesse einerseits, andererseits durch die dezidierte sprachliche Rückmeldung, wie sie Alexander Glas durch den Fragebogen erhob. Der Prozess des Zeichnens wird – über die nach dem Zeichnen erhobenen sprachlichen Äußerungen hinaus – nicht berücksichtigt.

Glas konzentriert sich im Besonderen auf die Jugendzeichnung, die er in einem fließenden Übergang von der Kinderzeichnung sieht- sie also weniger als einen Schnitt sieht, sondern vielmehr an ein graduell variierendes Medium, sich den kognitiven Entwicklungsstufen und den persönlichen kommunikativen Bedürfnissen anpasst. (vgl. Glas 2000:27) Die Darstellungsformeln dieser speziellen Entwicklungsstufe (am Beispiel von Zeichnungen 13–14 Jähriger SchülerInnen) legt er offen als solche, die sich aus Formeln der Kindheit speisen (z.B. die mehr symbolische und an den Außenlinien orientierte Form: Haus), die „einerseits zwar deutliche Tendenzen zu einer realistischen sehrichtigen Darstellungsweise" (Glas 1998:26) zeigen, andererseits aber „symbolische Formsetzungen" enthält.

Alexander Glas setzt einen „realistischen" Abbildungsbegriff voraus, den Jugendliche beim Zeichnen verfolgen. Dieser sei noch durchsetzt von Symbolen, die noch aus dem kindlichen Zeichnen entlehnt sind. Im Jugendalter, so folgert Glas, werden diese Symbole modifiziert und mit sehr persönlichen Vorstellungen aufgeladen, die für einen erwachsenen Betrachter nicht zwingend decodierbar sind. Die Zeichnung als Medium scheint für ihn in einem besonderen Maße als eine „begriffliche Setzung" (ebd.:28) für Jugendliche darzustellen, eine kommunikative Handlung. Alexander Glas sieht in dieser Ausdrucksweise von Jugendlichen ein großes Potenzial für die kunstpädagogische Didaktik:

„Auffällig ist, dass die Bereitschaft, bestimmte (auch intime) Gedanken zu äußern hier besonders ausgeprägt ist." (Glas 2000:28)

Alexander Glas weist die Diskrepanz, die zwischen dem Ausdruckswillen Jugendlicher und deren Ergebnissen liegt, eindrücklich nach, indem er sprachliche und zeichnerische Äußerungen korreliert. Er folgert,

„daß in den Bildern die geplanten Inhalte vielfach nicht sichtbar werden und latent im vorhandenen Formelrepertoire verborgen bleiben. Jugendliche empfinden dies als Scheitern." (Glas 1998:262 ff.)

Darüber hinaus sieht Glas darin „die Gefahr begründet, daß die Zeichentätigkeit aufgegeben wird und aus Mangel an Erfolgserlebnissen die Jugendlichen das Interesse verlieren." (Glas 1998:262) Ein Ziel Jugendlicher ist es, Möglichkeiten des Ausdrucks zu finden. Das ist eine Motivation, wie sie vielfach nachvollziehbar beschrieben wird (vgl. dazu auch Koeppe-Lokai). Mehr Differenzierung bedarf es bei der Frage danach, ob Jugendliche auch Interesse daran haben, Möglichkeiten des Ausdrucks zu finden, die auch von ihren Lehrer_innen verstanden werden, wie es Glas voraussetzt. Das hängt wohl von der jeweiligen Situation bzw. Relation ab.[159] Glas weist nach, dass Adaptionen von lebensweltlichen Motiven bereits in Zeichnungen von Kindern ein Thema ist. Zeichnungen von Jugendlichen behalten ihren kommunikativen Aspekt bei, auch wenn diese auf den ersten Blick von stereotypen „Formelformen" überlagert zu sein scheinen, die nicht individualisiert aussehen. Dass sie es doch sind, weist Glas durch die sprachlichen Äußerungen der Jugendlichen zu den Zeichnungen nach. Er folgert:

„Das Bestreben der Jugendlichen, visuell realistisch zeichnen zu können, ist damit keine Suche nach einem abbildungsgetreuen Naturalismus, sondern die Suche nach Idealität." (Glas 1998:265)

Jugendliche gestalten

Der Tagungsband „Kinderzeichnung und jugendkultureller Ausdruck. Forschungsstand – Forschungsperspektiven" hat sich dem Ziel verschrieben, „den aktuellen Stand zur Kinder – und Jugendzeichnungsforschung zu bündeln sowie angesichts heutiger Lebensverhältnisse zu aktualisieren." (Uhlig 2010) In vier Kapiteln wurden dazu Aufsätze gebündelt: Zunächst sollen

159 Glas legt in seinem Fazit die Vermutung nahe ob sich durch Zeichentätigkeit „latent vorhandenes Gewaltpotential im Vorfeld eindämmen" (Glas 1998:263) ließe. Diese Vermutung bedarf mindestens aus heutiger Perspektive weitere Differenzierung oder auch Relativierung.

„Vorstellungs- und Darstellungsprozesse“ von Kindern und Jugendlichen behandelt werden, „Jugendkulturelle Phänomene“ werden ausdifferenziert, gefolgt von dem Blick auf die „Lehr-/ Lernprozesse“ und „Diagnose-Fördern-Unterricht“. Das vierte Kapitel schließlich zeigt Einblicke in die „Forschung – Methoden – Perspektiven“. Bettina Uhlig eröffnet das erste Kapitel mit der Frage nach der Entwicklung einer kindlichen Bildsprache im Kunstunterricht. Unter sieben Gesichtspunkten fasst sie die Entstehungsbedingungen von Kinderzeichnungen zusammen: Bezogen auf die Situation in der sie entstehen, die Art der Darstellung und der Entwicklung des Darstellungsrepertoires, sowie auf Vorbilder, Vorstellung, Imitation und Kombination von inneren und äußeren Bildern. Sie definiert:

> *„Die Bildsprache ist eine originäre Sprache der Begegnung und Aneignung von Welt und Kultur, die jedem Menschen eigen ist.“ (Uhlig 2010:31)*

Im kunstpädagogischen Kontext solle dies im Hinblick auf die „Bildkompetenz [als] ein wichtiger Bestandteil der allgemeinen Bildung des Menschen“ (ebd.) ge- und befördert werden und so fordert Uhlig „eine anthropologisch fundierte[n] Zeichendidaktik, die das Zeichnen weniger als künstlerische Ausdrucksform, denn als universelle menschliche Handlungsform und kulturelle Praxis in den Blick nimmt“ (Uhlig 2014:447), die sich des weiteren vom Anspruch der Kunst lösen möge und sich vielmehr auf das Bild, das „zeichnende Kind und seine Kontexte“ fokussieren möge (ebd.).

Constanze Kirchner verweist 2007 zu anderer Stelle auf ein „mangelndes adäquates Angebot, das die Jugendlichen dazu befähigt, ihren Darstellungswünschen nachzugehen“ (Kirchner 2007:100) weglassen, das sie innerhalb der Erhebung zum „digitalen Zeichnen“ (also dem Zeichnen am Computer mit einem Malprogramm „Paintshop pro“) evaluiert. Schüler_innen hatten darin Gruppenarbeit am Computer Bilder erstellt und sich anschließend dazu schriftlich und mündlich geäußert.

> *„Alle Bildelemente wie Perspektive, An- und Ausschnitte, Überschneidungen, Gegenstandsnähe, Erscheinungsfarbe, angemessene Proportionen im Bildraum usw., die eine deutliche Veränderung gegenüber den üblichen Darstellungsformen der kindlichen Bildsprache darstellen, werden von den Schülerinnen und Schülern außerordentlich positiv beurteilt. Sie schätzen an ihren eigenen Darstellungen besonders die Räumlichkeit und die eingefügten Cliparts. Allerdings wird als weiteres Kriterium auch häufig die handwerkliche Fertigkeit gewürdigt – das selbst gemalte Motiv wird im besonderen Maße honoriert. Daraus lässt sich ableiten, dass ihnen die Diskrepanz zwischen Darstellungswollen und Darstellungskönnen durchaus präsent ist.“ (Kirchner 2007:100 ff.)*

Jutta Zaremba stellt die Fan Art[160] und ihre Feedbackkulturen vor, die sie im Anschluss an Kinderzeichnungen als „Kommunikationsaufforderungen“ Jugendlicher versteht – und keineswegs, wie oft in der Kunstpädagogik angenommen, als Kopien ohne eigenständige Gestaltungsabsichten. Die Jugendlichen bewegen sich vielmehr im Zeichnerischen zwischen Imitation und Erfindung in Online Foren , um sich selbst und gegenseitig etwas über das Zeichnen zu erzählen und beizubringen (vgl.:185 ff.). Sie stellt weiterhin heraus:

> *„Dabei ist zu bedenken, dass auch die so genannte ‚freie' Kinderzeichnung einen Mythos darstellt, da sie immer bereits medial geprägt ist (Götz 2006) – was natürlich erst recht für Ausdrucksformen von Jugendlichen gilt.“ (Zaremba 2010:187)*

Aktuelle Medienwelten von Kindern und Jugendlichen scheinen also ihre Zeichnungen zu prägen, wie ein Beispiel zeigen soll: Das Spiel Minecraft[161] gibt es seit 2009. Es gibt zwei Modi, das Spiel zu spielen – mit oder ohne unlimitierte Ressourcen. Beides mal geht es darum, Welt zu gestalten. Das Spiel ist für Kinder und Erwachsene gleichermaßen faszinierend und eröffnet einen Kosmos, in dem Welt(en) entworfen, gestaltet und bespielt werden. Das Spiel wird auch in der Lehre eingesetzt, zum Beispiel mit GrundschülerInnen[162], als Schulfach (Schweden) oder als Tool um Architektur zu planen[163]. Minecraft ist auch Gegenstand von Fan Art (vgl. Zaremba 2010, Küstner 2015), d.h. Zeichnungen und anderen gestalterischen Ergebnissen.

Zusammenfassend lässt sich sagen, dass zwischen dem Gestaltungswillen oder -wünschen Jugendlicher und den bisher im Kunstunterricht angebotenen Formaten eine Diskrepanz feststellbar ist. Mit anderen Worten: Was Kinder – und noch mehr Jugendliche – in der Schule gestalterisch herstellen, ist eine Sache. Was sie in ihrer Freizeit betreiben, oft eine andere – dazwischen liegen auch unterschiedliche Erwartungen, Wertschätzung für Bildhandeln und Offenheit von Lehrpersonen gegenüber aktuellen Bildwelten, die sie möglicherweise nicht kennen.[164]

160 Weiterhin zum am Comic orientierten Zeichnen im Kontext Kunstpädagogik siehe: Als Pacman mein Zuhause fraß. Identitätsentwürfe comiczeichnender Jugendlicher von Katharina Küstner 2015.

161 Diesen Hinweis sowie die damit verbundenen Links verdanke ich David Schuhmacher, Universität Bremen, Dezember 2014.

162 Siehe: http://www.gamestar.de/spiele/minecraft/news/minecraft,46603,2322157.html [28.11.2020]

163 Siehe: https://www.medienpaedagogik-praxis.de/2014/03/03/spielendlernen-mit-minecraft/ [28.11.2020]

164 Zum Beispiel aktuell: Memes.

Zeichnen und Geschlechtsspezifik

Gabriele Wopfner eröffnete 2012 mit der dokumentarischen Methode nach Ralf Bohnsack eine Sichtweise auf Zeichnungen als „hochkomplexe Zusammenhänge zwischen den milieuspezifischen Auseinandersetzungen der Heranwachsenden mit den normierenden gesellschaftlichen Vorstellungen von Männlichkeit und Weiblichkeit, den Selbst- und Fremdbildern der abbildenden Bildproduzent/inn/en und dem sozialen Geschehen der Peergroup" (Wopfner 2012:410). Wopfner weist anhand der von Schülerinnen und Schülern einer 6. Klasse erstellten Zeichnungen Interaktionen mit Sitznachbarinnen und -nachbarn nach, die sich wiederum auf den Inhalt der Zeichnungen auswirkten: Zeichnungen (und vermutlich auch andere gestalterische Ergebnisse) entstehen (innerhalb der Schule) auch in einem sozialen Raum. Die Aspekte „Interaktion" sowie ein etwaiger „geschlechtsspezifischer Habitus" (Wopfner 2012:15) innerhalb (kunstpädagogischer) qualitativ-empirischen Studien mit auszuwerten, kommt einer Zunahme von Komplexität gleich, die jedoch der Realität in Klassenzimmern eher entspräche.

Gut Zeichnen Können

Eine umfangreiche, historische Literaturauswertung zur Frage, was unter „Zeichnen können" und „zeichnerischer Begabung" vornehmlich im deutschsprachigen Raum verstanden wird, legt Monika Miller 2013 vor. Sie arbeitet Indikatoren heraus, die für ein Formulieren von Niveaustufen bedeutsam sein könnten, wie etwa die räumliche Darstellung – ein Fokus, den auch das Forschungsprojekt RAVIKO (Glaser-Henzer et al. 2012) als Ausgangspunkt setzt. Ein Ergebnis in ihrer Meta-Studie formuliert Miller wie folgt:

> *„Die Fähigkeit ‚Zeichnen-Können' basiert zum einen auf der genauen Beobachtung der gegenständlichen Wirklichkeit, zum anderen auf dem Vermögen, die beobachteten Formen auf der Zeichenfläche in Form von Linien und Flächen zu organisieren." (Miller 2013:407)*

Miller nennt drei „Strategien", derer sich begabte Kinder mehr als andere bedienen: „Organisation und Strukturierung der Bildraumfläche" bzw. „Wiedergabe der räumlichen Anordnung", „Regelmäßigkeiten in der Wahrnehmungsorganisation" sowie differenzierte Beobachtungen und Vorstellungen und schließlich „spielerisch gekonnter Umgang mit der Linie" (Miller 2010b:408). Innerhalb des hier vorgelegten Strukturmodells lassen sich diese Aspekte in „Entwerfen", „Gestalten" bzw. „Experimentieren" verorten. Deutlich zeigt Miller die Orientierung an einer europäisch-westlich orientierten Darstellung von Raum, die mit Begabung verbunden wird, auf – und weist damit auf Erwartungen und Normen hin, denen Untersuchungen von Gestaltungsergebnissen im Kontext von Schule zumeist unterliegen. Weiterhin zu diesem Thema die an anderer Stelle besprochenen Beiträge von Gysin (2010) und Uhlig (2014).

Barbara Lutz- Sterzenbach (2015) legt eine reichhaltige Materialsammlung zur Frage nach Erkenntispotenzialen und -möglichkeiten der Zeichnung vor. Sie macht diese für den Kunstunterricht nutzbar, indem sie ihre Erkenntnisse darstellt und innerhalb von Erhebungen mit SchülerInnen und Studierenden in Aufgabestellungen fasst, Reaktionen mittels Fragebögen und Interviews aufnimmt, diese mit den Zeichnungen anreichert dabei unter anderem folgert:

> *„Das Zeichnen in der Institution Schule beinhaltet die impliziten Strukturen der Bildungseinrichtung, in welchen Effizienz als wesentliche Zielvorgabe gilt: Es gilt, in möglichst wenig Zeit effizient zu arbeiten, richtige Lösungen zu finden, wobei das ‚Richtige' und das ‚Falsche' keine Indifferenzen zulassen. Zeichnen bietet eine wesentliche, andere Erfahrung im Kontext von Wissensgenese und Denken: Langsamkeit, Widerstände und Fehler – so zeigt die Studie – befördern gerade Erkenntnisse. Dabei ist das Erkennen von Ambivalenz und Nicht-Erkennen als ebenso bedeutsam zu werten, wie das Erkennen von Zusammenhängen und eine damit verbundene klärende Einsicht. Die Erfahrung von Differenz und Nähe, die Aspekte von Offenheit, Schwebungen und Ambivalenz repräsentieren unerlässliche Perspektiven des Erkennens und Bildens." (Lutz-Sterzenbach 2015:389)*

Ein Ausblick

Die hier genannten Untersuchungen widmen sich Aspekten des gestalterischen Tuns im Kunstunterricht. Es zeigt sich, dass es trotz der bestehenden Forschung in der Kunstpädagogik bisher an umfassenden empirischen Untersuchungen fehlt, die das beschreiben, was Schüler im Unterricht in den verschiedenen produktiven Bereichen *lernen* und *können*. Wohl aber wird durch die Darstellung dieser Forschung sichtbar, aus welchen Perspektiven Kolleg*innen dazu beitragen, das Zeichnen aus der empirischen black box zu holen. Zum Abschluss dieser Zusammenfassung noch kein Schlussstrich – sondern eine Ermutigung und Aufforderung an das Fach Kunstpädagogik des Teams rund um die Forschung RAVIKO:

> *„Zum ersten Mal wurden fachspezifische Kompetenzen des räumlichen Wahrnehmens und Darstellens nicht nur aus fachdidaktischer Literatur abgeleitet, wie bisherige Standards, vielmehr wurden sie empirisch ermittelt und können anhand von Forschungsmaterial rekonstruiert werden. Dies führte auch zu neuen, überraschenden Erkenntnissen und Kompetenzen, was nicht deckungsgleich mit bisher Angenommenem ist. Darin liegt grosses Potenzial für weiterführende Forschungsfragen und Forschungsvorhaben." (Glaser-Henzer et al. 2012:103)*

So ist bislang zwar noch für viele Bereiche innerhalb gestalterischer Prozesse im Kunstunterricht unklar, wie genau sich ein Lernzuwachs generiert – und wie Lehrende und Lernende diese Prozesse gestalten können – sicher konnten wir bereits unterschiedliche Praktiken davon kennen lernen.

2.2.9. Zwischenfazit zum Eröffnen des Zeichnen lernens

Ein Grundanliegen dieser Arbeit ist, einerseits der Intuition des Aristoteles' nachzugehen, wonach sich im Zeichnen ein pädagogisch nach wie vor zentrales Freiheitsmoment meldet, Freude und Selbstzweckhaftigkeit mit dem *zeichnen* zu verbinden. Andererseits wird aber kritisch bemerkt, dass eben der Zeichenprozess selbst immer wieder das Feld normativer oder gar ideologischer Besetzungen im Sinne bestimmter Zielvorgaben ist, durch welche vorab festgelegt wurde, wie das Ergebnis – die Zeichnung – gestaltet werden sollte. Mit der Einführung der allgemeinen Schulpflicht und einer Kanonisierung des Zeichenunterrichts in der Industrialisierung ist das damit verbundene ökonomisch bestimmte Denken für die Zeichnung als Lerngegenstand sichtbar. Im Zuge dieser Entwicklung erfährt die Lehre der Zeichnung eine rigide geometrische Schematisierung, welche vor allem eine berufsbildende Funktion haben solle, die allerdings auch in einer nahezu gänzlichen Bezugsfreiheit zur bildenden Kunst resultiert. Als eine Gemeinsamkeit von Rousseau bis zur hier nachzuvollziehenden Kenntnis, die mit dem Zeichnen Lernen verbunden wurde, ist das Einschätzen von Proportionen und Entfernungen (Rousseau 1762:144), deutlich unterscheiden sich jedoch die Vorbilder, die von der Natur zu Anschauungstafeln für den Unterricht wechselt.

Das Erfassen und Abbilden der direkten Lebenswelt von Schüler*Innen durch die Zeichnung ist ein Motiv, das sich durch die Epochen verfolgen lässt – sei es durch Aristoteles (Aristoteles 2005), der zeichnerisches Erkennen um den *Geschmacksinn der jungen Männer* wegen empfiehlt, „oder" Rousseau der Émile das zeichnerische Studium nach der Natur rät (Rousseau 1762).

Wie bereits im Teilkapitel *Wie praktizieren Lehrpersonen Zeichnung in der Lehre?* gezeigt wurde, ist die Zeichnung, das Zeichnen selbst und das Zeichnen Lehren eine feste Größe im Lehrplan und im praktischen Kunstunterricht. Wie weiterhin gezeigt werden konnte, ist die Zeichnung als Übung der Formensprache und des künstlerischen Ausdrucks seit der Einführung der allgemeinen Schulpflicht fester Bestandteil des staatlichen Lehrplanes.[165] Die Zeichnung als Technik und Medium zugleich vermag in besonderer Weise eine Brücke zwischen der ästhetischen Praxis und der theoretischen Auseinandersetzung mit dem Bild im Kunstunterricht zu schlagen. Historisch wurde und wird ihr Nutzen in der Lehre unterschiedlich, teils gegensätzlich argumentiert: So soll das Zeichnen einen Nutzen im Alltag

165 Die sich bis heute auch an den Lehrplänen und- Verordnungen für den Zeichen- und Kunstunterricht nachvollziehen lassen.

haben (z. B. Pestalozzi) – und zugleich darüber hinaus gehen (z. B. Aristoteles). Es soll Freude bereiten (z. B. Ruskin), aber auch für Disziplin sorgen (z. B. Fröbel, Stuhlmann). Es dient der Kommunikation und soll deshalb allgemeingültig sein (z. B. Pestalozzi) – und dient zugleich dem individuellen Ausdruck (z. B. Schmid, Hartlaub, Kirchner). Das Zeichnen lernen soll nach – oder gar in – der Natur (z. B. Rousseau), oder nach Vorlagen, nach Vorgaben oder frei stattfinden (z. B. Tadd). Es soll die ästhetische Urteilskraft fördern (z. B. Humboldt), genaues Sehen und Wahrnehmen, ebenso wie epistemische Prozesse ermöglichen (z. B. Lutz-Sterzenbach), Begabungen aufzeigen (z. B. Miller), in Beziehung zu digitalen Praxen stehen (z. B. Mohr, Wiegelmann-Bals) und dient als Austragungsort der Debatte um Kunst und Bildhandeln (z. B. Uhlig 2014:447). Am Zeichnen Lehren werden also auch Verständnisse von Kunstpädagogik und mithin Paradigmenwechsel postuliert. „Kunstpädagogen können mit missionarischer Dringlichkeit auftreten. Und: Sie haben eine besondere Affinität zu Paradigmenwechseln.", schreibt Helene Skladny (Skladny 2013:159) in ihrem Beitrag „Von Paradigmenwechseln und Bergpredigten. Dresden 1901".

Damit zeigt sich, dass das Zeichnen lehren in historischer und heutiger Perspektive nicht nur facettenreich und voller Widersprüche ist, sondern häufig exemplarisch für ein Verständnis für die Lehre und auch kunstpädagogische Forschung steht. All dies mögen Gründe sein, weshalb die Zeichnung im Kunstunterricht in all ihren differenzierten Anwendungen und Aspekten auch heute noch eine zentrale Rolle einnimmt.

Beim Erarbeiten des historischen und gegenwärtigen Forschungsstandes wurde deutlich, dass die Literatur zu Themen wie dem Zeichnen lernen oder der Förderung von Schüler*innen reichhaltig ist, und sich nicht nur als Sujet, sondern auch als Medium der Forschung anzubieten scheint – weshalb dieses Fazit zu einem ersten Ende kommt. Im Fokus steht weiterhin die Perspektive der Schüler*innen und die Perspektiven des *Zeichnen Könnens* – und im nun Folgenden das beidhändige Zeichnen als Übung des Kunstunterrichts.

2.3. Gelenkt ungelenk zeichnen – die Aufgabe des beidhändigen Zeichnens in der Kunstpädagogik[166].

Ich wende mich nun dem Paradigma des Zeichnens in der bildenden Kunst sowie der Kunstdidaktik und ihren historischen Vorläufern anhand dem beidhändigen Zeichnen zu, da es anhand der Verfolgung einer Aufgabenstellung durch die Geschichte einen anderen, differenzierten Blick darauf erlaubt, wie das Zeichnen Lehren verstanden wurde und wird.

> *„Die alte Erziehung vernachlässigte beide Hände, nicht allein die linke. Wir dürfen so wunderbar gebaute körperliche Werkzeuge nicht länger bei der Erziehung ignorieren." (Tadd 1900:23)*

Mit diesen Worten formuliert James Liberty Tadd[167], Schuldirektor aus Philadelphia, 1899 „Gründe für die Übung beider Hände". Diese Übungen, im Buch nicht nur beschrieben, sondern auch durch Fotografien illustriert[168], sollen nach den einleitenden Worten der Herausgeber „kein Kanon" sein, sondern weiterentwickelt und an den jeweils eigenen Unterricht angepasst werden. So zitieren die Herausgeber im Tadd im Vorwort:

> *„‚Ich mache ausdrücklich darauf aufmerksam', sagt der Verfasser, ‚dass die von mir gegebenen Übungsformen nichts festliegendes sein sollen. Ich bin gewiß, daß in dem Augenblick, wo als Beispiel angeführte Formen als Norm beibehalten werden, die Routine und damit der Verfall beginnt. Der Unterricht muß stets den individuellen Bedürfnissen und der Umgebung angepasst werden'" (Tadd 1900 S. VII)*

166 In diesem Kapitel beziehe ich mich in Teilen auf den bereits 2011 veröffentlichten Text „Die Übung des beidhändigen Zeichnens in der Kunstpädagogik", der hier grundlegend um bildungshistorische Aspekte, historische Dokumente und weiterführende Argumentationen zum Beidhändigen Zeichnen in der Kunstpädagogik erweitert wurde. Das beidhändige Zeichnen wird in der Erhebung aufgenommen und ist deshalb als theoretische Klärung notwendig. Der 2011 von mir veröffentlichte Text entstand im Wesentlichen aus einem Vortrag im Kurs 3: Auge, Hand und Geist – Zeichnung als Prozess der Eikones summer school 2011 Bildpraktiken, deren Organisator_innen und Teilnehmer_innen ich für die fruchtbaren Diskussionen und wertvollen Ausführungen zum Thema sehr zu danken habe. Lena Lang gilt außerdem mein herzlicher Dank für grundlegende Anregungen im Seminar „Wie Zeichnen Schule macht" an der Kunsthochschule Kassel und im Rahmen ihrer Hausarbeit zur Geschichte des beidhändigen Zeichnens (2010/11).

167 James Liberty Tadd wird im Schmutztitel der originalen amerikanischen Ausgabe als „Director of the public school of Industrial Arts, of manual training in the Roman Catholic high school and of several night schools, all at Philadelphia" vorgestellt. Im Folgenden wird aus dieser Ausgabe zitiert: James Liberty Tadd, Neue Wege zur künstlerischen Erziehung der Jugend. Zeichnen – Handfertigkeit – Naturstudium – Kunst, Leipzig, 1900, im Folgenden zitiert nach der deutschen Übersetzung in der zweiten, unveränderten Auflage von 1903.

168 Die Fotografien zeigen Schüler*innen und Lehrer*innen, scheinbar bei der Ausführung von Aufgaben in situ, ebenso Muster und Ergebnisse des Unterrichts.

Im Folgenden werden einige Beispiele des beidhändigen Zeichnens aus dem Zeitraum zwischen 1900 und 2016 untersucht. Beidhändiges oder -armiges Zeichnen[169] ist ein Übungselement, das sich durch die Jahrzehnte hinweg im Kontext des Kunstunterrichts findet. Die jeweilige genaue Ausführung der Aufgabe und die damit verbundenen Voraussetzungen und Lernziele variieren, was nicht nur durch historische Kontexte, sondern auch durch Paradigmenwechsel der Bezugsfelder der Kunstpädagogik bedingt ist. So vollzogen sich selbstverständlich in nahezu allen Feldern wie der allgemeinen Pädagogik, der bildenden Künste, der Schulentwicklung und nicht zuletzt den gesellschaftlichen, bildungspolitischen Voraussetzungen grundlegende Veränderungen. Gerade anhand der Übung des beidhändigen Zeichnens lassen sich grundsätzliche Argumentationen nachvollziehen, die bis heute in der kunstpädagogischen Diskussion stehen. Hierzu gehören zum Beispiel die Fragen mit welchen wissenschaftlichen Erkenntnissen die bildnerische Tätigkeit von Schüler*innen begründet wird, an welchen jeweils aktuellen künstlerischen Praktiken sich orientiert wird, oder inwiefern Schüler*innen eine schöpferische Kraft zugesprochen wird, welche je nach Sichtweise Lenkung, Beschränkungen oder Förderung durch Aufgabenstellungen erfährt.

Eine Grundaufgabe im von James Liberty Tadd vorgeschlagenen Zeichenunterricht ist das beidhändige Ziehen zweier simultaner Kreise, später komplexerer Formen.[170] Symmetrisch angelegte beidhändige Übungen finden sich bei Lehrenden des Bauhauses, (so in dem von Johannes Itten 1963 dokumentierten Bauhaus-Vorkurses und den „drawing courses" Josef Albers'). Zu Beginn der 1980er erleben Studierende beidhändiges Zeichnen auf dem Boden liegend in der kunstpädagogischen Praxis Gert Selles. Im Jahr 2016 bereiten Kunstvermittelnde des Bauhaus Archivs die Übung des beidhändigen Zeichnens für Lehrpersonen auf (Marquardt/ Petersen 2016). Als 5-Minuten Übung wird es 2023 in der Zeitschrift Kunst + Unterricht voRgestellt. (Schoppe / Nienhaus 2023). Bis heute ist die Übung in der Praxis des Kunstunterrichts zu finden. In der heutigen Kunstpädagogik wird dem beidhändigen Zeichnen[171] vor allem ein experimenteller Charakter zugeordnet, der zur „Vorbereitung für weiterführende Gestaltungen" (Kirchner 2009:182 ff.), der Schüler*innen dient und so Bildfindungsprozesse ermöglicht. Bei solchen Formaten des zeichnerischen Experiments werden bestimmte Regeln

169 Die Zeichnung wird hier als Ausdrucksmittel verstanden – nicht zwingend als ein künstlerisches, aber als Spur einer ästhetischen Handlung, im besten Falle zudem einer ästhetischen Erfahrung.

170 Tadd nennt die hierbei zu erlernenden Fähigkeiten „skills" und möchte sie in den jeweils ersten 10 Minuten einer jeden Zeichenstunde praktiziert wissen. Vgl.: James Liberty Tadd, Neue Wege zur künstlerischen Erziehung der Jugend. Zeichnen – Handfertigkeit – Naturstudium – Kunst, Leipzig, 1900, S. 33. Das „freihändige Ziehen von Kreisen" zur „Übung des koordinierten Zusammenspiels zwischen Auge, Hand und Gehirn" wurde auch von dem Londoner Superintendent of Drawing and Manual Instruction Joseph Vaughn 1903 dokumentiert. Vgl.: Barbara Wittmann, Ohne Vorbild. Kinderzeichnungen machen Schule, in: Bildwelten des Wissens. Kunsthistorisches Jahrbuch für Bildkritik. Band 7,1, 2009 S. 72–80, S. 73.

171 Dem Zeichnen spricht Béatrice Gysin unter anderem diese Kompetenzbereiche zu: „Ausdruckskompetenz, Aktivierung mehrer Sinne, Zeiterfahrung, Selbstwahrnehmung, und der Konzentration." In: Béatrice Gysin, Wozu Zeichnen? Qualität und Wirkung der materialisierten Geste durch die Hand, Sulgen 2010

aufgestellt,[172] die die Handlung beschränken oder erschweren: So etwa das Verbot, bestimmte, gewohnte Körperteile wie die Augen zu nutzen, dem „Blindzeichnen."[173] Bei dieser Praxis in der Verbindung mit der Kunstpädagogik im deutschsprachigen Raum ist besonders der Künstler und Kunstlehrer Dietrich Helms zu nennen:

> *„Beim Zeichnen mit beiden Händen zugleich entstehen leicht annähernd symmetrische organische Gebilde. Ihre Seitenverschiedenheit weist die unterschiedliche Funktion unserer linken und rechten Hand und der mit ihnen jeweils verknüpften Apparaturen aus. Darüber weiß ich nichts. Ich empfinde es aber als zufriedenstellend, beglückend, diesen Funktionszusammenhang zu finden, zu spüren, dass die organische Zeichnung in einer Entsprechung zu uns selbst steht. (...) Man glaubt, Zusammenhänge zu erfühlen: die Sinnesorgane in ihrer Verknüpfung, macht sich ein Bild von deren Ähnlichkeit, möglichen Austauschbarkeit. Man stülpt Einsichten um, wendet plastische Erfahrungen auf die Vorstellung innerer Vorgänge an, meint am Ende leicht, man zeichne direkt im Kopf, der Schädel berge ein Material, das sich ertasten lasse und darauf reagiere." (Helms 1983:4)*

Des Weiteren sind bei Aufgaben Sichtbarrieren wie beispielsweise beim Zeichendiktat verbreitet, bei denen Schüler*innen zeichnen, was ihnen nur sprachlich übermittelt wird, oder auch der Einsatz von anderen technischen Hilfsmitteln wie etwa Extensionen, Stäbe, der Bau von Zeichenmaschinen.[174] Bei so vielen Verboten, Hindernissen oder Umwidmungen von Körperteilen stellt sich auch die Frage nach dem Wofür – in diesem Falle die Frage nach den spezifischen Lernmöglichkeiten der Schüler*innen. Es stellt sich die Frage, in welchem jeweiligen historischen Kontext im Kunst- bzw. Zeichenunterricht die beidhändige Zeichnung praktiziert und welcher Zweck jeweils damit verfolgt wurde, welche spezifischen Lernmöglichkeiten sich hierbei den Schüler*innen boten, mit welchen wissenschaftlichen und gesellschaftlichen Kontexten die Aufgabe begründet wurde. In einem zweiten Schritt möchte ich erörtern, ob – und falls ja wie – diese Übung im zeitgenössischen Kunstunterricht Relevanz haben kann. Doch wie kommt es zunächst überhaupt dazu, dass eine beidhändige Übung im

172 Dazu schreibt die Kunstpädagogin Constanze Kirchner 2009: „In diese Tradition des so genannten experimentellen Zeichnens lassen sich bis heute zahlreiche Versuche einreihen, Vorgehensweisen zu entwickeln, die durch Lockerungsübungen, neue Sichtweisen auf den Gegenstand, assoziative Methoden, Irritationen, Ausschalten einzelner Sinne, Einbauen von Handicaps beim Zeichnen usw. die Wahrnehmung schärfen und das Darstellungsvermögen steigern wollen." In: Constanze Kirchner, Kunstpädagogik für die Grundschule, Bad Heilbrunn, 2009, S. 182.

173 Helms ist als Mitherausgeber der Kunst + Unterricht zur kritischen Geschichte der Kunstpädagogik (Helms et al. 1974) als ein Akteur zu verstehen, der zwischen der künstlerischen Praxis des experimentellen Zeichnens und der kritischen Reflexion der Geschichte der Kunstpädagogik steht. In einem Telefonat (2008) mit der Autorin bezeichnete er sich als Künstler.

174 Vgl. hierzu: Die Ausgabe Kunst + Unterricht, Zeichnen als Experiment, Heft 271, 2003.

Kunstunterricht auftaucht? In der künstlerischen Ausbildung der Akademien (Vgl.: Schulze 2004) ist nicht von einer beidhändigen Ausbildung die Rede. Dies mag sicher auch mit dem ‚schlechten Ruf' der linken Hand zusammen hängen, die Adriano Sofri, (Sofri 1998) luzide aufzeigt. Doch scheint das Tabu der linken Hand sich seit der Industrialisierung und der Idee eines im ökonomischen Sinne ‚besseren', da beidhändig agierenden Menschen gelöst zu haben. Darüber hinaus haben sicherlich die jeweils aktuellen neurowissenschaftlichen Forschungen und die Theorie der zwei Gehirnhälften, die ab den 1850er Jahren nicht nur in Europa vertreten wurde, dies beeinflusst. Auch in der Bildenden Kunst ist eine immer wieder aufscheinende Faszination der menschlichen Symmetrie zu verfolgen, zu der auch eine beidhändige Praxis gehört. Die beidhändige Zeichnung als Übung im Kunstunterricht ermöglicht einen Fokus auf den Prozess beim beidhändigen Zeichnen selbst.[175] Denn bereits in der Ausführung des beidhändigen Zeichnens selbst liegt meiner Meinung nach Erkenntnispotenzial über die eigene körperliche Handlung, die es zunächst in einem Oszillieren zwischen kognitiven und somatischen Prozessen nachzuvollziehen gilt. Darüber erlaubt die Aufgabe ein Experimentieren in einem halbwegs gesicherten Raum mit bekannten Materialien.

2.3.1. Die beidhändige Zeichnung in der Kunstpädagogik

1899 veröffentlicht James Liberty Tadd den schon erwähnten Leitfaden zum Zeichenunterricht mit dem Titel "New Methods in Education – Art Real Manual Training Nature Study – Explaining processes whereby hand, eye and mind are educated by means that conserve vitality and develop a union of thought and action".

Das Buch wurde in Deutschland durch die sich in Hamburg formierende Kunsterzieherbewegung zeitnah rezipiert und 1900 von der „Lehrervereinigung für die Pflege der künstlerischen Bildung in Hamburg" in deutscher Sprache veröffentlicht.[176] Es fällt dabei zweierlei auf: Zum einen, dass die amerikanische Originalausgabe ein zeichnendes Mädchen, mithin Adressatin des Lehrwerks zeigt, während die zweite deutsche Ausgabe das Emblem des „Lehrervereins zur Pflege der künstlerischen Bildung Hamburg" eine Allegorie des Lehrens in Form eines säenden Mannes zeigt, mithin also die Lehrperson. Zudem verspricht der Titel unterschiedliches, obgleich im Inhalt selbst wenig Veränderungen zwischen der Übersetzung und dem Original vorgenommen wurden.[177] Während die englische Ausgabe auf neue Methoden der

175 Hier: Der entstandenen materialisierten Zeichnungen.

176 Bis heute wurde das Buch nicht in die französische oder spanische Sprache übersetzt, in den Niederlanden erschien es 1906. Es scheint vornehmlich mit der deutschsprachigen Reformbewegung des Zeichenunterrichts und des Faches Kunstpädagogik verknüpft zu sein.

177 Die deutsche Ausgabe ist hier digitalisiert: https://doi.org/10.11588/diglit.24971 [20.11.2020], die englischsprachige hier: https://archive.org/details/newmethodsineduc02tadd [20.11.2020].

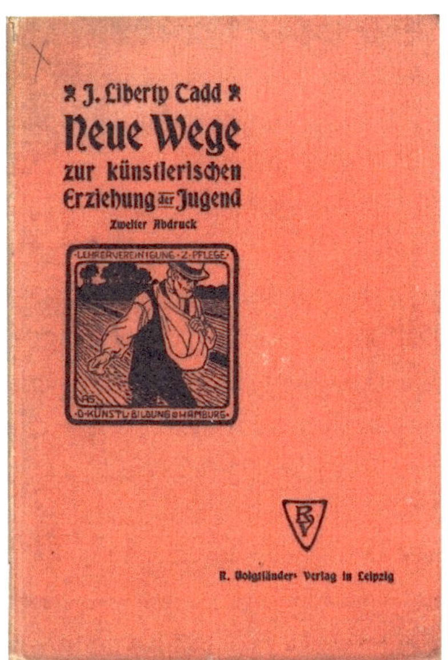

Abb. 15:
James Liberty Tadd,
Cover, 1899.

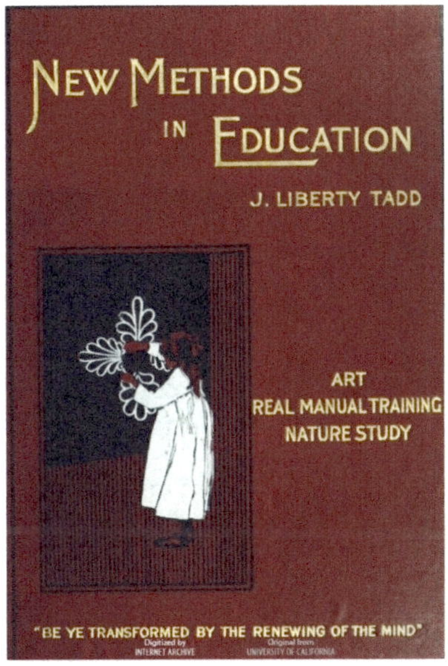

Abb. 16:
James Liberty Tadd,
Cover, 1903.

Kunst und die Übung von Naturstudien verweist, ist die deutsche Ausgabe kürzer und mit einem klar künstlerisch-erzieherischen Kontext gefasst. Ein Grund für die Orientierung innerhalb deutschsprachiger Diskurse an der internationalen Literatur[178] zur Kunsterziehung mag der Konflikt gewesen sein, der sich um die Jahrhundertwende nach der Frage des Formates des – in heutigen Worten ausgedrückt – subjekt- oder institutionsorientierten Kunstunterrichts[179]

178 Der Kunstpädagoge Wolfgang Legler (2002) bemerkt zum berühmten Ausstellungskatalog ‚Das Kind als Künstler': „dass die 38 Titel umfassende Literaturliste des Begleitheftes zur Ausstellung von 1898 nur fünf Texte deutscher Autoren enthält." (Legler 2002:11)

179 Wolfgang Kemp spricht von: „ad hominem" oder „ad institutionem" (Kemp 1979:304).

besonders in Hamburg entspann.[180] Er entzündete sich vornehmlich an der *„Methode Stuhlmann“*,[181] der zu diesem Zeitpunkt die Funktion eines Schuldirektors inne hatte (Wittmann 2009b). Als Leitfaden gab er fünf „Hefte für den Zeichenunterricht“ heraus, in denen das ‚Netzzeichnen‘ mit einer dazugehörigen Positionierung des Körpers genauestens beschrieben wurde. Solche ‚Zeichnungen im Netz‘ waren in der Lehre der Zeichnung im 19. Jahrhundert verbreitet anzufinden. Für die zumeist planvollen, geometrischen Figuren wurde auf einen quadrierten Grund (das Netz), welches eine Hilfestellung für die Proportionen geben sollte, gezeichnet. (Vgl. Kemp 1979:299 ff.)

Beim Netzzeichnen handelt es sich mit den Worten von Wolfgang Kemp um eine Form des „disziplinierenden Zeichnens“ (Kemp 1979:302), das er weiterhin so beschreibt: „hier fällt der oberste Zielkomplex Ordnung, Reinlichkeit, Zucht mit der Form des Unterrichtsbetriebs zusammen.“ (ebd. :303) Kemp wählt weiterhin ein Zitat Ramsauers, um die Vorstellung des Drills zu unterstreichen:

> *„Weil das Kind, welches sonst so leicht träumt und sich zerstreut, dadurch zu einer festen und anhaltenden Aufmerksamkeit und Tätigkeit gleichsam gezwungen wird, ohne einen ihm unangenehmen Zwang zu fühlen. Es ist der nämliche Fall wie bei dem Soldaten, der bei dem Takte der Trommel weniger müde, mutvoller und kühner vorwärtsschreitet.“ (Ramsauer zitiert nach Kemp 1979:303)*

Diese Methode stand in der Kritik, insbesondere bei den Mitgliedern der so genannten ‚Kunsterziehungsbewegung‘, wie es sich anhand einer Schülerzeichnung aus dieser Zeit leicht verdeutlichen lässt – der Mensch, der gezeichnet wurde, ist aus unbeholfenen Rechtecken konstruiert, die Anmutung eines Roboters mag sich dem zeitgenössischen Betrachter aufdrängen. Diese Zeichnung sollte den Gegnern des Netzzeichnens als Nachweis dienen, dass dieses auf die natürliche und schöpferische Tätigkeit des Kindes negative Auswirkungen habe, da es nunmehr keine runden oder naturähnlichen Formen zeichne. Neben der Zeichnung wurde notiert: „Durch das Zeichnen geradliniger Figuren im Unterricht beeinflusst.“ (Wobei es durchaus vorstellbar wäre, dass hier eine roboterhafte Figur, ähnlich zum *Tin Man* aus Wizard of Oz (1900) gezeichnet wurde.[182])

180 Diesen veranschaulicht Barbara Wittmann in Bezug auf die Kinderzeichnung im Unterricht. (Wittmann 2009b). Wie sich dieser Konflikt weiterhin in den kunstpädagogischen Diskussionen um die bildnerische Tätigkeit des Kindes im Fach wieder findet, zeigt Helene Skladny auf (Skladny 2013)

181 In dem 1980 verlegten Ausstellungskatalog: Kind und Kunst II von 1980 wurde Stuhlmann als „Symbolfigur des alten Zeichenunterrichts, den die Reformpädagogen der Kunsterziehungsbewegung bekämpften“ beschrieben. (Bund deutscher Kunsterzieher et al. o. J.:11).

182 Weiterhin nicht unähnlich ist die aktuelle Fan Art zum Spiel Minecraft, in der die Figuren ebenfalls aus Würfeln gezeichnet werden.

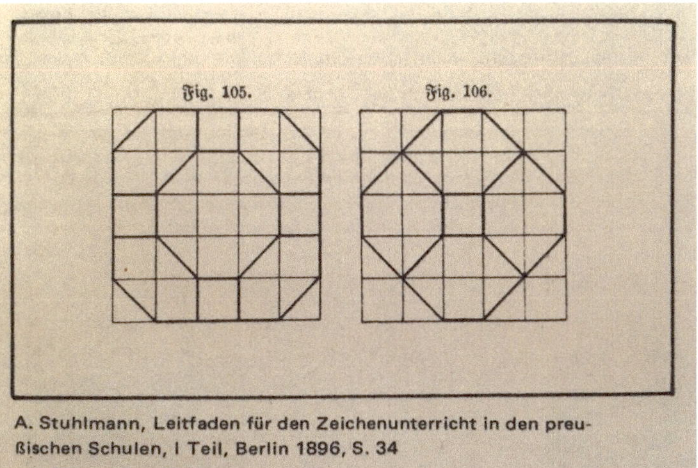

Abb. 17: Methode Stuhlmann.

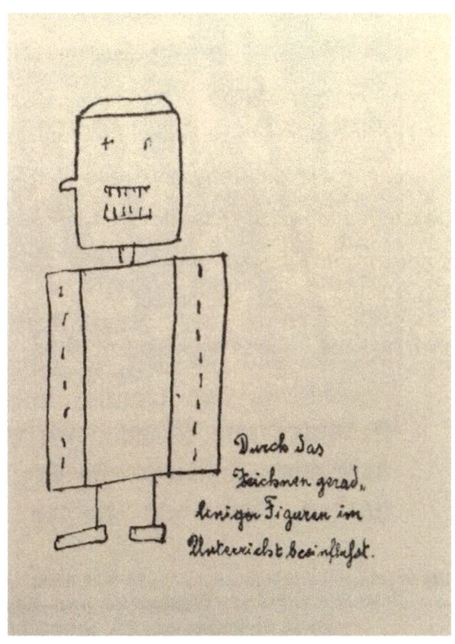

Abb. 18: „Durch das Zeichnen geradliniger Figuren im Unterricht beeinflusst".

Gegen das Netzzeichnen und seine so dokumentierten Folgen wenden sich die von der reformpädagogischen Bewegung inspirierten Kunsterzieher und ziehen zudem Argumente eines frühen Forschers der Kinderzeichnung, Ebenezer Cooke, heran:

> *„Wir erwarten etwas, was für das Kind unmöglich ist. Wir müssen den Weg nach den Leistungen des Kindes einrichten, nicht nach denen der Erwachsenen." (Legler 2004:53)*

Hier tut sich ein Konflikt auf, der bis heute die Kunstpädagogik prägt: Das Spannungsfeld zwischen dem Konzept einer freien schöpferischen Kraft des Kindes einerseits und einem handwerklich schulenden, disziplinierenden und utilitaristischen Zugriff auf das kindlich-bildnerische Gestalten andererseits. Dieser Widerspruch lässt sich, in grober Vereinfachung gesprochen, bis heute in den Diskussionen um Fragen der kunstpädagogischen Praxis finden, ebenso wie der, ob der Gebrauch eines Radiergummis beim Zeichnen hilfreich ist – oder nicht:

> *„Die Schüler müssen vom Gebrauch des [Radier]Gummi abgebracht werden. (...) Dadurch wird größere Genauigkeit und Freiheit erzielt, als wenn mit schwachen versuchenden Strichen unter der Voraussetzung gearbeitet wird, daß sie immer wieder entfernt werden müssen, bis sie richtig sind." (Tadd 1903:35)*

Bei Tadd wird auf die Disziplin eines „richtig sitzenden Zeichenstrichs" hingearbeitet. Zugleich zeigt die den schriftlichen Ausführungen folgende Abbildung sehr wohl eine in ersten Schritten in suchenden, schwingenden Übung, (Abb. 19), in der „sehr junge Kinder" einen Kreis zeichnen, der exakt ihren Körpermaßen entspricht – und eben nicht alle Kinder den exakt gleich grossen Kreis zeichnen.

Hinzu kommt um 1903 die Forderung nach einer Orientierung an aktuellen künstlerischen Strategien, wie zum Beispiel Alfred Lichtwark[183] sie aufbrachte, die sich nicht immer mit der „wissenschaftlichen Begründung des Faches anhand der Ergebnisse einer zeitgemäßen und empirischen Pädagogik und Psychologie" (Skladny 2013:173) vereinbaren lässt, wie Helene Skladny bemerkt. Besonders bei den beidhändigen Übungen bietet sich der Bezug auf die Neuropädagogik an: Schon Tadd verweist auf die Forschung seiner Zeitgenoss*innen, wenn er schreibt:

> *„Die Biologie lehrt, dass der Erfolg intensiver und dauerhafter ist, je mehr die Sinne in harmonischer Tätigkeit zusammenwirken. Wenn ich mit der rechten Hand zeichne,*

183 Gewidmet ist Tadds deutsche Übersetzung Justus Brinkmann und Alfred Lichtwark. Letzterer verantwortete 1898 die Ausstellung „Das Kind als Künstler" in der Hamburger Kunsthalle, in der im Wesentlichen von der Idee einer schöpferischen Kraft des Kindes ausgegangen wird.

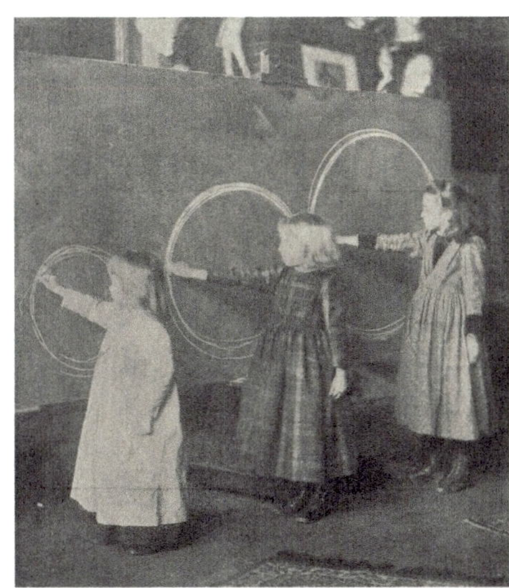

Abb. 19: James Liberty Tadd, 1903, Freihandübungen für sehr junge Kinder.

benutze ich die linke Gehirnhälfte, wenn die linke Hand tätig ist, die rechte. [...] Durch diese organische Tätigkeit wird Gehirn und Geist entwickelt." (Tadd 1900:22)[184]

An anderer Stelle folgert er: „Ich erwarte bessere Resultate von der rechten Hand, wenn die linke mit ihr zugleich übt." (Tadd 1900:22)

Die Wissenschaftshistorikerin Anne Harrington berichtet in „Medicine, Mind, and the Double Brain" von einer Studie um 1900 mit einer Gruppe von rund 2000 Schulkindern aus Philadelphia, bei der sich mit regelmäßigen beidhändigen Training feststellen ließ, sie agierten nun klüger als andere, die nicht beidhändig zeichneten.[185]

"By 1900, according to British osteologist E.Noble Smith, some 2,000 Philadelphian schoolchildren were regularly undergoing training and were said to have become 'relatively sharper and more intelligent than others'." (Harrington 1989:130)

184 Das englische Originalzitat lautet: "Biology teaches, that success is more intensive and lasting, when more senses work together in harmonious activity. When I am drawing with my right hand, I am using the left hemisphere of my brain, when my left hand is active, it is the right hemisphere [.] This organic activity develops the brain and mind."(Tadd 1899: 22). Vermutlich stützte Tadd seine Argumentation auf die Forschungen Charles-Édouard Brown-Séquards von 1874, der den Band: „The brain power of man: Has he two brains or has he only one?" Cincinnati Lancet and Oberserver, 17/330, 1874 publizierte. Vgl. hierzu die Untersuchung von Anne Harrington 1989.

185 Den Hinweis auf Anne Harrington verdanke ich Barbara Wittmann.

Weiterhin berichtet Harrington von der Gründung einer Gesellschaft für beidhändige Erziehungsmethoden durch den Belfaster Schuldirektor John Jackson, deren Forderungen nach dem beidhändigen, vertikalen Schreiben um 1895 für heftige Diskussionen in der Fachwelt sorgte. (Harrington 1989:131 ff.) Aus heutiger Sicht lassen sich die damaligen Erkenntnisse teilweise bestätigen, wenn der Psychologe Ernst Pöppel im Interview erläutert:

> *„Wenn nur eine Hand aktiv ist, führt das zu einer Vernachlässigung oder Hemmung der anderen Gehirnhälfte. Die beidhändige/beidfüßige Bewegung, das zeigen Studien zum Beispiel zum Training von Sportlern (Handball, Fußball), erzielt eine größere motorische Kompetenz und auch eine größere Aktivität des corpus callosum.“*[186]

Auch nach heutiger Sicht scheinen sich symmetrisch ausgeführte Körperübungen zur Verbesserung motorischer Prozesse zu eignen. Zudem zeigt sich eine Verknüpfung der historischen Kunsterziehung und Zeichenlehren Tadds mit der Vorstellung der Erziehung zur Geschicklichkeit im Sinne einer höheren Effizienz, z. B. durch Beidhändigkeit. Doch wird später noch zu zeigen sein, dass dieser vermeintliche Vorteil von größerer Aktivität im Hinblick auf das Zeichnenlernen nicht immer erwünscht ist, sondern auch als störend empfunden werden kann – zum Beispiel dann, wenn das Handeln der einen Hand die andere durch ihre Bewegung stört.

2.3.2. Ein Leitfaden des kompetenten Zeichnenlernens – beidhändig gezogene Kreise, Schleifen, Palmetten und das einhändige Naturstudium

Tadds Buch enthält eine umfassende Lehre der Zeichnung. Sie hat das Erlernen handwerklicher Fähigkeiten zum Ziel, ist für verschiedene Altersstufen ausgelegt und gliedert sich in verschiedene, aufeinander Bezug nehmende Schwierigkeitsstufen. Der Autor gibt dabei die Empfehlung je früher, desto besser, denn:

> *„Haben die Schüler die besten Jahre verpasst, so ist natürlich zur Erlangung von Leichtigkeit der Bewegung mehr Zeit erforderlich.“ (Tadd 1900:34)*

Das Zeichnen nach Objekten in der Natur, das im ersten Teil durch einzelne Übungen im Klassenzimmer vorbereitet wird, stellt ein Ziel des Buches dar. Zudem wird das plastische Arbeiten behandelt und Anregungen zum fächerübergreifenden Lernen wie zum Beispiel mit

186 Ernst Pöppel, Interview mit der Autorin, München im Oktober 2011.

der Biologie im zweiten Teil des Buches beschrieben (Tadd 1900:183 ff.). Konkrete Anleitungen oder Handlungsanweisungen werden zwar nicht immer gegeben, lassen sich aber über die reichlich beigefügten Bilder[187] rekonstruieren. Anhand der Motive lässt sich ein Bezug zur arts and crafts-Bewegung ablesen, in deren Konzept sowohl das Zeichnen in der freien Natur seinen Platz hat, als auch die Linie als Grundgestaltungselement dominiert (vgl. Mainberger 2010). Dass besonders das beidhändige Zeichnen von großer Bedeutung für das Tadd'sche Konzept des Zeichenunterrichts ist, macht zudem auch das Titelbild der US-amerikanischen Ausgabe deutlich, auf dem ein Mädchen beidhändig ein florales Ornament an einer vertikal aufgestellten Tafel[188] zeichnet.[189]

Auch das Vorwort wird übertitelt mit einer Fotografie eines Klassenraumes, in dem die Schülerinnen an einer Lauftafel beidhändig symmetrische Ornamente zeichnen. Sie tun dies, wie die Bildunterschrift suggeriert, „unter Anleitung" einer rechts an der Tafel stehenden Lehrerin und vor in Schulbänken sitzenden Schülerinnen. Die Formen, nach denen beidhändig gezeichnet wird, werden im Text als Auswahl (Kreis, florale Elemente) festgelegt, weitere lassen sich anhand der Bildbeispiele rekonstruieren: Sie sind zumeist ornamental angelegt und variieren in ihrer Komplexität vom Kreis über Schleifen zu symmetrischen Blattmustern oder Palmetten (vgl. Riegl 1893). Es scheint sich dabei immer um Figuren zu handeln, die als Form von den Schülern auswendig gelernt oder anhand der Vorzeichnung der Lehrperson imitiert wurden.[190] Da jedoch die Kreise an den Enden dieser Figur nicht immer vollständig symmetrisch ausgeführt sind, nehme ich an, dass die Formen in dieser Aufnahme nicht vorgezeichnet wurden. Es sind Übungen, Aufwärmübungen, die Tadd „drill work" (Tadd 1900:33) nennt und die in nicht mehr als 10 Minuten pro Schulstunde ausgeführt werden sollen:

> *„Es darf auf diese Übungen auch nur wenig Zeit verwandt werden, ungefähr zehn Minuten von jeder Stunde, wenn auf den untersten Stufen damit begonnen wird." (Tadd 1900:33)*

187 Auf 212 Seiten sind 327 Abbildungen abgedruckt.

188 Ein weiteres Motiv, dem hier leider nicht weiter nachgegangen werden kann, ist das Zeichnen an der Tafel als einem Zeichengrund, der nicht horizontal, sondern vertikal im Raum angebracht ist. Hierdurch verändert sich das Zeichnen grundlegend bzw. muss dieses motorisch ebenfalls erlernt werden. Die Wandtafel ist in heutiger Perspektive mindestens noch das Medium des Lehrpersonals. Zum Dispositiv der Zeichnung vergleiche weiterhin: Ubl und Pichler 2007.

189 Im 5. Kapitel der deutschen Ausgabe wird das „Beidarmige Zeichnen: (Untertitel) Gründe für die Übung beider Hände. Hand und Auge bisher nicht erzogen" vorgestellt Hier macht sich die Eigenheit der deutschen Ausgabe, „die nicht eine wörtliche Übersetzung" ist, bemerkbar, denn im englischen lautet die Überschrift: Right and left hand work, der Untertitel: „Ambidextrous work. Systematic influence. Reasons for ambidextrous work. Not unreasonable mind building. Abstract work wrong. Old methods of education neglect both hands". Dass hier die Arme und nicht nur die Hände genannt sind, verweist auf den Einsatz des Körpers beim Zeichnen.

190 Dafür spricht auch, dass auf den Fotografien häufiger Zeichnungen in einer für die Kinder nicht erreichbaren Höhe auf den Tafeln zu sehen sind, vermutlich Vorzeichnungen durch eine erwachsene Person.

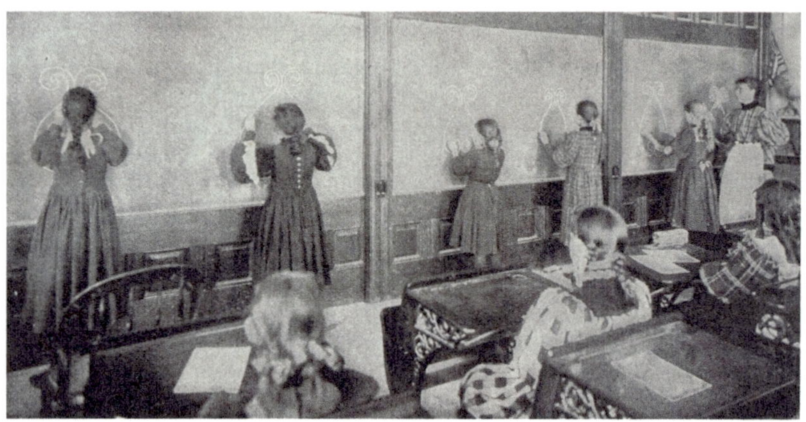

Abb. 20: James Liberty Tadd, 1903. Übungen in Handfertigkeit; die Schülerinnen werden von der Klassenlehrerin angeleitet.

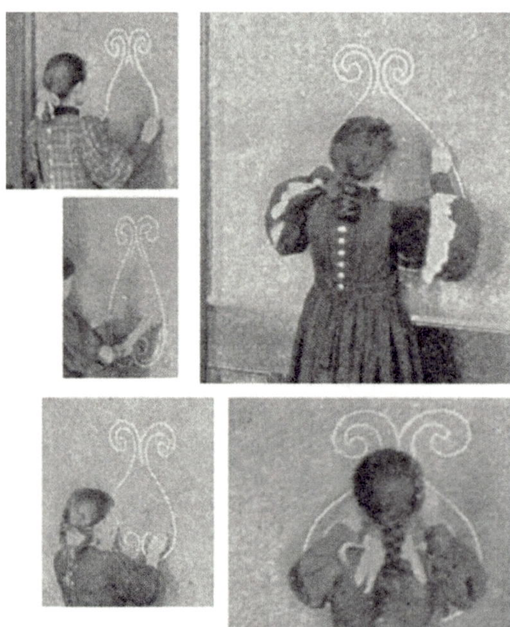

Abb. 21: James Liberty Tadd, 1903. Übungen in Handfertigkeit; die Schülerinnen werden von der Klassenlehrerin angeleitet.

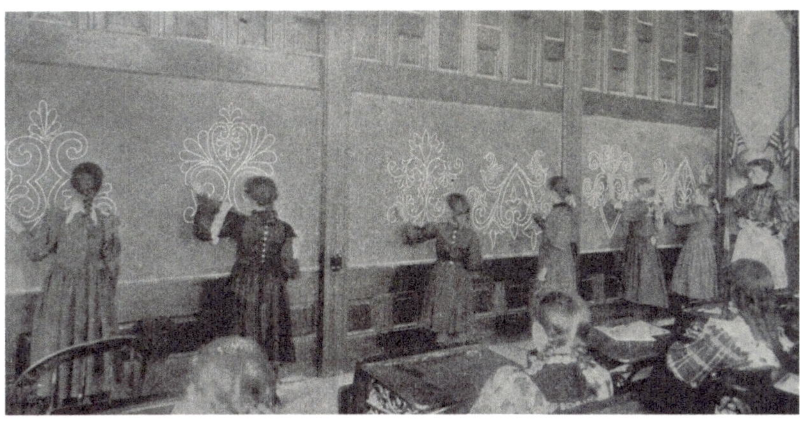

Abb. 22: James Liberty Tadd, 1903. Freihändiges Zeichnen; Originalentwürfe.

Ihre Ausführung wird verhältnismäßig genau beschrieben. So sollen etwa Hände in Höhe der Körpermitte gehalten werden, die Größe der Kreise 15–16 cm betragen, die Haltung des Körpers soll gerade und der Kopf senkrecht sein, nur der Arm soll bewegen, jedoch nicht der Körper. (Tadd 1900:38) Ein Zwischenstadium stellen die „Freihandzeichnungen“ dar, in denen komplexere Ornamente entwickelt werden. Auf der Abbildung mit der Nummer 33 (Abb. 22 hier im Text) zeichnen fünf der sechs Mädchen mit der linken Hand, eine jedoch mit der rechten. Ob die Schülerinnen angehalten wurden, mit der ungeübten Hand zu zeichnen, oder das Bild spiegelverkehrt abgebildet wurde, ist leider nicht mehr zu klären. Doch suggeriert diese Fotografie, dass die Händigkeit nicht zwingend umtrainiert wurde, was auch im Hinblick auf die vielfach im Buch betonte beidhändige Praxis Sinn ergeben würde. Wolfgang Kemp bemerkt zum Begriff des ‚freien‘ oder ‚Naturzeichnens‘:

> *„In der Schule des 19.Jahrhunderts heißt ‚Naturzeichnen‘ das Arbeiten nach dem plastischen Modell, sei es ein geometrischer Körper oder ein Gipsabguss nach der Antike.“ (Kemp 1979:309)*

Tadd hingegen fordert ein Naturstudium *nach* und *in* der freien Natur. Sein formuliertes Ziel ist es, „nach der Natur“ zeichnen zu können und nicht nur nach „toten“ (Tadd 1900:29) Vorlagen.

Im Gegensatz zur Forderung Rousseaus in „Émile oder über die Erziehung“ von 1762, bei der das Lernen aus der unvermittelten Anschauung der Natur und ohne didaktische Hilfsmittel erfolgen soll, werden hier in kleinschrittiger Methodik[191] Formen erlernt, geübt und dann zu einem Ganzen zusammengefügt. Tadd zitiert Jean Jaques Rousseau nicht direkt, spricht aber von „einer pädagogischen Autorität“, die behauptet habe:

> *„Man solle den Schüler vor den Gegenstand setzen, dass er ihn ansehe, sich seinen Bau und seine Bedeutung selbst klar mache. Zehn Minuten, die täglich auf ein derartiges kurzes, scharfes und eindringendes Beobachten der Pflanze verwendet würden, seien mehr wert als ein ganzes Lehrbuch der Botanik.“ (Tadd 1900:28)*

Zur fortgeschrittenen Lernzeit wird dann einhändig gezeichnet, das das beidhändige Zeichnen in den Kontext einer vorbereitenden Übung rückt. Die Zeichnungen, die in dieser Weise „nach der Natur“ entstehen, lassen sich jedoch zumindest aus heutiger Sicht schwer von denen unterscheiden, die „aus dem Gedächtnis“ produziert wurden – beide sind linear aufgebaut, beide verfügen über die hinreichenden und notwendigen wesentlichen Merkmale.

Auffallend ist, dass auch vor dem konkreten Objekt, in diesem Falle dem vor der Tafel platzierten Pferd, die wesentlichen Merkmale, nicht jedoch spezifisch-individuelle Merkmale wiedergegeben werden. Alle Formen, die in der Zeichenlehre vorgestellt sind, haben eine Tendenz zur Linearität, sie bestehen zumeist aus einer Außenlinie, und zur Symmetrie. Sie ähneln dem, was Alexander Glas 1998 mit dem Begriff der „Formelformen“ bei Jugendlichen belegt hat: Ein Objekt, das zwar in einem Ding-Zeichen-Verhältnis steht, aber für weitere Arten der Gattung funktionieren würde, also eine gewisse Ähnlichkeit mit dem konkreten Gegenstand aufweist, ihn aber nicht konkret abbildet. In diesem Beispiel also, dass es unschwer zu erkennen ist, dass ein Pferd gezeichnet wurde, welches zu der Gattung ‚Pferd‘[192] gehört – ohne dass dabei ein spezifisches Tier gemeint ist – und dabei das Tier von der Seite gezeichnet wurde, ähnlich wie die Zeichnung eines Fahrrads ebenso tendenziell eher seitlich als frontal angelegt wird.

Zurück zu den Abbildungen aus Tadds Publikation: Das von der Kamera und den Akteur_innen vor der Kamera festgehaltene Pferd diente zwar den Zeichner_innen als Anschauungsobjekt. Das Ergebnis jedoch ist als ein Verweis eines durchschnittlichen Pferdekopfes zu sehen, das keinerlei Beziehungen zu dem konkret als Vorlage vorhandenen aufweist – ein

191 Weitere Lernschritte sind: „elementare Übungsformen“, „elementare Muster“, „Verbindung von Grundformen und Stilformen“, „Nach dem Leben [meint hier, den Fotografien nach zu urteilen zumeist: Ausgestopfte Tiere, Anm. der Verfasserin] und aus dem Gedächtnis“ hin zum „Zeichnen nach der Natur“ (Tadd 1900)

192 Dass ein Pferd bis heute (manchmal auch: Einhorn) ein relevantes Zeichensujet ist, zeigt sich ebenfalls in der Studie von Glas 1999.

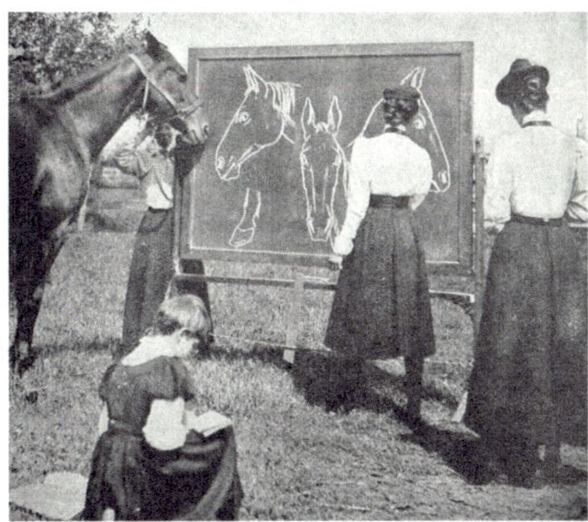

Abb. 23:
James Liberty Tadd, 1903.
Sommerschule:
Zeichnen eines Pferdes.

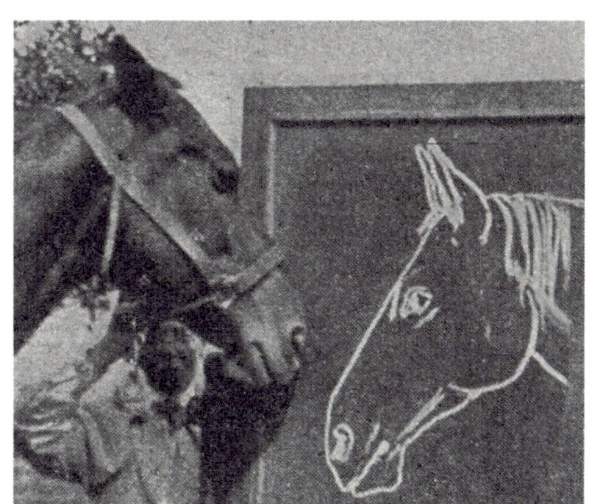

Abb. 24:
James Liberty Tadd, 1903. Sommerschule: Zeichnen eines Pferdes. Detail.

Schema eines Pferdes. An diesem Punkt zeigt sich, dass das ursprünglich im Titel formulierte Vorhaben, den „Mangel am wirklichen Zeichnen" zu beheben, sich nicht einlösen lässt – zu stark stehen dazu die zuvor trainierten Formen, die Schemata, die aus dem Gedächtnis wiedergegeben werden, einer Auseinandersetzung mit der die Schüler*innen umgebenden Realität im Wege. So wird aus dem Vorsatz des Zeichnens nach „natürlichen Gegenständen"[193] ein durch geregelte Abläufe wenig inspiriertes Abrufen von erlernten motorischen Bewegungen

193 Die keineswegs mit einer möglichen Repräsentation einer Realität verwechselt werden sollten, sondern hier lediglich im Sinne eines Vor-Bildes gedacht werden kann.

im Freien, die Bekanntes wiedergeben. Das erklärte Ziel, wie es in der Begründung des Buches heißt, „nur so viel vom Nützlichen, nach beruflichem Gesichtspunkte, wie nötig ist" zu lehren, wird nicht eingelöst.

> *„Es müssen die wesentlichen Bestandteile der Bildung gelehrt werden und nur so viel vom Nützlichen, nach beruflichem Gesichtspunkte, wie nötig ist, um den Körper, die Seele und die erkennenden Kräfte zur höchsten Entwickelung ihrer eigenartigen Natur fähig zu machen. (..) Denn überall auf das Nützliche zu sehen, ist wenig geeignet, einen freien und edelsinnigen Charakter zu bilden." (Tadd 1900:I, Erster Abschnitt: Begründung)*

Dieses Zitat wird durch eine ökonomisch orientierte Begründung des beidhändigen Zeichnens aus Kapitel 5 ergänzt:

> *„In vielen Handwerken, die Geschicklichkeit erfordern, werden beide Hände gebraucht; je geschickter die linke Hand ist, desto tüchtiger der Arbeiter." (Tadd 1900:22)*

Es zeigt sich, dass die Übung der Motorik als ein rein körperliches Training im Vordergrund steht und nicht zur Ideenfindung oder Erweiterung der Ausdrucksmöglichkeiten eines vermuteten, kindlichen Schaffens gedacht ist, wie es etwa der Seminaroberlehrer Georg Stiehler oder der Volksschullehrer Carl Götze im gleichen Jahr im Kontext der Kunsterzieherbewegung postulieren. Barbara Wittmann bemerkt zu den Reformideen der Kunstpädagogen dieser Zeit, dass diese zwar im Hinblick auf die psychologischen Entwicklungsschritte einerseits dem Kind in seiner Entwicklung scheinbar ‚gerecht' werden, sich zugleich aber auch als Messinstrument eignen und zum Kontrollinstrument werden können:

> *„Die Kinderzeichnung wurde also paradoxerweise als Korrektiv gegen die Unwägbarkeiten der Erziehung eingeführt, das Verhältnis von Schule und Kinderzeichnung erfuhr dadurch eine grundsätzliche Veränderung." (Wittmann 2009b:79)*

Die Übung der Beidhändigkeit soll nach Tadd mit dem Ziel eines motorischen Trainings praktiziert werden. Die entstehenden, zunächst noch ungeschickten Linien sollten in stetiger Übung und unter Zuhilfenahme eines Schemas sicherer werden, wobei das Vorbild zuerst visuell, dann durch das mehrfache Widerholen motorisch verinnerlicht wird.

2.3.3. Rhythmus und innere Vorstellungskraft: Beidhändiges Zeichnen als Vorübung am Bauhaus

Johannes Ittens Übung des beidhändigen Zeichnens ist einerseits eine Fortführung der motorischen Übung, andererseits auch der Versuch, eine innere Vorstellungskraft der Lernenden zu schulen. Im Vorwort der Dokumentation „Mein Vorkurs am Bauhaus" von 1963 notiert er:

> *„Erziehen ist eine verwegene Sache und ganz besonders die Kunsterziehung, denn hier geht es um das Schöpferische im Menschen." (Itten 1963:8)*

Unter dem Begriff „Rhythmus" findet sich dann folgende Übungsbeschreibung:

> *„Schüler schreiben rhythmische Formen mit beiden Händen gleichzeitig. Es ist gut, die linke und die rechte Hand in gleicher Weise auszubilden. Die Hände können parallel oder spiegelverkehrt zeichnen oder Wörter schreiben. Solches Schreiben kann nur dann gelingen, wenn die Vorstellung der Buchstabenformen genügend deutlich ist, um in die entsprechenden Handbewegungen umgesetzt werden zu können." (Itten 1963:135)*

Ergebnisse der Übung sind auf den Blättern der Zeichnungen zu sehen: sie zeigen symmetrisch-simultane Ausführungen, deren Ausgangspunkt auf der Abbildung aus Ittens Vorkurs offensichtlich zwei vertikale Linien waren, die sich dann jeweils nach links und rechts auffächern. Die zuerst gezogenen, vertikalen Linien scheinen direkt vor der Körpermitte gezogen worden zu sein, was auch auf eine Zentrierung und Konzentration auf die Blatt- und Körpermitte hinweist. Das in der Mitte liegende Zeichenblatt scheint als Vorlage zu dienen:

> *„Desgleichen stand morgens handlockerndes, freies „Zehnminuten-Zeichnen" auf dem Programm, wie es auch Itten in seinen Tagebüchern vornahm. Dazu gehörten Übungen mit geschlossenen Augen und das beidhändige Zeichnen: „Das geschah im Sitzen, der Zeichenblock lag dabei auf den Oberschenkeln und die Arme hatten freie Bewegung. Die Themen wurden jeden Tag neu gestellt." (Fritz Brill, 1927 – Meine Lehrzeit bei Itten, verfasst am 10. August 1975, Manuskript im Itten-Archiv Zürich, S.3., zitiert nach: Denaro 2002:43)*

In einem weiteren Artikel erläutert Itten verschiedene Möglichkeiten, rhythmische Körperbewegungen oder auch beidhändiges Armkreisen ohne Zeichenunterlage als Einstimmung zu nutzen. Die Erfahrung des eigenen Körpers als symmetrisches Gebilde findet eine bildnerische Entsprechung. Ob die abgebildeten Ergebnisse weiter benutzt wurden, beschreibt Itten nicht.

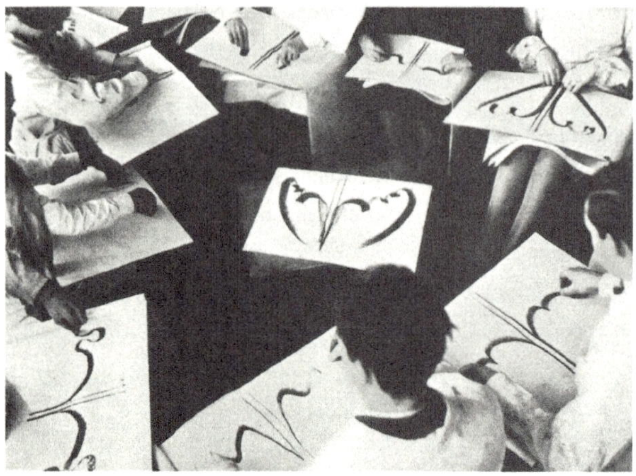

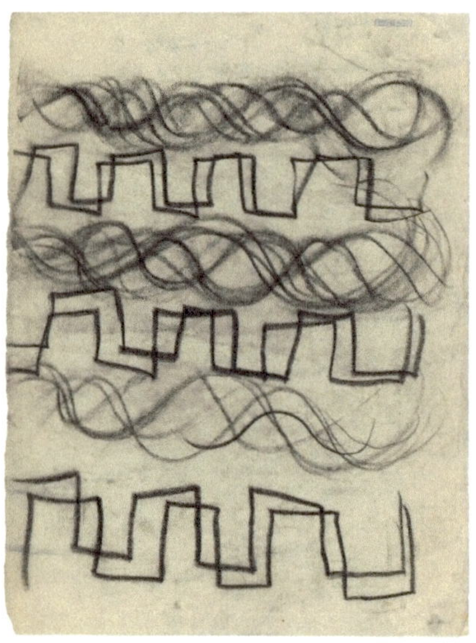

▲ Abb. 25:
Johannes Itten,
Mein Vorkurs
am Bauhaus, 1963.

◄ Abb. 26:
Anny Wottitz
(zugeschrieben),
Studie zu Formcharakteren, 1922-1923,
Bauhaus-Archiv Berlin.

Ein Teilnehmender dieses Vorkurses beschreibt, welchen Eindruck diese Zeichnungen auf seine Wahrnehmung hatten:

Einmal in der Woche erteilte Itten Zeichenunterricht. Am Anfang dieser Unterrichtsstunden standen immer „Lockerungsübungen". Da waren Zeichenübungen, bei denen nicht nur die die Kreide haltenden Finger „beteiligt" waren, sondern es handelte sich darum, große Schwünge und Rhythmen, in die der ganze Körper mit einbezogen war, zu Papier zu bringen (eine Art Eiskunstlauf mit Kreide auf Papier!) Auch Kontraste wie „Spitz-Rund" oder „Schnell-Langsam" mußten mit dem ganzen Körper erfaßt werden. Formwarhnehmen ist nicht nur Sache der Augen, sondern heißt „total bewegt" sein. Nur wenn ich wirklich bewegt und ganz erfüllt bin von einer Form, kann ich sie zeichnerisch wiedergeben. Und „alles ist bewegt, und nichts ist tot, denn sonst würde es nicht existieren". „Zeichne keine Form, die nicht aus echter und aufrichtiger Bewegung entspringt." Für uns waren das damals alles neue Offenbarungen, und viel später erst erkannte ich, daß dies alte ewige Wahrheiten waren, vielleicht oft bis zur Unkenntlichkeit überwuchert, aber immer gegolten hatten." Aus: Martin Jahn, handschriftliches Dokument im BHA, Inv 12744/14–21. Zitiert in: Denaro 2002:43.[194]

Anny Wottitz, die am Bauhaus studierte, hingegen scheint das beidhändige Zeichnen simultan und sich überkreuzend auf einem hochkant gelegten Papier praktiziert zu haben. (Vgl. Abb. 26). Doch nicht nur Johannes Itten betreibt das beidhändige Zeichnen am Bauhaus und in seinen Notizbüchern.[195] Josef Albers' Schüler*innen beschreiben aus den Kursen an der Yale University ab 1950 ebenfalls beidhändige zeichnerische Übungen:

"Imagine walking into class on the first day of a Basic Drawing course and being told to stand up, hold out your arm, and draw your name backwards. Or, with both hands in the air and your eyes closed, make a symmetrical drawing, then try it on paper." (Horowitz und Danilowitz 2006:151)

Diese Übung pflegte Albers selbst vorzumachen. Wie sich die eigentlich bekannten, dann verkehrten Buchstaben, die Albers zeichnete, unter ihren Blicken zu „graceful abstract shapes" formierten, muss den Beschreibungen seiner Schüler*innen folgend beeindruckend gewesen sein:

"Albers would pick up the chalk, slowly write his own name in the blackboard, then write it upside down and then backward. Students in my class watched in awe and silence, as if following a tightrope walker, while Albers threaded his way carefully trough the reversed letters, his firm loops forming graceful abstract shapes. It was a

194 Den Hinweis auf die Zitate der beiden Schüler Ittens verdanke ich Nina Wiedemeyer vom Bauhaus-Archiv Berlin.

195 Vergleiche hierzu die in der Ausstellung „Johannes Itten: Kunst als Leben. Bauhausutopien und Dokumente der Wirklichkeit" (30.08.2019 – 02.02.2020) im Kunstmuseum Bern gezeigten Skizzenbücher, welche er seit 1913 führte und die erstmals dort in diesem Umfang gezeigt wurden. Auf den einzelnen, in der Ausstellung gezeigten Blättern ist das beidhändige Zeichnen sporadisch zu finden.

remarkable stunt and an unmistakable pedagogical ploy by which Albers showed that he could draw, not just talk." (Horowitz und Danilowitz 2006:161)

Das Kippen von der bekannten zur unbekannten Form im Auge des Betrachtenden während des Zeichenprozesses trotz dem erwartbar vorgegebenen Vollzug der Linien ist in der Beschreibung gut nachvollziehbar, ebenso wie die Faszination dafür, dass die Spiegelung von Buchstaben dennoch etwas „Unbekanntes" hervorbrachte. Der Philosoph Jean-Luc Nancy beschreibt dies folgendermaßen:

„Mit anderen Worten, die Zeichnung entfaltet einen noch nicht da gewesenen Sinn, der mit keinem bereits ausgeformten Projekt konform ist, aber von einer Absicht getragen wird, die mit der Bewegung, der Geste und dem Schwung des Strichs verschmilzt. Ihre Lust ist das Genießen dieses Entfaltens, oder das Entfalten selbst, während es sich erfindet, sich findet und weitergetrieben wird, auf der Spur dessen, was gleichwohl vorher noch nicht da war." (Nancy 2011:157)

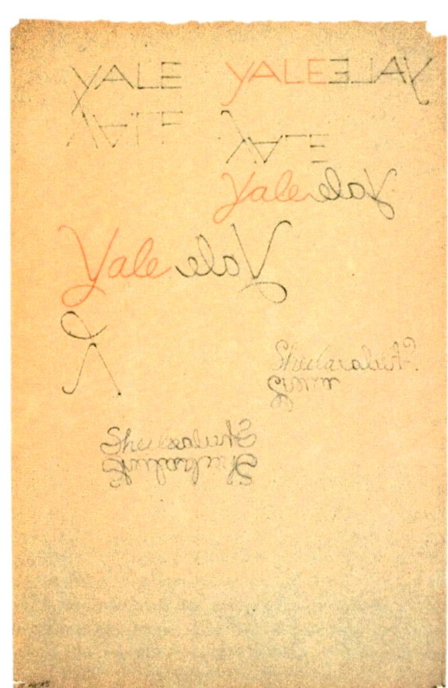

Abb. 27: Sheila Hicks, mirror writing, Basic Drawing Course, Yale University, o. J.

Doch die Aufgabenelemente in den Kursen Albers' galten nicht nur der Übung der ‚motorischen Kontrolle', sondern auch der hohen Konzentration für jede einzelne Linie. Albers äußert sich weiterhin zum Ziel des Kurses:

> *"They result not directly in works of art but develop discipline, the foundation for every art work... The essential aim remains: seeing eyes and obedient hands."*
> *(zitiert nach: Horowitz und Danilowitz 2006:158)*

Die Zeichenkurse in Yale und Black Mountain standen unter dem Motto: „study, not art" (Horowitz und Danilowitz 2006:157). Sowohl der Vorkurs Ittens als auch die Zeichenkurse Albers' waren für Studierende gedacht, von denen sich viele für ein künstlerisches Fach entschieden hatten. So zielten die Kurse zwar nicht auf eine allgemeinbildende Funktion der Schule, doch die Idee der Entwicklung einer „folgsamen, oder geschmeidigen Hand", die durch verschiedene Übungen geschult werden sollte in Kombination mit den ‚Sehenden Augen', den *seeing eyes*, die die Konstruktion von Realität erkennen sollten, lässt sich auch auf kunstpädagogische Zielsetzungen übertragen und wurde in einzelnen Beispielen auf den Kunstunterricht übertragen. Die Kursaufgaben von Albers und Itten stehen einerseits in der Tradition der motorischen Übung, der einstimmenden Vorübung (Itten), der technischen Übung (Albers) und andererseits sind sie erweitert um das bewusste Erzeugen abstrakter Formen, der Übung der Vorstellungskraft, und der Konzentration auf das Erkennen. Wie die Kunsthistorikerin Nina Wiedmeyer ausführt, könnte die Irritation durch eine Aufgabe des spiegelverkehrten Schreibens bei Albers eben eine Doppelfunktion gehabt haben, die für Druckverfahren eine notwendige, technische Fähigkeit ist, und zugleich die Notwendigkeit erfordert, eine andere als die bereits gewohnte, gekonnte Lösungsmöglichkeit zu suchen.[196]

Beidhändiges Zeichnen als Bildkritik

Michael Renner vermutet eine implizite Bildkritik innerhalb von Zeichnungen und macht dies unter anderem an einer beidhändigen Übung fest. Im Nachvollzug der Übung Ittens zeichnet er zunächst eine abstrakte Form mit der Zeichenhand, dann spiegelverkehrt mit der Linken, bzw. ungeübten Hand, dann mit beiden.

> *„Die Schwierigkeit der Ausführung einer spiegelverkehrten Zeichnung zeigt sich im Prozess der Ausführung und im Resultat der Zeichnung. Unternehmen wir den Versuch, die ursprüngliche Zeichnung und deren spiegelverkehrte Variante gleichzeitig als simultanes*

196 Diese produktive Anmerkung machte Nina Wiedemeyer im Kontext der Publikation „original bauhaus übungsbuch" (Hollander et al. 2019), für das ich einen Beitrag verfassen durfte.

> *Zeichnen herzustellen, indem wir mit beiden Händen gleichzeitig die Figur mit der Schreibhand und die Spiegelfigur mit der anderen Hand zeichnen, dann können wir bei Konzentration auf die Schreibhand mit der motorisch ungeübten Hand problemlos die Spiegelung simultan zur ungespiegelten Figur mit erstaunlicher Genauigkeit zu Papier bringen." (Renner 2011:112)*

Dies ist eine Wahrnehmung, die bereits der Psychologe William Preyer 1895 feststellte und untersuchte:

> *„Man nimmt in jede Hand einen weichen Bleistift und zeichnet gleichzeitig links und rechts eine beliebige phantastische Figur mit allerlei Bogenlinien, Konchospiralen und Arabesken, dann ist die linke so ziemlich das Spiegelbild der rechten. (...) Die bilateral entstehenden centralen Impulse sind dann kontralateral wirksam, ohne dass vorher die geometrische Ähnlichkeit oder Kongruenz der Figuren (..) beabsichtigt war. Sie kommt unwillkürlich zu stande." (Preyer 1895:42, zitiert nach Wittmann 2009a:178)*

Ähnlich konstatiert auch Renner:

> *„Das Experiment zeigt, dass die Konstellation unseres sensomotorischen Apparates offensichtlich so angelegt ist, dass eine Spiegelung der Armbewegung an unserer Körperachse begünstigt wird." (Renner 2011:114)*

Wie sehr dieses als „unwillkürlich" beschriebene, an anderer Stelle als „implizit" beschriebene Handeln dennoch Folgen für das eigene gestaltende und reflektierende Handeln hat, soll im Folgenden und insbesondere im Teilkapitel *Gewohnheiten beidhändig zum Tanzen bringen. Eine erste Annäherung an das Zeichnen verlernen* weiter befragt werden – denn nur um den Effekt der Imitation oder Irritation alleine geht es beim beidhändigen Zeichnen praktizieren nicht. Die Kunsthistorikerin Barbara Wittmann benutzt den Topos des Beidhändigen (2009) etwa, um Piagets Theorie über die Raumdarstellung zu kritisieren (vgl. Wittmann 2009a), während Michael Renner daran eine nichtsprachliche Bildkritik argumentiert (Renner 2011). An den hier gezeigten Beispielen zeigt sich jedoch ein weiteres Mal, dass das beidhändige Zeichnen über Jahrhunderte hinweg das Interesse von Forschenden und Praktiker*innen auf sich zieht.

2.3.4. Beidhändiges Erleben

Nach einer Phase des politisch motivierten, emanzipatorischen Umgangs mit Bildern im Kunstunterricht[197] stand die ausschließlich den Gesichtssinn ansprechende Form des Schulunterrichts der Praxis der Kunstpädagogik als einem Fach, in dem es auch um ästhetische Prozesse gehen sollte, zu Beginn der 1980er Jahre in der Kritik.[198] Besonders die Kunstpädagogik, deren Lehre nicht nur kognitiv, sondern auf verschiedenen Sinnesebenen vollzogen wird, setzte sich mit der Frage nach der Leiblichkeit bei der Beschulung auseinander. So kritisiert Adelheid Sievert den bestehenden Unterricht:

> *„In der Praxis von Unterricht und Erziehung verhindert jedoch die auf allen Schulstufen zunehmende Dominanz primär kognitiver Lernprozesse und die schulische Trennung von Denken und Handeln die intendierte Einheit von Denken, Fühlen und Handeln.“ (Sievert-Staudte 2000:2)*

Die beidhändigen Aufgaben in „Gebrauch der Sinne“ (Selle 1988) zur Körperwahrnehmung nimmt der Schweizer Künstler Thomas Lüchinger auf und entwickelt daraus weitere Variationen. (Lüchinger 1995). In den Übungen, die Selle mit Studierenden der Kunstpädagogik durchführt, befindet sich der gesamte Körper auf dem Bildträger (Papier), die Studierenden sollen versuchen, sich zunächst ihrer Körperlichkeit zu vergegenwärtigen, bevor sie beginnen „blind und beidhändig zu zeichnen, was erinnerlich ist“ (Selle 1988:194), so dass der vermeintliche körperliche Ruhezustand, in dem die wahrnehmenden Sinne aktiviert wurden, überführt wird in eine Aktivität, bei der Gesten gefunden werden sollen, „die Erlebtes und Gespürtes in eine symbolisch artikulierte Form sichtbar“ (ebd.:197) umsetzen. In einem weiteren Schritt werden die so entstandenen und empfundenen Situationen reflektiert und aufgeschrieben. Selle dazu:

> *„Der Vorgang gelingt in der allmählichen Loslösung von vorgefassten Gestaltungsabsichten meist im Zustand des Bei-sich- und Am-Werk-Seins im Vertrauen auf das richtige Tun der Hände. (...) In den Gesten des Tastens, Zugreifens und Formen-Klärens klärt und verwirklicht sich die persönliche ästhetische Erfahrung am Material und am Gegenstand.“ (Selle 1988:180)*

197 Gemeint ist hier die Visuelle Kommunikation, in der das Zeichnen als Analyseinstrument von Bild – und Welt im Kunstunterricht zum Einsatz kam. Vgl.: Hartwig 1976a.

198 Vgl.: Sonderheft Kunst + Unterricht mit dem Titel „Denken und Machen“, 1979.

Das individuelle Wahrnehmen des Körpers ist Grundlage einer individuellen Ausdrucksform des eigenen Befindens. Es orientiert sich nicht an konkreten Gegenständen oder Zeichen, sondern unterliegt einem subjektiven Schema. Als eine bildnerische Tätigkeit, die von den Körper- und Stiftbewegungen an das Schreiben angelehnt ist, und zwischen Notation und Notat, zwischen Skizze und vollendeter Ausführung mäandert[199], eignet sie sich besonders für diese Aufzeichnungsform. Die Ermöglichung eines ganzheitlicheren Ausdrucks des vorher konzentriert wahrgenommenen eigenen Körpers durch beide Hände stellt eine Abwandlung dar, da das konkrete Motiv der spätere zeichnende Körper selbst ist, für dessen Dasein eine gestische Umsetzung gefunden werden soll – die so entstandene Zeichnung bildet dann in einem nächsten Schritt einen Ausgangspunkt für weitere ästhetische Prozesse.

2.3.5. Können verschieben durch unbeholfenes beidhändiges Zeichnen

Die Künstlerin Béatrice bezieht sich auf das von ihr 2010 evaluierte Bedürfnis von Heranwachsenden, die Welt so „real" als nur möglich abzubilden, wie sie wahrgenommen und wiedererkannt wird, welches ihnen nicht immer gelinge (Gysin 2010:132).

> *„Vom virtuosen Umgang mit räumlicher Wirkung aus betrachtet, vom Beherrschen der Perspektive und vom Darstellen realistischer Bildwelten aus gesehen, können ungelenke, kindliche Zeichnungen tatsächlich nur ein Fehlen, das Vorläufige, das Noch -nicht- Können bedeuten." (Gysin 2003:43)*

Ein vorliegendes Objekt soll unter verschiedenen Bedingungen beidhändig gezeichnet werden: eine Walnuss. Diese wird zunächst beidhändig ohne weitere Auflagen gezeichnet. In einem zweiten Schritt wird die Walnuss gezeichnet mit dem Auftrag, dabei mit den Augen „ausschließlich die ungeübte Hand" zu verfolgen. In einem dritten Schritt wird mit der „ungeübten" Hand gezeichnet. Gysin versucht, über das beidhändige Zeichnen in Kombination mit einem weiteren Handicap, nämlich einem kurzfristigen, selbstkontrollierten Ausblenden bestimmter Aspekte und Kenntnisse beim Zeichnen einen subjektiven Zugriff von Welt zu erreichen. Durch die so erzeugte Ungeschicklichkeit versucht sie, einen individuellen Zugang zu der von den Jugendlichen gewünschten „Aneignung von Welt" zu schaffen. Anschließend werden die vermeintlich als nicht gelungen wahrgenommenen Zeichenergebnisse besprochen:

199 Vgl. hierzu: Notation. Kalkül und Form in den Künsten, Ausstellungskatalog von Amelunxen et al. 2008.

„Die Unsicherheit in der Formfindung, das Ungelenke, das Ungeübte, das Linkische kann wieder entdeckt und als authentische Ausdrucksmöglichkeiten und Qualitäten wahrgenommen werden. (...) Es geht um das Entdecken der Qualitäten des ‚Unbeherrschten, Unbeholfenen'." (Gysin 2003:43)

In diesem Experiment werden Jugendliche durch das Handicap der Beidhändigkeit bzw. dem Zeichnen mit der ungeübten Hand dazu gebracht, körperlich ungeschickt zu handeln – zumindest so lange, bis ein Ergebnis vorliegt, das einen scheinbar individuellen Ausdruck aufweist. In einem zweiten Schritt wird dann nachträglich und auf rezeptiv-intellektueller Ebene nachvollzogen, welche Qualitäten diese so entstandenen Bildlösungen haben könnten und welchen „individuellen, authentischen Ausdruck" sie haben mögen. Der von vielen Kunstpädagog_innen[200] diagnostizierte „Bruch" der Kinderzeichnung zur Jugendzeichnung, der sich in einem – zunächst häufig auch von Kunstlehrer*innen geäußerten – „Nicht-können" der Schüler*innen niederschlägt, wird durch ein Handicap forciert. Eine Lösung des „ungeübten Problems", nämlich die fehlende zeichnerische Übung einerseits und der „Bruch" von der Kinder- zur Jugendzeichnung andererseits, sieht Béatrice Gysin in einem bewussten Provozieren von ungelenken beidhändigen Zeichnungen, auch unter Zuhilfenahme weiterer Handicaps wie etwa dem Umschalten des Sehens bzw. eine fast schon wissenschaftliche Anlage des dreimaligen Zeichnens mit jeweils unterschiedlichen Schwerpunkten. Ähnlich wie bei einem explorativen Setting von Maria Peters (Peters 1998) mit dem Titel „Im experimentellen Zeichnen gehen die Namen der Dinge fremd" werden die Ergebnisse ausgewertet und dabei in ihrer Qualität wertgeschätzt – und gegebenenfalls auch mit anderen Augen gesehen.

2.3.6. Gewohnheiten beidhändig zum Tanzen bringen. Eine erste Annäherung an das Zeichnen verlernen

Das beidhändige Zeichnen, das von Schüler*innen innerhalb einer Aufgabenstellung praktiziert und von einer lehrenden Person angeleitet wird, ist eine gelenkte Tätigkeit. Leisten Schüler*innen dieser Folge, handeln sie zugleich gelenkig und ungelenk. Das ungelernte, ungelenke Körperglied soll eine Aufgabe ausführen, nämlich mit der gelernten, gelenkigen Hand gleichzeitig zu zeichnen. So gedacht könnte das beidhändige Zeichnen als ein teilweiser Nachvollzug verstanden werden, und zwar so: Die geübte Hand gibt die Linie vor, die weniger geübte folgt ihrer Bewegung. Den Anfänger_innen (und als solche betrachte ich die

200 Vgl. die zahlreichen Untersuchungen zur Kinder – und Jugendzeichnung wie die von Annette Wiegelmann-Bals (2009), Nina Schulz (2007), Kunst + Unterricht: Kinder- und Jugendzeichnung, Sammelband 2003, Alexander Glas (1999), Hans-Günther Richter (1987), um nur einige Untersuchungen zu nennen.

Schüler*innen) bieten sich zunächst zwei Möglichkeiten: Entweder folgt die ungeübte Hand der geübten (nur eben auf einem ungleich weniger strikten Weg) – oder sie folgt der Bewegung spiegelbildlich. Michael Renner beschreibt das Phänomen der größeren Leichtigkeit beim Zeichnen einer simultanen Bewegung, im Vergleich zum Zeichnen mit der einzelnen, ungeübten Hand ausführlich (Renner 2011), ebenso Dietrich Helms (Helms 1983).

Aus dieser Geste auszubrechen und die ungeübte Hand außerhalb des dominanten Bewegungsmusters zu bewegen, erfordert einige Konzentration und Übung. Im ersten Augenblick erscheint die ungeübte Hand einerseits geradezu willenlos, da sie automatisch das imitiert, was die dominante Hand tut. Andererseits lässt sich die ungeübte Hand in ihrem Nachvollzug nicht glatt führen, sondern ihre Führung kann eher störrisch und gelegentlich als willkürlich oder unkontrollierbar empfunden werden. Die Verlockung, mit den Gegebenheiten wie dem Lockerlassen einzelner oder beider Hände zu spielen, und damit den gleichschwingenden Gestus aufzulösen, ist gegeben. Über einen längeren Zeitraum betrieben kann sich zudem der Eindruck einstellen, dass es nicht zwingend nur die geübte Hand ist, die anführt. Beide Hände scheinen sich durch ihre Bewegungen gegenseitig auch unter dem Eindruck der nicht alltäglichen Tätigkeit an sich zu beeinflussen. Doch bereits beim Greifen des Zeichenstiftes zeigt sich, dass der Zugriff schwerfällt und die Selbstverständlichkeit, mit der er in der anderen, geübten Hand geführt würde, wegfällt. Die eigentlich vertraute Geste des Greifens, die Handhaltung oder auch Positionierung auf dem Papier werden ungewohnt und erscheinen dann fragwürdig.[201]

In diesem Sinne könnte die linke Hand eine Erinnerung daran sein, dass die reibungslose Eingelassenheit in einen Verweisungszusammenhang von Körper und Welt unterbrochen werden kann. Kürzer gefasst: Das Verhalten der ungeübten Hand erinnert uns daran, dass das Handeln der geübten Hand auch gelernt ist. Das wiederum steht mit dem, wie Nora Sternfeld das Verlernen beschreibt, in Verbindung (Sternfeld 2014) – und mit der Frage, wie eigentlich Dinge erlernt wurden, an die wir uns gar nicht mehr erinnern können (vgl. Haug 2020).

In zweifacher Hinsicht beginnt sich beim beidhändigen Zeichnen das Konzept des gewohnten Weltzugriffes zu verändern, denn 1) wird das eigentlich funktionierende System zwischen dominierend agierender geübter und ihr nachgeordneten ungeübten Hand in Frage gestellt, und 2) wird bereits beim Greifen des Bleistiftes mit der ungeübten Hand das Werkzeug

201 Mit den Begrifflichkeiten Martin Heideggers gesprochen, zeigt sich beim Greifen des Bleistiftes mit der ungewohnten Hand, dass der Zugriff oder auch die „Zuhandenheit“ des Zeichenstiftes verloren geht. Die Selbstverständlichkeit, mit der er in der anderen Hand geführt wurde, fällt weg – sie wird in Kombination mit dem Stift unzuhanden. Das Werkzeug büßt seine Zuschreibung als funktionales Objekt ein: Zwar ist der Bleistift nicht kaputt, doch kann seine ursprüngliche Funktion nicht mehr ausgeübt werden. So kann das Konzept des gewohnten Weltzugriffes eine Veränderung erfahren. Vgl.: Martin Heidegger, Sein und Zeit, 1976 S. 93: „In solchem Entdecken der Unverwendbarkeit fällt das Zeug auf. Das Auffallen gibt das Zuhandene Zeug in einer gewissen Unzuhandenheit.“

selbst „Unzuhanden".[202] Vor dem Hintergrund einer Medienpraxis, die zunehmend zwei Hände erfordert,[203] sind diese Überlegungen insofern relevant, als damit das bisher tradierte Primat der *einen* gelenkigen Hand in Frage gestellt werden könnte.[204]

Wenn ich die beidhändige Zeichnung mit Jean Luc Nancy als eine Öffnung verstehe (Nancy 2011), dann in dem Sinne eines körperlichen und mentalen Möglichkeitsraumes – sie eröffnet einerseits durch das ungenaue Echo einer zweiten Spur das, was möglicherweise in der Spur der ersten verborgen blieb. Andererseits ermöglicht sie eine Erfahrung: Die ungeübte Hand nicht vollständig unter Kontrolle zu haben und mit diesem scheinbaren körperlichen „Fehlverhalten" spielerisch umzugehen. Als Übung kann sie somit einerseits zur Überwindung von zeichnerischen Schemata dienen, andererseits zur Erfahrung einer nicht zwingend negativen körperlichen Unzulänglichkeit. Diese kann trotz eines zunächst wahrgenommenen Mangels in einem Ergebnis enden, das für Schüler*innen positiv sein kann – und zwar nicht erst durch ein sichtbares Ergebnis auf dem Blatt, sondern als eine im Prozess und mit dem eigenen Leib gemachte Erfahrung. So kann sich der Horizont der Erfahrung kippen: von links nach rechts, von geschickt zu ungeschickt, von dominant zu nicht-dominant, von der Frage nach dem Gebrauch der Dinge im Verhältnis zum Körper. Möglicherweise lassen diese Verschiebungen des gewohnten einhändigen, also asymmetrischen Zeichnens, das nun ausnahmsweise symmetrisch, also beidhändig ist, Erfahrungen zu. Hier ergibt sich eine andere Metapher von dem gewohnten aus dem Gleichgewicht gebrachten, ins Kippen geratenen (Erfahrungs-) Horizontes: Die gewohnte einhändige Praxis wird mit dem Einsatz beider Hände in die Symmetrie und damit ins körperliche Gleichgewicht gebracht. Die beidhändige Tätigkeit löst die oben beschriebene Fremdheit des eigentlich vertrauten Tuns aus – und bringt so die Wahrnehmung aus dem Gleichgewicht. Möglicherweise sogar im Sinne von „Lernen als Erfahrung", wie sie die Pädagogin Meyer-Drawe versteht:

> *„Anfangen, die Dinge in einem neuen Licht zu sehen, als ein Ereignis, bei dem man in dem Sinne dabei ist, dass es einem selbst zustößt." (Meyer-Drawe 2003:505)*

202 Zum Werkzeugbegriff und der Konzeption der Widerstandserfahrung in Heideggers ‚Sein und Zeit' vgl.: Rainer Schubert, Das Problem der Zuhandenheit in Heideggers ‚Sein und Zeit', Frankfurt a. M. 1995.

203 Gemeint sind die neueren und neuesten Entwicklungen technischer Geräte wie zum Beispiel Smartphones oder Touch Pads, deren Bedienung nicht nur beidhändig möglich, sondern erforderlich ist. Ob diese bedeuten, dass das Primat der gelenkigen Hand durch die neuen Medien obsolet geworden ist?

204 Auswirkungen der aktuell kursierenden Geräte auf das zeichnerische Verhalten von Schüler_innen sind derzeit noch nicht hinlänglich untersucht. Auch an die aktuelle künstlerische Praxis könnte diese Frage gerichtet werden. Zum Motiv des simultanen symmetrische Zeichnens vor dem Hintergrund ‚neuer Medien' der 1960er und 79er Jahre (Film und Video) siehe: Ubl 2007.

Beim Zeichnen mit beiden Händen können einerseits motorische Prozesse außer Kontrolle geraten, andererseits wird aber auch die kontrollierte Bewegung der ‚ungelenken' Hand eingeübt. Somit kann das beidhändige Zeichnen zum Spielfeld zwischen automatisierter Handfertigkeit und ungelenker Leichtfertigkeit werden.

Ein weiterer, wichtiger Aspekt ist die Frage des Widerstands – des erfahrenden Körpers, aber auch des beobachtenden Geistes – der beim beidhändigen Zeichnen erfahren werden kann. Die Soziologin und Philosophin Frigga Haug hebt Widerstände als Teil der Lernbiografie hervor, indem sie an Beispielen zeigt, dass wir uns seltener daran erinnern, wie wir etwas gelernt haben – vielmehr aber daran, was wir nicht gelernt haben, was sich als widerständig erwiesen hat (Haug 2020:15–20). Sie erarbeitet daraus eine Theorie über die Unruhe des Lernens, das in Bewegung ist und sich immer wieder gegen das Gewohnte richtet und die „Verhältnisse zum Tanzen bringt". Sie stellt fest: „Die Bewegungsform des Lernens ist der Widerspruch. (…) Das ist praktisch zu verstehen, theoretisch und methodisch." (Haug 2020: 329) und führt weiter aus:

> *„Wenn wir dann davon ausgehen, dass die Theorien Teil der Persönlichkeiten sind, müssen wir dem nicht dadurch Rechnung tragen, dass wir allgemein davon ausgehen, dass die Einzelnen spezifische Lernhaltungen, Widerstände, Gewohnheiten nachhaltig erworben haben, und dies in unsere eigene Vorstellung, unser praktisches Eingreifen, in die Analyse aufnehmen? Ich nenne das im Buch die Wirkmächtigkeit der Theorien und schlage u.a. vor: das Verlernen als ein Grundelement des Lernens anzusehen und in eine Theorie vom Lernen Gewohnheiten, Gewordenheiten als Widerstände aufzunehmen." (Haug 2020:168)*

Nehmen wir diesen Vorgriff auf das Konzept des Verlernens[205] als Ausgangspunkt für einen Blick in die künstlerische Praxis des Zeichnens, in dem ebenfalls die Verhältnisse befragt und in Bewegung gebracht werden.

205 Mehr dazu im Teilkapitel „Können verlernen".

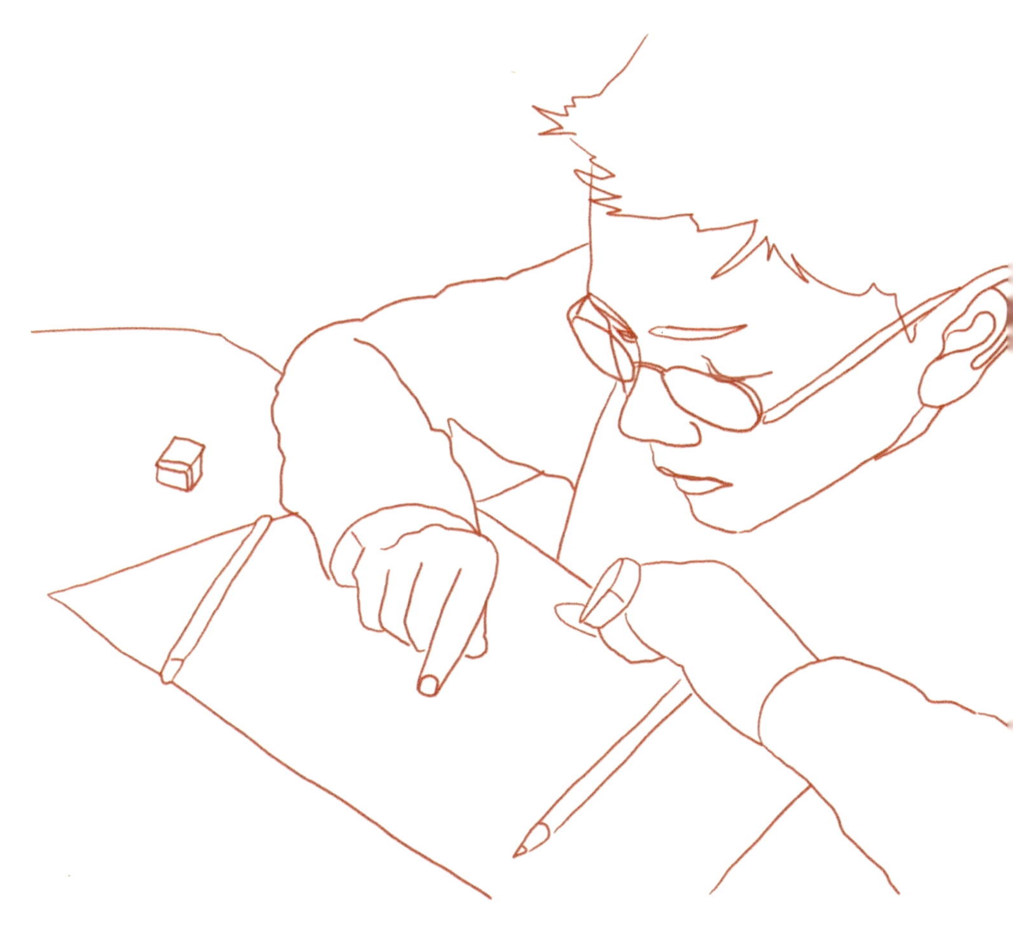

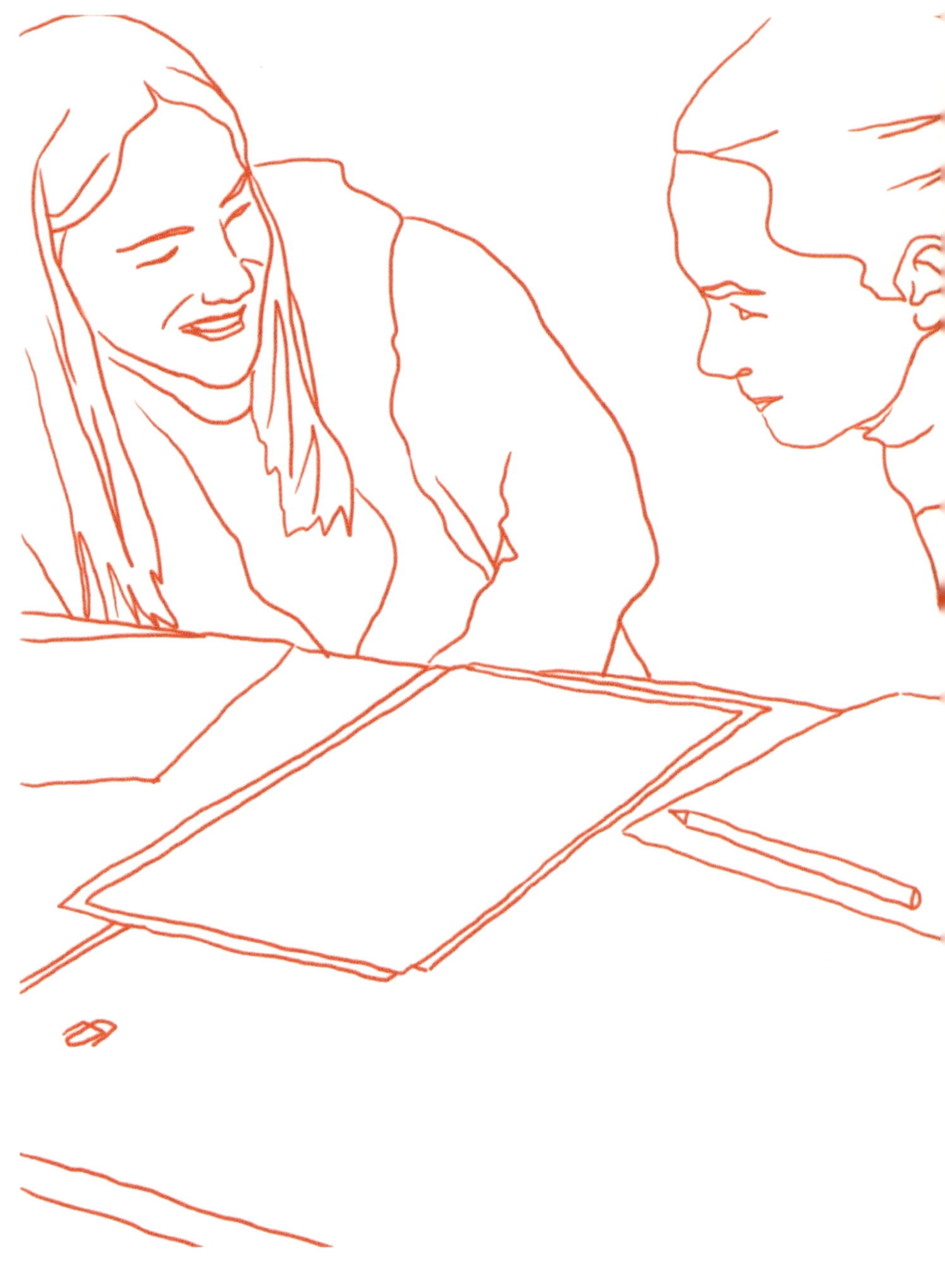

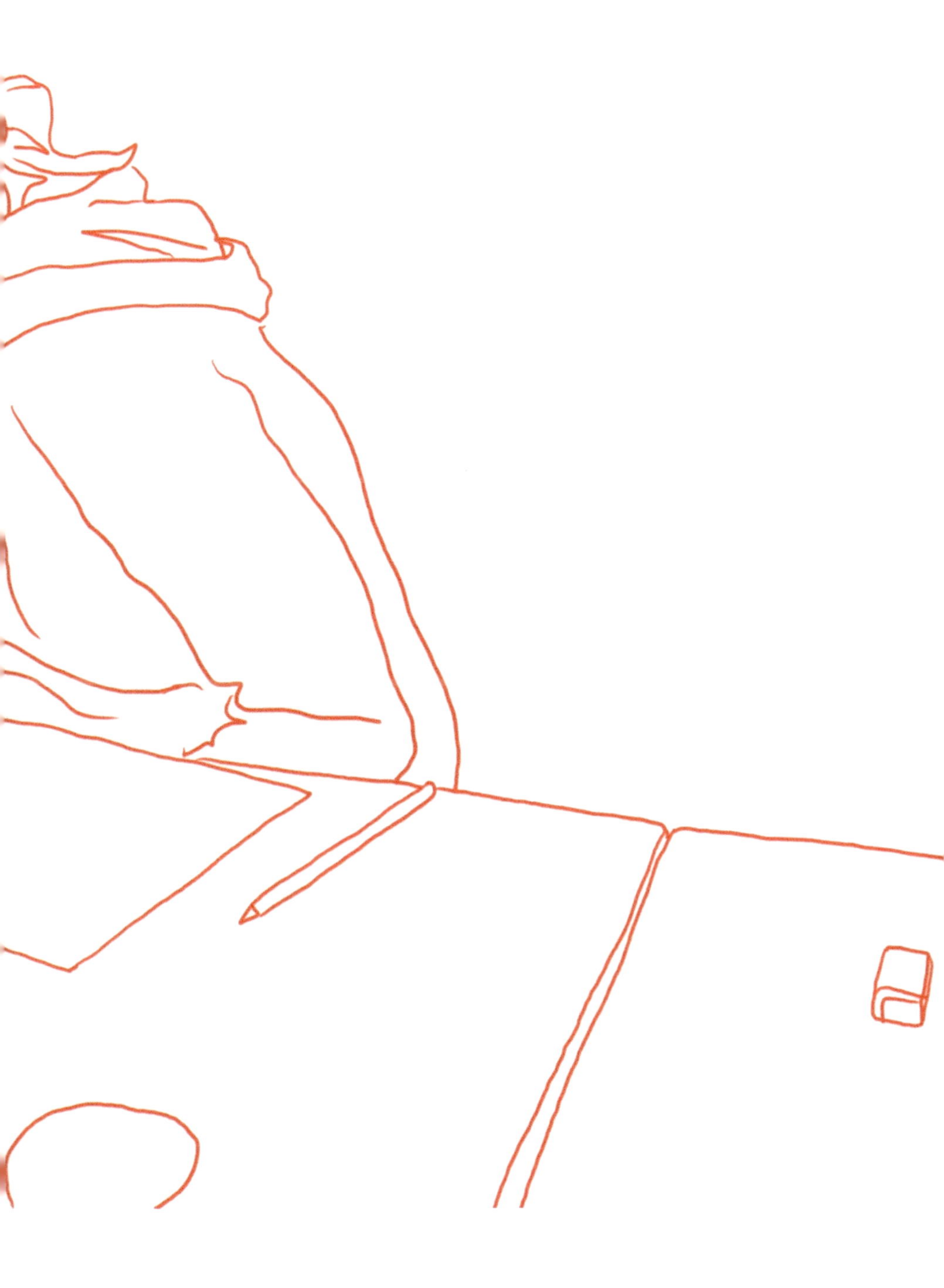

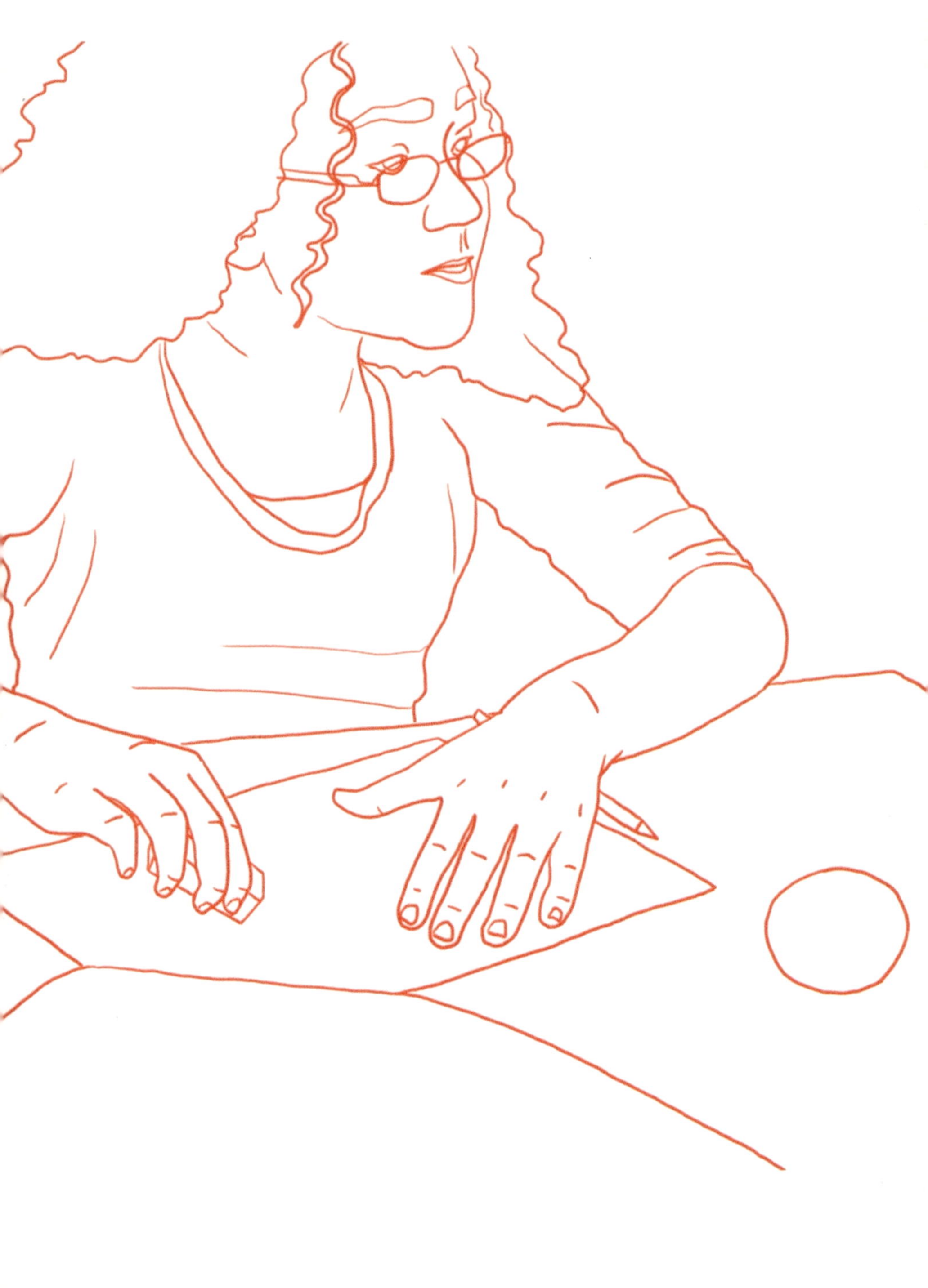

3. ZEICHNEN

3.1. Was ist eine Zeichnung? Ursprünge

Was ist eigentlich eine Zeichnung? Was kann eine Zeichnung leisten? Diese Fragen würde eine eigene Studie bzw. mehrere füllen – und tut es auch im Feld der Kunst- und Bildwissenschaft.[206] Die Kuratorin Deanna Petherbridge (2010) benennt das Primat der Zeichnung als künstlerisches Medium. Auch der Kunsthistoriker Ulrich Pfisterer spricht von der Zeichnung als ein „epistemisches Grundmedium" (Pfisterer 2014:3), welches als „im langen Zeitraum vom 15. bis ins frühe 20. Jahrhundert zu den zentralen Formen und Bereichen des Wissens(erwerbs) und der Ausbildung" (ebd.) gehörte. Der Fokus der folgenden Ausführungen liegt auf einer begrifflichen Klärung insofern, dass ein Arbeitsbegriff für das Verständnis des Zeichnens innerhalb der Studie erarbeitet wird. Ähnlich wie bei der Frage: „Was ist Kunst?" lassen sich hierfür viele Antworten finden. Ich beginne mit einer kunsthistorischen Ausführung, die zugleich zwei Legenden aufgreift. Diese bieten einen interessanten Aspekt bezüglich des Kunstschaffens an sich.

Die beiden auf S. 134 gezeigten Werke sind aus dem 18. Jahrhundert von Joseph-Benoit Suvée und George Romney und tragen den Titel The Invention of Drawing und The Invention of Painting. In den beiden Werken Suvées eine Darstellung der Dibutades[207], Tochter eines Töpfers, die den Schatten ihres Geliebten an der Wand nachzeichnet. Grund dafür ist der Legende nach der Wunsch, ein Abbild zur Erinnerung aufgrund seines bevorstehenden Fortgehens zu erhalten. Die von der Tochter gezeichnete Form wird später vom Vater in eine dreidimensionale Form gefasst werden. Dies wird, unter Berufung auf Plinius,[208] als Legende zum Ursprung der ersten Zeichnung. Der Kunstwissenschaftler Toni Hildebrandt fasst dies so zusammen:

> *„Es ist daher zwar legitim, die Legende unter anderen Gesichtspunkten auch als Ursprungserzählung der Porträtmalerei, der Plastik oder anderer künstlerischer Techniken der Lichtprojektion heranzuziehen – die wesentlichen Aspekte des unmittelbaren, bildgebenden Verfahrens werden aber am deutlichsten mit der Formulierung ‚Konturnachzeichnung' eingefangen." (Hildebrandt 2017:24)*

206 Vgl.: Lutz-Sterzenbach 2015:159 ff.

207 Butades oder Dibutades sind als Namen in der historischen Literatur zu finden – sowohl für Vater und Tochter in der Legende. Es bleibt der Kunstgeschichte überlassen, diesen Details klärend nachzugehen

208 Vgl. hierzu: Wille 1965

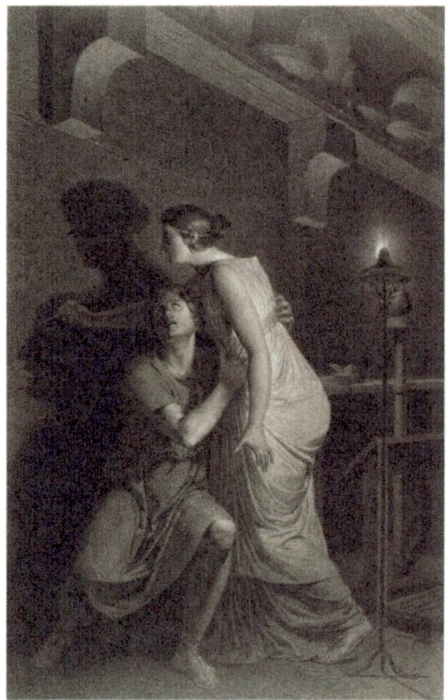

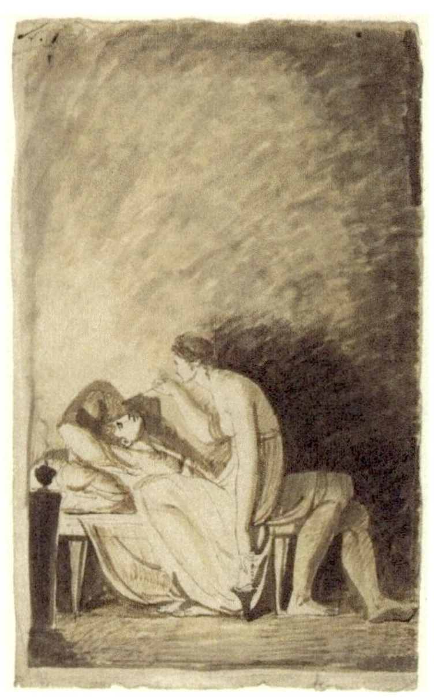

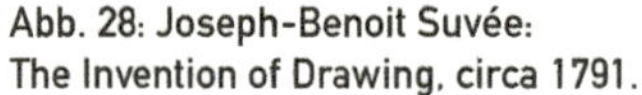
Abb. 28: Joseph-Benoit Suvée:
The Invention of Drawing, circa 1791.

Abb. 29: George Romney.
The Origin of Painting, 1775–80.

Die Werke bilden eine Szene ab und wirken deshalb wie eine Art Dokumentation: So könnte es gewesen sein. Zugleich geben sie den Eindruck eines Verständnisses von dem, was Zeichnen sein kann. Warum ich diese Legende als Anfang des Kapitels zum Zeichnen auswähle, ist, weil sie ein Primat der Zeichnung fest macht, nämlich jenes des Nachvollzugs eines lebendigen Wesens und dessen Reduktion zunächst auf eine zweidimensionale Linie. Die Motivation ist das Bedürfnis nach einem Abbild; Stellvertreterin und Zeugin der Anwesenheit des Geliebten ist ebenfalls die Linie. Das Zeichnen in seinem Ursprung wird also kunsthistorisch als (mimetische) Dokumentation, nicht als Invention tradiert – und ist doch zugleich die Erfindung der Künste, indem sowohl die Zeichnung sich selbst als auch, wie oben im Zitat Hildebrandts beschrieben, die Portraitmalerei oder die Plastik erfindet.

An den Darstellungen Suvées ist zugleich noch etwas anderes zu sehen, bzw. aufzuzeigen: Das Scheiden beim Sehen von Licht und Schatten in Form von einer Linie. Derrida spricht in den „Aufzeichnungen eines Blinden" (1990) vom „Schattenschreiben (skiagraphia)"(Derrida et al. 2008:54), vom Zusammenfall von Schreiben und Zeichnen, die als „Erfindung des Strichs [l'invention du trait] zwar ein Vorbild hat, aber als Bewegung auf dem Zeichengrund

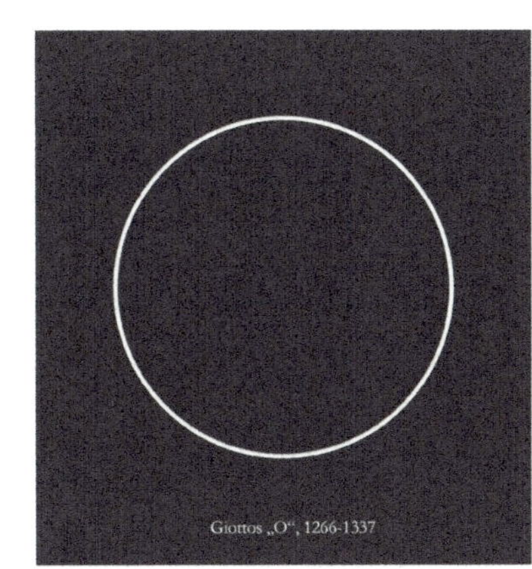

Abb. 30: Giottos „O".

immer auch blind geführt wird, wenn der Blick zwischen zu zeichnendem und gezeichnetem hin- und her wechselt.

> *„Dibutades sieht ihren Geliebten nicht, sei es, daß sie ihm den Rücken zukehrt — beharrlicher als Orpheus – ‚sei es, daß er ihr den Rücken zukehrt oder daß ihre Blicke sich unmöglich treffen können (wie zum Beispiel in Dibutades oder Der Ursprung der Zeichenkunst von J.-B. Suvee): So als dürfte man, um zu zeichnen, nicht sehen, so als könnte man nur unter der Bedingung zeichnen, daß man nicht sieht, so als wäre die Zeichnung eine Liebeserklärung an die Unsichtbarkeit des anderen, wenn sie sich nicht überhaupt der Tatsache verdankt, den anderen dem Sehen entzogen zu sehen."*
> *(Derrida et al. 2008:53 ff.)*

Wir sehen hier also zum einen die Unterscheidung zwischen Schatten und Licht, von An- und Abwesenheit und zum anderen im Schatten in dem Sinne dessen, was man noch sehen kann, und was schon bald nicht mehr da sein wird, das Umfahren der Linie von etwas da gewesenem, das mit dem Blick und dem Stift zugleich gehalten werden kann – dem Schattenwurf.

Eine weitere Legende, die das Zeichnen mit dem Ausdruck von Könnerschaft verbindet, findet im 14. Jahrhundert statt. Eine Legende, die Giorgio Vasari (Vasari 2015 151ff.) über den Maler Giotto di Bondone zu berichten hat. So lässt Papst Benedikt IX als Auftraggeber den Künstler durch einen Boten um einen Ausweis seines künstlerischen Könnens schicken.

Zu dieser Zeit war es üblich, Zeichnungen oder Skizzen von zu malenden Szenen einzureichen. Doch Giotto, so geht die Legende, nahm, noch in Anwesenheit des Boten, einen Zeichenstift oder Pinsel und bewegte seinen Arm so, dass er einen perfekten Kreis auf einem Papier herstellte und dies dem Boten mit den Worten überreichte, dass dies genug und mehr als genug sei.

> *„Der Abgesandte, welcher wohl sah, daß er sonst nichts erhalten könne, ging sehr mißvergnügt fort, und zweifelte nicht, daß er gefoppt sey, dennoch aber, als er dem Papste die Zeichnungen und die Namen derer sandte, welche sie verfertigt hatten, schickte er auch die von Giotto, und erzählte, in welcher Weise er den Kreis gezogen habe, ohne den Arm zu bewegen und ohne Zirkel; hieran erkannten der Papst und viele sachkundige Hofleute, wie weit Giotto die Maler seiner Zeit übertraf."*
> *(zitiert nach: Deparade 2015, o.P.)*

Diese ebenfalls vielfach tradierte und in unterschiedlichen Versionen vorliegende Legende[209] will es, dass Giotto sein Können durch diese scheinbar einfache und doch perfekte Geste belegte und den Auftrag erhielt. Die Fähigkeit, einen perfekten Kreis „Zeichnen" zu können, ist in diesem Falle Ausweis genug für einen hochkarätigen Auftrag. Ein scheinbar simpler Kreis steht nun für höchste Könnerschaft – bzw. ist es das, was Vasari Giotto zuschreibt, wobei „künstlerisch" im wahrsten Sinne des Wortes für artistisch steht; denn um solch eine Geste vorzuführen benötigt man: Konzentration, Körperbeherrschung, Übung.[210]

Beide Anekdoten zeigen das Primat der Zeichnung für das künstlerische Handeln als Ausgang – einerseits in einer Entstehungsgeschichte, die zudem viel mit der Frage zu tun hat, wie das Zeichnen eigentlich zu verstehen sei – als Abbild einer Figur, nach dem Schatten gezeichnet, als Hinterlassenschaft einer einst da gewesenen Person, Ausdruck des Begehrens eines Abbildes „nach Vorlage" oder auch der Frage nach Autor*innenschaft (Tochter oder Vater?). In der zweiten Legende zeigt sich das Können und die Vorstellung, dass bereits die Idee sich im Zeichenstrich wiederfände. Ähnlich dem von Zuccari portraitierten „Vater Disegno", der den allegorischen Töchtern der Künste die Ideen eingibt und somit als „‚übergeordnetes Prinzip' (Burioni 2004, S.113) aller geistigen Tätigkeiten, der Intelligenz und des menschlichen Denkens – auch unabhängig von künstlerischer Tätigkeit in Malerei, Skulptur oder Architektur" agiert (Lutz-Sterzenbach 2015:169).

Das Deckenfresko aus dem Palazzo Zuccari, heute der Kunst- und Kultugeschichtlichen Bibliotheca Hertziana in Rom, zeigt eine allegorische Darstellung des „Vater Disegno" mit seinen Töchtern: der Malerei, der Architektur, der Skulptur (Pfisterer 2014:211). Hier zeigt sich

209 Nachzulesen u.a. bei Petherbridge 2010, Derrida et al. 2008, Hildebrandt 2017, Lutz-Sterzenbach 2015.

210 Oder man sucht z. B. auf YouTube nach einem Kniff: https://www.youtube.com/watch?v=QyDP6S1CKBA [28.11.2020]

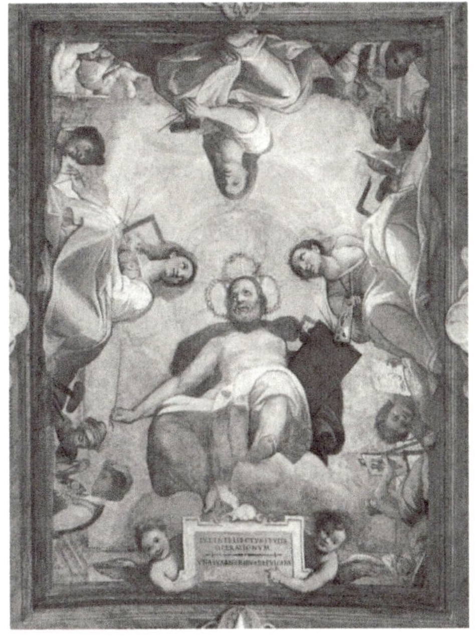

Abb. 31: Federico Zuccari, Vater Disegno mit den Töchtern Malerei, Skulptur und Architektur, 1600/04, Rom, Palazzo Zuccari.

ein kunsthistorisch gut dokumentierter, gemalter Streit bzw. ein Manifest zwischen concetto und idea, in dem es prinzipiell um die Frage geht, ob die Zeichnung mehr handwerklich-dienendes oder mehr schöpferisches Potenzial habe. Als Disegno wird die Zeichnung nicht mehr nach der Natur, sondern im Schöpferischen, genialen über sich hinausweisend gedacht.

Das Primat der Zeichnung, als Spur bildnerischer Tätigkeit ist mehrfach historisch belegt; sei es durch die Zeichnungen in Lascaux oder den oben ausgeführten Wettstreit der Künste. Das Primat der Zeichung zeigt sich auch in der menschlichen Entwicklung, denn mit einer Zeichnung eine Spur zu hinterlassen, als Kritzeln, Selbstversicherung, Kommunikation hat vermutlich jede dazu fähige Person schon einmal probiert. Als Primat der ersten Spur bzw. Materialisierung einer Idee wird es – wiederum historisch und teils bis heute als Beginn und Ausweis künstlerischer Tätigkeit verstanden.

Exkurs: Die Zeichnung definieren

Die Antworten auf die Frage, wie genau eine Zeichnung zu definieren sei, ist abhängig von Kontext und Zeitraum der Frage. Wie die Abb. 32 und Collage dreier Google-Suchen zu verschiedenen Zeitpunkten zeigt, ist der Kontext des Verständnisses von Zeichnung bzw.

deren herstellenden Tätigkeit sehr breit. Es seien hier dennoch exemplarisch einige Ansätze genannt, die als Ausweis ihrer Zeit gelten können und mir als Grundlage einer Annäherung des Studienkontextes dienten. Diese sind zumeist in Zitaten gefasst und werden abschließend mit einem Ausblick gewürdigt.

Walter Koschatzky, Leiter der grafischen Sammlung der Albertina in Wien definiert 1977 die Zeichnung folgendermaßen:

> *„Was man unter Zeichnung versteht, ist eindeutig: lineare Gebilde mittels Stifts, Feder oder Pinsels auf einer Fläche anzubringen. (...) Zum Begriff Graphik gehört das Papier, sonach ist Zeichnung in solchem Sinne nur auf diesem Material in einer solchen Definition inbegriffen." (Koschatzky 1977:95).*

Im Jahr 2015 eröffnete in der Albertina Wien die Ausstellung „Drawing Now" (Schröder et al. 2015) deren Exponate sich nicht nur über die Wände, sondern in Räumen oder auf zeitbasierte Medien erstrecken. Die Kuratorin Elsy Lahner zeigt Aspekte der aktuellen künstlerischen Zeichenpraxis und eröffnet somit die Diskussion um das, was als „Zeichnung" verstanden werden kann, neu. Denn seit Koschatzkys Aussage, aber auch schon während dessen ist in der Praxis der Moderne, Postmoderne und dem aktuellen Post Internet state of mind[211] einiges geschehen. Mit der Diskussion um den „Tod des Autors"[212] tritt eine neue Form von Automatisierung in die Produktion von Kunst ein, welche sich auch in einer medialen Entgrenzung fassen lässt. Ein mittlerweile geradezu ikonisches, historisches Beispiel dafür ist die konzeptuell angelegte, vollkommene Ausradierung der Zeichnung Willem de Koonings durch Robert Rauschenberg (Erased de Kooning 1953), auf die später noch einzugehen ist. Die Kunsthistorikerin Susanne Bieri stellt das, was Zeichnung sei, an einem Beispiel von „Bourne Pencil Threads – Four Paintings" von Rudolf de Crignis, die durch beständiges, abwechselndes Zeichnen und Radieren entstanden sind, folgendermaßen in Frage:

> *„Die Zeichnung, die nach Vasari nichts anderes ist als eine anschauliche Gestaltung und Klarlegung jenes Gedankens, den man im Sinne hat und den man sich im Geiste vorstellt und in der Idee hervorbringt – die Zeichnung als, die als einfachste Materialisierung der Idee funktioniert, (Erwin Panofsky, IDEA, Ein Beitrag zur Begriffsgeschichte der älteren Kunsttheorie, Berlin 1989, S.33) verkehrte sie sich nun, angesichts des Wissens um die genannten neuen technologischen Verfahren zu einer defizitären, den heutigen Ideen nicht mehr genügenden Veranschaulichung?" (Bieri 2012:88)*

211 Zum Begriff des Post Internet state of mind siehe: Klein et al. 2020; Schütze und Kolb 2020.

212 Roland Barthes, Der Tod des Autors, 1968; Michel Foucault: Was ist ein Autor?, 1969.

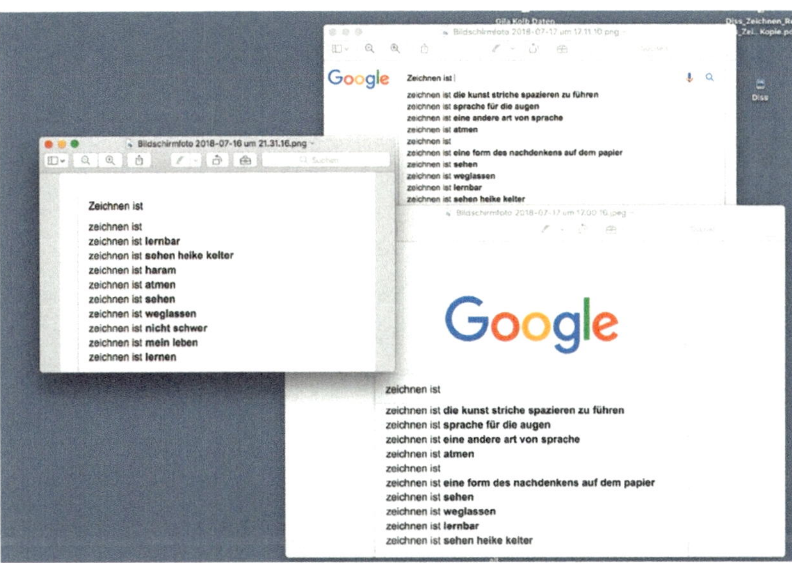

Abb. 32: Screenshot: Google Suche „Zeichnen ist" zu verschiedenen Zeiten.

Eine Beschreibung, die an das bereits vorgestellte Konzept des disegno anknüpft, findet sich bei dem Kunstwissenschaftler Horst Bredekamp:

> *„Es sind Zeichnungen und diagrammatische Linien, die auf der Grenze zwischen Gedanken und Materialisierung eine eigene, keiner anderen Äußerungsform zukommende Suggestivkraft entwickeln....die Zeichnung (verkörpert) als erste Spur des Körpers auf dem Papier, das Denken in seiner höchstmöglichen Unmittelbarkeit."*
> *(Horst Bredekamp 2002, zitiert nach Weigel 2009).*

Die Kulturwissenschaftlerin Sybille Krämer rückt die Zeichnung in die Nähe des Prozessualen, während sie die Linie beschreibt:

> *„Die Linie ist einerseits Spur einer Bewegung, die im Ziehen einer Linie besteht, Abbild einer Geste, sie ist andererseits Differenzsetzung, mit der die konstruktive Erzeugung einer eigenständigen Welt einsetzt." (Weigel 2009:o.P.)*

Daran schließt sich die Beschreibung von Johannes Grave an, der aus dem Zeichnen der Nazarener um 1800 folgende Definition ableitet:

> *„In der Zeichnung markiert die Linie nicht nur Formen, sie ist vielmehr zugleich Strich und damit Ergebnis eines Zeichenaktes" (Grave 2008:233)*

Der eingangs erwähnte Jean Luc Nancy beschreibt die Zeichnung als Eröffnung der Form und entzieht sie damit einer fest zu legenden Definition (Nancy 2011), über die er allerdings innerhalb eines gleichnamigen Ausstellungskatalogs, der mit einer carte blanche einher ging (Nancy et al. 2007), ähnlich zu den Aufzeichnungen eines Blinden von Jacques Derrida (Derrida et al. 2008) auch visuell argumentiert. Dieses Verständnis einer Öffnung, eines in sich beständig weiter entwickelnden Verständnisses der Zeichnung kommt dem Umgang mit der Zeichnung in dieser Arbeit am Nächsten. Für den Wunsch, das Zeichnen und all dessen Möglichkeiten doch einmal erfassend abzubilden, füge ich die Illustration „Plan de Dessin" von Stephen Farthing (2006) an, die übrigens durch alle, die es wollen, erweitert werden kann.[213]

Was genau eine Zeichnung ist, dazu finden sich viele Definitionen in der Praxis und Theorie. Oft werden die Beschreibungen aus einer Dichotomie entworfen – zwischen unvollendet und perfekt, zwischen genau und hingeworfen, zwischen offen und diszipliniert, Erfindung und Abbild, Originalität und Kopie. Deanna Petherbridge fasst zusammen:

> *"Theories of drawing, which have been central to European art, will very often be aired in this book. However contradictory in their specifics, they all share the view that drawing is manystranded and comprises at least some of the following elements: It is essential to the conceiving of ideas; it initiates the work of art; it is a part of the developmental processes of the making; and it is implicated with the end product, whatever the medium. In other words, drawing is a part of continuum of making and thinking and of invention and completion." (Petherbridge 2010:18)*

213 „This first draft of the Plan de Dessin attempts to map the bigger picture of drawing using a method similar to Harry Beck's classic 1931 map of the layout of the London Underground. In my Plan de Dessin there are five functional lines: Line 1 – is concerned with Decorative Outcomes; Line 2 – is concerned with Control Systems; Line 3 – is concerned with the Development of Ideas; Line 4 – is concerned with the Communication of Instructions; Line 5 – is concerned with the Recording of Information; Line 6 – is concerned with Play. These six 'Lines' are, to my mind, what constitutes drawing. On the plan each station is the translation of a multi-dimensional event into two. The junctions are the points where lines converge and working methods interconnect. This plan is just a beginning: the aim is to gradually improve it. To achieve this goal can I encourage you to make corrections, additions and deletions, and return this map to R. Man at Chelsea College of Art, 16 John Islip Street, London, SW1P 4JU." Zitiert nach: http://stephenfarthing.co.uk/wordpress/archive-01/ [28.11.2020]

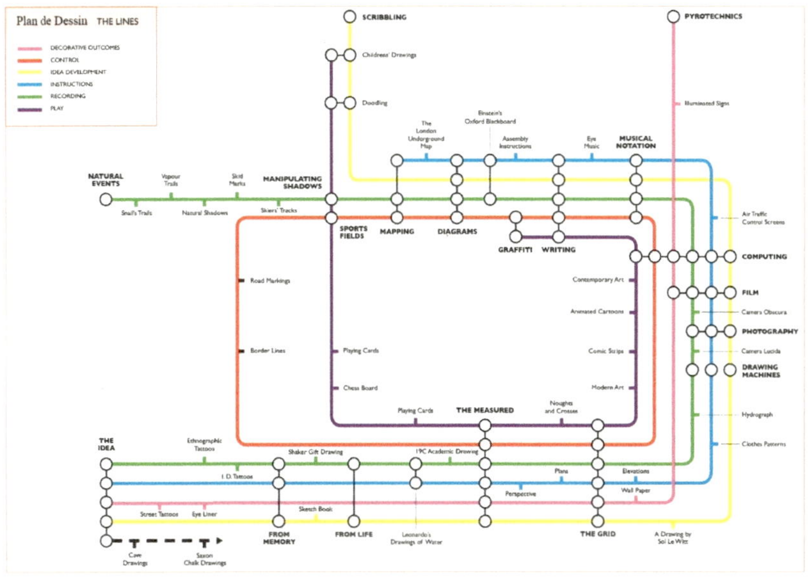

Abb. 33: Stephen Farthing: Plan de Dessin, 2006.

Mit dieser Definition soll hier weitergearbeitet werden: Nicht mit der Definition „der" Zeichnung, – sondern *des Zeichnens* als ein Prozess, der sich immer wieder neu erfindet. Oder, wie die Kunstwissenschaftlerin und Kunstvermittlerin Beate Florenz es hinsichtlich der Kunstpädagogik formuliert:

> *„Zu wünschen ist, dass das Verständnis dessen, was Zeichnung und Zeichnen in der Schule ausmacht, sich an der Differenz der Zeichnung reibt, die Heterogenität aushält, und, nicht zuletzt, die Zeichnung als ein Handeln zu verstehen, dessen Relevanz in Prozess und Handlung des Zeichnens, statt in dessen Produkt liegt."*
> *(Florenz 2015:103)*

3.2. Die Zeichnung als Grundlage der Kunst und Ausweis des künstlerischen Könnens

Exkurs: Zeichnung als Ausweis des künstlerisch-lehrenden Könnens

Nicht nur als Ausweis künstlerischen, sondern auch lehrenden Könnens, ist dem Kunsthistoriker Ulrich Pfisterer zufolge diese Malerei Bernardino Licinios zu lesen. Inmitten seiner Schüler ist der Maler portraitiert. Aufgrund der Kleidung können die ihn umringenden Jungen als Verwandte (im Hintergrund) sowie zwei weitere als „begüterte dilletanti" identifiziert werden, die zudem Zeugnisse bzw. Requisiten ihrer Ausbildung präsentieren: Einerseits ihre Zeichnungen; andererseits die Vorlagen, nach denen sie entstanden sind. (Vgl. Details im Bild).

> *„Der Knabe links weist ein Blatt nach der Venus vor, der junge Mann rechts ist konzentriert dabei, einen Männertorso wiederzugeben: Beide Zeichenblätter sind zudem wie mit Sprechblasen beschriftet. Der Knabe bittet: „[g]juarde se sta ben sto disegno" („sieh her, ob diese Zeichnung gut worden ist"). Der Jüngling vermerkt: „deficile [que]st['] arte" („schwierig ist diese Kunst"). [...] Offenbar handelt es sich bei Licinio, der die Resultate beurteilen soll, um den Zeichenlehrer der beiden." (Pfisterer 2014:2)*

Laut Ulrich Pfisterer ist dies eine der ersten visuellen Quellen eines Künstlers als Ausweis seiner lehrenden Tätigkeit.[214] Überlieferungen schriftlicher Natur gibt es deutlich mehr, zum Beispiel von Cennino Cennini *Libro dell'Arte* (1437) oder Albrecht Dürers *Vier Bücher von menschlicher Proportion* (1528). Als künstlerisches Medium erfährt das Zeichnen nach der Epoche der Renaissance eine Neubewertung,[215] die sich auch in der Ausbildung adeliger Zöglinge im Zeichnen niederschlägt. Durch die Malerei bietet sich ein Einblick in die (zumindest dargestellte und somit überlieferte) Didaktik in dreierlei Punkten: Die Übungen bestehen offensichtlich im Zeichnen von Figuren bzw. Torsi, die wiederum an antike Figuren angelehnt sind. Es handelt sich dabei um das Zeichnen von Vorlagen (Torsi), bei denen eine didaktische Reduktion im Sinne eines in der Größe reduzierten, zu zeichnenden Modells getroffen wurde. Weiterhin fand eine Qualitätssicherung durch das Vorbild antiker Reproduktionen statt. Als Drittes findet eine Kommentierung der Lehre selbst durch die auf den Zeichnungen notierten, den Schülern zugeordneten Aussagen statt, die darauf verweisen, dass es eine Bewertung durch den lehrenden Künstler gab – und das Zeichnen lernen nicht einfach ist.

214 Vgl.: Ulrich Pfisterer: Vater Disegno und zeichnende Väter. Theorie und Legitimation des Zeichnens in der Frühen Neuzeit. Vortrag im Museum Schloss Wilhelmshöhe, Kassel am 11.11.2010.

215 Vgl.: Walter Koschatzky: Die Kunst der Zeichnung. Technik, Geschichte, Meisterwerke. München 1981.

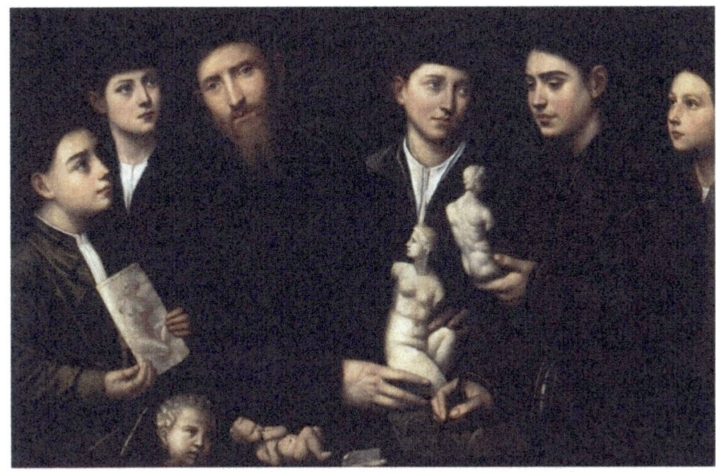

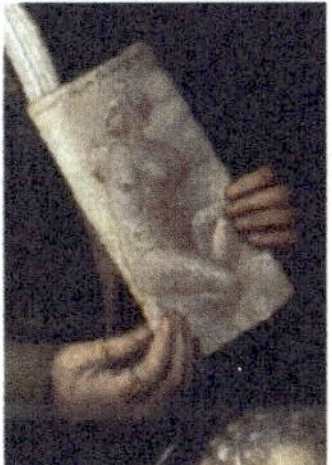

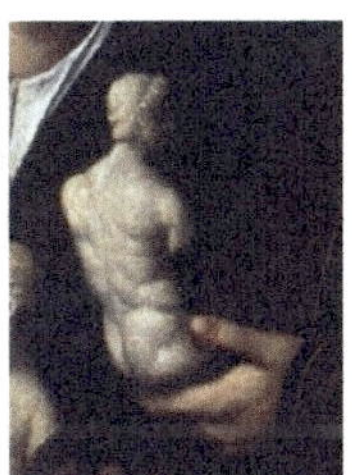

▲ Abb. 34: Bernardino Licinio, Bildhauer mit fünf Schülern, Alnwick Castle, Collection Earl of Northumberland, 1535/1540.

► Abb. 35 / Abb. 36: Detail.

Eine weitere Quelle in diesem Kontext, rund 15–20 Jahre früher, ist die Malerei von Francesco Caroto, die, wie Barbara Wittmann zeigt, ein „gemalter Witz" sei, vielmehr noch eine praktische Kunstkritik mit parodistischer Wirkung (vgl. Wittmann 1997:186). Dies anstatt, wie in der „Forschung zur Geschichte der Kinderzeichnung" vermerkt, die „vermeintlich früheste Darstellung einer Kinderzeichnung" (Wittmann 1997:185). Doch schließt das Eine das andere nicht aus; so ist in der Kritzelzeichnung eines Menschen auch eine Studie eines Auges im Halbprofil zu sehen, wie es in Zeichenschulen des 15. und 16. Jahrhunderts durchaus zu finden ist. Somit wurde ebenso eine zeitgenössische Zeichenlehre dokumentiert.

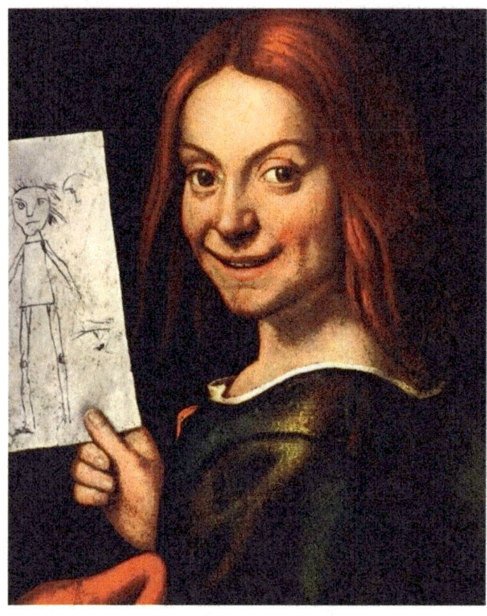

Abb. 37:
Francesco Caroto:
Knabe mit einer
Zeichnung, um 1515.

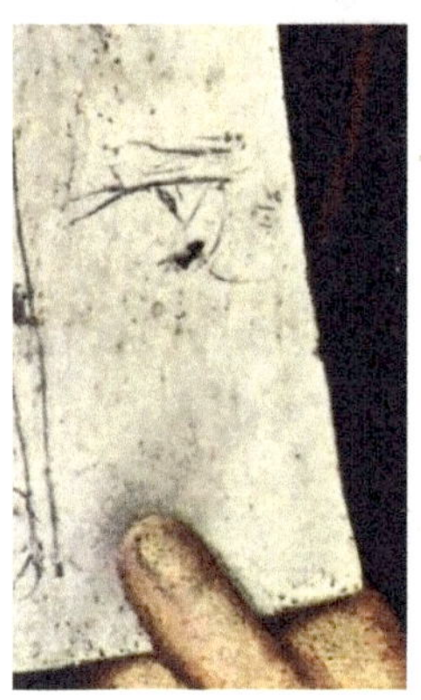

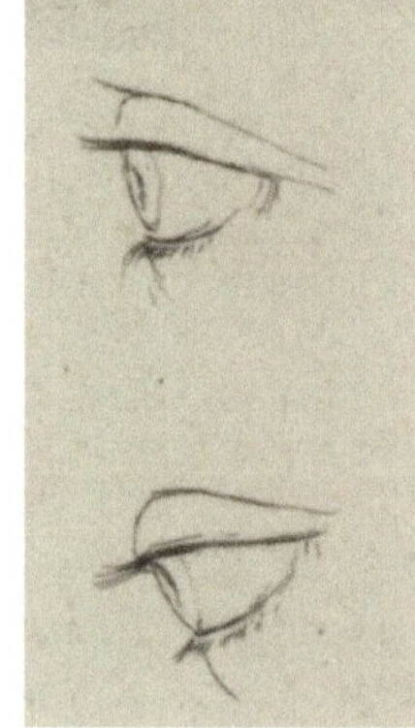

◄◄ Abb. 38:
Francesco Caroto:
Knabe mit einer Zeichnung,
um 1515, Detail.

◄ Abb. 39:
Stefano della Bella:
Buch von der Zeichenlehre.
Um 1641.

3.3. Künstlerisches Können im Zeichnen: Drawing the shift

„Kunst kommt von Können.“ So lautet ein geflügeltes Wort,[216] dem vermutlich alle, die „etwas mit Kunst“ machen, schon begegnet sind und das insbesondere vor dem Kontext der aktuellen Künste in Frage steht – und von Stephan Porombka spielerisch subjektiviert in einem Tweet charakterisiert wird. Für Zeiten, in denen Kunst mit einer handwerklichen Könnerschaft verbunden wurde, mag dieser Zusammenhang Gültigkeit besitzen. Adolph Menzel beispielweise malte 1803 seine rechte Hand mit seiner linken – und zeichnete ebenso seine rechte Hand[217] – ein ohne Zweifel *gekonntes* Werk.

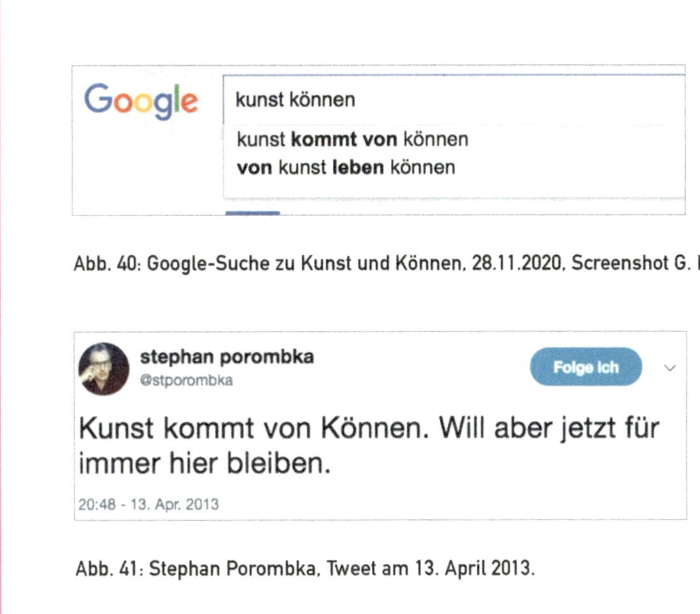

Abb. 40: Google-Suche zu Kunst und Können, 28.11.2020, Screenshot G. K.

Abb. 41: Stephan Porombka, Tweet am 13. April 2013.

216 „Das Verb können, in seiner heutigen Verwendung, geht zurück auf das mittelhochdeutsche künnen bzw. kunnen, was sich wiederum aus dem althochdeutschen kunnan – (geistig) vermögen, wissen, verstehen – ableitet. Ursprünglich meint können also nicht imstande sein oder fähig sein, sondern in erster Linie kennen, erkennen und wissen (Kendenich 2000, 24)“ Auch der Begriff der Kunst lässt sich auf diesen althochdeutschen Wortstamm zurückführen und in seinen etymologischen Wurzeln zunächst als Ausdruck von Weisheit erfassen (vgl. ebd., 43).“ (Methode 2017:93–105)

217 Eine überlieferte Trennung der Tätigkeiten Menzels ist, dass er mit links gezeichnet, mit rechts gemalt haben soll – was zu nachträglichen Interpretationen führt. Beispielsweise, dass das zeichnerisch, mit der linken Hand verfasste Werk privater, während das gemalte mit rechter Hand gefertigte, öffentlicher Natur gewesen sei. Vgl.: Werner Busch: Adolph Menzel: Leben und Werk. München, Beck Verlag, 2004, S. 77 ff..

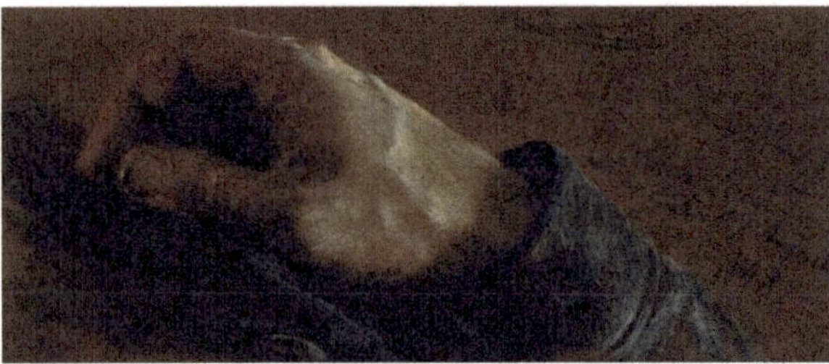

Abb. 42: Adolph Menzel: Meine rechte Hand gezeichnet mit meiner linken, 29. August 1848.

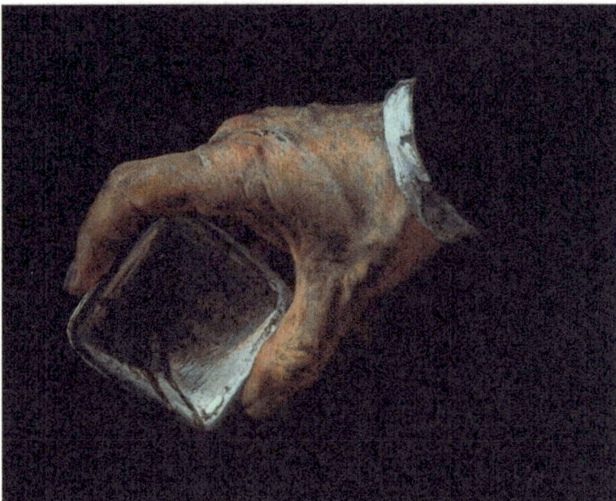

Abb. 43: Adolph Menzel: Menzels rechte Hand mit Farbnapf, 1864.

Dass es eine Qualität künstlerischen Handelns sein kann, mit beiden Händen zeichnen zu können, lässt sich zum Beispiel auch bei Morgan O'Hara nachvollziehen, die in ihrer beidhändigen Praxis Gesten beobachtet und simultan auf ihr Blatt transferiert.[218]

Doch auch aktuell gibt es „gekonnte" Kunst zu sehen und zu kaufen, wie etwa die handwerklich beeindruckenden Arbeiten Jeff Koons', die durch einen Stab kundiger Mitarbeiter_innen angefertigt werden. Spätestens mit der Konzeptkunst ist eine Revision des Zusammenhangs von Kunst und Können notwendig. Etymologisch lassen sich die beiden Worte auf eine Wurzel zurückführen, die „erkennen, kennen, wissen" bedeutet (vgl. Dudenredaktion 2007:77 ff.). Nehmen wir die etymologische Komponente ernst, erhält der häufig in der Auseinandersetzung

218 Vgl. dazu den Vortrag: „Randgänge der Aufzeichnung bei Morgan O'Hara" von der Kunstwissenschaftlerin Susanne Leeb am 01.11.2008 im Rahmen der Tagung: „Notationen von Bewegung"; Akademie der Künste, Berlin.

mit moderner, konzeptueller oder zeitgenössischer Kunst geäußerte Satz „Das kann ich auch" eine weitere Bedeutung. Es meint dann nämlich: „Das *erkenne* ich auch."

Kunst kommt vom Können und das künstlerische Können zeigt sich vor allem in der Zeichnung. So oder so ähnlich lassen sich Meinungen über das Zeichnen zusammenfassen, die sich auf kunsthistorische Traditionen berufen. Denn die Zeichnung galt durch die Jahrhunderte hindurch als ein Medium des originär Ideengebenden (vgl. hier die allegorische Figur des „Vater Disegno"[219]), des künstlerischen Genius, dessen Funktion es ist, die Idee dann in einem nächsten Schritt in die Tat umzulenken. Mit der Zeichnung wird der Mythos eines einzigartigen, persönlichen Ausdrucks verknüpft; eine Vorstellung, die bis heute in künstlerischen Arbeiten hinterfragt und aktiv unterlaufen wird, wie gleich zu zeigen sein wird.

Eine sehr gute Übersicht über die Materialfülle der Äußerungen, Ausstellungen und Texte zum Zeichnen von und über deutschsprachige Künstler_innen zwischen 1999 und 2015 bietet Gesa Foken. Sie stellt heraus, dass das Zeichnen seit den 1990er Jahren in der Bild- und Kunstwissenschaft vor allem in der Qualität der „Öffnung" besteht[220]. Foken verwendet dabei vor allem Texte von und über künstlerische Arbeiten, mit denen sie aufzeigt, dass die Tendenz einer medialen „Neubewertung" der Zeichnung mit dem Einsatz von „Hilfsmitteln" oder „künstliche Beschränkungen von Möglichkeiten der Hand" einhergeht und folgert: „Diese Verfahren ermöglichen eine Zeichnung, die auskommt, *ohne zu zeichnen* [Hervorhebung im Original]." (Foken 2017:30)

Zeichnen im künstlerischen Kontext hat also etwas damit zu tun, nicht (so) zu zeichnen, wie es vor der Moderne tradiert wurde, sondern vielmehr anders zu zeichnen. Mit dem Verweis auf die „postmediale Kondition" (Fiedler et al. 2005) stellt sich die Frage nach dem künstlerischen Zeichnen Können also nicht hinsichtlich des verwendeten Materials, wie etwa in der 1976 apodiktisch und auf das verwendete Material konzentrierte Definition von Walter Koschatzky, sondern nach der Qualität ihrer Offenheit. Der Kurator Markus Heinzelmann beschreibt 2004 in *Gegen den Strich. Neue Formen der Zeichnung*: „Über die entgrenzten Formen der Zeichnung verfügen zu können heißt, sie zu zitieren oder zu sampeln." (Heinzelmann 2004:17) Was unter dem *gekonnten Zeichnen* (welches eventuell auch beinhaltet, *nicht* zu zeichnen) verstanden wird, sei hauptsächlich an modernen und zeitgenössischen Positionen aufgezeigt, deren Arbeit um (kollaborative) Könner_innenschaften, beidhändige zeichnerische Praxen, die Erweiterung oder kritische Befragung des Begriffs der Zeichnung kreist. Durch Technologien, befindet der Kurator Holger Broekers, habe sich die Zeichnung in den Raum und in die Zeit erweitert:

219 Vgl. Kapitel 3.2 „Zeichnung als Ausweis des künstlerisch-lehrenden Könnens"

220 Welche Gesa Foken in ihrer vorliegenden Arbeit als vorausgestelltes Paradigma des „Offenheitszwangs" bildender Kunst am Beispiel zeitgenössischer Zeichnung kritisiert. (Foken 2017)

„Spätestens seit Mitte der 1960er-Jahre ist die Zeichnung über ihre klassischen Materialien und Techniken hinausgewachsen. Konzeptuelle Ansätze wie auch immaterielle Verfahren haben das Feld geöffnet. Zudem hat sich die Zeichnung durch die Verwendung neuer Technologien nicht nur neue Flächen, sondern auch den Raum erobert und ist mit sequentiellen Vorlagen in die Dimension der Zeit vorgedrungen. (...) vielmehr nutzen sie [die Künstler] die Zeichnung ebenso selbstverständlich, wie sie andere Medien verwenden – ein deutliches Zeichen für die Emanzipation dieses Mediums." (Broeker 2015:7)

Der Wandel (siehe Kapitel 2.2.1 „Das Leben im shift" soll im Folgenden als Grundbedingungen verstanden werden, denn dieser wirkt sich auf das, was unter einer *gekonnten Zeichnung* in den Künsten verstanden wird, aus. Als *Neue Wege der Zeichnung* – häufig auch im Rückgriff auf Traditionen des Zeichenbegriffs formuliert – ist bei der Sichtung der Ausstellungen in den letzten Jahren dabei besonders das Interesse aufgefallen, die Definition der Praxis des künstlerischen Zeichnens zu erweitern, sei es um einen Übergang in Räumlichkeit, ein Nicht-Erfüllen einer kreativen Linie, das Eliminieren der künstlerischen Autor_innenschaft oder eine fast vollständige Immersion in die Gesten anderer. Sicherlich gibt es mehr Weisen zu zeichnen, als die hier dargestellten. Hier werden Beispiele dargestellt, die im Speziellen das *Zeichnen Können* auf verschiedenen Ebenen befragen.

3.3.1. Skizze 1: Zufällig zeichnen

Der Musiker und Künstler John Cage fertigte im Zeitraum von 1983–1992 Zeichnungen, die bestimmten Regeln unterlagen und den Titel „Where R = Ryoanji" tragen. Zu den Requisiten der Zeichnungen gehörten 14 Kieselsteine, eine Koralle, 17 Bleistifte in verschiedenen Stärken sowie Büttenpapier. John Cage orientierte sich am namensgebende Zen-Garten Ryōan-ji.[221] Der Entstehungsprozess besteht darin, nach einem bestimmten Regelsystem zufällig Steine auszuwählen, diese auf dem zuvor in 64 Felder eingeteilten Blatt zu positionieren, die Steine dann mit einem Bleistift zu umfahren und diesen Prozess nochmals in einer vorher durch I Ging bestimmten, festgelegten Anzahl zu wiederholen. Die Ergebnisse dieses Vorgehens waren Grafiken in der immer gleichen Größe von 255 x 488 mm, es entstanden insgesamt 170 Zeichnungen.

Das Raster ist auf dem Papier nicht zu erkennen, so dass die Umrisse, die unterschiedliche Linienstärken aufweisen, das Blatt gliedern. Vergleicht man einige Zeichnungen dieser Serie, so manifestiert sich der Eindruck von Verdichtungen, Ballungen einerseits, der Leere anderer-

221 Mehr dazu vgl.: Cage et al. 2013 sowie hier: https://sammlung.staedelmuseum.de/de/werk/5-r7-where-r-ryoanji [28.11.2020]

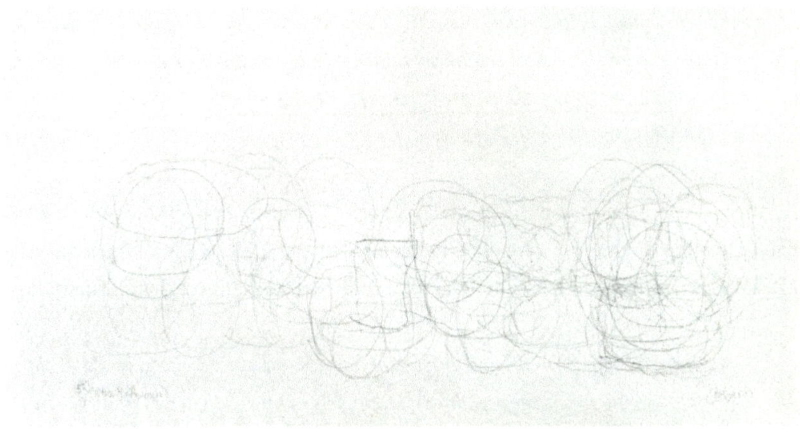

Abb. 44: John Cage (5 R)/7 (where R = Ryoanji), August 1983.

seits. Der Zufall als bildgebendes Element steht hierbei im Vordergrund. Cage geht es also darum, ‚erlerntes' ästhetisches Empfinden zu überwinden oder zu umgehen, um zu neuen Ausdrucksformen zu kommen, dabei selbst Neues zu entdecken und erlernen zu können. Das aleatorische Prinzip der oben genannten Arbeit ist ein Werkzeug, um dies zu erreichen und damit zu einer ‚neuen' Form der Zeichnung zu gelangen.

Ähnlich und doch anders sind William Anastasis „Subway Drawings"[222], die der Künstler William Anastasi in der New Yorker U-Bahn Zeichnungen beidhändig ausführt, in dem er fast schon wie ein Seismograph beide Hände über das Papier hält und zusammen mit der Bewegung der Bahn zeichnet – oder auch gegen sie; sicherlich aber nicht kontrolliert sondern immer vom Zufall der Wagonbewegungen abhängig. Diese „Subway drawings" sind eine Weiterentwicklung der in den 1960er Jahren begonnenen „walking drawings", die beim Laufen in der Hosentasche angefertigt werden. Diese entstanden zuerst auf dem Arbeitsweg und waren deshalb in kleinen Formaten und in der Hosentasche transportabel. Katie Anania beschreibt deren Erzeugung folgendermaßen:

"To make these early versions, he loosely held a soft lead pencil and used it to mark a pocketed sheet of paper with pencil lines. The timbre and length of a line was determined

222 Ein Video dieser beidhändigen Zeichnungen ist hier verfügbar: https://www.youtube.com/watch?v=H2FX3C7f6eI [22.11.2020]

by the roominess of the pocket on his blue jeans or work slacks. After walking and drawing for a bit, he would refold his paper, like a notetaker or a clerk folding a sales receipt, and start again. Later drawing series transcribed the physical experience of other daily tasks." (Anania 2019:2)

Ähnlich wie bei Cage unterliegt das Zeichnen Anastasis dem Zufälligen, jedoch in einer handschriftlich deutlich nachvollziehbareren Spur zufälliger Bewegungen innerhalb eines klaren Settings. Toni Hildebrandt bemerkt dazu in der Zusammenschau beider Künstler:

„Sie zeichnen bewusst nicht und zeichnen damit Kraft einer negativen Potentialität. In den Zeichnungen selbst zeigt sich der Doppelsinn einer solchen Negation einer Möglichkeit dann – und dies ist entscheidend – im Verweis auf das, was den Spuren an gestisch Möglichem fehlt und was sie an Körperhaftigkeit gleichfalls nie abschütteln werden." (Hildebrandt 2017:212)

Beide beschriebenen Settings haben eine aleatorische Linienführung zum Ziel – mal durch die Anordnung der zu zeichnenden Gegenstände (Cage), mal durch die Anordnung der Zeichenwerkzeuge selbst (Anastasi). Dabei wird die Autor_innenschaft der Zeichnungen insofern hinterfragt, als dass die Anordnungen der Künstler jeweils so gesetzt wurden, das zufällige Kompositionen bzw. Bewegungen auf dem Papier entstehen müssen, der Zufall also mit von der Partie ist, wenn es darum geht, wer da was zeichnet. Zugleich ist das Setting der Zeichnungen nicht gänzlich zufällig, sondern vielmehr in einen klaren Rahmen einer Versuchsanordnung gefasst, der zudem noch weitere Referenzen birgt, da einige der „Subway drawings" nach Angaben Anastasis auf der Fahrt zu einem Schachspiel John Cages angefertigt wurden (Anastasi und Nackman 2012).

3.3.2. Skizze 2: Robert Rauschenberg radiert de Kooning und eröffnet das nicht -zeichnen

1953 bittet der (noch junge) Künstler Robert Rauschenberg um eine Zeichnung des schon arrivierten Künstlers de Kooning. Er möchte sie ausradieren und dann als eigenes Werk ausstellen. Trotz des ausradierten Kunstwerks bleibt dessen ursprüngliche Autorschaft im Titel der Zeichnung erhalten: Erased de Kooning Drawing (1953). Zu sehen ist auf den ersten Blick: Nicht viel – und dann doch eine ganze Menge. Denn, wie de Kooning in einem Interview zugibt, habe er sich beim Erstellen der auszuradierenden Zeichnung schon Mühe gegeben. Zur Arbeit gehört auch der Rahmen, in dem eine Plakette zu sehen ist, die den Titel der Arbeit abbildet. Auf der Rückseite des Bildes ist klar vermerkt, dass Zeichnung, Rahmen und Plakette zusammengehören. (Roberts 2013:par.4)

Es handelt sich also um eine konzeptuelle Arbeit, die den Prozess ihrer Entstehung selbst erzählt. Doch sind nicht nur Spuren von der vorherigen Zeichnung, die radiert wurde, zu sehen. In einer Rekonstruktion der ursprünglichen Zeichnungen (es sind mehrere) auf dem Blatt, die das Museum of Modern Art in San Francisco 2010 vornahm, zeigt sich, dass es sich um eine Folge von Studien von Frauenkörpern handelte. Das Blatt war nicht signiert. Während de Kooning also mehrere Aktstudien vorlegt, wie es den gängigen Erwartungen an einen (zudem männlichen) Künstler entspricht, zeigt Rauschenberg seine Könnerschaft und Ausdauer durch die Auslöschung der Zeichnung. So gewendet ist dies weniger eine gekonnte Zeichnung als vielmehr eine gelungene Ausradierung – die durch den Erhalt im Titel jedoch wieder rückgängig gemacht wird. Dennoch würde eine Kollaboration hier zu weit gehen – eher ein gegenseitiges Zulassen von künstlerischen Handlungsweisen. Die Kuratorin Sarah Roberts folgert:

> *"Ultimately, the exact nature of the drawing that was erased cannot be determined; however, it has little bearing here, because the effect of Erased de Kooning Drawing relies much more on the weight of de Kooning's reputation than it does on the specifics or relative significance of the original artwork he contributed."* (Roberts 2013:par.15)

Abb. 45:
Robert Rauschenberg, Erased de Kooning Drawing, 1953.

Roberts weist darauf hin, dass es sich hierbei nicht nur um einen ödipalen Akt der Auslöschung eines bekannteren Künstlers, oder ein Statement bezüglich einer „Neuen Kunst“ handele, sondern vielmehr um einen Akt der Öffnung:

> *“Yes, the erasure was an act of destruction, but as a creative gesture it was also an act of reverence or even devotion—to de Kooning, to drawing, to art history, and to the idea of taking a risk and being open to whatever comes as a result.” (Roberts 2013:par.20)*

Ein weiterer Aspekt ist, dass hier eine traditionelle Form des Zeichnen Lernens, aber in einer negierenden Variante praktiziert wurde.[223] Denn Rauschenberg folgt den Linien der ‚Meisterzeichnung‘, des erfolgreicheren Künstlers auf mimetische Weise[224] und kopiert dessen Bewegung auf dem Papier, während er zugleich dessen Materialität und Spur auf dem Blatt auslöscht. Damit folgt er zwar gestisch der Lehre der akademischen Zeichnung, nach der Hand ‚alter Meister‘ zu zeichnen, um von deren Stil zu lernen – im Ergebnis jedoch bleibt ein fast leeres Blatt voller Spuren – und damit die erneute Offenheit der Zeichnung.

3.3.3. Skizze 3: Strategisch nicht zeichnen können mit Imi Knoebel

Der Kunstwissenschaftler Martin Schulz beschreibt aus kunsthistorischer Perspektive den Beginn der künstlerischen Tätigkeit Imi Knoebels wie folgt:

> *„Als Student in der begehrten Klasse von Joseph Beuys sah sich Imi Knoebel Kommilitonen gegenüber, die vorwiegend in der figurativen Malerei und Zeichnung ihren Ausgangspunkt hatten und also über eine Begabung in einem klassischen akademischen Sinne verfügten, die einmal die Voraussetzung ihrer Aufnahme gewesen war. Imi Knoebel, der ohne offizielle Prüfung in die Klasse aufgenommen wurde, war hingegen mit dem reduzierten Vokabular und der strengen Methodik der Werkkunstschule ausgestattet, die letztlich ökonomischen und funktionalistischen Zwecken dienten. Er musste in diesem Kontext, wie er selbst sagt, einen „ganz neuen Weg beschreiten, um mit dem hohen Niveau der Klasse überhaupt mithalten zu können.“ (Schulz 1998:38)*

223 Diesen Hinweis verdanke ich Nina Jansen.

224 Und variiert damit den bekannten Hinweis Cennino Cenninis zum Zeichnen lernen (1390): „Bemühe dich beim Zeichnen stets um die besten Vorlagen aus der Hand großer Meister … und wenn dich die Natur mit einiger Erfindungsgabe versehen hat, wird es nicht ausbleiben, dass du einen eigenen Stil entwickelst, der nicht anders als gut sein kann.“ (Cennino Cennini, „Trattato della pittura“ (1390))

Anhand Knoebels Arbeit *250.000 Zeichnungen* (1968–1973) wird dieser „neue Weg" deutlich. Der Künstler zeichnet Gitterlinien auf weißes DIN A3 Papier, die er jeweils leicht variiert. Durch diese scheinbar „einfachste Differenz" (Schulz 1998:40) wird diese systematische Variationsmöglichkeit in eine große zeitliche Dimension gestellt. Würde Knoebel die 250.000 Zeichnungen vollenden, so wäre er damit 120 Jahre beschäftigt, ein tägliches Arbeitspensum von 8 Stunden vorausgesetzt. Die Arbeit wurde 1973 von ihm unvollendet abgeschlossen. Sie spielt mit einem Empfinden des Fehlens von Begabung (oder Könnerschaft), das Knoebel in einem Gespräch mit Johannes Stüttgen so formuliert:

> *„Wenn du nichts in der Hand hast, keine Findigkeit oder Begabung. Ich konnte nicht zeichnen, ich hatte von Kunst überhaupt keine Ahnung."*
> *(Stüttgen/Knoebel in Schulz 1998:155).*

Im weiteren Gespräch wird das „Unvermögen", die „Unbegabung oder Nichtbegabung" im Gegensatz zu „herkömmlichen Malern", die „aus Begabung" an die Akademie kamen, „nicht vorlag", beschrieben (ebd.:157). Knoebel berichtet von dem glücklichen Zusammenfall seines *Nichtkönnens* mit dem Aufkommen des Suprematismus, also der „totale(n) Abstraktion", der ihm aus seiner „Not" half. Denn den Umstand umzusetzen, „dass da keine Gegenständlichkeit da war", fiel ihm leicht, während die anderen, akademisch ausgebildeten Studierenden sich das antrainierte gegenständliche Zeichnen erst mühsam wieder abgewöhnen mussten – ein Können, das Knoebel gar nicht erworben hatte, wie er in der Retrospektive seines künstlerischen Werdegangs zumindest behauptet.

Das *nicht zeichnen* können wird im Gespräch mit *fehlender Begabung*, mit einer „Not, sich zu äussern" (ebd.:158) und der „Kläglichkeit des Anfangs" einer künstlerischen Arbeit in Verbindung gebracht. Im Interview schildert Knoebel die Empfindungen gegenüber den Normen eines „Künstlers, der malen kann". So stellt sich die Situation einer Person dar, die einerseits motiviert ist zu zeichnen, es aber nicht so kann, wie es selbst wahrgenommenen, gängigen Normen an der Kunstakademie in Düsseldorf entsprechen würde.

Aus dieser Erfahrung („Es war eine totale Not!" (ebd.:158)) eines Lernenden gegenüber dem Kunstschaffen – und anderen Kunstschaffenden, die alle „pinseln" (ebd.:157) konnten, entwickelt Imi Knoebel dann mit *250.000 Zeichnungen* ein Konzept für eine Serie an Zeichnungen, mit der er seine Praxis dem Unvermögen entzieht. Stattdessen legt er eine Lösung vor, die die Erwartung an eine Zeichnung zugleich über- und untererfüllt. Denn zum einen, so steht zu vermuten, fehlt den strengen Rastern ein persönlicher Ausdruck, der sich höchstens noch durch die Variation von Abständen Bahn brechen kann. Zum anderen wirkt die Vorstellung eines Künstlers, der 120 Jahre lang Raster zeichnet, dermaßen unrealistisch und übertrieben im Klischee des genialen Eremiten, dass wohl auch eine gewisse Ironie darin vermutet werden kann. Im Interview nennt Knoebel zudem den Referenzpunkt des Suprematismus mit Malevitsch, dessen Ausstellung in Darmstadt zusammen mit der oben beschriebenen „Not“ des Unvermögens zu einem doppelten Nullpunkt und Ausgangspunkt seines Schaffens wurde.

Dies entspricht einer Praxis, auf die Schüler*innen in vergleichbaren Situationen innerhalb des Unterrichts ebenfalls zurückgreifen – wenngleich selbstverständlich nicht in der hier angeführten künstlerischen Retrospektive. Oft allerdings wird die konzeptuelle Lösung des Problems nicht goutiert. Denn während innerhalb des Kunstsystems eine konzeptuelle Herangehensweise als Kunst gilt, zielt der Kunstunterricht auf die adäquate Umsetzung der gestellten Aufgabe, welche sich innerhalb von Kriterien bewerten und mit den Ergebnissen von Mitschüler*innen vergleichen lässt. Während in der Wahrnehmung des Kunstsystems der Künstler Knoebel kompetent im Kontext seiner Fähigkeiten handelt, indem er sein *nicht Können* benennt und als Kritik eines implizit verhandelten Wissens an der Kunstakademie eine Serie von *250.000 Zeichnungen* konzipiert, würde das gleiche Konzept als Ergebnis eine_r Schüler_in als Verweigerung eines Arbeitsauftrags aufgefasst werden. Denn worum es im Kunstunterricht oft geht, ist weniger das Verhandeln zeichnerischer oder künstlerischer Fragen, als vielmehr das Erfüllen einer Aufgabenstellung innerhalb eines vorgegebenen Rasters – und genau in jener Funktionalisierung der Zeichnung als disziplinierender Tätigkeit begründet sich das in der Einleitung erwähnte *Unbehagen an der Zeichnung*.

Das hier genannte Beispiel soll aufzeigen, dass eine solche Verweigerung auch als ein ‚Können als Hacken‘ verstanden werden kann, in welcher einer Analyse der verfügbaren Fähigkeiten (nicht zeichnen zu Können), einer Problemstellung (eine ‚gekonnte Zeichnung‘ herstellen) begegnet und mit einem Konzept beantwortet wird, das zugleich auch die Produktionsbedingungen (warum eigentlich sollte man zeichnen können sollen?) reflektiert. Darauf, dass dies einer Praxis entspricht, auf die Schüler*innen in vergleichbaren Situationen ebenfalls zurückgreifen, wird später noch ausführlich eingegangen (vgl. Kapitel *Im Kunstunterricht*).

3.3.4. Skizze 4: Die Gruppe robotlab verschiebt das Zeichnen können

Innerhalb der Ausstellung „Exo-Evolution“ (ZKM 2015) installierte die Gruppe „robotlab“ (Matthias Gommel, Martina Haitz und Jan Zappe) einen Roboter, der mit einem durchgängigen Strich eine Landschaft zeichnete. Der Titel dieser Installation lautete „the big picture“ (2014)[225]. Der Roboter begann mit der Zeichnung zur Eröffnung der Ausstellung, zeichnete auch nachts und war so programmiert, dass der letzte Strich am Ende des letzten Ausstellungs-

225 Ein Video dieser Installation ist hier einsehbar: https://zkm.de/de/node/26700/m-r#big-picture [22.11.2020]

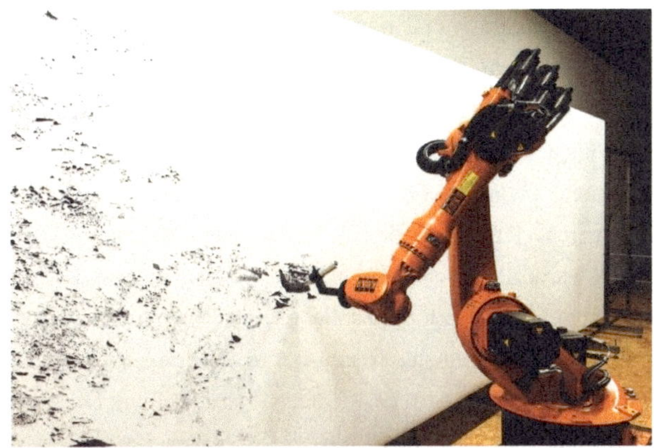

Abb. 46: robotlab, „the big picture" (2014), in „Exo-Evolution".

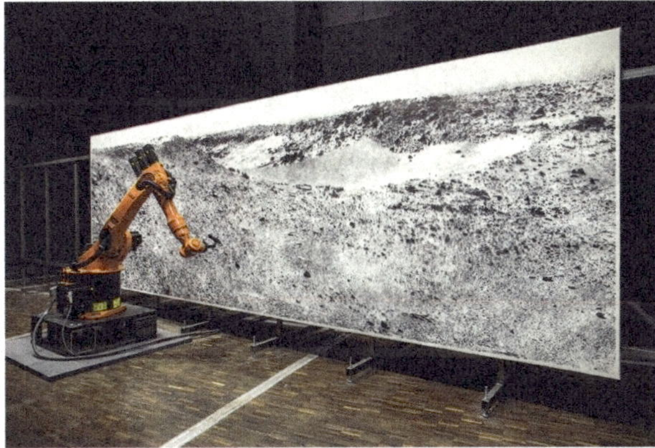

Abb. 47: robotlab, „the big picture" (2014), in „Exo-Evolution".

tages gezogen wurde. Es war also bis zum Schluss in der Ausstellung nie die gleiche Zeichnung zu sehen, sondern eine Zeichnung im Prozess. In der Anmutung jedoch war es keine Zeichnung, sondern erschien beim Betrachten nach und nach wie ein fotorealistisches Gemälde, das auf einer Leinwand entstand.

Zu sehen ist eine karge, hügelige Landschaft in schwarz-weiß: Es ist die erste „Fotografie", welche von der Marssonde „Curiosity" zur Erde geschickt wurde, und die Oberfläche des roten Planeten in schwarz-weiß zeigt. Es handelt sich dabei um eine Fotografie, die eigentlich kein Einzelbild ist, sondern ein Bild in verschiedenen Aggregatformen: Es entstand auf dem Mars aus vielen Einzelbildern der Marssonde, die dann in kleinen Datenpaketen über weite Strecken gesendet wurden, auf der Erde umgerechnet als Bilder ausgegeben und nachträglich als Panoramaaufnahme zusammengesetzt und erst dann veröffentlicht wurden.[226] Durch die maschinelle, performative Inszenierung einer Zeichnung im Entstehen, die auf der Basis von Fotografien im Rahmen einer Ausstellung stattfindet, verschwimmen die Grenzen dessen, was wir unter Bildmedium verstehen. Was ist es denn nun, was Ausstellungsbesucher*innen auf dieser Zeichnung sehen können, die in der vorliegenden Studie wiederum eine Reproduktion einer im Ausstellungsraum gemachten Fotografie ist? Im Ausgang steht eine Fotografieserie, die zu einem Bild interpoliert wurde. Zugleich ist es eine Zeichnung im Prozess der Entstehung, die für die Besucher_innen und die, die nach der Schließung der Türen im Museum arbeiten, erlebbar ist. Die Spitze des Zeicheninstruments wird dabei in einer einzigen, durchgängigen Linie über die gesamte Dauer der Ausstellung über den Zeichengrund geführt. Die Inszenierung ist insofern auch als eine Aufführung und ein Vorführen des Könnens zu verstehen, als dass ein Abbild nach dem Abbild gelingt. Die Autor_innenschaft ist hingegen nicht eindeutig zu klären. Sie liegt irgendwo zwischen Maschinen, Forscher_innen, Bildbearbeitungsprogrammen, Künstler_innenkollektiv, Programmierer_innen, Maschinenbauer_innen und dem Publikum.

Eine weitere Arbeit des Kollektivs ist die Installation „autoportrait“ (2012) – eine Installation, die die klassische Rolle des/der mittellosen KünstlerIn in Fußgängerzonen zitiert und durch einen programmierten Roboter ersetzt, der zuerst ein Bild des/der Portraitierten anfertigt bzw. vermisst und dann zeichnet. In beiden Installationen wird die Rolle des bildgebenden Künstlers durch eine zuvor programmierte Maschine ersetzt und damit der Frage Raum geben, was denn dann eigentlich ein*e Künstler*in tun kann? Zugleich erfüllen beide Installationen die Norm einer wiedererkennbaren, präzisen, geradezu gekonnten Zeichnung. Künstler_innen können das Zeichnen nun verlernen – so lange sie in der Lage sind, einen Roboter zu programmieren, der die Erwartung einer gekonnten Zeichnung erfüllt.

Hier zeigt sich auch das Phänomen der Entgrenzung der Künste (Meyer et al. 2016), die sich nunmehr nicht mehr in eine Technik oder ein Feld fassen lassen – denn ob die Gruppe robotlab zeichnend, forschend oder installativ arbeitet, ist auf den ersten und auf den zweiten Blick nicht mehr unterscheidbar. Es stellt sich zudem die Frage, ob eine solche Einteilung unter diesen Bedingungen noch sinnvoll ist.

226 Vgl. hierzu: https://www.nasa.gov/mission_pages/mars/images/index.html [22.11.2020]

3.3.5. Skizze 5: Beidhändiges Zeichnen als Übertragung

Seit 1989 bis heute verfolgt die Künstlerin Morgan O'Hara das Konzept der LIVE TRANSMISSIONS (attention and drawing as time-based performance). Dies sind Handlungssequenzen, die Morgan O'Hara zuvor definiert und dann beidhändig zeichnerisch dokumentiert. Hierbei durchlaufen die von ihr wahrgenommenen Bewegungen ihren Körper und werden in Bewegungen der Bleistifte umgesetzt. Die Situationen werden so durch sie, als ‚live transmission', aufgenommen und dokumentiert. Es kommt ihr dabei darauf an möglichst präzise gesehene Gesten zeichnerisch umzusetzen. Nach eigenen Angaben hat sie bis zum Jahr 2008 rund 3000 „LIVE TRANSMISSION drawings" hergestellt. Die Sujets sind sehr unterschiedlich ausgewählt und betreffen Situationen des alltäglichen Lebens (Arbeiter*innen in einer Fabrik, die Tätigkeit eine*r Geschirrspüler*in, eine Kosmetikbehandlung, das Lösen von Korn aus der Hülse, das Polieren eines Stuhls), aber auch besondere Anlässe wie etwa eine Geburt, Konzerte, Tanzaufführungen, politische Reden).

> *"Using both hands and working with two or more pencils, the artist transmits the direction of a gesture as well as the quality of the energy of a given movement as line. (...) Scale and physical limitations are determined by real-life expediency. Faithful, non-judgmental, non-interpretive tracking is the rule." (O'Hara 2008)*

O'Hara weist darauf hin, dass ihr Zeichnen ähnlich einer Aufzeichnung funktioniert. Sie selbst als Subjekt konzentriert sich auf die Übermittlung selbst. Die Zeichnungen, die bei der Imitation der Bewegungen entstehen, wirken teils abstrakt, teils zeugen sie von bemerkenswerter visueller Ähnlichkeit (siehe Abbildungen 49–52). Beiden Beispielen des beidhändigen Zeichnens gemein ist hier die Immersion des Subjekts zugunsten äußerer Eindrücke. O'Hara nimmt diese visuell wahr und übersetzt sie durch ihren Körper; Anastasi lässt seine Zeicheninstrument in der U-Bahnlinie durch den Zufall der Bewegungen tragen.

Eine Bemerkung zum beidhändigen Zeichnen in den Künsten

Einmal wahrgenommen ist es auffallend, dass die Ambidextrie im Zeichnerischen und in den Künsten immer wieder zum Thema wird. Der *Händigkeit der Zeichnung* wurde 2011 eine Publikation gewidmet, auf deren Erkenntnisse hier verwiesen werden soll (Gründler et al. 2012). Ein historisches Beispiel ist Adolph Menzel, der laut Barbara Wittmann das beidhändige Schaffen folgendermaßen trennte:

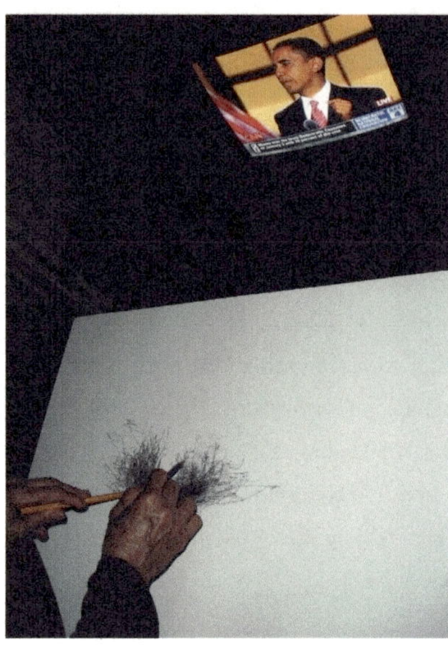

Abb. 48:
Morgan O'Hara
LIVE TRANSMISSION
Barak Obama
accepting Democratic
Party nomination
for President seen
on tv in Porto,
Portugal 2008.

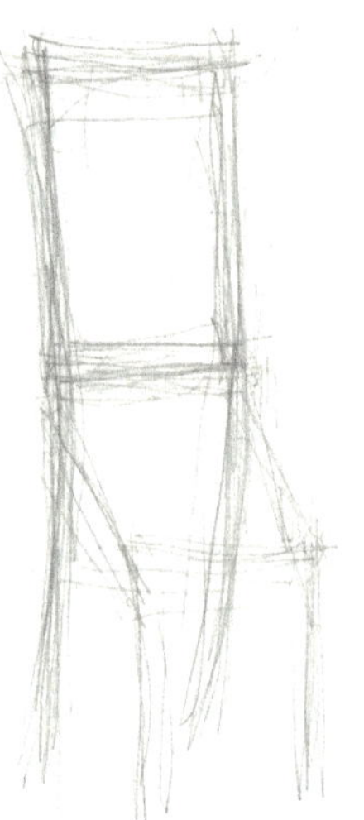

Abb. 49: Morgan O'Hara
LIVE TRANSMISSION.
Furniture restorer polishing
a chair Rome, Italy 1998.

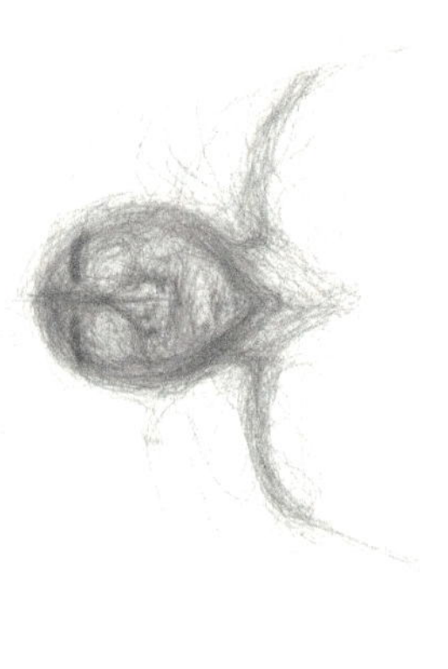

Abb. 50: Morgan O'Hara
LIVE TRANSMISSION.
Cosmetologist giving a facial,
Greenwich, Connecticut, USA 2001.

„als linke private Arbeit, als Arbeit im Skizzenbuch und Lithographenstein, als rechte offizielle Malerei in großen Formaten und den angesehenen Gattungen Historienbild und Portrait; als linkshändiges Schaffen, dessen Anfänge vor der Erziehung durch Schule und Akademie liegen; als rechtshändige Geschicklichkeit, die mit dem Schreiben lernen und der Einführung in die Ölmalerei wesentlich an Kulturtechniken gebunden war."

Die Beidhändigkeit ließ Menzel auch an den Lebendabformungen seiner Hände dokumentieren, in denen die linke Hand den Zeichenstift/-feder, die rechte Hand den Pinsel hält.[227]

Michael Glasmeier weist darauf hin, dass diese Trennung wohl idealisiert gewesen sei, so sei dennoch diese linke Hand dem „Freiraum der Zeichnung" zugeordnet. (Glasmeier 2004:34)

In der gegenwärtigen Kunst sind Trisha Brown (1936–2017), Alighiero e Boetti (1940–1994) oder die beidhändig und -füßig schreibende Zirkusartistin Thea Alba, die durch die 1920er Jahre bis in die Nachkriegszeit mit ihren Fähigkeiten, beidhändig und -füßig zu schreiben, auftrat, zu nennen.[228] Auch wenn in diesen Fällen weitere Erkenntnisse zum beidhändigen Zeichnen und dessen Anwendung und Verständnis vorliegen, wird an dieser Stelle der Exkurs beendet – dies in der Hoffnung, dass sich durch diese Sammlung eine Inspiration für weitere Fragen zur beidhändigen künstlerischen Praxis entwickeln lassen, wie z. B. deren Rezeption, die Verständnisse der besonderen Könnenerschaft und Begabung.

3.3.6. Zwischenfazit zum künstlerischen Können in der Zeichnung mit einem Ausblick auf Kritikalität

Anhand der fünf Skizzen wurde gezeigt, dass das *Zeichnen können* innerhalb der bildenden Kunst und der Gestaltung immer wieder in Frage gestellt wurde und wird. Dabei werden verschiedene Strategien eingesetzt, die auch abhängig von Zeitgeist (Rauschenberg, Cage), technischen Möglichkeiten (robotlab, Visualisierungen), der Situation (Knoebel) sind. Während einige den Zufall als Mitautor*in wählen, versuchen andere genau das auszuschließen (O'Hara). Die hier vorgestellten zeichnerischen Interventionen zeigen unterschiedliche Ansätze der Künste, die Zeichnung als eine uralte Kulturtechnik in aktuellen Diskursen fortzuschreiben. Das Zeichnen ist, auch wenn es befragt, verweigert, nicht gekonnt, ausradiert, zeichnerisch gedoppelt oder als Visualisierung benutzt wird, deshalb keineswegs eine veraltete Technologie. Eine Aktualität der Zeichnung wird oft *in Abgrenzung* zu den so genannten ‚neuen Medien'[229]

227 Zum Entstehungsdatum existieren unterschiedliche Angaben (Staatliche Museen zu Berlin: „vor 1877"; bei Barbara Wittmann und Michael Glasmeier ist es 1903).

228 Vgl.: Circus-, Varieté- und Artistenarchivs in Marburg, http://artistenarchiv-marburg.de/wp-inhalt/uploads/2016/03/Thea-Alba_low_res.pdf [22.11.2020]

229 Welche immer wieder „neu" sein werden – wie zuvor Bücher, Super-8 Kameras oder Polaroid-Kameras.

hervorgehoben, so, als würde ihre Faszination daher kommen, sich für eine Technik aus einer längst vergangenen Zeit zu interessieren. Das Gegenteil ist bei Praktiker_innen der Fall (Dobler 2014): Die Zeichnung wird in der jeweiligen gestalterischen Praxis in das aktuelle technologische Umfeld integrierend übersetzt.

In den Künsten ist eine Übersetzung, aber vielmehr auch ein Potenzial zu beobachten, welches auch auf das tradierte Medium der Zeichnung Einfluss nimmt. Denn Gegenwartskunst stellt sich selbst immer wieder in Frage und stellt damit ein sich beständig neu definierendes System dar. Aus fachwissenschaftlicher Sicht, mit der Kunstwissenschaftlerin Verena Krieger gesprochen, fehlt gegenwärtiger Kunst eine „gedanklich zu vollziehende Totalität“ (Krieger 2008:6). Obgleich eine Fülle an Materialien und Herangehensweisen zur Verfügung stehen,[230] ist doch noch keine abschließende Einordnung oder Kontextualisierung durch die Fachwissenschaft erfolgt. Aktuelle Kunst ist deswegen nicht voraussetzungslos, denn sie steht immer in einer Bildtradition ihrer Vor-Bilder (Krieger 2008:18) – zum Beispiel eben auch dem Zeichnen, wie Imi Knoebel es beschreibt. Das Potenzial zur Veränderung liegt bei der zeitgenössischen Kunst jedoch nicht nur in ihrer Aktualität, sondern in dem, was sie möglich macht (Busch 2008:90). Das Potentielle, der Möglichkeitsraum, den die zeitgenössische Kunst für den Kunstunterricht bietet, bedeutet gleichzeitig also: Eine Zukunftsdimension miteinbeziehen zu können, die Spuren hinterlässt, die so auf ihre eigene Definition einwirken kann.

Das hat auch Folgen für das Verständnis von Lehren und Lernen, wie Lisa Rosa vom Landesinstitut für Lehrerbildung und Schulentwicklung Hamburg auf die Frage nach einem verbindlichen „Bildungskanon heute“ antwortet:

> *„Ein heute adäquater Lern- und Wissensbegriff muss auf den Leitmedienwechsel und die folgende Transformation von der Ära des Buchdrucks ins digitale Zeitalter reagieren. Die freie Verfügbarkeit von Informationen und der damit einhergehende Kontrollverlust der bisher Informationen zu Wissen erklärenden (also Informationen deutenden) Wahrheitsinstanzen ermöglichen auf einer qualitativ neuen Stufe die Partizipation an der öffentlichen Deutung von Welt jenseits zertifizierter Autoritäten." (Rosa 2012:75)*

Es kann also nicht mehr darum gehen, einzelne Inhalte fest zu machen, sondern an Deutungen zu arbeiten. Der scheinbare Mangel an fixierbaren Qualitätskriterien, die entweder überlagert werden durch eine Vielfalt an Information oder durch die noch nicht abgeschlossene Systematisierung eines Werkes, macht aktuelle Kunst zu einem Inhalt für den Unterricht, der eigene Bedeutungen jenseits von „Wahrheitsinstanzen“ befördern kann.

230 So etwa der lebensweltliche Bezug, denen aktuelle Arbeiten unterliegen, beispielsweise aktuelle politische oder gesellschaftliche Kontexte, die gerade bei historischen Werken erschlossen werden müssen.

Das Potenzielle, der Möglichkeitsraum, den die zeitgenössische Kunst für Bildungsprozesse bietet, bedeutet gleichzeitig: eine Zukunftsdimension miteinbeziehen zu können, die Spuren hinterlässt, die auf ihre eigene Definition einwirken kann und damit transformiert – oder auch *shifts* erzielt. Dies zeigt sich im Suchen nach Strategien von Künstler*innen, sich mit dem Zeichnen können kritisch, in Widerständen oder affirmativer Produktion auseinander zu setzen. Hier wird das Zeichnen nun als kritische künstlerische Praxis betrieben, die sich zugleich mit ihrem Gegenstand solidarisiert, und sich so zu einem Teil von ihr macht. Diese kritische Praxis beschreibt die Theoretikerin Irit Rogoff als „Kritikalität".

> *„Am Ende sind wir weiter geschritten zu einer Kritikalität, wo der Kritiker von unsicherem Boden aus agiert und sich mit seinem Untersuchungsgegenstand solidarisiert, indem er sich zu einem Teil von ihm macht." (Rogoff 2003: o.P.)*

Rogoff bezieht diese Kritikalität explizit auf die Lehre, der Vermittlung der Kritik. Hierin verstehe ich einen weiteren Ansatzpunkt für Voraussetzungen von Lehr- und Lernprozessen beim Zeichnen – sich trotz und mit Widerständen auf einen Prozess einzulassen und diesen dann so zu bearbeiten, dass er „in Definitionen eingreift". Mit diesem Vorgriff auf die Möglichkeit der Gegenwartskunst für die Lehre soll nun das nächste Kapitel zum „Können" eingeleitet werden.

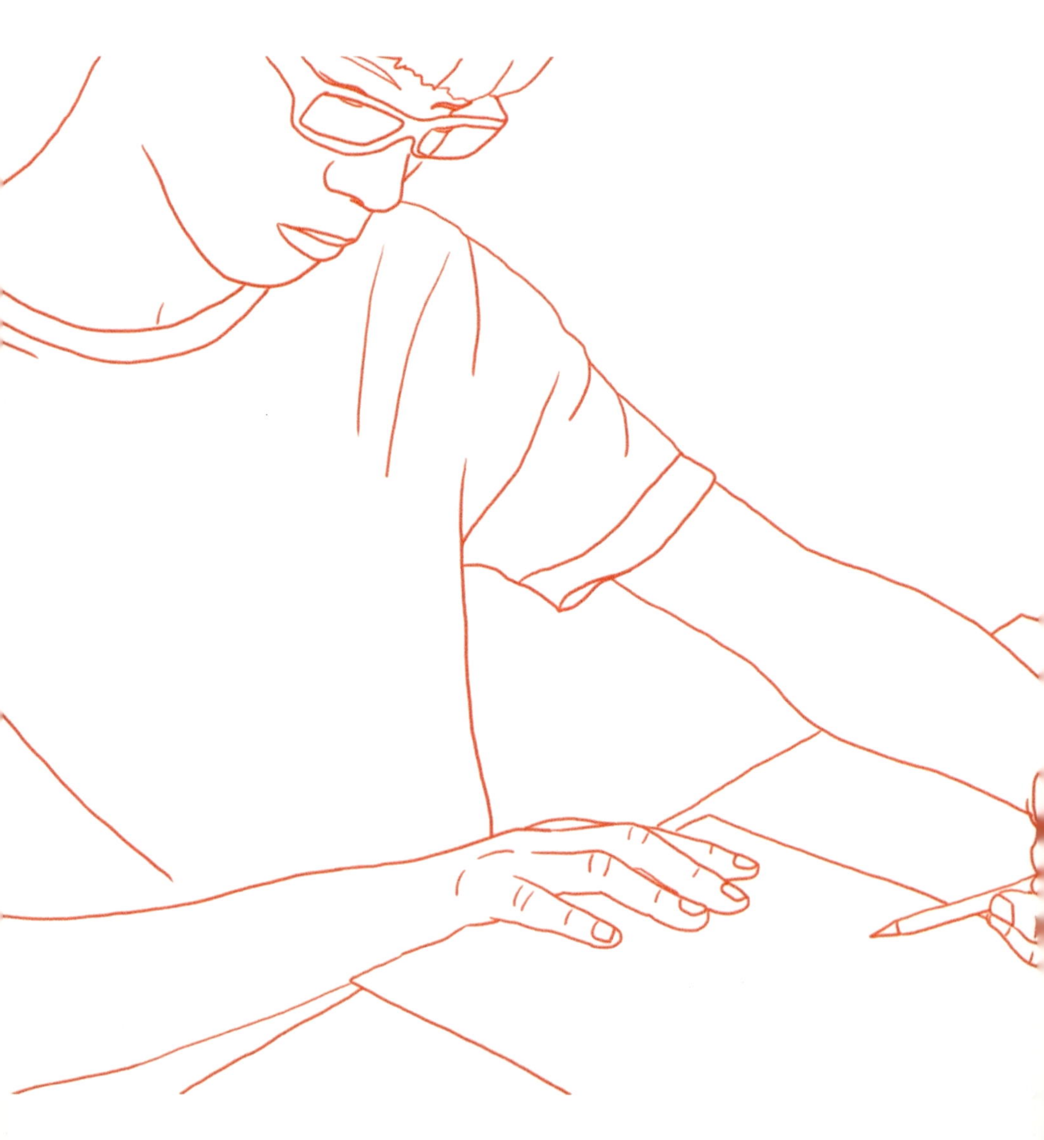

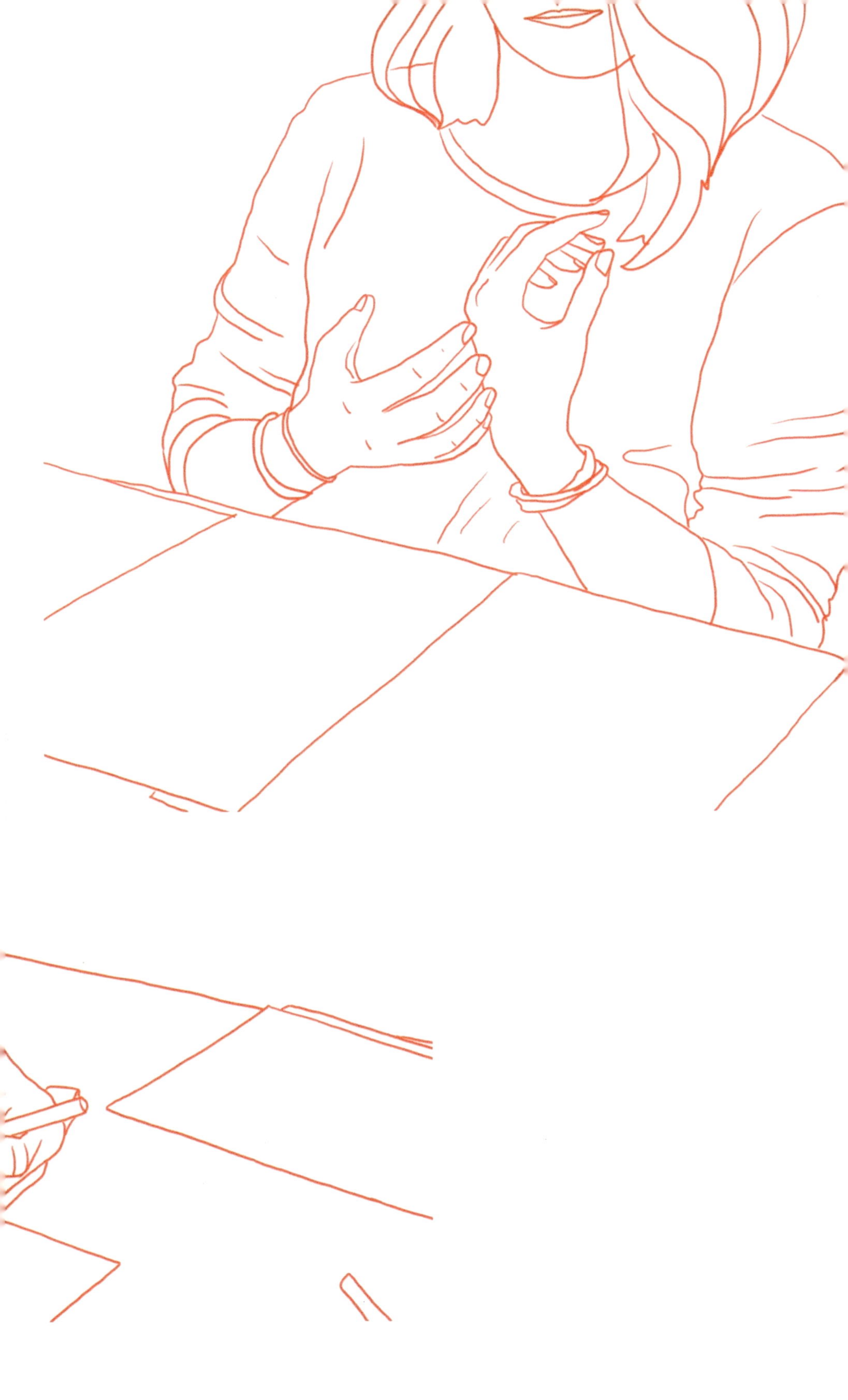

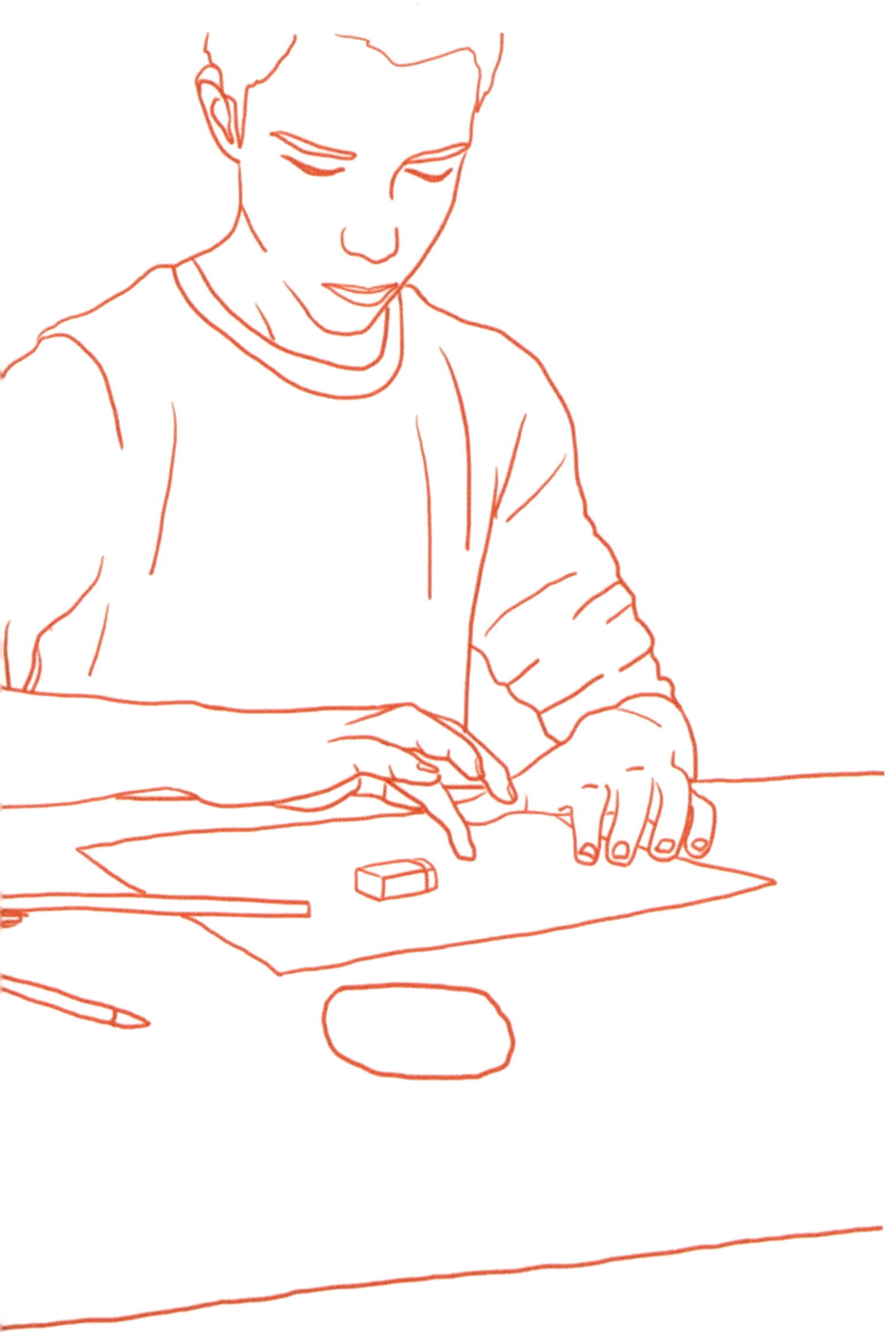

4. KÖNNEN im Kunstunterricht

In diesem Kapitel möchte ich zunächst den Begriff des Könnens entwickeln – bereits mit dem Blick auf das spezifische *Zeichnen K*önnen als paradigmatische Form des Könnens und im Vorgriff auf die Erhebung in der Schule, die im Kapitel „IM KUNSTUNTERRICHT" vorgestellt wird.

4.1. Was meint Können?

Warum wird das Zeichnen so häufig mit ‚Können' in Verbindung von Kunstunterricht gebracht? Hierzu schauen wir uns nun einmal die Konzeptionen des Könnens an. In einem ersten Schritt lassen sich folgende vier Grundbedeutungen skizzieren: *Erstens* wird Können in der gegenwärtigen Debatte als *Kompetenz* beschrieben, die sich auf Fähigkeiten und Fertigkeiten beruft, die Schüler*innen in einem bestimmten Kontext in der Lage sind, abzurufen. Dies hängt *zweitens* eng zusammen mit der Auffassung, dass Kompetenz sich als gelingende Normerfüllung realisiert. Dem steht *drittens* ein Verständnis des Könnens als Hacking gegenüber, das subversiv zwar gegen die Normerfüllung handelt, diese jedoch immer noch zur Grundlage nimmt. Außerhalb dieser konfrontativen Logik, die immer noch ihr Gegenteil enthält, finden sich schließlich *viertens* Konzeptionen des Könnens als *nicht K*önnen und dem *K*önnen *Verlernen.* Letzteres ist nicht als ironische Geste der sich bereits als ‚Könnende' verstehende – also als *gute* Zeichner*innen – Personen gemeint. Vielmehr geht es um eine den Kontext verschiebende Geste der Personen, die sich in der Situation des *Nicht Könnens* im Sinne der Erfüllung einer bereits gewussten Norm befinden. Diese Konzeptionen werden produktiv an aktuelle Diskurse der Kunstdidaktik angeschlossen; das qualitativ erhobene Material aus dem Kunstunterricht erlaubt zudem eine kritische Diskussion und Weiterentwicklung der Konzepte.

4.2. Zeichnen können und nicht zeichnen können

Was heißt eigentlich zeichnen können? Zeichnen ist auch das Gründungsmedium des Fachs Kunstunterrichts (Zeichenunterricht) seit Anfang des 19. Jahrhunderts und schon deshalb elementarer Bestandteil einer Fachdidaktik des Kunstunterrichts. Mit dem Zeichnen wurden Fähigkeiten geschult, die zum damaligen Kanon einer klassischen Schulbildung gehörten und die je nach Bildungszielen und -idealen variierten. Bis heute ist sie ein durchgängig fester

Bestandteil des staatlichen Bildungsplanes[231] und deshalb prototypisch für praktische Anteile des Kunstunterrichts (historisch: Zeichenunterricht). An der Lehre der Zeichnung verdichten sich Erwartungen, Vorstellungen und Diskurse an und von Kunstunterricht.

Am Zeichnen lassen sich Dinge zeigen. Im Zeichnen, so meine Ausgangsthese, hinterlässt das Können Spuren. Es macht nicht nur ein Endergebnis sichtbar, sondern es macht häufig zudem Zwischenstadien, Umwege, Störungen, Entwurfsbewegungen, Möglichkeitsräume, Arbeitsbedingungen und Prozesse transparent, welche in vielen anderen Artefakten des Kunstunterrichts im Endergebnis eher verborgen bleiben. In der Zeichnung scheint das Zeichnen als Prozess und Tun, und damit Formen des Könnens aber auch des Unvermögens, palimpsestartig hindurch.

Vorab angemerkt sei, dass diese vier genannten Konzepte nicht in Reinform vorliegen, sondern sich in der empirischen Feldforschung als auch in theoretischen Diskursen eher in einem komplexen Zusammenspiel untereinander und ggf. anderen Elementen zeigen. Ohne damit eine erschöpfende Strukturanalyse zu behaupten, erlaubt es obige Strukturbestimmung bereits, das empirische und diskurstheoretische Feld sinnvoll zu ordnen. In der Tat handelt es sich, so machen die folgenden Analysen im Detail deutlich, um Strukturmerkmale innerhalb eines mitunter spannungsvollen Entwicklungsprozesses.

4.3. Können als Kompetenz

Im folgenden Textabschnitt geht es nicht primär um eine Kritik der „Kompetenz" im Fach Kunst. Dies wurde von Maike Aden und Maria Peters bereits konstruktiv formuliert (Aden et al. 2011). Hier geht es darum, verschiedene Dimensionen dessen, wie „Kompetenz" gefasst werden kann zu evaluieren und besonders im Hinblick auf die geplante Erhebung in der Schule dahingehend zu befragen, was Schüler_innen im Kunstunterricht können – und welche Aspekte und Dimensionen des Könnens sich zeigen.[232]

Die Frage danach, was Schüler können (oder zeigen sollen, dass sie es können), rückt mit der seit PISA und TIMMS geführten Diskussion um die Frage nach (kompetenzorientierten) Bildungsstandards (Veröffentlichungen der Kultusministerkonferenz 2005) in den Vordergrund. Vermehrt liegen in Schulfächern quantitativ- empirische Ergebnisse vor, die die Untersuchung von Kompetenzen besonders fokussiert beforschen. Der Begriff Kompetenz wird von Noam Chomsky genutzt, um ein generatives Regelsystem sprachlicher Fähigkeiten zu beschreiben.

231 Heute Lehrpläne oder Curricula.

232 Mit der Erhebungsanlage dreier Aufgabenstellungen, die so noch nicht bekannt waren und auch motivationale Aspekte umfasste, sowie die Äußerungen und Vorstellungen der Schüler_innen in Fragebögen festhielt, eignet sich dieses Material sicher auch für Aspekte der Kompetenzorientierung. Alle, die an einer solchen Sichtweise auf das Material interessiert sind, sind herzlich dazu eingeladen, dies entsprechend auszuwerten.

In der Nachfolge nutzt David McClelland den Begriff für „Verhaltensweisen in realistischen Berufssituationen“ (Schönau 2016:182), welche „emotionale Kompetenzen“ (Goleman) und ihre Lernbarkeit beschreibt (Gelhard 2011:99). In *Leistungsmessungen in Schulen* hat Franz E. Weinert 2002 die folgende Definition von Kompetenz formuliert, die im deutschsprachigen Raum große Resonanz erfuhr und noch immer erfährt:

> *Kompetenzen sind „[...] die bei Individuen verfügbaren oder durch sie erlernbaren kognitiven Fähigkeiten und Fertigkeiten, um bestimmte Probleme zu lösen, sowie die damit verbundenen motivationalen, volitionalen und sozialen Bereitschaften und Fähigkeiten, um die Problemlösungen in variablen Situationen erfolgreich und verantwortungsvoll nutzen zu können." (Weinert 2002:27)*

Eckhard Klieme greift sie im *Gutachten zur Entwicklung nationaler Bildungsstandards* (2003) für die Bundesrepublik Deutschland auf und benennt den „Aufbau von Wissen und Können“ (Klieme et al. 2003:19) synonym zu aufzubauenden Kompetenzen.

Während zuvor, zum Beispiel bei der Gestaltung der Lehrpläne in einem inputgesteuerten Konzept Inhalte festgelegt wurden, die als exemplarisch zu verstehen sind (Kanon), formuliert Klieme et al. eine als Paradigmenwechsel zu verstehende[233] Konzeption schulischer Bildung. Dieser steht nun für outputgesteuerte Verfahren, die sich an der Handlung (der Performanz) orientieren, anhand derer Kompetenzen bestimmt werden sollen. Die Kunstpädagogin Claudia Althann-Birkner beschreibt diese Entwicklung als eine Veränderung im „‚Bildungsverständnis‘ (…), welches pars pro toto für einen vollzogenen Paradigmenwechsel in Bildungsforschung und -politik“ steht. (Birkner 2014:30). Dieser Logik folgt nun, dass nur das als relevanter Output gemessen werden kann, was sich auch in der Anwendung zeigt. Eine solche Versuchsanordnung sorgt für eine fundamentale Umdeutung der Definition von Können, die sich folgendermaßen darstellt: Anstatt über Inhalte zu diskutieren, an denen bestimmte Bildungsziele festgemacht werden, gilt es nunmehr, am einzelnen Individuum (Schüler_in) fest zu machen, was *anwendbar* ist. Somit wird eine Kompetenz[234] einerseits an einer individuellen Leistung angeknüpft, andererseits aber als messbar und objektiv evaluierbar beschrieben, also in Bezug zu einer Norm gesetzt.

233 Tabea Raidt (2001) beschreibt den Wandel zur Kompetenzorientierung ebenfalls als Paradigmenwechsel auf vielen Ebenen der Schule. Stichworte sind die PISA-Studie und die Formulierung von Bildungsstandards durch die KMK (2009) und die sogenannte Klieme-Expertise zur Entwicklung nationaler Bildungsstandards (2009).

234 Im Feld der Kunstpädagogik ist eine weite Verwendung des Begriffes Kompetenz zu beobachten, wie etwa die Bildkompetenz (Sachs-Hombach 2002, Bering/Niehoff 2009), die eine „Lesbarkeit“ von Bildern (etwa durch sprachliche Analyse) bezeichnet. Die jeweils unterschiedlichen Definitionen lassen eine begriffliche Schärfung des Begriffs „Kompetenz“ für das Fach Kunst, so van der Meulen, unwahrscheinlich erscheinen. Vgl. hierzu: van der Meulen 2010.

Als Qualitäten dieses politisch aufgeladenen Begriffes erscheint, dass der Blick auf die Akteur*innen des Unterrichts und ihre Handlungen gerichtet wird – und der von Weinert definierte Kompetenzbegriff dabei aktionsorientiert, also in der „Bewältigung von Handlungsanforderungen" zu beschreiben ist; dies auch auf Motivation, Volition und soziale Fähigkeiten und Fertigkeiten. Weiterhin ist der Versuch, „Kompetenzen" fachspezifisch beschreibbar zu machen, insofern hilfreich, als dass im Sprachgebrauch die „Kompetenzen" vieles bezeichnen, was mehr oder minder fassbar ist; während ein latenter Konsens im Fach, der bereits praktiziert wird, hier nun expliziert werden könnte. Claudia Birkner und Katrin Zapp weisen hier darauf hin, dass die Kompetenzdebatte sowohl Forschungsdefizite und Defizite innerhalb der Verständigung im Fachdiskurs aufwerfen (Birkner und Zapp 2014).

Für die künstlerischen Fächer und Fachbereiche der Schule stellt dies Forderung nach Evaluationen in zweierlei Hinsicht eine Herausforderung dar: Zum einen, weil sich gestalterisch-künstlerische Gestaltungsergebnisse per se nicht leicht quantifizierbar erheben lassen, zum anderen, weil gerade dann die „kleinen" Fächer unter Rechtfertigungsdruck geraten, wenn sie nicht messbar zu national evaluierbaren Bildungserfolgen beitragen. In der Folge sind zahlreiche kompetenzorientierte Lehrpläne in den Ländern erschienen, welche der Forderung einer outputbasierten Beschreibung nachkommen.[235] Der Begriff wurde im Fach auch abgewandelt, z. B. durch „Bildkompetenz", welcher zugleich in der Kritik steht:

> *„Das Wissen um die vielfältige Verflechtung und Partizipation von Kunst, Medien und Design einerseits, aber auch von Bild und Sprache andererseits lässt eine lupenreine Definition von Bildkompetenz fragwürdig erscheinen. Vielmehr könnte es darum gehen, entlang der Kontextualität und Materialität von Bildern die jeweilige Form ihrer Kommunikation kritisch abzuschätzen." (van der Meulen 2010:831)*

Der Band „Gemeinsamer Europäischer Referenzrahmen für Visual Literacy – Prototyp (Wagner und Schönau 2016) hat einen solchen „latenten Konsens" zum Ziel und nutzt den Begriff „Visual Literacy als Kompetenz" (Wagner und Schönau 2016:111), welches sich zunächst in Produzieren und Rezipieren aufteilt und Niveaustufen beschreibt.

4.4. Kompetentes Zeichnen

In den ersten Entwürfen der kompetenzorientierten Rahmenrichtlinien für das Fach Kunst des Landes Hessen (2008) ist vom „zielorientierten Zeichnen" die Rede – eine Formulierung, die

235 Z. B. Bayern, Schleswig-Holstein, Bremen.

für die Entwicklung der Fragestellung dieser Arbeit wichtig war, denn sie ruft die Frage auf: Was das eigentlich sein kann: *Zielorientiertes Zeichnen*?[236]

Mit einer Zielorientierung geht die Vorstellung einer Gerichtetheit der Handlung einher. In „Zielorientiert“ steckt das Ergebnis (Ziel) und die Ausrichtung (Orientierung). Es klingt so, als wüsste man schon beim Zeichnen, was das Ergebnis sein könnte bzw. sollte – als ginge es um die Reproduktion einer bereits erlernten Fähigkeit. Polemisch überspitzt könnte *zielorientiertes Zeichnen* eine Art des Zeichnens sein, bei dem zu Beginn des Zeichenprozesses schon klar ist, was gezeichnet werden soll – und wie. Das wäre dann eine Prüfungsaufgabe[237], die erfüllt werden würde (Bundesministerium für Bildung und Forschung. Eine Expertise. et al. 2007:18). Im Kunstunterricht (zumindest in einem subjektorientierten) und außerhalb von Testsituationen ist das Ergebnis einer Lernaufgabe im Vorfeld nicht vollständig klar – schließlich geht es ja darum, in einem unbewerteten Rahmen etwas auszuprobieren.[238] Vielmehr drängt sich so die Frage auf, was beim *zielorientierten Zeichnen* denn das Ziel sein soll: Ergebnis, Prozess oder eine Erfahrung[239]?

Dies ist auch eine entscheidende Frage für die oben diskutierte Kompetenzorientierung im Schulfach Kunst, die oft der Erwartung entspricht, dass jede pädagogische Handlung eine direkte Auswirkung auf den Bildungsstand der Schüler*innen hat – eine Annahme, die sich mit aktuellen Bildungstheorien nicht in Vereinbarung bringen lässt. Oder, wie es Karl-Josef Pazzini in dem Text „Manche Stunden sind wie Zecken“ von 1992 aus der Perspektive eines ehemaligen Schülers und heute Forschenden beschreibt:

> *„Viel wichtiger ist mir, daß dieser Unterricht 1961 stattfand und mir 1986 wieder einfiel. Ich hatte plötzlich eine präzise Erinnerung an diese Stunde, als ich mich vermeintlich zum ersten Mal mit Jackson Pollock beschäftigte. (...) Das, was guter Unterricht ist, läßt sich manchmal vorläufig am Ende der Stunde sagen. Es läßt sich manchmal auch erst nach 25 Jahren sagen.“ (Pazzini 1992:47)*

236 Im aktuell vorliegenden hessischen Lehrplan im Fach Kunst ist diese Formulierung nicht zu finden, die Zeichnung wird als Mittel der Grafik als „Spur“, als „Form des Erkundens, Planens, Lernens“ im Rahmen von „Ausdrucksqualitäten“ beschrieben, über die Schüler_innen nach der 9. Klasse verfügen sollen. (Hessisches Kultusministerium o. J.:32)

237 Ernst Wagner unterscheidet im Kontext der Kompetenzorientierung im Fach Kunst Lernaufgaben, Prüfungsaufgaben und Diagnoseaufgaben und stellt weiterhin mit dem Hinweis auf „Rhythmisierung – Fehlerkultur“ kritisch fest, dass aus Zeitgründen häufig Lernaufgaben gestellt und diese zugleich bewertet werden, also zur Prüfungsaufgabe werden. (Wagner 2010:8) Kritisch ist dies deshalb, weil dann Lernaufgaben, die zunächst dazu dienen sollen, ein neues Feld zu eröffnen, zugleich unter eine Bewertungssituation gestellt werden. Dies stellt auch die Bewertung vor Probleme, die ja eigentlich die Anwendung von etwas zuvor Gelerntem erhebt – besonders dann, wenn die Lernaufgabe einen experimentellen Anteil aufweist.

238 Das kann Teil einer künstlerischen Strategie sein. Vgl.: Buchmann et al. 2005.

239 Hier verstanden als ein Ereignis, das zu Reflexionen führt.

Unter *kompetentem Zeichnen* wird also verstanden, dass Schüler*innen zeigen, wie sie zeichnen können – und dies auch zeigen wollen. Es ist die erste, hier vorgestellte Form des *Zeichnen Könnens*.

Exkurs: Aufgaben und Kompetenzmessung

Auf Unterrichtsebene lassen sich Lern- und Prüfungsaufgaben[240] unterscheiden, also Aufgaben um zu Lernen, anhand derer Erkunden, Entdecken, Erfinden, Üben und Sichern im Sinne des Lernens stattfinden kann und Aufgaben um zu leisten, anhand derer Fähigkeiten, Fertigkeiten und Lernzuwachs gemessen werden können. Prüfungsaufgaben unterscheiden sich von Lernaufgaben dahingehend, dass letztere durch Ergebnis- und Prozessoffenheit ein didaktisches Mittel zur Aneignung von Wissen und Können sind, wohingegen erstere der Feststellung dieser Ergebnisse des Lernprozesses dienen. (Wagner 2010:7) Diese beiden Arten von Aufgaben unterscheiden sich jedoch stark von standardbezogenen Tests, die auf bildungspolitischer Ebene überindividuell zur Überprüfung von Kompetenzmodellen und zur schulübergreifenden Qualitätssicherung und -entwicklung eingesetzt werden. (Klieme et al. 2003:82 ff.) Die weitgehend spezialisierte Tätigkeit der Entwicklung standardbezogener Tests die, wie Klieme beschreibt, ein Zusammenspiel von Experten aus der Fachdidaktik, der empirischen Bildungsforschung und der pädagogisch-psychologischen Methodenlehre (Klieme et al. 2003:81) darstellt, ist im Fach Kunst bisher nur wenig vorhanden. An dieser Stelle kommt eine dritte Art der Aufgabenstellung zum Tragen: Aufgaben, die im Rahmen einer Forschungsfrage für den Unterricht entwickelt werden. Dass Aufgaben, die einzelnen Forschungsfragen nachgehen, nicht unbedingt zugleich Lernprozesse in Gang setzen oder gar als Paradebeispiel gelungener Lernaufgaben im Kunstunterricht im Sinne eines ‚best practice-Beispiels' zu verstehen sind, ist selbstverständlich. An diesen Standards sollten solche Aufgaben auch nicht gemessen werden.

Hier geht es darum, einen (Kompetenz-) Bereich detaillierter zu erfassen, um fundierte Aussagen über einen Teilbereich treffen zu können. Während geschlossene Aufgaben häufig detaillierte Auskunft über den Lernzuwachs in technischen, motorischen und wahrnehmungsbasierten Bereichen ermöglichen, vermögen offene Aufgabenformate eher komplexe Problemlösungsstrategien, Imagination und kreatives, fluides Denken zu fokussieren. Im Bereich der Prüfungsaufgaben gibt es ein seit vielen Jahren angewandtes, implizites Wissen der Lehrer_innen über Auswertungsverfahren, das zur Bewertung von Schülerarbeiten heran-

240 Ernst Wagner nennt neben den hier vorgestellten Lern- und Prüfungsaufgaben die „Diagnoseaufgabe" als eigenen Aufgabentyp. Diese speziellen curriculumsvaliden und fachbezogenen Diagnoseaufgaben ermöglichen es Lehrkräften genauer zu erkennen, welche einzelnen Lernschritte von ein/e Schüler/in bereits vollzogen wurden und somit einen differenzierten Ansatzpunkt für eine Weiterarbeit ermöglichen. Vgl: Wagner 2010. Vgl. dazu ebenso: Aebersold Seydoux, Ursula; Junger, Susanne & Kunz, Alexandra (2017). Phasenmodell zur Planung einer Unterrichtseinheit im Bildnerischen Gestalten PHBern (unveröffentlichtes Manuskript). Pädagogischen Hochschule Bern (PHBern), Bern.

gezogen wird. Bewertungskriterien für Schülerarbeiten und damit letztendlich für ihre Kompetenzen, finden sich beispielsweise in den Erwartungshorizonten der Abiturprüfungen, aber auch in der Kunstdidaktik gibt und gab es hierzu Überlegungen.[241]

Von der Praxis des Bewertens im Unterricht unterscheiden sich empirische Untersuchungen, da sie mittels Methoden qualitativ-rekonstruktiver Sozialforschung Handlungen nachgehen, die womöglich zuvor noch nicht bedacht wurden und „die sich der Perspektive der Akteure selbst entzieht“ (Bohnsack et al. 2007:12).

4.4.1. Eine Aufgabenstellung zum kompetenten Zeichnen

Anhand einer Aufgabenstellung soll verdeutlicht werden, was unter dem ‚kompetenten Zeichnen‘ verstanden wird. Die Aufgabe „Den Stuhl im Kopf drehen. Basisübung zum verstehenden Zeichnen“ veröffentlicht Hubert Sowa im Jahr 2009 (Sowa 2009a) und reflektiert dies in einem weiteren Beitrag mit dem Titel „Bildbesprechung. Verstehendes Sehen und übersetzendes Zeichnen. Kunstpädagogische Praxis in der Sekundarstufe I“ (Sowa 2009b). Grundlage des für 45 Minuten ausgelegten Unterrichts ist der Übergang der im Kindes- zum Jugendalter sich von Darstellungsschemata hin zu mehr so genannten „realistischen“ Darstellungsweisen. (Sowa 2009a:18) Die Aufgabenstellung führt vom ganzheitlichen Erfassen eines Objektes (hier: einem Stuhl) über dessen virtuelle Dekonstruktion, indem nach Einzelteilen gefragt wird, bis zum Erstellen einer Abbildung des Stuhls aus einer Perspektive, welche die Schüler*innen noch nicht kennen. Es handelt sich um einen Übertrag 1) eines zweidimensional abgebildeten Objektes in 2) eine innere dinglich-räumliche Vorstellung, die wiederum 3) zweidimensional gezeichnet wird. Hauptsächliches Anliegen dieses Unterrichtsvorschlags ist eine Objektzeichnung, welche nicht in einer subjektiven, sondern in einer objektiven und allgemeingültigen „Bildsprache“ dargestellt werden soll. Sowa beruft sich dabei auf die Tradition des berufsbildenden Unterrichts und verknüpft diesen mit dem kompetenzorientierten Unterricht:

> *„Außerdem wird hier ein entscheidendes Stück der Hinführung zu kulturell sanktionierten und für die berufliche Zukunft der Kinder relevanten Bildsystemen und -kompetenzen geleistet.“ (Sowa 2009a:20)*

241 Vgl. hierzu zwei exemplarische Publikationen: Georg Peez (Hg.), Beurteilen und Bewerten im Kunstunterricht, Seelze: Kallmeyer/Klett 2008; G. Otto: Kunst als Prozeß im Unterricht, 1969.

Der hier vorgestellte Unterrichtsentwurf beschreibt dann weiter das Gespräch mit den Schüler_innen, in dem Berufe genannt wurden, in denen das Zeichnen eine Rolle spielt.[242] Weiterhin wird diese Aufgabe in einer zweiten Publikation ausgeführt:

> *„Im rückwirkenden Klassengespräch wurde zunächst thematisiert, dass Arbeitsprozesse in vielen Berufen (Schreiner, Architekt, Schlosser etc.) mit Zeichnungen beginnen.“ (Sowa 2009b:67)*

Der Bezug zur Alltagskultur wird zunächst über die eventuell zukünftige Berufswelt eröffnet, ebenso mit der Wahl eines Möbelstücks[243]. Das ‚erklärende Zeichnen', die Zeichnung als eine *Sprache* (der Technik) wird hier zugrunde gelegt. Anhand dieser Aufgabe kann die Klarheit einer solchen bildsprachlichen Lösung rasch verdeutlicht werden – die im Text geforderte „bildpragmatische Performanz“ (Sowa 2009a:18) sei auf einen Blick zu erkennen; eine Evaluation und Bewertung dieser Aufgabe sei dementsprechend für eine Lehrperson gut durchzuführen. Eine Gelingensbedingung der Aufgabenstellung ist das Verstehen der Stuhlkonstruktion durch die Planzeichnungen. Erleichtert wird der Prozess, indem für das eigentlich dreidimensionale Objekt eine Fotovorlage verwendet, und damit die Dimension reduziert wurde. Die spätere, imaginierte Drehung des Stuhls stellt eine entscheidende Veränderung dar, da nicht mehr ‚nur' mimetisch gearbeitet werden soll, sondern mit der gelenkten Vorstellungskraft. Diese, so Sowa, entwicklungspsychologisch für die Schüler_innen noch nicht vollständig zu lösende Aufgabe (Sowa 2009b:70) führt zu einer geplanten Überforderung, welche Ergebnisse freilegen soll, die nicht den Darstellungskonventionen der westlichen Welt entsprächen. Die in beiden Texten gezeigten Ergebnisse (insgesamt 3 sind zu sehen) zeigen Zeichnungen, deren Perspektive nicht im traditionellen Sinne ‚funktionieren'. Stattdessen verweist Sowa auf die Tatsache, dass die als Ergebnis vorliegenden Zeichnungen auf einer inneren Logik und einem Erkenntniswert beruhen, welche auf intellektuellen Prozessen beruhen:

> *„So betrachtet ist die Darstellungsarbeit des Schülers ein wunderbar klares Beispiel für die Mühe des Erdenkens eines schlüssigen, der Wahrnehmung analogen Bildes. Die Schülerzeichnung erlaubt gleichsam einen Blick über die Schulter des Zeichners auf den Prozess der sukzessiven Imagination und der Bildwerdung.“ (Sowa 2009b:70)*

242 Hier lässt sich eine Linie zum historischen Argument von James Liberty Tadd ziehen, der Schüler*innen mit dem Ziel der Berufsbildung zeichnen lässt.

243 Zu erwähnen ist in diesem Zusammenhang, dass der Autor für die konkrete Unterrichtssituation einen Stuhl ausgewählt hat, der nicht aus einer zeitgenössischen Produktion stammt, der Gestaltung nach aus der Zeit um 1900 stammt. Insofern deckt sich auch hier der Ansatz, die Zeichnung als Vorbereitung für handwerkliches Arbeiten zu nutzen mit den Produktionsbedingungen des Unterrichtsobjektes.

So wird die Unfähigkeit der Darstellung zu einer ‚neuen Fähigkeit' erklärt: Zum Dokument der Schnittstelle von noch-nicht Können, dem Nacheifern nach dem Vorbild einer isometrischen Darstellung und dem Ausdruck des individuellen ‚Sehen-Könnens'. Dieses Argument wird in der bildwissenschaftlichen Publikation mit einem Abbild einer Malerei von Paul Cezanne visuell unterstrichen.[244] Das Werk wird als Beispiel angeführt für ein im Sinne der Komposition *korrekten* Abbildung.

Ob die Schüler*innen diese so erfahrene Unzulänglichkeit, in die sie durch die Lehrperson gebracht werden, als ein bewusst zu steuerndes, bildsprachliches Element wahrnehmen können, erschließt sich aus den Beiträgen nicht. So ermöglicht diese Aufgabenstellung ein *kompetentes Zeichnen* im Sinne des Zeigens von Fähigkeiten, die für diese Aufgabe neu zusammenkommen – die Vorstellungskraft, die räumliche Darstellung und das Zusammensetzen einzelner Bestandteile des Objektes. Die Unzulänglichkeit, das Scheitern steht dem Prozess geplant voran. Wie dieses aufgefangen und in ein Bewusstsein über ein gestalterisches Potenzial verwandelt werden kann, erwähnt Sowa nicht weiter. Der „Erkenntniswert im Rahmen einer Hermeneutik der Bildung des Bildes" (Sowa 2009b:70) bleibt so – zumindest bis zur nächsten Unterrichtsstunde – das Privileg des Lehrenden, der die Aufgabe plant und dessen Erscheinungsformen der Kunst kennt.

Exkurs: Üben als ein Grundmotiv des Zeichnen Lehrens

Das Motiv des Übens im 21. Jahrhundert steht in engem Zusammenhang mit der Selbstkonzeption und Selbstversicherung und Selbstoptimierung des Menschen. Nicht zufällig ist eine zunehmend gleichbleibend hohe Wertigkeit der Sekundärtugenden „Fleiß" und „Ehrgeiz" (Albert et al. 2019:20), die von Jugendlichen in den letzten beiden Shell-Jugendstudien genannt wurden, festzustellen. Das „Üben" ist eine Begrifflichkeit, die ähnlich dem Zeichnen im Kunstunterricht nicht immer in all ihren Dimensionen erfasst wird und in einem ersten, oberflächlichen Wahrnehmen mit dem „kopflosen" und evtl. auch als sinnfrei empfundenen, zumeist motorischen Wiederholen von einzelnen Schritten beschrieben wird. In den Worten Norbert M. Seels kann man Üben als „prozedurales Wissen" (Seel 2003:32) beschreiben, dem Ausführen einer Handlungskette, sei sie motorisch oder kognitiv. Im gleichen Zuge wird das „Üben" mit dem Begriff der „Automatisierung" von kleinschrittigen Teilen und dem späteren Zusammenfügen zu einem größeren Ganzen beschrieben. Im pädagogischen Feld wird das Üben vor allem von der Musikpädagogik näher behandelt, denn beim Erlernen eines Instrumentes kommen zwar zunächst motorische Elemente, die der Wiederholung bedürfen, zum Tragen. Dann jedoch geschieht ein Übersprung auf mentale, z.B. begriffsbildende oder

244 Paul Cezanne, Stillleben mit Ingwertopf und Korb, um 1900 siehe: Sowa 2009b:70

deklarative Fähigkeiten, wie Ulrich Mahlert sie beschreibt. (Mahlert 2007:25) Im „Handbuch Üben" versucht Mahlert, dem zunächst scheinbar wenig beliebten Thema näher zu kommen. Dazu verwendet er in einem ersten Schritt beispielhafte und nicht repräsentative Biographien Studierender der Musik. An ihnen macht Mahlert die unterschiedlichsten und komplexen Zusammenhänge des Übens fest, die er vom „kopflosen" Üben über das „Durchspielen" eines Repertoires, welches von den Studierenden moralisch als „nicht richtig" empfunden wird, von aufgegebenen Übungsaufgaben zum intrinsisch motivierten Üben beschreibt. Er führt weiterhin aus:

> *„Selbst in einem relativ ‚kopflos' praktizierten Üben geschieht mehr als eine reproduzierende Vertiefung von etwas bereits Vorhandenem. Um so mehr gilt dies für eine entwickelte, differenzierte Übepraxis." (Mahlert 2007:24)*

So verstanden, braucht es Übung, um etwas anzuwenden, oder auch „einzuschleifen"; wenngleich das „Durchspielen" dann unter der Gefahr läuft, immer nur bis zu der „schwierigen" Stelle zu kommen und so nicht zum Erlernen zu kommen, das z. B. durch die Variation des Tempos oder Vorübungen geschehen könnte. Dennoch sind auch dies übende Handlungen, die wiederholt werden – mit dem Vorsatz, sie beim nächsten Ausführen *anders* oder *besser* zu können.

> *„Im Handeln, und damit auch im Üben ist implizites Wissen als praktisches Können primär, verbal explizites und formalisiertes Wissen hingegen sekundär."*
> *(Brinkmann 2012:105)*

Das bedeutet, dass im Machen – und zwar im wiederholten – Erkenntnismöglichkeiten liegen, die nicht unbedingt durch das ‚Sagen' einer anderen Person unterstützt werden kann, mithin die Lehrperson beim Üben selbst obsolet wird – nicht aber für die Frage, was getan werden kann, um nicht nur „Durchzuspielen". Und: bevor etwas wiederholt wird, kann es zuvor auch gescheitert sein und erneut scheitern. Zugleich gilt es zu bedenken, dass in einem Fach wie Kunst, dessen Unterrichtszeiten immer mehr reduziert werden, sich nur den rein zu *übenden* Aspekten zu fokussieren, problematisch sein kann.

4.5. Können als Normerfüllung

Klieme regt in diesem Zusammenhang die Formulierung eines „Minimalkonsens" an, welcher den „Kern des Fachs" darstelle. Mit solchen „Minimalstandards" soll beschrieben werden, was als absolutes Minimum nach dem Besuch einer Schule innerhalb eines Fachs „anwendbar" sein soll (Klieme et al. 2007:27). Mit diesem Vorschlag zur Generierung nationaler Bildungsstandards erfolgt eine Leistungsmessung, die nun nicht nur innerhalb einer Klasse oder Schule, sondern überregional vergleichbar erhoben werden kann, wie es etwa die PISA Studie oder TIMMS Studien tun. Sie führt dabei auch zu einer Evaluation der Arbeit der Lehrenden (und der jeweiligen Schule), deren Leistung, Schüler*innen zu bestimmten Anwendungen zu befähigen, durch eine Performanz (Schüler*innen können etwas/können etwas nicht anwenden) erhoben werden. Obgleich das Fach Kunst derzeit nicht erhoben wird, führt dieses Paradigma des Unterrichtens auch zu einem veränderten Verständnis dessen, was im Kunstunterricht geschieht, denn auch hier kann ein „Minimalkonsens" insofern formuliert werden, dass bestimmte produktive und rezeptive Fähigkeiten beschrieben werden können (vgl. Wagner und Schönau 2016). Stellen wir fest: Der Begriff „Können" unterliegt Erwartungen und Normen, nicht nur im Kontext von Kompetenz. Normen werden bewusst gesetzt, indem Lernziele formuliert werden, die als Kriterien in Leitungsbewertungen wieder erhoben werden können.

Normen werden zugleich dann gesetzt, wenn bestimmte Ziele unausgesprochen erreicht werden sollen. Dies hat Henry Giroux (mit vielen anderen) als „hidden curriculum" für die Schule aufgezeigt (Postman und Weingartner 1972). Ein weiteres Beispiel für diese nicht ausgesprochenen, aber impliziten Ziele gibt Nora Sternfeld, wenn sie aufzeigt, dass z. B. eine Mehrsprachigkeit nur bei bestimmten Sprachen „erwünschtes Können" ist (Sternfeld et al. 2015:337). Das wird vor allem dann problematisch, wenn Normen unhinterfragt übernommen und als einziges Wissen vermittelt werden[245].

4.6. Zeichnen entlang der Norm

Beim Zeichnen im Kunstunterricht zeigt sich eine „Normierung von Wissen und Können", schreibt die Kunstwissenschaftlerin und Kunstdidaktikerin Barbara Bader (Bader 2010:181) und verweist dabei auf eine problematische Ergebnisorientierung:

> *„Gysins Studie lässt den Schluss zu, dass das Verhältnis zum eigenen Zeichnen in dem Moment problematisch wird, wo mit dem Begriff ‚Zeichnen' weniger die zeichnerische Aktivität oder das visuelle Denken, sondern vielmehr die fertige Zeichnung gemeint ist. Daran koppelt sich das Verständnis, dass ‚gut zeichnen können' ausschließlich die Fähigkeit meint, die sichtbare Umwelt mit dem Zeichenstift getreu wiedergeben zu können." (Bader 2010:180)*

245 Vgl. hierzu auch: „The danger of a single story" von Chimamanda Ngozi Adichie, 2009: "Power is the ability not just to tell the story of another person, but to make it the definitive story of that person." (Ngozi Adichie 2009:Minute 10:03)

Diesen Gedanken möchte ich weiterführen: Alle am Kunstunterricht beteiligten Akteur_innen (und damit sind z. B. Schüler*innen, Lehrer*innen, Theoriebildung, Lehrpläne, Schulräume, Schulbücher[246], Vorlagen, ausgestellte Unterrichtsergebnisse, Erwartungen der Eltern[247], Werkzeuge und persönliche Smartphones[248] gemeint), tragen mehr oder weniger explizit zu einer Vorstellung und damit Norm einer „guten Zeichnung" bei. Und dies nicht nur bei zeichnerischen Resultaten, sondern auch schon während des Zeichenprozesses.

Während Monika Miller (2010) verschiedene Niveaustufen des Zeichnen Könnens vorlegt, die sie an zeichnerischen Begabungen belegt, argumentiert Bader 2010 zu der Frage der Normen beim ‚Zeichnen Können' mit der zeichnerischen Serie „Drawing Restraint" (Matthew Barney 1988) für ein prozessuales Verständnis von Zeichnung. In der Serie findet das Zeichnen mit verschiedenen, geplanten Hindernissen statt. Bader argumentiert, dass das Zeichnen mit Einschränkungen dazu führen kann, ‚andere Formen *guten Zeichnens*' zu finden:

> *„Vor diesem Hintergrund könnte Barney's Drawing Restraint auch als Versuch verstanden werden, durch den Einsatz physischer Widerständen und Behinderungen das normiert, naturalistisch darstellende und resultatorientierte ‚gute Zeichnen' zu verlernen, ja zu verunmöglichen, um so zu anderen Formen ‚guten Zeichnens' zu finden."*
> *(Bader 2010:181)*

4.6.1. Naturalismus als normierte Konstante

Dass Zeichnungen oder Bilder im generellen so aussehen sollten, dass sie sogleich wiedererkennbar sind, kritisiert schon der Kunsthistoriker Ernst Gombrich in der 1952 zum ersten Mal erschienenen „Geschichte der Kunst":

> *„Wir haben die komische Gewohnheit zu glauben, dass die Natur genauso ausschauen muss wie auf den Bildern, die uns vertraut sind." (Gombrich 2001:27)*

Wir haben es also mit einer Norm des Sehens und damit einer westlich geprägten Vorstellung von einer ‚realistischen' Abbildung zu tun. Dies mag auch mit dem Interesse von Kindern und

246 Vgl. hierzu den Kanon der (künstlerischen) Bilder, die im Kunstunterricht verwendet werden und deren Kritik (Sohn 2015).

247 Z. B.: ein „schönes Bild" zu Weihnachten geschenkt zu bekommen. (Acaso 2016, Bader 2010:181)

248 Hier: Nicht nur als Bilder ausspielendes Medium, das global zirkulierende Bildwelten ausgibt, sondern auch als bildgebendes Medium, z. B. wenn diese als Leuchttisch verwendet werden, auf denen sich zuvor fotografierte Motive zeichnerisch kopieren lassen. Je nach Bildschirmformat ergeben sich unterschiedlich große Zeichenflächen. Zudem ist es der Zugangsweg für Tutorials jeglicher Art, die z. B. den Lehrervortrag unterstützen können. (Vgl. Üben).

Jugendlichen, die Welt, die sie umgibt zu erfassen, zu tun haben. Die Psychologin Lorna Selfe schreibt hierzu:

> *"Drawing is also significant as an activity in which children draw their concepts as symbols; in which they express what they* know *rather than what they see."*
> *(Selfe 1977:98, Hervorhebung GK)*

Beim Zeichnen, so stellt Selfe fest (und mit ihr auch andere Psychologinnen wie etwa Schulz 2007), zeigen sich Konzeptbildungen und deren Formulierung als Symbole. Beim Zeichnen wird also nicht zwingend das *Gesehene* gezeichnet, sondern das, was über den Gegenstand *bekannt* ist, abgebildet.

Das belegt auch die Kunstpädagogin Carina Sucker mit ihrer Untersuchung in einer 7. Klasse. Sie ließ einen Gegenstand (eine Gießkanne) nach dem Gedächtnis (Zeichnen nach der Imagination) zeichnen, bevor sie die realen Objekte von einer Gruppe zeichnen (Zeichnen nach dem Objekt) – und von der anderen Gruppe nur betrachten ließ. Danach sollen die Schüler*innen nach jeweils 7 und 14 Tagen nochmals das Objekt nach ihrer Erinnerung zeichnen. Suckers Versuch zeigt deutlich, dass sich das Zeichnen der Schüler*innen nach einiger Zeit immer wieder an der Vorstellung einer Gießkanne, also dem, was darüber *gewusst* wird, orientiert (Sucker 2013:507) Die Darstellung korreliert dann nicht mehr mit dem spezifischen vorliegenden Gegenstand, sondern mit einer Vorstellung davon (einem Schema) (Vgl: Sucker 2014, Sucker 2013). Sucker arbeitet dabei bereits innerhalb des Auftrags mit einem zu imaginierenden Abbild: Sie erklärt der Klasse im Rahmen ihrer Erhebung auf sprachlicher Ebene, dass die Negativform zwischen Henkel und Korpus der Gießkanne ähnlich eines Hockeyschlägers (Sucker 2013:509) geformt sei. Sobald diese „Eselsbrücke" (ebd.) gegeben wurde, werden die Zeichnungen „realistischer". Damit belegt Sucker, dass sich „nach formklärender Auseinandersetzung" (Sucker 2014:469) ein imaginiertes Schema auch beim Zeichnen nach Vorlage reproduzieren lässt und „durch wiederholte Übung und erarbeitete Hilfestellung die Zeichenergebnisse der Schülerinnen und Schüler der realen Gießkanne mehr entsprachen" (Sucker 2013:510) und somit „den Schülerinnen und Schülern zu [einem] erfolgreichen Visualisierungsprozess verholfen werden" kann (Sucker 2013:513). Dass dies für Schüler_innen relevant sei, begründet Sucker folgendermaßen:

> *„In der Beherrschung des realitätsgebundenen Zeichnens zeigt sich eine Form von Freiheit, indem über die Fähigkeit verfügt werden kann, sich dieser Darstellungsweise zu bedienen, um sich in der Welt artikulieren zu können." (Sucker 2013:513)*

Alexander Glas wiederum arbeitet zunächst mit Zeichnungen, die nach Fantasiereisen entstanden sind, welche die Imagination stimulieren sollten (Glas 1998:258 ff.) Er belegt an diesen Ergebnissen hinsichtlich der Jugendzeichnung ebenfalls eine Orientierung an Schemata. Die auf den ersten Blick stereotyp erscheinenden Motive (er wählt hierbei das Beispiel eines Sonnenuntergangs), seien

> *„für den Jugendlichen nicht unverbindliche, austauschbare Symbole und Zeichen, sondern dienen der inhaltlichen Auseinandersetzung mit der Wirklichkeit"*
> *(Glas et al. 2018)*

Nadia Bader wertet einen Unterricht aus, in dem Handtaschen nach der Anschauung abgezeichnet werden mit dem Ziel, Interaktionen Lehrender und Lernender innerhalb einer ‚regular practice', also laufendem Unterricht zu beforschen, die sie als „normalen Unterricht" (Bader 2018:324) bezeichnet. Weiterhin verweist sie darauf, dass sich das Zeichnen nach der Anschauung deshalb so gut für die Erhebung eignet, da vieles nicht mehr zwischen Lehrenden und Lernenden verhandelt werden müsse. Es zeigt sich daran einmal mehr, wie selbstverständlich und unhinterfragt das Zeichnen nach der Anschauung als ‚klassisches' Thema im Kunst- bzw. BG-Unterricht ist – also das Zeichnen nach der Anschauung schon per se eine Norm des Kunstunterrichts darstellt.

Es gilt also zweierlei zu beachten bei der Orientierung am Gegenstand beim Zeichnen im Unterricht: Zum einen eine Erwartung an eine realistische Zeichnung im Rahmen eines Kunstunterrichts, zum anderen die von den Kindern und Jugendlichen entwickelten „Formelformen" (Glas 1998), Schemata, die sie im Laufe ihres Lebens erlernt haben, um etwas bestimmtes auszudrücken. Darüber hinaus zeigen beide hier genannten Beispiele, wie Stefanie Marr es formuliert, „Kunstpädagogisches Versagen nach Einschätzung der Befürworter des Sachzeichnens" (Marr 2014:100), welches wiederum zu Diagnosen führt wie etwa dieser: „Die zeichnerische Fähigkeit der meisten Erwachsenen entspricht durchschnittlich dem Niveau eines 13-jährigen Heranwachsenden" (Miller 2013:1).

Exkurs: Ein Kind, das zeichnen und nicht sprechen kann: Nadia

Dieses „Niveau" der zeichnerischen Fähigkeit von Erwachsenen, was die Darstellung von ‚bereits Gewusstem' oder wahrgenommenen Objekten betrifft, auf die Miller anspielt, entspricht einer Referenz, die als Norm der Wiedererkennbarkeit verstanden werden kann. Doch gerade hier gibt es ein Beispiel zu beschreiben, in dem die Norm der Zeichnung und ihre Entwicklungsstufen auf den Kopf gestellt werden. Die Psychologin Lorna Selfe gab 1977 das

Buch „Nadia"[249] mit Zeichnungen und einer Fallbeschreibung eines mit Autismus diagnostizierten Mädchens heraus. Selfe untersuchte 1974 das zu diesem Zeitpunkt 6 Jahre alte Kind und begleitete und/oder beforschte hauptsächlich ihr gestalterisches Handeln über einen längeren Zeitraum, welches 2011 in dem Buch „Nadia Revisited: A Longitudinal Study of an Autistic Savant" zu finden ist. Das Kind „Nadia" stellte seit dem 3. Lebensjahr perspektivisch korrekt und detailgetreu Zeichnungen her, die für Kinder ihres Alters eigentlich undenkbar waren. Wurde sie mit den für sie „richtigen" Materialien (einem Kugelschreiber) konfrontiert, zeichnete Nadia vor allem Pferde, andere Tiere und gelegentlich Menschen. Das Kind sprach kaum und wenn, dann „schwer verständlich" und besuchte eine Schule für „severely subnormal children". Die zeichnerischen Fähigkeiten Nadias beschrieb Selfe unter den Aspekten des Verhaltens beim Zeichnen, der Beschaffenheit der Linie, der Zeitlichkeit, des Raums, der Farbe und dem Gegenstand der Zeichnung (Selfe 1977:8 ff.) Ein besonderes Interesse und Zeichensujet des Kindes waren Pferde mit oder ohne Reiter. Dieses Motiv sei, der Mutter zufolge, auch die erste zeichnerische Äußerung gewesen (Selfe 1977:11). Das Motiv ist aus der Perspektive der Forschung für Kinder diesen Alters, die in Europa leben, untypisch: oft sind dies Menschen und Häuser, die meist aus „Kombinationen aus wenigen Formtypen" zusammengesetzt werden (Maurer et al. 2010:25 ff.). Die Zeichnungen Nadias weisen solche geometrischen Formen nicht auf. Sie schien vor allem Bewegungen mit ihren Zeichnungen einzufangen. Die dabei ansatzlose, nicht korrekte perspektivische Darstellung von Pferd (und ggf. Reiter), weisen Nadia als bemerkenswerten Einzelfall aus. Eine etwa 2-minütige Zeichensequenz von Nadia wurde videografiert (Selfe 1977:21 ff.). Selfe schließt bei dieser Videografie aus, dass Nadia die Zeichnung zuvor eingeübt haben könnte und folgert auf ein besonderes Talent des Kindes (Selfe 1977:14). Lorna Selfe stellt deshalb bei dieser Untersuchung die Besonderheit heraus, dass Nadia die Zeichnung des Pferdekopfes am Hals und nicht etwa, wie eigentlich zu erwarten, an der Kopfform begann – wie es etwa ungeübte Zeichner_innen tun würden. Nach Beginn der nicht näher beschriebenen psychologischen Behandlung und auch der Beschulung lernt die nun als „Autistin" diagnostizierte Nadia zu sprechen. Mit Beginn ihrer verbalen Kommunikation verändern sich auch die Zeichnungen. Als neunjährige zeichnet Nadia immer noch anders als ihre Altersgenossinnen, jedoch reduziert sich die Detailtreue. Selfe berichtet, dass Nadia sich in der Schule auch an den Zeichnungen anderer Kinder orientierte (vgl. Selfe 2011:17). Eines ihrer zeichnerischen Motive blieben Pferde. Mit 22 Jahren zeichnet Nadia beispielweise ein Pferd, das vollkommen aus geometrischen Formen zusammengesetzt ist.

249 Diesen Hinweis verdanke ich Karsten Harries. Die originalen Zeichnungen sind im Bethlehem Royal Hospital Archive and Museum, London verwahrt.

In den vier hier gezeigten Abbildungen lassen sich die Zeichnungen von Pferden[250] vergleichend sehen, wobei die obere Reihe die oben beschriebene Entwicklung von dem Erfassen eines sich bewegenden Tieres hin zu einem erlernten Zeichnen mit Schriftelementen zeigt. In der unteren Reihe ist die Zeichnung eines ca. 4-Jährigen zu sehen; rechts hingegen die Bildersammlung und des Spiels „Quick, Draw!“, das seit 2016 19-Sekunden-Zeichnungen von Objekten im World Wide Web sammelt, die von einer KI schnellstmöglich zugeordnet werden.

Ein anderes Beispiel: Stephen Wiltshire ist Künstler und Savant. Er ist dazu fähig, naturgetreue, detaillierte Ansichten von Städten zu zeichnen, die er nur kurz zu Gesicht bekam. Seinen eigenen Angaben nach konnte er, bis er 3 Jahre alt war, nicht sprechen, was er bis zu seinem neunten Lebensjahr erlernte. Er wurde von den Neurologen Oliver Sacks und Gerhard Roth als Fallbeispiel eines „Savants“ beschrieben. Wiltshire nahm inzwischen an zahlreichen Gruppenausstellungen zum Zeichnen teil. Sein *Talent* ist auch von der Kunstwelt anerkannt, wie sich nicht nur an den Ausstellungen, sondern auch an den Auszeichnungen, die ihm zuteilwerden, ablesen lässt. Wiltshire wird als Beispiel eines „guten Zeichners“, eines nahezu „neutralen Beobachters“ zugeordnet (Berg 2004:214). Einige seiner Zeichenaktivitäten wurden auch gefilmt. Die Aufnahmen zeigen, dass Wiltshires Vorgehen dem gleicht, das Selfe bei Nadia beobachtete: Die Zeichnung wird an einem Punkt begonnen, der nicht zwingend ‚typisch‘ für das gesamte Dargestellte ist (also beispielsweise ein Pferdekopf oder ein Umriss eines Hauses) – sondern an einem zunächst nicht nachvollziehbar ausgewählten Punkt. Dies erweckt den Anschein bei den Beobachter_innen, als entstünde die jeweilige Zeichnung nach einem ihnen unbekannten Muster.

Die Fälle Nadias und Stephen Wiltshires sind aus zwei Gründen hier aufgeführt: Einerseits stellen ihre Fälle das von Jean Piaget aufgestellte Schema in Frage, demnach das Zeichnen mit einer kognitiven Entwicklung Hand in Hand geht und folglich das Zeichnen bestimmter Elemente und Zusammenhänge auch Rückschlüsse auf den Entwicklungsstatus eines Kindes zuließe. Dies betrifft Aspekte der Diagnostik, sei es der „Mann-Zeichen-Test“ (Wildlöcher 1984), der den Anspruch hat, ein Intelligenztest zu sein, oder das „Schnörkelspiel“ (Winnicott 1971). Versteht man das Sprechen und Zeichnen komplexer Sachverhalte als Ausdruck kognitiver Entwicklung, so zeigt das Beispiel Nadias, dass diese auch unabhängig voneinander auftreten können. Selbstverständlich ist diese Einzelstudie noch kein Grund für die Revision der gesamten Theorie Piagets. Dennoch wirft sie Fragen auf: Hinsichtlich einer Entwicklungstheorie, die auf dem Nutzen bestimmter Schemata als Abstraktionsleistung oder auf der

250 Eine Anmerkung, die es in einer weiteren Studie zu überprüfen lohnt: Das gezeichnete Pferd taucht bei der historischen Recherche zum Zeichnen lernen als Motiv immer wieder auf. Weniger häufig gibt es Hunde, Katzen, Kühe, Mäuse und sonstige Tiere. Es wäre durchaus interessant nachzuverfolgen, in welchen Zeichenlehren Tiere, und in welchen explizit Pferde die Hauptrolle spielen, und warum. Eine Ausnahme bildet die von Wolfgang Kemp 1976 publizierte Zusammenfassung der Lehre der Zeichnung, die er mit „How to draw a cat?“ betitelt.

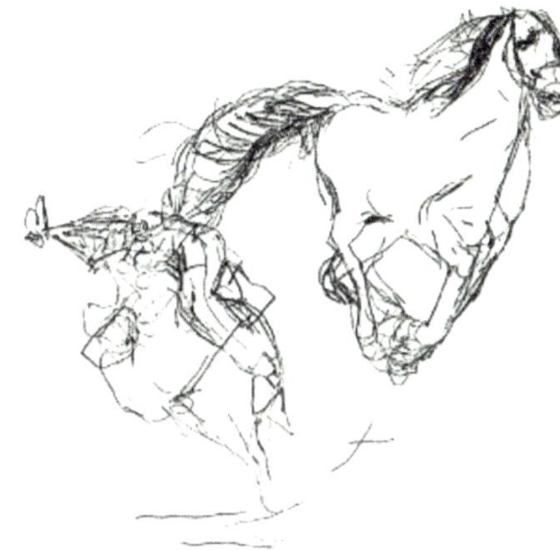

Abb. 51:
Lorna Selfe: Nadia.
A case of extraordinary
drawing ability in an
autistic child, 1977.

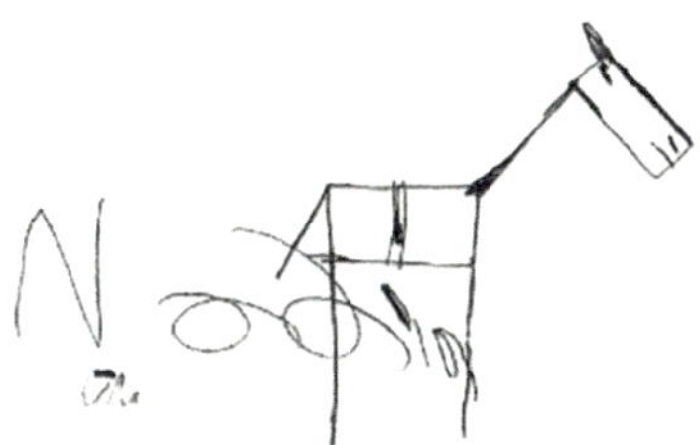

Abb. 52:
Lorna Selfe: Nadia revisited.
A longitudinal study of
an autistic savant. 2011,

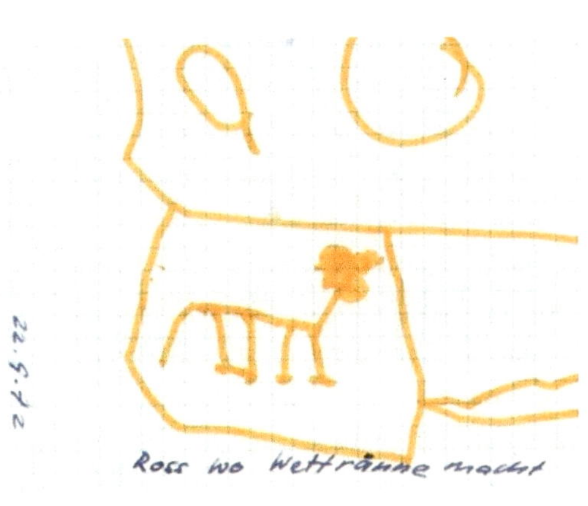

Abb. 53:
Ross wo Wettränne macht /
Pferd, das ein Wettrennen
macht, Detail.

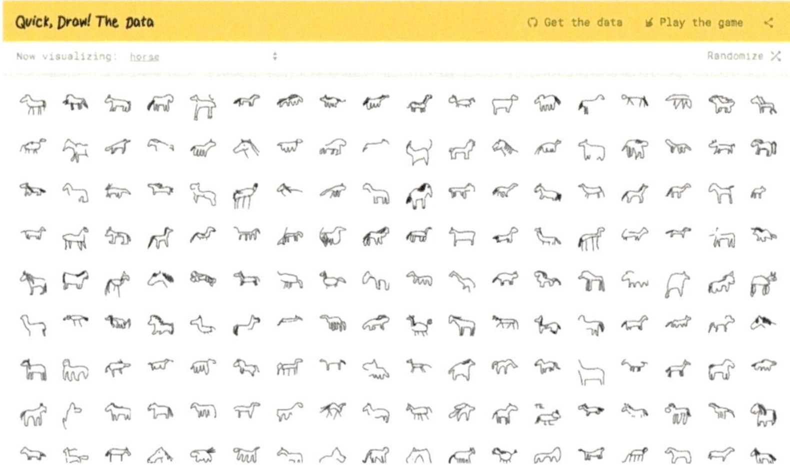

Abbildung 54: Quick, Draw! The Data. Now Visualizing: Horse, 2020.

Fähigkeit, perspektivische Verkürzungen als Gestaltungsmittel einsetzen, beruht – und weiterhin, wie sich kognitive Intelligenz dann formulieren ließe. Doch dies ist Gegenstand der Psychologie, die jedoch insofern relevant für eine kunstpädagogische Arbeit ist, als dass sich das Fach immer wieder auf deren Theorien bezieht. Dazu Anna Schürch:

> *"This statement provided a strong argument for children's drawings as a legitimate point of reference for pedagogical concerns in the field of art education: According to this argument, the child's drawing was no longer to be regarded as faulty or defective, but rather as the beginning of a regular sequence of steps. This sequence continues in the child's upcoming developmental stages and proceeds analogous to the development of human artistic expressions. Without referencing it, the Britsch/Kornmann theory drew on the concept of 'biogenetic law', postulated by the zoologist and Darwinist Ernst Haeckel in 1866." (Schürch 2019:3)*

Denn auch in der Kunstpädagogik sind räumliche Darstellung, korrekte Wiedergabe von Proportionen und die Loslösung von „Formelformen" (Glas, 1998) Gegenstand von gezielter Förderung (Richter 2000, Glaser-Henzer et al. 2012), Diagnose (Kirchner et al. 2010) und vor allem Bewertung, die von zuvor definierten und möglicherweise angenommenen Normen der

Zeichnung und dem Entwicklungsstand von Kindern und Jugendlichen ausgehen. In ihrer Untersuchung zu begabten Schüler*innen führt Monika Miller beispielsweise aus, dass die Fälle Nadia und Wiltshire als Beispiel für solitäre Begabungen als Maßstab für „sehr gutes" Zeichnen gelten könnten (Miller 2013:302). Ebenso die Psychologin Selfe:

> *"Throughout, there is an implied value judgement that one of the important aims of drawing is to be able to reproduce the appearance of the real world. The more faithfully the visual world is represented, the more realistic the drawing, the better it is." (Selfe, 1977:98)*

Selfe zitiert eine Norm, die dem Zeichnen entgegengebracht wird: Je mehr ein Gegenstand der „realen Welt" gleicht, desto „besser" wird dieses bewertet. Bemerkenswert ist diese Formulierung hinsichtlich der Zeichnungen Nadias, die eben kein Schema aufweisen, sondern deren Linienführung mehr einer künstlerischen Formulierung auf Papier gleicht. In „Nadia revisited" (2011) vergleicht Selfe die Zeichnung eines Reiters mit einer Zeichnung Leonardo da Vincis, um auf deren ähnliche Linienführung hinzuweisen.

Hier zeigt sich besonders deutlich die Differenz zwischen dem Interesse einer zeichnenden Person, *Zeichnen* Können zu *Wollen* und dem von außen bewerteten *Zeichnen K*önnen: Während einerseits das Interesse an einer „guten" Zeichnung besteht, die Gesehenes so abbildet, dass andere es auch wiedererkennen können, besteht zugleich *auch* das Interesse an einer *freieren Zeichnung*, welche eben nicht einem Schema entspricht und so „ein bisschen überrascht", wie es ein_e Kunstlehrer_in im „Interview mit ExpertInnen" (Materialteil 1:339, 00:12:55-8) bezeichnet. Ergebnisse aus dem Kunstunterricht (und vermutlich auch außerhalb des Kunstunterrichts) sind jedoch häufig an einer Norm orientiert: die der Gegenstandsorientierung im Sinne ihrer Wiedererkennbarkeit – oder auch der Orientierung an einem künstlerischen Stil.

4.6.2. Beidhändig normiertes Zeichnen

Uta Siebert nennt in einem Beitrag über das experimentelle Zeichnen das beidhändige Zeichnen als eine von verschiedenen „Methoden", die „Spielregeln" benötigen. Sie beschreibt, wie „experimentelle Zeichenprozesse im Unterricht initiiert werden" können (Siebert 2009:2). Hierbei stellt sie besonders die „spielerische Experimentierfreude" in den Vordergrund, weist aber auch auf eine „Reflexionsebene" hin, die ebenso bedacht werden sollte. Das beidhändige Zeichnen steht in ihrem Beitrag in einem Konglomerat von verschiedenen Übungen, die das Ziel haben, zeichnerische Ausdrucksformen zu erkunden. Das *nicht Können* als „Qualitäten des Unbeholfenen und Unkontrollierbaren" führt dazu, dass zeichnerische Ergebnisse „lebendig" wirken. Es macht zudem „deutlich (…), dass es niemals die eine zeichnerische Wahrheit über den Gegenstand geben kann“ (ebd.:3). Siebert weist darauf hin, dass das von ihr beschriebene, experimentelle Zeichnen mit Regeln einher geht, welche im Vorfeld besprochen werden. Aus ihrem Text geht nicht hervor, ob diese Regeln von ihr als Kursleiterin oder durch die Gruppe ausgehandelt werden.

An diesem Beispiel zeigt sich, dass das beidhändige Zeichnen für den Kunstunterricht heute im Kontext eines *Experiments* verstanden wird. Zugleich zeigt sich an den Aufgabestellungen von Gysin (2003) und Siebert, dass es auch innerhalb solcher Experimente darum geht, einen individuellen Erfahrungsraum zu öffnen, um sich dann jedoch der Frage nach zeichnerischen Formen des Abbildens von Welt erneut zu widmen.

Denn das *Zeichnen Können* selbst wird dadurch nicht in Verhandlung gestellt. Deshalb ordne ich diese Beispiele insofern als Beiträge zu einem „normierten Zeichnen“ ein insofern, als dass diese Übungen durch eine Kontrasterfahrung weiterhin dazu beitragen, dass das „Zeichnen Können“ noch immer in Verbindung mit einem normierten, also einem bereits konzipierten und vermittelten Abbild von Welt verstanden wird – wobei der Kontext von Béatrice Gysins Aufgabenstellung durchaus Ansätze zum *Verschieben des Könnens* ausweist.

4.7. Können als Kritik

Die Kritik an der PISA-Studie (neben anderen wie TIMMS) sowie dem Kompetenzbegriff und Fragen nach der Vergleichbarkeit von Leistungen im Bildungsbereich war und ist, wie bereits aufgezeigt, sowohl in der allgemeinen Pädagogik als auch im Feld der (schulischen) Kunstvermittlung vielstimmig.[251] Die Bildungstheoretikerin Käte Meyer-Drawe bemerkt etwa lakonisch:

> *„Man gewöhnt sich an die Vorstellung, dass Lernen in überprüfbarem Wissen endet.“ (Meyer-Drawe 2012:188)*

Sie verweist damit auf das Phänomen „Testing to the Test“, das als eine Folge der vermehrten Erhebungen aufscheint. Zugleich verweist sie auf die Problematik eines unüberprüfbaren Wissens, das nicht unbedingt gleich in eine Handlung umgesetzt werden kann, oder möglicherweise erst 25 Jahre nach dem Unterricht zu Tage treten wird (Vgl. Pazzini 1992). Eine weiterführende Kritik führt der Erziehungswissenschaftler Jürgen Oelkers an:

251 Vgl. dazu etwa die Schriften wie Kritik der Kompetenz (Gelhard 2011) und Verstehen lernen. Ein Plädoyer für guten Unterricht (Gruschka 2011). Zudem ist nicht nur im Fach der schulischen Kunstvermittlung eine weitere, problematische Dimension hinsichtlich der Begrifflichkeiten entstanden, die auch auf die Verwendung des Kompetenzbegriffs in den Publikationen Gelhards und Gruschkas zutrifft: „Im Bildungskontext wird der Begriff der Kompetenzorientierung nicht immer einheitlich verwendet; mitunter wird er auch benutzt, um pauschal Entwicklungen im Bildungswesen nach PISA zu adressieren.“ (Birkner 2014:31).

„Kurz gefasst könnte man sagen: ‚Kompetenz' ist die persönlich erreichte und automatisierte Fähigkeit, in bestimmten Wissensdomänen und nach Abschluss vieler verschiedener Lernsequenzen in begrenzter Generalisierung auf neue Anforderungen hin Probleme lösen zu können. Was damit nicht erfasst wird, ist das Vergessen bei fehlenden Anschlüssen, die Selbstkorrektur im Prozess oder auch die Rolle des unerwünschten Wissens. Von subversivem Wissen ist überhaupt nirgendwo die Rede." (Oelkers 2014:22)

Das was, Oelkers als „subversives Wissen" (Oelkers 2014:22), oder an anderer Stelle subversive Anpassungsstrategien (Oelkers 2004:4) bezeichnet, ist auch in anderen Positionierungen und Kommentierungen der Kompetenzorientierung zu finden, so etwa in der Kunstpädagogik bei Maike Aden die (mit Eva Sturm) ein „kritisches Potential der Performanz" (Aden 2011:24) aufruft und dabei „Kritikfähigkeit" (Ebd.:43) als Teilkompetenz anführt. Mit Maria Peters zusammen prägt sie den Begriff „Standart (sic)", welche Aden & Peters so definieren:

„Wenn ‚Standarts' für den Kunstunterricht formuliert würden, hieße das, dass künstlerisches Tun von einem bestimmten ‚Stand' allgemein zu vereinbarender Notwendigkeiten und Bestimmtheiten auszugehen hat bzw. auf ihn bezogen ist. Dieser sichert jedoch keine Objektivität, Systematizität, Entschiedenheit, Homogenität oder Linearität des Lerngegenstandes. Aber er bildet relationale und situative Relevanzstrukturen aus, die Orientierung ermöglichen. Aufgabe der Kunst (‚Art') ist es, den Symbolbestand des festen ‚Standes' mit seinen Verhaltens-, Normierungs- und Disziplinierungseffekten immer wieder neu auszuloten und kritisch zu hinterfragen." (Aden et al. 2011:28 ff.)

Was ist dann genau Kritik? Michel Foucault charakterisiert sie derart:

„Schließlich existiert die Kritik nur im Verhältnis zu etwas anderem als sie selbst: sie ist Instrument, Mittel zu einer Zukunft oder zu einer Wahrheit, die sie weder kennen noch sein wird, sie ist ein Blick auf einen Bereich, in dem sie als Polizei auftreten will, nicht aber ihr Gesetz durchsetzen kann." (Foucault 1992:4)

So ist die Kritik zwar Teil des akademischen Systems zur Suche nach der Wahrheit bzw. zu Irrtümern, weshalb Foucault sie auch als „Tugend" bezeichnet. Zugleich ist sie ein eigentlich regulierendes System, das jedoch keine zwingenden Handlungen nach sich zieht. Weiter ist Kritik „die Kunst, nicht auf diese Weise und um diesen Preis regiert zu werden" (Foucault 1992:12), welche

„die Bewegung [ist], in welcher sich das Subjekt das Recht herausnimmt, die Wahrheit auf ihre Machteffekte hin zu befragen und die Macht auf ihre Wahrheitsdiskurse hin." (Foucault 1992:15).

Es geht also in der Kritik nicht darum, nurmehr das Gegenteil zu machen – was mithin immer noch eine Imitation des Vorgegebenen wäre – nur eben unter anderen Vorzeichen. Vielmehr geht es darum, Kritik so zu praktizieren, dass sie bestehende Verhältnisse sichtbar macht, aber noch innerhalb des Systems bleibt. Wie es Peter Mayo in Bezug auf den Pädagogen und Theoretiker Paolo Freire und der politischen Bildung beschreibt zur Frage, wie sich eine solche Form der Kritik lehren ließe: *„Tactically within the system and strategically outside it."*[252] *(Mayo 2006:21)*

Zur Handlungsfähigkeit innerhalb der Kritik hat Irit Rogoff (2007) den Begriff der Kritikalität geprägt, in dem sie die Idee entwickelt, die Kritik nicht von einem außen stehenden Standpunkt, sondern vielmehr von einem „solidarischen" Bezugspunkt, also inmitten des Handelns selbst zu formulieren und damit zu handeln – in den Worten Foucaults also von der „Polizei, die ihr Gesetz nicht durchsetzen kann" zu Handlungsmöglichkeiten zu kommen, die aus der Mitte heraus formuliert (vgl. auch: Tiainen et al. 2015) werden können.

*"Eine Zeit lang sind wir von der Annahme ausgegangen, eine Lehre, die an die Oberfläche bringt, was auf dem Grunde manifester Phänomene verborgen ist, und ein Lernen, das die Dinge auf diese Weise durchschaut, wäre alles, was wir bräuchten. (...) Der kritische Verstand operiert mit Zeichen und Symbolen. (...) Er bringt sie nicht zur Kritikalität, die sich mit ihrem Untersuchungsgegenstand identifiziert, anstatt ihn nur zu analysieren (*to produce criticality through inhabiting a problem rather than analysing it*). Das gilt für jede Erziehung, ob sie nun eher praktisch oder theoretisch ausgerichtet ist. Es gilt auch für das Erleben von Kunst und von anderen Kulturphänomenen." (Rogoff 2003:o.P.)*

Rogoff bezieht dies explizit auf die Lehre einer kritischen Haltung, die gekonnt werden sollte – nur wie sie vermitteln? Dabei bezieht sie sich darauf, wie eine Erkenntnis dessen, dass ein gerade praktiziertes System hinterfragt werden soll, vermittelt werden kann. Ihre Antwort darauf:

„Daher könnten Sie mich zu Recht fragen, was das Ganze dann soll? Nun, ich würde Ihnen antworten, der Sinn jeder Form von kritischer oder theoretischer Betätigung

252 Dieses Zitat verdanke ich Nora Sternfeld und Grégoire Rousseau (Sternfeld und Rousseau 2021).

*zielt nie in erster Linie auf die Lösung des Problems, sondern stets auf ein geschärftes Bewusstsein der betrachteten Situation. Und so ist der Sinn von Kritikalität auch nicht primär das Finden einer Antwort, sondern eher eine andere Form der Durchdringung (*inhabitation*).“ (Rogoff 2003:o.P.)*

Dass eine solche Durchdringung in Form einer kritischen Haltung bereits eine andere Qualität der Reflexion mit sich bringt, zeigt sich unter anderem auch in meiner Erhebung in Klasse 10 am Gruppentisch mit den Schüler*innen 10.1, 10.2, 10.3 und 10.4, in dem sie Kritik an der Aufgabenstellung formulieren, sie in Frage stellen und daraus Handlungsmöglichkeiten für sich selbst ableiten. (Vgl. Kapitel *Zusammenfassende Auswertung*).

4.8. Können als Hacken

Das *Hacken* hat Torsten Meyer für den kunstpädagogischen Diskurs fruchtbar gemacht (vgl. Meyer 2013:14). Meyer bezieht sich dabei auf das „cultural hacking“ (Düllo und Liebl 2005). Michael Seemann beschreibt in Bezug auf die zweite These zur Next Art Education (Meyer 2014), die Beziehung zwischen Hacker und Kritik so:

„Der Hacker kann mit dem Kritiker nichts anfangen. Warum etwas kritisieren, anstatt es besser zu machen? (...) ‚Behalte deine Meinung. Ich mach was neues.‘ Etwas zu forken *ist besser als es zu kritisieren“ (Seemann 2015:25)*

„Forken“ meint dabei, etwas unabhängig vom ursprünglichen Projekt abzuzweigen und weiter zu entwickeln. Mit dem Hack wird also die Handlungsfähigkeit in die Kritik eingespielt.

Unter dem Können als Hacking verstehe ich zum einen die Begeisterung, ein Produkt oder Gerät durch und durch zu verstehen[253] und zum anderen die Anwendung von eigenen Fertigkeiten um Dinge außerhalb des ursprünglich gesetzten Einsatzzweckes zu verwenden (siehe z.B. IKEA-Hacks, bei denen Objekte im nicht vorgesehenen Gebrauch zu neuen Funktionen kommen).

Hacking im technischen Kontext wurde einer breiten Öffentlichkeit 1983 durch den Film *War Games* bekannt, der — zeitgleich zu der beginnenden Heimcomputer-Ära — für eine negative Konnotation des Begriffes sorgte, da er keine Abgrenzung zu dem destruktiven Cracking[254]

253 “hacker: A person who delights in having an intimate understanding of the internal workings of a system, computers and computer networks in particular.” (Malkin und Parker)

254 Hier handelt es sich zwar auch um den Einsatz des technischen Verständnisses zur Umgehung von Beschränkungen, allerdings nicht für einen Lerneffekt/Nachweis der Fähigkeiten, sondern zur Erlangung persönlicher Vorteile oder Begehung von Straftaten. “CRACKER (krak'r) n. One who breaks security on a system.” (Steele und Raymond 1990)

aufzeigte. Der hierzulande bekannteste Hack dürfte der BTX-Hack vom CCC (Chaos Computer Club Deutschland) 1984 sein, der Sicherheitslücken im System der deutschen Bundespost sichtbar machte, indem ein Fehler im BTX-System genutzt wurde, um Geld auf ein Konto zu transferieren. Der CCC gab das Geld sofort zurück; es ging dabei nur um die Sichtbarmachung der Sicherheitslücken auf diesem Wege.

Sebastian Plönges nimmt das „bemerkenswerte Comeback" (Plönges 2012:81) der Figur des Hackers zum Anlass, diese genauer in den Blick zu rücken. So unterscheidet sie sich durch eine kulturhistorische Argumentation von den anderen Benutzern eines Systems dadurch, dass sie mehr Kenntnisse darüber hat und diese nutzen (kann). Die Benutzenden können folgendes nicht:

> *„Sie dürfen Vorschriften (also Programmen) folgen, aber keine schreiben; sie dürfen spielen, aber nicht die Spielregeln verändern; sie dürfen Daten verwalten, aber nicht die Verwaltungslinien bestimmen" (Claus Pias 2002, zitiert nach Plönges 2012:82)*

Neben diesem Aspekt nennt Plönges auch den Charakter des Experimentierens, der Subversion und der Grenzüberschreitung. Plönges weist darauf hin, dass genau solche Hacks jedoch auch dazu dienen, die Kontrolle erneut zu ermöglichen, indem diese Schwächen im System aufzeigen. (Plönges 2012:85) Dies gilt auch für das Hacking, das als Bezeichnung für das Umgehen von Konventionen in der Kunst verwendet wird. Als *Hack* im Kunstsystem kann beispielsweise das Spiel mit Erwartungen gelten: (John Cage: https://en.wikipedia.org/wiki/Prime_(symbol) (1952)), mit Konventionen Duchamps Fountain (1917) oder im neueren Diskurs Systemkritik, wie die sich bei seiner Auktion selbst vernichtende Arbeit *Girl With Red Ballon* von Banksy (2018). Plönges schreibt hierzu:

> *„Diese Hacks thematisieren die Programmatik des Kunstsystems selbst, indem sie traditionelle Ästhetik, Kunstdogmatiken oder Stilprinzipien unterlaufen und so ihre Kontingenz markieren." (Plönges 2012:85)*

Eine temporäre Zugänglichkeit einer sonst eher geschlossenen Kunstveranstaltung schaffte die Mediengruppe bitnik mit OPERA CALLING (2007), indem sie ohne offizielle Genehmigung Abhörwanzen in der Züricher Oper installierte, welche automatisch und zufällig Menschen mit einem Telefonanschluss anriefen, um sie an der Aufführung kostenlos teilhaben zu lassen.[255]

255 Eine Dokumentation dieser Anrufe findet sich hier: https://wwwwwwwwwwwwwwwwwwwwww.bitnik.org/o/ [28.11.2020]

"In total over 90 hours of opera performances were retransmitted to 4363 households. The Zurich Opera launched a search for the bugs and in a first reaction threatened to take legal action if the transmissions were not stopped and the bugs not removed. There followed a debate in the media over cultural ownership and cultural subsidies. Eventually the Zurich Opera decided to tolerate 'Opera Calling' as a temporary enhancement of their performance repertoire." (Mediengruppe bitnik 2007)

In diesem Beispiel wird konkret eine geschlossene Veranstaltung für alle Menschen mit Telefonanschluss in Zürich möglich, wenngleich auch ohne vorher gefragt zu werden. Zugleich eröffnet diese Arbeit auch den Diskurs über Zugänge und Ausschlüsse einer Veranstaltung der Hochkultur.

Ebenso gilt das geschickte Anwenden von arbeitserleichternden Tricks auch mittlerweile als Hacking: Das Erzielen eines bestmöglichen Ergebnisses bei minimalem Aufwand, welches auch als *Pareto Prinzip* bezeichnet wird, bei dem also die Norm einer Person, welche die Aufträge mehr als erfüllt, gehackt werden soll.

Können suggeriert als Synonym zu Fähigkeiten und Fertigkeiten, dass etwas beherrscht wird – unabhängig von der Motivation des Subjektes. Der Kompetenzbegriff denkt die Motivation als Dimension mit (als ein Teil von Können, da lediglich die Performanz gemessen wird – also das, was als Konglomerat von Fähigkeit & Motivation in die sicht- und messbare Anwendung kommt). Bei einem *gehackten Können* geht es also darum, innerhalb der Verhältnisse einen anderen Weg zu finden als den vorgezeichneten, und dabei zugleich etwas sichtbar zu machen: Etwa Fehler im System, das Unterlaufen von Hierarchien, um Hierarchien selbst sichtbar zu machen, die Kritik an den bestehenden Verhältnissen. Dabei bleibt der Hack noch im System – und weist zugleich schon darüber hinaus. Oder, um Sebastian Plönges zu zitieren:

„Vom Hacker kann dann nach der Ermutigung zu genauer Observation vor allem gelernt werden, dass Freiheiten nur dort erfahrbar sind, wo programmiert werden kann." (Plönges 2012:87)

4.9. Zeichnen können hacken

„Wenn ein Mensch durch lange Übung gelernt hat, komplexe Wahrnehmungen und Vorstellungen in ein geordnetes, strukturiertes und kontrolliert wiederholbares Vorstellungsbild zu bringen, dann verfügt er nicht nur über dieses eine beispielbezogene Vorstellungsbild, sondern er hat ein prozedurales Wissen gelernt, das ihm beim Verstehen anderer Gegenstände dienlich ist." (Sowa und Krautz 2013:14),

schreiben Hubert Sowa und Joachim Krautz unter dem Titel: „Wozu ist das im ‚Zeichnen nach der Anschauung' erlernte Wissen und Können brauchbar?". In Verbindung mit dem Zeichnen werden hier verschiedene Aspekte aufgerufen, die immer wieder mit dem Zeichnen Lernen in Verbindung gebracht werden. 1) Die Übung 2) die Vorstellung 3) diese zu ordnen, zu strukturieren 4) in der Lage zu sein, dies immer wieder zu wiederholen 5) prozedurales Wissen (Handeln) zu erlangen, welches auch auf andere Gegenstände anwendbar ist. In der Ausgabe von Kunst + Unterricht 369/370 widmen sie sich dafür ausschließlich dem Sujet des Fahrrads, wobei nicht nur die Zeichnungen, sondern auch die Bewertungen der Lehrperson darin zu lesen sind (Vgl:ebd.:97), was dafür sorgt, dass die Zeichnungen mit dem Text gemeinsam defizitär gelesen werden. Stefanie Marr schließt daraus:

> *„Beim Sachzeichnen handelt es sich folglich um ein verordnetes, rigides, geschlossenes Lehrprogramm. Den Schülern werden bei den Vorgaben klare Grenzen gesetzt. Die Einhaltung der begrenzenden Vorgaben bestimmt die Tätigkeit. Die Schüler stehen unter einem permanenten Erfüllungsdruck. Ihnen ist es nicht möglich, Gestalten als ihre eigne Sache zu erkennen, eben als Bildung (von Henting 1999, 162)." (Marr 2014:106)*

Nun ließe sich dies in der Logik der eingangs beschriebenen Formulierungen von Kompetenzen insofern in Beziehung bringen, als dass diese sich als Fähigkeiten zeigen, die immer wieder abrufbar und auf Variationen anwendbar sind. Abgesehen von den Bedingungen des aktuellen Kunstunterrichts, der eine lange Übungszeit innerhalb der Stundentafel nicht nahe legt, werden hier Aspekte der Zeichnung aufgerufen, die viel mit „Peilung haben" zu tun haben, wie Helene Skladny (2013:188) es formuliert, also suggerieren, dass da etwas „im Griff" ist. Häufig wird im Kontext von Kompetenzorientierung auf die Sachzeichnung zurückgegriffen, da diese vermeintlich klare Kriterien hat: Die Nähe zum abgebildeten Gegenstand, das genaue Beobachten, das sich zum Beispiel im Setzen von Schatten oder Lichtpunkten zeigt, die Komposition, etc. Weiterhin wird angeführt, dass insbesondere beim Sachzeichnen oder gegenständlichen Zeichnen die „Beherrschung der Bildsprache" (Marr 2014:107) helfen würde, die Kommunikation zu erleichtern, oder den Schüler*innen so die Möglichkeit gegeben werde, der Wahrnehmung der sie umgebenden Welt auf den Grund zu gehen. Stefanie Marr setzt dem das Problem mit der Aufmerksamkeit – oder auch Lebenswirklichkeit entgegen:

> *„Die Aufmerksamkeit auf die ‚Richtigkeit' der Mitteilung überlagern dessen Zweck. Menschen mögen mit der Zeit nicht mehr zeichnen, weil ihnen das Zeichnen doch nur lauter Fehler beschert. (...) So hat das Scheitern beim Sachzeichnen in der Regel nicht den Antrieb zur Folge, es besser machen zu wollen. Vielmehr wird resignierend festgestellt: „Ich kann nicht zeichnen!" (Marr 2014:107)*

Hier zeigt sich eine grundlegende Problematik des Zeichnen Lehrens und Lernens in der Kunstpädagogik, die sich aus bestimmten Erwartungen und Normen ergibt und der Unmöglichkeit, dies innerhalb eines bestimmten, gesetzten Rahmens, der nicht einmal die Möglichkeit bietet, ihn subversiv zu unterlaufen oder auch nur mit einem individuellen Interesse zu verschieben.

4.9.1. Aufgaben mit Einschränkungen als Hack

Eine Lösung dieses ‚ungeübten Problems', nämlich die Überbrückung der fehlenden zeichnerischen Übung einerseits und der als ungenügend wahrgenommenen eigenen Zeichenfähigkeit der Jugendzeichnung andererseits sieht Beatrice Gysin in einer bewussten Provokation von ‚ungeschickten' beidhändigen Zeichnungen, auch unter Zuhilfenahme weiterer Handicaps wie der Lenkung des Blickes und dem Erzeugen einer ‚Teilblindheit'. Durch eine nachträgliche Reflexion der Tätigkeit soll im besten Falle der Zugang zu einem subjektiven Ausdruck ermöglicht werden. Wenn man so will, wird hier ein ‚Nicht-Können' inszeniert, ohne dass die Schüler.innen unbedingt zuvor das ‚Können' erlebt haben. Das beidhändige Zeichnen ist zudem in aktuellen Praktiken der Kunstpädagogik eingebunden, zumeist beim Experiment, bei dem Einschränkungen, wie zum Beispiel ein Verbot des Einsatzes von bestimmten Körperteilen (Auge, geübte Hand), oder einem einzig möglichen Einsatz bestimmter anderer Körperteile (Fuß, ungeübte Hand), Sichtbarrieren oder der Einsatz von anderen technischen Hilfsmitteln (wie zum Beispiel lange Stäbe, Extensionen, der Bau von Zeichenmaschinen…) vorgegeben werden. (Vgl. dazu: Kunst + Unterricht 271/2003) Diese Aufzählung lässt sich beliebig erweitern. Bei so vielen Verboten, Hindernissen oder Umwidmungen von Körperteilen stellt sich die Frage nach dem wofür – in diesem Falle die Frage nach den spezifischen Lernmöglichkeiten der Schüler*innen.

Die Kunstpädagogin und Forscherin Maria Peters macht zu dieser Problematik einen Vorschlag, welcher der Logik der ‚guten Zeichnung' als „am Grad der Perfektion gemessen, mit der diese die Wirklichkeit abbildet" (Peters 1998:109) entgegenläuft. In der Darstellung des Unterrichts mit dem Titel „Im experimentellen Zeichnen gehen die Dinge fremd" geht Peters ebenfalls von der Beobachtung aus, dass Jugendliche äußern, nicht zeichnen zu können. Auf Spielerische, experimentelle Weise entwickelt sie fünf zeichnerische Erkundungen eines Gegenstandes, die sich auf verschiedene Sinneswahrnehmungen ausrichten, die weniger auf das Verfertigen eines Ergebnisses, als vielmehr auf die Gegenwart des Zeichnens selbst zielen (Vgl. Peters 1998:109). Das Sujet ist ein Tintenfisch, die Gruppe eine 10. Klasse im Gymnasium. In einem Setting mit zwei Räumen, schriftlichen Aufgaben und in fünf Gruppen wurde von der ersten Gruppe ein Tintenfisch in einer Plastiktüte ertastet, ohne zu wissen, was darin sei und dann blind-tastend gezeichnet. In der zweiten Gruppe wurde gebratener Tintenfisch ge-

gessen, dabei sollte das Geschmackserlebnis gezeichnet werden (Peters 1998:110). In der dritten Gruppe wurde der zuvor auf Seetang inszenierte Tintenfisch gezeichnet, mit der Einschränkung, beim Zeichnen nicht auf das Blatt zu schauen. Die vierte Gruppe zeichnete ebenfalls Tintenfische, mit dem Auftrag, diese so „abbildgetreu" wie nur möglich zu zeichnen und dabei auch Licht und Schatten zu beachten (Peters 1998:110). Die fünfte Gruppe bewegte sich schließlich vor der Türe und sollte Eindrücke anderer Menschen sammeln, denen sie im Flur begegneten: Wie würden diese aus der Erinnerung Tintenfische zeichnen? In der zweiten Lektion wurden die Zeichnungen nach Aufgabenstellung sortiert im Klassenraum zur Auslegeordnung gebracht, ausgewertet und mit Hilfe von schriftlichen Notizen der Schüler*innen ausgewertet. (Peters 1998:110) Zusammenfassend stellt Peters die Reaktionen der Schüler*innen auf die einzelnen Stationen vor und wertet aus:

> *„Sie [die Schüler*innen] haben erfahren, dass die Qualität einer Zeichnung nicht nur in der differenzierten Wiedergabe eines Gegenstandes, sondern auch in dem unmittelbaren Ausdruck von Wahrnehmungsbewegungen, Gefühlen, Stimmungen und Assoziationen liegt. (...) Sie konnten erfahren, dass die Dinge sich im experimentellen Zeichenprozess einer festgelegten Bedeutsamkeit entziehen und vielfältige Sinnzuschreibungen ermöglichen (...) weil individuelle Zeichenweisen vielfältige Sichtweisen hervorbringen, in denen sich ein Feld möglicher ‚Wirklichkeiten' erst zu entfalten vermag." (Peters 1998:112)*

Maria Peters entfaltet hier ein auf die sinnliche Wahrnehmung basiertes und durch unterschiedliche Übungen variierendes Programm an Möglichkeiten, dem Sachzeichnen zu begegnen, indem sie genau nicht zur begrenzten, zur möglicherweise frustrierenden Zeichnung wird, sondern bietet ein großes Spektrum an Erfahrungsmöglichkeiten an, das in einem zweiten Schritt gemeinsam ausgewertet wird. Diese Übung möchte ich als eine Möglichkeit hervorheben, die Erwartungen gegenüber einer ‚guten Sachzeichnung' zu unterlaufen und andere Wege der Zeichnung, ohne dermaßen zu zeichnen (Foucault 1992:12) zu erfinden. Sie eröffnet dabei unterschiedliche Wege, die in einem zweiten Schritt zu individuellen Zugängen werden könnten, dem „Erfüllungsdruck" (Marr 2014:106) einer Sachzeichnung zu begegnen. In einem ersten Schritt ist es dennoch das Erfüllen der der Lehrperson verordneten Schritte – aber in einem anderen Setting, das den Schüler*innen Freiräume anbietet. Es stellt sich die Frage – wie bei jedem Hack und auch bei der Frage, ob Kritik lehrbar sei: Kann das Künstlerisch-Ästhetische kompetent angeeignet werden? Wenn sich ästhetische Erfahrung gerade dadurch auszeichnet, vage und unbestimmt vieldeutig zu bleiben, ja, wenn eine unbestimmte Vieldeutigkeit, die in gegenwärtigen ästhetischen Theorien als Negativität umschrieben wird, das besondere Potenzial des Ästhetischen ausmacht – wie kann dieses gelehrt werden? Marr kritisiert Peters' Setting dahingehen, dass sie sich bei diesem Unterricht nur auf die sinnlichen Erfahrungen konzentriert habe (Marr 2014:111 ff.) – und plädiert für eine kunstpädagogische Perspektive, die sowohl „[d]ie Sachen klärt“ – also das Sachzeichnen zum Thema macht, als auch „[d]ie Menschen stärkt“ – also individuelle Zugänge ermöglicht (ebd.)[256]

Dem möchte ich ein Beispiel einer anderen, künstlerischen Praxis entgegensetzen, die eine Wertschätzung eines zeichnerischen Ergebnisses zeigt, welche nicht direkt aus dem kunstpädagogischen Bereich stammt. Gianluca Gimini, @thingsihavedrawn als auch der Künstler Telmo Pieper bearbeiten Zeichnungen von Kindern oder Erwachsenen und setzen diese in Photoshop um. Das Ergebnis bringt zunächst zum Lachen, dann zum Staunen – und lässt damit den Blick auf eine nicht naturalistische Zeichnung wechseln. Es zeigt zudem auf humorvolle Weise, dass beispielsweise ein Auto trotz fehlender Proportionen gut erkennbar ist – und dabei durchaus eine Bildwirkung erzeugt werden kann. Auch bei einem Fisch, der vermutlich nicht fähig wäre, zu leben oder gar zu schwimmen oder einem Fahrrad, das niemand fahren wollen würde. Im Rückgriff auf die eigene Biographie wird die Kinderzeichnung oder auch die ‚schlechte Zeichnung‘ der Erwachsenen so nochmals wertgeschätzt und ästhetisch neu kontextualisiert. Telmo Pieper schreibt hierzu:

> *"Digital painted Creatures (sic) and stuff based on my own childhood drawings. I designed these creatures at the age of 4 and now reincarnated them with digital painting." (Pieper o. J.)*

Hier ist noch keine Unterrichtseinheit gehackt, entwickelt oder vorgestellt, doch möchte ich diese Anregung dem in der Literatur häufig „nicht richtig“ gezeichneten Fahrrad (oder sonstigem Sujet) entgegen setzen: Denn dass auch dies eine Form sein kann, dem Wunsch nach ‚Realismus‘ zu begegnen – und nebenbei die eigenen Kinderzeichnungen noch einmal neu zu betrachten, halte ich für wichtig und es eröffnet zudem andere, teils subversive Zugänge zur Bildgestaltung für die, die glauben, *nicht zeichnen zu können.*

Exkurs: Können im Kontext

Die Kunstpädagoginnen Marike Hoekstra und Talita Groenendijk arbeiteten in den Niederlanden mit Schüler*innen nach einer, die zeitgenössische Kunst beschreibenden Theorie von Nicolas Bourriaud, in dem er die Kunst relational und vernetzt beschreibt. Er fasst dies mit dem Begriff des „altermodern“. Bourriaud erklärt hierzu:

256 Es ist nicht ganz nachzuvollziehen, inwiefern eine 90-minütige Doppellektion allen möglichen Aspekten von Bildungsansprüchen genügen kann, zumal Peters die Reflexionen der Schüler*innen schriftlich und mündlich ausgewertet hat – und daraus durchaus ersichtlich wird, welche Potenziale die Schüler*innen in den einzelnen Aufgaben und Arten zu zeichnen erkannten. Deshalb halte ich diese Kritik Marrs für nicht nachvollziehbar und eher dem Interesse, eine argumentative Dichotomie aufzubauen, die sodann in einen Vorschlag des sowohl-als-auch aufgelöst wird, geschuldet.

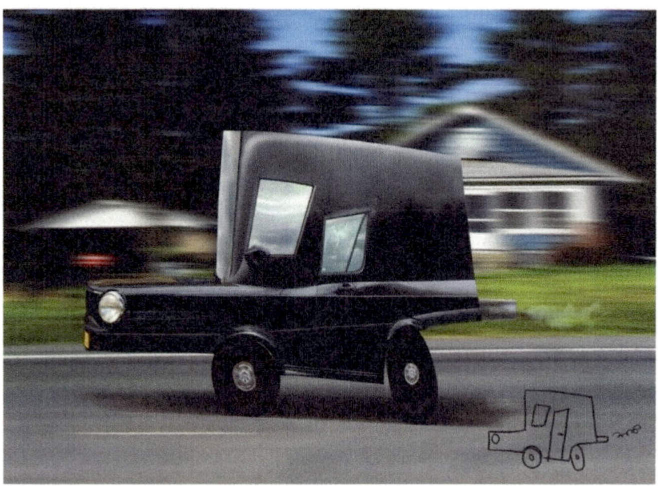

Abb. 55: Telmo Pieper, Kiddie Arts, Auto, 2014.

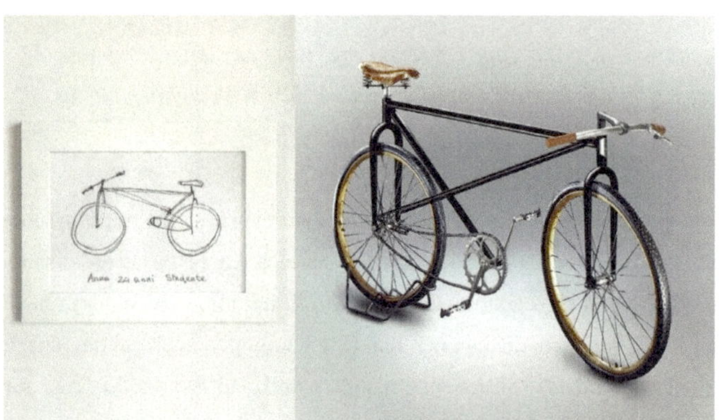

Abb. 56: Gianluca Gimini, Velocipedia, 2009.

"'Altermodern' is a word that intends to define the specific modernity according to the specific context we live in – globalization, and its economic, political and cultural conditions. The use of the prefix 'alter' means that the historical period defined by postmodernism is coming to an end, and alludes to the local struggles against standardization. The core of this new modernity is, according to me, the experience of wandering — in time, space and mediums. But the definition is far from being complete." (Bourriaud und Ryan 2009)

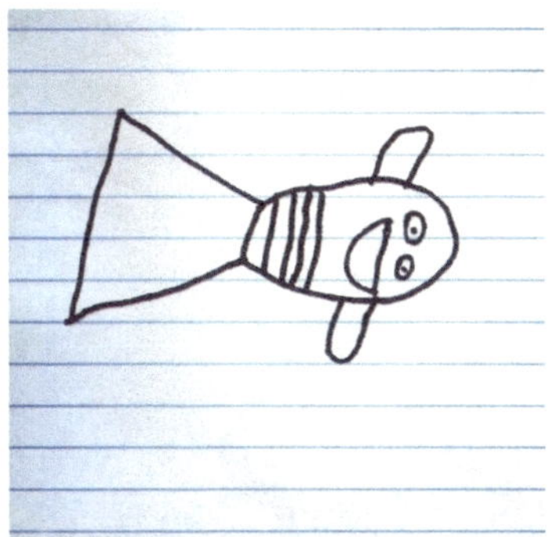

Abb. 57: @thingsihavedrawn, 2016.

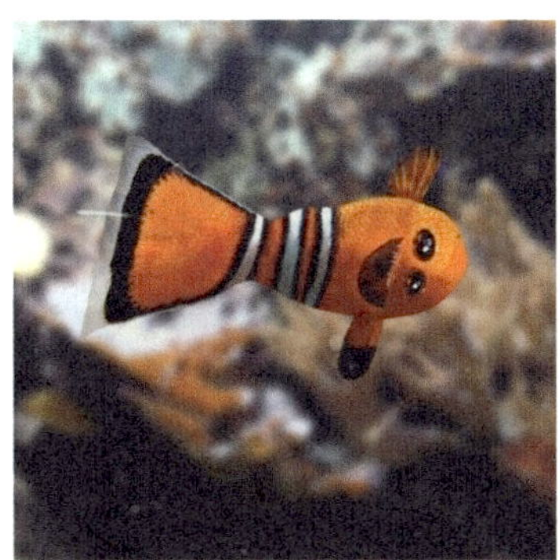

Abb. 58: @thingsihavedrawn, 2016.

Hoekstra und Groenendijk greifen diesen Begriff auf und übertragen die Figur des altermodern in ihren Kunstunterricht, indem sie dessen Prozesshaftigkeit, Unvorhersehbarkeit sowie die Loslösung von einer künstlerischen Technik, die alle Schüler*innen zur gleichen Zeit erlernen sollen, in einer „altermodern art education" auflösen:

> *"In altermodern art education the creative process can be unpredictable. A product cannot be prescribed and there must be room for experiment, investigation and coincidence. Techniques can be learnt 'en passant' when the student or the work in progress requires this, but the use of non-conventional and digital media and techniques can be stimulated"*[257] *(Groenendijk und Hoekstra 2015:109).*

Das *Können*, hier verstanden als Vermittlung von technischen Fähigkeiten und Fertigkeiten, wird hier nicht zum *vorgeschriebenen*, also verordneten, sondern zum *notwendigen* Inhalt von Kunstunterricht, der sich aus dem Prozess ergibt. Hier findet eine Verschiebung hin zum Kontext statt: Das *Üben* – und die damit verbundene, zu erreichende Könnerschaft – findet im Kunstunterricht in einem größeren, (zeitgemäß gedachten) inhaltlichen Kontext statt. Dazu

257 Übersetzung: „In der altermodernernen Kunstpädagogik kann der kreative Prozess unvorhersehbar sein und dessen Produkt muss nicht zuvor bestimmt sein. Raum für Experimente, Forschung und Zufall muss gegeben sein; Techniken können ‚en passant' vermittelt werden, wenn die Lernenden oder der Arbeitsverlauf dies in Anspruch nehmen sollte."

möchte ich ermuntern: Kunstunterricht gewinnt, wenn das Üben – und die damit verbundene Könnerschaft – in einen größeren, zeitgemäßen Kontext eingebunden wird.

Die zuvor geäußerten Interessen von Schüler*innen an „bloßer" Wissensvermittlung (Vgl. die Umfrage Franz Billmayers von 2009) wird im obigen Beispiel weitergespielt: Es geht nun um einen Inhalt, innerhalb dessen Techniken erlernt werden. Das *Können* ist deshalb vielmehr als etwas Relationales zu verstehen, es entsteht in Bezug zu diversen Faktoren und ist nicht auf eine Gleichzeitigkeit innerhalb einer Lerngruppe angewiesen, wie Hoekstra & Groenendijk zeigen.

Weiter gedacht zeigt sich daran: Je komplexer und vernetzter Menschen und Dinge miteinander handeln und in Relation stehen, desto schwieriger wird es, Fähigkeiten allein in den Kompetenzbereich des Menschen zu denken. Technologie, Dinge und Menschen müssen als sich bedingende Akteur_innen betrachtet werden, die gemeinsam das Gelingen von Können bedingen.

4.10. Können in der Krise. Vom Verschieben und Verlernen

4.10.1. Können verschieben

Es zeigt sich in den genannten Beispielen eine Wertigkeit innerhalb des *Könnens*, die geprägt ist von Erwartungen, wie etwa, dass im Kunstunterricht vermittelt wird, realistisch zeichnen zu lernen – und dass sich daraus Widerstände ergeben, die das *Können* befragen. Deshalb folgt hier ein Rückgriff auf Kants Begriff des Könnens, der in eine Möglichkeit des *nicht Könnens* verschoben wird.

„Was ich will, das kann ich", so lautet ein Immanuel Kant zugeschriebenes Zitat. Es erweckt zunächst den Eindruck, dass es ausreichen würde, etwas zu wollen, um es dann auch zu können. Daraus lässt sich eine Vorstellung von Könnerschaft ableiten, die sich immer an das einzelne Subjekt rückbinden lässt: Wenn eine Person etwas nicht kann, so will sie es wohl nicht genug. Das Originalzitat im Kontext gelesen lautet anders: Der Mensch „kann" in seinem Streben nach Glück „nicht alles […], was er will". Jedoch ist es ihm stets möglich, gute Absichten zu haben: „was er in dieser Beziehung will, das kann er auch" (Kant et al. 2014: AA V, 37). Damit ist in Kants Perspektive der Grundzug menschlicher Freiheit bezeichnet, ein freies Selbstverhältnis zu den eigenen Absichten und Zielsetzungen zu entwickeln. Paradoxerweise lässt sich ein solches Können nun auch als ein *nicht Können* artikulieren: als Unvermögen, genauer das ‚un' zu vermögen und so das ‚ver' zu lernen. D.h. selbstbestimmt spezifische Fertigkeiten, Kompetenzen und daran anknüpfende normative Ordnungen und Erwartungen nicht mitmachen zu wollen, zu umgehen oder einfach gelassen beiseite zu schieben.[258]

Das hat mit Erwartungen zu tun – an das, was als Norm (in dem Falle des Könnens) vorausgesetzt wird. Und mit Machtverhältnissen, die sich im Affirmieren oder Relativieren der Norm zeigen. Wer wagt es – und wer argumentiert aus einer Selbstverständlichkeit heraus?

Wie also kann ein Kontext entstehen, mit dem sich auch Machtverhältnisse verhandeln lassen – zum Beispiel die Frage, wer eigentlich definiert, was *Können* ist? Nora Sternfeld entwickelt hier eine Figur, die sie mit Gayatri Spivak „das gewisse savoir/pouvoir" („Wissen/Macht") nennt, das, wenn es als „sich aufs Können verstehen" (Sternfeld 2010:29) gelesen wird, Lehrenden und Lernenden einen Handlungsraum eröffnet. Sie entwickelt damit einen Könnensbegriff, der den Kanon als einen Apparat der Wertecodierung versteht und das, was gekonnt werden sollte in Frage stellt, den ich hier kurz ausführe.

In ihrem Buch „Outside in the Teaching Machine" (Spivak 2009) fragt die Philosophin und postkoloniale Theoretikerin Gayatri Spivak nach Agency (Handlungsmacht) und arbeitet an einer kritischen Theorie der Handlung. Unter dem Kapitel „More on Power/Knowledge" (ebd. 28 ff.) liest sie Foucault mit den Theorieinstrumentarien Derridas und gewinnt dabei eine ebenso neue wie ermächtigende Perspektive auf dem Wissen/Macht Nexus (Savoir/Pouvoir). Denn das französische Pouvoir bedeutet nicht nur Macht, sondern auch Können. Die Verbkombination savoir/pouvoir liest Spivak nun wie savoir-vivre als „sich aufs Können verstehen" (Spivak zitiert nach Sternfeld 2010:29). Mit dieser Relektüre verändert sich der Blick wesentlich: Wissen und Macht sind nicht bloß die beiden Verhältnisse zwischen zwei Formen des Handelns, sondern stellen auch einen Raum her, in dem diese miteinander in Beziehung gesetzt werden können. Mit Wissen/Macht Nexus ist hier die Schnittstelle von Wissen und Macht im Diskurs bezeichnet, wie sie Michel Foucault in seinem Gesamtwerk jeweils aus unterschiedlicher Perspektive beleuchtet hat. Damit unterscheidet sich Kunstpädagogik eigentlich nicht von allen anderen gesellschaftlichen Diskursen – denn Wissen und Macht sind ja die beiden miteinander verwobenen Aspekte, die das Denken Michel Foucaults ausmachen und durch die alles, was sagbar und denkbar ist, bestimmt ist (von der Kategorisierung über Disziplin und Normierung bis zum Widerstand).

258 Nicht weiter verfolge ich hier, sondern setze gewissermaßen voraus, dass Kant Freiheit als ethische die gute Willensbestimmung versteht. Eine solche ist für Kant ungeachtet der äußeren Umstände stets möglich. Ein restlos „guter" Wille ist einer, der sich durch den kategorischen Imperativ bestimmen lässt, sich dessen Forderung ohne Abstriche zu eigen macht. Dieses lautet: „handle nur nach derjenigen Maxime, durch die zu gleich wollen kannst, daß sie ein allgemeines Gesetz werde" (Grundlegung zur Metaphysik der Sitten, AA V 421). Wer auf diese Weise will, der will einen guten Willen haben – dies ist Kant zufolge für Vernunftwesen stets möglich. Keine Gewähr gibt es aber dafür, dass sich die guten Absichten immer (vollständig) in die Realität umsetzen lassen. Die Pointe des kategorischen Imperativs ist aber, dass er eine Aufgabe formuliert, nicht ein Ergebnis: Wir sind angehalten nach Mitteln und Wegen zu suchen, die den guten Willen nach Kräften in die Tat umzusetzen. Dies zu wollen, können wir immer.

So betrachtet ist das Können und Nicht Können nicht nur miteinander in Relation, sondern kann sich verschieben in eine Produktivität des Negativen. Denn etwas *nicht zu können* wäre dann kein Unvermögen im Sinne von nichts *tun* zu Können sondern in dem Sinne: Etwas nicht zu können. Das *nicht können* hat eine dann eigene, produktive Valenz.

Ein Beispiel für eine produktive Form des *nicht könnens* beschreibt der Bildungswissenschaftler Paul Mecheril mit dem Begriff der „Kompetenzlosigkeitskompetenz“ (Mecheril 2008) im Kontext der Bildung und Migrationsbedingungen. Mecheril bezieht sich dabei auf den Begriff der „interkulturellen Kompetenz“ oder „Fremdheitskompetenz“, den er kritisiert, da er das Bild „der Anderen“ aufmacht, die im Kompetenzbegriff zwar nicht vorkommen (sie sind ja die Anderen, die kompetent behandelt werden sollen), aber davon betroffen sind. (Mecheril 2008:16). Diesem nur scheinbar kompetenten Handeln, das das Gegenüber als „fremd“ konstruieren muss, um kompetent handeln zu können, setzt Mecheril die „Kompetenzlosigkeitskompetenz“ entgegen, die dem gegenüber (fremd oder nicht) erst einmal begegnet, ohne bereits eine Analyse und damit eine (machtvolle) Zuschreibung vorzunehmen.

> *„‚Kompetenzlosigkeitskompetenz‘ meint ein professionelles Handeln, das auf Beobachtungskompetenz für die von sozialen Akteuren zum Einsatz gebrachten Differenzkategorien gründet und das von einem Ineinandergreifen von Wissen und Nicht-Wissen, von Verstehen und Nicht-Verstehen hervorgebracht wird, ein Ineinandergreifen, in dem die Sensibilität für Verhältnisse der Dominanz und Differenz in einer handlungsvorbereitenden Weise möglich ist.“ (Mecheril 2008:30).*

Diese im ersten Augenblick irritierende Wortkombination der Kompetenz und Kompetenzlosigkeit löst sich eben nicht gegenseitig auf. Sie setzt nicht auf uninformierte, unreflektierte Unwissenheit, sondern im Gegenteil, schlägt eine Reflektiertheit vor, die jedoch dem Gegenüber den vollen Handlungsspielraum einräumt. Das wäre dann kompetent kompetenzlos.

4.10.2. Können Verlernen

Bereits im Kapitel *Gewohnheiten beidhändig zum Tanzen bringen. Eine erste Annäherung an das Zeichnen verlernen* wird mit Meyer-Drawe, Haug und Sternfeld das Verlernen am Beispiel des beidhändigen Zeichnens beschrieben. Das Konzept „Verlernen“ wird hier nun nochmals aufgegriffen und erläutert.

Der Begriff des ‚Verlernens‘ wurde von der Philosophin Gayatri Chakravorty Spivak geprägt. Sie versteht darunter „‚unlearning one’s learning‘“, (Spivak et al. 1993:25), also das Gelernte zu verlernen, zum Beispiel, wie sich eine Frau verhält oder andere Verhaltensweisen als wissendes Subjekt in Institutionen (vgl. ebd.). Um die Prozesse des Lernens selbst zu befragen, verwendet sie es als theoretische Figur und zugleich als Strategie

„einer aktiven Auseinandersetzung mit gelernten Selbstverständnissen, Privilegien sowie auf Organisationskultur bezogenen impliziten Normen, unhinterfragten Verfahren und historisch gewachsenen Machtstrukturen – hin zu einer Verantwortungsübernahme." (Prabha Nising und Ali Bakhsh Naini 2020:28)

Zu verlernen bedeutet, sich der eigenen Privilegien bewusst zu werden (vgl.Spivak et al. 1993:27) und insbesondere in der Bildung darauf zu achten, welches Wissen wie wertgeschätzt wird. Ein Beispiel geben Alisha M. B. Heinemann und Maria do Mar Castro Varela dafür, wenn sie epistemische Gewalt der Lehranstalten beschreiben:

„Epistemische Gewalt umfasst dabei sowohl die Missachtung als auch die Auslöschung subalternen Wissens und beschreibt zugleich das hegemonial gewordene (westliche) Wissen." (Heinemann und Do Mar Castro Varela 2020:3)

Spivak versteht darunter sowohl eine diskursive, als auch eine performative Bewegung (Sossai o. J.:63), die nicht nur in der Theorie formuliert wird, sondern sich im Handeln zeigt, zunächst ihr gesamtes Arbeiten als einen Prozess des Verlernens. Nora Sternfeld fasst dies so zusammen:

„Lernen ist also eine ebenso diskursive wie performative Praxis. Wir lernen, was wichtig und was scheinbar unwichtig ist, wie sich Dinge ordnen und unterscheiden lassen, was zusammengehört und was nicht." (Sternfeld 2014:12)

und folgert:

*„Sprechen wir von „*Unlearning*" geht es also nicht darum, persönliche Lösungsmöglichkeiten zu suggerieren, sondern um Ansätze, die eine Kritik an den gesellschaftlichen Verhältnissen implizieren." (ebd.:17).*

So verstanden, meint „verlernen" keinesfalls, etwas gar nicht erst zu lernen – sondern vielmehr das, was bereits in Handlungen erlernt wurde, erneut und (selbst-)kritisch zu reflektieren. Bildung und lernen, so soll hier gezeigt werden, ist mit Hierarchien verbunden, die häufig von den Akteur*innen nicht reflektiert werden. Damit umzugehen, und nicht nur zu erkennen, darauf zielt das „Verlernen" im Sinne Spivaks.[259]

259 Ein Beispiel dafür ist in der Institution Schule oder auch dem Museum zu finden, die beide einen Kanon des zu lernenden Inhalts vorgeben (z. B. indem bestimmte künstlerische Positionen gezeigt oder eben nicht gezeigt werden), womit ein bestimmtes Wissen als relevant deklariert wird (etwa die Pflichtlektüre) und somit andere Positionen marginalisiert werden.

Die Soziologin Frigga Haug fordert in der Publikation „Unruhe des Lernens" unter dem Zwischenkapitel „Verlernen":

> *„Lernen heißt so nicht nur Unsicherheiten in Kauf nehmen, Wagnis, Neues erkunden – Lernen bedeutet in großem Ausmaß das Wegtragen alter Strukturen, die Entwöhnung von Gewohntem, die Vernichtung von ‚Gewusstem', so dass es geraten ist, eine Forschung zu einem großen Teil dem Ver- oder Entlernen zu widmen. (...) Zum Verlernen braucht es eigene Methoden: Die Subversion, die List, den Terrainwechsel, den Witz, die Satire, die allesamt es ermöglichen, eine Distanz zu sich einzunehmen, die Reflexion möglich macht." (Haug 2020:329)*

Das Verlernen liegt bereits in der Art des Lernens selbst verborgen und findet sich in Strategien, die nicht erst seit Gayatri Spivaks Überlegungen bekannt sind. Doch sind sie mit der Erkenntnis und Formulierung des Begriffs fassbarer geworden. Haug schreibt aus der Perspektive einer an der Hochschule lehrenden Person weiterhin:

> *„Soweit wir als Lehrende gefragt sind, scheint mir eine der wichtigsten Anforderungen, Anordnungen zu schaffen, in denen Gewohnheiten infrage gestellt werden können, in denen Wissen produziert und nicht reproduziert wird, in denen vergessene Geschichte aufgearbeitet und umgeformt werden kann, in denen die anderen als Gleiche und Ungleiche zugleich erkannt werden können." (Haug 2020:197)*

Eine andere, poetischere Perspektive formuliert der Kurator Soh Bejeng Ndikung in einer Einladungskarte zu einer Ausstellung im Ausstellungsraum S A V V Y Contemporary Berlin.[260].

Nora Sternfeld hebt noch einmal heraus, dass es beim Verlernen nicht um eine rein individuelle Handlung, sondern um eine letztlich politische Handlung geht:

> *„Sprechen wir von ‚*Unlearning*' geht es also nicht darum, persönliche Lösungsmöglichkeiten zu suggerieren, sondern um Ansätze, die eine Kritik an den gesellschaftlichen Verhältnissen implizieren. Diese Kritik formuliert sich in Solidarität und/oder aus der Perspektive eines Wissens, das schon deshalb den Kanon adressiert, weil es von diesem nicht anerkannt, unterdrückt oder ausgeschlossen wird." (Sternfeld 2014:17)*

260 Die deutsche Übersetzung lautet: „Verlernen bedeutet nicht vergessen, ebensowenig zu löschen, annulieren oder niederbrennen. Es bedeutet mutiger zu schreiben, von Neuem zu schreiben. Es bedeutet, neue Fußnoten an alte oder andere Narrative zu heften. Es bedeutet, den Staub wegzuwischen, das Gras zu belüften und den Putz vom Verdeckten abzuklopfen. Verlernen bedeutet, die Medaille umzudrehen und die Geister wiederzuerwecken. Verlernen heißt, in den Spiegel zu schauen und die Welt zu sehen." Zitiert nach: (Verein der Förderer der Schulhefte und und büro trafo.k 2017:3).

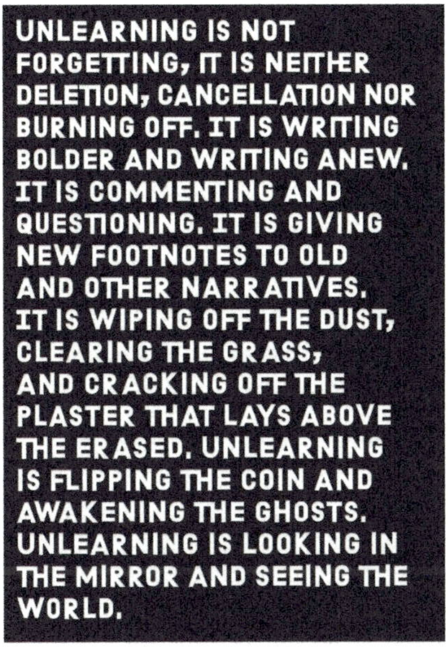

UNLEARNING IS NOT FORGETTING, IT IS NEITHER DELETION, CANCELLATION NOR BURNING OFF. IT IS WRITING BOLDER AND WRITING ANEW. IT IS COMMENTING AND QUESTIONING. IT IS GIVING NEW FOOTNOTES TO OLD AND OTHER NARRATIVES. IT IS WIPING OFF THE DUST, CLEARING THE GRASS, AND CRACKING OFF THE PLASTER THAT LAYS ABOVE THE ERASED. UNLEARNING IS FLIPPING THE COIN AND AWAKENING THE GHOSTS. UNLEARNING IS LOOKING IN THE MIRROR AND SEEING THE WORLD.

Abb. 59: Bonaventure Soh Bejeng Ndikung Einladungskarte S A V V Y Contemporary. Berlin 2016.

Doch auch in anderen Feldern außerhalb der Bildung ist das ‚Verlernen' zum Thema geworden. So erklärt Bret Victor in seinem Vortrag „The Future of programming" (2013):

> *"The most dangerous thought that you can have as a creative person is to think that you know what you're doing. Because once you think you know what you're doing you stop looking around for other ways of doing things and you stop being able to see other ways of doing things. (...) Learn tools, and use tools, but don't accept tools. Always distrust them; always be alert for alternative ways of thinking. This is what I mean by avoiding the conviction that you know what you're doing." (Victor 2013)*[261]

Was also sind die Merkmale des Verlernens? In einer kurzen Zusammenschau soll die Begrifflichkeit, die sich doch je nach Kontext und Verwendung ändert und auch per definitionem ändern sollte, um in einer produktiven, kritischen Handlungsweise zu bleiben: Verlernen hat primär nichts mit einem Unvermögen zu tun, auch wenn ‚etwas nicht können' durchaus beim

261 Vgl. hierzu auch: „The Master's Tools Will Never Dismantle the Master's House", Audrey Lorde 1984, in: Sister Outsider: Essays and Speeches (1984).

Verlernen helfen kann. Es hat etwas mit dem Verschieben von bestehenden Machtverhältnissen zu tun – und damit mit „von unten lernen", („unlearning one's privilege as one's loss", (Spivak et al. 1996:4)). Es bedeutet nicht, ‚etwas Neues' zu lernen (etwa so, wie wenn man noch nie Fahrrad gefahren ist) – wohl aber, etwas Unbekanntes im bereits scheinbar Bekannten zu finden. Es ist oft mit nicht bewussten Praktiken, Gewohnheiten verbunden; Nora Sternfeld wählt als Beispiel den Tanz der aktivistischen Gruppe „public movement", die eine Straßenkreuzung tanzend blockiert und dabei die Tänze Hora und Dabke „im Prozess des Erlernens des neuen Tanzes verlernt" (Sternfeld 2014:19) werden. Es ist oft ein situatives Wissen – beispielweise wissen wir alle, wie wir in Lernsituationen am Tisch und nicht unter den Tischen sitzen sollten, ohne dass wir uns daran erinnern können, wie wir dies gelernt haben.[262] Es ist ein taktiles Wissen, das oft im Unbewussten verläuft und dennoch machtvoll sein kann – z. B. bei der Frage, die sich angehende Lehrpersonen stellen, ohne das zu imitieren, was sie selbst nicht mochten: Wie stelle ich mich vor eine Gruppe, wenn ich gehört werden will? Und es ist insofern politisch, als dass es den unhinterfragt reproduzierten Kanon infrage stellt.

Bezogen auf das Zeichnen Können kann das Verlernen dann produktiv werden, wenn etwas, das *gekonnt* werden soll, weil es so erwartet wird, aber nicht *gekonnt werden kann*, dann entstehen Widerstände, die produktiv werden können: Für das Lernen des Verlernens. Denn auf einmal wird nicht nur das Zeichnen Können verhandelbar, sondern auch die damit verbundenen Strukturen des Lernens.

Eine letzte, kritische Bemerkung zum Verlernen: Der in der kritischen, postkolonialen Bildungstheorie entwickelte und verwendete Begriff hat in der letzten Zeit eine Vereinnahmung durch neoliberale Logiken erfahren, die das Potenzial dieses Begriffs vor allem darin sehen, eine gewisse Flexibilität als Unternehmenskultur bzw. der Mitarbeiter*innen zu bewirken. Auf Vereinnahmungen weisen z. B. auch das Kollektiv trafo.k hin (trafo.k 2020:123). Und von Grundschulkindern gemeinsam mit dem Künstler Martin Schick in Zürich verfasste „Lehrplan 22" schreibt in Spiegelschrift:

> „‚Unlearning' *ist angesagt. In Abendkursen oder am zukunftsgerichteten Campus (zum Beispiel bei Firmen wie Google, Uber, Airbus oder Facebook) versuchen Erwachsene ihre festgefahrenen Strukturen loszuwerden. Das Gelernte soll ent-lernt werden, weil es nicht mehr mit unserer Zeit zu vereinbaren ist. Der Aufwand ist gross, denn was Hänschen gelernt hat, verlernt Hans nicht mehr so schnell." (Schick und Kanton Zürich. Neue Bildungsdirektorinnen. Konferenz NB-K 2019:136)*

262 Ich empfehle dies selbst einmal auszuprobieren. Unter dem Tisch lassen sich Dinge sehr anders verhandeln. Ein Beispiel dazu findet sich hier auf Seite 66: Ayşe Güleç. Gila Kolb: Toolbox 10 „Mit documenta-Kunst Verlernen lernen". In: Deutsche UNESCO-Kommission e.V.: Fachtagung der UNESCO-Projektschulen 2019. DemokratICH. Demokratiebildung in einer Welt der Umbrüche. Bonn, 2020, S. 60–65.

Wie bei allen Konzepten, die sich in postkapitalistischen Institutionen verfangen um etwas möglicherweise schlecht änderbares mit einer anderen Bezeichnung zu versehen, ist dies beim Verlernen auch möglich. Vielleicht hilft hier der kurze Hinweis, dass Verlernen etwas aktives, ja aktivistisches ist und gelegentlich auch mit dem Verlust von Privilegien einhergeht, also auch mal: Nicht so viel Spaß macht und Widerstände hervorruft.

4.10.3. Beidhändig Zeichnen verlernen

Das beidhändige Zeichnen wird im Rahmen der hier vorliegenden Erhebung von Schüler*innen innerhalb einer Aufgabenstellung praktiziert. Sie ist eine Aufforderung, gelenk und ungelenk zugleich zu handeln. Was geschieht? Bereits beim Greifen des Bleistiftes[263] mit der ungelenken Hand[264] zeigt sich, dass der Zugriff schwerfällt und die Selbstverständlichkeit, mit der der Stift in der eigentlich gelenken Hand geführt würde, wegfällt und eine Bewusstwerdung von Greifen, Handhaltung/Position etc. stattfindet. Es lässt sich beobachten (und auch selbst erleben), dass sich einerseits die ungelenke Hand beim Zeichnen an der gelenken Hand und an ihren Bewegungen orientiert. Dabei erfährt die gelenke Hand indes andererseits eine gewisse Störung im gewohnten Bewegungsablauf. Die zuvor nicht reflektierte Selbstverständlichkeit der zeichnerischen Bewegung *drängt* sich nun *auf* und kann als eine gewisse, *aufsässige* Unfähigkeit erfahren werden. Hier können wir uns eine Einsicht aus Heideggers Zeuganalysen zunutze machen:

> *„In solchem Entdecken der Unverwendbarkeit fällt das Zeug auf. Das Auffallen gibt das zuhandene Zeug in einer gewissen Unzuhandenheit." (Heidegger 1967:73)*

Es zeigt sich beim Greifen des Bleistiftes mit der ungewohnten Hand, dass der Zugriff, die *Zuhandenheit* des Zeichenstiftes verloren geht und damit die Selbstverständlichkeit, mit der er bisher in der anderen Hand geführt wurde, wegfällt – sie wird in Kombination mit dem Stift *unzuhanden*. Der Weltzugriff wird gestört und kann dadurch in seiner Normativität selbst thematisch bewusstwerden. Heidegger beschreibt dies als „Modi der Auffälligkeit, Aufdringlichkeit, Aufsässigkeit" (Ebd.:74), die erst durch die Dysfunktion der gelenken Hand auf ihre eigentliche Funktion hinweisen. In diesem Sinne könnte die ungeübte Hand unser körperliches Gedächtnis sein, das uns daran erinnert, dass die reibungslose Eingelassenheit in einen

263 Es sei darauf verwiesen, dass der Bleistift die Möglichkeit des nahezu spurlosen Wiederauslöschens, mit dem er heute gemeinhin verbunden wird, erst mit der Vulkanisierung des Kautschuks 1844 als Radiergummi erhielt. Sonja Neef beschreibt den Bleistift ab dieser Zeit so: „Seine Technik besteht darin, dass er Spuren erzeugen kann, die so dauerhaft sind wie Tinte und zugleich final nicht endgültig sind." (Neef 2008:130)

264 In der Regel mit der Hand, mit der die Schüler_innen nicht schreiben.

Verweisungszusammenhang von Körper und Welt unterbrochen werden kann. In dem Moment aber, in dem ein Entzug bereits gelernter Bewegungsabläufe stattfindet, kann ein Reflexionsprozess einsetzen, der durch Aufsässigkeit angestoßen wird. Das Zeichnen kann so zu einem Prozess der Reflexion schon beim Machen, also im Prozess des Zeichnens selbst werden.

Das beidhändige Zeichnen ist deshalb eine Tätigkeit, die eine Öffnung der Zeichnung in ihrer vordem normativ-verbindlichen Form anstößt, aber auch ermöglicht. Sie kann deshalb mit Jean-Luc Nancy (Nancy 2011:9) als eine Öffnung der Form bezeichnet werden, die einen körperlichen und reflexiven Möglichkeitsraum zulässt. Als Experiment kann sie somit einerseits zur Überwindung von zeichnerischen Schemata dienen, andererseits zur Erfahrung eines körperlichen Vermögens des *nicht könnens*. Das ist eine Fähigkeit: Die Unfähigkeit zu erleben, zu praktizieren – es, mit Heidegger gesprochen, *sein zu lassen*. Diese kann trotz eines zunächst wahrgenommenen Mangels in einem Ergebnis enden, das für Schüler*innen positiv sein kann – und zwar nicht erst durch ein sichtbares Ergebnis auf dem Blatt, sondern als eine im Prozess (also am eigenen Leibe) gemachte Erfahrung. So kann der Horizont der Erfahrung kippen: von gelenk zu ungelenk, von einem reibungslosen Dispositiv zu Aufsässigkeit und Störung, von selbstverständlich Anerkanntem zu reflexiv – gebrochenen Geltungsansprüchen, von der Norm zur Subversion hin zu der Frage nach dem gewohnten Gebrauch der Dinge (Zuhanden und Unzuhanden). Gerade in der Auseinandersetzung mit dem realistischen Zeichnen, bei dem das *Widerständige* der ungelenken Hand *auffällt* und bisher als selbstverständlich Erlerntes bewusst und damit reflektiert werden kann. Davon wird nun in der folgend vorgestellten Erhebung im Kunstunterricht ausgegangen.

4.11. Zwischenfazit

Gezeigt werden konnte: Das Zeichnen ist ein Gründungsmedium der Künste und des Kunstunterrichts und bis heute als Praxis aktuell belegbar. Exemplarisch können die Übungen des beidhändigen Zeichnens gelten. Hier zeigt sich auch, dass die Kunstpädagogik ein Feld ist, das sich innerhalb von mehreren Disziplinen aufspannt wie der Bildenden Kunst, der Kunstwissenschaft, den Bildwissenschaften, Pädagogik sowie der Kultur- und Gesellschaftswissenschaften. Sowohl in den Künsten, wie auch in der Bildung wird sich immer wieder auf die jeweils aktuellen Diskurse bezogen. Die gegenwärtigen Diskurse werden unter dem Begriff des „shifts" gefasst und vorgestellt; sie sind jedoch fortwährend in einem Wandel begriffen.

Das Zeichnen selbst ist in den Künsten, hergeleitet aus dem akademischen Kunstbegriff, mit dem Begriff des Könnens verbunden. Dieser wird als Gegenstand künstlerischer Praxis immer wieder kritisch be- und hinterfragt, umgedeutet und neu definiert. Deshalb wird der Begriff des ‚künstlerischen Zeichnen Könnens' verwendet, um auch scheinbar ‚nicht gekonnte' Zeichnungen zu fassen. Auch die Kunst reagiert auf diesen Wandel, was anhand von Skizzen künstlerischer Arbeiten von Cage bis hin zur Gruppe robotlab und der beidhändig zeichnenden Künstlerin Morgen O'Hara gezeigt wurde. Dem entsprechend wird auch der Begriff des Zeichnens in der Kunstpädagogik immer unterschiedlich argumentiert. Nicht alle Diskursverschiebungen sind bereits im Kunstunterricht angekommen.

4.11.1. Hacken, nicht zeichnen können, verlernen

Aus den letzten drei Kapiteln wurden vier Formen des Könnens abgeleitet, die jeweils aus der Pädagogik, den Kulturwissenschaften hergeleitet wurden. In einem zweiten Schritt wurde anhand von aktuellen Forschungen sowie Aufgabenstellungen zum Zeichnen lernen am Kunstunterricht gezeigt, wie sich die Formen des Zeichnen Könnens in der Praxis bereits zeigen oder gezeigt werden können.

Das Erleben und die Freude am Zeichnen, aber auch daran, *nicht zeichnen zu können*, lässt sich historisch in der Zeichenlehre John Ruskins als Argument finden (vgl. Kapitel *Beim Zeichnen lehren, dass etwas nicht erlernt werden kann*). John Ruskin argumentiert nicht nur, wie viele seiner Zeitgenossen, mit der Wahrnehmung, des genauen Sehen und Beobachtens und der *Charakterbildung*[265] als zu erwerbende Fähigkeiten beim Zeichnen, sondern wendet sich spezifisch „gegen den utilitaristischen Einsatz des Zeichnens, wie er in der staatlich geförderten Zeichenschule (seit 1851) Wirklichkeit geworden war." (Miller 2013:408) und argumentiert auch mit der Freude am Zeichnen selbst. Auch wenn dieses bedeutet, *nicht zeichnen zu können*, sondern es als Tätigkeit zu erleben.

Dieses Argument ist mit dem prozessorientierten Kunstunterricht in Verbindung zu stellen, der nicht mehr auf das Ergebnis einer Tätigkeit, sondern auf dessen Erfahrungsmöglichkeiten lenkt. „Das realitätsgetreue Abzeichnen einer Sache" als tradierter „Absolutheitsanspruch" (Peters 1998:15) würde dann relativiert, an dessen Stelle treten experimentelles Zeichnen bzw. vielfältige (zeichnerische) Zugänge. Das vielfach tradierte „Ich kann nicht zeichnen", welches als Erfahrung bei Schüler*innen durch das Sachzeichnen erlebt wurde und wird (Vgl. Marr 2014, Gysin 2010) ließe sich so produktiv wenden, wenn die Zeichnungen, ähnlich einer „Kompetenzlosigkeitskompetenz" (Mecheril 2008) zunächst einmal ohne den Anspruch des Könnens gefertigt und betrachtet würden. Im Hinblick auf derzeitige Gegenwarten, in denen künstlerisches Handeln sich nicht mehr auf eine Autor*innenschaft oder gar eine handwerkliche Fähigkeit berufen kann, wäre das eine kompetente Strategie *nicht zeichnen zu können* und sich davon ausgehend auf das Zeichnen einzulassen. Joseph Jacotot, Pädagoge der ersten Hälfte des 19. Jahrhunderts, dessen Methode darin bestand zu lehren, was er selbst nicht

265 Was für einige Lehren auch die Disziplinierung des Körpers meint, vgl. hierzu Kemp 1979.

konnte und den der Philosoph Jacques Rancière als „Unwissenden Lehrmeister“ (1987) in die Postmoderne holte, schreibt über seine eigene Praxis und Laufbahn:

> *„Ich habe die Methode des Universalunterrichts auf Kenntnisse angewandt, die mir selbst fremd waren; ich lehrte das Holländische, das Zeichnen, den musikalischen Satz, und noch heute bin ich im Kreise meiner Zöglinge der Unwissende der Gesellschaft“ (zitiert nach Kemp 1979:306)*

Das mag heute nach einer Äußerung einer Lehrperson mit viel Understatement klingen, doch ist in der Figur des/der unwissenden Lehrenden noch mehr darin enthalten, nämlich die Möglichkeit, etwas *nicht* zu können und dennoch teilzuhaben – und dabei möglicherweise etwas entwickeln zu können wie etwa Jacotot eine Konzeption einer Pädagogik des gemeinsamen Lernens und damit eine Kritik an den damals gängigen Lehrmethoden zu üben. (Vgl. Rancière et al. 2007)

Nun wurden die vier Grundformen des Könnens anhand des Zeichnens ausgeführt und mit Beispielen aus Aufgaben belegt. Sie lassen sich auch in der Erhebung wiederfinden. Es geht dabei nun nicht darum, eine Hierarchie und die Könnensbegriffe zu etablieren, sondern dies als eine plurale Struktur zu verstehen, die situativ flexibel und angemessen angewandt werden kann, um gestalterische Strategien nachzuvollziehen und innerhalb der Planung von Kunstunterricht zu ermöglichen.

Das Zeichnen Lernen ist mit unterschiedlichen Zielen verbunden, die mit unterschiedlichen Vorstellungen und Formen des Könnens zu tun haben. Diese wurden historisch nachgezeichnet, immer mit dem Fokus auf das Können bzw. auch nicht Können des Zeichnens. Nicht immer geht es dabei um ein Ergebnis, an dem eine Könnerschaft belegt wird, sondern auch um den Prozess des Zeichnens, der etwas auslöst oder sichtbar macht. Das beidhändige Zeichnen mag hier als besonderes Beispiel dienen.

Potenziale der Zeichnung sowie dem künstlerisch – experimentellen Umgang mit der Zeichnung ist es, sich selbst immer wieder neu zu befragen und zu definieren – ein Privileg der Zeitgenossenschaft – und damit etwas zu lehren, was für ein Verständnis von Welt oder auch für Bildungsprozesse unabdinglich ist – nämlich, dass sich die Dinge immer wieder unter einem anderen Licht sehen und darstellen lassen. Aber auch – und das ist ein Aspekt der an aktuelle Bildungstheorien anschließt – durch die Praktiker*innen selbst immer wieder neu definiert werden kann: Dies durch das Praktizieren selbst, das durch den Umgang mit dem Zeichnen und letztlich mit einer Ermächtigung einhergeht, das was unter Zeichnen (und *Zeichnen Können*) zu verstehen sei auch immer wieder neu zu definieren ist. Für einen solchen Kunstunterricht sei hier das Plädoyer geführt.

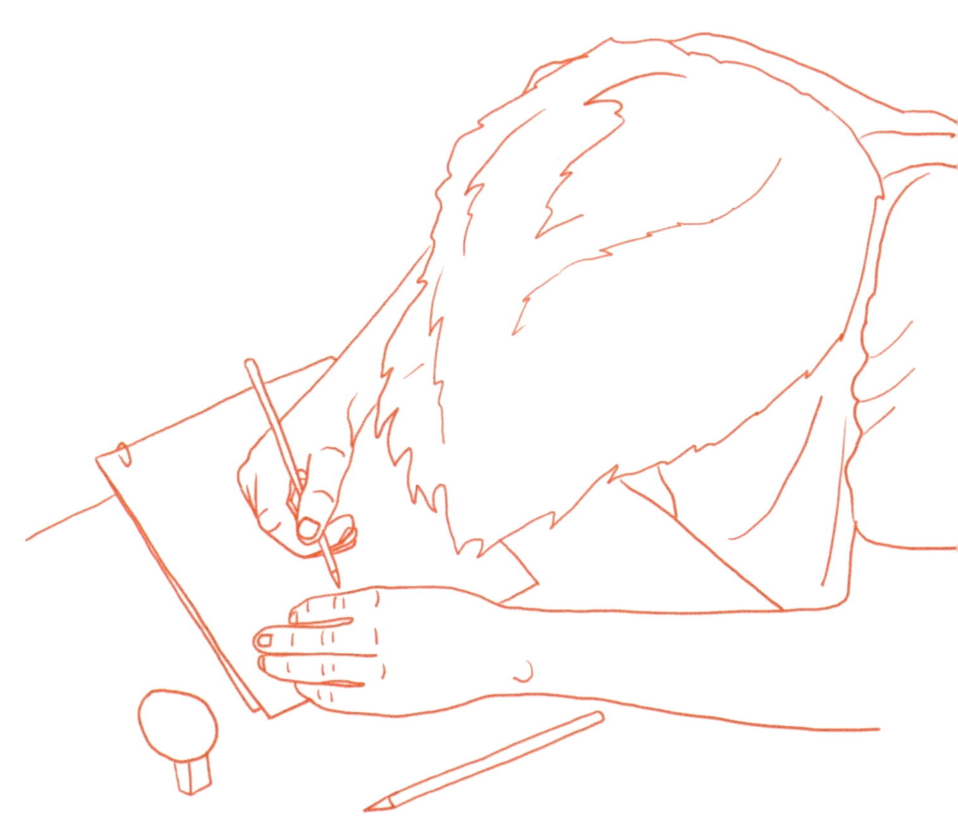

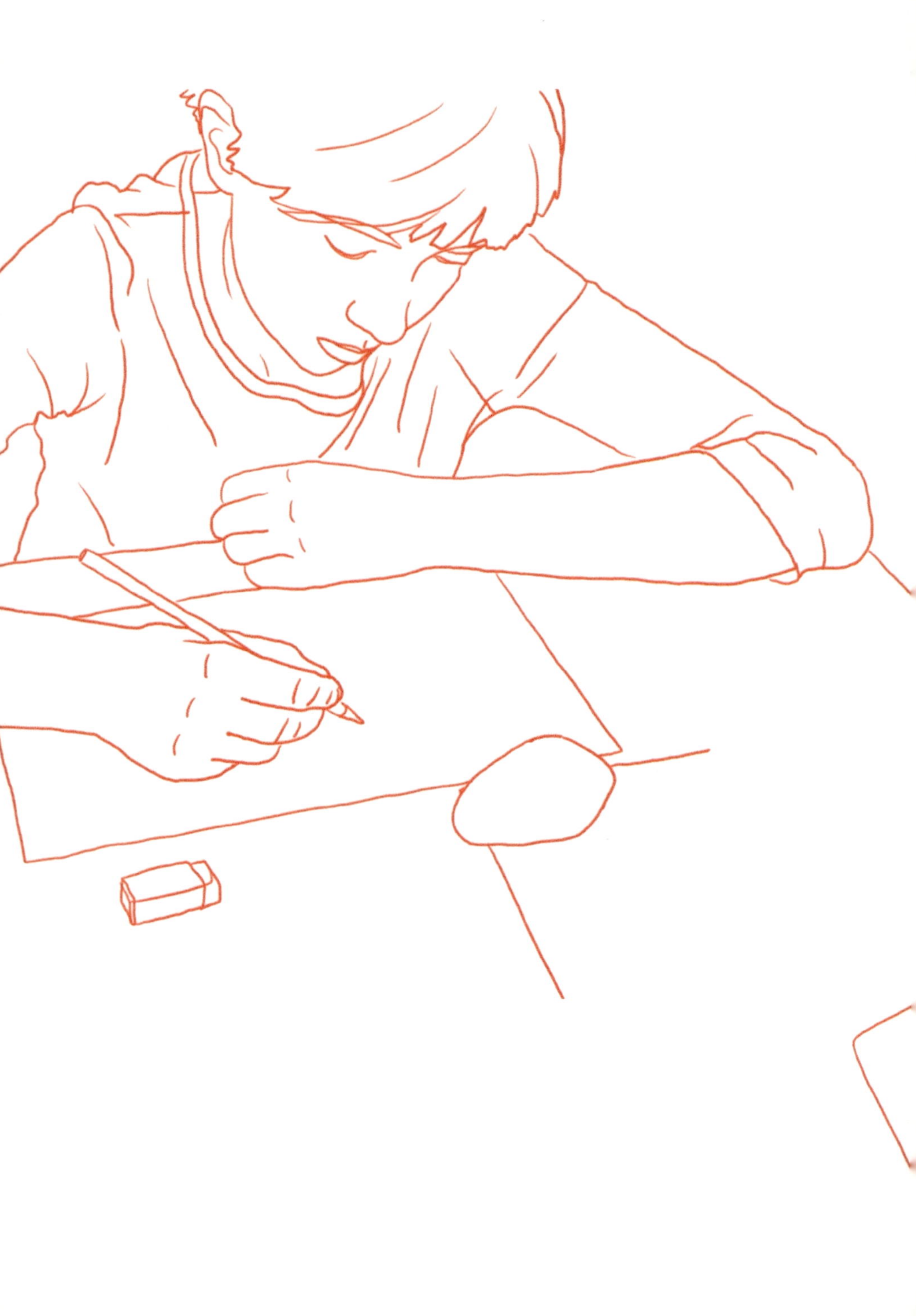

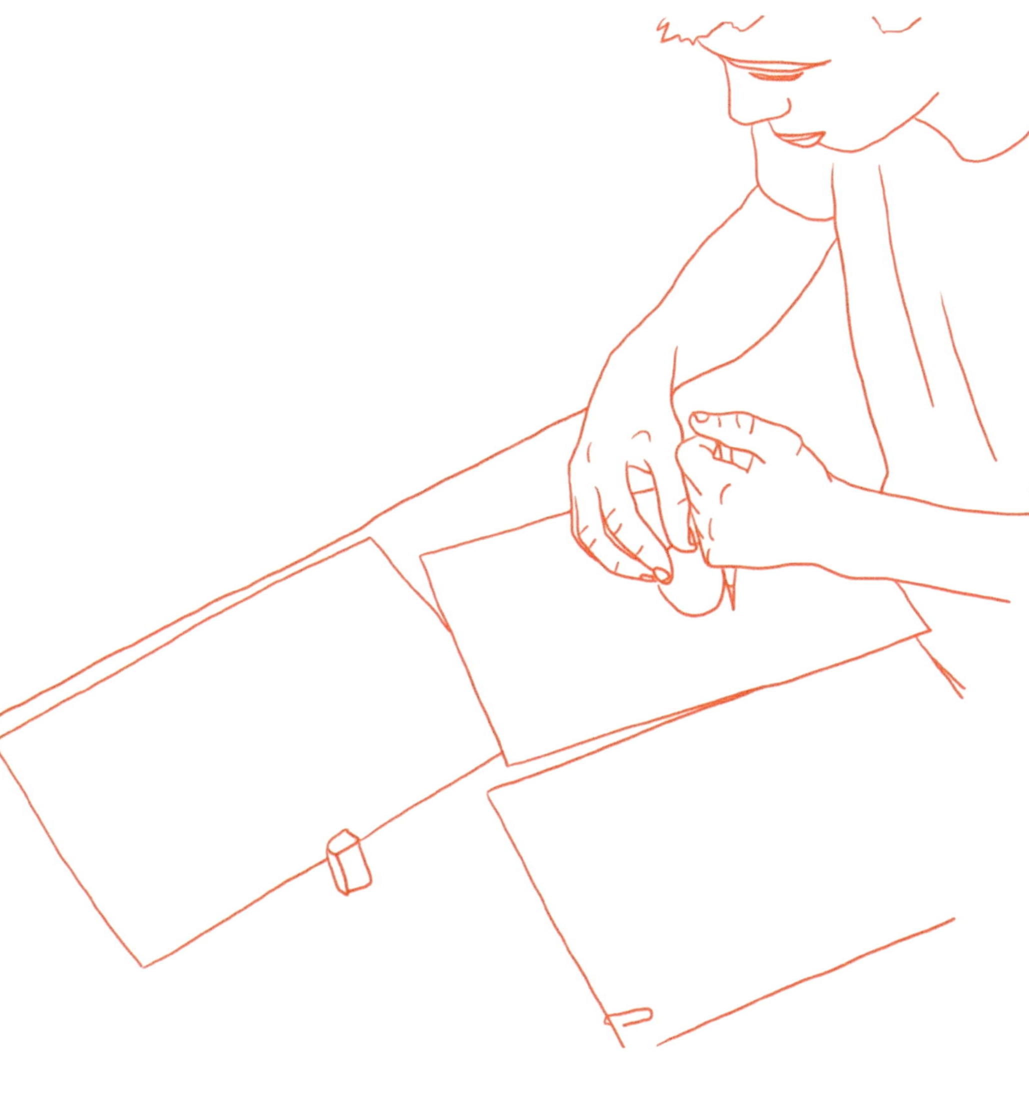

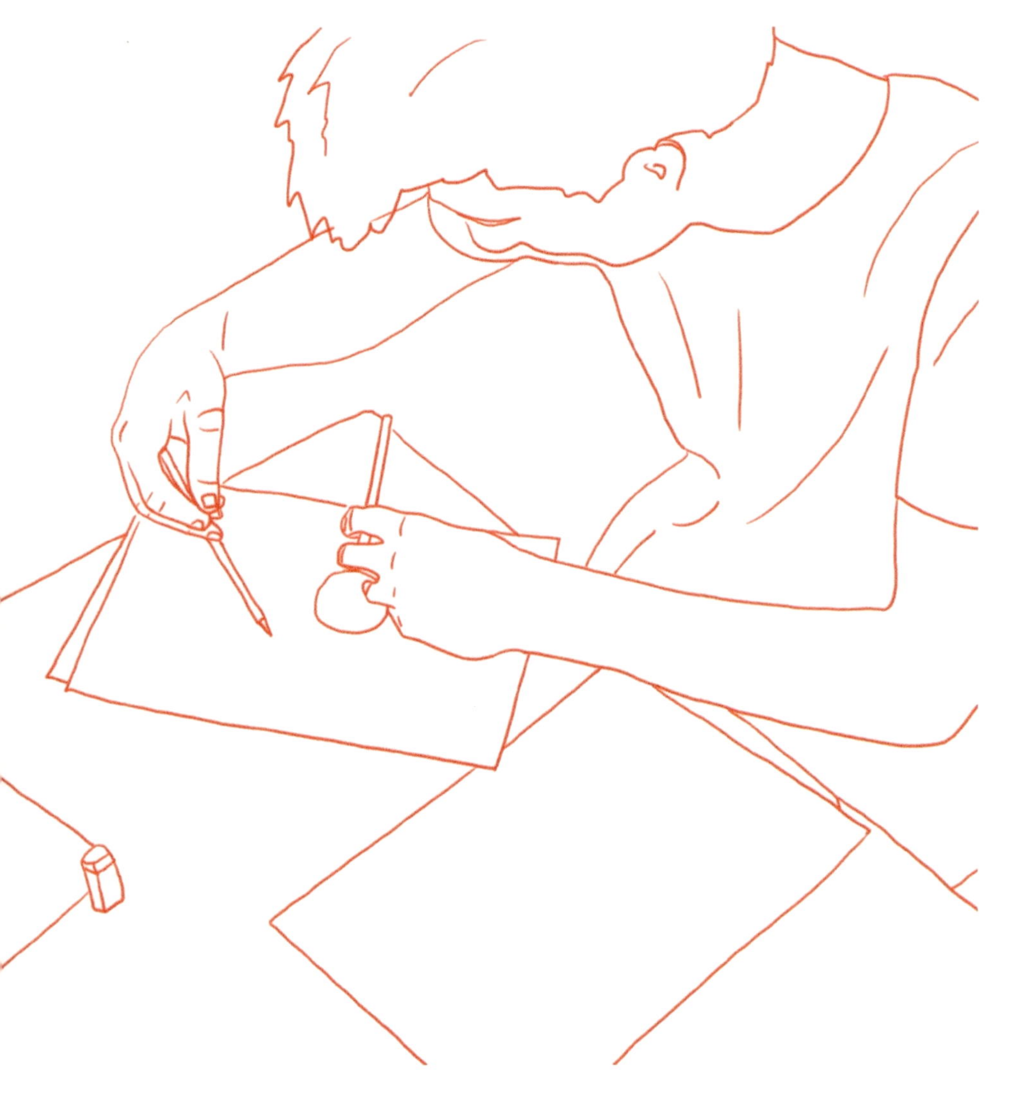

5. IM KUNSTUNTERRICHT

5.1. Forschungen zur Kinder- und Jugendzeichnung

Die Zeichentätigkeit von Kindern, Jugendlichen und Erwachsenen wird und wurde, wie sich anhand dieser chronologischen Ausführung zeigen lässt, immer wieder unter neuen, gesellschaftlich und ökonomisch angepassten Gesichtspunkten analysiert. Das Paradigma der Kinderzeichnung untersteht einem Wandel, der sich in den letzten Jahren verändert hat. So wird die Kindheit nicht mehr als ein Zustand „vor dem Erwachsenwerden" angesehen, sondern als ein eigenständiger sozialer Status (Fölling-Albers 1997:47). Die Voraussetzung, dass Kinder passive, lediglich auf ihre Umwelt reagierende Subjekte seien, wird erweitert, sie werden als eigenständig agierende Personen innerhalb einer „Kinderkultur" (Fölling-Albers 1997:49) wahrgenommen. Für die Fortführung der chronologischen Diskussion um die Kinderzeichnung in der zeitgenössischen Kunstpädagogik sind die Arbeiten von Richter 2000, Reiß 1996, Schuster 2010, Baum und Kunz 2007, Peez 2015 als einige Beispiel zu nennen; unter den Bedingungen digitaler Medien von Mohr 2005 und Mohr 2007 und ausdifferenziert zum Bildthema Computerspiele von Wiegelmann-Bals 2009. Letztere Arbeit befasst sich mit den Zeichnungen von SchülerInnen im Alter von 10–12 Jahren, welche im historischen Vergleich auf ihre bildnerischen Qualitäten hin untersucht werden. Dabei benutzt die Autorin zunächst ältere Kinderzeichnungen als Quellen und stellt diese Zeichnungen gegenüber, die von Kindern heute und auf ein Computerspiel bezogen angefertigt wurden. Als mögliche Ursachen für die veränderten Zeichnungen werden „im Kontext des Einflusses der neuen Medien" der „veränderte Modus der Kulturaneignung, geringe zeitliche Ressourcen für das Ausbilden zeichnerischer Fähigkeiten und Fertigkeiten, ein Mangel an realen Erfahrungen und eine Standardisierung von stereotypen Zeichenschemata und -strategien" (Wiegelmann-Bals 2009:197) genannt. Hervorzuheben beim Ansatz dieser Arbeit ist, dass nicht das Zeichenverhalten von Kindern mit dem „neuen Medium", also am Computer untersucht wird, (vgl. Mohr 2005) sondern analoge Zeichnungen von der virtuellen Welt der Computerspiele inspiriert wurden.

Im Übergang zur Jugendzeichnung differenziert sich das aktuelle Forschungsfeld weiter. So markiert das frühe Jugendalter (bei Schütz im 12./13. Lebensjahr) das Ende des kindlichen Zeichnens, bei dem die „spontanen, unbefangenen, intuitiv und motivisch vereinfachten und meist stilisierten bildnerischen Darstellungsweisen noch ganz im Einklang stehen" (Sucker

2013:505). Eine Krise oder Bruch (vgl. ebd.) zeichnet sich ab. Die Orientierung an einer– vermeintlich – gegenstandsanalogen Darstellung beginnt, zumeist begleitet von Darstellungen aus massenmedial vermittelten Motiven (z. B. Comic, Raumschiff), während die bis dahin als primär zu bezeichnende Häufigkeit der Menschendarstellungen als Bildmotiv in den Hintergrund treten. Der Bezug zur bildenden Kunst, den historisch Günther Mühle (Mühle 1975) in der Nachfolge von Hartlaub (1922, „Expressionismus“) und Richter („pubertärer Surrealismus“, 1987) sieht, ist im Hinblick auf die Orientierung an den Bildern der so genannten „neuen Medien“ zu überprüfen. Dass Jugendliche sich formelhaften Bildschemen aus den Quellen des Bestandes der späten Kindheit und übernommener Fremdformen durch die Zeichen- und Symbolproduktion der Medien bedienen, welche jedoch für sie selbst durchaus entgegen der ersten Bildwirkung einen individuellen Ausdruck haben, legt die Untersuchung Alexander Glas nah. Für den Unterricht bedeutet dies seiner Meinung nach:

> *„Das deutlich spürbare Mitteilungsbedürfnis des Jugendlichen muß in eine bildnerische Sprache übersetzt werden, die für den Außenstehenden auch verständlich ist. Dieses wechselseitige Verständnis muss mit Hilfe eines gezielten Unterrichts noch aufgebaut werden.“ (Glas 1998:271)*

Im Unterschied zu den von Alexander Glas formulierten, nicht ausreichend erscheinenden Ausdrucksmöglichkeiten der Jugendlichen durch die Zeichnung (Glas 1998:261) stellt die vorliegende Untersuchung die These auf, dass diese Möglichkeiten potenziell vorhanden sind – auch wenn sie durch die Erfahrung eines nicht gelingenden Zeichnens innerhalb des Kunstunterrichts möglicherweise nicht im Vordergrund stehen. Der Aussage Glas’ ist des weiteren zu entgegen, dass Wiegelmann-Bals in ihrer Untersuchung folgert, dass die Zeichentätigkeit in Bezug auf Computerspiele und den Ausdruck, den die Lebenswelt der Kinder darin fände, ein adäquates Bildmedium sei. (Wiegelmann-Bals 2009:219)

5.2. Und wie zeichnen Schüler*innen?

Wurden bisher Bedingungen der gegenwärtigen Forschungsdiskurs zum Kunstunterricht, des Zeichnen Lernens und des Zeichnens Können in den Künsten verhandelt, widmet sich dieses Kapitel dem Zeichnen im Kunstunterricht in situ: Die explorativ angelegte, qualitative Studie konzentriert sich auf das Zeichnen eines gegenständlichen Objektes, das in einem Experiment mündet und damit mögliche Haltungen der Schüler*innen zum Prozess und Ergebnis ihres Zeichnens herausfordert. Untersucht wird das Zeichnen im Kunstunterricht – 1) als Tätigkeit und 2) einer Haltung dazu – vor dem Hintergrund von beschreibbaren Fähigkeiten und Fertigkeiten. In diesem Teil werden die folgenden Fragen verfolgt: Welche Strategien entwickeln

Schüler*innen beim Zeichnen eines konkreten Objektes innerhalb dreier Aufgabestellungen? Wie gehen sie mit (weiteren) durch Aufgabestellungen vorgegebenen Schwierigkeiten um, die beim Zeichnen des Objektes „Kartoffel" mit der Schreibhand, der ungelenken Hand und mit beiden Händen entstehen? Lassen sich anhand des Zeichnens einer Kartoffel mit einer geübten, einer ungeübten und zwei Händen zeichnerische Strategien verfolgen? Wie bewerten Schülerinnen und Schüler ihre unter diesen Voraussetzungen entstandenen Zeichnungen? Welche Haltung[266] nehmen Schülerinnen und Schüler zu ihren Ergebnissen/zum Zeichnen im Kunstunterricht vor dem Hintergrund des Erhebungssettings ein? Was verstehen Schülerinnen und Schüler unter einer gelungenen Zeichnung im Kontext des gegebenen Settings? Folgende Vorannahmen wurden aufgrund der zuvor dargestellten Studien getroffen: Erstens: Zeichnen wird im Kunstunterricht als getreues Abbilden von Wirklichkeit aufgefasst. Wenn Schüler*innen und Schüler in der Schule etwas zeichnen sollen, verstehen sie darunter, etwas realistisch abzubilden. Zweitens: ‚Zeichnen können' und ‚nicht zeichnen Können' sind Unterscheidungen, die für Schüler*innen hinsichtlich von Kunstunterricht sowohl inhaltlich als auch motivational relevant sind. Drittens: Kompetenzen im Sinne von Fähigkeiten und Fertigkeiten, die über die Reproduktion bereits gelernter Inhalte hinausweisen, zeigen sich dann, wenn eine Aufgabe ausgeführt wird, deren Lösung(en) nicht vollständig bekannt sind. Ein vierter Aspekt kam durch die Auswertung der erhobenen Daten hinzu und bezieht sich auf die Interaktionen an Gruppentischen im Kunstunterricht: Gestalterische Tätigkeit und eine simultane Reflexion des zeichnerischen Handelns finden im Unterricht innerhalb einer Aufgabe statt. Dabei sind Prozess von Feedback, Kollaboration und Kommunikation über Bilder und über das Bilder machen (in diesem Fall: Zeichnen) zu beobachten.

5.2.1. Kartoffeln zeichnen

Die Daten wurden in drei Klassen der Unterstufe und Mittelstufe mit 77 Schüler*innen innerhalb einer Doppelstunde im Fach Kunst erhoben[267]. Als zu zeichnendes Objekt wurde eine Kartoffel gewählt.[268] Diese wurde von den Schüler*innen innerhalb einer Doppelstunde im Fach Kunst dreimal innerhalb von je 10 Minuten unter diesen Voraussetzungen gezeichnet: A1) mit der Hand, mit der die Schüler*innen schreiben; A2) mit der Hand, mit der die

266 Verstanden als Konglomerat von Handlungen und sprachlichen Kommentierungen des Handelns, welche einerseits durch das Setting der Datengewinnung herausgefordert wurden und andererseits ein Bestandteil von Unterricht sind insofern, als dass Lehr- und Lernsituationen Positionierungen erfordern. (Vgl. Haug 2004, Meyer-Drawe 2003)

267 Ausgenommen aus dieser Darstellung sind zwei Pretests in den Klassen 12 und 6, sowie eine Nacherhebung unter Studierenden im Fach Kunst und Kunstpädagogik in ihrem ersten Studienjahr.

268 Eine Kartoffel ist einerseits ein rasch erfassbares Objekt, das allen Schüler_innen bekannt ist. Zugleich gibt sie zeichnerisch einige Hürden auf und bietet zugleich Lösungsmöglichkeiten – hinsichtlich ihrer Form, Struktur und Materialität.

Schüler*innen nicht schreiben; A3) mit beiden Händen. Der Grund für diese Objektwahl ist, dass die Kartoffel zwar ein vertrautes Objekt darstellt, jedoch zugleich spezifische Probleme der Darstellung mit sich bringt, wie etwa Form, Modellierung oder Beschaffenheit der Oberfläche. Der Grund für die drei verschiedenen Weisen, die Kartoffel zu zeichnen (geübte und ungeübte Hand sowie mit beiden Händen) ist, dass diese Aufgabe vermutlich neu für die Schüler*innen ist und deshalb, so die These, verschiedene Lösungsansätze beobachtet werden können. Meine These ist, dass mit dem Zeichnen im Kunstunterricht auch die Erwartung einer *Könnerschaft*[269] einhergeht. Diese wurde von Kunstpädagog*innen bisher häufig mit dem Üben[270] in Relation gesetzt insofern, als dass der Wunsch nach einer gegenständlichen Darstellung daran gekoppelt ist, das Zeichnen zu üben. Gehen wir nun davon aus, dass Schüler*innen aufgrund der zur Verfügung stehenden Zeit des Kunstunterrichts im Rahmen der Stundentafel nicht üben können oder konnten.[271]

Die Sachzeichnung, dem Zeichnen eines Objekts ist eine bekannte Übung im Kunstunterricht. Das Zeichnen mit einer ungelenken oder beiden Händen eher nicht. Daher provoziert die Aufgabenstellung, dass ‚unzureichend' gezeichnet wird, also dass sich der Strich nicht immer kontrollieren lässt, also unsicher wird und ausfranst, wenn sich Schüler*innen auf das Experiment einlassen und so ‚andere' Ergebnisse produzieren, als sie es mit der geübten Hand in der Lage sind. Wie es sich in der Erhebung zeigt, sind auch andere Ergebnisse möglich, die zum Beispiel auf eine bestimmte physische Kondition oder auch die Entscheidung, einen Teil der Aufgabenstellung zu ignorieren, zurückzuführen sind.

Das Zeichnen mit der nicht geübten Hand[272] bzw. beiden Händen bietet besondere Erfahrungsräume. Diese stehen insofern einer Erwartung einer ‚guten' abbildhaften Zeichnung dann diametral gegenüber, wenn der unkontrollierte Zeichenstrich als Störung ohne Potenzial wahrgenommen wird. Das Zeichnen mit beiden Händen möchte ich deshalb als widerständiges Zeichnen verstehen. Eines, das nicht auf Anhieb gelingen kann, und in dessen Prozess es zu gewollten und eventuell weniger gewollten Bewegungen – und damit zu Erfahrungen kommt, zu denen auch das Erleben von Unvermögen zählt. Entscheidend ist allerdings, welcher Umgang mit diesem *Nicht-Können* entwickelt wurde. Es kann aber auch zu Frustrationen führen, wenn es sich einfach nicht so zeichnen lässt, wie gewünscht. Nicht jeder Widerstand kann produktiv gewendet werden – auch das zeigt diese Erhebung.

269 In Sinne von Fähigkeiten und Fertigkeiten. Bezogen auf die Erhebung wäre, so ein (erwartbares) Teilergebnis der Untersuchung, Könnerschaft die Fähigkeit, realistisch Zeichnen zu können.

270 Können als Ziel des Übens, einerseits. Üben als Lernform als „originäre und primäre Form des Weltzugangs" (Brinkmann 2012:40) andererseits.

271 Vgl. BDK-Resolution gegen Kürzungen in der Stundentafel des Kunstunterrichts 2015.

272 Die Schüler_innen schreiben oft über die Hand, mit der sie nicht schreiben können und referenzieren z. B. die „linke Hand". Zur Geschichte der linken Hand vgl: Der Knoten und der Nagel. Ein Buch zur linken Hand. Sofri 1998.

Das Setting ermöglicht einen Einblick, welche Strategien Schülerinnen und Schüler beim Zeichnen eines Objektes, in diesem Falle einer Kartoffel, entwickeln. Es zeigt, wie sie mit in der Aufgabenstellung vorgegebenen Konditionen umgehen und wie sie ihre Prozesse und Ergebnisse kommentieren und bewerten. In einem zweiten Teil (A4) haben Schüler*innen in einer Gruppenarbeit ausgewertet, welche der Zeichnungen sie für gelungen halten und im Kontext einer Präsentation in der Klasse begründet, warum.[273] Der Unterricht zur Datengewinnung[274] umfasste 90 Minuten. Erhoben wurden Zeichnungen, Videos, Fragebögen, Interviews und Audioaufnahmen sowie Notizen.

Dem so angelegten Setting unterliegt die These, dass sich ein Verständnis von Können und Kompetenzen[275] dann zeigen, wenn eine Aufgabe ausgeführt wird, deren Lösung(en) nicht vollständig bekannt sind.[276] Unter diesen Bedingungen sollten die Schüler*innen am ehesten Strategien anwenden und entwickeln können, die Hinweise auf ihr Verständnis von Zeichnen Können und damit einem Blick auf den gegenwärtigen Umgang mit dem Zeichnen Können geben werden.

Der Fokus der Auswertung liegt auf dem Handeln der Schüler*innen, auf den Wegen, die die Schüler*innen wählten, um die drei gestellten

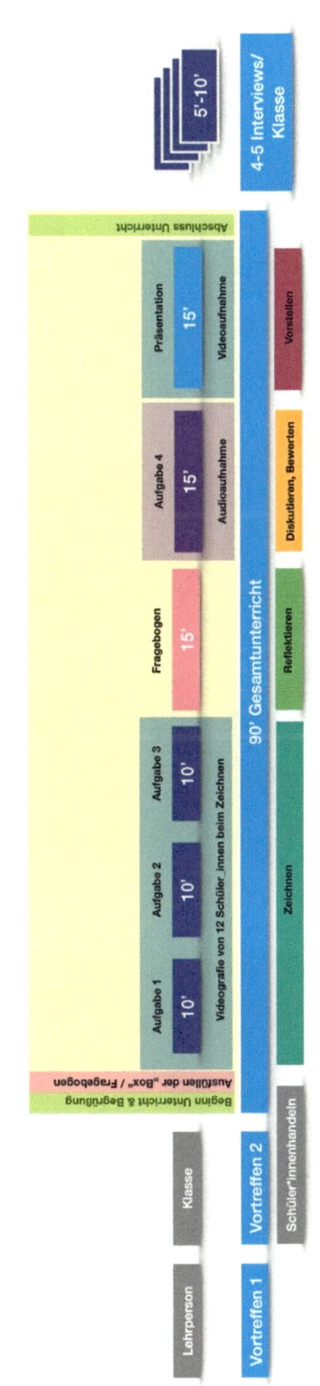

Abb. 60: Verlauf des Erhebungsunterrichts.

273 Die Bewertung bezieht sich damit auf den Kontext des Kunstunterrichts.

274 Im Folgenden wird Datengewinnung und Datenerhebung synonym benutzt.

275 Nicht nur verstanden als „kontextspezifische, erlernbare und vermittelbare Leistungsdispositionen" (Klieme et al. 2007:880), sondern vielmehr verstanden als Handlungsfähigkeit, die sich abhängig von Individuen und ihrem innerlichen und äußerlichen Kontext zeigt. Vgl.: Inthoff und Peters 2013.

276 Dass Schüler_innen vor dem Erscheinen dieser Dissertation schon einmal zuvor beidhändig eine Kartoffel innerhalb oder außerhalb des Kunstunterrichts gezeichnet haben, kann mit hoher Wahrscheinlichkeit ausgeschlossen werden.

1.3 Übersicht der gewonnenen Daten der Klassen 6, 9 und 10

	Pretest 1 Klasse 12	Pretest 2 Klasse 6	Erhebung 1 Klasse 6	Erhebung 2 Klasse 9	Erhebung 3 Klasse 10	Nacherhebung Studierende
Zeitpunkt	Herbst 2012	März 2013	März 2013	März 2013	April 2013	April 2013
Video Totale 90 Min	-	1	1	1	1	1
Video Zeichnen A1-A3	-	4[5]	4[6]	4[7]	4[8]	4[9]
Interview mit Schüler_innen	-	4	5	4	5	1
Audioaufnahmen Gruppentische A4[10]	-	-	5	2	4	-
Video Präsentation Gruppenarbeit A4		-	1	1	1	-
Notizen der Schüler_innen zur Auswahl der Zeichnungen	5	6	6	5	5	-
Zeichnungen	156	102	93	69	69	49
Fragebögen	26	31	31	23	23	18
Smart Pen[11] (A1-A3)	-	1	-	-	1	1
Notizen zur Erhebung der Forscherin[12]	-	1	1	1	1	1
Fotografien Vorbereitung des Settings	-	2	8	5	4	-
Interview mit Expert_innen (Länge: 2:06 Stunden)						

Tabelle 1: Übersicht der Materialien Datengewinnung mit Pretest und Nacherhebung

Abb. 61: Übersicht der gewonnenen Daten aus dem Materialteil 1.

Aufgaben zu lösen, also dem Prozess des Zeichnens (Zeichnungen, videographierte[277] Zeichenprozesse). Zugleich wird erhoben, was die Schüler*innen unter einer ‚Lösung' einer zeichnerischen Aufgabe verstehen – und was sie davon halten (Fragebogen, Interview, Audioaufnahmen in der Gruppenarbeit, Videographie der Präsentation). Hierbei werden sowohl aus der Theorie gewonnene Kategorien des *Zeichnen Könnens* diskutiert, wie auch jene, die sich aus dem Material ergeben (Transkripte Gruppenarbeit, Bildmontagen).

Aus den Bedingungen des Zeichnens im Kunstunterricht lassen sich Erkenntnisse und konkrete Anregungen für das Fach ableiten: Eine Aktualisierung des Zeichnen Könnens als Paradigma des Kunstunterrichts auf qualitativ-empirischer Basis wird nun unternommen. In diesem Kapitel wird das Setting und die Auswertung gewonnener Daten beschrieben, gefolgt von einer Auswertung und Darstellung der Daten, welche zuerst in einer vorgezogenen Auswertung gebündelt und dann unter sieben Achsen dargestellt werden. Diese beruhen auf methodischen Überlegungen, welche im Folgenden ausgeführt werden. „Methoden bezeichnen II" unterscheidet sich insofern von „Methoden bezeichnen I" im Kapitel 1, als dass sich hier auf die Methoden der qualitativen Sozialforschung bezogen wird und damit der Grund für den Umgang mit dem qualitativ-empirischen Datenmaterial gelegt wird.

5.3. Methoden bezeichnen II

Jede Forschungsarbeit stellt den Anspruch, *etwas Neues* für das Fach, innerhalb dessen sie entsteht, zu erarbeiten. Es stellt sich die Frage, was im Kontext einer Welt, in der ein Handlungsmuster der Remix, Sampling, copy und paste, das Hacken oder das der *ProsumerInnen*[278] ist, eigentlich „neu" bedeutet. Das Forschungsfeld der Kunstvermittlung kann als relativ „neu" bezeichnet werden, wenn man von der aktuellen Formulierung der Kunstpädagogik als eigenständige Disziplin ausgeht (Meyer/ Sabisch 2009). Sie berührt verschiedene Disziplinen, wie den Diskurs der Kunst, der Pädagogik und der Kunst- und Kulturwissenschaften. Daraus generieren sich Methoden und Themen der Kunstvermittlung (Meyer 2009:17, Pazzini 2009:78). Diese sind geprägt durch diskursive und dekonstruktivistische Herangehensweisen, welchen innerhalb des Forschungsprojektes Rechnung getragen wird.

Zugleich wird im Folgenden nun mit anderen „Methoden" gearbeitet. Ein wortgleicher und methodisch doch anders zu verstehender Ausgangspunkt sind die „Methoden" der qualitativen Sozialforschung, welche die hier vorliegende Datengewinnung neben der Recherche im

277 Mit dieser Schreibweise der Videographie unterscheide ich die bloße Videoaufnahme von einer, die zum Ziel hat, soziale Interaktionen zu dokumentieren. Vgl.: Knoblauch et al. 2010:4.

278 Damit gemeint sind Praktiken, die nicht nur die Gegenwart der Praktizierenden, sondern auch der Rezipient*innen und Teilnehmenden, die wiederum selbst zu Handelnden (oder Prosumer*innen) werden. Vgl. Toffler 1980; Blättel-Mink und Hellmann 2010.

Diskurs prägte. Zeitgleich zur Recherche und Auswertung der vorliegenden Theorien wurde eine Erhebung im Kunstunterricht geplant und entwickelt. Die dort gewonnenen und anschließend aufbereiteten Daten (Zeichnungen der Schüler*innen, Fragebögen, Transkripte, Zeichnungen von Videostills, Notizen zur Erhebung, Bildmontagen) werden als Teil der Forschungsarbeit verstanden und sind auf Anfrage bei der Autorin erhältlich.

Im Folgenden wird Gegenwärtiges und zugleich Ungegenwärtiges untersucht – insofern, als im Jahr 2013 Schüler*innen gebeten wurden, eine vierteilige Aufgabe zu lösen und dabei in verschiedener Weise aufgezeichnet wurden. Die Schüler*innen taten dies im Kontext ihrer Gegenwart. Das meint: Aktuelle Lebensbedingungen, in einer westlich geprägten Welt, in deutschen Gymnasien bzw. einer Gesamtschule, im regulären Kunstunterricht, im Jahr 2011, als *digital natives*, etc. (vgl. Kapitel *Ausgangspunkte*). Als Forscherin habe ich mich mit dem Thema befasst, recherchiert, Vermutungen angestellt, gewählt – also mit Fragen des Zeichnens, des Könnens, der Gegenwart und der Aufzeichnung von Handlungspraktiken auseinandergesetzt – die Erhebung entworfen, die Methoden ausgewählt, die Daten transkribiert, dargestellt und ausgewertet. Zugleich reflektiere ich auch meinen Blick auf dieses Feld. Das beschreibt die Gegenwart der Erhebung, die zugleich auf die bisherigen Voraussetzungen und Annahmen von Kunstunterricht Bezug nimmt.

Nun geht es um die Auswertung der Daten, die einige Zeit in Anspruch genommen hat und schon 2013 nicht mehr gegenwärtig war. Die Forderung nach einer „wissenschaftlichen Distanz“ (Krieger, 2008:19) – oder einem „analytischen Blick“[279] (Kergel 2018:83) eint sowohl die zeitgenössische Kunstgeschichte als auch die qualitative Sozialforschung mit deren Hilfe die Auswertung vorgenommen werden soll. Dies ist zugleich der Dreh- und Angelpunkt einer Forschung, wie es Andrea Sabisch (Sabisch 2007:25 ff.) exemplarisch ausführt.

Die qualitative Sozialforschung sieht die Rekonstruktion der jeweiligen gelebten Situation durch Sinneinheiten vor. Diese zeichnen sich durch Gütekriterien wie die *Validität*, *Reliabilität* und *Objektivität* sowie die *metatheoretische Fundierung* und *Generalisierbarkeit* aus (vgl. Przyborski und Wohlrab-Sahr 2014:21–34, Steinke 2009). Dies hat zwei Folgen: erstens, dass sich aufgrund der rekonstruktiven Methode sie sich immer auch an den Gegenstand ihrer Forschung anpasst und nicht komplett im Vorhinein fest zu legen ist. Dies betrifft insbesondere das Setting zur Datengewinnung, das mehrfach evaluiert und angepasst wurde. Zweitens lassen sich insbesondere im Kontext von Kunst und ihrer Vermittlung, nicht nur Sinneinheiten, sondern auch Einheiten der nicht intersubjektiv nachvollziehbaren, gewissermaßen Un-Sinneinheiten finden (vgl. Pazzini 1999:2). Solche Momente des Un-Sinns betrachtet die Autorin

279 „Der analytische Blick trennt den/die ethnografisch Forschende von den sozialen Konstellationen, in die er/sie eingebunden ist und die er/sie zugleich erforscht.“ (Kergel 2018:83) und: „Die ethnografische Beobachtung ist folglich dadurch definiert, dass sie einen distanziert-analytischen Blick auf das soziale Geschehen einnimmt.“ (ebd.:84).

als ebenso valide wie rekonstruktiv-eindeutige Momente, da im Verständnis eines dekonstruktivistischen Verstehens von Welt sich hier Brüche, Irritationen und produktive Momente eines Schaffens von Un-Sinn zeigen.

Im vorliegenden Projekt wird einem hier deutlich werdenden Methodenstreit[280] zwischen hermeneutischen und dekonstruktivistischen Herangehensweisen einerseits, und einem Anspruch auf eine scheinbar objektive Forschungshaltung in der quantitativen und qualitativen Sozialforschung andererseits insofern begegnet, als dass einerseits beide Auswertungsansätze für unterschiedliche Fragebewegungen produktiv gemacht werden, und andererseits dass die Grounded Theory als Methode und Zugang zum Feld verfolgt wird. Eine „objektive Wahrheit" darzustellen, ist nicht das Anliegen dieser Studien, was sich auch mit der gewählten Methode der Grounded Theory nicht erreichen ließe. Wohl aber eine erkenntnisfördernde Auswertung der Diskurse und Daten.

So soll eine größere Dichte in der Erhebung und Auswertung des Materials erreicht werden. Deshalb wurde ein mehrfach triangulierter Ansatz[281] in den Studien gewählt:

1. Eine Analyse historischen Argumentationslinien des zeichnen lernen und den damit verbundenen implizierten Vorstellungen/ Normen des *Zeichnen könnens.*
2. Ein Zugang zum Handeln von Schüler*innen im Rahmen ihrer Interaktion mit der Aufgabenstellung im Feld des schulischen Kunstunterrichts
3. Ein Bezug auf den aktuellen Diskurs im Feld Kunstpädagogik zum Zeichnen
4. Sowie ein Bezug zur aktuellen Gegenwart (#shift)

Innerhalb der qualitativen Erhebung arbeite ich hypothesengenerierend. Es geht also innerhalb der Erhebung nicht darum, bereits gewusste Thesen zu bestätigen, sondern Hypothesen zu generieren. Die These, dass dieses Setting Erkenntnisse über das zeichnen können von Schüler*innen bringt ist dabei grundlegend – sowie der Fokus auf das *Können* der Schüler*innen im Zeichnen. Das *Können* von einzelnen Schüler*innen kann nicht als Kapazitäten oder

280 Hier wird sich auf den „Methodenstreit" im qualitativ-empirischen Feld (vgl. dazu z. B. Kruse 2015:50-53) bezogen. Ein quantitativ validierbarer Ansatz wird vor dem Hintergrund des ephemeren und von Brüchen und Irritationen geprägten Feldes der Kunstvermittlung, in dem die Datenerhebung stattfindet, nicht weiterverfolgt.

281 Die Perspektive der Lehrpersonen wird hier bewusst bewusst ausgeklammert. Es interessiert das Handeln der Schüler_innen in Verbindung mit der Aufgabenstellung des Zeichnens, nicht die Wirkung des Lehrer*innenhandelns auf Schüler_innen; dies wäre ein weiteres Forschungsprojekt.

Fähigkeiten explizit formuliert und beschrieben werden. Vielmehr wird *performt*[282]. Da es keine Möglichkeit gibt, eine Erfahrung des Zeichnens nachträglich zu erheben, ohne dabei in eine Rekonstruktion zu geraten, wird folgendes methodisches Vorgehen vorgeschlagen:

Wie oben beschrieben, geht es in meiner Erhebung darum, *subversiv* in bestehende normative Ordnungen von Kunstunterricht einzugreifen, um herauszufinden, welche Formen des Könnens im Kunstunterricht beim Zeichnen *praktiziert,* also *gekonnt* werden. Zugleich war der Anspruch, die Erhebung in einer Weise anzulegen, die möglichst ähnlich einem Kunstunterricht ist, der gestalterische (Erkenntnis-)Prozesse anleitet und damit Lernmöglichkeiten anbietet. Es handelt sich um eine Forschung in der Schule, die im Rahmen eines spezifischen Forschungsdesigns erhoben wurde.

5.3.1. Zur Forschungsperspektive

In diesem Teilkapitel soll die Situation und Position dargelegt werden, mit der die Fragestellung der vorliegenden Studien formuliert wurde. Da dieser zunächst eine inhaltliche und gerade deshalb sehr produktive Distanz zum Thema zugrunde liegt, ist die Beschreibung der Position an dieser Stelle vonnöten. Dies auch aus der Forderung der qualitativen Forschung heraus, dem Forschungsgegenstand reflektiert mit einer theoretischen Sensibilität zu begegnen bei dem schon etwas über das Forschungsfeld gewusst wird, ohne dabei nur bereits gewusste Erkenntnisse abzufragen – und andererseits genug darüber zu wissen, um Fragen zu stellen, die im zu beforschenden Feld von Relevanz sind (vgl. Kergel 2018:108). Diese Felder sind, wie bereits im ersten Teil der Studien dargelegt, das Zeichnen und das Können im Kunstunterricht und es soll an dieser Stelle offengelegt werden, von welcher Position und in welcher Situation hier gesprochen wird, denn:

> *„Forscher sind keine tabula rasas, sie haben im Gegenteil zumeist auch schon ziemlich viel in ihrem Gepäck dabei. Derartige Ideen und Vorstellung werden zu einer Art geistiger Tapete zu stillschweigenden Hintergrundannahmen, die manchmal hinter unserem Rücken den Forschungsprozess beeinflussen."*[283] *(Clarke und Keller 2012:123)*

282 Hierin liegt auch eine Erklärung für die so genannte Outputorientierung: Über das, was potentiell gekonnt werden kann, lässt sich keine Aussage treffen- es liegt gewissermaßen in einer black box im Kopf einer Person. Über das, was sich im sprachlichen, gestischen Handeln zeigt, lassen sich Schlüsse ziehen auf das, was im konkreten Fall gekonnt wird. Wenn also die Frage nach dem Können gestellt wird, kann dieses immer nur auf der Ebene des Umgangs mit einem Kontext erhoben werden – in diesem Falle dem Umgang mit dem *nicht zeichnen können.*

283 Die von Clarke und Keller vorgeschlagenen Mappings zur differenzierten Darstellung der Position werden hier nicht weiterverfolgt. Anzumerken ist, dass das von Clarke/Keller vorgeschlagene Vorgehen, die eigene Positionierung sowie die der Forschungsfrage in relationalen Feldern im Rahmen eines anderen methodischen Settings, (z. B. die Evaluation eigenen Kunstunterrichts) von der Autorin als hilfreich erachtet wird.

Clarke folgend reflektiere ich hier meine biografische Involvierung, die ich nicht stillschweigend in den Erhebungs- und Auswertungsprozess hineintragen möchte.

Als Schülerin habe ich im Kunstunterricht nicht gerne gezeichnet.[284] In meiner Ausbildung zur Kunstlehrerin an einer Kunsthochschule spielte für mich das Zeichnen in meiner eigenen künstlerischen Praxis keine große Rolle. Obgleich war es mir bewusst, dass es später von Vorteil sein könnte, ‚gut' zeichnen zu können, zum Beispiel, um mit einer kurzen Skizze an der Tafel im Kunstunterricht etwas vorzeigen zu können. Das akademische Zeichnen lernte ich zu einem späteren Zeitpunkt, zu dem ich selbst bereits lehrte und begann, mich dem Zeichnen forschend zu nähern. Das Thema dieser Studien hat mich mehr gefunden, als dass ich es fand. Es war ein Thema, das in mir Widerstände[285] hervorrief: Warum sollte das Zeichnen denn im Kunstunterricht gut sein, wenn nur für einige, nämlich jene, die es schon ‚können'? Wie kann es eine gute Grundlage für aktuelle fachdidaktische und kunstpädagogische Diskussionen bilden? Das Thema erschien mir zudem als wenig aktuell, womöglich verstaubt und vor allem wenig in die Zukunft gerichtet. Zugleich machte es mich neugierig. Ich belegte also einen akademischen Zeichenkurs[286], um mich selbst in zeichnerische Prozesse zu begeben – vor allem aber auch in die Perspektive einer Lernenden ohne allzu viel *Begabung* in diesem Bereich. Zudem begann ich mich in die historischen Dokumente der Kunstpädagogik zu vertiefen – um zu verstehen, wie es dazu kam. Meine erste Frage lauteten dem entsprechend: Warum eigentlich (noch) Zeichnen lernen im Kunstunterricht? Wie kam es überhaupt dazu? Was sagen die Akteur*innen des Kunstunterrichts dazu? Und: Warum eigentlich heute noch Zeichnen lernen?[287]

Letztere Frage war für zwei Seminare „Projekt Zeichnung I und II" im Studiengang Kunstpädagogik an der Kunsthochschule Kassel handlungsleitend, in dessen Rahmen ich mich mit Studierenden versuchte herauszufinden, was Zeichnung und Zeichnen im kunstpädagogischen Handeln eigentlich bedeuten kann. Im ersten Teil des Projektes wurden künstlerische und kunstpädagogische Positionen zum Thema bearbeitet, im zweiten Teil entwickelten die Studierenden Unterrichtseinheiten und setzen diese an Schulen um. In den Seminaren ging es unter anderem um diese Fragen: Was ist eigentlich eine Zeichnung? Was nicht? Was hat Zeichnen mit Kunstunterricht zu tun? Was verstehen angehende Kunstpädagog_innen unter einer Zeichnung? Wie sehen dies Schüler*innen, also Lernende? Wie häufig wird das Zeichnen

284 Nach meiner Erinnerung kam dies auch eher selten vor; während Arbeiten aus der damaligen jüngeren Gegenwartskunst mir Zugänge eröffneten wie etwa Arbeiten von Fischli und Weiss, Christo & Jeanne Claude oder auch Joseph Beuys. Ein herzlicher Dank dafür geht an meine damalige Kunstlehrerin, Heide Henssler.

285 Hier möchte ich auf Frigga Haugs „Lernverhältnisse: Selbstbewegungen und Selbstblockierungen" (Haug 2004) sowie dessen überarbeitete, aktualisierte Version „Die Unruhe des Lernens" (Haug 2020) verweisen, ohne deren Schriften ich diese Widerstände nicht konzeptualisieren hätte können.

286 Meinem damaligen Kollegen Peter Paulus von der Kunsthochschule Kassel gebührt mein großer Dank für diese Erfahrung und seine Geduld mit mir.

287 Die Publikation „Wozu zeichnen lernen?" von Béatrice Gysin erreichte mich erst zu einem späteren Zeitpunkt.

im Kunstunterricht praktiziert? Ein besonderer Fokus lässt sich für mich nachträglich an der Frage fest machen, wie viel persönlichen Ausdruck eine Zeichnung in sich trägt – und wie eine solche Sichtweise auf eine Zeichnung, die z. B. ‚viel Ausdruck' hat, sich Schüler*innen vermitteln lässt.[288]

Eva Sturm beschreibt in „Sagte sie. Wege zur Kunstpädagogik" in der Biografie einer Kunstpädagogin:

> *„In der Kindheit und Jugend, diesen erinnert-konstruierten Phantasiebereichen, so könnte sie sagen, sagte sie, war das Zeichnen Meditation und Frechheit auf Papier, der Widerstand gegen Pädagogisierungsmaßnahmen, gegen strenge Regeln und der glückliche Kitsch erfüllter Wünsche: Sonnenuntergänge hinter zerzausten Bäumen, die auf romantischen Spaziergängen Namen bekommen hatten." (Sturm 2002:321)*

Sturm beschreibt ein Zeichnen, das außerhalb des Kunstunterrichts stattfindet – und in dessen Abgrenzung, gewissermaßen trotz der *strengen Regeln* in einem Raum außerhalb der Schule. Sie beschreibt ein *Nicht-Erfüllen* der Norm ihres erlebten Kunstunterrichts innerhalb ihrer außerschulischen zeichnerischen Tätigkeit, die sie später im Text auch in Relation zum Forschen stellt. Auch dies ist eine Frage, die sich im Kontext einer Situationsanalyse stellt – inwiefern das Zeichnen als eine künstlerische, forschende, wiederständige Praxis wahrgenommen wird. Aufgrund meiner Ausbildung, der theoretischen und praktischen Auseinandersetzung damit, gibt es Verständnis dafür, wie Zeichnungen entstehen, welchen Sog die Tätigkeit ausüben kann, welche Übersetzungsleistungen gefordert sind, wie kleinteilig, großzügig, eröffnend, beschließend, langweilig, überschwänglich, überraschend, enttäuschend und gegensätzlich der Prozess beim Zeichnen wahrgenommen werden kann.

Die Zeichnung eröffnet die Form (Nancy 2009:12), sie eröffnet das Gestalten, erfordert aber auch motorische Fähigkeiten, situative Erfahrungen und überhaupt das, was eine vielfach präsente Kulturtechnik eben ausmacht. Ich zeichne bis heute noch immer nicht gerne. Mein Körper kommt dabei in eine bestimmte Haltung; ich verbinde damit Erwartungen, die ich mir nicht immer erfüllen kann, die mir oft auch fremdbestimmt erscheinen. Trotzdem vermag ich mich kaum davon zu lösen. Das unterscheidet mich womöglich von einigen, wenn nicht vielen Kunstpädagog_innen, die über die Zeichnung und das Zeichnen lehren, forschen und schreiben.

288 Ein Beispiel aus dem Seminar dazu: In der Unterrichtseinheit „'Make Yourself.' Lernbare Vermittlung von korrekter Körper- und Raumdarstellung anhand von isolierten toten Vorlagen und Modellen" die Harm-Heye Kaninksy entwickelte, ging es primär darum, dem eigenen Stil auf die Spur zu kommen, indem Schüler*innen zunächst verschiedene Darstellungsformen von Künstler*innen – und ihre eigenen Unterschriften kopierten.

Die Diskrepanz zwischen dem Kunstunterricht und der Ausbildung an einer Kunsthochschule markiert der Künstler David Shrigley in einem Interview für das Louisiana Museum:

> *"I think our education changes the way that you draw. For most people once they have some tuition in drawing (.) is the moment when they stop. Because they don't feel that they have the craft skills worthy of being an artist – whatever that means. So, they stop, because they feel they are not very good at it. (...) I suppose I was relatively to the other kids at school quite good at drawing so I continued and eventually went to art school. So, I think when I was five years old at primary school I was probably "the best" at drawing in my class. I would draw pictures of dinosaurs and stuff. And then by the time I finished my art education when I was 22 at Glasgow School of Art, I was probably the worst [ab hier lachend gesprochen, transkribiert mit @] @at drawing in my class@. But I, I guess as soon as I left art school, I was, I realized I could do whatever I liked, it wasn't important. Nobody could really tell you how to make art. Nobody can tell you how to make art. I think nearly teaching can really just facilitate that learning yourself. (...) So maybe the work that I make as a professional artist is just a step back to the time prior to any kind of education that I had about how to make art." (Louisiana Channel 2016, Minute 25:25–32:38)*

Wenn dem so ist, dass angehende Künstler_innen das, was sie in der Schule und im Kunstunterricht gelernt haben, erst wieder verlernen müssen, um dann professionelle Künstler_innen werden zu können, dann stellt sich die Frage, wozu das Zeichnen lernen im Kunstunterricht denn dient. Nun ließe sich argumentieren, dass auch in anderen Fächern eher Grundlagen geschaffen werden, und für ein Fachstudium vorbereitet wird. Doch muss dann das Zeichnen lernen, und insbesondere das zeichnen können, nochmals anders argumentiert werden – nicht mehr von einem künstlerischen Können her, das in dem Sinne gedacht wird, erst die Stile alter Meister zu imitieren, bevor ein eigener Stil sich bilden kann.

Als Dozentin für Fachdidaktik Bildnerisches Gestalten habe ich von 2017 bis 2021 rund 60 Studierende in ihrem Unterricht besucht und einigen von ihnen beim Zeichnen lehren zugesehen. Vor allem habe ich Schüler*innen gesehen, die die Übungen der Studierenden angenommen haben, sich mit ihren Erwartungen des gegenständlichen Zeichnens auseinandergesetzt haben – und mit ihren Lehrpersonen Wege gefunden haben.[289] Für diese Ein- und zugleich Ausblicke in praktizierten gegenwärtigen Unterricht bin ich dankbar.[290]

289 Einige Dokumentationen finden sich auf: https://www.phbern.ch/praktikumsdokumentationen-bildnerisches-gestalten-sekundarstufe-ii [28.11.2020].

290 Jelena Helbling hat in ihrer Masterarbeit „Zeichnen (v)erlernen – ein Erfahrungsbericht" als ausgebildete Zeichnerin in 84 dokumentierten Übungen das Zeichnen (v)erlernt. Mehr dazu: https://www.arteducation.ch/de/projekte/alle_0/zeichnen-(v)erlernen-n-ein-erfahrungsbericht-664.html [28.11.2020].

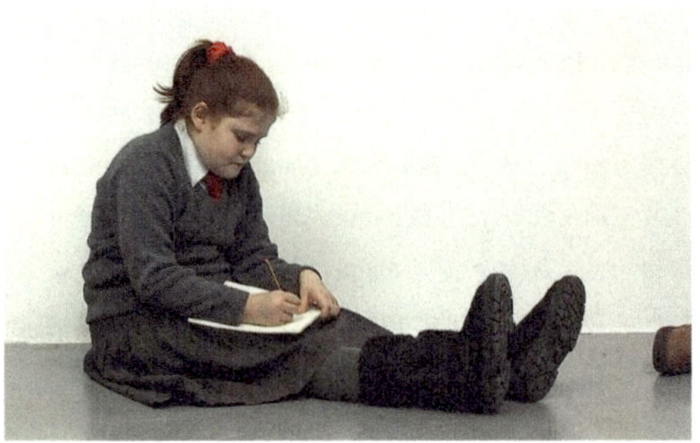

Abb. 62: Rineke Dijkstra: Ruth Drawing Picasso, 2009, Videostill.

Exkurs: Videographie als anderes Portrait

Der Korpus der gewonnenen Daten besteht neben Zeichnungen, Fragebögen und Interviews auch aus Videomaterial, das die Schüler*innen beim Zeichnen zeigt. Es sind Momentaufnahmen aus einer Doppelstunde im Kunstunterricht. Sie scheinen dokumentarisch zu sein: insofern, als sie die Tätigkeit des Zeichnens im Unterricht dokumentieren. Ich möchte sie mit Jean-Luc Nancy als *andere Portraits* verstanden wissen, als das Andere, das ich als Forscherin betrachte, das sich aber zugleich entzieht. Die Figur des einerseits ephemeren und zugleich beliebig oft sich anzusehenden Videos soll im Folgenden reflektiert werden.

> *„Wir werden Zeuge des großen pädagogischen Projekts der visuellen und kulturellen Bildung: sehen, verstehen und dann doch wieder abmalen." (Schlüter 2013:o.P.)*

So kommentiert der Kurator Maik Schlüter, die Installation Rineke Dijkstras „Ruth drawing Picasso" (2009) in einem Beitrag für die taz. In dem Video, das eine Schülerin in Schuluniform auf dem Boden vor weißem Hintergrund sitzend zeigt, wird eine Malerei gezeichnet, die sich direkt neben der Kamera zu befinden scheint: Das Portrait „Weinende Frau" (1937, Pablo Picasso). Während des 6:36 Minuten dauernden Films blickt die Schülerin abwechselnd auf das Bild, in die Kamera, auf ihre Zeichnung und in den Raum. Der lapidare Kommentar Schlüters „und doch wieder abmalen" trifft nicht ganz das, was das ‚Ruth' genannte Mädchen gerade macht: Sie wirkt konzentriert, ihr Blick ruht häufiger auf ihrem Blatt und dem zu zeichnenden Werk als im Raum. Wir wissen es jedoch nicht, da nicht die ganze Sequenz zu sehen ist.

Was wir jedoch *sehen*, ist das, was Jean Luc Nancy in „Das andere Portrait" anhand dieser künstlerischen Arbeit ausführt: Dass sich nicht nur die Identität der gezeigten Person im

Portrait zeigt, sondern immer auch die der anderen, die das Portrait sehen – was sich auch im Drang des Betrachters zeigt, das dargestellte Handeln als eigene Erfahrung zu erfassen:

> *„[Das Portrait] lässt uns unwillkürlich den zusammengekniffenen Gesichtsausdruck sorgfältiger Konzentration reproduzieren, während wir gleichzeitig die hingebungsvolle Gespanntheit dieses Moments des Lernens verspüren mit seiner Mischung von Unruhe, Ungeschick, Naivität und Ernsthaftigkeit." (Nancy 2015:73)*

Weiterhin ist

> *„seine unendliche Abhebung von jeder Identifikation im zweifachen Sinne des Wortes: Identität mit sich selbst und Identität eines Selbst mit dem anderen Selbst."*
> *(Nancy 2015:74)*

Dieser Aspekt soll auf das von mir erhobene Material gewendet werden: Die Schüler*innen, die im Erhebungssetting gefilmt wurden, hatten selten die Möglichkeit, die auf sie und ihr Tun gerichtete Kamera zu vergessen, da sie vor ihnen stand. Sie waren sich bewusst, dass sie gefilmt wurden, und entschieden sich, damit umzugehen.[291] Manchmal richtete sich dabei ihr Blick oder Handeln direkt an die Kamera[292] und damit an den/die (im Unterricht auch anwesende) Beobachter_in, sie wurde in Gesprächen thematisiert, Gegenstand von Kommentierungen[293]. In den Interviews nach dem Unterricht wurde dieses Setting teils von den Schüler*innen selbst, teils auf Nachfrage thematisiert.

Das Erhebungsmaterial ist also das Gegenteil von zufälligen Bildern: Sie wurden von mir als Szene inszeniert (Setting, Aufbau und Auswahl der Kameraperspektive), aber auch von den gefilmten Schüler*innen, die sich in Szene gesetzt fühlten. Als solche „andere Portraits" möchte ich die von mir erhobenen und im Kapitel 4 ausgewerteten Daten verstehen.

> *„Identifikation kann weder gesetzt noch vorausgesetzt werden, auch nicht deduziert oder geschlussfolgert. Sie bleibt immer entfernt und fließend, mit-geteilt und flüchtig zugleich."*
> *(Nancy 2015:74)*

291 Schüler 10.6 dazu im Interview: „B: Also, wenn man's nicht ausblendet kann man's finde ich auch nicht gut machen. Also (.) hätte ich jetzt die ganze Zeit daran gedacht, dass da eine Kamera ist, dann wäre das auch komisch" (Interview 10.6:Z 147–148)

292 Schüler 9.4; Schülerin 6.8.

293 „10.2: [Vorname 10.4] du musst jetzt noch mal schön in die Kamera reinkucken. /10.4: Lä::: (schaut in die Kamera, streckt Zunge raus). Lacht @(.)@." (Klasse 10, Gruppentisch 1, Gespräche:00:31:21-0–00:31:25-9).

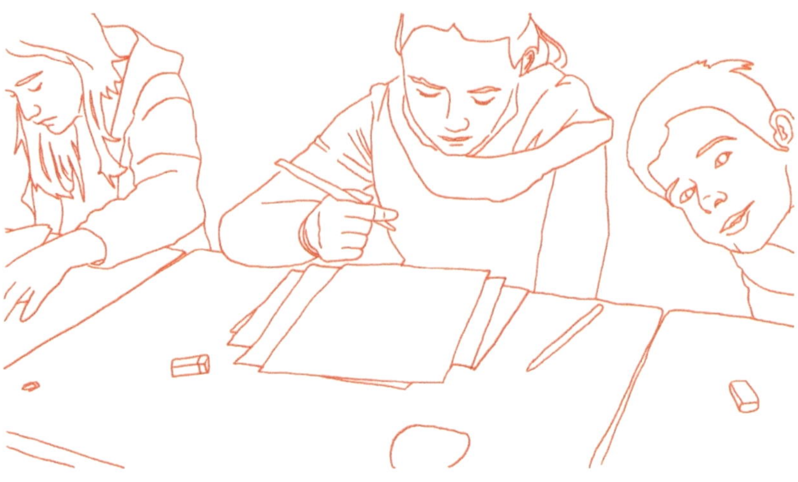

Abb. 63: Kamera Schülerin 6.8, Minute 26:08.

Insofern sind die Beobachtungen, die beim Betrachten von videographiertem Material gemacht werden, immer auch Beobachtungen der Inszenierung der Erhebung, die mit bestimmten Erwartungen verbunden ist. Gelegentlich bedarf es auch der Nachahmung der aufgezeichneten Bewegungen (durch die Forscherin), um zu verstehen, welchen Sinn sie haben könnten – ganz wie es Nancy oben beschreibt.

Kunstunterricht eignet sich deshalb besonders in der Analyse von implizitem Wissen, weil viel über Gesten abläuft und die Erfahrungen dabei nicht versprachlicht und oft auch nicht abgefragt werden. So auch der Umgang mit den Schüler*innen mit der Erhebungssituation: Immer wieder tauchen Gesten, Handlungen und Bemerkungen auf, die sich nicht in den Kontext der Aufgabenstellung oder das Interagieren mit den Akteur_innen vor Ort deuten lassen – es sei denn, das Blindsehen der Kamera wird als Thema und Kategorie beschrieben und codiert.

5.4. Methodisch-methodologische Überlegungen zur Erhebung

Wie und mit welchen Werkzeugen lässt sich nun ein Umgang mit *zeichnen können* im Kunstunterricht erheben? Werfen wir einen Blick in das Feld, in dem das Erheben von Fertigkeiten und Fähigkeiten von Schüler*innen ein Thema ist – nicht ohne aus dem Blick zu verlieren, dass das *zeichnen können* in dieser Erhebung nicht unter der Fragestellung einer kompetenzorientierten Leistungsmessung, sondern in seinen Dimensionen von der Normerfüllung bis hin zum *nicht zeichnen können* verstanden wird.

Fragt man im Rahmen des Faches Kunst nach dem Können von Schüler*innen, so fällt rasch der Begriff der „schweren Messbarkeit" (Frederking 2008:5). Die Evaluation dessen, was Schüler*innen im Kunstunterricht *Können (sollen* und *können)*, ist eine Herausforderung, die sich im Fach Kunst insbesondere auf die Beschreibung und Bewertung von Schülerarbeiten – die als zentraler Bestandteil im Kunstunterricht entstehen – bezieht. Am Umgang mit praktischen Schülerarbeiten lässt sich derzeit im kunstpädagogischen Diskurs ein Dissens festmachen. Dieser bewegt sich zwischen der Forderung nach Aufgaben, an deren Ausführung sich Kompetenzen überprüfen lassen (Wagner 2010:11) einerseits und einer Kunstpädagogik andererseits, „die ihre Inhalte, Ziele und Methoden von der Kunst her begründet und entwickelt"(Buschkühle o. J.:1) und an Stelle der Messbarkeit die komplexe Kreativität des Individuums sowie künstlerische Formen der Auseinandersetzung mit Welt in den Fokus rückt (vgl. Buschkühle 2007). Doch genau in dem Spannungsfeld zwischen zu überprüfenden und bewertbaren Fähigkeiten und freiem, experimentellem, individuellem Gestalten findet der Kunstunterricht an Schulen gemeinhin statt. Mit einer vermehrt auf empirische Ergebnisse aus der den Kunstunterricht fokussierten Forschung[294] rückt die Frage danach, mit was und wie Schüler*innen handeln, in den Vordergrund.

> *„Die Empirie ermöglicht Aussagen zum ‚tatsächlichen' Geschehen im Kunstunterricht und den daraus resultierenden Wirkungen sowie den Faktoren, die diese Wirkungen beeinflussen" (Glaser-Henzer et al. 2012:5),*

schreibt das Forscher_innenteam um RAVIKO, welches räumlich-visuelle Kompetenzen beim Zeichnen in den Klassen 4–6 untersuchte. Der Einsatz empirischer Forschung, um das *Können* zu evaluieren, birgt für die Kunstpädagogik jedoch zentrale Herausforderungen hinsichtlich der Auswertung und Wirkung, also sowohl methodologisch als auch methodisch. Denn weder lässt sich eine Wirkungsforschung innerhalb punktueller Erhebungen realisieren, noch lässt sich ein ‚tatsächliches' Geschehen rekonstruieren. Wie solche komplexen Zusammenhänge empirisch erhoben und so dargestellt werden können, dass sie einerseits nachvollziehbar und dennoch nicht komplett ausdeutbar bleiben, zeigen Andrea Sabisch 2007 und Christine Heil 2007.

Auszuwerten, welche Potenziale für den Kunstunterricht sich im Sinne einer Wirkungsforschung ergeben können, kann eine qualitativ-empirische Erhebung kaum leisten. Dennoch versprechen empirische Studien Erkenntnisse, die aus der Praxis fundiert für die Entwicklungen

294 Vgl. dazu z. B.: Birkner und Zapp 2014:146 ff.; Peez 2005, Brenne 2008

in der Fachdidaktik sowie in der Schule (z. B. Bildungspläne oder Bewertung von Schülerarbeiten) eine Relevanz entwickeln können.

Innerhalb dieser Erhebung wird dem Umgang mit dem *zeichnen können* mit der Hypothese nachgegangen, dass Schüler*innen eine Vorstellung haben, wie eine *gute Zeichnung* im Kunstunterricht aussehen kann, und zugleich genug *Offenheit können*, um diese durch Erfahrungen anhand dreier Zeichenaufgaben zu verschieben. Vermutet wurde, dass sich diese weniger in zeichnerischen ‚Niveaus', sondern vielmehr in verschiedenen Praktiken des Umgangs, also Lösungsstrategien und selbst gewählten Kontextualisierungen zeigen würde. Die Handlungs- und Deutungsmöglichkeiten wurden deshalb innerhalb des Settings zugunsten der Schüler*innen insofern verschoben, als dass sie sich in Gruppenarbeiten über ihre Ergebnisse austauschen und so gegenseitig Rückmeldungen geben konnten. Es wurden für die Erhebung drei unterschiedliche Altersgruppen gewählt, in denen das Setting zur Datengewinnung erhoben wurde.

5.4.1. Implizites Wissen explizit machen

Gestalten – und dem entsprechend auch „Gestalten Können" – ist ein basaler Bestandteil des Kunstunterrichts. Eine Expertenbefragung innerhalb zehn europäischer Länder zeigt, dass fast alle aktuellen Lehrpläne Kompetenzen, Wissen, Können, Fähigkeiten und Fertigkeiten in zwei großen Handlungsfeldern ausweisen: Im rezeptiven und im produktiven Bereich.[295] Diese, theoretisch gesetzte, Dichotomie[296] ist in der Unterrichtspraxis nicht trennscharf vorzufinden, da gestalterische Vorgänge meist zwischen den Bereichen Produktion und Rezeption oszillieren. Im Kunstunterricht sind viele Handlungen miteinander verwoben, die sich überlagern und gegenseitig beeinflussen. Innerhalb eines Gestaltungsprozesses im Kunstunterricht wird, wie sich auch in dieser Erhebung zeigt, beispielsweise geschaut, gesprochen, reflektiert, verglichen, wahrgenommen, kommuniziert, gelacht etc. – also keineswegs ‚nur' gezeichnet (das Zeichnen alleine ist schon ein verwobener Prozess vielfältiger Tätigkeiten – erst recht in einem Klassenzimmer, eingebunden in soziale Situationen des Unterrichts).

Anhand der Prozessergebnisse von Kindern, Jugendlichen und Schüler*innen Rückschlüsse auf Fähigkeiten und Fertigkeiten zu ziehen, insbesondere beim Zeichnen, hat im Fach

295 Folkert Haanstra/Constanze Kirchner: Lehrpläne und Kompetenzmodelle im Vergleich. Ergebnisse der Expertenbefragung im Rahmen von ENViL, Unveröffentlichtes Manuskript im Rahmen der 10. Tagung des Netzwerkes ENViL (European Network Visual Literacy), Utrecht/Augsburg 2013, S. 6 ff. Dies bestätigt auch der Vergleich der Lehrpläne zweier Länder von Vera Uhl Skřivanová. Vgl.: Vera Uhl Skřivanová: „Kompetenzorientierung im tschechischen und deutschen Kunstunterricht, Komparation der Bildungsinhalte", in: BDK Mitteilungen 1 (2012), S. 27–30.

296 Diese Dichotomie wird auch vom deutschen Fachverband für Kunstpädagogik (BDK) getragen. Vgl.: BDK: „Bildungsstandards im Fach Kunst für den mittleren Schulabschluss. verabschiedet von der Hauptversammlung des BDK Fachverband für Kunstpädagogik im April 2008 in Erfurt", in: BDK-Mitteilungen 3 (2008), S. 2–4.

Tradition.[297] Eine Folge des derzeitig diskutierten und praktizierten kompetenzorientierten Unterrichts ist es, diese unter der Prämisse von Kompetenzkonzepten zu beschreiben. In diesem Sinne sind praktische Schülerergebnisse im Sinne des Kompetenzverständnisses nach Weinert als ‚Performanzen' zu verstehen, die Kompetenzen sichtbar werden lassen (Weinert 2002). Den Kunstunterricht zeichne das als gemeinsames Element „problemlösende, kreative Denken und Handeln als wichtige Kompetenz, die Schülerinnen und Schüler im Unterricht des jeweiligen Fachs erlernen und erproben sollen" (Kirchner et al. 2016:204) aus, stellt eine europäische Expertenbefragung fest. Gerade bei gestalterischen Prozessen kann aber nicht nur das Endergebnis als Dokument eines ‚outputs' gelesen werden.[298]

Diese Überlegung wird in der vorliegenden Erhebung ebenfalls herangezogen und zugleich kritisch weiterentwickelt. Dem Erhebungssetting unterliegt die These, dass sich Formen des *zeichnen könnens* dann zeigen, wenn eine Aufgabe ausgeführt wird, deren Lösung(en) nicht vollständig bekannt sind, da so sichergestellt werden kann, dass eine bereits bekannte Lösungsstrategie nicht reproduziert wird. Der Fokus liegt auf dem Nachvollzug dessen, welche Strategien Schüler*innen wählen, um die drei ihnen gestellten Aufgaben zu lösen[299]. In einem zweiten Schritt wurde nach einer Einschätzung der Ergebnisse gefragt (Gruppenarbeit). Im Sinne eines Nachvollzugs von Können als Normerfüllung, Können als Kompetenz (verstanden als Konglomerat von Fähigkeiten und Fertigkeiten), Können als Hack und Können als Verlernen innerhalb eines Settings, das drei experimentelle Aufgaben (Zeichnen einer Kartoffel mit der Schreibhand, mit der nicht trainierten Hand, mit beiden Händen) und eine Auswertung in einer Gruppenarbeit (Aufgabe 4) innerhalb einer Doppelstunde im Kunstunterricht umfasst.

Methodisches Vorgehen, Überblick und Charakterisierung erhobenes Material.

Um dem oben beschriebenen Problem zu begegnen, nur Strategien einer Lösung zu erheben, wurde die Erhebung der Daten medial, als auch kategorial in den Ebenen der Auswertung trianguliert, also jeweils aufeinander bezogen. Deshalb wird auch keine Auswertung einzelner Fälle angestrebt, sondern die Auswertung nach aus dem Material entwickelten Kategorien. Auf der Ebene der Schüler*innen sind dies Zeichnungen, schriftliche Äußerungen, mündliche Äußerungen, Videographien der Handlung[300]. Auf der Ebene der Expert_innen ein Interview, indem die entstandenen Zeichnungen gewürdigt und in den Diskurs eingeordnet werden.

297 Vgl. S. 87 ff.

298 Hier sei darauf hingewiesen, dass ein problemorientiertes Unterrichten auch dazu führen kann, den Fokus auf Probleme, die zu lösen sind zu richten.

299 Dabei wird in einem ersten Schritt auch erhoben, was die Schüler_innen unter einer „Lösung" einer zeichnerischen Aufgabe verstehen.

300 Sowie das Zeichnen mit dem Smart Pen, welches jedoch nicht weiter ausgewertet wurde.

Bezüglich der Umsetzung der Erhebung wurde ein iterativer Prozess der Datengewinnung gewählt. Das Setting wurde geplant, durchgeführt, evaluiert und erneut geplant. Dabei wurden Anpassungen vorgenommen, die aus der Erfahrung mit den Pretests resultierten. Diese waren teils forschungsökonomischer Natur (etwa die Nummerierung der Blätter, auf denen die Schüler*innen gezeichnet haben), teils äußerst relevante Grundlagen der Erhebung wie etwa das Benutzen von Radiergummis, welches im Pretest noch nicht vorgesehen war und in der Erhebung stattfand.

Methodisch wurde deshalb die Videographie gewählt, um die Prozesse des Zeichnens bzw. das Verfertigen der Zeichnung dokumentieren zu können. Die Kamera wurde dabei so positioniert, dass das Arbeitsblatt, die Hände, Oberkörper und Gesicht der Schüler*innen zu sehen waren. Die Position ‚vor Kopf' wurde gewählt, weil so der Arbeitsbereich, also die entstehende Zeichnung, wenig vom Körper der Schüler*innen verdeckt wurde. Eine weitere Kamera (Totale) wurde im Raum aufgestellt, um auch den ‚größeren Kontext' nachvollziehen zu können.[301]

Ein Fragebogen wurde gewählt, um die Selbsteinschätzung der Schüler*innen gegenüber dem Zeichnen (Teil1 im Kasten, vgl. Materialteil 1 & 2), die Beschreibung des Zeichnens in eigenen Worten (Fragen 1–3), eine erste Evaluation der Aufgaben in Einzelarbeit (Frage 4) sowie die eigene Haltung gegenüber dem Zeichnen (Frage 5).

Die Wahl des zu zeichnenden Objekts fiel auf eine Kartoffel, da dies ein Objekt ist, das den Schüler*innen einerseits bekannt ist und andererseits vermutlich noch nicht zum Zeichenobjekt wurde. Weiterhin ist ihre Form auf den ersten Blick zu erfassen und stellt zeichnerisch dennoch einige Herausforderungen, die die unregelmäßige Rundung, die ‚Augen' der Kartoffel so wie evtl. bleibender Schmutz. Bei jeder Erhebung wurde die gleiche Art der Kartoffel[302] gesucht, so dass die Ähnlichkeit in den Zeichnungen relativ erhalten blieb.

Die Bleistifte[303] sowie Radiergummis[304] wurden ebenfalls von der Forscherin gestellt. Zur Händigkeit bzw. Beidhändigkeit des Zeichnens und als Aufgabe in der Kunstpädagogik wurde im Kapitel *Gelenkt ungelenk zeichnen – die Aufgabe des beidhändigen Zeichnens in der Kunstpädagogik* bereits ausführlich Auskunft gegeben. Der Grund für die dreigeteilte Aufgabenstellung, die Kartoffel, die auf dem Tisch liegt mit der Hand, mit der geschrieben wird (1), mit der nicht geschrieben wird (2) und dann beidhändig zu zeichnen (3) unterliegt der oben ausgeführten Annahme, dass so die Verhältnisse und Kontexte einer ‚gekonnten Zeichnung'

301 Diese Aufnahmen wurden in der Auswertung nur verwendet, um Situationen, die nicht von der direkt auf den Arbeitsplatz gerichteten Kamera erfasst wurden, zu rekonstruieren – beispielweise, wenn die Kamera in der Erhebung anders platziert werden musste, wie in Klasse 9.

302 Die Kartoffeln waren von der Sorte Linda. Bei der Auswahl wurde Wert auf eine mittlere Größe, eine „normale" Form (keine extremen Nasen, Verformungen, Austriebe) und möglichst ähnliche Größe sowie eine nicht glattgewaschene, leicht erdige Oberfläche geachtet. Vgl. Abb. 64.

303 Es wurde in allen Fällen mit dem Bleistift „Faber Castell GRIP 2001 HB (#117000)" gearbeitet.

304 Ein neutraler, kleiner Radiergummi wurde ausgewählt.

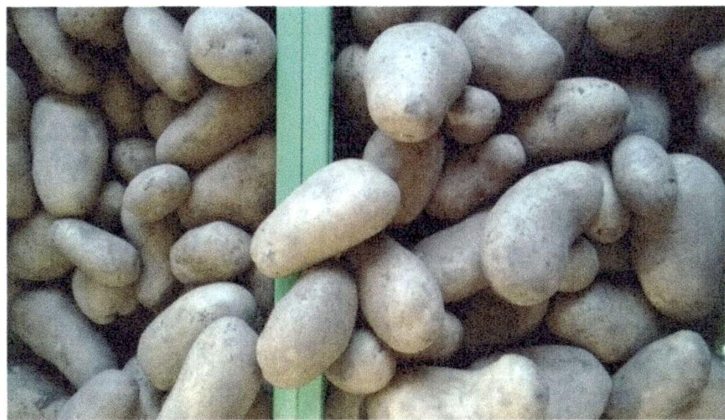

Abb. 64: Kartoffel Linda, 2013.

in Bewegung geraten und die Schüler*innen sich so verschiedener Strategien bedienen würden, um diesen mehrfachen Herausforderungen zu begegnen.

Das Zeichnen wurde videographiert, um so einen Einblick in den Prozess und die Entstehung der Zeichnung zu erhalten. Die Schüler*innen wurden gefragt, ob sie sich für eine Videographie bereit erklären würden, so dass nur die Schüler*innen am Arbeitsplatz gefilmt wurden, die dies auch wollten. In der Erhebung war noch ein Smart Pen[305] angelegt, der auch Auskunft über den Verlauf der Zeichnung geben sollte.

Die danach folgende, rund 10 bis 15-minütige Diskussion in Gruppen[306], bei der eine Auswahl von ‚gelungenen' Zeichnungen getroffen werden sollte, hatte zum Ziel, eine Gruppendiskussion anzuregen mit dem Inhalt der Kriterien und Gründe, warum Schüler*innen eine Zeichnung für ‚gelungen' halten. Es ging also darum, Normen und Wertvorstellungen, in diesem Falle in Bezug auf eine Zeichnung zu evaluieren – nicht die eine*r individuellen Person, sondern einer (relativ) homogenen Personengruppe.

305 Diese Stifte schreiben mit einer Kugelschreibermine und verfügen über eine Audioaufnahmefunktion. Mit dem richtigen Papier und den entsprechenden Markierungen während der Aufzeichnungen eingesetzt erlaubt ein Smart Pen einen nachträglichen Einblick in den Prozess der Aufzeichnung, indem die Bewegung des Stiftes auf dem Blatt Papier aufgezeichnet wird – und die jeweils passende Audiodatei dazu abgespielt wird. Während der Datengewinnung hat sich herausgestellt, dass dies aus zweierlei Gründen für die Fragestellung keine mit der Videografie zu vergleichenden Daten waren. Zum einen, weil die Benutzung den Schüler*innen sich nicht rasch genug vermitteln ließ und sich deshalb die eigentliche Funktion der Aufzeichnung in Verbindung mit Audiodateien nicht gut nachvollziehen ließ. Zum anderen, weil zwar eine Audioaufnahme des Prozesses vorliegt, es also sichtbar wird, wann welche Äußerung getätigt wurde. Der Prozess des Zeichnens ist aber über das Führen des Stiftes über das Blatt Papier hinaus selbst nicht sichtbar und damit nicht annähernd mit der Informationsdichte einer Videoaufnahme zu vergleichen.

306 „Aufgabenstellung: Aufgabe 4: Zeigt Euch gegenseitig Eure Zeichnungen. Diskutiert: Welche Zeichnung findet Ihr gelungen? Warum findet Ihr diese Zeichnung(en) gelungen? Bitte wählt mindestens eine Zeichnung aus. Begründet die Auswahl und notiert die Begründung. Die Auswahl stellt Ihr später der Klasse vor. Wählt einen Sprecher oder eine Sprecherin aus, der oder die Eure Ergebnisse vorstellt. Ihr habt dafür 15 Minuten Zeit."

Die darauffolgende Präsentation wurde videographiert, hier sollten die Begründungen und Kriterien für eine gelungene Zeichnung, die in den Kleingruppen ausgetauscht wurden, nochmals für die gesamte Gruppe erfahrbar werden – dies auch für den Verlauf des Unterrichts selbst. Im Kontext der Erhebung diente dies einerseits zur Sicherung der in den Gruppen erarbeiteten Ergebnisse, andererseits gab es hier nochmals eine Zusammenfassung der zuvor diskutierten Aspekte einer ‚gelungenen' Zeichnung.

In der Erhebung nicht angelegt waren die Gespräche an den Tischen und Gruppentischen beim Zeichnen, die die Videokameras mit aufgezeichnet haben. Diese sind durch die Erhebungssituation entstanden. Anhand dieses im wahrsten Sinne des Wortes zusätzlich ‚gewonnenen' Materials zeigt sich eine besondere Qualität von Kunstunterricht die darin besteht, dass schon während des Machens selbst diskutiert, bewertet wird sowie Tipps und Tricks ausgetauscht werden. Die Rekonstruktion dieses Materials war einigermaßen aufwändig, weil durch mehrere Tonspuren von Kameras Gespräche erst transkribiert und zusammengefügt werden mussten.

Die Interviews wurden mit den videographierten Schüler*innen geführt, sowie mit Schüler*innen, die daran Interesse hatten. Sie dienten zur Validierung der Perspektive, die bereits im Fragebogen gegeben wurde – also wie gezeichnet wurde. Weiterhin sah der Interviewleitfaden[307] Bemerkungen zur Erhebungssituation vor, z. B. wie die Kamera empfunden wurde, ob es noch Fragen gibt und ob sich nach der Gruppendiskussion noch Veränderungen im Blick auf die Zeichnungen ergeben haben. Insbesondere diese Frage ergab keine besonderen Schwerpunkte, die bei der Planung der Erhebung eigentlich intendiert waren.

Die Nachvollziehbarkeit des Materials ist ein Kriterium qualitativer Forschung. Es wurde deshalb darauf geachtet, die Daten so deutlich wie möglich bei gleichzeitiger Berücksichtigung der Anonymisierung der Schüler*innen bereit zu stellen (vgl. Materialteil 1 & 2).

Das so erhobene Material erlaubt so den Zugang zum Nachvollzug zeichnerischer und gestalterischer Handlungen, zu (Selbst-)Einschätzungen von Können, zum Umgang mit einer experimentellen Aufgabenstellung im Kunstunterricht.

Wie bereits im Methodenteil beschrieben, wurden zwei Pretests durchgeführt, die zum oben skizzierten Erhebungssetting geführt haben. Das für die Auswertung verwendete Material wurde in drei Schulklassen gewonnen. Es besteht aus 77 Fragebögen, 231 Zeichnungen auf 229 Blättern, 14 Interviews mit je 8–12 Minuten Länge, 12 Videoaufnahmen von zeichnenden Schüler*innen mit je rund 30 Minuten Länge, 3 Videoaufnahmen aus der Totalen jeder Erhebung mit je 90 Minuten Länge, Notizen der Forscherin und einem knapp zweistündigen

307 Dies war der Interviewleitfaden: „1) Hinführung auf die vorherige Stunde: Was wurde gemacht? 2) Bewertung: Wie war das für dich? 3) Einschätzung: Zeichnest du selbst? 4) Einschätzung: Ist Zeichnen für dich wichtig? / Ggf.: Warum? 5) Hinführung Gruppendiskussion: Was wurde gemacht? Wie habt ihr bewertet? 6) Einschätzung: Hat sich für dich etwas verändert nach der Gruppendiskussion? 7) Rückmeldung: Hast du noch Fragen/Kommentare?"

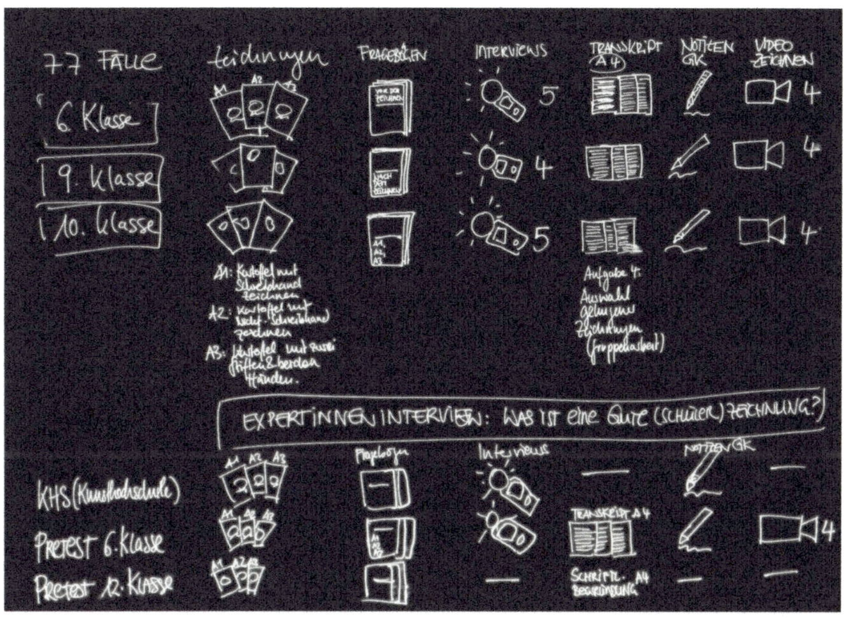

Abb. 65: Darstellung der erhobenen Materialien.

Expert_inneninterview (vgl. Materialteil 1 und 2). Vergleichend wurden Ergebnisse aus zwei Pretests vergleichend herangezogen. Die Nacherhebung unter 18 Studierenden im ersten Jahr im Fach Kunst und Kunstpädagogik an einer Kunsthochschule wurde ebenfalls vergleichend herangezogen, die dort entstandenen Zeichnungen dienten als Diskussionsgrundlage für das Expert_inneninterview.

5.5. Beschreibung der Erhebung

Es wurden insgesamt Pretests und Erhebungen zur Datengewinnung in 5 Schulklassen und in einem Seminar in einer Kunsthochschule im Zeitraum 2012 – 2013 durchgeführt.

Im Vorfeld

Der Unterricht wurde von der Forscherin[308] geplant und jeweils von den im Fach Kunst verantwortlichen Lehrpersonen durchgeführt. Die Lehrpersonen wurden im Vorfeld angefragt, ob sie in ihrem Unterricht und unter diesen Umständen an einer Erhebung teilnehmen würden[309]. Nachdem das Forschungsvorhaben vorgestellt wurde und das Einverständnis erfolgt war, wurde auch das der Schulleitungen und Eltern eingeholt.[310]

Die Klasse wurde vor der Erhebung mindestens einmal von der Forscherin besucht, oder von der Lehrperson über die kommende Erhebung informiert. Dabei wurde der Klasse gesagt, dass sich die Forscherin dafür interessiert, wie Schüler*innen zeichnen und es deshalb in der betreffenden Doppelstunde eine besondere Aufgabe und Filmaufnahmen geben werde. Die Schüler*innen wurden gefragt, ob sich jemand von ihnen vorstellen könne, sich einzeln filmen zu lassen und hinterher ein kurzes Gespräch mit der Forscherin zu führen. Gut wäre es weiterhin, wenn sich sowohl jemand melden könne, die findet, dass sie *gut zeichne*, als auch jemand, die findet, dass sie *eher nicht so gut* zeichne. Die Ergebnisse dieser Schulstunden würden nicht benotet werden. In jeder Klasse haben sich jeweils vier bis fünf Personen gemeldet. Im Rahmen einer schulischen Situation, die zwar nie wirklich frei von sozialen Zwängen existiert, kann nicht davon ausgegangen werden, dass diese Schüler*innen „freiwillig" an dieser Erhebung teilgenommen haben. Dennoch ist herauszustellen, dass sie die Möglichkeit hatten, an der filmischen Erhebung und dem Interview teilzunehmen, oder nicht[311].

Der Unterricht wurde von der Forscherin geplant und die Planung sowie der genaue Text der jeweiligen Aufgabenstellung der Lehrperson zur Verfügung gestellt[312]. Allfällige Fragen dazu wurden im persönlichen Gespräch oder via Mail geklärt[313].

308 Die Erhebung wurde von der Forscherin entwickelt, geplant, durchgeführt und dokumentiert. Neben den beteiligen Schüler_innen haben am konkreten Unterricht jeweils Lehrpersonen mitgewirkt. Um einerseits die Nennung des eigenen Namens, andererseits objektivierenden Begriffen wie „Testleiterin" oder „Erhebende" zu umgehen, wird im Folgenden die Autorin als „Forschende" und später in Interviews als „Interviewende" bezeichnet – wissend, dass es sich um eine Person handelt, die innerhalb dieser Studien in unterschiedlichen Rollen Fragen aufwirft und ihnen systematisiert nachgeht.

309 Im Gespräch wurde kommuniziert, dass das Handeln der Lehrperson nicht im Fokus der Erhebung lag.

310 Die von den Eltern unterschriebenen Einwilligungsgenehmigungen liegen vor. Im Falle die Einwilligungsgenehmigungen nicht gegeben wurden oder nicht vorlagen, wurde die betroffene Person nicht in den Winkel der Kamera positioniert. Dabei wurde dennoch darauf geachtet, dass die gewohnte Sitzordnung möglichst erhalten blieb, was in den drei ausgewerteten Klassen der Fall war.

311 Die Motivation der Schüler_innen ist damit selbstverständlich nicht erklärt.

312 Vom Pretest zur Erhebung veränderte sich die Aufgabenstellung; vgl. hierzu die Aufgabenstellungen im Materialteil.

313 Z. B., welche Antwort die Lehrperson auf Nachfragen der Schüler_innen zu den Aufgaben geben solle. Nach dem Pretest war dies ein Thema im Nachgespräch. Für die folgenden Erhebungen wurde der Satz: „Alles, was nicht in der Aufgabe steht, entscheidest Du selbst" festgelegt.

Verlauf

Die Forscherin baute im Vorfeld das Erhebungssetting auf[314]. Dieses bestand aus sechs Videokameras, einem Smart Pen, 20–30 durchnummerierten Fragebögen, jeweils einer Kartoffel[315], drei Bögen Zeichenpapier[316], zwei Bleistiften[317] und einem Radiergummi pro SchülerIn. Die Gegenstände wurden jeweils auf den Tischen vorbereitend angeordnet. Weiterhin wurde ein Tafelanschrieb der drei Aufgaben, der zu Beginn des Unterrichts nicht für die Schüler*innen lesbar war, angebracht. Insgesamt waren 5–6 Kameras im Raum aufgestellt: zwei, welche die Totale des Klassenraums aufnahmen und vier, die jeweils ein_e Schüler_in beim Zeichnen aufnahm. Der Unterricht fand im gewohnten Klassenzimmer, der gewohnten Sitzordnung und durch die gewohnte Lehrperson innerhalb von 90 Minuten statt[318]. Die eigentlich bei vier Klassen stattfindende 5-Minutenpause wurde bei allen Klassen auf das Ende der 90 Minuten verschoben, so dass keine Unterbrechung während der Erhebung entstand. Die Forscherin war während der Erhebung im Raum anwesend. Die Schüler*innen betraten den Raum gemeinsam und nahmen ihre Plätze ein. Nach einer Einleitung von der Lehrperson wurde als informativer Unterrichtseinstieg der Verlauf des Unterrichts vorgestellt.

Nach dem Unterricht wurden die Zeichnungen an den Fragebogen geheftet und auf dem Lehrerpult abgelegt. Im Anschluss wurden die Schüler*innen, welche sich gemeldet hatten gefilmt zu werden, interviewt. Dafür wurden sie aus dem folgenden Unterricht freigestellt[319]. Die Interviewzeit war damit auf 7–10 Minuten pro Person festgelegt[320]. In der Klasse 10 bestand die Möglichkeit, sich nach der Erhebung noch für ein Interview zu melden, im Falle, dass es den Bedarf nach einem Gespräch gab. Dies hat ein Schüler genutzt.

Nacherhebung

Nach den Erhebungen in der Schule stellte sich die Frage, wie eigentlich Expert_innen mit dieser Aufgabenstellung umgehen würden. So entstand eine weitere Erhebung im Kontext des ersten Ausbildungsjahres einer Kunsthochschule mit 18 Studierenden der Bildenden Kunst und Kunst Lehramt. Diese Zeichnungen wurden als Grundlage für das Expert_inneninterview

314 Vor der Erhebung des Pretests sowie der ersten beiden Gruppen in der Auswertung war eine weitere Person vor Ort, die beim Auf- und Abbau der Videokameras half. Sie verließ den Raum, bevor der Unterricht begann.

315 Bio-Kartoffeln Linda, nicht übermäßig gewaschen, handtellergroß und in möglichst ähnlichen Größen und Formen.

316 Als Papier wurde „Clairefontaine 150 Gramm feinkörnig" gewählt, da es einerseits in der Lage ist, feine und robuste Zeichen- und Radiergesten aufzunehmen, andererseits sich aber noch nicht so ungewohnt ‚dick' anfühlt, dass es den Anschein einer Wertigkeit macht. Damit sollte der ungewünschte Effekt vermieden werden, Respekt vor dem ‚besonderen' Material zu haben.

317 Bleistifte in der Stärke HB, um Schraffuren, Abrieb und feine Linien gleichermaßen zu ermöglichen.

318 Dies sollte zu möglichst wenig Irritationen seitens der Schüler_innen führen, die sich z. B. nicht auf eine andere Lehrperson einstellen mussten.

319 Einen herzlichen Dank an die Kolleg_innen, die dies möglich gemacht haben!

320 Vgl. Interviewleitfaden vgl. Materialteil 1:10.

verwendet. Dies vor allem vor dem Hintergrund, der Auswertung der Zeichnungen der Schüler*innen keine weitere *Expert_innenmeinung* zur Seite zu stellen, sondern mit den Zeichnungen der Studierenden zu erheben, welche Argumentationen einer ‚gelungenen' Zeichnung einer Kartoffel vorgebracht wurden. Weiterhin wurden die Strategien der Studierenden beim Zeichnen als Referenz verwendet für Personen, die sich vertieft mit künstlerischen Strategien auseinandersetzen.

Es stellte sich dabei heraus, dass in diesem Setting andere Zeichentechniken zum Einsatz kamen. Die Aufgabenstellung wurde bereits während dem Zeichnen deutlich hinterfragt. Nach der Durchführung der zeichnerischen Aufgaben entspann sich eine so intensive Diskussion darüber, was eine ‚gute' künstlerische Zeichnung sei, dass keine Auswahl mehr getroffen wurde. In einer gewissen Weise wiederholte sich diese Diskussion im Expert_inneninterview, mit dem Unterschied, dass die Diskussion der Studierenden aus der Perspektive der gerade sich in einer künstlerischen Ausbildung befindlichen Personen geführt wurde. Die in der Nacherhebung entstandene Diskussion wurde nicht weiter ausgewertet, ebenso wenig die Zeichnungen, da sich das Material zu sehr von der Forschungsfrage nach dem zeichnen können im Kunstunterricht entfernt.

Besonders zu erwähnen als Feedback und Ausblick auf zukünftige Auswertungen sind die Rückfragen auf dem Fragebogen: „Zeichnen wir Kartoffeln, weil wir Deutsche sind?" sowie eine Zeichnung mit dem Titel „Eima Pommes Rot Weiß", die sich als einzige von der in der Aufgabe inhärenten, aber nicht explizit formulierten Auftrag löst, eine Kartoffel so zu zeichnen, „wie sie auf dem Tisch liegt" und so eine Darstellungsform anbietet, die die Aufgabe nicht *dermaßen* erfüllt.

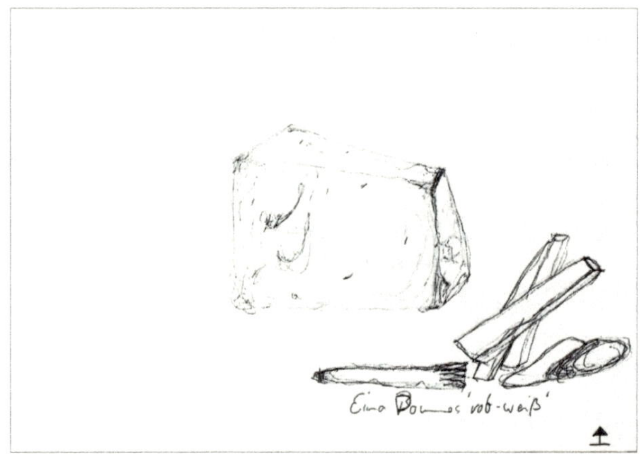

Abb. 66: Nacherhebung Kunsthochschule: „Eima Pommes Rot Weiß", 2013.

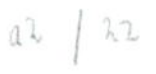

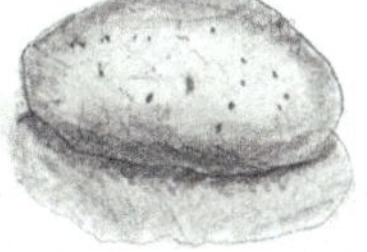

Abb. 67:
Pre-Pretest
Klasse 12:
Zeichnung A2, 2012.

Iterative Entwicklung der Erhebung

Pre-Pretest, 12. Klasse, 2011

Um zu evaluieren, ob der entworfene Unterricht / Setting funktionieren könnte, bittet die Forscherin eine Lehrperson, den Unterricht durchzuführen, ohne dass sie anwesend ist. Die Schüler*innen erhielten die Aufgabenstellung von der Lehrperson. Die Ergebnisse in Form von Zeichnungen, Notizen und ausgefüllten Fragebögen wurden der Forscherin nachträglich überreicht. Die Schüler*innen legten in diesem Pretest eine humorvolle Deutung fest, indem sie eine Kartoffel, die aussieht wie ein Burger, zur der am besten gelungenen Zeichnung erklären.

Es wird klar, dass das Aufzeichnen des Schüler*innenhandelns sowohl beim Zeichnen als auch beim Aushandeln einer Bewertung der Zeichnungen unabdingbar ist, da sich anhand der Zeichnungen nicht die Fragen beantworten lasse, die die Forscherin verfolgt. Ebenso zeigt sich dies anhand der zuerst entworfenen Fragebögen. Der Fragebogen wird neu auf jede einzelne Aufgabe angepasst (zuvor waren Fragen 1–3 nicht auf die einzelnen Zeichnungen, sondern generell bezogen). Zudem wird entschieden, einzelne Schüler*innen zu interviewen.

Pretest

In einer 5. Klasse wird der Pretest nun mit Anwesenheit der Forschenden durchgeführt. Einige Schüler_innen werden im Vorfeld durch die Lehrperson gefragt, ob sie Videoaufnahmen zustimmen würden. Die Fragebögen entsprechen den in der Erhebung verwendeten. Es wurde für das Zeichnen kein Radiergummi ausgegeben. Die Anzahl der Zeichenblätter war dem entsprechend unbegrenzt; die Schüler*innen sollten sich ein neues Blatt nehmen, wenn sie mit der Zeichnung unzufrieden waren.[321] Die Blätter sollten von den Schüler*innen selbst nummeriert werden: Zuerst ‚ihre' Nummer, die auf dem Fragebogen stand, dann die Aufgabennummer, dann die Nummer der Zeichnung. Über die Nummerierung entstand bei den Schüler*innen während des Unterrichts Verwirrung. Diese Praxis stellte sich deshalb als wenig praktikabel heraus. Im weiteren Verlauf der Erhebung wurden die Nummern von der Forschenden auf die Rückseite der Zeichenblätter geschrieben. Zum Benutzen des Radiergummis: In der ersten Planung fokussierte die Frage darauf, wie die Schüler_innen zeichnerisch vorgehen würden. Die Nutzung eines Radiergummis hätte die Spuren des ersten Vorgehens verwischt. In der Umsetzung im Pretest zeigte sich dann, dass die Frustration darüber, dass die Zeichenspuren auf dem Blatt stehen blieben und so nicht ein gewünschtes Ergebnis erzielt werden konnte, den gesamten Zeichenprozess überlagerte. Zudem ist ein Radiergummi ein Werkzeug, das zum regulären Kunstunterricht dazu gehört. Weiterhin wurde der Interviewleitfaden leicht überarbeitetet (Vgl. Materialteil 1:10).

Ausführliche Darstellung der Erhebungssituation in Klasse 10

Schule: Es handelt sich um eine so genannte „offene Schule", eine integrierte Gesamtschule der Sekundarstufe I, die reformpädagogisch orientiert ist. Die Schule befindet sich in einem Wohngebiet einer größeren Kreisstadt (rund 200.000 Einwohner_innen), das eher von Arbeiter*innen, Menschen mit Migrationsgeschichten und Familien bewohnt wird. Etwa 60% der Jugendlichen leben in der Nachbarschaft, die restlichen 40% haben einen weiteren Schulweg und besuchen die Schule, weil ihre zumeist „bildungsorientierten"[322] Eltern bewusst diese Schulform für sie auswählen.

Es gibt vor dem offiziellen Unterrichtsbeginn um 8:45 Uhr einen „offenen Anfang" ab 7:30 Uhr, in dem Schüler*innen betreut eigenständig arbeiten können, die Schulzeit geht bis 16:30 Uhr. Es gibt keine Schulglocke. Die Stunden sind als Doppelstunden einer Regelschule ausgelegt und 90 Minuten lang, zudem gibt es regelmäßige Projekttage und -wochen. Die Schule ist räumlich nach Jahrgängen strukturiert. Die Kunsträume bilden darin eine Ausnahme und befinden sich nahe den Räumen der Schulleitung im Erdgeschoss des Zentralbaus.

Die 10. Klasse ist die letzte gemeinsame Klasse der Schule. Einige der Schüler*innen werden danach eine Lehre beginnen, andere einen höheren Schulabschluss anstreben. Die

321 Grund dafür war die Vermutung, dass sich so leichter nachvollziehen ließe, ab wann ein_e Schüler_in nicht mehr zufrieden mit ihrer Zeichnung war.

322 Aus dem Konzeptpapier „Wir über uns" der Schule, Fassung von 2013.

Schule wird häufig von Kamerateams besucht, sei es „vom Fernsehen“,[323] oder auch im Rahmen von wissenschaftliche Erhebungen, was auch in den Interviews bei der Frage, „wie das gefilmt werden denn so gewesen sei?“, weiter bestätigt wird.

Zeitpunkt

Die Erhebung in Klasse 10 fand am Montag, den 15. April 2013 in der 1. und 2. Unterrichtstunde statt (9:15–10:45). Die Abschlussprüfungen für die einzelnen Fächer sollten Mitte Mai stattfinden. Die Erhebung fand im Rahmen des regulären Kunstunterrichts und somit in den gewohnten Räumlichkeiten statt.

Vorbereitung der Erhebung

Diese Ablaufbeschreibung ist im Präsens verfasst.

Zwei Monate vor der Erhebung gibt es ein Vorgespräch mit der Lehrperson im Fach Kunst. Es wird über die Besonderheiten der Schule gesprochen, über den Zeitpunkt der Erhebung und die bisherigen und geplanten Unterrichtsinhalte. Zum Zeitpunkt der Unterhaltung zeichnen Schüler*innen Stillleben. In den nächsten Monaten werden sie unterschiedliche künstlerische Positionen im Unterricht vorstellen und ein Tischset gestalten, das im Stile einer im Unterricht auch vorgestellten Künstlerin gehalten ist. Diese Einheit ist abgeschlossen, als die Erhebung beginnt. Einige Schüler*innen haben ihre Ergebnisse (gestaltete Tischsets) am Tag der Erhebung dabei.[324]

Im Gespräch wird vereinbart, dass die Lehrperson den Unterricht durchführt, den die Forscherin entworfen hat. Sie erhält im Vorfeld einen schriftlichen Unterrichtsablauf mit den ausformulierten Aufgaben, die besprochen werden. Auf eventuelle Nachfragen der Schüler*innen zu den Aufgaben im Unterricht wird die Lehrperson keine inhaltlichen Hilfestellungen geben, sondern inhaltlich ähnlich: „Was nicht in der Aufgabe steht, entscheidest Du selbst“ antworten. Einige Wochen vor der Erhebung hospitiert die Forscherin im Kunstunterricht und stellt sich der Klasse vor. Sie berichtet, dass es in der nächsten Kunststunde um Zeichnen gehen soll, weil sie gerne wissen möchte, wie Schülerinnen eigentlich im Unterricht zeichnen und dass sie die Schüler*innen dabei filmen möchte. Es sollen vier Schüler*innen einzeln

323 Einige Wochen vor der Erhebung sei, so berichteten einige Schüler*innen, ein Team von einem privaten Fernsehsender da gewesen und hätte in der Mensa gefilmt.

324 Praktische Arbeiten aus dem Kunstunterricht werden manchmal zu Hause fertiggestellt. Schülerin 10.23, die sich erst im Unterricht für Interview und Filmaufnahmen gemeldet hat, hat ein praktisches Ergebnis dabei und stellt dies innerhalb der Stunde neben ihrem Tisch auf. Innerhalb der Gruppenarbeit hält sie einen Teil der Arbeit, auf der eine Graffitidose und „Banksy“ zu lesen ist, vor ihr Gesicht, während die Testleiterin ein Aufnahmegerät kontrolliert.

gefilmt und später auch interviewt werden, ein*e Schüler*in soll mit einem Smart Pen[325], einem besonderen Stift, der Bewegungen und Geräusche aufnehmen kann, zeichnen. Die Forscherin bittet um freiwillige Meldungen: Am besten eine Person, die glaubt sehr gut zeichnen zu können, und eine die eher glaubt nicht so gut zeichnen zu können sowie Mädchen und Jungen. Es melden sich fünf Schüler*innen. An alle Schüler*innen der Klasse wird die Elterneinverständniserklärung ausgeteilt.

Erhebungssituation

Der Unterricht findet in der für die Schüler*innen gewohnten Umgebung statt. Die Anordnung der vier Gruppentische und die Sitzordnung werden beibehalten. Der Raum hat eine große Fensterfront nach draußen und eine seitliche Glasfront, hinter denen an größeren Geräten (Säge, Schleifmaschine) gearbeitet wird. Während der folgenden Erhebungen sind Geräusche einer Kreissäge und einer Absauganlage hörbar. Gegenüberliegend ist eine größere Pinnwand, an denen Schüler*innenarbeiten der letzten Kunststunde (Stillleben Apfel/Birne in Acryl auf DIN A4-Blättern) hängen. Die Schüler*innen warten vor dem Kunstraum. Die Forscherin bereitet den Raum vor: Auf jedem Sitzplatz liegen ein Fragebogen (3 Seiten), drei Blatt (3 Seiten) und drei Blatt DIN A4 Papier (mit einer Büroklammer zusammengehalten), je zwei Bleistifte, ein Radiergummi sowie eine Kartoffel. Zudem steht eine relativ große Kamera im Raum; vier weitere, kleinere Kameras auf Stativen stehen hinter der Tafel und werden während der Einführung vor oder auf die Tische von 4 Schüler*innen gestellt, so dass sie die Arbeitsfläche der Schüler*innen aufzeichnen. Zwei Smartpens werden mit dem entsprechenden Papier auf den Arbeitsplatz des Schülers, der sich dafür gemeldet hatte, gelegt. Aufgaben, die nacheinander gelöst werden sollen, stehen an der Tafel, sind aber derzeit noch verdeckt[326] durch eine Tafelseite, auf der „Guten Morgen!" steht.

Die Schüler*innen betreten gemeinsam mit der Lehrerperson den Klassenraum und nehmen ihre gewohnten Plätze ein. Es sind nun 19 Schüler*innen anwesend; einige fehlen aufgrund eines Praktikums. Die Schüler*innen sitzen an vier Gruppentischen. Die Lehrperson begrüßt die Klasse, weist auf die besondere Situation hin[327] und erklärt den Ablauf der Stunde. Sie fragt ab, wer die Schüler*innen sind, die sich freiwillig gemeldet haben. Eine Schülerin, die

325 Wie schon beschrieben, ist ein Smart Pen ist ein Stift, der an der Spitze mit einer Kamera und einem Kugelschreiber, und einem Audioaufnahmegerät ausgestattet ist. Mit dem dazu passenden Papier erstellt dieser ein interaktives Dokument eines Schreib- oder Zeichenprozesses, die immer wieder abspielbar ist. Es wurden zwei Smartpens der Marke Live Scribe benutzt. Vgl.: https://www.livescribe.com/de/smartpen/ [eingesehen am 22.11.2020].

326 Da immer nur 2 Seiten einer Tafel verdeckt sein können, schrieb die Testleiterin Aufgabe 1 und 2 vor der Erhebung an die Tafel; nach Aufklappen der Tafel für die 1. Aufgabe konnte erst die dritte Aufgabe an die nun von den Schüler_innen abgewandte Seite geschrieben werden.

327 Zitat der Lehrperson in Klasse 10: „Es ist schon irgendwas anders als sonst schon irgendetwas anders heute, Ihr habt tolles Material, ihr habt neue Stifte, neue Radiergummis und Kartoffeln, nichtdestotrotz haben wir heute eine ganz gewöhnliche Kunststunde. Ich beobachte euch natürlich immer intensiv."

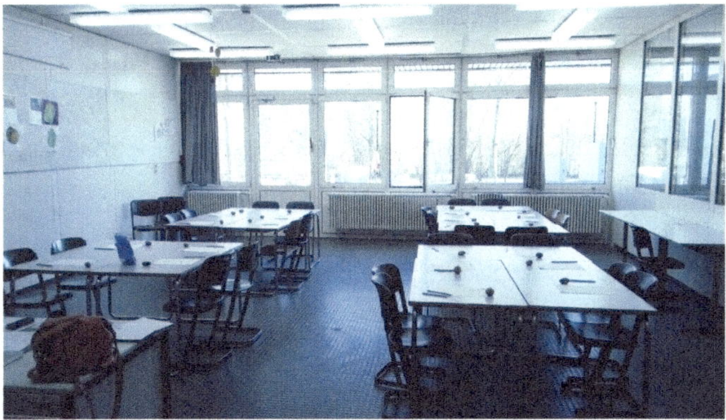

Abb. 68: Situation der Erhebung in Klasse 10, Blick zum Fenster.

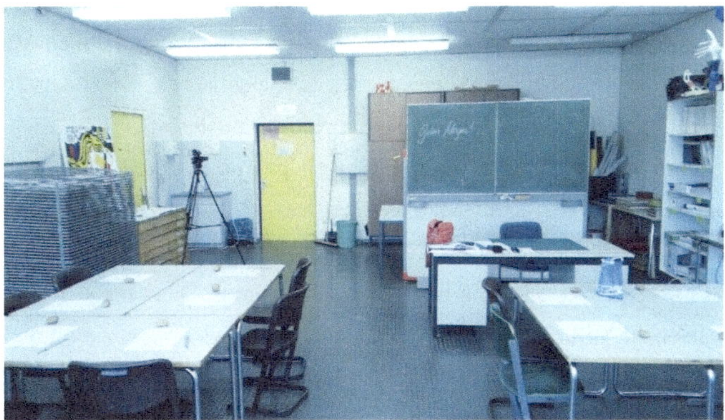

Abb. 69: Situation der Erhebung in Klasse 10, Blick zur Tafel.

sich beim letzten Mal freiwillig für das Filmen meldete, ist nicht da. Die Lehrperson fragt, ob jemand einspringen möchte. Die Schülerin mit dem Fragebogen 23 meldet sich und nach kurzer Absprache mit der Forscherin springt sie ein. Ein verspäteter Schüler kommt herein, wird begrüßt, setzt sich an Tisch 2, später kommt die verspätete Schülerin, die sich freiwillg gemeldet hatte, herein und setzt sich. Die Lehrperson bittet die Schüler*innen, die „schwarze Box“[328] auf dem Fragebogen zu beantworten. Die Forscherin stellt derweil vier Kameras auf.

328 Die schwarze Box bezeichnet Fragen zur Person (Geschlecht, Alter) sowie zur Einschätzung des „Zeichnen Könnens“ auf dem Fragebogen, die vorab – also vor den Aufgaben A1–A3 – beantwortet werden sollten. (Vgl. Fragebogen im Materialteil).

Nach acht Minuten wird die erste Aufgabe an der Tafel aufgeklappt und von der Lehrperson vorgelesen: „Zeichne die Kartoffel, die auf Deinem Tisch liegt. Zeichne sie mit der Hand, mit der du schreibst. Du hast dafür 10 Minuten Zeit.“ Innerhalb dieses Zeitraums (ca. 10 Minuten nach Beginn der Aufgabe 1) erscheint die Schülerin, die sich ursprünglich freiwillig gemeldet für die Filmaufnahmen gemeldet hatte.[329] Nach zehn Minuten[330] werden die Schüler*innen gebeten, die Aufgabe 1 zu beenden und die Aufgabe 2[331] wird aufgeklappt. Die Aufgabe wird von der Lehrperson mündlich paraphrasiert. Innerhalb des Bearbeitungszeitraums der zweiten Aufgabe beginnen einige Schüler*innen an verschiedenen Tischen im Fragebogen weiter zu blättern und diesen auszufüllen. Die Lehrperson weist die gesamte Klasse darauf hin, dass diese erst später auszufüllen seien. Zwei Schüler an Tisch 3[332] fragen die Lehrperson, wann die Bearbeitungszeit denn um sei. Nach 10 Minuten beendet die Lehrperson die Aufgabe 2 und leitet die 3. Aufgabe ein, indem sie die Tafel aufklappt und verbal auf eine Äußerung einer Schülerin reagiert.[333] An der Tafel steht: „Aufgabe 3: Zeichne die Kartoffel mit beiden Händen und zwei Stiften. Du hast dafür 10 Minuten Zeit.“ Während allen Aufgaben unterhalten sich die Schüler*innen (teils rege) an den Gruppentischen. Die Lautstärke im gesamten Raum variiert, zu Beginn und zu Ende einer jeden Aufgabe ist der Geräuschpegel höher.

Nach den Aufgaben wird der Fragebogen ausgefüllt. Die Lehrperson sagt den Schüler*innen, dass sie dafür 15 Minuten Zeit hätten. Während die Schüler*innen den Fragebogen ausfüllen, stellt die Forscherin die vier Kameras, die vor den jeweiligen Schüler*innen standen, aus und räumt sie in eine Ecke des Kunstraumes. Dann hängt sie gemeinsam mit der Lehrperson die Stillleben an der seitlichen Pinnwand des Klassenzimmers ab. Einige Schüler*innen sind schneller mit dem Ausfüllen des Fragebogens fertig als andere. Der Geräuschpegel steigt. Die Lehrperson fordert Ruhe ein, indem sie eine Hand in die Höhe hebt und die andere vor ihre Lippen legt. Es folgt Ermahnung eines Schülers, der dennoch weiterspricht. Die Klasse füllt weiter den Fragebogen aus.

Nach den angekündigten 15 Minuten kündigt die Lehrperson eine Gruppenarbeit an, die in eine Präsentation übergehen soll. Sie teilt die Gruppen ein, indem sie Gruppentische benennt und einen neuen schaffen lässt, so dass an jedem Tisch vier oder fünf Schüler*innen sitzen. Es gibt nun fünf Gruppentische. Die Forscherin verteilt an alle Schüler*innen ein DINA5 Blatt,

329 Es sind somit 22 Schüler_innen im Raum.

330 Die Lehrperson arbeitete mit einer Stoppuhr.

331 „Zeichne die Kartoffel, die auf Deinem Tisch liegt. Zeichne sie mit der Hand, mit der du nicht schreibst. Du hast dafür 10 Minuten Zeit.“

332 „Eben ging die Zeit viel schneller um!“ – „Wie lange noch?“

333 „(Vorname Schülerin) kennt die Aufgabe anscheinend: Zeichne die Kartoffel mit beiden Händen“. (Film Totale, Minute 02:30)

auf der die Gruppenarbeit steht.[334] Zugleich legt sie auf jeden Tisch ein Audiogerät, das die Diskussionen der Schüler*innen aufnimmt. An einigen Gruppentischen beginnt die Diskussion (Tisch 1 und 2), an Tisch 5 leitet die Lehrperson die Gruppenarbeit ein, indem sie jede*r Schüler*in das Aufgabenblatt hinlegt und mit den Schüler*innen über die Aufgabe spricht. Während der Gruppenarbeit stellt die Forscherin eine Kamera auf, die auf die seitliche Pinnwand zeigt, vor der später die Präsentation der Gruppenarbeit stattfinden wird. Später wird die Forscherin zu einem Tisch gerufen, an dem ein Audiogerät nicht zu funktionieren scheint.

Nach den zuvor angesagten 15 Minuten bittet die Lehrperson um Ruhe und die Präsentationen beginnen. Alle Gruppen stellen ihre Ergebnisse vor, manchmal durch ein*e Schüler*in, manchmal durch zwei Schüler*innen vertreten. Jede Präsentation wird durch Applaus der Klasse beendet. Nach der Präsentation der letzten Gruppe bittet die Lehrperson die Schüler*innen, alle Zeichnungen wieder an die Fragebögen zu heften und auf das Lehrerpult zu legen. Der Raum wird aufgeräumt, die Fenster werden geöffnet. Nach dem Aufräumen gibt die Lehrperson „das Wort an Frau Kolb“, die Forscherin. Sie bedankt sich bei der Gruppe und sagt, dass innerhalb der nächsten Kunststunde die Interviews wie besprochen stattfinden werden. Die Lehrperson bedankt sich bei der Gruppe. Die Schüler*innen verabschieden sich und stuhlen auf. Schüler 10.1 übernimmt den Kehrdienst und fegt den Raum.

Eine Woche nach der Erhebung finden insgesamt fünf Interviews mit der Forscherin in einem anderen Raum statt. Diese können aufgrund von Freistellungen ca. 10 Minuten dauern, also etwas länger als in den vorherigen Erhebungen, in denen aus organisatorischen Gründen oft 4–5 Interviews in einer Schulstunde á 45 Minuten stattfanden und die Zeit dadurch knapper bemessen war.

Situation Klasse 10 Tisch 1

Am Tisch sitzen insgesamt vier Schüler*innen, zwei Mädchen zwei Jungen. Es sind zwei Schüler*innen, die sich für das Filmen und Interview gemeldet haben: 10.1 und 10.4. 10.1 ist 16 Jahre alt. Er gibt innerhalb des Fragebogens an, „einigermaßen gut“ zu zeichnen. 10.4 ist 16 Jahre alt und gibt an, dass sie findet, dass sie „mit viel Mühe gut“ zeichnen kann. Jeweils gegenüber sitzen Schüler 10.2 und Schülerin 10.3. Sie schätzen ihre Fähigkeit zu Zeichnen mit „Ich finde, ich kann nicht zeichnen“ (10.2) und „Ich kann ganz gut zeichnen, wenn ich mir Mühe gebe“ (10.3) ein. Die Kamera wird eingeschaltet, nachdem die Aufgabenstellung von der Lehrperson vorgelesen wurde.

334 Diese Aufgabe lautet: „Aufgabe 4. Zeigt Euch gegenseitig Eure Zeichnungen. Diskutiert: Welche Zeichnung findet Ihr gelungen? Warum findet Ihr diese Zeichnung(en) gelungen? Bitte wählt mindestens eine Zeichnung aus. Begründet die Auswahl und notiert die Begründung. Die Auswahl stellt Ihr später der Klasse vor. Wählt einen Sprecher oder eine Sprecherin aus, der oder die Eure Ergebnisse vorstellt.“

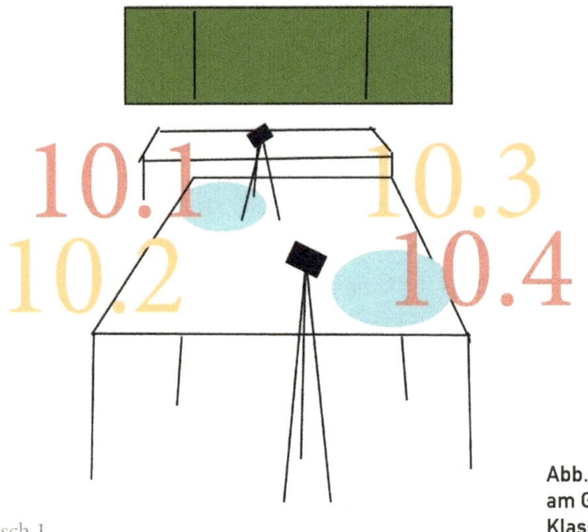

Abb. 70: Situation am Gruppentisch Klasse 10, Gruppe: Situation der Kameras sowie der Schüler*innen.

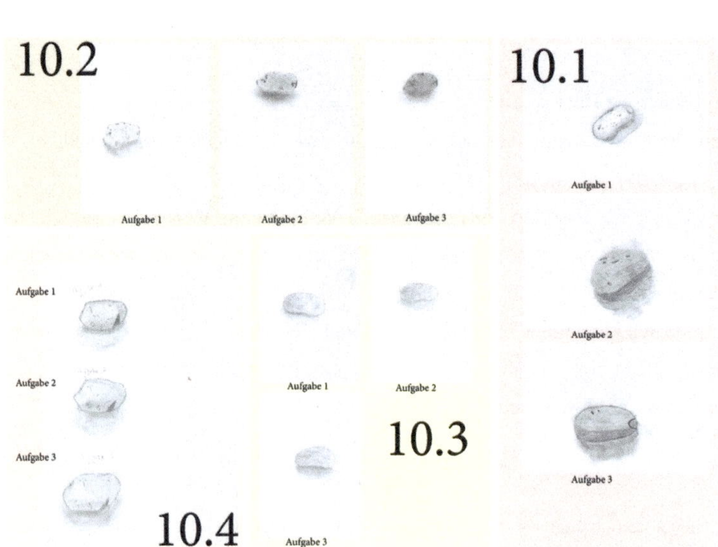

Abb. 71: Übersicht der am Tisch 1 in der 10. Klasse entstandenen Zeichnungen.

Das Transkript der Gespräche beim Zeichnen wurde in der Zusammenschau beider Aufnahmen erstellt, da die Mikrofone der Kameras unterschiedliche Teile des Gruppentischs aufzeichneten. (vgl. Aufbau).

Differenz zu Erhebungen Klasse 6 und Klasse 9

Die hier vorgestellten Daten wurden in einer 6. Klasse, einer 9. und einer 10. Klasse erhoben. Handlungsleitend für die unterschiedlichen Altersstufen war das Erkenntnisinteresse, Daten in Schulstufen innerhalb der Schulpflicht und kurz darüber hinaus zu erheben. So handelte es sich mit Stufe 6 um eine Altersstufe, die erst kurz das Gymnasium besucht, die Stufe 9 markiert das Ende der Schulpflicht, die 10. Klasse als Abschluss vor der Oberstufe. Es gab in der Auswertung immer wieder Momente, in denen sich sich altersspezifische Unterschiede zeigten. So war festzustellen, dass in den jüngeren Klassen weniger über nicht-unterrichtsrelevante Themen oder überhaupt beim Zeichnen unter den Schüler*innen gesprochen wurde. Auch in den Interviews verschob sich der Fokus von dem, was Schüler*innen lernen wollen zu dem, was sie in ihrer Freizeit oder auch hinsichtlich ihrer zukünftigen beruflichen Perspektive beschäftigt. (Vgl. besonders Interview Schüler 6.24 und Schülerin 9.6, Schüler 10.22)

5.5.1. Zur Darstellung des Datenkorpus

Eine exemplarische Darstellung des transkribierten Materials findet sich im Anhang dieser Publikation. Das erhobene Datenmaterial ist in seiner Darstellung und Aufbereitung nicht wenig komplex. Für die Darstellung des gesamten Materials wurden einige Entscheidungen getroffen.[335] Im Sinne der Gütekriterien der Nachvollziehbarkeit und Transparenz werden die im Unterricht in den Klassen 6, 9 und 10 erfassten Daten aufgeführt und dargestellt. Sie sind unterteilt in Materialteil 1 und Materialteil 2. Im Materialteil 1 werden die Daten der interviewten und/ oder videografierten Schüler_innen dargestellt, sowie ein Interview mit Expert_innen. In Materialteil 2 sind die Zeichnungen und Fragebögen aller Schüler_innen zu finden. Deren Ordnung erfolgt klassenweise und fortlaufend. Die gewonnenen Datensätze wurden, soweit notwendig, anonymisiert. Konkret bedeutet dies, dass alle Informationen, die auf eine bestimmte Person verweisen (z.B. Namen von Lehrpersonen oder Schüler_innen), auf die Schule, auf eine bestimmte Stadt/Region oder auf vorherige, spezifische Unterrichtsgegenstände verallgemeinert wurden. Die Daten wurden digitalisiert, geordnet, transkribiert (Interviews, Gespräche beim Zeichnen, Gruppenarbeiten und Präsentationen) und rekonstruiert (Übersicht der Zeichnungen, Übersicht der Auswahl). Der Datengewinnung ging ein Pretest voraus, ebenso

335 Dieses Material umfasst Transkripte und Dokumente in einem zweibändigen Materialteil mit je 377 und 538 Seiten; sie sind zu umfangreich für diese Publikation und sind darum auf Anfrage bei der Autorin erhältlich.

erfolgte eine Nacherhebung. Aus forschungsökonomischen Gründen werden diese, sofern sie nicht direkt für grundlegende Entscheidungen im Forschungsdesign relevant sind, nicht weiter dargestellt.

Hier werden die Entscheidungen zum Umgang mit den Daten zusammengefasst:

- Das Material wurde fallweise und im Klassensatz strukturiert. Im Materialteil 1 finden sich die gesamten Daten der videographierten Schüler*innen, sowie die in der Klasse erhobenen Daten. Im Materialteil 2 finden sich die Klassensätze der Zeichnungen und Fragebögen aller Schüler*innen.
- Die Zeichnungen werden zum einen in ihrer Abfolge auf einer Seite dargestellt und zum anderen jeweils danach folgend einzeln.
- Die Fragebögen wurden transkribiert, um eine raschere Zuordnung der Fälle und eine digitale Auswertung zu ermöglichen. (siehe: *Auswertung der Fragebögen*).
- Die Interviews wurden ebenfalls transkribiert, um einen guten Zugang der gesprochenen Erfahrungsberichte zu gewährleisten.
- Die Videos vom Zeichnen wurden mit einer Sequenzanalyse ausgewertet und einzeln beschrieben. Eine exemplarische Beschreibung findet sich zum Fall 6.8 in dieser Arbeit. Weiterhin wurden für jeden Fall merkmalcharakterisierende Standbilder ausgewählt, die von Martina Bramkamp. Professorin für Animation, erstellt wurden. (Vgl.: Zur Darstellung von Videographie).
- Weiterhin wurde alles Audiomaterial, das in den drei Klassen der Erhebung aufgezeichnet wurde, auch transkribiert. Dennoch ist hinsichtlich der Auswertung bei der Klasse 6 und der Klasse 9 festzustellen, dass der Auswahlprozess in Aufgabe 4, in denen die Audioaufnahmen gemacht wurden, weniger in inhaltlichen Diskussionen verlief, sondern entweder in einer Abstimmung oder einer Liste, wer welche Zeichnung (und ggf. auch Urheber*in der Zeichnung) ‚mag', vollzogen wurde (vgl. Notizen zur Auswahl Klasse 6 und Klasse 9). In der Klasse 10 ist hingegen deutlich geworden, dass der Austausch darüber, welche Zeichnung für gelungen gehalten wurde, nicht unbedingt erst in der Aufgabe 4, sondern bereits im Verlauf der Aufgaben 1–3 stattfand.

5.5.2. Zur Darstellung von Videographie

Wie lassen sich solcherart unterschiedliche Daten innerhalb einer linearen Struktur wie einer Dissertation darstellen und nachvollziehbar machen? Wie im Methodenteil beschrieben und mit methodischem Rückbezug auf die „Inszenierung der Suche" und dem ‚Zugang zu den Daten der Anderen' (Sabisch 2007:97 ff.) sei diesem Teilkapitel vorangestellt, dass es sich innerhalb der Darstellung der Daten immer um Übersetzungen handelt. Übersetzungen sind nicht immer ganz passgenau, es entstehen Lücken und Brüche – zum Beispiel, wenn in einer Audiospur gelacht, gequietscht, geschimpft oder geklopft wird, ist dies in der Situation selbst, in der Audioaufnahme (in der es z. B. nicht immer gelang, Stimmen von Schüler*innen voneinander zu differenzieren, ähnlich zu den Tonspuren bei den Videographien). Ebenso und noch komplexer verhält es sich bei Videographien, bei dem zum Ton noch die Bewegungen (und selten ist es nur eine zur gleichen Zeit) hinzukommen. Diesem wurde versucht, so reflektierend und passgenau wie nur möglich zu begegnen; wie dabei vorgegangen wurde, sei hier zur Verständlichkeit, Lesbarkeit und letztlich Nachvollziehbarkeit dargestellt.

Aus Gründen der Anonymisierung werden die Videographien der zeichnenden Schüler*innen nur in Form von in den Videos angelehnten, für die Darstellung der Systematik besonders relevanten Zeichnungen dargestellt. Dies besonders aus dem Grund, da es eben nicht um die Person der einzelnen zeichnenden Schüler*innen geht, sondern um ihre Handlungen im schulischen Kontext innerhalb von vier Aufgabestellungen und damit auf das *Zeichnen Können* bezogene Daten. Diese Entscheidung ist jedoch durchaus eine methodische.

Zunächst wurden die Sequenzen identifiziert, die für die Darstellung der zuvor codierten Achsen relevant waren.[336] Dann wurden von dem Material Transkripte erstellt. Dabei wurde im nächsten Schritt von jeder Sequenz zudem ein Screenshot erstellt, der dann dem Transkript zugeordnet wurde. Hierdurch ergab sich eine gute Übersicht für eine spätere dokumentarische Interpretation des sprachlichen und korporierten Handelns der Schüler/innen.[337]

Nach einer Diskussion über die Möglichkeiten der dokumentarischen Methode, die besonders hinsichtlich der Interpretation von Bildern und visuellen Dokumenten in Bildungssituationen forschend entwickelt (vgl.: Blaschke 2012:59) und von Gabriele Wopfner auf Zeichnungen zwischen Kindheit und Jugend (Wopfner 2012:72) erkenntnisreich angewandt wurde, wurde jedoch der Entscheid getroffen, keine Typenbildung der Schüler*innen vorzunehmen. Grund dafür war der Fokus der Forschungsfrage, der weniger auf dem Ziel einer Typenbildung lag, welche dann Aufschluss auf verschiedene Weisen zu zeichnen zugelassen hätte. Im Fokus stehen aber die Formen des Zeichnen Könnens und dessen Kontexte innerhalb des Zeichenunterrichts. Deshalb erfolgten (1) eine deskriptive Zusammenfassung sowie an exemplarischen Stellen (2) eine Sequenzanalyse, welche Aufschluss über das Handeln und Bildhandeln der Schüler*innen gibt und (3) Transkripte, welche die sprachlichen Äußerungen wiedergeben.

336 Zu weiteren Möglichkeiten der Darstellung von Videographien vgl. Knoblauch et al. 2010.

337 Diese wurde in der Summer School Summerschool „Qualitative Forschung" 2014 an der Universität zu Köln im Kurs von Gerald Blaschke vorgestellt und diskutiert. Kursleitung und Teilnehmenden gilt mein herzlicher Dank für diesen produktiven Austausch an dieser Stelle.

Zeit	5:12	5:14	5:18	5:24	5:25
Stills					
K Korporiertes Handeln	#00:05:12-9# Setzt den Stift ab.	#00:05:14-7# Zeichnet mit der rechten Hand. Der linke Ellenbogen wird auf das Zeichenpapier gestützt. Setzt Stift oben an der gezeichneten Kartoffel an, verändert dafür Handhaltung. Setzt mit mehreren leichten Linien einen Schatten rechts oben (innerhalb der gezeichneten Kartoffel).	#00:05:18-0# Setzt ab, verharrt mit Stiftspitze ca. 1 cm über dem Blatt. Nimmt Zeichenhand nach oben, greift um (zuvor: Pos. 1 Griff vorne am Stift, zwischen Daumen und Zeigefinger + Mittelfinger unterstützt, jetzt: Pos. 2: Griff am Stift hinten, Stift zwischen Daumen + Zeigefinger, Stift liegt auf Mittelfinger auf.) Verharrt, greift um (Pos. 1), verharrt.		#00:05:24-3# Setzt an, zeichnet an zwei Stellen innerhalb der Fläche, die die Kartoffel abbildet, "Augen" der Kartoffel nach.
K			#00:05:21-7# K: Ich hab´ so was von keine Lust Kartoffeln zu malen-		
F				#00:05:24-2# F: -Ruhe	#00:05:26-3# F: @(.)@ Wahrscheinlich sieht meine Kartoffel mit links @so@ aus.
J					
N					

Abb. 72: Beispiel für eine Transkription 10. Klasse Schülerin 4, Minute 5:12- 9:14.

Ausgehend von der Sequenzanalyse wurden Punkte identifiziert, in denen sich etwas verdichtet, wiederholt, auffällt und damit zeigt (vgl. selektives Kodieren, Kergel 2018:123). Von diesen Sequenzen wurden Screenshots hergestellt[338].

Um die Anonymität der Schüler*innen zu wahren, wurden die Screenshots von Martina Bramkamp[339] in eine Zeichnung übersetzt. Dabei nutzt sie die aus dem Trickfilm stammende Technik der Rotoskopie, die eigentlich dafür angelegt ist, in möglichst kurzer Zeit möglichst viele Zeichnungen herzustellen, in denen sich minimale Verschiebungen befinden. Dieses Zeichnen fand früher, vor der Digitalisierung solcher Prozessse, am Leuchttisch statt. In diesem Fall wurde das Bild jedoch digital hinterlegt und dann die relevanten Bildinformationen eingezeichnet. Das, was von der Forscherin als relevant in dem Bild zu zeigen war, wurde im Vorfeld und auch in Gesprächen immer wieder überarbeitet, wobei selbstverständlich die Vorlage selbst maßgeblich war und blieb. Besondere Herausforderungen stellten solche Bewegungen dar, die im Videostandbild nur in pixeligen Verwischungen dokumentiert werden können (siehe beispielweise Schüler_in 9.6 und 10.1)

Obgleich es so scheint, als würden durch diese Übersetzung nun Informationen fehlen, so ist doch in der Reduktion der Bewegung, welche zuerst zu

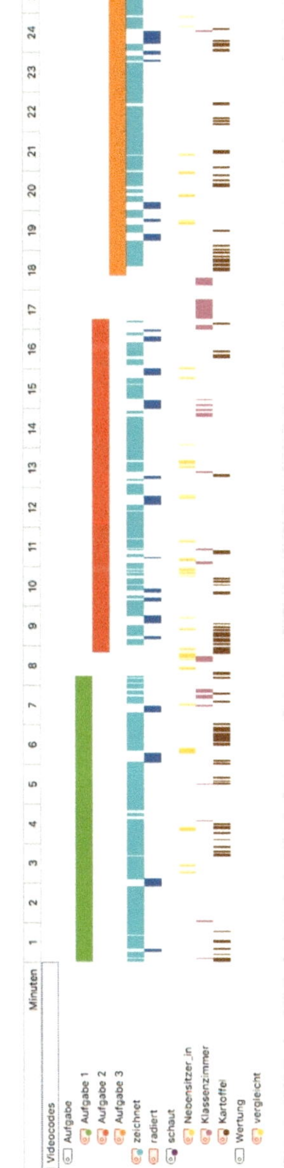

Abb. 73: Sequenzanalyse Schülerin 6.8, vgl. Materialteil 1:18.

338 Aus forschungsökonomischen Gründen wurde nicht von allen Videographien Darstellungen für die Sequenzanalysen hergestellt. Diese wurden im Zuge der Transkription sowie der deskriptiven Inhaltsangabe der insgesamt 12 Videographien durchgeführt.

339 Martina Bramkamp bezeichnet sich als „teaching practitioner". Ihre Arbeiten sind sowohl künstlerisch, im Spektrum der Dienstleistung der visuellen Kommunikation als auch der Reflexion der Theorie des Animationsfilms angelegt, während sie an der Kunsthochschule Kassel die Klasse Trickfilm leitet. Ihr gilt ein herzlicher Dank für die Zeichnungen.

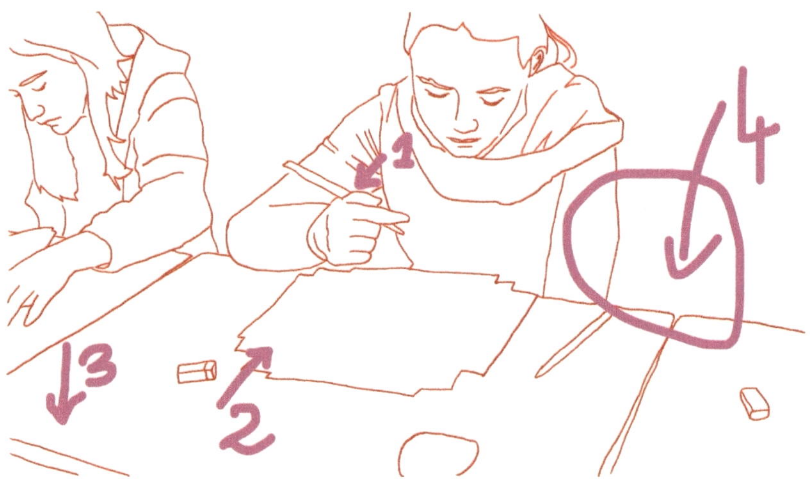

Abb. 74: Zwischenstand Rotoskopie mit Kommentaren von G.K., Schülerin 6.8.

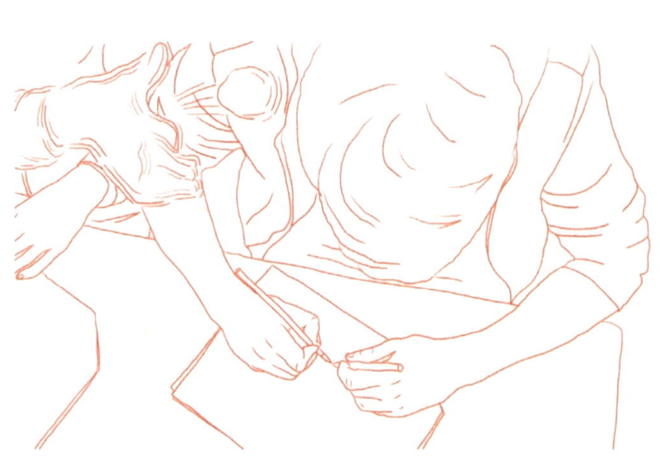

Abb. 75: Schüler 10.1, Minute 32:36 – eine Kartoffel wird geworfen.

einem Standbild und dann zu einer Zeichnung übersetzt wurde, keineswegs ein Verlust der Informationen, sondern vielmehr eine Verdichtung der dargestellten Information intendiert. So werden in den Abbildungen zwar für die Handlung nicht relevante Gegenstände und Kontexte weggelassen, zugleich wird dadurch aber die Handlung selbst sichtbarer. Die Zeichnung wird auf der Folie und damit auf der Basis eines Screenshots angefertigt und dann immer transparenter gestellt – es handelt sich also um ein zweifaches Abbild der Situation, welche durch die Forscherin mit gelenkt wird, da sie erklärt, welche Handlung für sie auf diesem Still besonders markant ist. Diese so zuerst zum Stillstand gebrachten und dann zeichnerisch erfassten Videos verstehe ich als erkenntnisfördernde zeichnerische Reduktion, welche zugleich eine Zuspitzung auf die dargestellte Handlung enthält.

5.6. Methodische Überlegungen zur Auswertung

Im Kontext einer zunächst klassischen, dann experimentellen Aufgabenstellung des Sachzeichnens mit zunächst je einer, dann beiden Händen lassen sich verschiedenste Handlungen beobachten, die ich zunächst alle als Formen des Umgangs mit dem Zeichnen beschreiben möchte. Die Aufgabe ist eine Aufforderung zum Handeln; als Handlungen verstehe ich zunächst alles, was beobachtbar ist – Gestik, Positionierungen, sprachliche Äußerungen. Im Folgenden werden diese Beobachtungen, Analyse und Interpretation methodisch differenziert dargestellt. Das Material wurde einerseits zwischen den Erhebungen in Teilen gesichtet, um einen Eindruck des Materials zu erhalten; dort wurden erste auffallende Aspekte notiert. Angesichts der Größe des Materials wurde das Material nach verschiedenen Kriterien aufbereitet, gesichtet und geordnet, bis die 77 Fälle so aufbereitet waren, dass sie ausgelegt werden konnten. In dieser Auslegung wurde im Hinblick auf die Fragestellung offen kodiert. In einem ersten Schritt wurde es in Bezug auf die erste Fragestellung nach den Strategien des Zeichnens von Schüler*innen[340] gesichtet[341]. Bei einer ersten Durchsicht des Materials[342] zeigt sich, dass die Verdichtungen nicht in den Fällen an sich festgemacht werden können, sondern vielmehr an den kollaborativen Prozessen sichtbar werden, die einen Hauptteil der Fragestellung betreffen, nämlich die Frage nach dem, was Schülerinnen unter *zeichnen können* verstehen.[343]

340 Die Daten wurden bewusst nicht nach Mädchen und Jungen ausgewertet. Selbstverständlich existieren darüber Arbeiten unabhängig von ihren geschlechtlichen oder sonstigen gesellschaftlichen Zuschreibungen richtet. Bei der Auswertung auffallend war dann, dass die oft in der Literatur erwähnte „Sorgfalt" von Mädchen nicht in dem Maße zu erkennen war, dass es eine eigene relevante Kategorie werden konnte (Vor allem in der 6. Klasse).

341 Vergleiche erste Fragestellungen der Arbeit, die sich mit Strategien des Zeichnens: „Wie zeichnen SchülerInnen?"; „Was verstehen Schüler_innen unter dem *Zeichnen Können*?

342 Hier ergaben sich auch weitere Spuren, denen in diesem Material nachgegangen werden kann, wie etwa die Verbindung zwischen Sprache und Zeichnung, oder verschiedenen Formen der kunstunterrichtsspezifischen Kollaboration im Klassenraum. Im Fokus dieser Arbeit steht jedoch die Frage nach dem Zeichnen können von Schüler_innen.

343 Einschränkend muss bemerkt werden: Die Erhebung fand in drei bzw. mit Pretests fünf gymnasialen Klassenstufen statt, zeigt also folglich nur einen Ausschnitt der schulischen Realitäten und des schulischen Spektrums.

Ausgehend von der Grounded Theory gehe ich nun zur Auswertung der Materialien über. Dabei verwende ich das offene Kodieren, welches ich zunächst über jedes Material einzeln anlege und dann miteinander kombiniere. Dabei gehe ich zunächst von der Frage aus: Was ist jeweils prägnant an diesem Dokument?[344]

Günter Mey und Katja Mruck weisen darauf hin, dass das offene codieren ein interpretativer Prozess ist, welcher wiederum Theorien generiert. So verstanden, geht es weder darum, per Auswertungsprogramm bestimmte Daten auszugeben, noch Häufigkeiten zu erheben, obgleich diese selbstverständlich ein Indiz sein ein können (Mey und Mruck 2011:422). Jan Kruse weist zurecht darauf hin „dass es keine natürliche Abgrenzung von induktiven Erkenntnisprozessen und theoretischem Wissen geben kann." (Kruse 2015:96), da, wie ja auch die Ausarbeitung in den oberen Kapiteln der Arbeit zeigt, eine profunde Kenntnislage geschaffen wurde, von der aus nun auf das erhobene Material geblickt wird. Durch die Reflektion der eigenen Forschungsperspektive wird diesem Umstand begegnet.

Die Kategorien[345] wurden im ersten Schritt des *offenen Kodierens* (Kergel 2018:113) induktiv entwickelt: Hierbei wurde das erhobene Material auf Geschehnisse, Auffälligkeiten beleuchtet und Codes aus dem Material heraus markiert, verdichtet und abgeleitet. Dieser Prozess wurde zunächst für die jeweils einzelnen Ebenen des Materials durchgeführt.

In einem zweiten Schritt wurden die so induktiv gefunden Kategorien *axial kodiert*, wobei hierbei erneut das gesamte Material in einer inhaltlichen Strukturanalyse gesichtet wurde. Die zuvor festgelegten Kategorien wurden am Material entwickelt, mit den vorab gefundenen Kategorien abgeglichen und dann anhand der Achsen verdichtet. Zentrale Ergebnisse dieser Kodierungen werden mit zusammenfassender qualitativer Inhaltsanalyse paraphrasiert, abstrahiert und gebündelt (Mey und Mruck 2011:237). Alle Fälle werden nun durchgegangen und offen kodiert und verdichtet als deduktive Kategorien.

Die so erhobenen Informationen sind Einzelfälle, die auf ihre Gültigkeit hin weiter überprüft werden müssen. Sie werden folgend in einer zusammenfassenden qualitativen Inhaltsanalyse insofern exemplarisch als *selektive Kodierung* vorgestellt, als dass nicht alle Fundstellen im Material dazu aufgezeigt werden, sondern der Fokus auf der Interpretation und damit Bildung der (lokalen) Theorie liegt. Diese decken sich teils mit theoriegeleiteten vorab entwickelten Kategorien. Neue Aspekte wie Verweigerung, Kontextualisierung von Leistungen, und das Lernen von anderen kommen hingegen dazu.

Wie schon kurz erwähnt, gab es hierbei auch überraschende Begegnungen und Äußerungen, die ich ‚Datenfunde' nenne. Dazu gehört der rege verbale und nonverbale Austausch beim praktischen Arbeiten (in diesem Fall: Zeichnen) im Kunstunterricht. Ein Beispiel dafür wird im Folgenden vorangestellt, bevor die weiteren Ergebnisse der axialen Kodierung vorgestellt werden.

344 Dokument: hier verstanden als die erhobenen und wie oben beschrieben aufbereiteten Daten.

345 Verstanden als Fundstellen im Material.

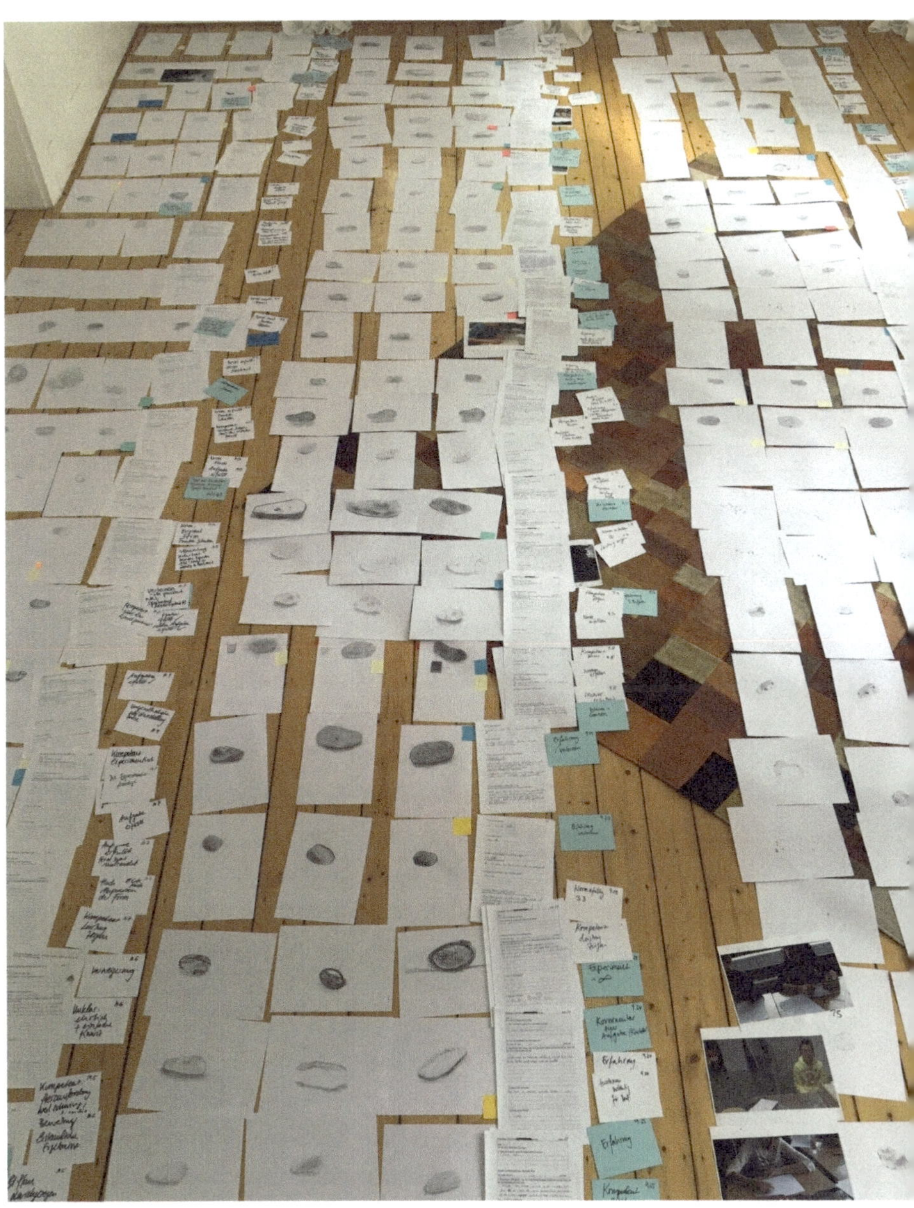

Abb. 76: Offenes Kodieren.

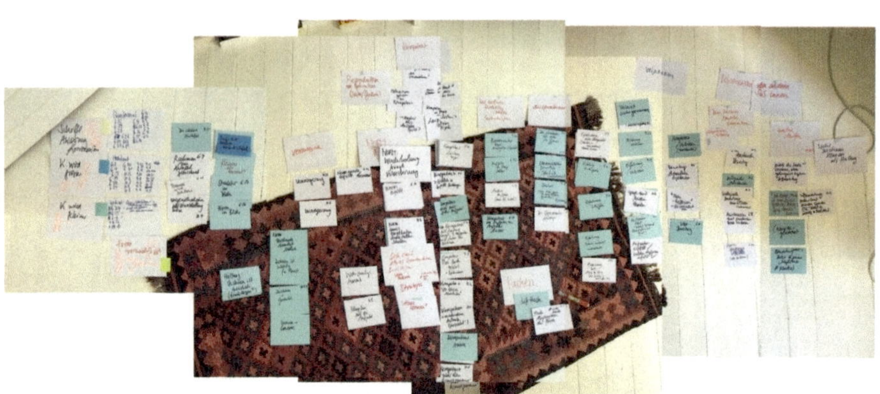

Abb. 77: Abgeleitete Kodes.

5.6.1. Datenfunde: Kollaborationen innerhalb gestalterischer Prozesse

Gruppengespräche beim Zeichnen in Klasse 10 an Tisch 1

In den Klassen 6 und 9 war es während des Zeichnens in der Klasse relativ ruhig. Die Schüler*innen hatten sich hauptsächlich mit der Lösung der Aufgaben A1–A3 beschäftigt. Ein Austausch fand, soweit in den Videographien der gefilmten Schüler*innen zu sehen und über die Gesamtlautstärke der Klasse nachzuvollziehen, über das Austauschen von Blicken oder in halblauten Sätzen statt (vgl. hierzu insbesondere Schüler_innen 6.8, 6.12). In der Klasse 10 begann relativ rasch ein, in normaler Lautstärke geführter, verbaler Austausch, der sich sowohl über das Zeichnen selbst, das Zeichenobjekt (Kartoffel), sowie Fähigkeiten, zeichnen zu können entspann. Bei der Transkription der Videoaufzeichnungen vom Zeichnen der vier an der Erhebung teilnehmenden Schüler*innen, die über zwei zusammen gestellte Tische verteilt saßen, wurde schnell deutlich, dass hier eine Situation entstanden war, die so in der Erhebung nicht vorgesehen wurde. Der in der Planung des Unterrichts in Aufgabe 4 vorgesehene Austausch über die Zeichnungen fand bereits während dem Zeichnen selbst statt und nahm damit Einfluss auf den Verlauf der Zeichnungen. Es konnte dabei rekonstruiert werden, dass die Schüler*innen sich neben alltäglichen und schulischen Belangen auch Hilfestellungen zum Zeichnen geben, sowie sich teils neckend, teils ernst gemeinte Rückmeldungen zu den entstehenden Zeichnungen geben.

Methodisch ist dies relevant, da sich die Auswertung an dieser Stelle verändert. So kann nicht mehr, wie zuvor geplant, das Zeichnen als nicht-sprachliches Handeln gesondert aus-

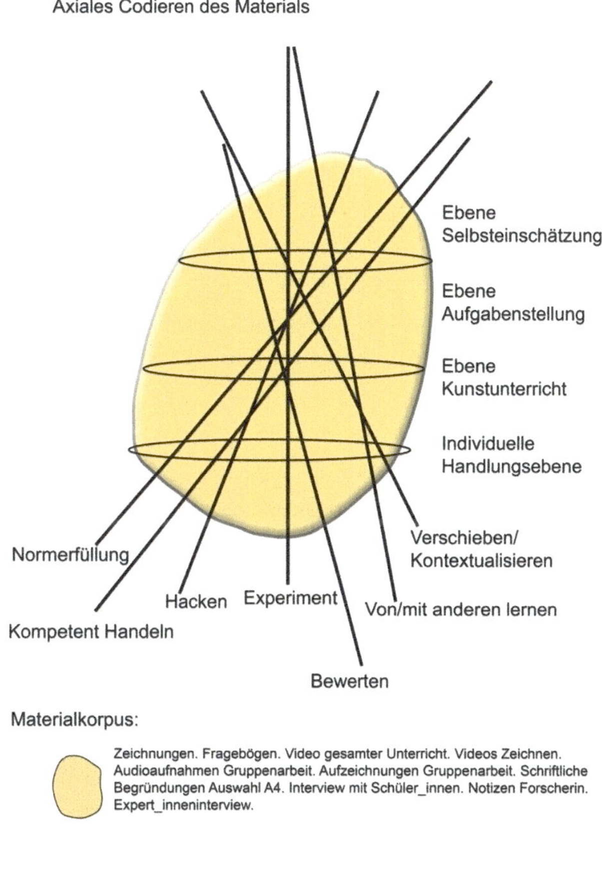

Abb. 78: Axiales Codieren des Materials.

gewertet werden und mit den im Interview zu einem späteren Zeitpunkt formulierten Antworten ergänzt werden. Vielmehr ergibt sich hier ein sprechendes und zeichnendes Handeln und Reflektieren, das der Komplexität des Vorgangs des Zeichnens einerseits entspricht und die Trennung auf einzelne Aspekte (erst Zeichnen, dann Reflektieren; einzelne Schüler*innen werden videographiert) des Erhebungssettings auflöst – und damit eine lebendigere, wenngleich auch deutlich komplexere Ausgangslage zur Auswertung erfordert.

Dieser Herausforderung begegne ich, indem ich das gesamte Material nicht mehr nach Fällen aufschlüssele, sondern vielmehr über die mit Kategorien bezeichneten Achsen *quer durch das erhobene Material* auswerte.

5.6.2. Axiale Codierung

Das Material wurde nun, wie bereits dargestellt, kodiert und kategorisiert. Als Ergebnisse in einer übergeordneten Systematik haben sich die folgenden Aspekte ergeben, die sich aus der Theoriearbeit ableiten ließen: (1) Norm/ Normerfüllung, (2) Kompetenz / Kompetent handeln, (3) Hacken, (4) Experiment, (5) Bewerten. Beim offenen Codieren hinzugekommen sind: (6) Von anderen lernen, (7) Verschieben /Kontextualisieren.

Dabei beziehe ich mich auf die folgenden Ebenen: (1) Individuelle Handlungsebene, (2) Ebene Kunstunterricht, (3) Ebene Aufgabenstellung/Zeichnung, (4) Ebene Selbsteinschätzung. Im Folgenden werden die Achsen kurz vorgestellt, bevor sie ausgewertet werden.

Achse 1: Normen

Bei der Achse der Norm wird zunächst erfasst, von welchen Normen die Schüler*innen ausgehen, wenn sie am Erhebungsunterricht teilnehmen. Dabei zeigt sich, dass aus der Perspektive der Selbsteinschätzung der Schüler*innen, diese äußern, Normen einer ‚guten' gegenständlichen Zeichnung im Kunstunterricht erfüllt / nicht erfüllt zu haben (z. B. Schatten, Umrandung, dreidimensional, dass eine Lichtquelle eingezeichnet werden muss). Auf der Ebene des Kunstunterrichts können Normen einer Aufgabenstellung im Kunstunterricht erfüllt/ nicht erfüllt werden; bezogen auf die Aufgabenstellung, dass diese erfüllt oder nicht erfüllt wurde, was auf der Ebene der Selbsteinschätzung mit z. B. „genau" zu zeichnen oder „die Form zu erfassen" beschrieben wurde. Normen hinsichtlich einer der individuellen Handlungsebene konnten „Verbesserung durch Übung" oder „Geduld" sein, die das Zeichnen brauche; Normen hinsichtlich der Relevanz von Zeichnung und künstlerischem Können beziehen sich auf die Ebene des Kunstunterrichts und darüber hinaus.

Achse 2: Kompetentes Handeln

Die Achse des kompetenten Handelns wird in der Selbsteinschätzung beschrieben durch den Wunsch, gestalterische Leistungen zu zeigen (z. B. zeigen, dass man* es kann/ zeigen, dass man* es versucht); auf der Ebene der Aufgabenstellung war dies die Vorstellung: „Jede Aufgabe macht mich besser", auf der individuellen Handlungsebene verstanden, dass ein Plan gefasst und durchgeführt wird; dass verschiedene Anläufe genommen und versucht werden. Diese Achse weist Verknüpfungen zur „Norm" auf. Hinzu kommt hier die Außenperspektive durch das Expert_inneninterview.

Achse 3: Hacken

In dieser deduktiv abgeleiteten Achse wurde erwartet, dass die Aufgabenstellung unterlaufen würde und von den Schüler*innen etwas in nicht vorgesehenen Gebrauch subversiv etwas offen gelegt wird. Innerhalb des Pretests nach Nacherhebungen gab es als Beispiel eine Umdeutung der Aufgabe, die als ein solcher Hack verstanden werden kann, und die ich als ‚Kippbild' bezeichne.

Achse 4: Experiment

Auf der Ebene der Selbsteinschätzung wurde hier der*die lernende Schüler*in, die kommuniziert, offen für Neues zu beschrieben. Auf der Handlungsebene der*die Schüler*in, die etwas ausprobiert, die Momente widerständigen Materials als Erfahrung macht oder reflektiert. Auf der Ebene der Aufgabenstellung war dies bei Aufgabe 2 und 3 zu finden, die auf der individuellen Handlungsebene reflektiert wurden. Das Experiment wird auf der individuellen Ebene mit „Spaß", mal was „Anderes machen" in Verbindung gesetzt.

Achse 5: Bewerten & Einschätzungen treffen

Auf der Ebene der Aufgabenstellung werden hinsichtlich der Einschätzung einer Lernaufgabe Äußerungen gemacht; die Selbsteinschätzung betrifft die Bewertung beim Zeichnen – selbst und andere sowie die erhobenen schriftsprachliche Äußerungen und im Interview. Einschätzungen wurden innerhalb des Zeichnens innerhalb der Gruppen bezüglich der Aufgabenstellung, dem individuellen Handeln sowie dem Kunstunterricht gemacht.

Achse 6: Von und mit anderen lernen / Datenfunde

Diese Achse wurde bereits in „Datenfunde" beschrieben; es handelt sich hier um eine Praxis, die dem Kunstunterricht genuin zugrunde zu liegen scheint. Von anderen und mit anderen wird, ohne dass es die Aufgabenstellung vorsieht, gelernt, indem z. B. durch Blicke Strategien der Mitschüler*innen wahrgenommen, interpretiert und ggf. übernommen werden. Ebenfalls nicht in der Aufgabenstellung angelegt, jedoch innerhalb von offenen gestalterischen Aufgaben oder auch konkret vor der Situation des nicht *Zeichnen Könnens* praktiziert ist die kollegiale Beratung oder über den Tisch – auf einer individuellen Ebene bedeutet dies ein Austausch – über die Aufgabenstellung und darüber hinaus.

Achse 7: Verschieben/ ins Verhältnis setzen

Die Aufgabenstellung wird in einen Kontext gesetzt oder verändert; auf der Ebene der Selbsteinschätzung finden Kontextualisierungen der Ergebnisse z. B. im Interview und in Fragebögen statt; dort werden auch individuelle Erkenntnisse über das Zeichnen formuliert. Als eine Form des Verschiebens wird das Verweigern gefasst, welches den Kontext insofern verschiebt, als dass die Norm der Aufgabenstellung im Kunstunterricht nicht erfüllt wird.

Die Achsen werden nun dargestellt, mit einzelnen Fällen belegt und mit dem Material verdichtet. Die Fälle (also das Handeln der einzelnen Schüler*innen im Unterricht) sind meistens nicht nur einer Achse zuordenbar – so hängt z. B. das Erfüllen von (zeichnerischen) Normen stark mit der Achse der Kompetenz, die gezeigt wird, zusammen. Die Mehrfachbelegung ist innerhalb eines komplexen Materialkorpus wie diesem nicht zu vermeiden.

5.7. Auswertung

Ausgangsfrage der Datengewinnung war, welche Strategien Schüler*innen in einer 6., 9. und 10. Klasse im Gymnasium bzw. Gesamtschule beim Zeichnen eines Gegenstands entwickeln würden, wobei die Aufgabenstellung Momente des Unbekannten und des Experiments enthielt. Der Ausgangsfrage wird aus drei inhaltlichen und zwei methodischen Perspektiven nachgegangen. Die inhaltlichen Perspektiven sind folgende 1) zu beschreiben, was eigentlich geschieht, wenn Schüler*innen im Kunstunterricht entlang einer Aufgabe zeichnen; 2) was dabei nicht geschieht und 3) welche Strategien des Zeichnens und Zeichnen – Könnens entwickelt werden.

Im Folgenden wird ein kurzer quantitativer Einblick in die Fragebögen gegeben.

Ein erster Überblick

Zunächst einmal ist festzustellen, dass alle Schüler*innen die im Rahmen des Unterrichts an sie gestellte Aufgabe des Zeichnens einer Kartoffel bearbeitet haben. Kein_e Schüler_in hat die Aufgabe verweigert. Die in den drei Klassen 6, 9 und 10 gewonnen Daten sind in diesem Sinne vollständig und geben so zuallererst einen Einblick in die Erhebungssituation in einer Schule, in der Aufgabenstellungen erledigt werden. Auch wenn einzelne Schüler*innen Zweifel daran äußern und auch offen in der Klasse formulieren. So sind 231 Zeichnungen von 77 Schüler*innen entstanden und ebenfalls 77 Fragebögen zur Auswertung gekommen.

Auswertung der Fragebögen

Eine erste Übersicht geben die Daten, die in der „Statistik-Box“, die vor dem Zeichnen ausgefüllt wurde, angegeben sind. Die 31 Schüler*innen der 6. Klasse sind durchschnittlich 11,5 Jahre alt, die 23 Schüler*innen in der 9. Klasse 15 Jahre und die 23 Schüler*innen in der 10. Klasse durchschnittlich 15,8 Jahre alt.

Die Schüler*innen der Klasse 6 geben an, tendenziell eher gut (17 Nennungen) oder mittelmäßig (8) zeichnen zu können. Die Schüler*innen der Klasse 9 geben an, tendenziell eher gut (6) oder mittelmäßig (5) zeichnen zu können, wobei die Hälfte der Klasse ihr Können im Feld Mittelmäßig, schlecht (3) und sehr schlecht (4) angibt. Die Schüler*innen der Klasse 10 geben an gut (7), mittelmäßig (6) oder sehr schlecht (5) zeichnen zu können. Durchgängig haben 4–5 Schüler*innen pro Klasse spezifische Angaben zu ihrer Fähigkeit zu zeichnen gemacht (z. B. „Graffiti“, „Schiffe“, „Flugzeuge“ oder „Stillleben“), wobei der Grad der Ironie mit dem Alter zuzunehmen scheint (z. B.: „WIE PICASSO“, „gut das Haus vom Nikolaus“).

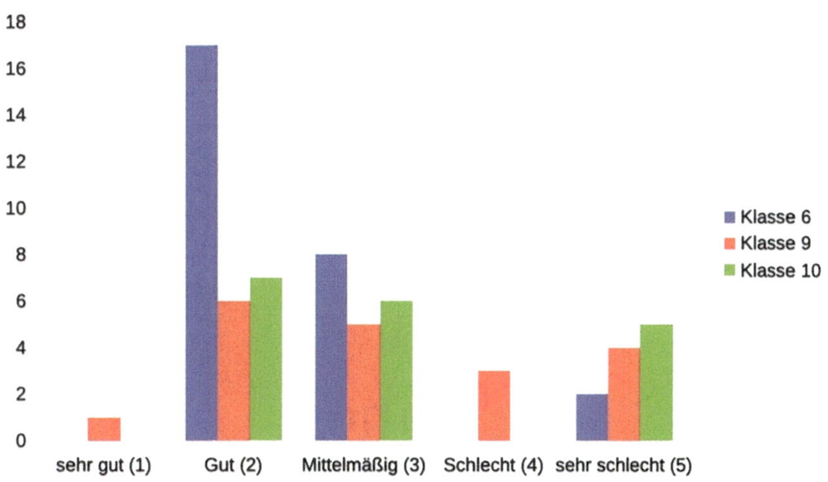

Abb. 79: Selbsteinschätzung der Schüler*innen zum Zeichnen Können (Ich finde, ich kann ____ zeichnen).

Auf die Frage, was Schüler*innen gerne lernen möchten, haben sie relativ häufig Themen rund um das Zeichnen genannt. Dies mag damit zusammenhängen, dass die Schüler*innen wussten, dass es an diesem Termin um das Zeichnen gehen würde. Auffallend ist, dass in der Klasse 6 sehr unterschiedliche, auch handwerkliche Aspekte genannt werden, die auch im Werkunterricht Raum haben könnten.

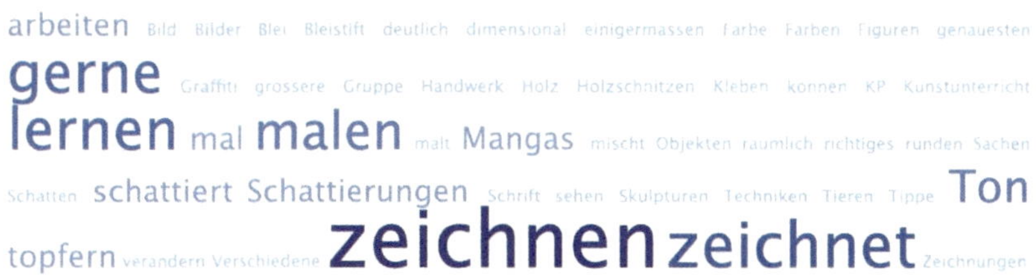

arbeiten Bild Bilder Blei Bleistift deutlich dimensional einigermassen Farbe Farben Figuren genauesten
gerne Graffiti grossere Gruppe Handwerk Holz Holzschnitzen Kleben konnen KP Kunstunterricht
lernen mal malen malt Mangas mischt Objekten raumlich richtiges runden Sachen
Schatten schattiert Schattierungen Schrift sehen Skulpturen Techniken Tieren Tippe Ton
topfern verandern Verschiedene zeichnen zeichnet Zeichnungen

Abb. 80: Klasse 6: Antworten auf die Frage: „Was möchtest Du gerne im Kunstunterricht lernen?“, A-Z, Schriftgröße entsprechend der Anzahl der Nennungen.

In Klasse 9 äußerten sich teils sehr konkrete Wünsche, was gezeichnet werden können könnte, z. B. „Nase“, „Ohren“, „Gebäude“, „Gegenstände“ und „Schattieren/Schattierungen“.

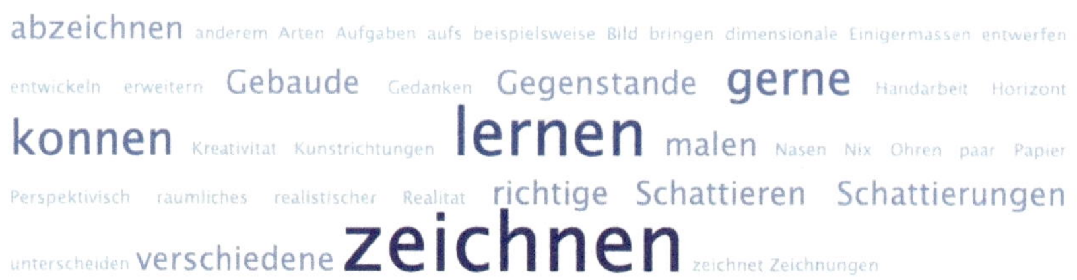

Abb. 81: Klasse 9 Antworten auf die Frage: „Was möchtest Du gerne im Kunstunterricht lernen?“, A-Z, Schriftgröße entsprechend der Anzahl der Nennungen.

In der Klasse 10 variieren die Aussagen stärker, da auch die Antworten tendenziell länger werden und in dieser ‚word cloud‘ nicht mehr ganz sinngemäß abgebildet werden können. Es lässt sich jedoch ein Interesse an Feldern des Kunstunterrichts wie auch Kunstepochen, Künstler, Techniken ablesen.

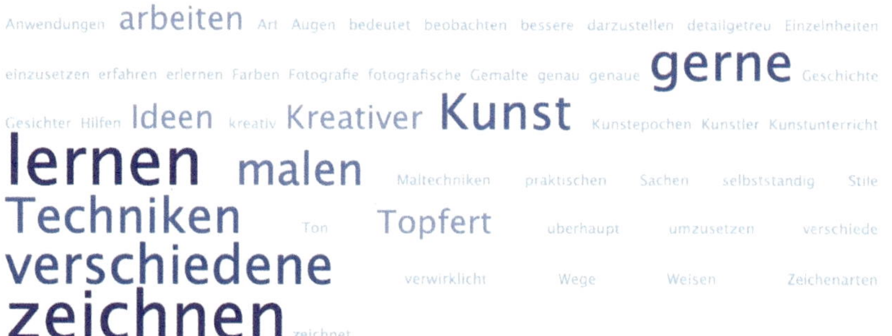

Abb. 82: Klasse 10 Antworten auf die Frage: „Was möchtest Du gerne im Kunstunterricht lernen?“, A-Z, Schriftgröße entsprechend der Anzahl der Nennungen.

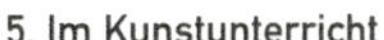

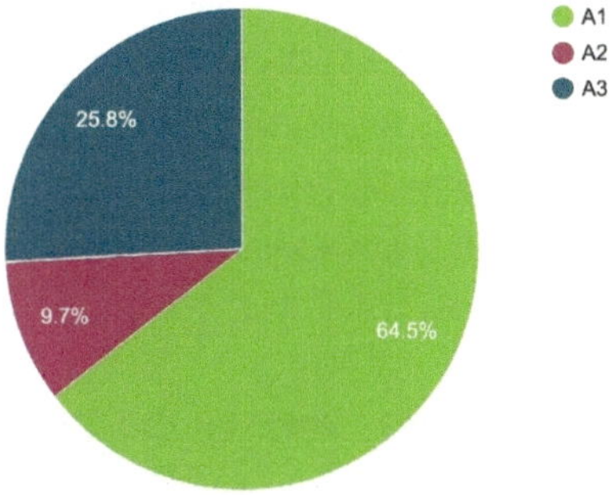

Abb. 83: Klasse 6.

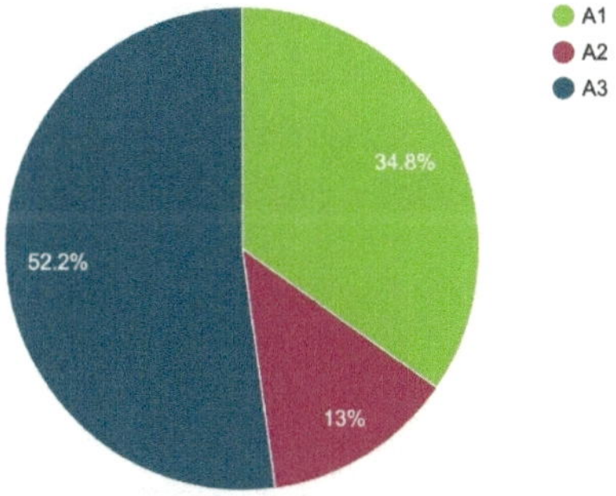

Abb. 84: Klasse 9.

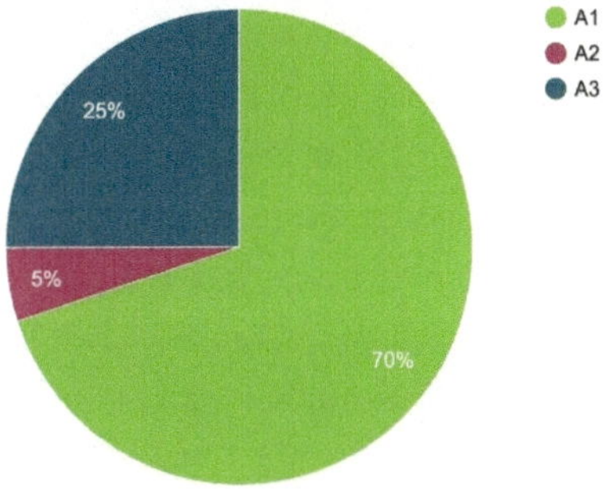

Abb. 85: Klasse 10.

Die Schüler*innen wurden nach den Aufgaben gebeten einzuschätzen, welche Aufgabe ihnen am besten gefallen hat.

Hierbei fällt auf, dass die Schüler*innen in der 9. Klasse die Aufgabe 3 überproportional oft als die Aufgabe angeben, die ihnen am besten gefallen habe.

Nach diesen ersten Einschätzungen, die wiederum mehr Fragen aufwerfen, als dass sie sie klären, wenden wir uns nun der Auswertung der Achsen zu. Hierbei sollen zwei Dinge erwähnt sein: 1) nicht alle Fundstücke werden hier beschrieben; dies würde die Darstellungsmöglichkeiten dieser linearen verfassten Arbeit sprengen. Deshalb werden die Fundstücke exemplarisch vorgestellt und diskutiert. 2) Aufgrund der besseren Lesbarkeit wurden die Daten hier folgendermaßen referenziert: (Kontext des Zitats, Nr. Schüler_in: Zeilen – oder Zeitangabe).

5.7.1. Achse 1: Normen des Zeichnens:

In dieser Achse werden die Normen des Zeichnens zusammengefasst, also alle Handlungen und Äußerungen von Schüler*innen, die beschreiben, welche Kriterien für eine „gute" Zeichnung zutreffen. Zugleich wird unterschieden in die Normen einer Zeichnung, die im Kunstunterricht entsteht, den Normen einer Aufgabenstellung im Kunstunterricht, die erfüllt oder nicht erfüllt wird, die Normen einer Selbsteinschätzung hinsichtlich einer Leistung, die erfüllt/ nicht erfüllt wird.

Genauigkeit und Sorgfalt

Im Fragebogen wurde erfasst, wie die Schüler*innen eine Zeichnung hergestellt haben. Sie haben dabei nicht nur den Vorgang des Zeichnens selbst beschrieben, sondern auch dessen Kriterien und Erwartungen daran. Das „Zeichnen muss genau sein" (Fragebogen 6.14:F.1[346]), „originalgetreu" (Fragebogen 10.12:F1), „Details müssen wieder gegeben", „Feinheiten abgebildet werden" (vgl. Fragebogen 6.1:F1.3). Ein Schüler beschreibt sein Vorgehen so: „Ich habe mir die Kartoffel genau angesehen und versucht detailliert alles nachzuzeichnen" (Fragebogen 10.23:F.1). Die gezeichnete Kartoffel muss identifizierbar, erkennbar sein, so, dass es „echt" aussieht (vgl. Fragebogen 6.2:F1). Es ist wichtig, dass die „Wahl des Blickwinkels" gelingt und es sollte dabei gelingen, den „Charakter einer Kartoffel" darzustellen; „Es ist schwierig, der Kartoffel den Charakter einer Kartoffel zu verleihen." (Fragebogen 10.24:F1.3)

Mühe

Mit der Genauigkeit kommt auch die Arbeit ins Spiel, die eine solche Zeichnung macht – und damit die Beschwerlichkeit. Das „Zeichnen macht Mühe" (Fragebogen 10.4, 10.5), und man kann es sich „antrainieren" (Fragebogen 10.1:F.6). Eine Schülerin schätzt ihre eigene Leistung so ein: „Ich finde, ich kann ganz gut zeichnen, wenn ich mir nur Mühe gebe." (Fragebogen 10.3:F.2), eine andere schreibt: „Es ist eine Art Talent gut zeichnen zu können was ich von mir aus nicht behaupten kann aber man (sic) sich das antrainieren." (Fragebogen 10.4:F6)

346 F = Antwort auf Frage; 1 = Nummer der Frage im Fragebogen.

Realismus, Details und Form

Details, vor allem aber eine gelungene, „genau wie möglich" (Fragebogen 6.28:F1) oder „realistisch" (Fragebogen 6.30:F.1) erfasste Form gehören zu einer gelungenen Zeichnung (vielfache Funde). „Ich habe die Kartoffel so gut wie möglich abgezeichnet und keine neuen dinge (sic) hinzugefügt. Ich habe versucht es genau wie in real abzuzeichnen." (Fragebogen 6.31:F1) – es sollen also nur solche Merkmale auf die Zeichnung kommen, die zum Objekt gehören, also zu dessen Identifikation beitragen können. Dies betrifft nicht nur dessen Form, sondern auch die „Farbigkeit" (Fragebogen 10.5:F1.3), „Kontur, Schatten, Verfärbungen" (10.24:F2), die „Dellen"(Fragebogen 6.31:F.1.2) oder der „Dreck" (Fragebogen 10.21:F1.2; 6.8:F1), welcher erkennbar sein soll. Schülerin 10.4 beschreibt im Interview ihre Schwierigkeiten mit der Aufgabe:

> *„naja, es is-, bei mir ist es ja so, wenn ich irgendwas zeichne, dann versuche ich das eigentlich so genau wie möglich zu machen. Und wenn ich dann unter Zeitdruck steh', dann vergess' ich ein paar Sachen oder ich mal' das halt nicht so wirklich so, wie es ist (.) oder keine Ahnung. Und ich fühl' mich dann so ein bisschen überfordert und dann sieht die Zeichnung dementsprechend eigentlich auch nicht gut aus (.) und deshalb, also ich finde da eher wenn man da jetzt so ein bisschen länger Zeit hat und echt jetzt ins Detail gehen kann und jedes einzelne Ding von der Seite und überall ankucken kann, dass man auch eine bessere Zeichnung hinbekommt."*
> *(Interview Schülerin 10.4:Z 47–53)*

Im Rahmen der Aufgabe 4, in der die Schüler*innen im Rahmen einer Gruppenarbeit eine Auswahl aus ihren Zeichnungen diskutieren, fragt in Klasse 10 die Lehrperson nach, ob es schon eine Begründung für die Auswahl gibt. Es folgt eine Diskussion über die Qualität der Begründung der Schüler*innen:

„#00:12:04-6# Lehrperson: Jetzt mal ernsthaft, wel-, also, ihr habt 2 Kartoffeln ausgewählt und warum gefallen die euch denn-
#00:12:08-6# Schüler: -weil die-
#00:12:09-3# Schüler: - eine-
#00:12:09-8# Schüler: -weil die am ordentlichsten aussehen.
#00:12:11-8# Lehrperson: Dann schreibt das auf.
#00:12:12-0# Schüler: Und am- (.) gewahrheitsten.
#00:12:14-1# Schüler: @gewahrheitsten@-
#00:12:21-0# Lehrperson: - am ordentlichsten gezeichnet.
#00:12:15-7# Schüler: Ja, das wollte ich ja gerade machen.

#00:12:15-7# Lehrperson: (deutlich) Naturalistisch (.) nicht realistisch sondern naturalistisch.
#00:12:25-0# Schüler: Ja aber realistisch ist doch auch naturalistisch.
#00:12:28-0# Lehrperson: Nee aber in der Kunst ist 's was anderes: Realismus und Naturalismus.
#00:12:32-3# Schüler: Aber-
#00:12:34-4# Lehrperson: -das habe ich Euch sogar schon erklärt.
#00:12:34-3# Schüler: Realismus is-
#00:12:35-7# Schüler: -ja aber der (.) okay, dann möchte ich jetzt bitte-
#00:12:37-4# Lehrperson: -von der Sprache her, von den (.) Realismus is 'ne Epoche-
#00:12:40-4# Schüler: (ins Mikrofon) -hä-hu, hu:::,@u:::h:@-
#00:12:45-9# Schüler: -ja aber denn Begriff, wenn man den auseinanderbauen würde, würde das ja das gleiche bedeuten (...) also äh (..) Naturalismus ist ja das gleiche (.)wie Realismus- nur-
#00:12:54-2# Lehrperson: -welche anderen Argumente gibt es noch?
#00:12:55-9# Schüler: Weiß nicht, also-
#00:12:59-0# Lehrperson: -nur eins is' 'n bisschen wenig, ne?
#00:13:00-6# Schüler: Weil die @Schattierung@ und so was gefällt @(.)@.
#00:13:02-7# Lehrperson: Ja, sehr gute Antwort" (Klasse 10 Gespräch am Gruppentisch 2:00:12:04-6–00:13:02-7).

Ein anderer Beleg findet sich bei Schüler 9.4, der im Fragebogen angibt, „sehr schlecht" zeichnen zu können. Weiterhin gibt er den Wunsch an, im Kunstunterricht lernen zu wollen, „besser zeichnen" zu können. Er hat bei der ersten Zeichnung versucht, eine Form zu zeichnen, die ihm zusagt. Das Papier liegt im Querformat. Die Außenlinie, die die Form bestimmt, wird immer weniger. Dies bemerkt der Schüler auch im Fragebogen: „Die Linien genau zu zeichnen war schwer" (Fragebogen 9.4:F2.3). Das Zeichnen mit der normalen Hand habe ihm am besten gefallen, „Weil es einfacher geht" (Fragebogen 9.4:F.5). Dennoch fand er es „sehr interessant, mit der schwachen Hand zu zeichnen, weil es etwa neues ist, wobei ich aber recht ungeduldig war" (Fragebogen 9.4:F.6).

Besonders zeigt sich hier, dass die Normen, die die Schüler*innen bereits im Fragebogen als Kriterien für eine ‚gelungene' Zeichnung notiert haben, wiederum aufrufen (‚realistisch', ‚Schattierung'), was von der Lehrperson mit einem inhaltlichen Rückgriff auf das Fachwissen bestärkt wird. Im Rahmen des Erhebungsunterrichts in der Klasse 10 folgt nach der Aufgabe 4 die Präsentation der Ergebnisse vor der Klasse. Hier wird der Vorschlag der Lehrperson nicht aufgegriffen, sondern die Variation „am orginalgetreuesten" gewählt, was sowohl in den Gesprächen in der Gruppe als auch im Interview nochmals aufgegriffen wird (Klasse 10 Gespräch am Gruppentisch 1: Minute 00:07:24-0 und Interview mit Schülerin 10.4:Minute 00:04:34-2) – hier wäre es lohnenswert, die Lehrer*innen-Schüler*innen-Interaktion näher zu analysieren.

Dreidimensionalität und Schattierung

Viele Schüler*innen beschreiben ihre Erwartungen gegenüber ihrer eigenen Zeichnung. Hier seien einige Beispiele genannt: Die Schülerin 10.11 beschreibt bei der Frage zu Aufgabe 1: „Dass die Kartoffel plastisch wirkt"(Fragebogen 10.11:F1.3) sei schwierig gewesen. „Der 3D Effekt war schwierig zu zeichnen" (Fragebogen 6.3:F1.3) bemerkt ein*e andere. Weitere Fundstellen: Fragebogen 6.4:F1.3; Fragebogen 6.30:F1.3. Auch die Schattierung als etwas, das als ‚schwierig' bezeichnet wurde (Fragebogen 6.6:F1.3; Fragebogen 6.8:F1.2; Fragebogen 6.13:F2.2). Daraus lässt sich folgern, dass Schüler*innen diese Qualitäten an einer ‚gelungenen' Zeichnung schätzen würden – sie aber oft nicht erreichen konnten.

Ist einfach wichtig, gehört zur Kunst

„Zeichnen ist wichtig, weil man es bestimmt mal braucht. Wofür weiß ich noch nicht." (Fragebogen 6.20:F6). Eine Schülerin antwortet im Interview auf die Frage „F.: Findest Du Zeichnen wichtig? – A: Ja. Ich finde Kunst wunderbar. Deswegen finde ich das Zeichnen wichtig." (Fragebogen 6.25:F4)

Ebene Expert_innen: Norm des Schummerns

Im Expert_inneninterview wurden die Schüler_innenzeichnungen in einer Auslegeordnung gewürdigt und unter der Frage diskutiert, welche Zeichnung gelungen sei – und unter welchen Kriterien diese ausgewertet werden könnten. Das Gespräch kam dabei auch auf das *Schummern*, das Verwischen von Graphit mit dem Zeigefinger auf dem Zeichenpapier. In dem folgenden Gespräch wird deutlich, dass dies als eine ‚Norm' des Kunstunterrichts gilt, das nicht zu tun. Zunächst wird darüber spekuliert, warum dies eigentlich so sei und kommen anschließend zu der Bewertung, dass das Schummern ein Schritt in der Entwicklung beim Zeichnen lernen sei.

„02:04:43-5 Lehrperson 1: Woher kommt das eigentlich mit dem Schummern?
02:04:46-3 Interviewerin: Das man das nicht macht? (...) Kunstakademie.
02:04:51-3 Lehrperson 1: Hm?
02:04:51-3 Interviewerin: Kunstakademie.
02:04:54-5 Lehrperson 1: Nee, nee. Es muss ja eine saftige Begründung dafür geben. Also ich glaube schon, dass- (...)
02:05:02-4 Interviewerin: -naja, also weil das den Strich verwischt-
02:05:07-0 Lehrperson 1: -ne::. Ich glaube, weil das, weil das ja ein zu schneller Effekt, der nicht wirklich verstanden ist. Dass man zu schnell einen Effekt einsetzt-

02:05:16-2 Lehrperson 1: -(unv.) abgearbeitet daran.

02:05:18-3 Lehrperson 1: Ja, ne::. Also ich will es mal positiv fassen-

02:05:20-5 Lehrperson 2: -effekthascherisch meinst du?-

02:05:20-5 Lehrperson 1: Ne::. ne::. Du kriegst den Effekt zu schnell und hast ihn eigentlich nicht verstanden. Ich glaube, dass ist das Muster dahinter-

02:05:29-3 Interviewerin: -hm (bejahend)-

02:05:32-0 Lehrperson 2: -deswegen mögen es Schüler auch so-

02:05:32-0 Lehrperson 1: -ja. Du verfügst nicht (.) also, das ist keine echte Kompetenz. Das ist in einer Phase der zeichnerischen Entwicklung sicher-

02:05:43-3 Interviewerin: -aber das ist eigentlich sehr schön, dann auf so ein Motiv zu schauen, dass eigentlich alle auch so (.) eigentlich müsste man sich dem Schummern dann auch mehr widmen.

02:05:54-4 Lehrperson 1: Ja, ich finde auch das Schummernde an sich-

02:05:55-2 Interviewerin: -Schummern aus der Schmuddelecke-

02:05:55-9 Lehrperson 2: @(.)@

02:05:59-3 Lehrperson 1: Das wäre doch auch ein guter Titel für die Diss.

02:05:59-3 Lehrperson 2: Ja.

02:06:03-2 Lehrperson 1: Rettets die Schummerer.

02:06:06-6 Interviewerin: @ Ja. Aber das ist nicht uninteressant, also da nochmal genauer hinzukucken. Vielleicht schaue ich nur die geschummerten an, erst mal.

02:06:14-3 Lehrperson 1: Also die Welt sähe anders aus, wenn wir den Schummernden besser sehen würden @(.)@

02:06:23-2 Interviewerin: Die Schüler wären glücklicher.

02:06:25-0 Lehrperson 1: Die wären was?-

02:06:25-0 Interviewerin: -glücklicher-

02:06:25-0 Lehrperson 1: -nee. Aber, was ich sagen wollte: Es kann ja durchaus sein, das müsste man sich nochmal überdenken, dass man sagt, schummern gilt nicht als- (.) in der Entwicklung des Zeichnenlernens durchaus eine sinnvolle Phase-

02:06:39-8 Lehrperson 2: -hm (bejahend)-

02:06:41-8 Interviewerin: -hm (bejahend)-

02:06:41-8 Lehrperson 1: -sein kann. Wie dass man sagen kann, Radiergummi geht nicht. Also ich (.) ja." (Expert_inneninterview:02:04:43-5–02:06:41-8).

Interpretation

Schüler*innen wissen, wie eine „gelungene“ Zeichnung aussehen soll: Auf dieser ist erkennbar, was abgebildet ist. Dabei werden sie auch auf der Ebene des erhobenen Kunstunterrichts von der Lehrperson bestärkt.

Dazu gehört: Die Form richtig wiedergeben, die Schattierung, die Strukturen der Kartoffel erfassen (Knollen, Augen, Dreck, …). Sie weist Merkmale wie Dreidimensionalität und Schattierungen auf. Der „Charakter“ des Objekts sollte in der Zeichnung dabei getroffenen sein. Die Zeichnung wurde nicht nur abbildgetreu, sie wird auch mit Genauigkeit und Sorgfalt hergestellt, und das macht auch Mühe. Zeichnen braucht Zeit. Es ist nicht einfach. Erkannt wird zudem, dass das Zeichnen gesellschaftlich anerkannt ist. Dass es schon einen Sinn haben muss, wenn man es in der Schule lernt und eventuell für einen Beruf gebrauchen kann – oder dafür, den Kindern später in der Schule dabei helfen zu können. Provokativ formuliert: Die Schule lehrt schon dadurch, dass sie Schule ist, dass ihre Inhalte von Relevanz sein müssen. Das Zeichnen wird als ein Teil von Kunst, aber auch von Kunstunterricht verstanden.

Das *Schummern* im Experteninterview spricht eine implizite Norm an, dass eine ‚gelungene‘ Zeichnung nicht geschummert sein dürfe – diese Vorstellung ist an verschiedenen Schulen und Kunstakademien bis heute anzufinden. Dieser Frage weiter nachzugehen, wäre sicher lohnenswert.

5.7.2. Achse 2: Kompetentes Handeln

Kompetent Zeichnen

Die Achse des kompetenten Handelns wird in der Selbsteinschätzung beschrieben durch den Wunsch, gestalterische Leistungen zu zeigen. Auf der Ebene der Aufgabenstellung sei hier ein Beispiel einer Schülerin genannt, die speditiv beginnt zu zeichnen und sich innerhalb von Aufgabe 1 trotz Gesprächsangeboten ihrer Mitschüler:innen nicht lang vom Zeichnen ablenken lässt, und diese auch beim Wechsel der Aufgabenstellung noch beendet. In ihren Zeichnungen findet sich die spezifische Form der Kartoffel immer wieder, auch die Größe und Platzierung auf dem Blatt variiert nicht sehr stark. Die Schülerin wird als Expertin von ihren Nebensitzer:innen adressiert und weist sich auch als Expertin aus, indem sie z. B. die Qualität der ausgehändigten Bleistifte kommentiert, aber auch indem sie ihre Meinung zu den Zeichnungen anderer und ihrer eigenen Zeichnung kund tut. Im Folgenden wird die deskriptive Inhaltsangabe der Videographie von A1 sowie die Serie der Zeichnungen gezeigt.

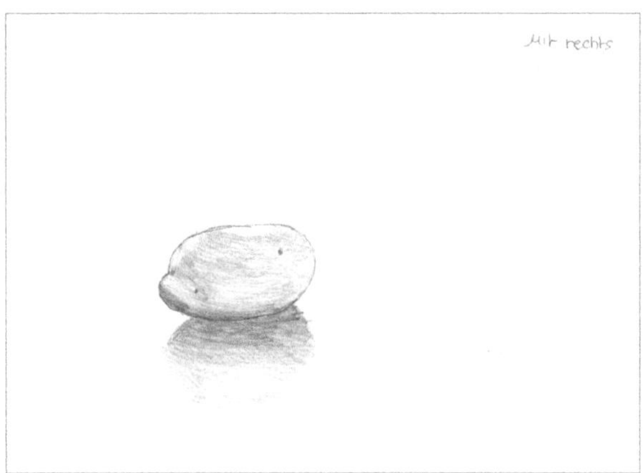

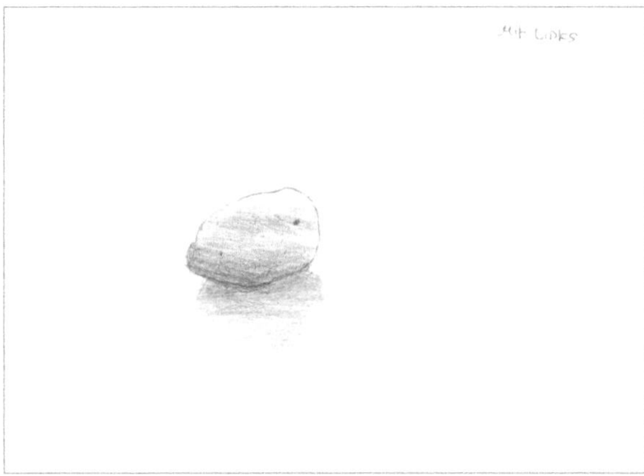

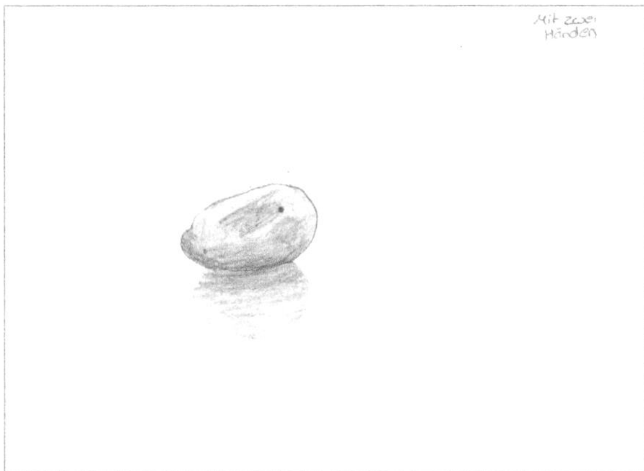

Abb. 86: Zeichnungen A1-3, Schülerin 6.8.

„Zeichnung 1
Als die Kamera eingeschaltet wird, zeichnet die Schülerin 6.8 den Umriss der Kartoffel und wechselt zwischen der Zeichnung, der Form und deren Schatten. Auffallend ist dabei das schnelle Hin- und Herwechseln des Blicks zwischen Blatt und zu zeichnendem Gegenstand. Die Schülerin zeichnet konzentriert. Sie legt beim Zeichnen ihren rechten Unterarm auf ihr Pult. Die Nebensitzerin schaut immer wieder auf das Blatt der Schülerin 6.8, wobei sie versucht, über den aufgelehnten Arm der Schülerin 6.8 zu schauen. Die Schülerin 6.8 hört nach ca. zwei Minuten auf zu zeichnen, radiert und zeichnet dann weiter. Die Nebensitzerin spricht die Schülerin 6.8 leise von der Seite an (unverständlich, Minute 02:14); sie wird von der Schülerin 6.8 zunächst ignoriert, dann blickt die Schülerin 6.8 die Nebensitzerin direkt an, wobei ihre Geste ruckartig und das Gesicht ernst wirkt. Die Schülerin 6.8 sagt leise: „Woher soll ich das wissen?" (Minute 02:16). Die Nebensitzerin sagt: „Ich frag' doch nur" (Minute 02:17) und runzelt die Stirn, schaut nach vorne auf ihr Blatt und greift zu ihrem Bleistift. Die Nebensitzerin spricht die Schülerin 6.8 erneut an, lächelt dabei „Kann ich das auch so machen?" (Minute 02:27), die Schülerin 6.8 zuckt die Schultern, nickt leicht und zeichnet weiter. Die Nebensitzerin flüstert etwas (unverständlich) zu der Schülerin 6.8 (Minute 02:35). Die Schülerin 6.8 zeichnet weiter, ohne zu reagieren. Die Nebensitzerin lächelt leicht und schaut ab nun im 1-Sekundentakt abwechselnd auf das Zeichenblatt der Schülerin 6.8 (Minute 02:43) und dann auf ihr eigenes Zeichenblatt. Der Blick der Nebensitzerin wechselt dann auf die Kartoffel, die auf ihrem eigenen Pult liegt, von dort auf ihr Zeichenblatt und verweilt dort (Minute 03:01). Die Schülerin 6.8 zeichnet währenddessen konzentriert weiter. Bei Minute 03:17 fragt die Nebensitzerin die Schülerin 6.8: „So, [Vorname 6.8]?" Die Schülerin 6.8 schaut vier Sekunden auf die Zeichnung der Nebensitzerin, schürzt die Lippen, nickt und wendet sich wieder ihrer Zeichnung zu. Sie blickt dann drei Sekunden auf die auf ihrem Pult liegende Kartoffel und zeichnet weiter, während sie immer wieder zu der auf dem Pult liegenden Kartoffel schaut. Sie presst dabei ihre Lippen fest aufeinander. Bei Minute 03:30 sagt der Nebensitzer, der von der Schülerin 6.8 aus gesehen links sitzt: „Meine sieht aus wie ein Ei!". Die Schülerin 6.8 unterbricht ihr Schraffieren, hält den Bleistift auf dem Blatt an und schaut nach rechts (auf das Blatt ihres Nebensitzers). Dann lacht sie kurz (Minute 03:32). Sie wirft dann einen Blick in die entgegengesetzte Richtung, dorthin, wo sich die Lehrperson befindet und zeichnet kurz weiter. Dann dreht sie sich wieder in die Richtung ihres Nebensitzers, lacht, beugt sich nach vorne und hält sich dabei die linke Hand vors Gesicht (Minute 03:36). Dann setzt sie sich auf, macht eine ernste Miene und zeichnet weiter (Minute 03:39). Dabei flüstert sie: „Das ist so lustig. Meins sieht aus wie ein (unverständlich)" (Minute 03:40). Bei Minute 03:45 setzt sie sich auf,

nimmt den Bleistift in die Hand, hält ihn über dem Blatt ohne es zu berühren, schaut dabei für fünf Sekunden darauf und sagt: „Armer (unverständlich)". Dann beginnt sie, erst großflächig und dann in kleineren Bewegungen zu schattieren. Bei Minute 04:02 ist die Lehrperson, die hinter der Schülerin 6.8 vorbei geht, für zwei Sekunden zu sehen. Bei Minute 04:21 flüstert die Schülerin 6.8 nach vorne, während sie weiter zeichnet: „Irgendwie sieht das nicht gut aus bei mir". Der Schüler, der zu ihrer linken Seite sitzt, sagt darauf: „Stimmt" (Minute 04:25). Die rechts von der Schülerin 6.8 sitzende Schülerin schaut auf das Blatt der Schülerin 6.8. Die Schülerin 6.8 sagt nach vorne: „Ich weiß" (Minute 04:25). Die Schülerin zeichnet während dieses Dialogs weiter ohne abzusetzen, wobei sie ab und zu den Blick vom Blatt weg und kurz auf die Kartoffel richtet. Die Schülerin 6.8 schraffiert nun weiter und beugt sich dabei über ihre Zeichnung. Bei Minute 04:58 führt die Nebensitzerin beim Zeichnen ihren Kopf so unter das Pult, so dass sie dieses fast mit der Nase berührt und ihre Augen auf der Höhe der Kartoffel auf ihrem Pult sind (bis Minute 05:04). Dann legt die Nebensitzerin ihr Kinn auf ihr Pult und schaut nach vorne, während sie langsam weiter zeichnet (bis Minute 05:13). Die Nebensitzerin setzt sich dann auf, wendet sich zur Schülerin 6.8 und fragt: „Wir sollen die Kartoffel doch noch ausmalen?" (Minute 05:14). Die Schülerin 6.8 legt ihren Radiergummi weg, mit dem sie gerade radiert hatte, wendet sich nach rechts zu ihrer Nebensitzerin, schaut sie an, schaut auf ihr Blatt, zögert, nickt dann kurz, greift ihren Bleistift mit der rechten Hand und zeichnet weiter (Minute 05:20). Die Nebensitzerin setzt sich auf und schaut drei Sekunden lang auf das Blatt der Schülerin 6.8. Diese hebt nun für zwei Sekunden ihren rechten Arm von ihrem Zeichenblatt, so dass die Nebensitzerin auf die von Schülerin 6.8 gezeichnete Kartoffel schauen kann (vgl. Zeichnung 6.8 A1). Auf der Zeichnung 6.8 A1 sind Umriss, Struktur und Schatten der Kartoffel eingezeichnet. Während sie ihren rechten Arm hebt, schaut die Schülerin 6.8 ihre Nebensitzerin direkt an, lächelt, setzt dann ihren rechten Arm wieder auf und zeichnet weiter. Die Nebensitzerin lächelt zurück, setzt sich auf und beginnt, auf ihrem Blatt zu radieren. Beide Schülerinnen zeichnen nun. Die Nebensitzerin hört bei Minute 05:38 auf zu zeichnen und bringt ihren Kopf auf die Höhe der Pultkante. Sie schaut auf die auf ihrem Pult liegende Kartoffel und zeichnet weiter. Die Schülerin 6.8 zeichnet und flüstert, während sie weiter zeichnet und nach vorne schaut: „Ich hasse diese Stifte" (Minute 05:40). Ihr Nebensitzer (links von ihr) flüstert: „Ich liebe die" – Schülerin 6.8 flüstert: „Echt? Ich find die sind so scheiße" – Nebensitzer flüstert: „Die sind doch voll gut. Die Stifte sind großartig, ey." (bis Minute 05:54). Der Dialog wird noch bis Minute 06:08 flüsternd weitergeführt (unverständlich). Die Schülerin 6.8 zeichnet bei diesem Gespräch weiter. Bei Minute 06:11 sagt die Lehrperson: „Okay, dann kommt mit der Aufgabe langsam zum Ende." – Die Schülerin 6.8 schraffiert in großen Zügen auf der

Zeichnung – Lehrperson: „Legt mal die Stifte auf Seite – und schaut mal nach vorne". Die Schülerin 6.8 radiert, wischt die Radiergummikrümel weg, schaut nach vorne, zeichnet weiter und schaut dann wieder nach vorne.

Zeichnung 2
Die Schülerin 6.8 zeichnet weiter, als die Lehrperson die nächste Aufgabe ansagt. Dabei klappt die Lehrperson erst die Tafel, auf der die zweite Aufgabe angeschrieben ist, auf und sagt dabei: „Eure zweite Aufgabe" – einige Schüler_innen lachen. Der Nebensitzer sagt: „Jetzt wird's lustig" – Lehrperson: „Zeichne die Kartoffel mit der Hand, mit der du nicht schreibst. Nehmt ein neues Blatt, das nächste Blatt, was hinten dran liegt (mit lauter Stimme weiter) und auch für die Aufgabe habt ihr wieder 10 Minuten Zeit". Der Nebensitzer winkt seitlich in das Gesichtsfeld der Schülerin 6.8 und dann in das der Kamera. Die Schülerin 6.8 hört auf zu zeichnen und sagt „Du bist so blöd, ganz ehrlich" beginnt wieder zu zeichnen. Ihr Nebensitzer sagt: „Der Schatten ist ein bisschen zu groß" (Minute 07:12). Die Schülerin 6.8 sagt: „Ja. Egal" und nimmt Bleistift und Radiergummi nach oben weg (Minute 07:14), schaut auf die Zeichnung A1. Der Nebensitzer sagt: „Was ist das für ein komischer Punkt?". Die Schülerin 6.8 sagt: „Ja, das ist da so" (Minute 07:16). Der Nebensitzer beugt sich über das Pult der Schülerin 6.8 in Richtung der Kartoffel, die auf ihrem Pult liegt und sagt: „Was ist da – das ist doch einfach nur Dreck". Die Schülerin 6.8 antwortet: „Ja, eben" (Minute 07:21) – Nebensitzer: „Mach sie halt sauber" – Schülerin 6.8: „Du bist so doof" (Minute 07:23) – Nebensitzer „(unverständlich) noch viel schlimmer werden" (Minute 07:24). Während des Gesprächs schiebt die Schülerin 6.8 ihre Zeichnung A1 unter den Stapel des Fragebogens, der rechts von ihr auf ihrem Pult liegt und schaut dabei ihre Nebensitzerin zu ihrer rechten Seite an, die sich ihr zuwendet, die Hand vor den Mund hält und möglicherweise etwas leise sagt. Viele Schüler_innen sprechen im Raum, es ist laut. Die Lehrperson sagt (laut): „So:::, die Aufgabe ist klar (.) [Vorname Schüler 6.24]". (Deskriptive Inhaltsangabe Schülerin 6.8:Z 20–97)

Eine sichere Leistung schaffen

Schüler*innen haben begründet, dass ihnen die 1. Aufgabe mit der gelenken Hand am besten gefallen hat. In den Begründungen finden sich Begriffe, die mit ‚Sicherheit' und ‚einfach' in Relation stehen – z. B.: Weil man am „sichersten" Zeichnen konnte. (Fragebogen 10.17:F4.1), „Weil ich mit einer Hand am besten zeichnen kann und meine Ideen auch so umsetzen kann" (Fragebogen 10.18:F4.1), aber auch „weil es am einfachsten war" (10.20:F4). Dies nennen relativ viele Schüler*innen (10.21, 6.1., 6.2, 6.3, 6.4, 6.10, 6.17, 6.29); „(…) weil ich mit meiner rechten Hand immer schreibe und auch besser mit ihr zeichnen kann als mit der Linken"

(Fragebogen 6.25:F1.2) „Denn die recht (sic) ist meine starke Hand.“ (Fragebogen 6.25:F.4.1), „Weil das die Hand ist, mit der ich zeichnen kann.“, „Weil ich mit der rechten Hand am besten schreiben kann.“ (Fragebogen 6.31:F4.1)

Unbeirrt Leistung zeigen

Der Schüler 10.1 wird videographiert; während seines Zeichnens treten mehrere Störungen auf: Der Nebensitzer wirft Schüler 10.1 eine Kartoffel an den Kopf (Minute 32:36), später kommt der Nebensitzer nach dem Händewaschen an Schüler 10.1 vorbei und spritzt diesem dabei Wasser ins Gesicht (Minute 31:41), der Nebensitzer legt die Hand auf das Zeichenblatt von Schüler 10.1 und zieht es während des Zeichnens weg, was zu einem deutlich sichtbaren Strich über die Außenlinie der gezeichneten Kartoffel führt (Minute 34:44), den Schüler 10.1 wieder wegradiert. Schüler 10.1 verfolgt trotz dieser Störungen unbeirrt seine Zeichnung, während er sich zugleich rege am Gespräch beteiligt (vgl. Gruppendiskussion Gruppentisch Gruppe1).

Der Schüler 10.1 schreibt im Fragebogen zu Aufgabe 1: „Ich habe versucht (…) die Kartoffel so wie sie lag, möglichst originalgetreu zu malen“ (Fragebogen 10.1:F1), ein*e andere auf die Frage 1.2: Was ist Dir gelungen?: „Man kann sie [die Kartoffel] gut erkennen und als Kartoffel identifizieren“ (Fragebogen 10.1:F1.2). Als „schwierig“ an der Aufgabe 1 wurde genannt: „Dass die Kartoffel nach meinen Ansprüchen und Vorstellungen aussieht“. (Fragebogen 10.1:F1.3)

In Aufgabe 2 beschreibt der Schüler 10.1, dass er versucht habe, eine „erkennbare“ (Fragebogen 10.1:F2) Kartoffel zu zeichnen, und dass man die Kartoffel auch „einigermaßen“ (Fragebogen 10.1:F2.2) erkennt. Als Schwierigkeit benennt er, dass er sich Konzentrieren musste, nicht in die geübte Hand zu wechseln. Bei Aufgabe 3 findet Schüler 10.1 eine Möglichkeit, die Kartoffel erkennbar darzustellen, indem er „mit der linken Hand vorgezeichnet und mit der rechten Hand nachgezeichnet“ (Fragebogen 10.1:F.3) hat. Entsprechend findet er gelungen: „Die Kartoffel sieht gut aus!“ (Fragebogen 10.1:F3.2), die Schwierigkeit, nicht nur die ungeübte Hand zu benutzen, bleibt dabei bestehen.

Im Interview beschreibt Schüler 9.11, dass er sich schon beim zweiten Zeichnen nicht mehr an der vor ihnen liegenden Kartoffel, sondern sich vielmehr an der vorherigen Zeichnung orientiert hätte: „Naja, die hatte ich noch von den ersten beiden Bildern ja noch im Kopf. Dann (.) ist ja im Prinzip die gleiche Zeichnung.“ (Interview mit Schüler 9.11:Z 53 00:02:31)

Jede Aufgabe eine Herausforderung

Schülerin 6.8 beschreibt im Fragebogen, was sie tut, um eine gute Zeichnung herzustellen. Bei der zweiten Zeichnung mit der ungelenken Hand stellt sie fest: „Der Schlagschatten, der Schatten und der Dreck der Kartoffel ist auch ein bisschen besser geworden.“ (Fragebogen 6.8: F 2.2); bei der Dritten Aufgabe wird dies noch besser: „Der Umriss und die gesamte Kartoffel

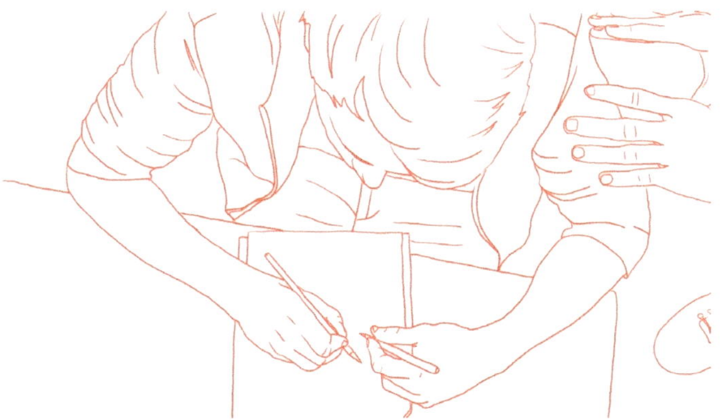

Abb. 87: Schüler 10.1, Minute 31:41.

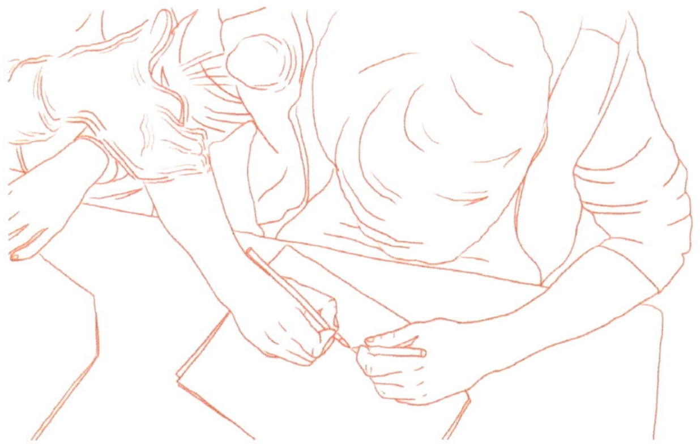

Abb. 88: Schüler 10.1, Minute 32:36.

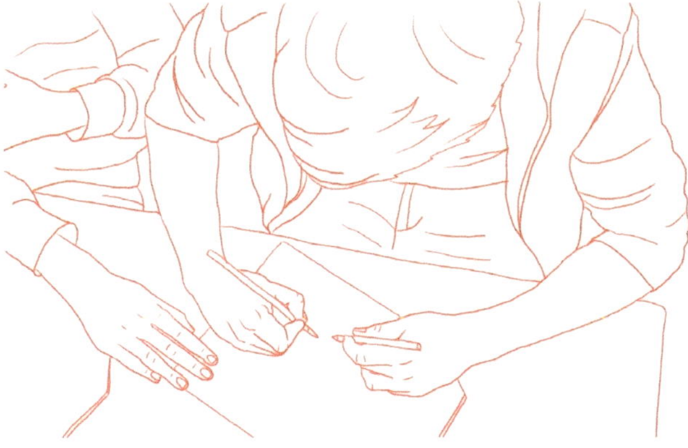

Abb. 89: Schüler 10.1, Minute 32:44..

ist besser geworden." (Fragebogen 6.8:F3.3) Die folgende abschließende Bewertung „Es ist am besten geworden und hat am meisten Spaß gemacht" (Fragebogen 6.8:F4.1) wirkt auf dem Video anders (besonders der Spaß). Sie kann daher nur so erklärt werden, dass die Schülerin den Spaß darauf bezieht, dass die Zeichnung *am besten* geworden ist. Ähnlich Schüler 6.19, der über die Aufgabe 3, beim Zeichnen mit beiden Händen schreibt: „Ich glaube dieses mal (sic) ist mir so gut wie alles gelungen weil ich Tipps und Tricks von den vorherigen Aufgaben angewendet hab." Auch dieser Schüler beschreibt, dass ihm die 3. Aufgabe am besten gefallen habe, „Weil es leichter war, und es mit beiden Händen lustig ist." (Fragebogen 6.19:F4.1)

Etwas dazu zu lernen

„Weil die Aufgabe gezeigt hat, dass man rechts schnell lernen kann, mit der anderen Hand zu zeichnen." (Fragebogen 9.4:F4.1). Die Schülerin 9.6 gibt an, dass es mit links besser gelingt, „was glaube ich der Sinn der Aufgabe war J." (Fragebogen 9.6:F6)

Interpretation

Kompetent Zeichnen: Die Schülerin 6.8, die im Interview sich selbst als jemand beschreibt, die zu Hause auch zeichnet, wird von ihren Nebensitzer*innen um ihre Meinung gebeten und so als ‚Expertin' adressiert. Innerhalb der Aufgabe 1 bleibt sie auf ihr Zeichnen konzentriert und ignoriert Fragen bzw. beantwortet sie kurz. Ihr Fokus liegt auf der Zeichnung, die sie bis über den Schluss der Aufgabe 1 hinaus anfertigt.

Eine sichere Leistung schaffen: Viele Schüler*innen die angegeben haben, Aufgabe 1 am besten gefunden zu haben, begründen dies damit, dass ihre Hand sich da sicher angefühlt habe, dass sie dort genauer zeichnen konnten. Wie im Erhebungssetting angelegt, beginnt ab der Aufgabe 2 eine Verunsicherung statt zu finden, die insbesondere unter der Vorstellung (oder Norm), etwas sicher ‚gelungen' abbilden zu können, entgegenläuft.

Unbeirrt weiter zeichnet der Schüler 10.1 mit dem im Fragebogen erklärten Ziel, eine ‚erkennbare' Kartoffel zu zeichnen. Trotz der zuvor beschriebenen Störungen zeichnet er dennoch unbeirrt weiter. Hierin findet sich nicht nur die Motivation Leistung zu zeigen, sondern auch ein gewisser Widerstand oder auch Resilienz gegenüber den Störungen oder vielmehr äußeren Bedingungen von Unterricht.

Auf der individuellen Handlungsebene gegenüber dem Kunstunterricht formuliert die Schülerin 6.8, dass sie mit jeder Aufgabe „Ein bisschen besser" geworden sei – was, wie Schülerin 9.6 feststellt, „glaube ich der Sinn der Aufgabe war". Aus Sicht dieser Schüler*innen ist also das Üben etwas, das Fortschritte bringt – auch wenn sie eigentlich eine schwierigere Aufgabe lösen. Sie nehmen sich dabei als Lernende wahr, die durch jede Aufgabe hinzulernen und sich verbessern.

Achse 3: Hack

Innerhalb der Datengewinnung der drei Klassen 6, 9 und 10 konnte kein Hack codiert werden. Es gab im Bereich der Kontextverschiebung Funde (Achse 6); jedoch keine Verschiebungen, die im Rahmen der bekannten Normen versuchte, innerhalb des Systems das System zu unter-

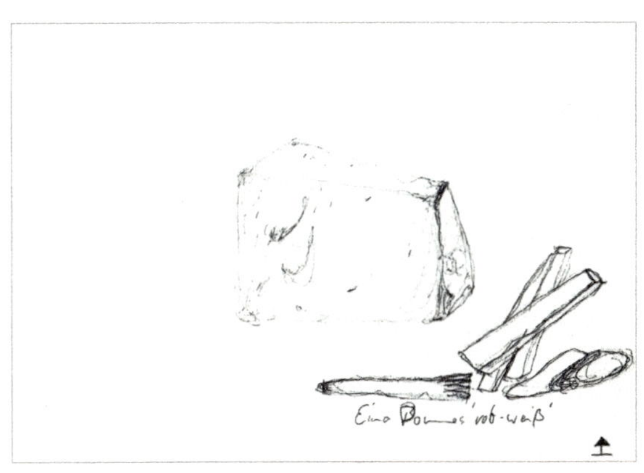

Abb. 90: „Eima Pommes Rot weiß". Nacherhebung Kunsthochschule 2013.

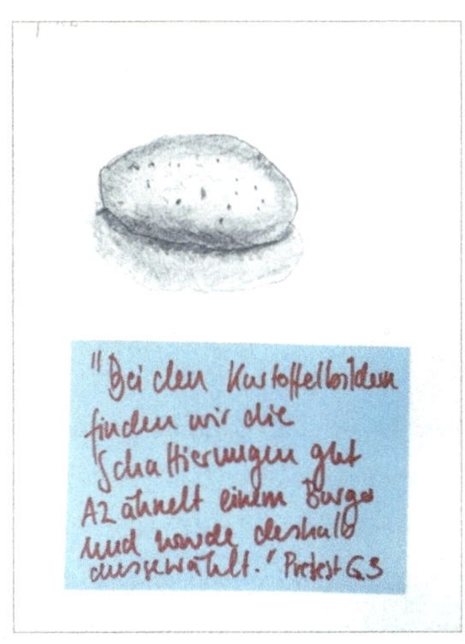

Abb. 91: A2 pre-Pretest Klasse 12: Zeichnung Aufgabe 1.

laufen. Innerhalb der Pretests sowie der Nacherhebung haben sich zwei Aspekte ergeben, die hier vorgestellt werden sollen – und aufgrund derer diese Achse verfolgt wurde.

Interpretation

Es handelt sich um die Uminterpretation einer Zeichnung, die in einem pre-pretest in der 12. Klasse entstanden ist. Die Begründung der Schüler*innen lautete: „Bei den Kartoffelbildern finden wir die Schattierungen gut. A2 ähnelt einem Burger und wurde deshalb ausgewählt". Die beiden Aspekte sind einerseits widersprüchlich insofern, dass erst die Qualität einer ‚gelungenen' Zeichnung (Schattierung) angeführt wird um in einem zweiten Schritt jedoch weiter entwickelt zu werden zu einem Kippbild: Die Kartoffel hat zwar einen guten Schatten, sieht aber aus wie ein Burger. Der Zeichnung wird – ironisch oder ernst – ein anderer Sinn zugeordnet, es ist ein Schauen danach, was noch in den Bildern steckt / stecken könnte außer einem gelungenen Schatten. Die andere Zeichnung ist die einzige der gesamten Erhebung, die *nicht* die Kartoffel, die mit der Aufgabe auf dem Tisch liegt, in ihrer ursprünglichen Form abbildet. Die Form wurde weitergedacht und ist dennoch eine Kartoffel – nur eben frittiert. Das wäre für mich ein Hack der Aufgabenstellung „Zeichne die Kartoffel, die auf Deinem Tisch liegt."

5.7.4. Achse 4: Experimentieren

Die Schülerin 9.6 nähert sich beim Zeichnen dem „Problem" eine Kartoffel zu zeichnen, indem sie versucht, die Kartoffel zunächst mit ihrem Bleistift in der Luft zu umfahren, um dann in einem nächsten Schritt diese Bewegung auf das Papier zu bringen. Im Verlauf der Aufgabenfolge des Zeichnens mit der ungeübten Hand und beiden Händen variiert sie immer wieder die Position der Hände, des Stifts, gibt sich diesen in die Hand und macht der Hand, die nicht so zeichnen kann, die Bewegung vor. Im Interview beschreibt sie diese Erfahrung:

> *„Befragte: [...] Ähm, also ich sollte erst eine Kartoffel mit der rechten Hand, also mit unserer Hand, mit der wir schreiben, zeichnen. Was eigentlich dann ganz normal war, weil man das ja immer so macht, irgendwie. (.) Dann mit der linken Hand, was dann ganz (.) neu war, eigentlich (.) weil das macht man ja eigentlich nie, und das war dann auch ganz ganz schwer. (Gong ertönt) Also irgendwann am Ende hat man's rausbekommen wie es ging, dann hatte man Dreh raus, ein bisschen, aber (.) ja, es war halt immer noch so schwer. Und, ja. Und danach mussten wir eben mit beiden, äh, Händen was zeichnen. Und (.) also ich hab' dann gemerkt dass aus (.), dass Sachen, die ich aus der linken Hand zeichne, sogar besser hinkriege, (leise) als auf der rechten, und dann habe ich mich so aufgeteilt, also Sachen, die ich mit der*

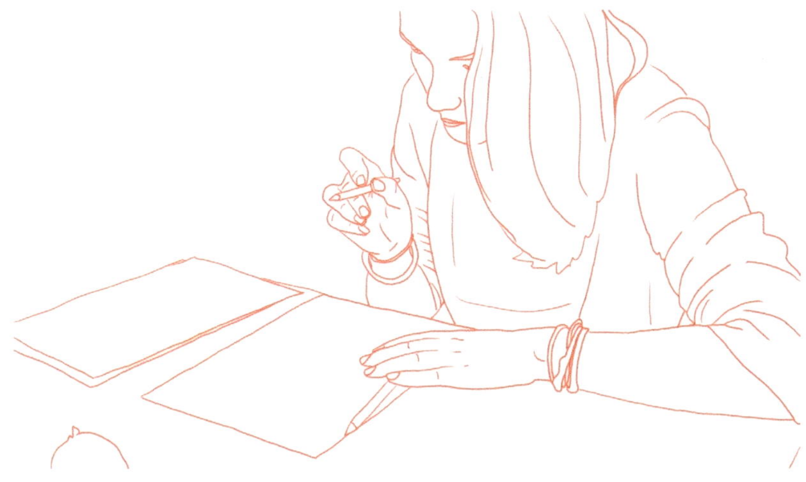

Abb. 92: Schülerin 9.6, Minute 2:43.

rechten besser hinbekommen hab', hab' ich mit der Rechten gemacht. Und die anderen mit der Linken. @(.)@ I: Und welche Sachen hast du besser hinbekommen?

B: Äh, die Form hab' ich mit der Linken besser hinbekommen und ja (.) Also mit der Rechten auch aber bin mit der Linken ein bisschen genauer (.) und-

I: -mhm. Hast du eine Erklärung dafür?

B: Nein. @(.)@

I: Also du bis Rechtshänderin, oder? Und trotzdem mit der Linken?

B: Ja. Also ich wusste es jetzt auch nicht warum, aber (.)

I: Hattest du das erwartet?

B: Ähm, da die Aufgabe ja schon so war, da dachte ich, ja, da kommt jetzt bestimmt was, was ich besser kann. Aber dass es das jetzt so ist, das hätte ich jetzt nicht gedacht. Also-

I: -mhm-

B: -ja. @(.)@.

I: Und wie war das für dich? Wie hast du dich dabei so--

B: -also, wenn ich jetzt-, meinen Sie, wenn ich jetzt herausfinde, dass ich das-

I: -ja, beim Zeichnen, so wie war das-

B: -achso. Erst mal war's ja neu, aber danach konnte ich's ja sozusagen @ein bisschen besser@ und vielleicht, keine Ahnung, kann man das ja später anwenden, dass man weiß, das kann ich mit der linken Hand besser, und dann-(.) also, dass man weiß was man kann (.) (ab jetzt sind Stimmen von Schüler_innen vom Raum nebenan zu hören) und noch mehr herausfindet, was noch möglich ist-

I: -mhm-

I: -und wie war es dann für dich, das so herauszufinden, bei dem was du gerade gesagt hast?

B: Es war ganz praktisch, sag ich mal @(.)@ weil, ja, also, erst mal hat man es ja gar nicht gedacht, weil man erwartet das ja nicht, dass man mit der Hand mit der man normalerweise gar nicht viel hinbekommt, dass man das auf einmal besser kann. Aber (..) ja (.) also, es war schon (.) es ist gut zu wissen, sag ich mal @(.)@." (Interview mit Schülerin 9.6:Z 2-39)

Bei der Schülerin 10.8 ist die Variation der Art, wie gezeichnet wurde in der Reihe der Zeichnungen auffallend – zuerst aufgrund der vielen Zeichnungen von Formen – sowie dem Einsatz von Schrift. Bei näherem Hinschauen zeigt sich eine große zeichnerische und gestalterische Varianz, wie z. B. die Negativform der Kartoffel, deren Hervorhebungen und damit Strukturen aus einer schraffierten Fläche herausradiert wurden bei A2. Eine solche Bildlösung ist im

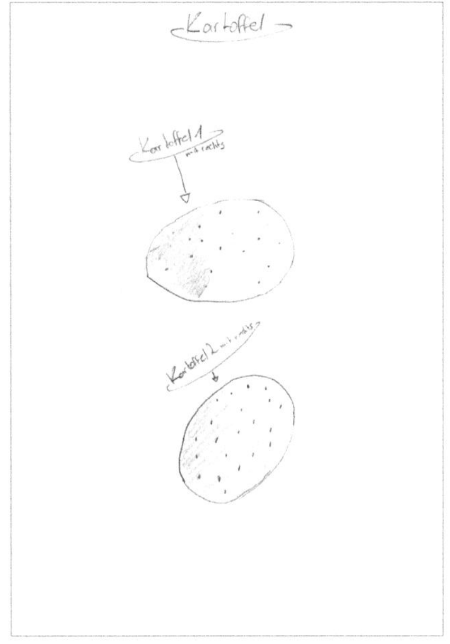

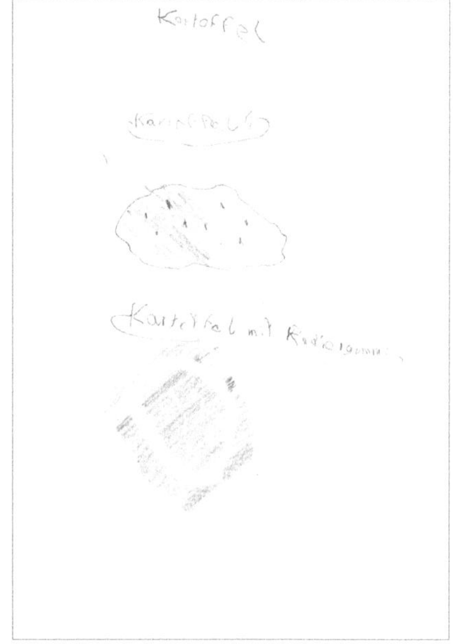

Material einmalig. Die Zeichnungen unterscheiden sich zudem von Blatt zu Blatt stark, was ebenso auffällt. Weitere Äußerungen dazu im Fragebogen: Die Schülerin schreibt davon, dass sie die Kartoffel gezeichnet habe – und ihr dies bei der ersten Aufgabe gelungen sei, bei der zweiten nicht: „Ich habe probiert das selbe zu tun wie bei 1. Das hat aber nicht geklappt. Also habe ich probiert sie so zu zeichnen." (Fragebogen 10.8:F2.1).

Umgang mit nicht – Zeichnen können

Auch der Umgang mit nicht Zeichnen können führt zu verschiedenen Experimenten und ‚workarounds'. Die gesamte Aufgabenstellung (A1–A3) fordert einen Umgang mit dem Nicht-Zeichnen Können. Hier sollen aber nun besondere Strategien vorgestellt werden, die einen Umgang zeigen, der zwischen Pragmatik und Experiment liegt. So ist der Zeichnung des Schülers 6.2 anzusehen, dass sich für eine Form entschieden wurde, die dann, egal mit welcher oder wie viel Händen verfolgt wurde. Einige Schüler*innen haben einen bestimmten Aspekt der Kartoffel auswählen und darstellen 6.21, 6.17, 6.9 (einen Rahmen machen) wollen. Der Schüler 6.21 zieht eine Grundlinie, auf der die Kartoffel positioniert wird – und zu reduzieren so den Arbeitsaufwand für eine Schattendarstellung. Der Schüler 6.24 wiederum bringt die Augen auf Tischkantenhöhe, um so die Dreidimensionalität der Kartoffel auf dem Tisch zu

Abb. 93:
10.8 Zeichnung
A1, A2, A3.

reduzieren 6.24. Die Schülerin 10.4 berichtet, dass sie ab der ersten Kartoffel nur mehr von ihren Zeichnungen abgezeichnet habe. Der Schüler 10.7 berichtet im Fragebogen, dass er die Form der Kartoffel durch Umranden der Kartoffel auf dem Papier abgetragen habe, um die Form besser abbilden zu können (Fragebogen 10.7:F.1)

Zeichnen können: leichter beidhändig

Einige Schüler*innen berichten, dass es ‚leichter' gewesen sei, beidhändig zu zeichnen: „Nr. 3 hat mir am besten gefallen, weil sie irgendwie leichter war und die Kartoffel, finde ich, besser aussieht." (Fragebogen 6.13:F4.1); „Weil sie mehr Spaß gemacht hat und ich mich besser konzentrieren konnte." (Fragebogen 6.18:F4.1; Fragebogen 6.29:F3.2).

Lustig, Spaß, Witzig.

Im Kontext mit Aufgabe 3 wird ‚Spaß', ‚lustig', ‚witzig' verwendet, was einerseits ein Synonym für merkwürdig sein kann, andererseits unterhaltsam sein kann, was Schüler 10.5 herausstreicht: „Ich fand es erstaunlich schwierig und dadurch sehr interessant und spaßig" (Fragebogen 10.5:F4.1) Zugleich rückt das Zitat die wahrgenommene Schwierigkeit in den Kontext einer Herausforderung, die aber mit Spaß kontextualisiert wird. Der Aussage „Ich denke, Zeichnen ist nur für die wichtig, denen es Spaß macht! (Fragebogen 10.24:F6) weist zudem auf Motivation hin, und auf die Beziehung zwischen dem, was „Spaß" macht, und der „Wichtigkeit" des Zeichnens. Dies zeigt sich auch in dem Verweis, wenn das Zeichnen „keinen Spaß" macht (Fragebogen 10.13:F5)

Mal was anderes im Kunstunterricht machen

„Ich fand es gut mal was anderes im Kunstunterricht zu machen" (Fragebogen 10.2:F5); „Sie [die Aufgaben] haben mir gefallen auch wenn sie mir nicht gelungen sind" (Fragebogen 6.7: F.5). Dem Schüler 6.30 hat die zweite Aufgabe am besten gefallen, „Da es was anderes ist und man nie mit der linken Hand zeichnet" (Fragebogen 6.30:F4.1)

Etwas kontrastierend dazu beschreibt die Schülerin 6.25 im Fragebogen, dass sie bei Aufgabe 1 zunächst sehr strukturiert vorgegangen sei und erst die Form, dann die Fläche dann den Schatten gezeichnet habe. Bei der Aufgabe 2 mit der ungelenken Hand beschreibt sie:

> *„Ich habe einfach drauf los gemalt ohne einen Plan! Aber zuerst habe ich die Form gezeichnet. Danach habe ich die Kartoffel ausgemalt. Anschließend habe ich ganz viel radiert. Später habe ich die Schattierungen gezeichnet." (Fragebogen 6.29:F.2)*

Hier unterscheidet sich das von der Schülerin beschriebene Vorgehen insofern, dass sie zuerst „ohne Plan" loslegt um dann später das Programm abzuarbeiten, das sie bereits beim Zeichnen der ersten Kartoffel als Ablauf entwickelt hat. Beim beidhändigen Zeichnen beschreibt die

Schülerin (und mit ihr auch andere), dass ihr das Zeichnen so leichter gefallen sei. Schwierig bliebe für sie, wie seit Aufgabe 1, „Der Schatten der Kartoffel". In der gesamten Bewertung hat ihr jedoch die erste Aufgabe am besten gefallen: „Weil ich da mit rechts gezeichnet habe und das einfach war viel einfacher (sic)". (Fragebogen 6.29:F4.1) So nimmt sich die Schülerin trotz der Schwierigkeiten des Handwechsels dennoch in einer ständigen Verbesserung wahr – durch die Wiederholung des Programms Form, Schraffieren, Schattieren. Diese Zeichnung mit beiden Händen 6.29 A3 wird bei der finalen Präsentation vor der Klasse als ausgewählte Zeichnung gezeigt.

Einen anderen Aspekt von Experiment, nämlich den Prozess heben zwei Schüler*innen der Klasse 10 auch in der Präsentation hervor. Sie wiesen darauf hin, dass „ausgefranste" und „klare" Linien in Kombination die Zeichnung „viel lebendiger und plastischer" wirken lassen:

„S1: Jedenfalls haben wir uns über (.) vor allem damit beschäftigt wie sich die Zeichnung weiterentwickelt @(.)@.
Klasse lacht
S1: Deswegen haben wir also das-(...) das ist jetzt erst mal das erste Beispiel von der ersten Aufgabe. Und da sieht man, dass die Kartoffel sehr klar gezeichnet ist-
Lehrperson: -sch::: -
S1: -sorgfältig, mit den Linien und (...) genau. Außerdem hat die Person auch fest aufgedrückt. Ja, hier sieht man das auch nochmal, da ist ein zweites Beispiel von der ersten Kartoffel. Ja dann bei der Sache wo man mit der Hand zeichnen sollte, mit der man nicht schreibt, das haben wir hier, da ist das ganze schon unordentlicher (...) is', ist leichter aufgedrückt, dann grob und ein bisschen ausgefranst. Und dann bei dem wo man das zusammen gemacht hat, da wird die Kartoffel (...) dadurch, dass sie jetzt eine Mischung aus beiden ist also einerseits dieses ausgefranste hat aber andererseits auch die klaren Linien wirkt die dadurch viel lebendiger und plastischer." (Klasse 10 Aufgabe 4: Präsentation: 00:05:30-1–00:06:43-0)

Interpretation

Auf der Ebene der Selbsteinschätzung wurde hier der*die lernende Schüler*in, die kommuniziert, offen für Neues zu sein, auf der Handlungsebene der*die Schüler*in, die et-was ausprobiert, die Momente widerständigen Materials als Erfahrung macht oder reflektiert. Insbesondere die verschiedenen Strategien des sich-selbst-vormachens mit der einen für die andere Hand bei Schülerin 9.6 wirkt wie ein Experiment, das sie für sich ausprobiert. Im Interview äußert sie an zwei Stellen ihre Zufriedenheit, „es [das Zeichnen] doch hinbekommen" und

„ein bisschen besser“, bzw. „ein bisschen besser genauer“ gekonnt zu haben (Interview mit Schülerin 9.6: 00:00:54-3)

Auf der Ebene der Aufgabenstellung war dies bei Aufgabe 2 und 3 zu finden, indem verschiedene Variationen ausprobiert wurden. Manche dieser Varianten wurden auf der individuellen Handlungsebene reflektiert, bei anderen ist dies nicht nachvollziehbar (10.8). Das Experiment der beidhändigen Aufgabe wird auf der individuellen Ebene mit „Spaß“, mal was „Anderes machen“ in Verbindung gesetzt. Der Wunsch, eine Lösung für zeichnerische Probleme zu entwickeln, führt auch zu verschiedenen Experimenten, die fallengelassen oder auch weiterverfolgt werden (siehe 10.24) Den Prozess der Zeichnung rücken zwei präsentierende Schüler*innen in den Vordergrund, die die Kombination zwischen klaren und ausgefransten Linien in einer beidhändigen Zeichnung als besondere Qualität hervorheben und diesem somit Wertschätzung zukommen lassen.

Trotz dieser Beispiele muss hier gesagt werden, dass ein Experiment im Sinne eines Versuchsaufbaus oder einer gewagten Unternehmung, die mit Risiko verbunden ist, im Zeichnen nicht stattfand.

5.7.5. Achse 5: Bewerten

Innerhalb der Erhebung wurden die Schüler*innen aufgefordert, ihre Zeichnungen im Rahmen der Gruppenarbeit A4 zu bewerten insofern, als dass sie eine gelungene Zeichnung auswählen sollten. Hier fand also eine Aufforderung zur Bewertung statt. Auch im Interview und im Fragebogen wurden Bewertungen über den Prozess des Zeichnens abgefragt. Bewertungen fanden aber auch zu anderen Zeitpunkten der Erhebung statt. Bewertung und Kommentierungen beim Zeichnen werden in den Beispielen der „Datenfunde“ bereits genannt. Schüler*innen die zeichnen kommentieren halblaut oder laut ihre Zeichnungen:

> *„Die Schülerin 6.8 schaut kurz zu ihrer Nebensitzerin und zeichnet dann weiter. Die Schülerin 6.8 hört dann auf zu zeichnen und sagt: „Ach du Scheiße“ (Minute 08:02), zeichnet dann weiter. Sie schaut dabei konzentriert auf die Kartoffel, die auf ihrem Pult liegt, während ihre rechte Handkante das Zeichenblatt stabilisiert. Sie sagt „Scheiße“ und greift mit der rechten Hand zum Radiergummi. Der Nebensitzer sagt: „(unverständlich) kann nicht zeichnen“ (Minute 08:10). Dann beugt sich der Nebensitzer über das Blatt von Schülerin 6.8 und sagt: „Bist du schlecht also (unverständlich)“ – Schülerin 6.8 erwidert: „Gar nicht“ (Minute 08:15). Die Nebensitzerin schaut kurz zum Nebensitzer (über Schülerin 6.8 hinweg), lacht kurz und zeichnet weiter. „So – ist's doch gut“ sagt dann der Nebensitzer. Die Schülerin 6.8 schaut kurz zum Blatt des Nebensitzers und sagt etwas unverständlich. Der Nebensitzer flüstert „(unverständ-*

lich), meinst Du nicht?" die Schülerin 6.8 lacht, der Nebensitzer flüstert „(unverständlich), das kann die ja nicht sehen", die Schülerin lacht (Minute 08:42). Die Schülerin 6.8 sagt dann: „Ich bemühe mich ja zumindest, die Form gescheit hinzukriegen" (Minute 08:42), während sie radiert und die Krümel vom Zeichenblatt wischt. Die Schülerin 6.8 sagt kurze Zeit später: „Ich hätte beidhändig ganz gut gefunden" (Minute 08:56). Später unterbricht sie ihr Zeichnen und sagt: „Ich würde jetzt so gerne die Hand wechseln" (Minute 09:11) – Nebensitzer: „Ja, das zittert voll, die linke Hand." – Schülerin 6.8: „Ich zitter' voll mit der linken Hand. Das ist voll schlimm". – Nebensitzer: „Aber ich mal' jetzt hier (unverständlich)" – Schülerin 6.8: „Aber links wird besser als rechts, wirklich" (Minute 09:24). Die Schülerin 6.8 setzt den Bleistift ab, schaut auf ihre Zeichnung, sagt: „Häh?", lacht und zeichnet dann weiter. Ihr Nebensitzer sagt nach einer Pause: „(Unverständlich) auch so schreiben". Die Schülerin 6.8 zeichnet weiter, setzt dann ab, schüttelt beide Hände aus, spreizt die Finger der linken Hand auf Höhe ihres Gesichts, reißt die Augen auf und sagt: „Ach du Scheiße" (Minute 09:40) und lacht kurz auf. Der Nebensitzer sagt: „Da ist ja meine noch besser." Die Schülerin 6.8 schaut zum Nebensitzer, zieht die Augenbrauen hoch. Der Nebensitzer sagt: „Naja." Die Schülerin 6.8 sagt mit zusammengekniffenen Augenbrauen: „Nicht wirklich", schüttelt kurz den Kopf und zeichnet weiter an ihrer Zeichnung. Sie wendet sich nach einigen Sekunden (Minute 09:50) zur Nebensitzerin und sagt leise: „Oh Gott ich zitter' voll mit dem" – Nebensitzerin rechts antwortet leise: „Schau dir mal meine Zeichnung an, die sieht aus wie (unverständlich)", während überschneidend der Nebensitzer links sagt: „Ich kann übrigens nicht zeichnen". Die Schülerin 6.8 wendet sich nach rechts zur ihrer Nebensitzerin, lehnt sich zu ihr, schaut auf ihr Zeichenblatt und lacht. Im Raum sagt jemand: „[Vorname Schüler], zeig mal". Die Schülerin 6.8 schaut in die Richtung, aus der gesprochen wurde, greift zeitgleich mit der rechten Hand nach dem Radiergummi ohne hinzuschauen, findet diesen nicht und nimmt ihn nach mehreren Greifversuchen auf." (Deskriptive Inhaltsangabe beim Zeichnen Schülerin 6.4:Z 114–141); ebenso beim Zeichnen Schülerin 6.25, Schüler 6.24, 9.4.

Aus dem Gespräch am Gruppentisch in Klasse 10:

„10.4: Mmoh, ich hasse Kartoffeln. – 10.2: Ich hasse auch Kartoffeln." (Klasse 10 Gespräch am Gruppentisch 1: 00:03:17-5–00:03:22-2)

„10.4: Bo:::: @(.)@ (.) Scheiß Kartoffel (.) Ich hasse Kartoffeln, ich werd' nie wieder Kartoffeln essen." (Klasse 10 Gespräch am Gruppentisch 1: 00:15:34)

Aus der deskriptiven Inhaltsangabe beim Zeichnen von Schüler 9.4:

> *„Der Schüler 9.4 zeichnet und radiert dann mit der rechten Hand die untere Kontur weg (Minute 14:09). Während er die Radiergummikrümel wegwischt, schaut er links zum Sitznachbarn, der gerade auf die Zeichnung von Schüler 9.4 schaut. Die Blicke der beiden Schüler kreuzen sich (Minute 14:14), der Nebensitzer lächelt, der Schüler 9.4 lächelt zurück und wischt weiter Krümel vom Zeichenblatt. Er dreht mit beiden Händen die Handinnenfläche nach oben, zieht die Schultern hoch, lächelt und sagt leicht lachend zum Sitznachbarn: „Das sieht scheiße aus" (Minute 14:14). Der Sitznachbar lacht kurz, schaut direkt in die Kamera und dann weiter im Raum herum. (Deskriptive Inhaltsangabe Schüler 9.4:Z 153–158)*

Aus der deskriptiven Inhaltsangabe beim Zeichnen von Schülerin 9.6:

> *„Die Schülerin 9.6 schummert, setzt sich mit einer raschen Bewegung auf, dreht das Zeichenblatt hochkant, zieht die Hände links und rechts hoch und dreht dabei die Handflächen nach außen auf. Dabei schaut sie auf das Zeichenblatt, greift dann mit der rechten Hand nach dem Bleistift, gibt sich diesen in die linke Hand und zeichnet für zwei Sekunden (Minute 20:34), schaut auf, pustet dann über das dritte, links vor ihr befindliche Zeichenblatt (Minute 20:36). Sie setzt sich auf, streicht sich mit der linken Hand die Haare zurück, greift mit der rechten Hand zu dem rechts von ihr liegenden Fragebogen und deckt die darunter liegende Zeichnung (A1) auf (Minute 20:45). Sie schaut sich für zwölf Sekunden ihre erste Zeichnung (A1) sowie die Zeichnung (A2) an, die nun nebeneinander auf dem Pult liegen, schaut zu ihrer rechts sitzenden Mitschülerin, zuckt die Schultern, und sagt leicht lachend: „Ist doch ganz gut" (Minute 20:54). Die Nebensitzerin sagt leise: „Mhmh", wobei sie ihren Kopf nicht zur Schülerin 9.6 dreht." (Deskriptive Inhaltsangabe Schülerin 9.6:Z 224–233)*

Die Schülerin 6.25 zeigt und bewertet ihre, aber auch die Zeichnungen ihrer Tischnachbar*innen:

> *„Die Schülerin beginnt, den Umriss der Kartoffel zu zeichnen. Die Schülerin 6.25 beendet den Umriss der gezeichneten Kartoffel (Minute 01:41) und nimmt dann ihr Blatt in beide Hände, ohne den Bleistift abzulegen, dreht sich nach links zu Schülerin 6.23 und macht mit ihrer linken Hand eine werfende Handbewegung. Dann bewegt sie die linke Hand erst zu ihrer Zeichnung, tippt darauf, und weist dann auf die zu zeichnende Kartoffel. Sie hebt dann mit beiden Händen das Blatt an, so dass die Schülerin 6.23*

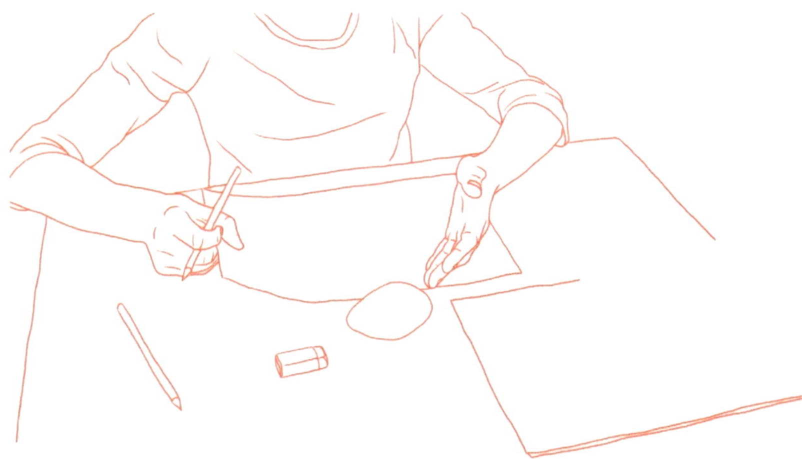

Abb. 94: Schülerin 6.25, 01:47 min.

darauf schauen kann. Dann legt sie das Zeichenblatt wieder auf ihr Pult, positioniert die Kartoffel nochmals neu, indem sie sie etwas weiter links von ihr legt (Minute 01:53). Dann legt sie den Bleistift zur Seite, radiert zuerst eine Stelle und zeichnet diese dann neu. Die Lehrperson sagt den Namen eines Mitschülers und dann, leiser gesprochen: „Leise" (Minute 02:00). Die Schülerin 6.25 beginnt, Flecken in der Kartoffel zu zeichnen. Der Schüler 6.24 sagt laut hörbar: „Sieht eher aus wie ein Ei als eine Kartoffel." Die Schülerin 6.25, deren Gesicht nun halb durch die Kamera erfasst wird, hört auf zu zeichnen, blickt nach links zu Schüler 6.24 und sagt: „Nee. Ein Ei ist schöner" (Minute 02:20). Die Schülerin 6.25 blickt dann wieder auf ihre Zeichnung und fährt fort, Flecken zu zeichnen. Sie hält den Bleistift abwechselnd zwischen den Spitzen von Zeigefinger und Daumen oder dem Daumen und dem Mittelfinger. (deskriptive Inhaltsangabe Schülerin 6.25:Z 45–58)

Gezeichnete Kartoffeln jeweils vergleichen mit einem:

„Osterei" (MT1:116), „Stein" (MT1:203), „blinzelndes Gesicht" (MT1:65), „Erdnuss" (MT1:207), „Birne" (MT1:75), „Arsch", „Dinosaurierei" (MT1:94), „Pobacke" (MT1:99), „Smiley" (MT1:30), „außerirdisch" (MT1:99), „Spiderman" (MT1:107), „Knutschewal" (MT1:107), „Sitzkissen" (MT1:109), „Furzkissen" (MT1:109), „Das Ding hat

Masern“ (MT1:105), „Pickel“ (MT1:106); „Osterei mit kleinen Pickeln“ (MT1:116), „Erbse“ (MT1:207), „Bohne“ (MT1:185), „Rakete; Silvesterrakete“ (MT1:321) „Avocado“ (MT1:320), „Schnittlauch“ (MT1:194), „Herz“ (MT1:146), „Apfel“ *(MT1:172)*.[347]

Interpretation

Innerhalb dieses Erhebungsunterrichts werden auf unterschiedlichen Ebenen wie etwa des Kunstunterrichts, der Selbsteinschätzung sowie auf der individuellen Handlungsebene Bewertungsprozesse angeregt. Manche Äußerungen sind heftig[348] und kritisch, andere äußern, es könnte eine Form sein, mit der Unsicherheit umzugehen, die mit Aufgabe 4 – dem Bewerten von Zeichnungen, die nicht ‚gekonnt' gezeichnet werden konnten, geäußert werden kann – oder beim Zeichnen bereits in den Raum, oder zu den dort befindlichen Lehrenden und Lernenden. Andere bewerten sich und ihre Leistung gut. Die Varianz für die Vergleiche mit den Zeichnungen von Kartoffeln ist bemerkenswert.

5.7.6. Achse 6: Zeichnen von und mit anderen lernen

Im Verlauf der Aufgaben, insbesondere beim Zeichnen mit der nicht-schreibenden Hand bzw. beiden Händen ist zu beobachten, wie der Austausch über das *Zeichnen Können* sich weiter intensiviert. So wird an Tisch 1 (Schüler*innen 10.1 und 10.6) bei Aufgabe 2, dem Zeichnen mit der Hand, mit der man nicht schreibt, zunächst über eine Sinneswahrnehmung gesprochen, dann die Schwierigkeit, den Stift zu halten, thematisiert:

„10.2: Ich hab' so das komische Gefühl, dass die jetzt andersrum ist, die Kartoffel.
10.4: lacht mit hoher Stimme
10.2: What the fuck.
10.1: Ich kann den Stift noch ned mal halten, ey.
10.4: @(.)@ Ich auch nicht @(.)@. (Klasse 10 Gespräch am Gruppentisch 1: 00:10:58-8–00:11:13-0)

347 Die Fundstellen sind sowohl aus Fragebögen, als auch aus Interviews und Gesprächen am Gruppentisch. „MT1“ ist der Materialteil 1 zur Datenerhebung.

348 So kommt das Wort ‚Scheiße‘ alleine 59 Mal im Dokument Materialteil 1 vor.

Wenig später gibt Schüler 10.2 dem Schüler 10.1, der äußert, den Stift nicht halten zu können, den Tipp:

„10.2: Kuck mal das Äußere musst du einfach in einem Zug machen, und das Ding kannst du auch-(.) relativ easy." (Ebd.:00:11:33-8),

was von Schülerin 10.4 kommentiert wird:

„10.4: Ein echter Künstler kann mit beiden Händen zeichnen. Also los, [Vorname 10.1]
10.1: Ruhe.
10.2: Tja, [Vorname 10.1] ist halt kein echter Künstler.
10.1: Sondern ein überechter Künstler." (Ebd.:00:11:55-1–00:12:03-7)

Nach einer kurzen Pause fügt der Schüler 10.1 an:

10.1: Nämlich gar kein Künstler. (...) Noch nicht mal ein gefälschter Künstler.
10.2: Na gut." (Ebd.: 00:12:05-9)

Hier wird von den Mitschüler*innen zunächst der Vergleich eines „echten Künstlers" herangezogen, der einen Stift halten *könne* und darüber hinaus auch die Fähigkeit habe, beidhändig zu Zeichnen. Der Schüler 10.1, der sich zuvor darüber beschwert hatte, den Stift kaum halten zu können, negiert daraufhin diesen Vergleich und äußert sich dazu, indem er sich vom ‚Künstler-Sein' distanziert. Aus dem Gespräch lässt sich entnehmen, dass die Vorstellung der Schüler*innen ‚eines Künstlers' die ist, dass er/sie etwas ‚kann", also das Handwerk beherrscht. Der Schüler 10.1 formuliert dem gegenüber seine Ablehnung, indem er diese Bezeichnung zunächst übertreibt (‚überecht'), negiert und dann doppelt negiert (‚nicht mal ein gefälschter'). Der Austausch wird jedoch auch über das Zeichnen selbst geführt, hier noch während Aufgabe 1:

„10.4: -ich hasse Kartoffeln.
10.2: Deins sieht gut aus.
10.4: Hm?
10.2: Deins sieht gut aus.
10.3: Ich hätte nie gedacht, dass ich so lange an einer Kartoffel zeichnen kann.
10.4: Sollen wir eigentlich auch den Schatten zeichnen?
10.1: Keine Ahnung (.) wie du willst?
10.3: Müssen wir.
10.4: Was heißt denn müssen?" (Ebd.:00:08:22-1–00:08:35-2)

Hier zeigen sich mehrere Aspekte und Qualitäten des Austauschs am Gruppentisch und beim gestalterischen Arbeiten der Schüler*innen: Zunächst äußert Schülerin 1.4 „-ich hasse Kartoffeln" und gibt damit zum Ausdruck, mit der Aufgabe, dem Sujet oder ihrer Zeichnung nicht zufrieden zu sein. Der gegenübersitzende Schüler äußert sich affirmierend und wiederholt dann auf Nachfrage: „Deins sieht gut aus". Nun schaltet sich die Nebensitzerin ein, die eine Bemerkung zum Zeitraum des Zeichnens (10 Minuten) macht, was auch so verstanden werden kann, dass sie sich langweilt. Die Schülerin 10.4 wechselt hierbei das Thema und fragt nach dem zu zeichnenden Schatten (dies, wie die Videographie zeigt, auf das Blatt von 10.1 geschaut hat, dessen Schatten der Kartoffel gut erkennbar und dunkel schraffiert ist. Der Schüler 10.1 antwortet: „Keine Ahnung (.) wie du willst?". Die Nebensitzerin formuliert ihre Vorstellung einer Aufgabe oder einer Zeichnung, indem sie sagt: „Müssen wir". Auf diese Äußerung fragt die Schülerin 10.4 zurück: Was heißt denn müssen?" und, nachdem sie von den Mitschülern darauf hingewiesen wurde, dass sie nur noch „20 Sekunden Zeit" habe, verstärkt: „Ich mag's nicht, wenn man mich hetzt." (Ebd.:00:09:07-3) Die Videographie zeigt, dass die Schülerin 10.4 mit ihrer Frage nach dem Schatten beginnt, diesen zu zeichnen. In der Aufgabe 3 sagt die Schülerin 10.4 auch nach ungefähr der Hälfte der Zeit: „So: jetzt nur noch den Schatten dann hab' ich s geschafft." (Ebd.:00:25:40-6). Auch die Zeichnung zeigt, dass alle von Schülerin 10.4 gezeichneten Kartoffeln einen Schatten aufweisen, der von Aufgabe zu Aufgabe dunkler wird.[349]

Auch in einem Gespräch am Nebentisch wird ein Austausch über die Zeichnung, der in einem Feedback endet, hörbar:

„#00:02:31-8#	*Lautes Lachen: Kuck doch mal meine Kartoffel an-*
#00:02:31-4#	*-Scheiße-*
#00:02:31-6#	*Ja, aber du außen –*
#00:02:31-5#	*–Das ist doch ein Apfel!*
#00:02:33-2#	*@(.)@ - (unv.)*
#00:02:33-6#	*Zeig' mal deins, zeig' mal (unv.)-*
#00:02:40-8#	*- ey, warum hast Du's nicht so abgezeichnet? Ich find' das voll die gute Idee.*
#00:02:44-3#	*Ja, aber (.) das da ist voll gut. Vielleicht mach' ich mal von der anderen Seite, vielleicht sieht das dann mehr kartoffelig aus.*
#00:02:49-0#	*@(.)@ Kartoffelig @(.)@, (unv.)." (Ebd.: 00:02:31-8–00:02:54-7)*

349 Da die Schülerin alle Aufgaben auf einem Blatt gezeichnet hat und häufig so über das Blatt gebeugt ist, dass die Zeichnung nicht von der Kamera erfasst wird, ist nicht ganz sicher festzustellen, wann diese jeweils entstanden sind.

Was sich hieraus zeigt, ist die Verbindung von Zeichnen und Sprechen zum gleichen Zeitpunkt innerhalb der Aufgabe. Hier gehen einerseits „die Namen der Dinge fremd“ (Peters 1998), und zugleich beginnen kreative Sprachspiele zu wirken, die teils in humorvolle Dialoge umgesetzt werden, wie auch immer wieder das Lachen am Tisch zeigt. In der *Live-Kommentierung* der Aufgabe, die fast schon als ‚lautes Denken in Kollaboration‘ zu lesen ist, zeigen sich so noch andere Aspekte des Zeichnen Könnens, die nicht nur mit technischen, sondern sowohl mit kommunikativen Aspekten, als auch mit dem Formulieren eigener Sichtweisen, dem Formulieren und Umsetzen von Feedback sowie über sich selbst und andere zu lachen, verbunden/gekoppelt sind. Auch an anderer Stelle, bei Schülerin 6.8, gibt es trotz einer Platzierung in Reihen statt am Gruppentisch zwischen drei Schüler*innen Interaktionen, die zunächst in einer Absage einer Interaktion münden:

> *„Die Schülerin zeichnet konzentriert. Sie legt beim Zeichnen ihren rechten Unterarm auf ihr Pult. Die Nebensitzerin schaut immer wieder auf das Blatt der Schülerin 6.8, wobei sie versucht, über den aufgelehnten Arm der Schülerin 6.8 zu schauen. Die Schülerin 6.8 hört nach ca. zwei Minuten auf zu zeichnen, radiert und zeichnet dann weiter. Die Nebensitzerin spricht die Schülerin 6.8 leise von der Seite an (unverständlich, Minute 02:14); sie wird von der Schülerin 6.8 zunächst ignoriert, dann blickt die Schülerin 6.8 die Nebensitzerin direkt an, wobei ihre Geste ruckartig und das Gesicht ernst wirkt. Die Schülerin 6.8 sagt leise: „Woher soll ich das wissen?“ (Minute 02:16). Die Nebensitzerin sagt: „Ich frag' doch nur“ (Minute 02:17) und runzelt die Stirn, schaut nach vorne auf ihr Blatt und greift zu ihrem Bleistift. Die Nebensitzerin spricht die Schülerin 6.8 erneut an, lächelt dabei „Kann ich das auch so machen?“ (Minute 02:27), die Schülerin 6.8 zuckt die Schultern, nickt leicht und zeichnet weiter. Die Nebensitzerin flüstert etwas (unverständlich) zu der Schülerin 6.8 (Minute 02:35). Die Schülerin 6.8 zeichnet weiter, ohne zu reagieren. Die Nebensitzerin lächelt leicht und schaut ab nun im 1-Sekundentakt abwechselnd auf das Zeichenblatt der Schülerin 6.8 (Minute 02:43) und dann auf ihr eigenes Zeichenblatt. (Deskriptive Inhaltsangabe Schülerin 6.8:Z 23–35)*

Die Schülerin 6.8 signalisiert ihrer Nebensitzerin beim Lösen der Aufgabe 1 deutlich, dass sie ihre Frage nicht beantworten möchte. Als die Kamera eingeschaltet wird, zeichnet die Schülerin bereits konzentriert. Ihr Ellenbogen liegt beim Zeichnen über der Zeichnung und erschwert so den Blick für die Nebensitzerin auf das Blatt. Die Anfrage der Nebensitzerin wird zuerst ignoriert, dann verbal zurückgewiesen. Die Nebensitzerin wiederholt dann ihre Anfrage nach einer Einschätzung der Schülerin 6.8 nochmals:

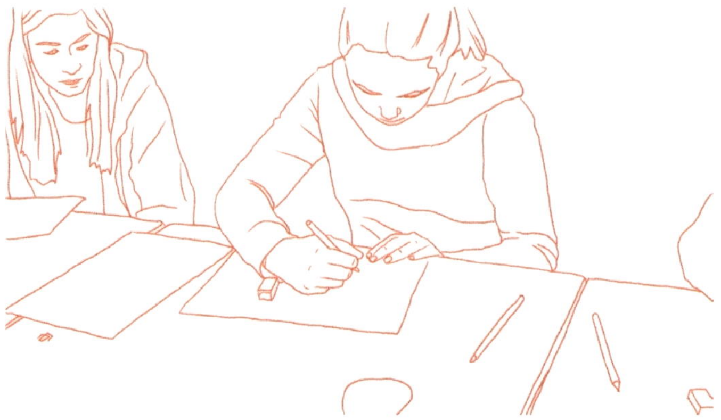

Abb. 95: Schülerin 6.8, Minute 2:09.

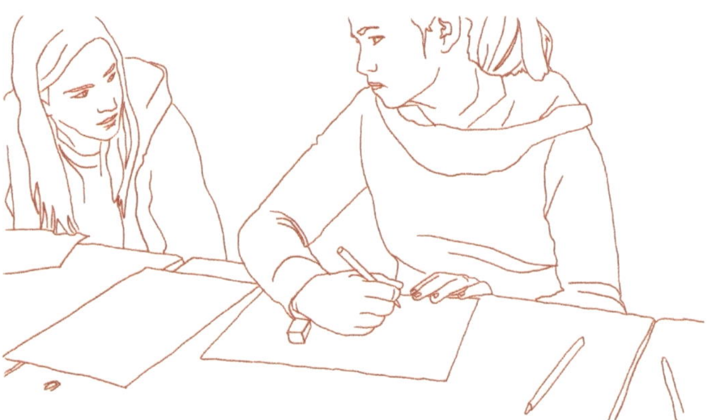

Abb. 96: Schülerin 6.8, Minute 2:15.

> *„Bei Minute 03:17 fragt die Nebensitzerin die Schülerin 6.8: „So, [Vorname 6.8]?" Die Schülerin 6.8 schaut vier Sekunden auf die Zeichnung der Nebensitzerin, schürzt die Lippen, nickt und wendet sich wieder ihrer Zeichnung zu." (Ebd.:Z 37–39)*

Hier nun wird die Schülerin 6.8 als Expertin adressiert und antwortet entsprechend, wobei sie die Rückmeldung nonverbal gibt. Im Verlauf von Aufgabe 1 wird die Nebensitzerin noch weitere Dinge nachfragen, die die Schülerin 6.8 zögerlich oder knapp beantwortet. Bei Aufgabe 2 verändert sich die Situation. Zunächst sprechen die Schüler*innen das aus, was sie gerade tun oder erleben.

> *„Die Schülerin 6.8 wendet ihren Blick nach vorne, atmet tief ein und sagt: „Können wir schon anfangen?" (Minute 7:40), während sie das vor ihr liegende Zeichenblatt quer legt und den Bleistift in ihre linke Hand nimmt. „Ist doch ganz gut (unverständlich)" (Minute 07:43) sagt sie, während sie nochmals auf die Zeichnung der Nebensitzerin schaut und zugleich die rechte Hand vor dem Gesicht hat und sich an der Stirn kratzt. Der Nebensitzer sagt: „Mit links. Ich nehme mal ein anderes Format" (Minute 07:44). Die Schülerin 6.8 setzt den Bleistift in ihrer linken Hand auf das Zeichenblatt und sagt, während sie mit der linken Hand über dem Blatt im Querformat kreist: „Ist das schwierig" (Minute 07:48)." (Ebd.: Z 103–109)*

Dabei kommt es neben einem Austausch über das eigene auch zu Vergleichen zwischen den Zeichnungen – in diesem Fall, nachdem die Schülerin 6.8 zunächst aufgehört hat zu zeichnen und die eigene Zeichnung kommentiert.

> *„Die Schülerin 6.8 sagt dann: „Ich bemühe mich ja zumindest, die Form gescheit hinzukriegen" (Minute 08:42), während sie radiert und die Krümel vom Zeichenblatt wischt. Die Schülerin 6.8 sagt kurze Zeit später: „Ich hätte beidhändig ganz gut gefunden" (Minute 08:56). Später unterbricht sie ihr Zeichnen und sagt: „Ich würde jetzt so gerne die Hand wechseln" (Minute 09:11) – Nebensitzer: „Ja, das zittert voll, die linke Hand." – Schülerin 6.8: „Ich zitter' voll mit der linken Hand. Das ist voll schlimm". – Nebensitzer: „Aber ich mal jetzt hier (unverständlich)" – Schülerin 6.8: „Aber links wird besser als rechts, wirklich" (Minute 09:24). Die Schülerin 6.8 setzt den Bleistift ab, schaut auf ihre Zeichnung, sagt: „Häh?", lacht und zeichnet dann weiter. Ihr Nebensitzer sagt nach einer Pause: „(Unverständlich) auch so schreiben". Die Schülerin 6.8 zeichnet weiter, setzt dann ab, schüttelt beide Hände aus, spreizt die Finger der linken Hand auf Höhe ihres Gesichts, reißt die Augen auf und sagt: „Ach du Scheiße" (Minute 09:40) und lacht kurz auf. Der Nebensitzer sagt: „Da ist ja meine noch besser." Die Schülerin 6.8 schaut zum Nebensitzer, zieht die Augenbrauen hoch. Der Nebensitzer sagt: „Naja." Die Schülerin 6.8 sagt mit zusammengekniffenen Augenbrauen: „Nicht wirklich", schüttelt kurz den Kopf und zeichnet weiter an ihrer Zeichnung." (Ebd.: Z 123–135)*

Die Schülerin 6.8 hat im Fragebogen angegeben, „ganz okay" zeichnen zu können. Sie gibt an, lernen zu wollen, „Wie man richtig zeichnet/malt und schattiert" (Fragebogen 6.8:F 2). Im Interview teilt sie mit, dass sie selbst zu Hause „sehr gerne" zeichnet und auch schon mal ausprobiert habe, mit links zu zeichnen. Auf die Frage, ob sie Zeichnen wichtig fände, antwortet sie:

„ja, ich find' schon. Also erstens Mal: Ich mag's total gern und zweitens mal kann man eben damit so die Gegenstände die man zeichnet so verändern, wie man's gerne hätte. (..) Ja, und ähm, sich dann auch so ein bisschen ausdrücken (.) mit der Kunst oder generell mit dem Zeichnen und so. Und im Kunstunterricht ist es vielleicht auch wichtig, wenn man da so irgendwann mal hinwill, so in die Richtung. Bei (unv.) war das ja auch schon relativ früh da und ähm eben es ist ja auch so kreativ und dann, keine Ahnung @(.)@" (Interview mit Schülerin 6.8:Z 73–79)

Durch ihr konzentriertes Zeichnen, die Zeichnungen selbst und durch diese Angaben wird klar, dass diese Schülerin 6.8 vermutlich innerhalb der Klasse als eine ‚Expertin' im Zeichnen gilt, die um eine Meinung oder eine Hilfestellung gefragt werden kann. Bei der Aufgabe 2, dem Zeichnen mit der nicht gewohnten Hand äußert die Schülerin 6.8 ihre Unsicherheit oder Frustration („Ach Du scheiße"), stellt aber beim Vergleich ihrer Zeichnung mit der des Nebensitzers klar, dass sie ihre Zeichnung besser als seine findet. („Nicht wirklich"). Bei einer weiteren nonbverbalen Äußerung von Frustration der Schülerin 6.8 (vgl. Abbildung 97) sagt der Nebensitzer: „Kannst Du das gut", was auch ironisch aufgefasst werden könnte, aber durch die darauffolgende Aufforderung „Ja, schau doch mal mich an" in der Ernsthaftigkeit bestärkt wird. So ist diese Äußerung als unterstützend zu verstehen.

„Schülerin 6.8: „Das ist schon so ein bisschen blöd. Ich mal jetzt einfach drüber und radier' das dann wieder weg. Das ist mir jetzt grad so egal". Während sie das sagt, zeichnet sie großflächig über den unteren Teil und den Schatten der gezeichneten Kartoffel. Die Schülerin 6.8 zeichnet etwa eine Minute weiter, setzt den Stift ab, spreizt beide Hände und hält sie auf Gesichtshöhe neben sich, während sie auf ihre Zeichnung schaut und macht dazu ein zischendes Geräusch. Der Nebensitzer sagt zu ihr: „Oha. Kannst du das gut". Die Schülerin 6.8 sagt: „Schon, gell?" Die Nebensitzerin fragt die Schülerin 6.8: „Hm?" und lehnt sich zu der Schülerin 6.8. Diese antwortet: „Er meinte gerade: Kannst du das gut" (Minute 11:30) und lacht kurz auf. Der Nebensitzer sagt: „Ja, schau doch mal mich an". Die Nebensitzerin sagt über die Schülerin 6.8 hinweg: „Zeig mal", setzt sich auf, schaut, setzt sich dann wieder gerade und in Arbeitshaltung hin, pustet über ihr Zeichenblatt. Dann sagt sie etwas zur Schülerin 6.8 (unverständlich), diese lehnt sich kurz zu ihr und lacht dann kurz auf." (Deskriptive Inhaltsangabe Schülerin 6.8:Z 151–158)

Ab Aufgabe 2 hat sich so das Verhalten der Schülerin 6.8 von einer konzentrierten Zeichnerin hin zu einer im Austausch stehenden Person, die zwischen Nebensitzerin und Nebensitzer spricht, gewandelt.

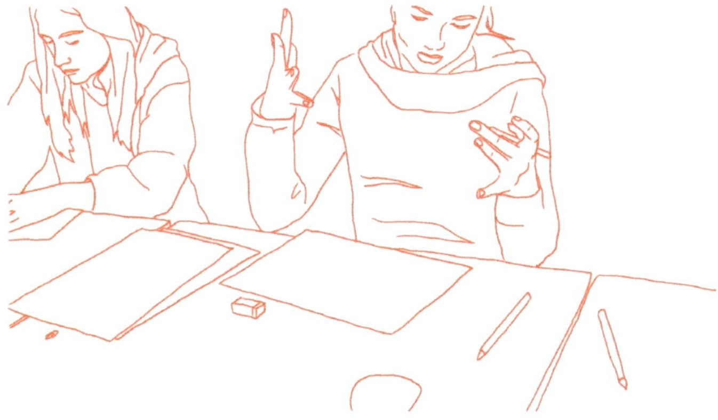

Abb. 97: Schülerin 6.8, Minute 11:24.

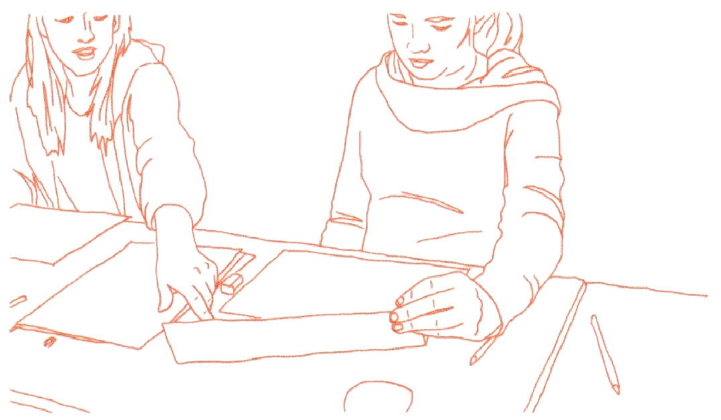

Abb. 98: Schülerin 6.8, Minute 16:51.

„Die Schülerin 6.8 lässt erst beide Hände im Schoß liegen und spricht, während die Lehrperson die Aufgabenstellung sagt, mit ihrer Nebensitzerin. Sie schaut auf deren Blatt und dann auf ihre Zeichnung. Die Schülerin 6.8 runzelt die Stirn und greift zu dem Papierstapel (Fragebogen und Zeichenpapier) auf ihrem Pult. Sie greift ihre erste Zeichnung (mit ihrer Schreibhand gezeichnet) heraus und hält diese neben die soeben erstellte Zeichnung. Sie scheint beide Zeichnungen zu vergleichen und sagt etwas zu ihrer Nebensitzerin: „(unverständlich) besser?“ Diese weist mit dem Zeigefinger auf das Blatt mit der ersten Zeichnung. Die Nebensitzerin scheint dabei auf etwas Spezifisches

zu zeigen. Die Schülerin 6.8 sagt: „Keine der zwei ist wirklich gut". Dann schaut sie zur Lehrperson." (Ebd.: Z 239–246)

Am Ende der Zeichnung 2 vergleicht die Schülerin 6.8 ihre beiden Zeichnungen; möglicherweise fragt sie die Nebensitzerin nach ihrem Urteil. Die Nebensitzerin zeigt der Schülerin 6.8 etwas auf ihrer Zeichnung. Bei der Zeichnung 3 mit beiden Händen wird die Schülerin 6.8 gefragt, warum sie immer erst den Schatten zeichne. Sie erklärt, zeichnend: „Ich mache immer erst den Schatten, genau. Und jetzt mache ich erst die Kartoffel und dann den Schatten. Ich experimentiere halt" (deskriptive Inhaltsangabe Schülerin 6.8:Z 291–292) – und verweist damit auf den Kontext dieser Aufgabenreihe, der nicht nur darin besteht, eine Aufgabe zu erledigen. Bei der Erstellung der deskriptiven Inhaltsangabe sowie der Kodierung ist aufgefallen, dass die Schülerin 6.8 zunächst als konzentriert und Abbild orientiert zeichnet und an Interaktion nicht interessiert sei. Dies verändert sich ab Aufgabe 2, indem zunächst das, was getan wird, wie zu sich selbst ausgesprochen wird und später dann immer wieder aufkommende Dialoge beim Zeichnen geführt werden. Im Fragebogen schreibt die Schülerin, dass ihr die Aufgabe 3 am besten gefallen habe, denn: „Es ist am besten geworden und hat am meisten Spaß gemacht." (Fragebogen 6.8:F4.1).

Eine ähnliche und doch andere Situation ereignet sich beim Schüler 6.24 während der dritten Aufgabe: Dort ist es das Schummern mit der rechten Hand, welches er bei der Schülerin 6.25, beobachtet und dann übernimmt. Dies konnte aufgrund der Videographie der beiden Schüler* innen, die so im Raum positioniert waren, dass sie einander auf die Arbeitsfläche schauen konnten, rekonstruiert werden. Hier die entsprechende Sequenz aus der deskriptiven Inhaltsanalyse:

„Dann blickt der Schüler direkt in die Kamera (Minute 28:24) und legt die Bleistifte links und rechts parallel zum kürzeren Rand auf das quer liegende Zeichenpapier. Jemand niest im Raum, die Schüler_innen sagen: „Gesundheit". Der Schüler 6.24 verschiebt die Bleistifte diagonal, so dass sie einen Winkel bilden, dessen Spitze in den Raum weist. Der Schüler legt dann mit einem schnellen Griff den Radiergummi auf die untere Mitte des Zeichenblatts, legt den Kopf schräg, betrachtet die Zusammenstellung und lächelt, bevor er die Bleistifte wieder parallel dreht und den Radiergummi zur Seite legt. Dann lehnt sich der Schüler zurück (Minute 28:32), wobei er mit der rechten Hand das Armband der links getragenen Uhr löst. Der Schüler schaut geradeaus. Sein Kopf bewegt sich etwas nach rechts (Minute 28:50), dabei schaut er weiter geradeaus, wobei seine Augen etwas verfolgen, seine Lippen bewegen sich. Sofort danach beugt er sich nach vorne, lehnt sich auf seine linke Hand, die seine Armbanduhr hält und schummert mit seinem rechten Zeigefinger auf seiner Zeichnung (Minute 28:54–28:67), hält kurz inne, dreht die Hand auf, so dass er auf die Spitze des Zeigefingers schauen

kann, reibt sich kurz mit der linken Hand an der Nase und schummert dann weiter (Minute 29:00–29:06). Der Schüler 6.24 setzt sich dann auf, schaut seinen Zeigefinger an, der nun voller Graphit ist und hält sich diesen vor das Gesicht, während er sich aufsetzt (Minute 29:07) und wischt diesen dann am Pult ab, während er sich wieder nach vorne beugt. In der gleichen Bewegung nimmt der Schüler 6.24 mit der rechten Hand den Bleistift auf, legt mit der linken Hand die Armbanduhr links vor sich ab, greift mit der linken Hand ebenfalls einen Bleistift und schraffiert mit beiden Bleistiften die Zeichnung (Minute 29:11–29:22). Dann schummert der Schüler mit dem Zeigefinger der rechten Hand, während seine linke Hand das Zeichenblatt stabilisiert (Minute 29.23-29:26). Er setzt sich auf, schaut auf sein Zeichenblatt, greift mit beiden Händen nach beiden Bleistiften und schraffiert eine Stelle, schummert dann mit dem Mittelfinger der rechten Hand darüber (Minute 29:34–29:40), greift mit der rechten Hand den Bleistift und schraffiert erst mit der rechten Hand, dann beidhändig, schummert kurz mit dem Mittelfinger der rechten Hand und lehnt sich dann zurück (Minute 29:46). Er legt die Bleistifte auf das Pult und schaut seine beiden Finger/Handinnenflächen an, steckt seine Hände unter das Pult, schaut dann ins Klassenzimmer, gähnt einmal dabei und lässt den Blick wieder in den Raum schweifen." (Deskriptive Inhaltsangabe Schüler 6.24:Z 259–282)

Auch der Schüler 10.1 entdeckt so für sich das Schummern.

Interpretation

Hier zeigt sich ein unerwartetes Phänomen, welches weiterer forschender Aufmerksamkeit bedarf: Innerhalb der Aufgabenstellung, drei Mal die Kartoffel mit einer anderen Händigkeit zu zeichnen, werden Erfahrungen über das Zeichnen artikuliert, die lautem Denken ähneln. Die Funktion eines solchen Artikulierens von Erleben könnte daran liegen, etwas zu erfahren, das anderen mitgeteilt werden möchte – weil es ‚neu' ist, es ‚komisch' oder ‚andersherum' ist.

Das Erleben der ungeübten Hand, die die andere Hand beeinflusst, führt zu unterschiedlichen Experimenten. Zugleich wird gerade, wenn es um das nicht können des Zeichnens geht, bewertet, sich ausgetauscht, affirmiert, sich kritisiert, verglichen (mit eigenen Zeichnungen oder Zeichnungen von anderen), es wird sich etwas gezeigt, gelegentlich wird sich auch solidarisiert (ich finde das auch). Dabei wird auch die Erwartung, die an eine ‚gelungene' Zeichnung gerichtet wird, erneut thematisiert – und ggf. auch eine Ablehnung, so ‚könnend' zu sein wie ein ‚echter Künstler'.

Im Austausch gleichen die Schüler*innen geforderte Leistungsniveaus ab (Schatten zeichnen) und tauschen sich ggf. darüber aus, wie sie zu einer Lösung kommen. Darin wird sich unterstützt, auch und gerade, wenn es eine ungewöhnliche Lösung ist oder der/die

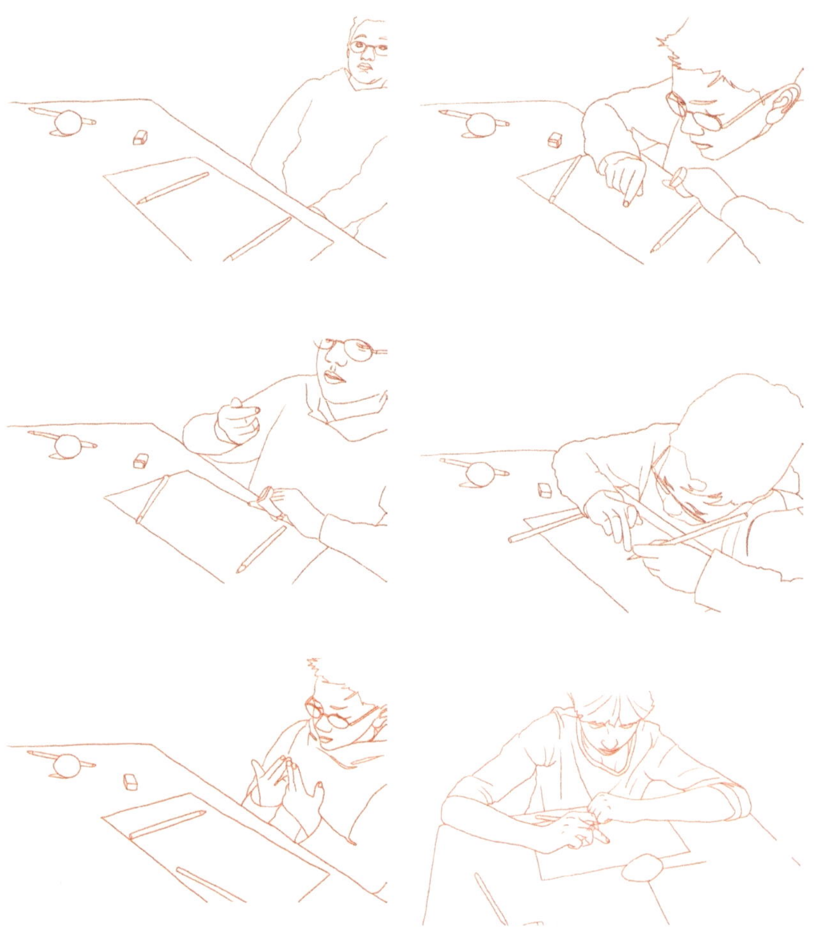

Abb. 99: Montage: Schüler 6.24 Minute 28:51, Minute 28:55, Minute 29:06, Minute 29:35, Minute 29:50 und Schülerin 6.25, Minute 8:30.

Schüler*in damit nicht zufrieden ist. Mit dem Beispiel der Schülerin 6.8 kommt ein neuer Aspekt hinzu, der sich im Wandel der Rolle der konzentrierten ‚Expertin' im Zeichnen, die zuerst die Fragen der Nebensitzerin ignoriert, dann eine Expertise abgibt und später deren Meinung einholt, wenn es um das Zeichnen mit den ungewohnten Händen geht – und dann von ihren Nebensitzenden im Zeichnen affirmiert wird und dann zu dem Schluss kommt, dass sie eben „experimentiert".

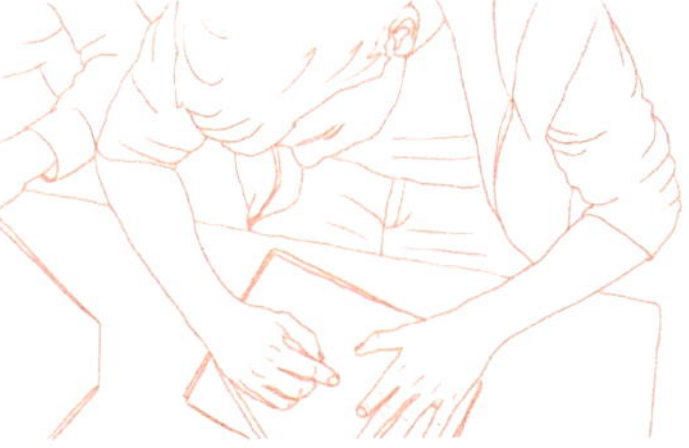
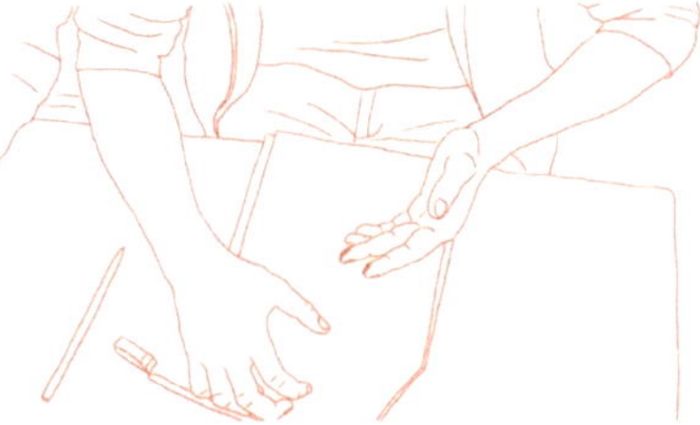

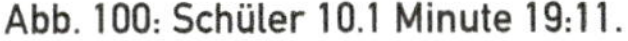
Abb. 100: Schüler 10.1 Minute 19:11.

Abb. 101 Schüler 10.1, Minute 19:23.

Ein anderer, deutlich lautloser aber nicht weniger kraftvoller Moment der gegenseitigen Inspiration beim Beobachten des Zeichnen der anderen, der Austausch von Informationen auf visuell-taktiler Ebene, welches zwischen Schüler 9.24 und Schülerin 9.25 beobachtet werden konnte, die sich einerseits ihre Zeichnungen zeigten, andererseits aber auch Techniken wie das Schummern, ohne darüber zu sprechen oder sich etwas zu signalisieren, weiter geben. Dies konnte auch in einem anderen Fall in Klasse 10 erneut belegt werden. Dies ähnelt dem „Schmuggeln als verkörperte Kritikalität“ (Rogoff 2015:273), indem andere Solidaritäten und Logiken innerhalb des Klassenzimmers stattfinden können, die aus einem binären Verständnis von Lehre (eine/r lehrt, die/der andere lernt) ausbrechen und somit die angenommenen oder erwarteten Normen ins Tanzen bringen.

Hier zeigt sich aus meiner Perspektive ein Kernstück der Qualität dieser Erhebung, die etwas aus der Praxis des Kunstunterrichts zeigt, die aus meiner Perspektive sicherlich weiterer Forschung und Fragen bedarf und einen Ausblick auf weitere Forschung darstellen.

5.7.7. Achse 7: Verschieben/ Ins Verhältnis setzen

Aufgabe in Frage stellen / kritisieren.

Eine sehr häufig geäußerte Kritik der Schüler*innen an der Erhebung/Aufgabestellung war das Sujet, also die Kartoffel: „Ich hätte gerne etwas anderes als eine Kartoffel gezeichnet, also einen Gegenstand, den man plastischer zeichnen kann“ (Fragebogen 9.12:F5); „Ich frage mich warum man nicht etwas Spektakuläreres nehmen kann, z. B. Karotte, Chilli.“ (Fragebogen 6.19:F5), „Kartoffeln sind langweilig“; „Ich finde eine Kartoffel ist nicht schön bitte machen sie es lieber mit was anderem.“ (Fragebogen 6.27:F5); „Ja, eine Kartoffel zu zeichnen ist doof! Nehmen Sie bitte nächstes Mal eine Tomate!“ (Fragebogen 6.32:F5); „Ja, irgendeine Blume oder so irgendwas. Mit mehr Einzelheiten und (.) was man auch, wo man Einzelheiten auch zeichnen kann." (Interview mit Schülerin 10.23:Z 17). Die Schülerin 10.4 antwortet auf die letzte Frage im Interview, ob sie noch eine Frage hätte:

> *„Ja:, warum eigentlich ausgerechnet 'ne Kartoffel? @Also ich weiß nicht@ ich kann (.) ich weiß nicht, Kartoffeln sind so was ähm, irgendwie so was (.) ungeformtes (.), irgendwas, was eigentlich die ganze Zeit so (.) ich weiß nicht das ist (.) keine Ahnung es macht einfach unruhig so 'ne Kartoffel zu malen, und – (...) ähm, ich weiß es nicht, so eine Kartoffel ist irgendwas, so ein komisches (.) Ding aus der Erde was man sich eigentlich nicht wirklich ankuckt sondern eher (.) isst!" (Interview mit Schülerin 10.04:Z 172–175).*

Auch an anderer Stelle wurde dies gegenüber der Forscherin geäußert:

> *„Schülerin (10.23) fragt die Forscherin, während sie die Kamera abbaut, ob sie denn nun nicht mehr zeichnen würden? Forscherin sagt: „Nein, jetzt kommt der Fragebogen und eine Gruppenarbeit." – Schülerin: ‚Ich dachte, wir zeichnen was, was wir können? Das ist voll gemein!'" (Aus Notizen der Forscherin Klasse 10)*

An einem Gruppentisch in der 10. Klasse wird eine direkte Kausalität zwischen der Aufgabenstellung und der Tätigkeit des Radierens hergestellt:

> *„10.6: Ja das is' (.) links- (.) ich kann ja- (.) was soll ich denn- (..) die Aufgabenstellung is' schlecht. Ja und jetzt radier' ich-" (Klasse 10, Gespräch am Gruppentisch 2:00:21:31-0)*

Aufgabe minimal erfüllen, kritisieren

Die Schülerin 10.23 erfüllt die Aufgabe, ist jeweils nach ca. 5 Min fertig und zeichnet auch nicht weiter. Der Schüler 10.6 hört ebenfalls auf zu zeichnen, zeichnet eine runde Form und füllt diese grobflächig aus. Im Fragebogen erklärt Schüler 10.13 auf die Frage, welche Aufgabe ihm am besten gefallen hätte: „Keine. Weil mir Kartoffel zeichnen keinen Spaß macht" (Fragebogen 10.13:F4.1); und führt weiter aus: „Langweilig und unnötig" (Fragebogen 10.13:F5), Der Schüler 10.22 kommentiert: „Zeichnen braucht kein Mensch, bringt nix" (Fragebogen 10.22:F.6)

Können verschieben

Im Fragebogen beschreibt eine Schülerin: „Das Ergebnis ist für meine Verhältnisse ganz brauchbar" (Fragebogen 10.2:F4.1). Die gleiche Schülerin stellt eine Chancengleichheit im nicht können fest: Es wurde dabei auch eine Relation zu anderen hergestellt: „Es war neu und keiner hatte gute Chancen" (Fragebogen 10.2:F4.1), schreibt sie zum Zeichnen mit der ungelenken Hand.

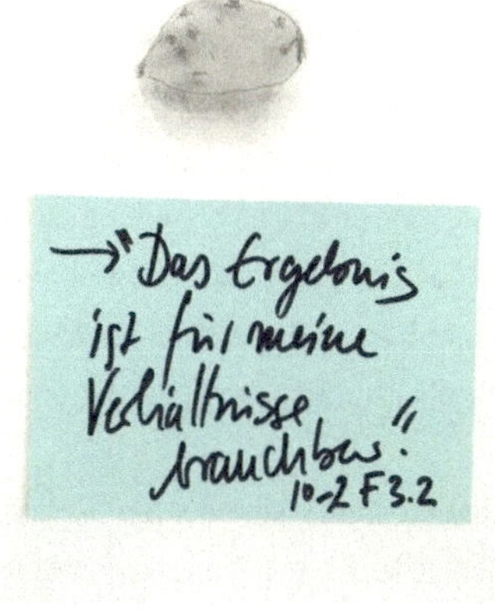

Abb. 102:
Schüler 10.2 mit F4.1.

Innerhalb eines Interviews mit dem Schüler 10.22 stellt dieser das Konzept einer ‚gelungenen' Zeichnung in Frage:

„I: @(.)@ Okay. (....) Was wäre denn für dich eine gelungene Zeichnung?
B: Ich weiß nicht, ich glaube es gibt gar keine so gelungene oder nicht gelungene (.) es ist eigentlich so ein bisschen dasselbe nur dass es ein bisschen anders aussieht. (.) Eigentlich kann man sagen, dass im so, was ist gelungen, ich meine für mich ist das gelungen (deutet auf seine mitgebrachte Portraitzeichnung) und es gibt Leute, für die ist (.) was ganz tolles gelungen." (Interview mit Schüler 10.22:Z 78–82)

Das Zeichnen wurde auch positiv bewertet, wenn es in Relation zu etwas anderem gesetzt wurde: Die Schülerin 10.11 fand die dritte Kartoffel am besten, weil das „Ergebnis am spannendsten war" (Fragebogen 10.11:F4.1) „Ich finde, beim Zeichnen hat jeder seinen eigenen Stil" (Fragebogen 10.12:F6), „Sieht besser aus als erwartet" (zur Zeichnung 2 mit der ungeübten Hand) (Fragebogen 10.17:F2.2) Eine Schülerin nimmt eine vermittelnde Position innerhalb der Ergebnisse ein: „Ich denke man darf eine Kartoffel weder richtig ordentlich noch unordentlich zeichnen. Man braucht eine Mischung damit sie lebendig und erkennbar ist." (Fragebogen 10.11:F.5)

Interpretation

Schüler*innen äußern Kritik an der Aufgabe, sie würden diese gerne verändern und machen zum Teil sehr konkrete, konstruktive Vorschläge dazu. Einige kritisieren, dass sie nicht zeichnen dürfen, was sie interessiert. Andere halten die Aufgabe schlicht für nicht notwendig, weil das Zeichnen nichts bringt. Dass die Schüler*innen die Aufgabe ändern wollen und dies kommunizieren zeigt, dass sie eine gewisse Vorstellung davon haben, was im Kunstunterricht passieren soll – und es kann auf dem individuellen Erlebnis basieren, dass es irgendwie nicht so geht mit dem Zeichnen einer Kartoffel und dann noch mit der Schwierigkeit des Zeichnens mit beiden Händen. Die Aufgabenstellung „scheiße" zu finden, ist als Moment des Scheiterns in der Erhebung angelegt.

Einige Schüler*innen nutzten dieses Moment, um Relationen herzustellen: Sie verweisen darauf, dass alle die gleichen „Chancen" haben, wenn beidhändig gezeichnet wird – keine/r hat darin Übung. Andere verweisen auf einen „eigenen Stil", der eben auch eine Rolle spielen würde. Einige Schüler*innen stellen die Relation zu ihren eigenen Fähigkeiten her und stellen fest, dass sie die Aufgabe für ihre Verhältnisse gut gelöst hätten – oder nehmen diese zum Ausgangspunkt, die Frage zu stellen, was eigentlich eine ‚gelungene' Zeichnung sei. Diese Verschiebung in einen anderen subjektiven Kontext verstehe ich als Beginn einer Verhandlung, denn in dem Moment, indem eine subjektive Relation „für mich ist.." geäußert wird, kann ein Dialog beginnen, der nicht nur über die Dinge und Sachen, sondern auch über die Verhältnisse spricht. Kritik ist eine Form, aus einer „Haltung der Unmündigkeit heraus zu treten" ( ) – hier sehe ich einen Anschluss zu den im ersten Teil der Arbeit vorgestellten Konzepte des Verlernens und Verschiebens von Können – und deren Vorstellungen.

5.7.8. Was geschieht eigentlich nicht?

Verweigerung: Alle an der Datenerhebung teilnehmenden Schüler*innen haben im Rahmen des Erhebungsunterrichts drei Mal eine Kartoffel gezeichnet. Kein_e Schüler_in hat die Aufgabe derart verweigert, dass gar nichts gezeichnet wurde.

5.7.9. Zusammenfassende Interpretation der Achsen

Gezeigt werden konnte, dass das Zeichnen Können im Kunstunterricht noch immer häufig als getreues Abbilden von Wirklichkeit aufgefasst wird – und dass die in der Literatur beschriebene Problematik des *nicht zeichnen könnens* in der Praxis durchaus besteht, wenn hier keine weitere Intervention erfolgt. Denn nicht nur nehmen die Schüler*innen an, dass eine ‚gelungene' Zeichnung im Kunstunterricht Normen unterliegt, die mit Genauigkeit, Sorgfalt und Realismus zu tun haben – und weniger mit dem Charakter einer Zeichnung, wie die Schülerin 10.24 beschreibt.

Folgende Vorannahmen wurden aufgrund der zuvor dargestellten Studien getroffen:

Erstens: Zeichnen wird im Kunstunterricht als getreues Abbilden von Wirklichkeit aufgefasst. Wenn Schüler*innen und Schüler in der Schule etwas zeichnen sollen, verstehen sie darunter, etwas realistisch abzubilden.

- Diese These konnte mit der Achse der Norm belegt werden.

Zweitens: „Zeichnen können" und „Nicht zeichnen können" sind Unterscheidungen, die für Schüler*innen hinsichtlich von Kunstunterricht relevant sind.

- Auch wenn es in einigen Aspekten gelang, durch das Erhebungssetting diese Unterscheidungen zumindest in Bewegung zu versetzen, so scheinen Schüler*innen doch das Thema der Dichotomie von Zeichnen Können/ Nicht zeichnen Können als Thema weiterhin zu verfolgen.

Drittens: Kompetenzen zeigen sich dann, wenn eine Aufgabe ausgeführt wird, deren Lösung(en) nicht vollständig bekannt sind.

- Diese These kann so nicht ganz bestätigt werden. Zwar zeigten sich Strategien des kompetenten Zeichnens oder gar deren Verschiebung, jedoch haben einige Schüler*innen mit genau dieser Unbekanntheit gehadert.

Im Erhebungssetting wurde nicht erwartet, dass Schummern und dessen Bewertung durch die Expert*innen sowie das ‚Entdecken' des Schummerns ein Thema in der Erhebung werden würde – wobei es weniger um die Technik des Schummerns geht – sondern um die Form, in der das Wissen über diese Technik im Klassenraum wandert. Zudem wurde nicht erwartet, dass Bewertungen schon auf dem Fragebogen und mit den Peers beim Zeichnen selbst getätigt wurden. Die Notizen und die Gruppenpräsentationen ergaben hier keine weitere Sättigung und konnten ggf. vernachlässigt werden.

Folgen für den Kunstunterricht.

Gehört das Zeichnen von Gegenständen, mithin das Sachzeichnen zum Kanon des Kunstunterrichts[350]? Ja. Aber müssen es denn immer die gleichen Kriterien einer gelungenen Sachzeichnung sein? Die Schüler*innen machen es uns vor, sie kommentieren schon beim Zeichnen oder danach, welche Qualitäten ihre Zeichnungen oder die anderer aufweisen. Sie beschreiben Kriterien, mit denen sich ihre Zeichnungen beschreiben lassen. Sie beschreiben Erfahrungen, die sie beim Zeichnen machen, teilen sich Ergebnisse mit, Lösungswege, die für sie funktioniert haben – und auch, welche nicht. Die Schüler*innen haben gezeigt, dass sie eine Vorstellung von

350 Analog lässt es sich vom BG-Unterricht schreiben, dem Unterricht des bildnerischen Gestaltens.

„zeichnen können" und einer *gekonnten* Zeichnung haben. Im Kontext des experimentellen Settings sind einige von ihnen in der Lage, von dieser gekonnten Vorstellung abzuweichen. Sie können diesen beschreiben und reflektieren, ihn teils schon beim Zeichnen, teils beim Diskutieren mit ihren Peers.

Alle Schüler*innen machen Erfahrungen beim und mit dem Zeichnen. Gelegentlich lernen sie auch etwas oder finden etwas über Techniken heraus (zum Beispiel eine Handhaltung, oder das Schummern). Viele Schüler*innen beschreiben innerhalb der Datengewinnung, was für sie wichtig ist. Alle Schüler*innen gehen mit ihrem Können und nicht können um, indem sie sich mit allen drei Aufgaben beschäftigen. Und das ist dann schon das eigentlich entscheidende: Sie gehen damit um. Es stellt für sie keine Unmöglichkeit dar, einen Umgang damit zu erfinden. Zwar sagen viele Schüler*innen: „Das geht doch gar nicht". Im Rahmen der Datengewinnung jedoch probieren sie es dennoch. Die Strategien, die dabei zu beobachten waren, sind sehr unterschiedlich. Sie sollten auch unbedingt in einem weiteren Unterricht aufgefangen werden.

Können als Normerfüllung, als Kompetenz, als Können zeigen, Können im Kontext, Nicht-Können, können verlernen – alle im Kapitel 2 beschriebenen Formen des Könnens[351] wurden in der Datengewinnung beobachtet. Und dennoch: Ein 90-minütiger Unterricht alleine kann nicht das Verlernen ermöglichen. Aber er kann ein Ausgangspunkt dafür sein.

Folgende Thesen ergaben sich im Verlauf der Erhebung:

Erstens: Wenn Schüler_innen eine Testaufgabe im Kunstunterricht zeichnend lösen, machen sie dies nicht nur alleine. Es findet informeller Austausch im Klassenzimmer statt. Im Kunstunterricht wird eher nicht „alleine" gezeichnet. Das Produzieren von gestalterischen Ergebnissen ist deutlich geprägt von informellem Austausch auf visueller, gestischer und verbaler Ebene. Innerhalb der Aufgabenstellung fand aus Sicht vieler Schüler*innen ein Lernzuwachs statt: 1) Anhand von Ausprobieren und Wiederholen 2) anhand von informellem Austausch mit den Mitschüler_innen. Beim Lösen von praktischen Aufgaben im Kunstunterricht innerhalb einer Testsituation tauschen sich Schüler*innen aus: 1) über ihre Zeichnungen 2) über Lösungsmöglichkeiten der Aufgabe und 3) über anderes, nicht die Aufgabe betreffendes. Die Grenzen sind oszillierend. Schüler*innen übernehmen manchmal Techniken, die ihre Nebensitzer_innen zuvor oder gerade anwenden.

351 Bemerkung: Für den „Hack" konnten in der Erhebung (Klassen 6, 9, 10) keine Beispiele gefunden werden. Deshalb wurde auf Pretest (10) und Nacherhebung (Basisklasse) zurück gegriffen.

Schüler*innen setzen verschiedene Strategien ein, um die ihnen gestellte Aufgabe zu lösen. Sie variieren Strategien je nach Aufgabe. Oder sie versuchen, diese Strategien bei allen Aufgaben zu verfolgen.

Zweitens: Schüler*innen bewerten bereits beim Zeichnen Ergebnisse von sich und anderen. Schüler*innen äußern zur gleichen Zeichnung unterschiedliche Bewertungen, wenn sie in unterschiedlichen Situationen sind (Informelles Gespräch am Tisch, schriftlicher Fragebogen, Präsentation vor Gruppe)

Drittens: Wenn Schüler*innen etwas zeichnen sollen (ungeübte Hand, zwei Hände), versuchen sie zunächst, den vor ihnen liegenden Gegenstand realistisch abzubilden, auch wenn dies je nach Aufgabenstellung schwierig ist. Schüler*innen bewerteten innerhalb der Gruppenarbeit solche Zeichnungen als „gelungen", die sie am ehesten als ein naturgetreues Abbild einer Kartoffel beschreiben würden. Zeichnungen, die „realistisch" aussehen, wurden häufiger mit der nicht geübten Hand oder mit beiden Händen gezeichnet. Beim Zeichnen des Objektes werden Strategien angewandt und Darstellungsprobleme erkannt, die nicht immer sprachlich gefasst werden können – ein Verweis auf *implizites* Wissen.

Schüler*innen richten sich, auch wenn es nicht explizit in der Aufgabe steht, ihren Arbeitsplatz ein. Schüler*innen wenden zuvor gelernte Techniken in einer Testaufgabe an.

Zeichnungen, die in der 6. Klasse eines Gymnasiums gemacht werden, variieren technisch nicht stark von denen, die in einer 9. Klasse entstehen. Es ist jedoch eine Interessensverschiebung von einer Konzentration auf Details (Klasse 6) zu einer Verortung des Objektes im Raum (Klasse 9 & 10) festzustellen.

5.8. Kommentierung der Forschungssituation und Methodenkritik

Zur Sozialen Erwünschtheit

Constanze Kirchner (2007:90–101) untersucht das Zeichnen am Computer mit dem Bildbearbeitungsprogramm „Paintshop Pro" in einer 6. Klasse anhand von teilnehmenden Beobachtungen, Fotografien und entstandener Ergebnisse. Innerhalb der teilnehmenden Beobachtung und mit Hilfe einer nachträglichen sprachlichen Äußerung (schriftlich: Fragebogen; mündlich: Interview) der Schüler*innen wird ihr Gestaltungsprozess nachvollzogen. Der Fragebogen erhebt den Entstehungsprozess (Frage 1), das persönliche „Gefallen" und Differenzierungen innerhalb des Bildes bzw. des Arbeitens am Computer. Innerhalb einer weiteren schriftlichen Aufgabe sollen drei Ergebnisse, Schüler*innenarbeiten zum Thema Zoo, von den Schüler*innen bewertet werden. Insbesondere der Wechsel von der Ansprache der Schüler*innen als Produzent_innen (Bildprozess) zu Beurteilenden ist ein Aspekt, der auch in der vorliegenden Erhebung zum Tragen kommt: Im Blickwechsel können, so Kirchner, „Meinungen, Einstellungen, Vorstellungen und Erwartungen" (ebd.:92) offenbar werden. Der Wechsel zur Bewertung erfolgte innerhalb der 2013 durchgeführten Erhebung allerdings nicht im Fragebogenteil, sondern im Unterricht und in Gruppen. Dadurch sollte eine größere Orientierung an einer Norm erreicht werden – im Gegensatz zur individuellen Differenzierung im Rahmen des Fragebogens bzw. Interviews.

> *„Im persönlichen Interview neigen die Schülerinnen und Schüler dazu zu antworten, was ihnen als sozial erwünscht erscheint. Die schriftliche Befragung hat den Vorteil, dass die Kinder relativ unbeeinflusst antworten und Suggestivfragen seitens der Forscherin vermieden werden können." (Kirchner 2007:92)*

Der von Constanze Kirchner gewählte Weg, Antworten sowohl schriftlich in Form eines Fragebogens zu erheben als auch im persönlichen Gespräch, ist zweifelsohne eine sinnvolle Triangulation, um wie obiges Zitat aufzeigt, sozial erwünschten Äußerungen zu begegnen.

Dass innerhalb eines Fragebogens *weniger* sozial erwünschte Inhalte geäußert werden, als etwa in einem persönlichen Gespräch, lässt sich innerhalb der hier vorliegenden Erhebung nicht belegen. Ein Interview, besonders innerhalb einer Schule und von einer Testleiterin geführt, lässt sich nicht als neutrales Setting verstehen. Antworten müssten immer auf diese Bedingung hin reflektiert werden. Ebenso unterliegen Fragen, die innerhalb der Schule, im Unterricht beantwortet werden, einer (von Schüler*innen vermuteten) Erwartungshaltung.

An den Äußerungen in Fragebögen und Interviews der hier erhobenen Daten lässt sich jedoch zeigen, dass es *verschiedene*, von den Schüler_innnen vermutete *Erwartungen* zu geben scheint: Dies legen vor allem Antworten auf die Frage 6 (Findest Du Zeichnen wichtig?) nahe. Diese verwiesen häufig, wenn mit „ja" beantwortet, auf Vorteile hin: „Es [das Zeichnen] fördert das Denken und die Fantasie, außerdem ist es wichtig, ein Gegenpol zu den anderen Fächern zu haben." (Materialteil 2:9.3) Die in dieser Gruppe besonders häufige Nennung dieser Kombination (Vgl. Auswertung Fragebögen) lässt darauf schließen, dass die Zeichnung als das Denken und die Fantasie (oder Kreativität) fördernde Tätigkeit im vorherigen (Kunst-) Unterricht Thema war. In der Häufung (In Klasse 9 antworteten 19 von 25 Schüler*innen mit „ja", drei Schüler*innen differenzierten mit „ja und nein", drei verneinten). Innerhalb eines Interviews hingegen wurde klare Kritik an der Aufgabenstellung geäußert: Beispielsweise durch die Antwort auf die erste Frage im Interview: „Ja, irgendwie langweilig, so eine Kartoffel abzu@malen@" (...) „Halt hätten wir was anderes gezeichnet wäre es sicher lustiger gewesen als so 'ne Kartoffel. *(Zeichnet mit der rechten Hand einen Kreis in die Luft)*" (Interview mit Schülerin 10.23:Z 14–15), „Vielleicht wäre das lustiger, wenn wir nach draußen gehen könnten und uns irgendwas aussuchen würden" (Interview mit Schülerin 10.4:Z 101)

5.9. Zum Unterricht als Erhebungsform

Die Form der Erhebung war eine Doppelstunde im Kunstunterricht, der von der Forscherin geplant und von der Lehrperson durchgeführt wurde. Der Anspruch an das Setting war, dass es zum einen für eine einigermaßen komplexe Datenerhebung funktionieren sollte – und zum anderen als Vorschlag für einen Kunstunterricht, der bestimmte Aspekte von Gegenwart, von peer to peer feedback mit berücksichtigen wollte. Das Erhebungssetting wurde mit dem Anspruch entworfen, Schüler*innen nicht 90 Minuten ihres Lebens zum Generieren von Daten für eine Forschungsarbeit zu nehmen, sondern Bildungsprozesse trotz Forschungssetting zuzulassen. Mit anderen Worten: Ein Kunstunterricht mit Möglichkeiten des Experiments, welcher verschiedene Lernprozesse anstoßen kann. Insofern ist diese Auswertung auch eine Evaluation dieser Unterrichtsplanung. Der Unterricht wurde nun auf mehreren Ebenen evaluiert. Er bewegt sich genau in dem bereits beschriebenen Spannungsfeld zwischen dem gegenständlichen Zeichnen und einem experimentellen Setting, welches individuelle Lösungen fordert. Deshalb bewegen sich die Äußerungen, Haltungen und Ergebnisse der Schüler*innen zwischen Themen der Normen des Zeichnens und einer Erfahrung des kollektiven *nicht könnens* durch das Zeichnen mit beiden Händen. Bisher wurde das Unterrichtssetting lediglich hinsichtlich des Erkenntnisinteresses des Zeichnen Könnens ausgewertet.

Was die Daten hingegen auch zeigen – und das auf vielfältige Weise – ist, dass Aufgaben, die Schüler*innen herausfordern, zu Fragen führen, zum Nachfragen und ggf. auch zum Infragestellen des Kunstunterrichts führen. Hier sehe ich ein Ergebnis der Anlage der Erhebung, das implizit so angelegt war, Scheitern, Kritik und Fragen zu produzieren.

5.10. Forschendes Lehren im Kunstunterricht

In der Erhebung wurde gezeigt, dass bereits beim Zeichnen des Gegenstands ein Austausch über zeichnerische Prozesse innerhalb der Klasse stattgefunden hat, ohne dass dafür das Format der Gruppenarbeit explizit geplant wurde – es ist *einfach passiert*. Jetzt, nachdem die Daten aufbereitet und ausgewertet sind, erscheint es mir so, dass die Qualität darin liegt, erkannt und belegt zu haben, dass Schüler*innen im Kunstunterricht auf spezifische Weise miteinander kommunizieren, die nur der Kunstunterricht so anlegen und ermöglichen kann. Dies geschah in dem Moment, in dem eine Aufgabe gestellt wurde, die zu einer leichten Überforderung führte, die eine Offenheit hat und die Fragen aufwirft. Wie genau die Qualitäten und Formen dieser Kommunikation aussehen, wurde in der Auswertung offengelegt. Es gibt die Blickachsen der Schüler*innen, die Informationen aufnehmen und weiter geben; die diese Informationen auf ihre eigene Zeichnung übertragen. Die Schüler*innen zeigen sich gegenseitig, wie das Zeichnen gehen kann. Sie fragen untereinander nach, suchen nach Bestätigung, fordern Feedback ein oder bewerten sich gegenseitig (auch ungefragt). Sie kritisieren, sie unterstützen – und all das fand ohne explizite Aufforderung durch die Lehrperson in den Klassen 6, 9 und 10 statt. Diesem Phänomen des kollaborativen Lernens und der Weitergabe taktiler Kenntnisse weiter nachzugehen, halte ich für äußerst produktiv sowohl für Praktiker*innen, Lernende und Forschende (in welchen Rollenzusammenhängen auch immer). Genau hier ist ein Übertrag für ein forschendes Lehren für den Diskurs der Kunstpädagogik möglich. Das wäre dann ein Kunstunterricht, der nicht problemzentriert arbeitet in dem Sinne, dass alle Schüler*innen lernen, das gleiche Problem innerhalb einer vorgegebenen Zeit zu lösen, das sie finden müssen. Sondern dass es ein Kunstunterricht ist, der Strategien des Miteinander Verhandelns und ggf. Verlernens von Vorstellungen von Können und Kunst ermöglicht und befördert.

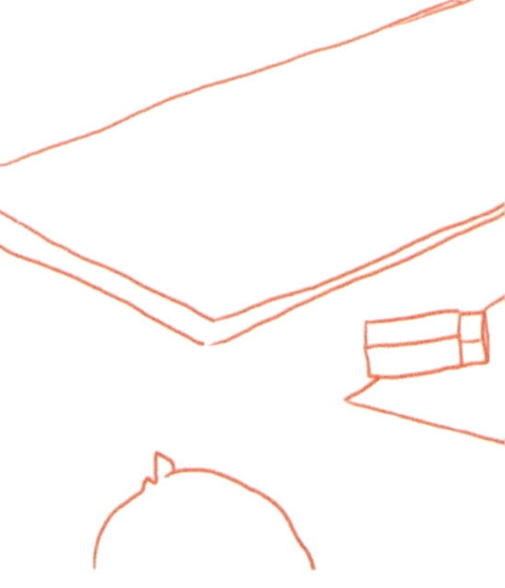

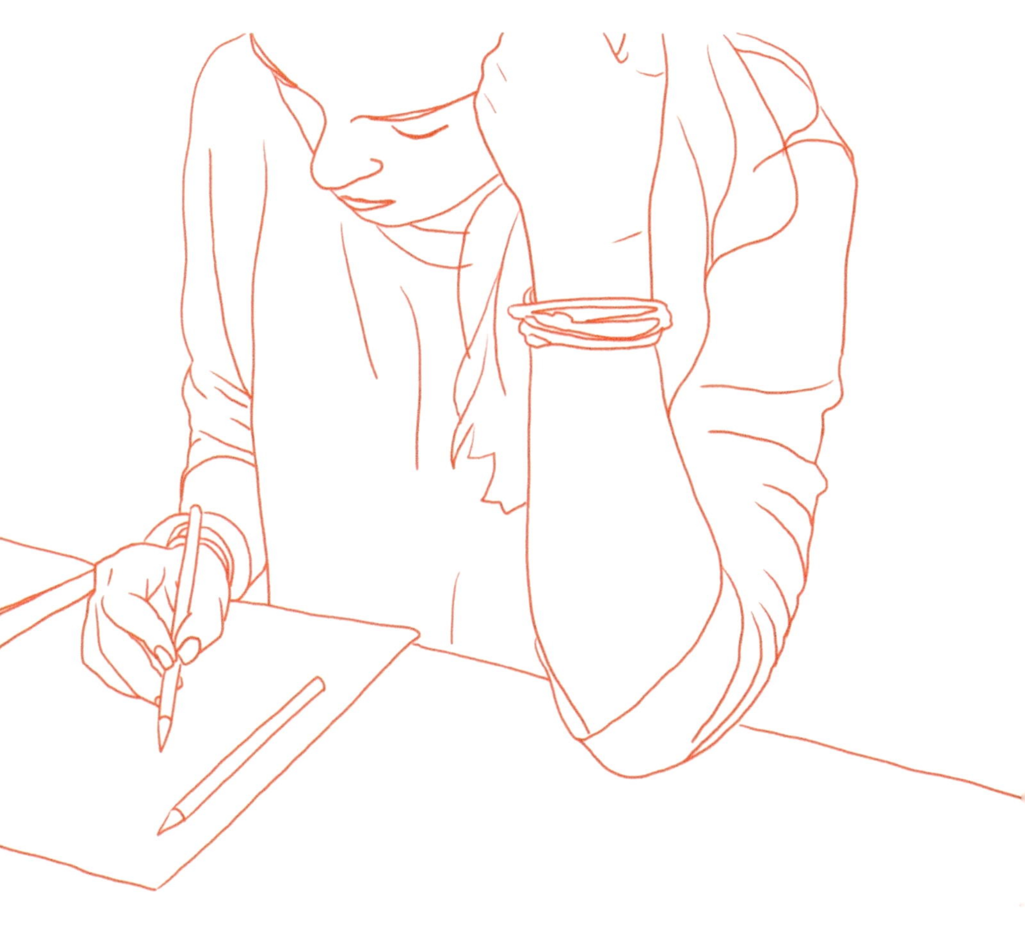

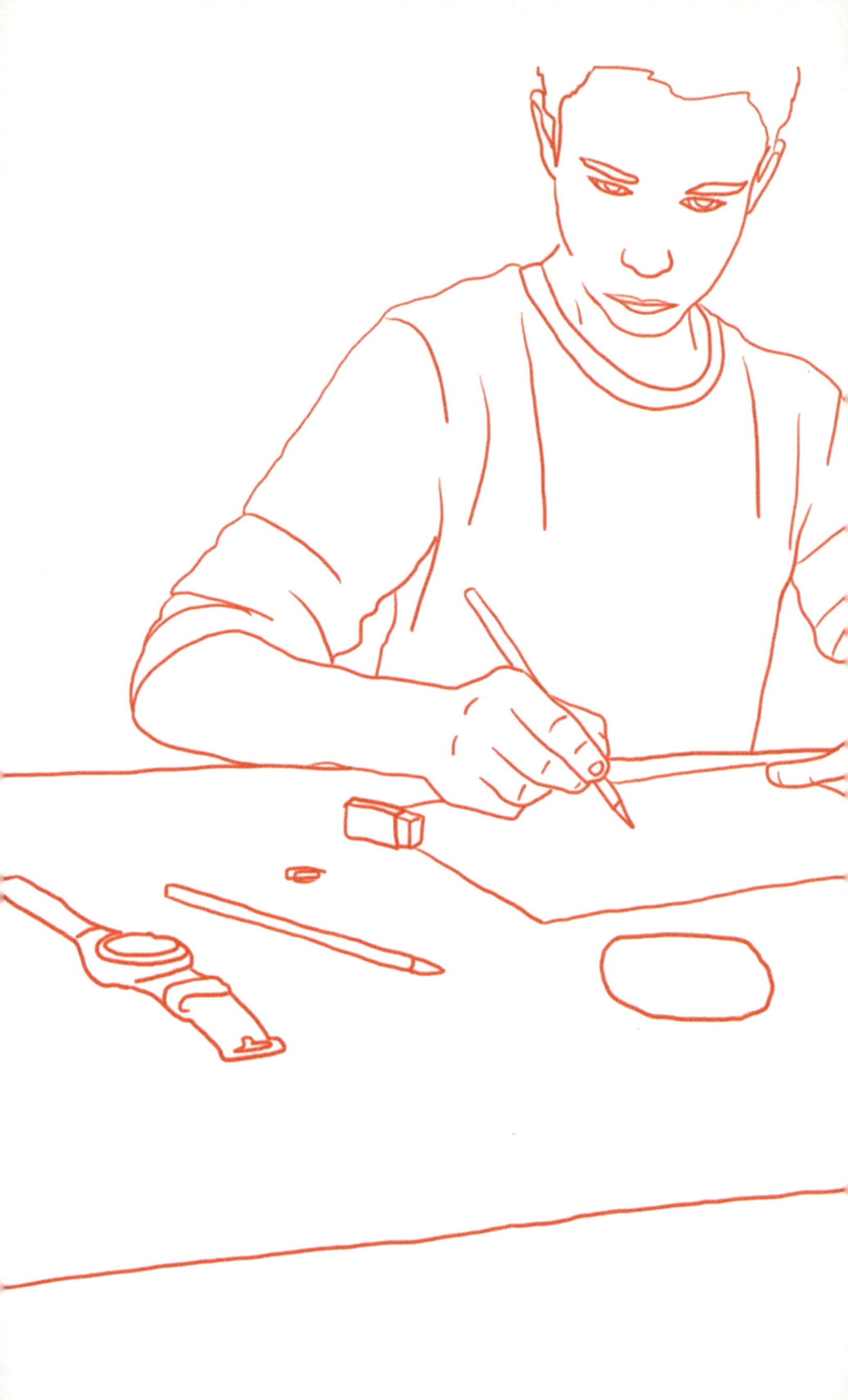

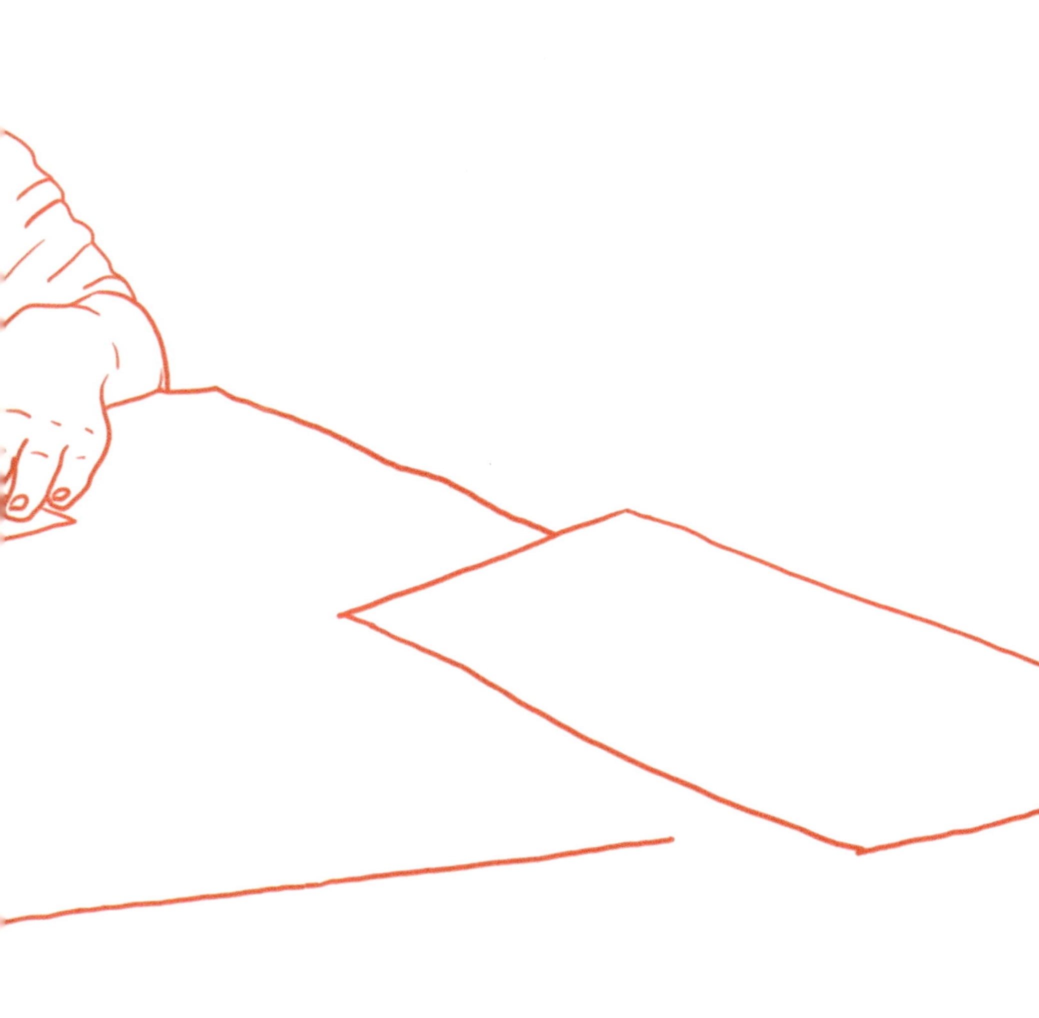

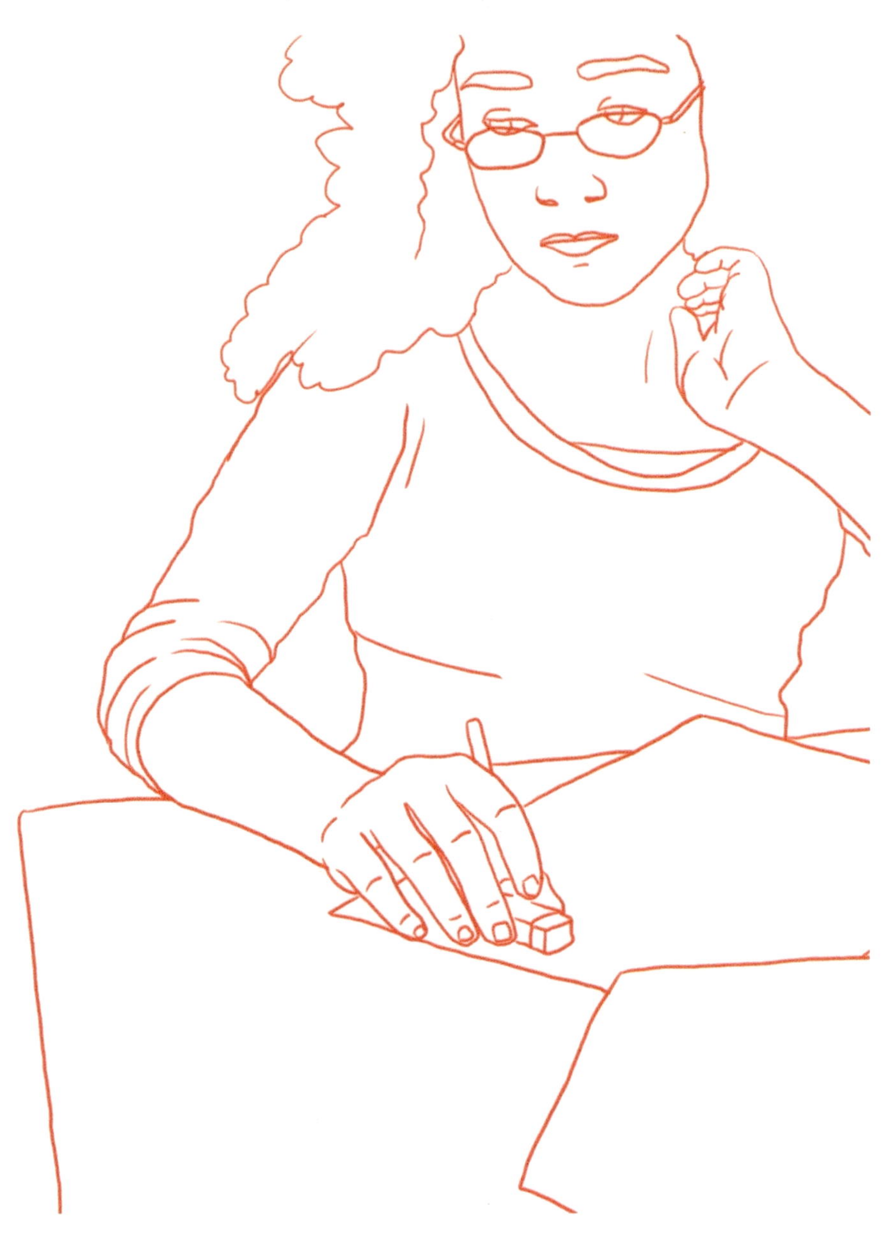

6. Fazit: Kein Schlussstrich

Diese Studien zum Zeichnen können als einem Paradigma der Kunstpädagogik haben nun verschiedene Felder zueinander gebracht: Diskurse des Zeichnens in der Kunst und im historischen Kunstunterricht, des Könnens, der Praxis des Kunstunterrichts. Das gegenstandorientierte Zeichnen und das beidhändige Zeichnen waren dabei leitende, exemplarische Motive. Die Kontextualisierung sehr unterschiedlicher Materialien und Zugänge durchzieht diese Arbeit, so dass hier immer wieder von einem Verweben unterschiedlicher Felder ausgegangen werden muss, weswegen die AUSGANGSPUNKTE vor allem gezeigt haben, dass die Gegenwart immer in Relation zu den (tradierten) Inhalten der Schule steht – unabhängig davon, ob sich darauf konkret bezogen wird.

Ein Grundanliegen dieser Arbeit ist die Frage, warum eigentlich das gegenständliche ZEICHNEN so stark im Fokus des Kunstunterrichts steht. So ging es mir darum, der Intuition des Aristoteles' nachzugehen, wonach sich im Zeichnen ein pädagogisch nach wie vor zentrales Freiheitsmoment meldet, Freude und Selbstzweckhaftigkeit mit dem *Zeichnen* zu verbinden. Andererseits ist eben jener Zeichenprozess selbst immer wieder das Feld normativer oder gar ideologischer Besetzungen im Sinne bestimmter Zielvorgaben, durch welche vorab festgelegt wurde, wie das Ergebnis – die Zeichnung – gestaltet werden sollte. Das Erfassen und Abbilden der Welt von Schüler*Innen durch die Zeichnung ist ein Motiv, das sich durch die Epochen verfolgen lässt. Gezeigt wurde: Das Zeichnen Lehren war und ist eine feste Größe im Lehrplan und im Kunstunterricht, als Übung der Formensprache, als handwerkliches Training oder als Übung des individuellen oder künstlerischen Ausdrucks. Historisch wurde und wird ihr Nutzen in der Lehre unterschiedlich, teils gegensätzlich argumentiert: So kann das Zeichnen einen Nutzen im Alltag haben (z. B. Pestalozzi) – und zugleich darüber hinaus gehen (z. B. Aristoteles). Es soll Freude bereiten (z. B. Ruskin), aber auch für Disziplin sorgen (z. B. Fröbel, Stuhlmann). Es dient der Kommunikation und soll deshalb allgemeingültig sein (z. B. Pestalozzi) – und dient zugleich dem individuellen Ausdruck (z. B. Schmid, Hartlaub, Kirchner). Das Zeichnen Lernen soll nach oder gar in der Natur (z. B. Rousseau) oder nach Vorlagen, nach Vorgaben oder frei stattfinden (z. B. Tadd). Es soll die ästhetische Urteilskraft fördern (z. B. Humboldt), genaues Sehen und Wahrnehmen, ebenso wie epistemische Prozesse ermöglichen (z. B. Lutz-Sterzenbach), Begabungen aufzeigen (z. B. Miller), in Beziehung zu digitalen Praxen stehen (z. B. Mohr, Wiegelmann-Bals), dient als Austragungsort der Debatte um Kunst und Bildhandeln (z. B. Uhlig) und Zugang zur Kunst (z. B. Florenz). Am Zeichnen Lehren werden Verständnisse von Kunstpädagogik formuliert.

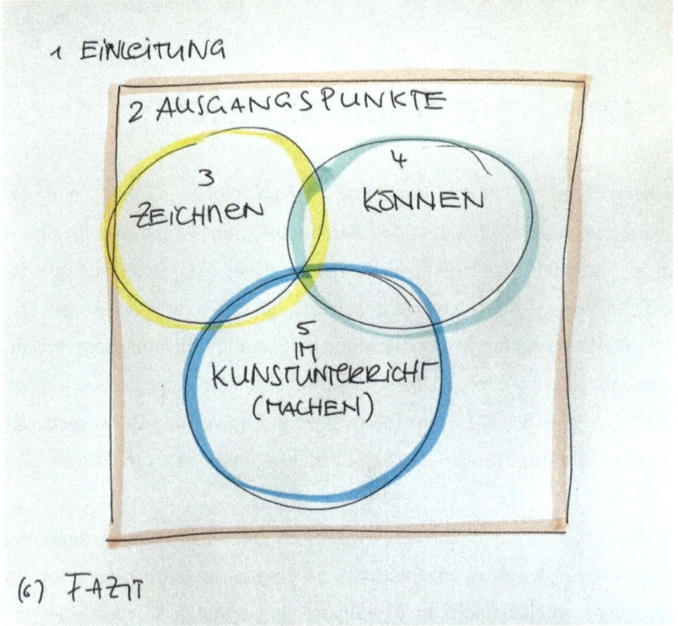

Abb. 103: Struktur der Forschungsarbeit „Zeichnen können".

Damit zeigt sich, dass das Zeichnen lehren in historischer und heutiger Perspektive nicht nur facettenreich und voller Widersprüche ist, sondern häufig exemplarisch für ein Verständnis für die Lehre und auch kunstpädagogische Forschung steht.

Im Kapitel zum KÖNNEN konnten Aspekte des Zeichnen Könnens analytisch genauer gezeigt werden: Das *kompetente Zeichnen* meint manuell-technische Fertigkeiten, als auch den Willen, dieses Können unter Beweis zu stellen. Damit eng verbunden ist das *Zeichnen entlang der Norm*. In der produktiven, widerständigen Verwicklung damit bewegt sich das *Zeichnen als Hacken*, welches das Unterlaufen einer Ordnung meint. Das *nicht Zeichnen K*önnen ist die Bewegung, sich dem normativen System zu entziehen. Anders gesagt, zeigt sich im *nicht zeichnen K*önnen nicht etwa die Unfähigkeit zum Zeichnen, sondern vielmehr die freie Entscheidung es nicht zu können – und damit, die Dispositive des Zeichnen Lernens zu verlernen.

Im Kapitel IM KUNSTUNTERRICHT wurde gezeigt, dass bereits beim Zeichnen des Gegenstands ein Austausch über zeichnerische Prozesse innerhalb der Klasse stattgefunden hat, ohne dass dafür das Format der Gruppenarbeit explizit geplant wurde – es ist *einfach passiert*. Schüler*innen im Kunstunterricht kommunizieren im Kunstunterricht auf spezifische Weise miteinander: Sei es durch einseitige oder bilaterale Blickachsen, durch ein mehr oder weniger offenes Nachfragen, Feedback geben oder gar direkte Bewertung der eigenen Zeichnungen und die der Anderen. Diesem Phänomen des kollaborativen Lernens und der Weitergabe taktiler Kenntnisse weiter nachzugehen, halte ich für äußerst produktiv sowohl für Praktiker*innen, Lernende und Forschende, weil dies zu einem Kunstunterricht führen könnte, der Strategien des miteinander Verhandelns und des Verlernens von Vorstellungen von Können und Kunst ermöglicht und befördert.

6.1. Was hat denn Verlernen jetzt mit meinem Kunstunterricht zu tun? Zeichnen Verlernen Vermitteln

„Deine Arbeit hat mit so viel mehr zu tun als nur mit dem Zeichnen im Kunstunterricht", sagte ein Kollege 2018 bei der Diskussion des Materials. Tatsächlich nehme ich beim Auswerten des Materials wahr, dass es auch Aspekte in der Erhebung gibt, die nicht nur mit dem *Zeichnen können*, sondern auch mit der Vorstellung von *etwas zu können*, in der Schule zu tun haben. Mehr noch: *„zu lernen, dass man etwas nicht kann"* (vgl. Schick und Kanton Zürich. Neue Bildungsdirektorinnen. Konferenz NB-K 2019:157). Die Rolle des Kunst- oder BG-Unterrichts, die dazu beitragen kann, dieses „Können" zu kontextualisieren, ist ein Ausblick dieser Forschungsarbeit. Denn wie es die gewonnen Daten zeigen, wird das Können im Kunstunterricht nicht nur tradiert und reproduziert, sondern auch transformiert.

Für das Verhältnis der Forschenden zu ihrem Forschungsgegenstand gilt, was Irit Rogoff für den Umgang mit Theorie geltend macht: „A theorist is one who is undone by theory". (Rogoff 2003:97)[352] Oder, wie Nora Sternfeld es mit Bezug auf Rogoffs Zitat formuliert:

> *„Vielleicht ist theoretische Arbeit, sofern sie eine Praxis ist, nichts anderes als die Arbeit am „*Unlearning*" der eigenen toten Winkel und machtvollen Vorannahmen." (Sternfeld 2014:20).*

Dieses „undoing" fand in dieser Arbeit in dreifacher Hinsicht statt. Zum ersten Mal in der Auseinandersetzung mit den Diskursen rund um das Zeichnen, zum zweiten Mal gegenüber den eigenen widerständigen Fragen dazu und zum dritten Mal mit den im Kunstunterricht erhobenen

352 „Ein_e Theoretiker_in ist jemand, die durch Theorie auseinandergenommen wurde." Vgl.: Irit Rogoff: What is a Theorist?, in: Martin Hellmond, Sabine Kampmann, Ralph Lindner, Katharina Sykora (Hg.): Was ist ein Künstler? Das Subjekt der Moderne, München 2003, o. P.

Daten. Diese zeigen auch, dass im Kunstunterricht vieles verhandelt wird – und nicht nur die im Unterricht behandelten Gegenstände. Dies ist Ausblick auf einen Einblick in den eigenen Unterricht: Was beispielsweise an den Gruppentischen gesprochen und verhandelt wird, was sich zeigt beim Zeichnen, hilft auch, Prozesse des Lernens anders zu verstehen. Dies halte ich für eine wichtige Perspektive für Lehrpersonen, denn das Lernen findet im Gegensatz zu vielen Vorstellungen nicht ausschließlich alleine, in Stille und Disziplin statt – und auch nicht bei allen Lernenden in gleicher Weise. Die kurzen, erhobenen Ausschnitte können noch nicht belegen, *wie genau* Lernprozesse verlaufen, aber sie geben Hinweise.

Einige Schüler*innen beispielsweise vermuten, dass das Zeichnen lernen vor allem wichtig sei, damit sie es später wiederum ihren Kindern für die Schule[353] beibringen könnten. Da zeigt sich, an einer Einsicht, viel über die Wahrnehmung des Lernens in der Schule: Nicht für den Alltag, nicht für das Leben, sondern für das spätere Elterndasein wird gelernt oder vielmehr tradiert.

> *„Vielleicht wäre Bildung vor diesem Hintergrund nicht mehr zu begreifen als der Prozess einer produktiven Verarbeitung, die das Scheitern bzw. die Negativität überwinden oder ‚aufheben' könnte, sondern als eine Art schwer zu beschreibender Doppelbewegung. Diese doppelte Bewegung bestünde darin, einerseits Fremdheitserfahrungen, Scheitern und Negativität als unhintergehbare conditio humana anzuerkennen, sie aber andererseits dennoch als Herausforderung ernst zu nehmen, die uns nötigt, nach einer Antwort zu suchen, die sich nicht auf resignierte Hinnahme beschränkt."*
> *(Koller 2012:183–194)*

Im Sinne eines transformatorischen Verständnisses von Bildung hat diese Arbeit die Herausforderung angenommen, die Frage nach dem Zeichnen können zu bearbeiten. Dabei ging es nicht darum, einen Weg aufzuzeigen, der das Scheitern am *zeichnen können* zu überwinden[354] vermag, denn es geht nicht darum, Scheitern zu vermeiden und einen Weg aufzuzeigen, der nun stufenweise, teleologisch zeichnend beschritten werden kann. Zudem: Eine Zeichendidaktik sollte dieses Buch nicht werden. Vielmehr zeigt sich, dass im Kunstunterricht *zeichnen können* Potenziale auf der Ebene der *Disziplinierung*, der *Kompetenz*, des *Hacks*, des *Verlernens* und des *Unvermögens* zu finden sind, die „Fremdheitserfahrungen, Scheitern und Negativität" in sich bergen. Einige Schüler*innen haben im Rahmen der darauf angelegten

353 „00:02:00-4 Interviewerin: -mhm. Gut. (…) Was meinst du, ist Zeichnen lernen sinnvoll für Schüler? #00:02:04-1# Befragter: Ähm, ja, weil das hilft einem dann auch oftmals im Alltag. Zum Beispiel wenn man später Kinder hat, oder so, und die dann auch in der Schule sind, kann man denen auch beim Zeichnen helfen, oder auch was mit der Familie malen. (.) oder halt auch was basteln, zu irgendeinem Anlass. (.) Ja." (Materialteil 1:166)

354 Nicht aber das Scheitern aufheben, denn das würde bedeuten, es nicht mehr zu ermöglichen.

Erhebung diese jedoch nicht resignierend hingenommen, sondern sind damit umgegangen. „Fail again. Fail better."[355] – scheitern aber nicht, um *besser* zu werden, sondern um *anders* zu zeichnen und dabei zu lernen – möglicherweise wird nicht die Zeichnung davon besser, aber die Fähigkeit, das eigene Handeln dabei wertzuschätzen.

Schüler*innen haben im Rahmen der gewonnenen Daten auf verschiedene Weisen gezeigt, was es bedeutet, *nicht dermaßen zeichnen* zu können – indem sie Strategien erfanden, bestimmte Aspekte fokussierten, von anderen lernten oder ihr Können kontextualisierten, bevor sie es bewerteten. Zugleich wurde sichtbar, dass auch Expert_innen sich schwertun, eine *gekonnte* Zeichnung zu beschreiben oder auszuwählen. Es zeigt sich bei einer Bewertung von Zeichnung, dass der Kontext, in dem das Zeichnen stattfand, genauso relevant ist wie auch der eigene Horizont eine_r Expert_in, die ein „bisschen Überraschung" in einer „guten Zeichnung" (Expert_inneninterview) durchaus erwartet – ohne mitzuteilen, was sie schon kennt – folglich, was sie noch nicht kennt und überraschen würde im Feld der Spekulation bleibt.

Aufgrund der aktuellen, hier evaluierten Bedingungen ist es notwendig, ein *anderes Können*[356] in den Blick zu nehmen. Eines, welches sich weniger an den taktil-disziplinierenden Anteilen des Zeichnens im Kunstunterricht orientiert, sondern an dem, was dabei zu erfahren ist. Selbstverständlich können dabei zum Beispiel im Kunstunterricht auch perfekt gezeichnete Kartoffeln entstehen. Aber nicht gezwungenermaßen. Vielmehr geht es darum, den Zeichenunterricht als maximal ergebnisoffenen Prozess zu begreifen, in dem Lernen und Verlernen Hand in Hand gehen. Genau darauf zielt mein Theorieangebot des *shifts*.

Wenn ich schreibe „nicht dermaßen zeichnen zu können", so beziehe ich mich dabei auf Michel Foucault, der *Kritik* als „die Kunst, nicht dermaßen regiert zu werden"[357] beschreibt (1992:11–12), also auf eine Art Emanzipationspraxis, die unterhalb der Makroebene plakativer Autonomierhetorik Spielräume von Praktiken der Selbstbestimmung, auch im Sinne einer in der ästhetischen Praxis auslotet. Es geht dabei um die Bewegung, die oben schon beim *zeichnen können hacken* beschrieben wird: Wenn der Norm nur nicht entsprochen oder sie durch mehr oder minder offen gelegte Nicht- bzw. Anderserfüllung sichtbar gemacht wird, so ist dies noch nicht als Kritik im Sinne eines selbständigen Handelns zu verstehen. Erst indem der vorgegebene Rahmen nicht nur *nicht* im vom Herstellenden vorgesehenen Gebrauch nicht erfüllt wurde, und dieser Rahmen auch nicht durch einen entsprechend anderen ersetzt wurde, sondern indem etwas praktiziert wurde, das Foucault als „kritische Haltung" beschreibt, einer

355 Ein Zitat, das sich sowohl Simon Beckett als auch Victor Papanek zuordnen lässt.

356 Und kein neues Können. ‚Neu' würde bedeuten, das ‚Alte' hinter sich zu lassen. Ein *anderes* Können meint, Kontexte und aktuelle Verschiebungen mit zu denken. Also nicht: ein *neues* Dispositiv anbieten, sondern bestehende Kontexte *verschieben*.

357 Das Zitat im Gesamten lautet: „Wie ist es möglich, daß man nicht derartig, im Namen dieser Prinzipien da, zu solchen Zwecken und mit solchen Verfahren regiert wird – daß man nicht so und nicht dafür und nicht von denen da regiert wird?" (Foucault 1992:11–12).

individuellen und kollektiven Haltung (Ebd.:41), die ein eigenes Handeln ermöglicht. Diese Handlungsfähigkeit im *zeichnen können* (und hoffentlich nicht nur dort) lässt sich dann mit Irit Rogoff als ‚Kritikalität' beschreiben: Wenn Kritik in einen Zustand der Handlungsfähigkeit überführt werden kann, indem sowohl zu den aktuellen Bedingungen beigetragen, als auch genau diese Situation kritisiert werden kann (Rogoff 2003:o. P.). Und andererseits als Herausforderung angenommen wird, „die Grenzen eigenen Denkens anzuerkennen, da niemand Neues lernt, ohne etwas Altes zu verlernen." (Ebd.:o. P). Beide Doppelbewegungen zusammen gedacht: eine nicht resignierende Hinnahme einer *Negativität* als Ausgang von Bildungsprozessen und die Fähigkeit zur *Kritikalität* generieren das Potenzial einen shifts – das ist das *zeichnen können*, das ich meine. Dieses nun auf den Kunstunterricht zu übertragen, ist der nächste Schritt, der auf dieses Ergebnis folgen muss. Dass im Kunstunterricht selbst bei einer zwar tendenziell etwas experimentellen, aber verhältnismäßig unkomplizierten und vor allem unaufwändigen Aufgabenstellung das Zeichnen gekonnt, dessen Normen reproduziert, hinterfragt, gehackt und teils lustvoll *nicht gekonnt* werden, soll als Ausgang und Ermutigung für Lehrkräfte gelten, *nicht dermaßen zeichnen zu lehren.*[358]

Am Zeichnen lassen sich Dinge zeigen. Im Zeichnen, so meine Ausgangsthese, hinterlässt das Können Spuren. Es macht nicht nur ein Endergebnis sichtbar, sondern es macht häufig zudem Zwischenstadien, Umwege, Störungen, Entwurfsbewegungen, Möglichkeitsräume, Arbeitsbedingungen und Prozesse transparent, welche in vielen anderen Artefakten des Kunstunterrichts im Endergebnis eher verborgen bleiben. Das Potenzielle, der Möglichkeitsraum, den die zeitgenössische Kunst für Bildungsprozesse bietet, bedeutet gleichzeitig: eine Zukunftsdimension miteinbeziehen zu können, die Spuren hinterlässt, die auf ihre eigene Definition einwirken kann und damit transformiert – oder auch *shifts* erzielt. Dies zeigt sich im Suchen nach Strategien von Künstler*innen, sich mit dem Zeichnen können kritisch, in Widerständen oder affirmativer Produktion auseinander zu setzen. Hier wird das Zeichnen nun als kritische künstlerische Praxis betrieben, die sich zugleich mit ihrem Gegenstand solidarisiert, und sich so zu einem Teil von ihr macht. Anders gesagt, zeigt sich im *nicht zeichnen K*önnen nicht etwa die Unfähigkeit zum Zeichnen, sondern vielmehr die freie Entscheidung es nicht zu können – und damit, die Dispositive des Zeichnen Lernens zu verlernen.

Mit dem Zeichnen in der Schule wird häufig das Sachzeichnen verbunden und eine Vorstellung davon, wie diese bewertet werden kann – vor allem hinsichtlich technischer Attribute als auch der Wiederkennbarkeit (vgl. u.a. Gysin 2010:126). Das Zeichnen ist eine verhältnismäßig große Konstante im Kunstunterricht und braucht schon deswegen Aufmerksamkeit. Zugleich

358 Deren Didaktik zu verfassen ist ein nächster Schritt, der aus diesen Untersuchungen resultiert. Bitte lassen Sie mich von Ihren Erfahrungen wissen: zeichnen@aligblok.de.

scheint in ihr die Diskrepanz zwischen der Erfüllung von Aufgaben und dem Wunsch nach eigenem Ausdruck auf. Auch in der Literatur über Kunstunterricht ist das Sachzeichnen verhältnismäßig präsent im Vergleich zu experimentellen Ansätzen – es scheint, als ob hier eine Entwicklung der Postmoderne noch nicht Eingang in den Kunstunterricht gefunden hat, während zugleich auf die Potentiale des individuellen Lernens und Förderns immer wieder hingewiesen wird. Dass innerhalb eines Experiments im Unterricht der Fokus nach wie vor auf Leistung und vor allem auf der Bewertung der eigenen Zeichnung – auch im Vergleich mit denen der anderen im Raum – liegt, ist sicherlich auf die gesamte Situation der Schule als Bewertungsraum zurückzuführen. Es ist kein überraschendes Ergebnis, dass alle Schüler*innen gezeichnet haben, dass viele der Schüler*innen bereits beim Zeichnen ihre Zeichnung kommentiert haben, dass viele ihre Zeichnung mit einer Vorstellung einer gegenständlichen zeichnerischen Abbildung verglichen haben und nur wenige eine andere Relation gewählt haben (wie etwa, dass diese Zeichnung „für sie gut" sei, oder dass sich so eine andere Seite des Gegenstands zeige). Hier zeigt sich etwas spezifisch im Kunstunterricht, das sich auch in anderen Fächern und Fachbereichen der Schule zeigt.

Doch zeigt sich genau im Experiment des beidhändigen Zeichnens im Kunstunterrichts exemplarisch, dass trotz der Realität der Bewertung und des Abgleichens auch andere Möglichkeiten des Zeichnens möglich sind. Darüber hinaus zeigt sich, dass die Schüler*innen diese Möglichkeiten selbst herstellen können, indem sie den Freiraum des Experiments und die Offenheit einer Aufgabenstellung nutzen, um eigene Perspektiven auf ihr Zeichnen können zu entwickeln. Wenn einzelne dies innerhalb einer 90-minütigen Intervention im regulären Kunstunterricht können – was könnte dann erst ein regelmäßiger Kunstunterricht, der diese Möglichkeiten fördert und einfordert ermöglichen? Und wäre nicht genau diese Perspektive dann umgekehrt exemplarisch für die gesamte Schule einnehmbar? Denn wenn es in einem Fach der Schule geht, sich beim Bearbeiten einer Aufgabe nicht dermaßen zu bewerten – warum dann nicht auch in anderen Fächern?

Diese Publikation zeigt als Ausschnitt die Aufgabe des beidhändigen Zeichnens. Nun gibt es im Kunstunterricht und in der Kunst noch unendlich viel mehr Strategien, Verfahren und Ausdrucksformen, die ebenso genutzt werden können und es werden täglich mehr. Ich wünsche allen Lehrpersonen, dass sie sich davon inspirieren lassen und dass sie Freude am Experimentieren als reguläre Praxis betreiben – und zu ihrer Praxis ihres Kunstunterrichts machen.

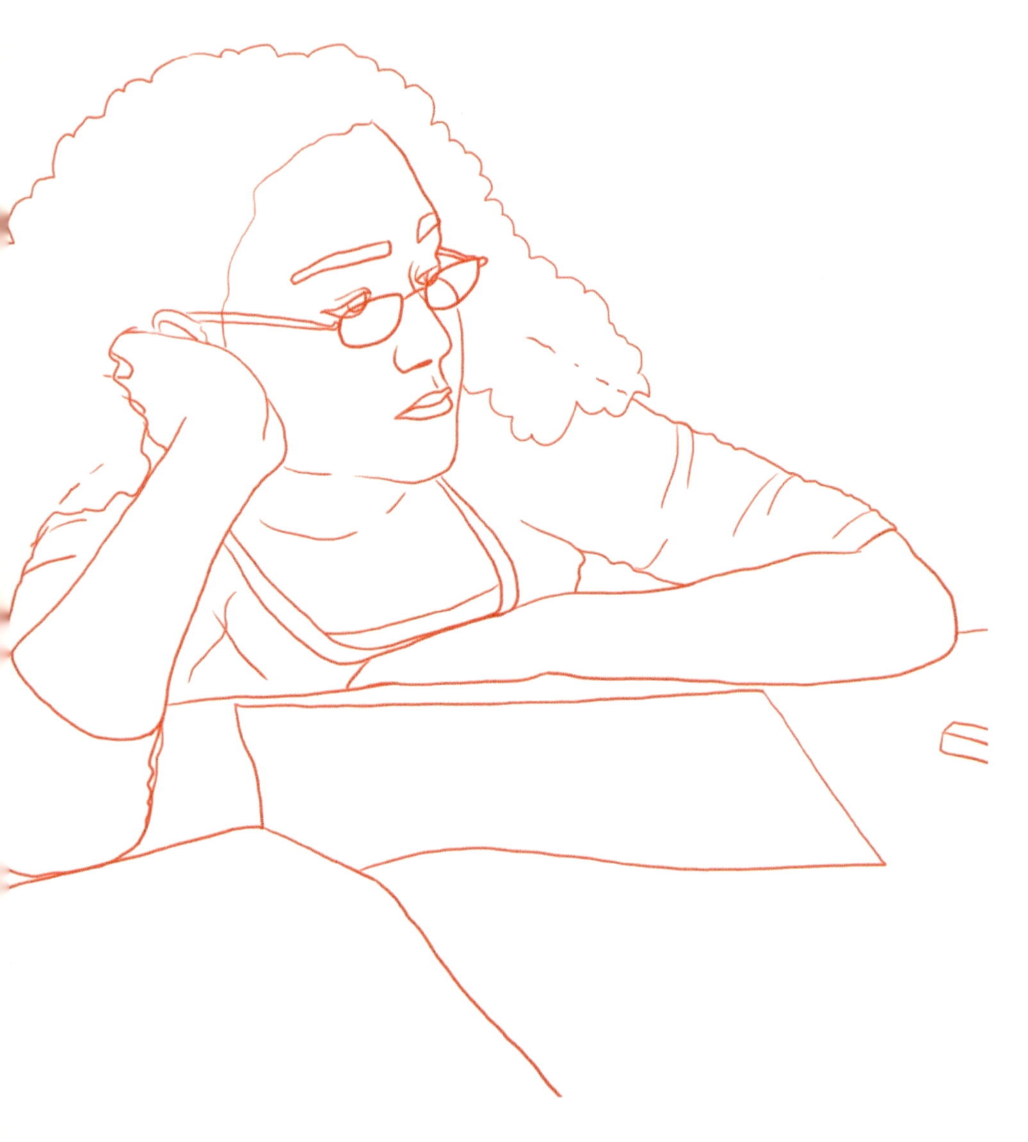

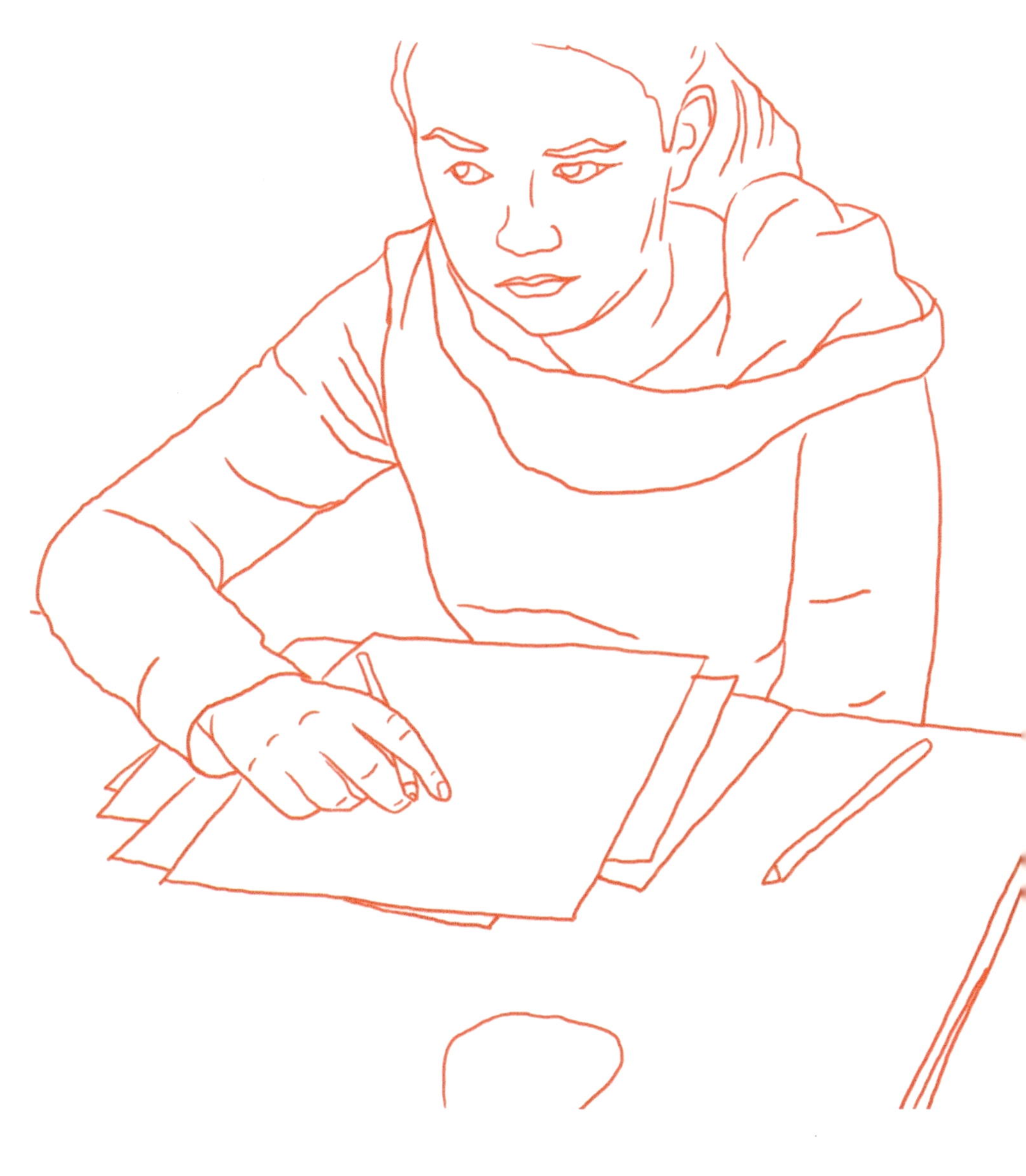

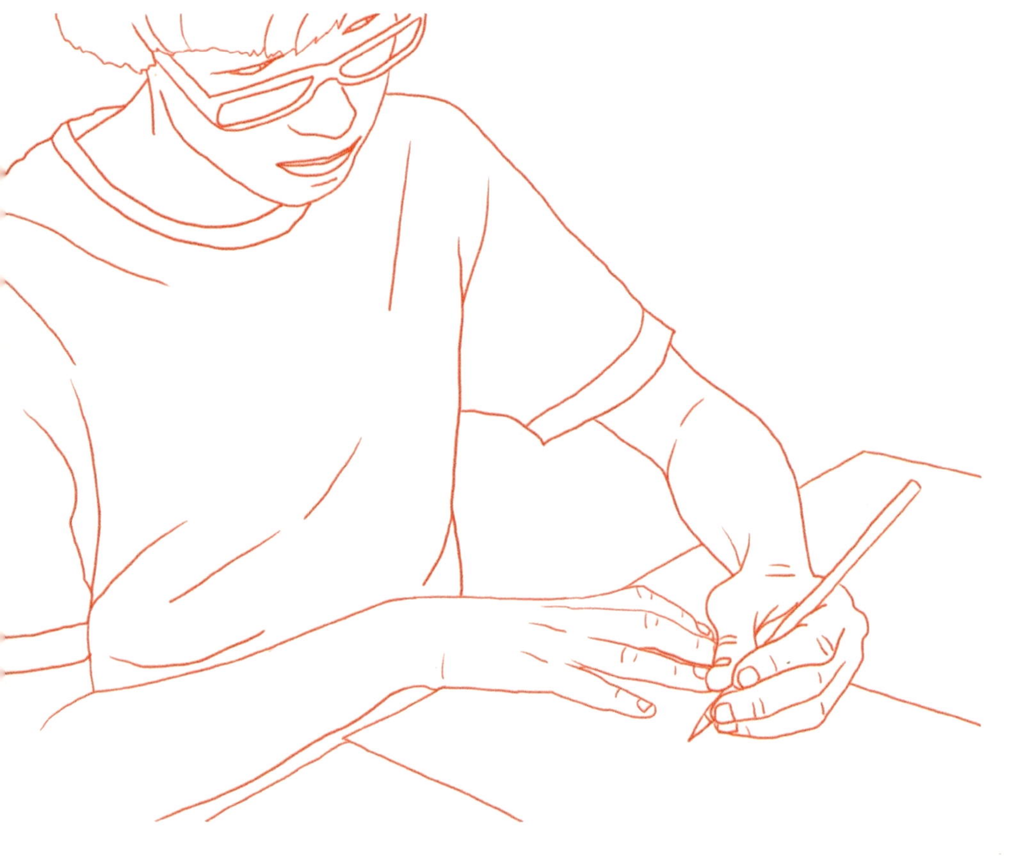

Anhang

Literaturverzeichnis I

In diesem Buch wurden folgende, bereits veröffentlichte Texte der Autorin in erweiterter oder gekürzter Form verwendet und referenziert:

KOLB, GILA (2011): Die Übung des beidhändigen Zeichnens in der Kunstpädagogik. In: *ZKMB, Zeitschrift Kunst Medien Bildung*, Hrsg. Andreas Brenne, Christine Heil, Torsten Meyer und Ansgar Schnurr. Online: www. http://zkmb.de/405 [20.11.2020]

KOLB, GILA (2015): Let's do the shift. Kunstunterricht im Wandel. In: *What's Next? Art Education. Ein Reader*, Hrsg. Torsten Meyer und Gila Kolb, 166–168, München: kopaed.

KOLB, GILA (2016): Können. In: *Kunstpädagogische Stichworte*, Hrsg. Manfred Blohm, 63-66, Flensburg: fabrico Verlag.

KOLB, GILA, CLAUDIA BIRKNER, ANJA MORAWIETZ und KATRIN ZAPP (2016): Das Kompetenzmodell für Visual Literacy – exemplarische domänenspezifische Forschung aus dem deutschsprachigen Raum. In: Cadre Européen Commun de Référence pour la Visual Literacy – Prototype / Common European Framework of Reference for Visual Literacy – Prototype/ Gemeinsamer Europäischer Referenzrahmen für Visual Literacy – Prototyp, Hrsg. Ernst Wagner und Diederik Schönau, 230–246, Münster und New York: Waxmann.

KOLB, GILA und HELENA SCHMIDT (2020): The Art of Art-Memes. In: *Mikroformate. Interdisziplinäre Perspektiven auf aktuelle Phänomene in digitalen Medienkulturen*, Hrsg. Patrick Bettinger, Sandra Hofhues, Kai Kaspar, Helmke Jan Keden, Peter Moorman und Manuel Zahn, 41-51, München: kopaed.

Literaturverzeichnis II

ACASO, MARIA (2016): From Art and Education to artEducation. Die Bildungsrevolution erreicht die Kunstpädagogik. *Zeitschrift Kunst Medien Bildung | zkmb* 15.

ADAMS, DOUGLAS (2002): *The Salmon of Doubt. Hitchhiking the Galaxy One Last Time*. New York: Ballantine Books.

ADEN, MAIKE (2011): *Risiken und Nebenwirkungen einer kompetenzorientierten Kunstpädagogik. Ein kritischer Forschungsbericht.* Bremen: Universität Bremen.

ADEN, MAIKE, MARIA PETERS, ALEXANDER HENSCHEL, EVA STURM UND MANUEL ZAHN (2011): *„Standart“ – Möglichkeiten, Grenzen und die produktive Erweiterung kompetenzorientierter Standards in performativen Prozessen der Kunstpädagogik*. Hamburg: Lüdke.

ALBERT, MATHIAS, KLAUS HURRELMANN, GUDRUN QUENZEL UND KANTAR (2019): Shell Jugendstudie 2019. Zusammenfassung. https://www.shell.de/ueber-uns/shell-jugendstudie/_jcr_content/par/toptasks.stream/1570708341213/4a002dff58a7a9540cb9e83ee0a37a0ed8a0fd55/shell-youth-study-summary-2019-de.pdf [28.11.2020].

ALT, PETER-ANDRÉ (2020): *„Jemand musste Josef K. verleumdet haben ...“. Erste Sätze der Weltliteratur und was sie uns verraten*. München: C.H. Beck Verlag.

AMELUNXEN, HUBERTUS VON, DIETER APPELT UND PETER WEIBEL (2008): *Notation: Kalkül und Form in den Künsten*. Berlin and Karlsruhe: Akademie der Künste and Zentrum für Kunst und Medientechnologie Karlsruhe.

AMELUNXEN, HUBERTUS VON, MARTIN WARNKE UND GEORG CHRISTOPH THOLEN, HRSG. (1997): *HyperKult. Geschichte, Theorie und Kontext digitaler Medien*. Basel: Stroemfeld.

ANANIA, KATIE (2019): Walk with Me. William Anastasi's Stenography of the Street. 5, no. 1 (Spring 2019), https://doi.org/10.24926/24716839.1697. *Panorama: Journal of the Association of Historians of American Art* 5: 2–16.

ANASTASI, WILLIAM UND RACHEL NACKMAN (2012): William Anastasi in conversation with Rachel Nackman. March 2012, New York. *Notations. Contemporary Drawing as Idea and Process*. http://notations.aboutdrawing.org/william-anastasi/ [28.11.2020].

ARISTOTELES (2005): *Politik. Buch VII*. Hrsg. Eckart Schütrumpf. Berlin: Akademie Verlag.

BADER, BARBARA (2010): Drawing Restraints – Über die Widerständigkeit und Entfesselungskunst des Zeichnens. In *Wozu zeichnen? Qualität und Wirkung der materialisierten Geste durch die Hand*, Hrsg. Béatrice Gysin, 179–183. Sulgen: Niggli.

BADER, NADIA (2018): *Zeichnen – Reden – Zeigen: Wechselwirkungen zwischen Lehr-Lern-Dialogen und Gestaltungsprozessen im Kunstunterricht*. München: kopaed.

BAECKER, DIRK (2011): *Studien zur nächsten Gesellschaft*. Orig.-Ausg., 1. Aufl., Frankfurt am Main: Suhrkamp.

BAUM, JACQUELINE UND RUTH KUNZ (2007): *Scribbling notions. Bildnerische Prozesse in der frühen Kindheit*. 1. Aufl. Zürich: Pestalozzianum.

BEIL, RALF, HOLGER BROEKER, AUSSTELLUNG WALK THE LINE. NEUE WEGE DER ZEICHNUNG UND KUNSTMUSEUM WOLFSBURG, HRSG. (2015): *Walk the line. Neue Wege der Zeichnung*. Wolfsburg: Kunstmuseum Wolfsburg.

BELTING, HANS (2001): *Bild-Anthropologie. Entwürfe für eine Bildwissenschaft*. Paderborn: Wilhelm Fink Verlag.

BELTING, HANS (1998): *Das unsichtbare Meisterwerk. Die modernen Mythen der Kunst*. München: C.H. Beck.

BERG, STEPHAN (2004): *Tauchfahrten. Zeichnung als Reportage*. Düsseldorf: Richter.

BERING, KUNIBERT (2003): Perzeptbildung. Ein Basisbegriff kunstdidaktischen Handelns. In *Kunstdidaktisches Handeln, Dortmunder Schriften zur Kunst Studien zur Kunstdidaktik*, Hrsg. Klaus-Peter Busse, 206–213. Norderstedt: Books on Demand.

BIERI, SUSANNE (2012): Zeichnen – zwischen Bilderflut und Wasserzeichen. In *Wozu zeichnen? Qualität und Wirkung der materialisierten Geste durch die Hand, Edition Hochschule der Künste Bern*, Hrsg. Béatrice Gysin, 87–88. Sulgen: Niggli.

BILLMAYER, FRANZ (2007): Kunst ist der Sonderfall - Bildunterricht statt Kunstunterricht. https://www.kunstlinks.de/material/peez/2007-05-billmayer.pdf [28.11.2020].

BIRKNER, CLAUDIA (2014): Paradigmenwechsel in der (Grundschul)Bildung. Kompetenzen, Standards und literacy im Klassenzimmer. In *Verschieden und doch gemeinsam?*, Vol. 1, Hrsg. Guido Pollak und Christina Schenz, 29–57. Münster: Lit Verlag.

BIRKNER, CLAUDIA, GILA KOLB UND KATRIN ZAPP (2018): Schwierige Schüler/innen im Kunstunterricht – ein Mythos? In *Schwierige Schülerinnen und Schüler im Kunstunterricht. Erfahrungen, Analysen, Empfehlungen*, Hrsg. Franz Billmayer, 41–58. Hannover: fabrico Verlag.

BIRKNER, CLAUDIA UND KATRIN ZAPP (2014): Kunst und Können in der Kompetenzendebatte. In *Gestalten und Erkennen. Ästhetische Bildung und Kompetenz., Erlanger Beiträge zur Pädagogik*, Hrsg. Oliver Jahraus, Eckart Liebau, Ernst Pöppel und Ernst Wagner, 135-154. New York Münster: Waxmann.

BJÖRK, HELENA (o. J.): Katzenvideo-Croquis. Naturstudien mit Youtube. *MOYW – Workbook Arts Education*. http://myow.org/katzenvideo-croquis-naturstudien-mit-youtube/[28.11.2020].

BLASCHKE, GERALD (2012): *Schule schnuppern. Eine videobasierte Studie zum Übergang in die Grundschule*. Opladen: Budrich.

BLÄTTEL-MINK, BIRGIT UND KAI-UWE HELLMANN, HRSG. (2010): *Prosumer Revisited. Zur Aktualität einer Debatte*. 1. Aufl. Wiesbaden: VS Verlag.

BOERBOOM, PETER UND TIM PROETEL (2013): *Raum. Illusion mit Methode. Ideen zum räumlichen Zeichnen*. Bern: Haupt.

BOHNSACK, RALF, IRIS NENTWIG-GESEMANN UND ARND-MICHAEL NOHL (2007): *Die dokumentarische Methode und ihre Forschungspraxis. Grundlagen qualitativer Sozialforschung*. 2., erw.aktualisierte Aufl. Wiesbaden: VS Verlag.

BOURRIAUD, NICOLAS UND BARTHOLOMEW RYAN (2009): Altermodern. A Conversation with Nicolas Bourriaud. *Art in America*. https://www.artnews.com/art-in-america/interviews/altermodern-a-conversation-with-nicolas-bourriaud-56055/ [28.11.2020].

BRAMKAMP, MARTINA (2016): *Visual animation. Methods of practice and teaching*. Kunstpädagogische Positionen. Heft 34. Hamburg: Universitätsdruckerei.

BRENNE, ANDREAS, HRSG. (2008): *„Zarte Empirie". Theorie und Praxis einer künstlerisch-ästhetischen Forschung*. Kassel: Kassel University Press.

BRINKMANN, MALTE (2012): *Pädagogische Übung. Praxis und Theorie einer elementaren Lernform*. Paderborn: Schöningh.

BROEKER, HOLGER (2015): Was geht, Leute? Ein Parcours durch die Ausstellung. In *Walk the line. Neue Wege der Zeichnung,* Hrsg. Ralf Beil, Holger Broeker, Walk the Line. Neue Wege der Zeichnung und Kunstmuseum Wolfsburg, 7–10. Wolfsburg: Kunstmuseum Wolfsburg.

BUCHMANN, SABETH, THOMAS BALDISCHWYLER UND ERICH PICK, HRSG. (2005): *Wenn sonst nichts klappt - Wiederholung wiederholen in Kunst, Popkultur, Film, Musik, Alltag, Theorie und Praxis*. Hamburg: Materialverlag. [u.a.].

BUND DEUTSCHER KUNSTERZIEHER, OLE DUNKEL UND DIETHARD KERBS (1980): *Kind und Kunst. Geschichte des Zeichen - und Kunstunterrichts.* Hannover: BDK.

BUND DEUTSCHER KUNSTERZIEHER, DIETHARD KERBS UND ECKHARDT SIEPMANN, HRSG. (1976): *Kind und Kunst. Zur Geschichte des Zeichen - und Kunstunterrichts.* Berlin.

BUSCH, KATRHIN (2008): Künstlerische Forschung – Potentialität des Unbedingten. In *Blind Date. Zeitgenossenschaft als Herausforderung*, Hrsg. Gabriele Mackert, Gesellschaft für Aktuelle Kunst, Universität Bremen, Viktor Kittlausz und Winfried Pauleit, 88–97. Nürnberg: Verlag für Moderne Kunst.

BUSCHKÜHLE, CARL-PETER (2007): Bildung im künstlerischen Projekt. *Schroedel Kunst Portal*. https://www.kunstlinks.de/material/peez/2007-11-buschkuehle.pdf [28.11.2020].

BUSCHKÜHLE, CARL-PETER (2011): Einführung in die Tagung „Künstlerische Kunstpädagogik“. http://www.kuenstlerische-kunstpaedagogik.de/wp-content/uploads/2011/09/Abstracts.pdf [28.11.2020].

BUTLER, JUDITH (2018): *Das Unbehagen der Geschlechter*. Deutsche Erstausgabe, 19. Auflage. Frankfurt am Main: Suhrkamp.

CAGE, JOHN, CORINNA THIEROLF (2013): *John Cage, Ryoanji*. Munich: Schirmer/Mosel, in association with Pinakothek der Moderne.

CHAN, CARSON, KAREN ARCHEY (2013): *Post-internet Curating, Denver Style*.Rhizome, 2013-07-09, Online: https://rhizome.org/editorial/2013/jul/09/archey-chaninterview/ [20.11.2020].

CLARKE, ADELE E. UND REINER KELLER (2012): *Situationsanalyse. Grounded Theory nach dem Postmodern Turn*. Wiesbaden: VS Verlag.

CZERSKI, PIOTR (2015): We, the web kids. In *Manifestos for the internet age (translated by Marta Szreder)*, Hrsg. Manuel Schmalstieg, 123–130. Greyscale Press.

DERRIDA, JACQUES, MICHAEL WETZEL, ANDREAS KNOP UND MUSÉE DU LOUVRE, HRSG. (2008): *Jacques Derrida: Aufzeichnungen eines Blinden. Das Selbstporträt und andere Ruinen.* 2. Aufl. München: Fink.

DOBLER, JUDITH (2014): *Spuren der Erkenntnis - Experimente zwischen Zeichnen und Denken*. Kunstpädagogische Positionen, Heft 32, Hamburg: Lüdke.

DUDENREDAKTION, HRSG. (2007): *Duden, Deutsches Universalwörterbuch*. 6., überarbeitete und erweiterte Aufl. Mannheim: Dudenverlag.

DÜLLO, THOMAS UND FRANZ LIEBL, HRSG. (2005): *Cultural hacking. Kunst des strategischen Handelns*. Wien: Springer.

DUNCAN, CAROL (1995): *Civilizing rituals. Inside public art museums*. London New York: Routledge.

EHMER, HERMANN K. UND GEORG PEEZ (1995): „An der Kunst gibt es nichts, aber auch gar nichts für das Leben zu lernen." Gespräch mit Hermann K. Ehmer. *Sonderdruck BDK-INFO Hessen* 1–13.

EMSLANDER, FRITZ, MARKUS HEINZELMANN, MATTHIAS WINZEN, ANDREAS BEE UND STAATLICHE KUNSTHALLE BADEN-BADEN, HRSG. (2004): *Gegen den Strich. Neue Formen der Zeichnung*. Nürnberg: Verlag für moderne Kunst.

ESPINET, DAVID (2012): Le Plaisir au dessin, Paris: Galilée 2009: Rezension. *rheinsprung11*: 166–173.

FEIERABEND, SABINE, THERESA PLANKENHORN UND THOMAS RATHGEB (2015): Always Online? – Die Medienwelt der Jugendlichen. Ergebnisse aus 15 Jahren Jim-Studie. *TELEVIZION* 28: 7–11.

FIEDLER, ELISABETH, CHRISTA STEINLE, PETER WEIBEL, NEUE GALERIE AM LANDESMUSEUM JOANNEUM UND CENTRO CULTURAL DEL CONDE DUQUE Hrsg. (2005): *Postmediale Kondition*. Wien: Neue Galerie Graz.

FLICK, UWE, ERNST VON KARDORFF UND INES STEINKE, HRSG. (2017): *Qualitative Forschung. Ein Handbuch*. 12. Auflage, Originalausgabe. Reinbek bei Hamburg: Rowohlt Taschenbuch Verlag.

FLORENZ, BEATE (2014): *Zeichnung – Gedankenstriche zu einer altbekannten Terra Icognita*. In *What's Next? Art Education. Ein Reader*, Hrsg. Torsten Meyer und Gila Kolb, 101–103. München: kopaed.

FOKEN, GESA (2017): *Offenheitszwang. Kritik der Offenheitsästhetik vor dem Hintergrund zeitgenössischer Zeichnung*. Berlin: Lit Verlag.

FÖLLING-ALBERS, MARIA (1997): Kindheitsforschung im Wandel – Eine Analyse der sozialwissenschaftlichen Forschungen zur „Veränderten Kindheit". In *Kinder auf dem Wege zum Verstehen der Welt, Forschungen zur Didaktik des Sachunterrichts*, Hrsg. Walter Köhnlein, Brunhilde Marquardt-Mau und Helmut Schreier, 39–54. Bad Heilbrunn: Klinkhardt.

FOUCAULT, MICHEL (1992): *Was ist Kritik?* Berlin: Merve Verlag.

FREDERKING, VOLKER, HRSG. (2008): *Schwer messbare Kompetenzen. Herausforderungen für die empirische Fachdidaktik*. Baltmannsweiler: Schneider Verlag Hohengehren GmbH.

GARDNER, HOWARD, ELLEN WINNER (1982): *First Intimations of Artistry*. In *U-shaped Behavioral Growth*, Sidney Strauss, Hrsg., 147–168. Elsevier.

GARDNER, HOWARD UND UTE SPENGLER (2008): *Intelligenzen. Die Vielfalt des menschlichen Geistes*. 3. Aufl. Stuttgart: Klett-Cotta.

GELHARD, ANDREAS (2011): *Kritik der Kompetenz*. Zürich: Diaphanes.

GLAS, ALEXANDER (1998): *Die Bedeutung der Darstellungsformel in der Zeichnung am Beginn des Jugendalters*. Frankfurt am Main and New York: Peter Lang.

GLAS, ALEXANDER (2000): Form- und Symbolverständnis in der Zeichnung am Beginn des Jugendalters. *Kunst + Unterricht* 246/247: 22–28.

GLAS, ALEXANDER ET AL. (2018): *Kinder zeichnen. IMAGO Zeitschrift für Kunstpädagogik*. München: kopaed.

GLASER-HENZER, EDITH, LUDWIG DIEHL, LUITGARD DIEHL-OTT UND GEORG PEEZ, HRSG. (2012): *Zeichnen Wahrnehmen, Verarbeiten, Darstellen. Empirische Untersuchungen zur Ermittlung räumlich-visueller Kompetenzen im Kunstunterricht*. München: kopaed.

GLASMEIER (2004): Der Menzel geht um! In *Tauchfahrten. Zeichnung als Reportage*, Hrsg. Stephan Berg, 29–38. Düsseldorf: Richter.

GOMBRICH, ERNST H. (2001): *Die Geschichte der Kunst*. Erw., überarb. und neu gestaltete 16. Ausg., Neuaufl. in Broschur, 2. und 3. Aufl. Berlin: Phaidon.

GRAVE, JOHANNES (2008): Zeichnung ohne Zug – Über das Unzeichnerische in der deutschen Kunst um 1800. *Zeitschrift für Ästhetik und Allgemeine Kunstwissenschaft* 53: 71–98.

GROENENDIJK, TALITA UND MARIKE HOEKSTRA (2015): Alternmodern Art Education. In *What's next? Art Education. Ein Reader*, Hrsg. Torsten Meyer und Gila Kolb, 109–111. München: kopaed.

GRÜNDLER, HANA, TONI HILDEBRANDT UND WOLFRAM PICHLER, HRSG. (2012): *Zur Händigkeit der Zeichnung*. rheinsprung11, Zeitschrift zur Bildkritik. Basel: eikones NFS Bildkritik.

GRÜNEWALD, DIETRICH (2009): Orientierung Bild. *Kunst + Unterricht* 334/335: 14–21.

GYSIN, BÉATRICE, HRSG. (2010): *Wozu zeichnen? Qualität und Wirkung der materialisierten Geste durch die Hand*. Sulgen: Niggli.

GYSIN, BEATRICE (2003): Zeichnen «können»? *Kunst + Unterricht* 41–43.

HAHN, ANNEMARIE ET AL. (2015): Methode Mandy. In *What's next? Art Education*, Hrsg. Torsten Meyer und Gila Kolb, 113–117. München: kopaed.

HALDEMANN, MATTHIAS, KUNSTHAUS ZUG UND AUSSTELLUNG LINEA. VOM UMRISS ZUR AKTION. DIE KUNST DER LINIE ZWISCHEN ANTIKE UND GEGENWART, HRSG. (2010): *Linea. Vom Umriss zur Aktion. Die Kunst der Linie zwischen Antike und Gegenwart*. Ostfildern: Hatje Cantz.

HAMANN, ALBERT (1997): *Reformpädagogik und Kunsterziehung. Ästhetische Bildung zwischen Romantik, Reaktion und Moderne*. Innsbruck: Studien-Verlag.

HARRINGTON, ANNE (1989): *Medicine, mind, and the double brain. A study in nineteenth century thought*. 2. Aufl. Princeton: Princeton University Press.

HARTLAUB, GUSTAV (1930): *Der Genius im Kinde. Ein Versuch über die zeichnerische Anlage des Kindes*. 2. stark umgearbeitete und erweiterte Auflage. Breslau: Ferdinand Hirt.

HARTWIG, HELMUT (1976a): *Sehen lernen. Kritik und Weiterarbeit am Konzept „Visuelle Kommunikation"*. Köln: DuMont Schauberg.

HARTWIG, HELMUT (1976b): Zeichnen als Aneignung von Wirklichkeit. Ein Versuch zur Funktionsbestimmung des Zeichnens im Unterricht. *Kunst + Unterricht* 36.

HAUG, FRIGGA (2020): *Die Unruhe des Lernens*.

HAUG, FRIGGA (2004): *Lernverhältnisse. Selbstbewegungen und Selbstblockierungen*. Dt. Orig.-Ausg., 2. Aufl. Hamburg: Argument-Verlag.

HEIL, CHRISTINE (2007): *Kartierende Auseinandersetzung mit aktueller Kunst. Erfinden und Erforschen von Vermittlungssituationen*. München: kopaed.

HEILMANN, MARIA, HRSG. (2014): *Punkt, Punkt, Komma, Strich. Zeichenbücher in Europa, ca. 1525 – 1925*, Passau: Klinger.

HEILMANN, MARIA, ZENTRALINSTITUT FÜR KUNSTGESCHICHTE, UNIVERSITÄTSBIBLIOTHEK HEIDELBERG UND AUSSTELLUNG PUNKT, PUNKT, KOMMA, STRICH. ZEICHNEN ZWISCHEN KUNST UND WISSENSCHAFT, 1525 BIS 1925, HRSG. (2015): *Lernt Zeichnen! Techniken zwischen Kunst und Wissenschaft, 1525–1925*, Passau: Klinger.

HEINEMANN, ALISHA M.B. UND MARÍA DO MAR CASTRO VARELA (2010): Ambivalente Erbschaften. Verlernen erlernen! *Strategien für Zwischenräume* 10. Online: https://www.trafo-k.at/_media/download/Zwischenraeume_10_Castro-Heinemann.pdf [28.11.2020].

HEINZELMANN, MARKUS (2004): Vernähte Perspektiven. Erzählung und Konzeptualität in der aktuellen Zeichnung. In *Gegen den Strich. Neue Formen der Zeichnung*, Hrsg. Fritz Emslander, Markus Heinzelmann, Matthias Winzen, Andreas Bee und Staatliche Kunsthalle Baden-Baden, 10–17. Nürnberg: Verlag für moderne Kunst.

HELMS, DIETRICH, HRSG. (1983): *Über Blindzeichnen*. Hamburg.

HELMS, DIETRICH, DIETHARD KERBS, SIEGFRIED NEUENHAUSEN, GUNTER OTTO UND HENNING RISCHBIETER (1974): „Hinauf zur Kunst" Zitate aus Texten zur Kunsterziehung zwischen 1890 und 1938. *Kunst + Unterricht* 28: 14–18.

HESSISCHES KULTUSMINISTERIUM (o. J.): Lehrplan Kunst. Gymnasialer Bildungsgang. Jahrgangsstufen 5 bis 13. https://kultusministerium.hessen.de/sites/default/files/media/g9-kunst.pdf [28.11.2020].

HILDEBRANDT, TONI (2017): *Entwurf und Entgrenzung. Kontradispositive der Zeichnung 1955–1975*. Paderborn: Wilhelm Fink Verlag.

HOLLANDER, FRIEDERIKE, NINA WIEDEMEYER, MUSEUM FÜR GESTALTUNG BAUHAUS-ARCHIV, UND BERLINISCHE GALERIE (2019): *Original Bauhaus workbook*.

HOROWITZ, FREDERICK A. UND BRENDA DANILOWITZ (2006): *Josef Albers: To open eyes. At the Bauhaus, Black Mountain College, and Yale*. London: Phaidon.

INTHOFF, CHRISTINA UND MARIA PETERS (2013): Perspektiven einer neuen Lernkultur im kompetenzorientierten Kunstunterricht Fachdidaktische Entwicklungsforschung im Hamburger Schulversuch alles»könner. In *Feldvermessung Kunstdidaktik. Positionsbestimmungen zum Fachverständnis, Kontext Kunstpädagogik*, Hrsg. Sidonie Engels, Rudolf Preuss und Ansgar Schnurr, 103–113. München: kopaed.

ITTEN, JOHANNES (1963): *Mein Vorkurs am Bauhaus. Gestaltungs- und Formenlehre*. Ravensburg: Otto Maier Verlag.

JASCHKE, BEATRICE, CHARLOTTE MARTINZ-TUREK, NORA STERNFELD, UND SCHNITTPUNKT. AUSSTELLUNGSTHEORIE & PRAXIS, HRSG. (2005): *Wer spricht? Autorität und Autorschaft in Ausstellungen*. Wien: Turia + Kant.

JENNY, PETER (2005a): *Anleitung zum falsch Zeichnen. Learning by gugging*. Ennenda: Peter Jenny.

JENNY, PETER (2009): *Notizen zum figürlichen Zeichnen. 22 Übungen zur archetypischen Darstellung des Menschen*. 5. Aufl. Mainz: Schmidt.

JENNY, PETER (2001): *Notizen zur Figuration. 22 Übungen zur archetypischen Darstellung des Menschen*. 1. Aufl. Mainz: Schmidt.

JENNY, PETER (1999): *Notizen zur Zeichentechnik. 22 leichtsinnige Übungsanleitungen wider das Vergessen des Zeichnens*. Zürich: ETH.

JENNY, PETER (2005b): *Zeichnen im Kopf. An der Quelle Ihrer Bilder*. Zürich: ETH.

KÄMPF-JANSEN, HELGA (2001): *Ästhetische Forschung. Wege durch Alltag, Kunst und Wissenschaft. Zu einem innovativen Konzept ästhetischer Bildung*. Köln: Salon.

KANT, IMMANUEL (2014): *Kritik der praktischen Vernunft. Grundlegung zur Metaphysik der Sitten*. 21. Aufl. Frankfurt am Main: Suhrkamp.

KAZEEM, BELINDA, CHARLOTTE MARTINZ-TUREK, NORA STERNFELD, UND SCHNITTPUNKT. AUSSTELLUNGSTHEORIE & PRAXIS, HRSG. (2009): *Das Unbehagen im Museum. Postkoloniale Museologien*. Wien: Turia + Kant.

KEMP, WOLFGANG (1979): *Einen wahrhaft bildenden Zeichenunterricht überall einzuführen. Zeichnen und Zeichenunterricht der Laien 1500-1870. Ein Handbuch*. Frankfurt am Main: Syndikat.

KERGEL, DAVID (2018): *Qualitative Bildungsforschung. Ein integrativer Ansatz*. Wiesbaden: VS Verlag.

KERSCHENSTEINER, GEORG (1905): *Die Entwickelung der zeichnerischen Begabung. Neue Ergebnisse auf Grund neuer Untersuchungen.* München: Gerber.

KETTEL, JOACHIM (1998): *Zur Gewaltförmigkeit des Kunstunterrichts*. BDK Mitteilungen 1/1998:s 5–9.

KIRCHNER, CONSTANZE (2007): Digitale Kinderzeichnung im Übergang zum Jugendalter. Eine Studie zur digitalen Bildgestaltung von Zwölf- bis Vierzehnjährigen. In *Handbuch Fallforschung in der Ästhetischen Bildung, Kunstpädagogik. Qualitative Empirie für Studium, Praktikum, Referendariat und Unterricht*, Hrsg. Georg Peez.

KIRCHNER, CONSTANZE (2000): Editorial. *Kunst + Unterricht* 246/247: 5–7.

KIRCHNER, CONSTANZE (2009): *Kunstpädagogik für die Grundschule*. Bad Heilbrunn: Klinkert.

KIRCHNER, CONSTANZE (2013): Neue Forschungsperspektiven auf die Entwicklung und Förderung der Bildsprache. In *U20 – Kindheit, Jugend, Bildsprache*, Hrsg. Frank Schulz und Ines Seumel.

KIRCHNER, CONSTANZE, TANYA GOTTA-LEGER UND MARLENE NOCKMANN (2016): Lehrpläne zur Visual Literacy in Europa – Ergebnisse einer qualitativ-empirischen Expertenbefragung. In *Cadre Européen Commun de Référence pour la Visual Literacy. Prototype. Common European Framework of Reference for Visual Literacy. Prototype. Gemeinsamer Europäischer Referenzrahmen für Visual Literacy. Prototyp*. Hrsg. Ernst Wagner und Diederik Schönau, 201–210. New York Münster: Waxmann.

KIRCHNER, CONSTANZE, JOHANNES KIRSCHENMANN UND MONIKA MILLER (2010): Diagnose – Fördern – Unterricht. Einführung. In *Kinderzeichnung und jugendkultureller Ausdruck. Forschungsstand – Forschungsperspektiven*, Hrsg. Constanze Kirchner, Johannes Kirschenmann und Monika Miller.

KIRCHNER, CONSTANZE UND FRANK SCHULZ (2013): Vorwort. In *Zeichnerische Begabung. Indikatoren im Kindes- und Jugendalter*, Hrsg. Monika Miller.

KLEIN, KRISTIN, GILA KOLB, TORSTEN MEYER, KONSTANZE SCHÜTZE UND MANUEL ZAHN (2020): Einführung. Post-Internet Arts Education. In *Arts Education in Transition. Ästhetische Bildung im Kontext kultureller Globalisierung und vernetzter Digitalisation*, Hrsg. Thorsten Meyer, Hannah Neumann, Aurora Rodonò und Jane Eschment. Zeitschrift Kunst Medien Bildung | zkmb.

KLIEME, ECKHARD, HERMANN AVENARIUS, WERNER BLUM, PETER DÖBRICH, HANS GRUBER, MANFRED PRENZEL, KRISTINA REISS, KURT RIQUARTS, HEINZ-ELMAR TENORTH, HELMUT VOLLMER (2003): *Zur Entwicklung nationaler Bildungsstandards*. Eine Expertise. Bonn, Berlin: BMBF.

KNOBLAUCH, HUBERT, RENÉ TUMA UND BERNT SCHNETTLER (2010): *Interpretative Videoanalysen in der Sozialforschung*. Weinheim München: Juventa Verlag.

KOEPPE-LOKAI, GABRIELE (1996): *Der Prozess des Zeichnens. Empirische Analysen der graphischen Abläufe bei der Menschdarstellung durch vier- bis sechsjährige Kinder*. New York Münster: Waxmann.

KOLB, GILA (2020a): Dissertation Gila Kolb, Materialteil 1.

KOLB, GILA (2020b): Dissertation Gila Kolb, Materialteil 2.

KOLB, GILA (2015): Let's do the shift. Kunstunterricht im Wandel. In *What's Next? Art Education*, Hrsg. Torsten Meyer und Gila Kolb, 166–168. München: kopaed.

KOLB, GILA (2020b): Notizen zur Corpoliteracy. Körper in (digitalen) Bildungskontexten. *Kompetenzverbund Kulturelle Integration und Wissenstransfer (KIWit): Kultur öffnet Welten.* https://www.kiwit.org/kultur-oeffnet-welten/positionen/position_15360.html [28.11.2020].

KOLLER, HANS-CHRISTOPH (2012): *Bildung anders denken. Einführung in die Theorie transformatorischer Bildungsprozesse*. Stuttgart: Verlag W. Kohlhammer.

KOSCHATZKY, WALTER (1977): *Die Kunst der Zeichnung. Technik, Geschichte, Meisterwerke*. Herrsching: Edition Atlantis.

KOWALSKI, VANESSA (2018): *On Curating, Online. Buying Time in the Middle of Nowhere*. Helsinki: Aalto University.

KRÄMER, SYBILLE (2009): Sechste Vorlesung. Die Linie im Spannungsfeld von Spurbildung und Konstruktion. Reflexion über die epistemische und kulturtheoretische Funktion des Graphematischen. https://www.geisteswissenschaften.fu-berlin.de/we01/institut/mitarbeiter/emeriti/kraemer/PDFs/Vorlesung_AugeDesDenkens/VL6---Die-Linie-im-Spannungsfeld-von-Spurbildung.pdf [28.11.2020].

KRIEGER, VERENA, HRSG. (2008): *Kunstgeschichte und Gegenwartskunst. Vom Nutzen und Nachteil der Zeitgenossenschaft*. Köln: Böhlau.

KRUSE, JAN (2015): *Qualitative Interviewforschung. Ein integrativer Ansatz*. 2., überarbeitete und ergänzte Auflage. Weinheim Basel: Beltz Juventa.

KÜSTNER, KATHARINA (2015): *Identitätsentwürfe comiczeichnender Jugendlicher*. München: kopaed.

LEGLER, WOLFGANG (1979): Denken und Machen – ein offenes Problem. *Kunst + Unterricht Sonderheft , 79*: Denken und Machen.

LEGLER, WOLFGANG (2002): *„Die Schule soll nicht satt sondern hungrig machen." (A. Lichtwark 1901): Vortrag auf der Fachtagung zur ästhetischen Bildung des IfL Hamburg am 12.9.2002.*

LEGLER, WOLFGANG (2011): *Einführung in die Geschichte des Zeichen- und Kunstunterrichts von der Renaissance bis zum Ende des 20. Jahrhunderts*. 1. Auflage 2011. Oberhausen: ATHENA-Verlag.

LEGLER, WOLFGANG (2005): *Kunst und Kognition*. Hamburg: Hamburg Univ. Press.

LEGLER, WOLFGANG (2004): Reform braucht einen langen Atem. Anmerkungen zur Geschichte der Kunsterziehungsbewegung in Hamburg: Festschrift für Adelheid Sievert zum 60.Geburtstag im Februar 2004. In *Kind – Kunst – Kunstpädagogik*, Hrsg. Georg Peez, Katharina Bütikofer und Adelheid Sievert, 39–57. Norderstedt: Books on Demand.

LICHTWARK, ALFRED (1898): *Übungen in der Betrachtung von Kunstwerken. Nach Versuchen mit einer Schulklasse.* Hamburg 1887, 2. Aufl. Dresden: G. Rühtmann.

LÜCHINGER, THOMAS (1995): *Intuitiv zeichnen. Sehen mit allen Sinnen.* Bern Gümligen: Zytglogge-Verlag.

LUTZ-STERZENBACH, BARBARA (2015): *Epistemische Zeichenszenen. Zeichnen als Erkenntnis in der Kunstpädagogik und interdisziplinären Bezugsfeldern.* München: kopaed.

LUTZ-STERZENBACH, BARBARA UND JOHANNES KIRSCHENMANN, HRSG. (2014): *Zeichnen als Erkenntnis. Beiträge aus Kunst, Kunstwissenschaft und Kunstpädagogik.* München: kopaed.

LYOTARD, JEAN-FRANÇOIS, BERNHARD BLISTÈNE, FRANCOIS BURKHARDT, GIAIRO DAGHINI, JACQUES DERRIDA (1985): *Immaterialität und Postmoderne.* Berlin: Merve-Verlag.

MAHLERT, ULRICH (2007): Was ist Üben? In *Handbuch Üben. Grundlagen, Konzepte, Methoden*, Hrsg. Ulrich Mahlert, 9–46. Wiesbaden Leipzig Paris: Breitkopf & Härtel.

MAINBERGER, SABINE (2010): *Experiment Linie. Künste und ihre Wissenschaften um 1900.* Berlin: Kulturverlag Kadmos.

MALKIN, G. UND T. LAQUEY PARKER (1993): *Internet Users' Glossary.* RFC Editor.

MANDY, METHODE ET AL. (2017): Methode Mandy. #Können. In *1-13 kunstpädagogische Begriffe, Kunstpädagogische Knotenpunkte*, Hrsg. Sara Burkhardt, 93–105. Halle (Saale): Hochschulverlag Burg Giebichenstein Kunsthochschule Halle.

MARR, STEFANIE (2014): *Kunstpädagogik in der Praxis. Wie ist wirksame Kunstvermittlung möglich? Eine Einladung zum Gespräch.* Bielefeld: transcript.

MARR, STEFANIE, MAGDALENA ECKES UND KATJA HOFFMANN (2016): *Staub aufwirbeln. Eine Anleitung zum Zeichnen lehren für die kunstpädagogische Praxis.* 1. Auflage. Oberhausen, Rheinl: ATHENA-Verlag.

MATILE, MICHAEL, FRANCA BERNHART UND EIDGENÖSSISCHE TECHNISCHE HOCHSCHULE ZÜRICH, HRSG. (2017): *Zeichenunterricht. Von der Künstlerausbildung zur ästhetischen Erziehung seit 1500.* Petersberg: Michael Imhof Verlag.

MAURER, DIETER, CLAUDIA RIBONI UND BIRUTE GUJER (2018): *Wie Bilder «entstehen».* Peter Lang CH.

MAURER, DIETER, CLAUDIA RIBONI UND DIETER MAURER (2010): *Bildarchiv Europa und Materialien.* Zürich: Pestalozzianum.

MAYO, PETER (2006): *Politische Bildung bei Antonio Gramsci und Paulo Freire. Perspektiven einer verändernden Praxis*. Hamburg: Argument.

MAYRING, PHILIPP (2015): *Qualitative Inhaltsanalyse: Grundlagen und Techniken*. 12., überarbeitete Auflage. Weinheim Basel: Beltz.

MECHERIL, PAUL (2008): „Kompetenzlosigkeitskompetenz". Pädagogisches Handeln unter Einwanderungsbedingungen. In *Interkulturelle Kompetenz und pädagogische Professionalität*, Hrsg. Georg Auernheimer. Wiesbaden: VS Verlag.

MEDIENGRUPPE BITNIK (2007): Opera calling (2007) Hacking the Opera – Arias for all! https://wwwwwwwwwwwwwwwwwwwwww.bitnik.org/o/ [28.11.2020].

MELVILLE, HERMAN (2002): Bartleby, der Schreibgehilfe: eine Geschichte aus der Wallstreet. Zürich: Manesse-Verlag.

VAN DER MEULEN, NICOLAJ (2010): Bildkompetenz an der Kreuzung von Visueller Kommunikation und Bildtheorie. Unerledigte Anfragen an den Kunstunterricht. *Zeitschrift für Pädagogik* 56: 819–834.

MEY, GÜNTER UND KATJA MRUCK, HRSG. (2011): *Grounded Theory Reader*. 2., aktualisierte und erweiterte Auflage. Wiesbaden: VS Verlag.

MEYER, TORSTEN (2002): *Interfaces, Medien, Bildung. Paradigmen einer pädagogischen Medientheorie*. Bielefeld: transcript.

MEYER, TORSTEN (2013): *Next art education*. Kunstpädagogische Positionen. Hamburg: Lüdke.

MEYER, TORSTEN (2016): What's Next, Arts Education? Fünf Thesen zur nächsten Ästhetischen Bildung. In *Where the magic happens. Bildung nach der Entgrenzung der Künste, Kunst Medien Bildung*, Hrsg. Julia Dick, Peter Moormann, Julia Ziegenbein und Torsten Meyer, 235–246. München: kopaed.

MEYER, TORSTEN, JULIA DICK, PETER MOORMANN UND JULIA ZIEGENBEIN, HRSG. (2016): *Where the magic happens. Bildung nach der Entgrenzung der Künste*. München: kopaed.

MEYER, TORSTEN UND GILA KOLB, HRSG. (2015): *What's next? Art Education. Ein Reader*. München: kopaed.

MEYER, TORSTEN UND ANDREA SABISCH, HRSG. (2009): *Kunst, Pädagogik, Forschung. Aktuelle Zugänge und Perspektiven*. Bielefeld: transcript.

MEYER-DRAWE, KÄTE (2012): *Diskurse des Lernens*. 2., durchgesehene und korrigierte Auflage. Paderborn: Wilhelm Fink Verlag.

MEYER-DRAWE, KÄTE (2003): Lernen als Erfahrung. *Zeitschrift für Erziehungswissenschaft* 6: 505–514.

MICROSOFT CANADA, CONSUMER INSIGHTS (2015): Attention Spans. https://dl.motamem.org/microsoft-attention-spans-research-report.pdf [28.11.2020].

MILLER, MONIKA (2010): *Indikatoren zeichnerischer Kompetenzen bei Kindern beim Zeichnen nach einem Motiv. Zusammenhänge zwischen Wahrnehmung, Vorstellungsbildung und Bildmotiv.* In: *Kinderzeichnung und jugendkultureller Ausdruck. Forschungsstand – Forschungsperspektiven.* Kirchner, Constanze Kirschenmann, Johannes/ Miller, Monika (Hg.) *S. 73-85* München: kopaed.

MILLER, MONIKA (2013): *Zeichnerische Begabung. Indikatoren im Kindes- und Jugendalter* Schriftenreihe Kontext Kunstpädagogik. München: kopaed.

MOHR, ANJA (2005): *Digitale Kinderzeichnung: Aspekte ästhetischen Verhaltens von Grundschulkindern am Computer*. München: kopaed.

MOHR, ANJA (2007): Videogestützte Beobachtungen bilnderisch-ästhetischer Prozesse. Die Entstehung einer Kritzelzeichnung am Computer. In *Handbuch Fallforschung in der Ästhetischen Bildung/Kunstpädagogik*, Hrsg. Georg Peez, 131–141. Baltmannsweiler: Schneider Verlag Hohengehren.

MÜHLE, GÜNTHER (1975): *Entwicklungspsychologie des zeichnerischen Gestaltens. Grundlagen, Formen und Wege in der Kinderzeichnung.* 4. Aufl. Berlin: Springer.

MUSEUM FOLKWANG ESSEN, HRSG. (2008): *Zeichnung als Prozess. Aktuelle Positionen der Grafik,* Essen Heidelberg: Kehrer.

NANCY, JEAN-LUC (2015): *Das andere Porträt*. Zürich [u.a.]: Diaphanes.

NANCY, JEAN-LUC (2011): *Die Lust an der Zeichnung*. Wien: Passagen Verlag.

NANCY, JEAN-LUC, ERIC PAGLIANO, SYLVIE RAMOND UND MUSÉE DES BEAUX-ARTS (Lyon, France), Hrsg. (2007): *Le plaisir au dessin. Carte blanche à Jean-Luc Nancy*. Paris: Hazan.

NEEF, SONJA (2008): *Abdruck und Spur. Handschrift im Zeitalter ihrer technischen Reproduzierbarkeit*. Berlin: Kadmos.

NGOZI ADICHIE, CHIMAMANDA (2009): The danger of a single story. https://www.ted.com/talks/chimamanda_ngozi_adichie_the_danger_of_a_single_story#t-3805 [28.11.2020].

OELKERS, JÜRGEN (2004): Lehrmittel als das Rückgrat des Unterrichts. https://www.edudoc.ch/static/xd/2004/73.pdf [28.11.2020].

OELKERS, JÜRGEN (2010): *Reformpädagogik. Entstehungsgeschichten einer internationalen Bewegung*. 1. Aufl. Zug: Klett und Balmer [u.a.].

OELKERS, JÜRGEN (2014): *„Wissen“ oder „Kompetenz“. Ein überflüssiger Streit?* Hrsg. Gesellschaft für Wissen und Bildung e.V., Fachbeiträge.

O'HARA, MORGAN (2008): Morgan O'Hara. LIVE TRANSMISSIONS. attention and drawing as time-based performance. www.MorganOHara.com.

OTTO, GUNTER (1964): *Kunst als Prozess im Unterricht.* Braunschweig: Westermann.

PAZZINI, KARL-JOSEF (2000): Kunst existiert nicht, es sei denn als angewandte. *Tatort Kunsterziehung. Tagungsband des Workshops vom Herbst 1999 in Weimar* 2: 9–17.

PAZZINI, KARL-JOSEF (1992): Manche Stunden sind wie Zecken. *Kunst + Unterricht* 47.

PAZZINI, KARL-JOSEF (2009): Von der kindlichen Sexualforschung zu Forschung in Kunst & Pädagogik. In *Kunst Pädagogik Forschung. Aktuelle Zugänge und Perspektiven.*, *Theorie Bilden*, Hrsg. Torsten Meyer und Andrea Sabisch, 63–82. Bielfeld: transcript.

PEEZ, GEORG, HRSG. (2014): *Beurteilen und Bewerten im Kunstunterricht. Modelle und Unterrichtsbeispiele zur Leistungsmessung und Selbstbewertung.* 4. Aufl. Seelze-Velber: Kallmeyer [u.a.].

PEEZ, GEORG (2002): *Einführung in die Kunstpädagogik.* Stuttgart: Kohlhammer.

PEEZ, GEORG (2005): *Evaluation ästhetischer Erfahrungs- und Bildungsprozesse: Beispiele zu ihrer empirischen Erforschung.* München: kopaed.

PEEZ, GEORG (2015): *Kinder zeichnen, malen und gestalten. Kunst und bildnerisch-ästhetische Praxis in der KiTa.* 1. Auflage. Stuttgart: Kohlhammer.

PEEZ, GEORG (2007): Laras erste Kritzel. Eine phänomenologische Fallstudie zu den frühesten Zeichnungen eines 13 Monate alten Kindes. In *Fallforschung in der Kunstpädagogik. Ein Handbuch qualitativer Empirie für Studium, Praktikum und Unterricht.*, Hrsg. Georg Peez. Baltmannsweiler: Schneider Verlag.

PESTALOZZI, JOHANN HEINRICH (1935): *Schriften aus der Zeit von 1803 bis 1804.* Hrsg. Walter Feilchenfeld-Fales und Herbert Schönebaum. De Gruyter.

PETERS, MARIA (1996): Experimentelles Zeichnen. Auf der Suche nach dem „Urstrich" zwischen Kind und Künstler. *RAABits – Impulse und Materialien für die kreative Unterrichtsgestaltung* 1–48.

PETERS, MARIA (1998): Im experimentellen Zeichnen gehen die Namen der Dinge fremd. *Kunst+Unterricht* Praxis und Konzept des Kunstunterrichtes: 15–18.

PETERS, MARIA (2007): *Performative Handlungen und biografische Spuren in Kunst und Pädagogik.* 2. Aufl. Hamburg: Hamburg Univ. Press.

PETERS, MARIA UND BÀRBARA ROVIRÓ (2017): Fachdidaktischer Forschungsverbund FaBiT: Erforschung von Wandel im Fachunterricht mit dem Bremer Modell des Design-Based Research. In *Making Change Happen*, Hrsg. Sabine Doff und Regine Komoss, 19–32. Wiesbaden: Springer Fachmedien Wiesbaden.

PETHERBRIDGE, DEANNA (2010): *The primacy of drawing. Histories and theories of practice.* New Haven: Yale University Press.

PFISTERER, ULRICH (2014): Was ist ein Zeichenbuch? In *Punkt, Punkt, Komma, Strich. Zeichenbücher in Europa, ca. 1525–1925*, *Episteme der Linien*, Hrsg. Maria Heilmann, Nino Nanobashvili, Ulrich Pfisterer und Tobias Teutenberg, 1–10. Passau: Klinger.

PIEPER, TELMO (o. J.): Kiddie Arts. http://www.telmopieper.com/kiddie-arts [28.11.2020].

PLÖNGES, SEBASTIAN (2012): Versuch über das Hacking als soziale Form. In *Buch 01 shift. #Globalisierung #Medienkulturen #Aktuelle Kunst, Kunst Pädagogik Partizipation*, Hrsg. Christine Heil, Gila Kolb und Torsten Meyer, 81–91. München: kopaed.

POSTMAN, NEIL UND CHARLES WEINGARTNER (1972): *Fragen und Lernen. Die Schule als kritische Anstalt*. Frankfurt am Main: März.

PRABHA NISING, LENA UND SOPHIE ALI BAKHSH NAINI (2020): Erste Schritte – Über Checklisten hinaus. Ein Leitfaden für diversitätsorientierte Personalgewinnung im Kunst- und Kulturbereich. In *Diversitätsorientierte Nachwuchsförderung und Personalgewinnung im Kunst- und Kulturbereich – Erfahrungen der Stiftung Genshagen und ein Leitfaden für Kulturinstitutionen. Eine Publikation der Stiftung Genshagen im Rahmen des Kompetenzverbunds Kulturelle Integration und Wissenstransfer.*, Hrsg. Stiftung Genshagen. Genshagen.

PRENSKY, MARC (2001): Digital Natives, Digital Immigrants Part 1. *On the Horizon* 9: 1–6.

PRZYBORSKI, AGLAJA (2004): *Gesprächsanalyse und dokumentarische Methode. Qualitative Auswertung von Gesprächen, Gruppendiskussionen und anderen Diskursen*. Wiesbaden: VS Verlag.

PRZYBORSKI, AGLAJA UND MONIKA WOHLRAB-SAHR (2014): *Qualitative Sozialforschung. Ein Arbeitsbuch*. 4., erweiterte Auflage. München: Oldenbourg Verlag.

RAIDT, TABEA (2010): *Bildungsreformen nach PISA. Paradigmenwechsel und Wertewandel*. Hamburg: tredition. Online: https://www.pedocs.de/volltexte/2012/5372/pdf/Raidt_PISA_2010_D_A.pdf [28.11.2020].

RANCIÈRE, JACQUES (2007): *Der unwissende Lehrmeister. Fünf Lektionen über die intellektuelle Emanzipation*. Dt. Erstausg. Wien: Passagen Verlag.

REICHERTZ, JO (2013): *Die Abduktion in der qualitativen Sozialforschung. Über die Entdeckung des Neuen*. 2., aktualisierte und erw. Aufl. Wiesbaden: VS Verlag.

REISS, WOLFGANG (1996): *Kinderzeichnungen. Wege zum Kind durch seine Zeichnung*. Neuwied Kriftel Berlin: Hermann Luchterhand Verlag GmbH.

RENNER, MICHAEL (2011): Die stumme Bildkritik des Entwurfs. *Rheinsprung 11 – Zeitschrift für Bildkritik* 1: 92–116.

RICHTER, HANS GÜNTHER (1981): *Geschichte der Kunstdidaktik. Konzepte zur Verwirklichung von ästhetischer Erziehung seit 1880*. 1. Aufl. Düsseldorf: Pädagogischer Verlag Schwann.

RICHTER, HANS-GÜNTHER (2000): *Die Kinderzeichnung. Entwicklung, Interpretation, Ästhetik*. 1. Aufl., Berlin: Cornelsen.

RIEGER-LADICH, MARKUS (2002): *Mündigkeit als Pathosformel. Beobachtungen zur pädagogischen Semantik*. Konstanz: UVK-Verlags-Gesellschaft.

RIEGL, ALOIS (1893): *Stilfragen. Grundlegungen zu einer Geschichte der Ornamentik*. Berlin: Siemens.

ROBERTS, SARAH (2013): Erased de Kooning Drawing. *Rauschenberg Research Project. San Francisco Museum of Modern Art*.

ROGOFF, IRIT (2015): „Schmuggeln“. Eine verkörperte Kritikalität. In *What's Next? Art Education. Ein Reader*, Hrsg. Torsten Meyer und Gila Kolb, 268–273. München: kopaed.

ROGOFF, IRIT (2008): Turning. *E-flux Journal*. Online: https://www.e-flux.com/journal/00/68470/turning/ [28.11.2020].

ROGOFF, IRIT (2003): Vom Kritizismus über die Kritik zur Kritikalität. *transversal / EIPCP multilingual webjournal, Januar, o.P.* Online: https://transversal.at/transversal/0806/rogoff1/de [28.11.2020].

ROGOFF, IRIT (2003): *What is a Theorist?* In *Was ist ein Künstler*?, Hrsg. Katharyna Sykora, Berlin, 2003. 97-109

ROSA, LISA (2012): Ein Bildungskanon für die glokale Welt? In *Bildungskanon heute, Schriftenreihe des Netzwerk Bildung*, Hrsg. Ute Erdsiek-Rave und Friedrich-Ebert-Stiftung, 71–85. Berlin: Friedrich-Ebert-Stiftung.

ROUSSEAU, JEAN-JACQUES (1762/1998): *Émile oder über die Erziehung. Deutsche Übersetzung von Josef Esterhues.* 13. Aufl., Paderborn: Schöningh.

SABISCH, ANDREA (2007): *Inszenierung der Suche. Vom Sichtbarwerden ästhetischer Erfahrung im Tagebuch. Entwurf einer wissenschaftskritischen Grafieforschung.* Bielefeld: transcript.

SCHICK, MARTIN UND KANTON ZÜRICH. NEUE BILDUNGSDIREKTORINNEN. KONFERENZ NB-K, HRSG. (2019): *Lehrplan 22*. Zürich: Festival Blickfelder.

SCHLÜTER, MAIK (2013): Mutmaßungen über Picasso. Jungs und Mädchen im Club – damit wurde Rineke Dijkstra bekannt. „The Krazy House“ heißt die Ausstellung der Fotografin in Frankfurt. *taz – die Tageszeitung*, 27.02.2013. Online: https://taz.de/Foto-Ausstellung-Dijkstra/!5072447/?goMobile2=1572393600042 [28.11.2020].

SCHMIDL, MARTIN (2015): *Zeichnen*. Köln: König.

SCHMIDT, EVA UND MUSEUM FÜR GEGENWARTSKUNST SIEGEN, HRSG. (2010): *Je mehr ich zeichne. Zeichnung als Weltentwurf.* Köln: DuMont.

SCHÖNAU, DIEDERIK (2016): Visual Literacy und Kompetenzen des 21. Jahrhunderts. In *Cadre Européen Commun de Référence pour la Visual Literacy. Prototype. Common European Framework of Reference for Visual Literacy. Prototype. Gemeinsamer Europäischer Referenzrahmen für Visual Literacy. Prototype*. Hrsg. Ernst Wagner und Diederik Schönau, 182–186. New York Münster: Waxmann.

SCHOPPE, ANDREAS (2023): *Unterrichtspraxis: Lernwirksame „Mini-Aufgaben“ im Kunstunterricht*. Kunst + Unterricht 469/470 Kreativitätsförderung. 82–84.

SCHRÖDER, KLAUS ALBRECHT, ELSY LAHNER, ALBERTINA, HRSG. (2015): *Drawing now 2015. Anlässlich der Ausstellung Drawing Now 2015 in der Albertina, Wien, vom 29. Mai bis 20. September 2015.* München: Hirmer.

SCHULZ, MARTIN (1998): *Imi Knoebel. Die Tradition des gegenstandslosen Bildes*. München: Schreiber.

SCHULZ, NINA (2007): *Das zeichnerische Talent am Ende der Kindheit. Ein empirischer Vergleich zwischen dem Selbstbild und den Fremdbildern von Peers, Eltern, Lehrern und Künstlern*. New York Münster: Waxmann.

SCHULZE, ELKE (2004): *Nulla dies sine linea. Universitärer Zeichenunterricht – eine problemgeschichtliche Studie*. Stuttgart: Steiner.

SCHÜRCH, ANNA (2019): 'Natural Art Education' – On Biologisms in Art Educational Discourse. *SFKP e Journal Art Education Research* 15: 8. Online: https://sfkp.ch/en/article/n15_natuerliche-kunsterziehung-biologismen-im-kunstpaedagogischen-diskurs [28.11.2020].

SCHUSTER, MARTIN (2010): *Kinderzeichnungen. Wie sie entstehen, was sie bedeuten*. 3., überarb. und neu gestaltete Aufl. München [u.a]: Reinhardt.

SCHÜTZE, KONSTANZE UND GILA KOLB (2020): Post-Internet Art Education als kunstpädagogisches Handlungsfeld. In *Arts Education in Transition ästhetische Bildung im Kontext kultureller Globalisierung und vernetzter Digitalisation*, Hrsg. Thorsten Meyer, Hannah Neumann, Aurora Rodonò und Jane Eschment, S. 261–272.

SEEL, NORBERT M. (2003): *Psychologie des Lernens. Lehrbuch für Pädagogen und Psychologen. Mit 12 Tabellen und zahlreichen Übungsaufgaben*. 2., aktualisierte und erw. Aufl. München: Reinhardt.

SEEMANN, MICHAEL (2017): *Digitaler Tribalismus und Fake News*. ctrl+verlust, 29.09.2017. Online: https://www.ctrl-verlust.net/digitaler-tribalismus-und-fake-news/ [20.11.2020]

SEEMANN, MICHAEL (2015): Zu These 2 // Der Hacker. Der Hacker und die nächste Politik. In *50(!) – Aussagen und Propositionen zu Torsten Meyer „Next Art Education. 9 grundlegende Thesen" (2014)*, Hrsg. Annemarie Hahn, Robert Hausmann, Gila Kolb und Konstanze Schütze, 25–26. Köln. Online: https://medialogy.de/50.pdf [28.11.2020].

SELFE, LORNA (1977): *Nadia. A case of extraordinary drawing ability in an autistic child*. London and New York: Academic Press.

SELFE, LORNA (2011): *Nadia revisited. A longitudinal study of an autistic savant*. London: Psychology Press.

SELLE, GERT (1988): *Gebrauch der Sinne. Eine kunstpädagogische Praxis*. Reinbek bei Hamburg: Rowohlt.

SEMFF, MICHAEL, FRÉDÉRIC BUSSMANN, STAATLICHE GRAPHISCHE SAMMLUNG MÜNCHEN UND PINAKOTHEK DER MODERNE Hrsg. (2009): *Die Gegenwart der Linie. Eine Auswahl neuerer Erwerbungen des 20. und 21. Jahrhunderts der Staatlichen Graphischen Sammlung München*, München: Staatliche Graphische Sammlung.

SERRES, MICHEL (2013): *Erfindet euch neu! Eine Liebeserklärung an die vernetzte Generation*. 1. Auflage. Berlin: Suhrkamp.

SHRIGHLEY, DAVID (2016): *David Shrigley Interview. Everything That is Bad About Art*. Louisiana Channel https://www.youtube.com/watch?v=24rovlfXqo4 [28.11.2020].

SIEBERT, UTA (2009): Das Spiel mit dem Stift – Experimentelles Zeichnen im Unterricht. *Zeitschrift Ästhetische Bildung* 1.

SIEVERT-STAUDTE, ADELHEID (2000): „Mit dem ganzen Körper lernen" Das Interesse am Körper aus der Sicht der ästhetischen Erziehung. In *Das Interesse am Körper. Strategien und Inszenierungen zwischen Kunst, Lifestyle und Medien*, Hrsg. Doris Schuhmacher-Chilla, Essen: Klartext.

SKLADNY, HELENE (2009): *Ästhetische Bildung und Erziehung in der Schule: Eine ideengeschichtliche Untersuchung von Pestalozzi bis zur Kunsterziehungsbewegung*. München: kopaed.

SKLADNY, HELENE (2013): Von Paradigmenwechseln und Bergpredigten. Dresden 1901. In *Buch 03 Convention. Ergebnisse und Anregungen #Tradition #Aktion #Vision, Kunst Pädagogik Partizipation*, Hrsg. Sara Burkhardt, Torsten Meyer und Mario Urlaß, 159–164. München: kopaed.

SOFRI, ADRIANO (1998): *Der Knoten und der Nagel. Ein Buch zur linken Hand*. 1.-8. Tsd. Frankfurt am Main: Eichborn.

SOHN, KATRHIN (2015): Ver-mittlungs-Kunst-Ver-mittlung. *The Art Educator's Talk*.

SOSSAI, MARIA ROSA (2020): Unlearning Practices Hrsg. Avi Alpert und Sreshta Rit Premath. *Shifter 24. Learning & Unlearning* 24: 63–67.

SOWA, HUBERT (2009a): Einen Stuhl im Kopf drehen. Basisübung zum verstehenden Zeichnen. *Kunst+Unterricht* 333: 18–21.

SOWA, HUBERT (2009b): Verstehendes Sehen und übersetzendes Zeichnen. Kunstpädagogische Praxis in der Sekundarstufe I. *Bildendes Sehen. Bildwelten der Wissenschaft, Kunsthistorisches Jahrbuch für Bildkritik. Herausgegeben von Bredekamp, Horst; Bruhn, Matthias; Werner, Gabriele* 7/1: 66–71.

SOWA, HUBERT UND JOCHEN KRAUTZ (2013): Lernen – Üben – Können. *Kunst+Unterricht* 369/370.

SPIVAK, GAYATRI CHAKRAVORTY (2009): *Outside in the teaching machine*. New York: Routledge.

SPIVAK, GAYATRI CHAKRAVORTY, STEFAN JONSSON UND SARA DANIUS (1993): An Interview with Gayatri Chakravorty Spivak. *boundary* 2: 24–50.

SPIVAK, GAYATRI CHAKRAVORTY, DONNA LANDRY UND GERALD M. MACLEAN (1996): *The Spivak reader. Selected works of Gayatri Chakravorty Spivak*. New York: Routledge.

STÄDTISCHES KUNSTMUSEUM BONN, HRSG. (2010): *Linie, line, linea. Zeichnung der Gegenwart*. Köln: IFA & DuMont.

STEELE, GUY L. UND ERIC S. RAYMOND (1990): *JARGON FILE, VERSION 2.1.1*.

STEFFENS, GERD (2007): Curriuculum. (Lehrpläne, Richtlinien, Rahmenrichtlinien, Bildungsstandards, Kerncurriculum). *Basiswissen Politische Bildung*. Hohengehren: Schneider-Verlag. Online: https://www.uni-kassel.de/fb05/index.php?eID=dumpFile&t=f&f=794&token=15d0304d95d75825fb48f8e83fc6cd7f7776d8cf [28.11.2020].

STEINKE, INES (2009): Gütekriterien qualitativer Forschung. In *Qualitative Forschung. Ein Handbuch*, vol. 55628, *Rororo Rowohlts Enzyklopädie*, Hrsg. Uwe Flick und Ernst von Kardorff, 319–331. Reinbek bei Hamburg: Rowohlt-Taschenbuch-Verlag.

STERNFELD, NORA (2010): Das gewisse savoir/pouvoir. Möglichkeitsfeld Kunstvermittlung. In *Collaboration. Vermittlung – Kunst – Verein. Ein Modellprojekt zur zeitgemäßen Kunstvermittlung an Kunstvereinen in Nordrhein-Westfalen*, Hrsg. Arbeitsgemeinschaft Deutscher Kunstvereine, 28–33. Köln: Salon-Verlag.

STERNFELD, NORA (2009): *Das pädagogische Unverhältnis. Lehren und Lernen bei Rancière, Gramsci und Foucault*. Wien: Turia + Kant.

STERNFELD, NORA (2013): Kunstpädagogik als Kontaktzone. In *Buch 03 Convention. Ergebnisse und Anregungen. #Tradition #Aktion #Vision, Kunst Pädagogik Partizipation*, Hrsg. Sara Burkhardt, Torsten Meyer und Mario Urlaß, 133–134. München: kopaed.

STERNFELD, NORA (2017): Para-Museum of 100 Days. documenta between Event and Institution. *On Curating* 165–170.

STERNFELD, NORA (2014): *Verlernen vermitteln*. Hamburg: Lüdke.

STERNFELD, NORA, MARIA PETERS, GILA KOLB, UND STUDIERENDE UND LEHRENDE DES STUDIENGANGS KUNST – MEDIEN – ÄSTHETISCHE BILDUNG (2015): „Wie kann ich dann in meinem Unterricht lehrend verlernen?" Ein Gespräch mit Nora Sternfeld. In *What's next? Art education. Ein Reader*. Hrsg. Torsten Meyer und Gila Kolb, 333–338. München: kopaed.

STERNFELD, NORA UND GRÉGOIRE ROUSSEAU (2021): Educating the Commons and Commoning Education. Thinking Radical Education with Radical Technology. In *Post-Digital, Post-Internet Art and Education: The Future is All-Over.*, *Palgrave Studies in Educational Futures.*, Hrsg. Kevin Tavin, Juuso Tervo und Gila Kolb. London: Palgrave Macmillan.

STURM, EVA (1996): *Im Engpass der Worte. Sprechen über moderne und zeitgenössische Kunst*. Berlin: Reimer.

STURM, EVA (2004): Kunst-Vermittlung ist nicht Kunst-Pädagogik und umgekehrt. In *Kunstpädagogisches Generationengespräch. Zukunft braucht Herkunft*, Hrsg. Johannes Kirschenmann, Rainer Wenrich und Wolfgang Zacharias, 176–182. München: kopaed.

STURM, EVA (2002): Sagte sie. Wege zur Kunstpädagogik. In *Berührungen & Verflechtungen. Biografische Spuren in ästhetischen Prozessen*, 321–327. Köln: Salon Verlag.

SUCKER, CARINA (2013): Einblicke in die Förderung gegenständlicher zeichnerischer Darstellungsfähigkeit im Jugendalter. In *U20. Kindheit, Jugend, Bildsprache*, *Kontext Kunstpädagogik*, Hrsg. Frank Schulz und Ines Seumel, 505–514. München: kopaed.

SUCKER, CARINA (2014): Zeichnen als Erkenntnis, Erkenntnisse über das Zeichnen. Zur Förderung des Darstellungsvermögens im Jugendalter. In *Bild und Bildung. Praxis, Reflexion, Wissen im Kontext von Kunst und Medien*, *Kontext Kunstpädagogik*, Hrsg. Barbara Lutz-Sterzenbach und Johannes Kirschenmann, 467–476. München: kopaed.

TADD, JAMES LIBERTY (1900): *Neue Wege zur künstlerischen Erziehung der Jugend. Zeichnen – Handfertigkeit – Naturstudium – Kunst*. Leipzig: R. Voigtländer.

TADD, JAMES LIBERTY (1903): *Neue Wege zur künstlerischen Erziehung der Jugend. Zeichnen – Handfertigkeit – Naturstudium – Kunst*. 2. Auflage, Leipzig: R. Voigtländer.

TADD, JAMES LIBERTY (1899): *New Methods in Education- Art Real Manual Training Nature Study – Explaining processes whereby hand, eye and mind are educated by means that conserve vitality and develop a union of thought and action*. New York: Orange Judd Company; London: Sampson Low, Marston & Co.

TIAINEN, MILLA, KATVE-KAISA KONTTURI UND ILONA HONGISTO (2015): Framing, Following, Middling. Towards Methodologies of Relational Materialities. *Cultural Studies Review* 21: 14.

TOFFLER, ALWIN (1980): *The third Wave*. New York: William Morrow.

TRACEY (DRAWING RESEARCH PROJECT) *(2007): Drawing now. Between the lines of contemporary*. London: Tauris.

TRAFO.K (2020): Umdeuten. Vermittlung als kollaborative Lust an der Verschiebung des Selbstverständlichen. In *vermittlung vermitteln. Fragen, Forderungen und Versuchsanordnungen von Kunstvermittler*innen im 21. Jahrhundert*, Hrsg. Ayşe Güleç, Carina Herring, Gila Kolb, Nora Sternfeld und Julia Stolba, 120–131. Berlin: Verlag der neuen Gesellschaft für bildende Kunst – nGbK.

UBL, RALPH (2007): *There I am next to me*. Hrsg. Tate etc. London.

UBL, RALPH UND WOLFRAM PICHLER (2007): Vor dem ersten Strich. Dispositive der Zeichnung in der modernen und vormodernen Kunst. In *Randgänge der Zeichnung*, Hrsg. Werner Busch, Oliver Jehle und Carolin Meister, 231–256. München: Fink.

UHLIG, BETTINA (2010): Die eigene Bildsprache entdecken, entwickeln, differenzieren – zur Förderung bildsprachlicher Kompetenz im Kunstunterricht. In *Kinderzeichnung und jugendkultureller Ausdruck. Forschungsstand - Forschungsperspektiven*, vol. 23, *Kontext Kunstpädagogik*, Hrsg. Constanze Kirchner, Johannes Kirschenmann und Monika Miller, 17–32. München: kopaed.

UHLIG, BETTINA (2014): Zeichnenwollen und Zeichnenkönnen. Zeichendidaktische Notate. In *Zeichnen als Erkenntnis. Beiträge aus Kunst, Kunstwissenschaft udn Kunstpädagogik.*, Hrsg. Barbara Lutz-Sterzenbach und Johannes Kirschenmann, 421–452. München: kopaed.

VASARI, GIORGIO (2015): *Das Leben des Cimabue, des Giotto und des Pietro Cavallini.* Hrsg. Fabian Jonietz und Anna Magnago Lampugnani. Berlin: Wagenbach.

VEREIN DER FÖRDERER DER SCHULHEFTE UND BÜRO TRAFO.K (2017): *Strategien für Zwischenräume. Ver_Lernen in der Migrationsgesellschaft.* Innsbruck: Studien-Verlag.

VERÖFFENTLICHUNGEN DER KULTUSMINISTERKONFERENZ (2005): *Bildungsstandards der Kultusministerkonferenz. Erläuterungen zur Konzeption und Entwicklung.* München: Luchterhand.

WAGNER, ERNST (2010): Aufgaben, Bildungsstandards, Kompetenzen. Versuch einer Klärung der Begriffsvielfalt. *Kunst+Unterricht* 4–13.

WAGNER, ERNST UND DIEDERIK SCHÖNAU, HRSG. (2016): *Cadre Européen Commun de Référence pour la Visual Literacy. Prototype. Common European Framework of Reference for Visual Literacy. Prototype. Gemeinsamer Europäischer Referenzrahmen für Visual Literacy. Prototyp.* New York Münster: Waxmann.

WEINERT, FRANZ E. (2002): Vergleichende Leistungsmessung in Schulen – Eine umstrittene Selbstverständlichkeit. In *Leistungsmessungen in Schulen, Beltz Pädagogik*, Hrsg. Franz E. Weinert, 17–32. Weinheim: Beltz.

WIEGELMANN-BALS, ANNETTE (2009): *Die Kinderzeichnung im Kontext der Neuen Medien. Eine qualitativ-empirische Studie von zeichnerischen Arbeiten zu Computerspielen.* 1. Aufl. Oberhausen: Athena-Verlag.

WILLE, HANS (1965): Erfindung der Zeichenkunst. In *Reallexikon zur Deutschen Kunstgeschichte*, vol. V, 1235–1241.

WITTMANN, BARBARA (1997): Der gemalte Witz: Giovan Francesco Carotos „Knabe mit Kinderzeichnung". In *Wiener Jahrbuch für Kunstgeschichte*, vol. L, 187–206. Wien, Köln, Weimar: Böhlau Verlag.

WITTMANN, BARBARA (2009a): Linkische und rechte Spiegelungen. Das Kind, die Zeichnung und die Geometrie. In *Topologie*, Hrsg. Wolfram Pichler und Ralph Ubl, 149–192. Wien: Turia + Kant.

WITTMANN, BARBARA (2009b): Ohne Vorbild. Kinderzeichnungen machen Schule. *Bildwelten des Wissens. Kunsthistorisches Jahrbuch für Bildkritik. Band 7,1* 7: 72–80.

WOPFNER, GABRIELE (2012): *Geschlechterorientierungen zwischen Kindheit und Jugend. Dokumentarische Interpretation von Kinderzeichnungen und Gruppendiskussionen.* Leverkusen: Budrich, Barbara.

ZAREMBA, JUTTA (2010): FanArt – zu Praktiken und Ausdrucksformen aktueller Jugend-KunstOnline. In *Kinderzeichnung und jugendkultureller Ausdruck. Forschungsstand, Forschungsperspektiven, Kontext Kunstpädagogik*, Hrsg. Constanze Kirchner, Johannes Kirschenmann und Monika Miller, 175–188. München: kopaed.

Abbildungsverzeichnis

Abb. 1: Memes for starving artists, 01.02.2020, Online: https://www.facebook.com/starvingartists offcial/photos/2919403674802192 [28.11.2020].

Abb. 2: Christiane Hamacher, Propädeutikum Kunst und Design Biel, Screenshot eines Instagram Posts, Vorkurs Biel am 25.11.2020. Online:https://www.instagram.com/p/CIAy 0SgF_5C/ [28.11.2020].

Abb. 3: Meme „getting pretty good at these super realistic 3D sketches" ohne Datum, zitiert nach https://me.me/i/getting-pretty-good-at-these-super-realistic-3d-sketchestoday-815219 [28.11.2020].

Abb. 4: Keimende Kartoffel. Foto: Gila Kolb 2016.

Abb. 5: Basar et al. 2015: Erschütterung der Welt: Leitfaden für die extreme Gegenwart. Eichborn Frankfurt a. M., o.P.

Abb. 6: Die App Skyp Guide zeigt den Sternenhimmel auf der gegenüberliegenden Erdkugel. Screenshot: Gila Kolb 2019.

Abb. 7: Digital immigrant vs. digital native. Online unter: https://twitter.com/mediendidaktik_/ status/1044611704661979136?s=20 [28.11.2020]

Abb. 8: Gijsbert van der Wal: 27 november 2014, Rijksmuseum Amsterdam. Online unter: https://www.flickr.com/photos/gijsvanderwal/15893868835 [28.11.2020]

Abb. 9: #startdrawing, Rijksmuseum Amsterdam via @froukejorna. https://twitter.com/frouke jorna/status/658326516649107457/photo/1 [28.11.2020]

Abb. 10: Der 10.000.000 Besucher übernachtet im Rijksmuseum. „Dutch man sleeps with Rembrandt's The Night Watch." 02.06.2017, https://www.bbc.com/news/world-europe-40137724

Abb. 11: Helena Björk: Cat Croquis. Rechts oben im Bild: Tickle me Kitten. 2019. Online: https://myow.org/katzenvideo-croquis-naturstudien-mit-youtube/ [28.11.2020]

Abb. 12: Antwort auf Frage 9b), Fragebogen Synopse 2010, Grafik: Gila Kolb / Excel, 2010.

Abb. 13: Unterricht im „Freearm Drawing" in einer Glasgower oder Londoner Schulklasse um 1900. Aus: Joseph Vaughan: Nelson's New Drawing Course, Edinburgh 1903. Zitiert nach Barbara Wittmann 2009:72.

Abb. 14: „Die Kleinen an der Lauftafel", 5. Mädchenschule-Volksschule, Hamburg-Ottensen, undatiert (späte 1920er/frühe 1930er Jahre). Aus: Barbara Wittmann; Ohne Vorbild. Kinderzeichnungen machen Schule. In: Horst Bredekamp et al.: Bildwelten des Wissens, Band 7,1. Berlin 2009:73.

Abb. 15: James Liberty Tadd, New Methods in Education – Art Real Manual Training Nature Study – Explaining processes whereby hand, eye and mind are educated by means that conserve vitality and develop a union of thought and action, 1899, Cover.

Abb. 16: James Liberty Tadd, Neue Wege zur künstlerischen Erziehung der Jugend, Verlag R. Voigtländer, 1900, 2. Auflage 1903, Cover.

Abb. 17: Methode Stuhlmann, o. J., in: Ole Dunkel, Diethard Kerbs, BDK e.V. (Hg.), Kind und Kunst Band II, Eine Ausstellung zur Geschichte des Zeichen- und Kunstunterrichts, Ausstellungskatalog 1980, S.11.

Abb. 18: „Durch das Zeichnen geradliniger Figuren im Unterricht beeinflusst", o. J., in: BDK e.V. (Hg.), Kind und Kunst. Zur Geschichte des Zeichen- und Kunstunterrichts, 1976, S. 86.

Abb. 19: James Liberty Tadd, Neue Wege zur künstlerischen Erziehung der Jugend, 1900, Zweiter Abdruck. Leipzig 1903, Bildunterschrift: Freihandübungen für sehr junge Kinder, S. 36.

Abb. 20: James Liberty Tadd, Neue Wege zur künstlerischen Erziehung der Jugend, 1900, Zweiter Abdruck. Leipzig 1903, Bildunterschrift: Übungen in Handfertigkeit; die Schülerinnen werden von der Klassenlehrerin angeleitet, Abbildung aus dem Vorwort, o. J., S. II.

Abb. 21: James Liberty Tadd, Neue Wege zur künstlerischen Erziehung der Jugend, 1900, Zweiter Abdruck. Leipzig 1903, Bildunterschrift: Übungen in Handfertigkeit; die Schülerinnen werden von der Klassenlehrerin angeleitet, Details, Abbildung aus dem Vorwort, o. J., S. II. Montage: G. K.

Abb. 22: James Liberty Tadd, Neue Wege zur künstlerischen Erziehung der Jugend, 1900, Zweiter Abdruck. Leipzig 1903, Bildunterschrift: Freihändiges Zeichnen; Originalentwürfe, Abb. 33, o. J., S. 35.

Abb. 23: James Liberty Tadd, Neue Wege zur künstlerischen Erziehung der Jugend, 1900, Zweiter Abdruck, Leipzig 1903, Bildunterschrift: Sommerschule; Zeichnen eines Pferdes, Abb. 315, o. J., S. 205.

Abb. 24: James Liberty Tadd: Neue Wege zur künstlerischen Erziehung der Jugend. Zweiter Abdruck. Leipzig 1903, Bildunterschrift: Sommerschule; Zeichnen eines Pferdes, Detail, Abb. 315, o. J., S. 205.

Abb. 25: Johannes Itten, Mein Vorkurs am Bauhaus, Ravensburg 1963, o. J., S. 135.

Abb. 26: Anny Wottitz (zugeschrieben), Studie zu Formcharakteren, 1922-1923, 31,8 x 23,9 cm, rückseitig unten mittig mit Bleistift bezeichnet „A. Wottitz ?", Kohle auf Transparentpapier. Inv.nr.: 7219/4, (c) Bauhaus-Archiv Berlin.

Abb. 27: Sheila Hicks, mirror writing, Basic Drawing Course, Yale University. o. J., in: Frederick A. Horowitz, Brenda Danilowitz, Josef Albers, To open eyes. The Bauhaus, Black Mountain College, and Yale, London 2006, S. 160.

Abb. 28: Joseph-Benoit Suvée: The Invention of Drawing, circa 1791, black and white chalk on paper 546x356mm, Los Angeles, The J. Paul Getty Museum, 87.GB.145r.

Abb. 29: George Romney, The Origin of Painting, Pen and brown ink and grey wash 1775–80, 51.7 x 32.2 cm, Princeton University Art Museum.

Abb. 30: Giottos „O", Grafik: G.K.

Abb. 31: Federico Zuccari, Vater Disegno mit den Töchtern Malerei, Skulptur und Architektur, 1600/04, Rom,Palazzo Zuccari. Zitiert nach: Ulrich Pfisterer, „Vater Disegno" beim „Vater der Kunstgeschichte"? Verwandlungen von Vasaris Personifikationen in der Zeichnung. In: Fabian Jonietz & Alessandro Nova (Hg.): Vasari als Paradigma. Rezeption, Kritik, Perspektiven. Marsilio Editori, Florenz 2014, S. 215.

Abb. 32: Screenshot: Google Suche „Zeichnen ist" zu verschiedenen Zeiten. Montage & Screenshots: G. K., 17.07.2018.

Abb. 33: Stephen Farthing: A drawing of the Bigger Picture of drawing, 1st Edition: Autumn 2006. Online: http://stephenfarthing.co.uk/wordpress/archive-01/ [28.11.2020]

Abb. 34: Bernardino Licinio, Bildhauer mit fünf Schülern, Alnwick Castle, Collection Earl of Northumberland, 1535/1540. Zitiert nach Ulrich Pfisterer: Was ist ein Zeichenbuch? Passau 2014, Seite 2.

Abb. 35: Ebd., Detail.

Abb. 36: Ebd., Detail.

Abb. 37: Francesco Caroto: Knabe mit einer Zeichnung, um 1515.

Abb. 38: Francesco Caroto: Knabe mit einer Zeichnung, um 1515, Detail.

Abb. 39: Stefano della Bella: Buch von der Zeichenlehre. Um 1641. Zitiert nach: https://daten bank.museum-kassel.de/282163/ [20.11.2020].

Abb. 40: Google-Suche zu Kunst und Können, 28.11.2020, Screenshot G.K.

Abb. 41: Stephan Porombka, tweet am 13. April 2013.

Abb. 42: Adolph Menzel: Meine Reche Hand gezeichnet mit meiner Linken, 29. August 1948.

Abb. 43: Adolph Menzel: Menzels rechte Hand mit Farbnapf, 1864, 20 x 25 cm, Gouache, Kupferstichkabinett, Berlin.

Abb. 44: John Cage: (5 R)/7 (where R = Ryoanji), August 1983, Pencil on hand-made ribbed laid paper, 255 x 488 mm 1992.

Abb. 45: Robert Rauschenberg, Erased de Kooning Drawing, 1953 Museum of Modern Art, San Francisco.

Abb. 46: robotlab, „the big picture" (2014), in „Exo-Evolution", ZKM | Zentrum für Kunst und Medien, Foto: Jonas Zilius, 2015a.

Abb. 47: robotlab, „the big picture" (2014), in „Exo-Evolution", ZKM | Zentrum für Kunst und Medien, Foto: Jonas Zilius, 2015b.

Abb. 48: Morgan O'Hara: LIVE TRANSMISSION, Barak Obama accepting Democratic Party nomination for President seen on tv in Porto, Portugal 2008.

Abb. 49: Morgan O'Hara: LIVE TRANSMISSION, Furniture restorer polishing a chair Rome, Italy 1998.

Abb. 50: Morgan O'Hara: LIVE TRANSMISSION, Cosmetologist giving a facial, Greenwich, Connecticut, USA 2001.

Abb. 51: Lorna Selfe: Nadia. A case of extraordinary drawing ability in an autistic child, Academic Press London, New York, San Franciso, 1977. Zeichnung Nummer 20, o.P.

Abb. 52: Lorna Selfe: Nadia revisited. A longitudinal study of an autistic savant. 2011, S. 77.

Abb. 53: „Ross wo Wetttränne macht / Pferd, das ein Wettrennen macht", Detail. Knabe (009) 4.180 A4 Nr. 4012. In: Dieter Maurer Claudia Riboni: Wie Bilder entstehen. Morphologie Europa, 2019. Online unter: http://www.earlypictures.ch/eu/archive/de/query? layout=details MedRes&pos=26&authorAgeAbsMonth=53&sort=Comment2 [28.11.2020].

Abb. 54: Quick, Draw! The Data. Now Visualizing: Horse. Online: https://quickdraw.withgoogle.com/data/horse [28.11.2020].

Abb. 55: Telmo Pieper, Kiddie Art, Car, 2014. https://www.theguardian.com/artanddesign/gallery/2014/jul/26/telmo-pieper-childhood-drawings-reinterpreted-digital-age-in-pictures [28.11.2020].

Abb. 56: Gianluca Gimini, Velocipedia, 2009. https://www.gianlucagimini.it/portfolioitem/velocipedia/ [28.11.2020].

Abb. 57: @thingsihavedrawn, 2016, zitiert nach: https://www.instagram.com/p/9hUIQLyPhE/ [28.11.2020].

Abb. 58: @thingsihavedrawn, 2016, zitiert nach: https://www.instagram.com/p/9hUq0xyPim/ [28.11.2020].

Abb. 59: Bonaventure Soh Bejeng Ndikung: Einladungskarte S A V V Y Contemporary , Berlin 2016.

Abb. 60: Verlauf des Erhebungsunterrichts. Grafik: G.K. 2020.

Abb. 61: Übersicht der gewonnenen Daten aus dem Materialteil 1. Grafik: G.K. 2019.

Abb. 62: Rineke Dijkstra: Ruth Drawing Picasso, 2009, Videostill.

Abb. 63: Kamera Schülerin 6.8, Minute 26:08.

Abb. 64: Kartoffel Linda, 11. März 2013. Foto: G.K.

Abb. 65: Darstellung der erhobenen Materialien. Skizze: G.K. 2019.

Abb. 66: Nacherhebung Kunsthochschule: Eima Pommes Rot Weiß.

Abb. 67: Pre-Pretest Klasse 12: Zeichnung A2.

Abb. 68: Situation der Erhebung in Klasse 10, Blick zum Fenster. Foto: G.K.

Abb. 69: Situation der Erhebung in Klasse 10, Blick zur Tafel Foto: G.K.

Abb. 70: Situation am Gruppentisch Klasse 10, Gruppe: Situation der Kameras sowie der Schüler*innen. Grafik: G.K.

Abb. 71: Übersicht der am Tisch 1 in der 10. Klasse entstandenen Zeichnungen.Grafik: G.K.

Abb. 72: Beispiel für eine Transkription 10. Klasse Schülerin 4, Minute 5:12–9:14.

Abb. 73: Sequenzanalyse Schülerin 6.8, vgl. Materialteil 1:18.

Abb. 74: Arbeitsstand der Zeichnung Schülerin 6.8. Zeichnung: Martina Bramkamp.

Abb. 75: Schüler 10.1, Minute 32:36 – eine Kartoffel wird geworfen. Zeichnung: Martina Bramkamp.

Abb. 76: Offenes Kodieren. Bild: G.K.
Abb. 77: Abgeleitete Kodes. Foto & Montage: G.K.
Abb. 78: Axiales Codieren des Materials.
Abb. 79: Selbsteinschätzung der Schüler*innen zum Zeichnen Können (Ich finde, ich kann ____ zeichnen).
Abb. 80: Klasse 6: Antworten auf die Frage: „Was möchtest Du gerne im Kunstunterricht lernen?", A–Z, Schriftgröße entsprechend der Anzahl der Nennungen.
Abb. 81: Klasse 9 Antworten auf die Frage: „Was möchtest Du gerne im Kunstunterricht lernen?", A–Z, Schriftgröße entsprechend der Anzahl der Nennungen.
Abb. 82: Klasse 10 Antworten auf die Frage: „Was möchtest Du gerne im Kunstunterricht lernen?", A–Z, Schriftgröße entsprechend der Anzahl der Nennungen.
Abb. 83: Klasse 6. Grafik: W. J.
Abb. 84: Klasse 9. Grafik: W. J.
Abb. 85: Klasse 10. Grafik: W. J.
Abb. 86: Zeichnungen A1–3, Schülerin 6.8.
Abb. 87: Schüler 10.1, Minute 31:41. Zeichnung: Martina Bramkamp.
Abb. 88: Schüler 10.1, Minute 32:36. Zeichnung: Martina Bramkamp.
Abb. 89: Schüler 10.1, Minute 32:44. Zeichnung: Martina Bramkamp.
Abb. 90: „Eima Pommes Rot weiß". Nacherhebung Kunsthochschule.
Abb. 91: A2 Pre-Pretest Klasse 12: Zeichnung Aufgabe 1, Zeichnen mit der Hand, mit der man nicht schreibt.
Abb. 92: Schülerin 9.6 Minute 2:43 Zeichnung: Martina Bramkamp.
Abb. 93: 10.8 Zeichnung A1, A2, A3.
Abb. 94: Schülerin 6.25 Minute 01:47. Zeichnung: Martina Bramkamp.
Abb. 95: Schülerin 6.8, Minute 2:09 Zeichnung: Martina Bramkamp.
Abb. 96: Schülerin 6.8, Minute 2:15. Zeichnung: Martina Bramkamp.
Abb. 97: Schülerin 6.8, Minute 11:24. Zeichnung: Martina Bramkamp.
Abb. 98: Schülerin 6.8, Minute 16:51, Zeichnung: Martina Bramkamp.
Abb. 99: Abb. 99: Montage: Schüler 6.24 Minute 28:51, Minute 28:55, Minute 29:06, Minute 29:35, Minute 29:50 und Schülerin 6.25, Minute 8:30. Alle Zeichnungen: Martina Bramkamp.
Abb. 100: Schüler 10.1 Minute 19:11. Zeichnung: Martina Bramkamp.
Abb. 101: Schüler 10.11 Minute 19:23. Zeichnung: Martina Bramkamp.
Abb. 102: Schüler 10.2 mit F4.1 (Kode G.K.)
Abb. 103: Struktur der Forschungsarbeit. Skizze: G.K., 2020.

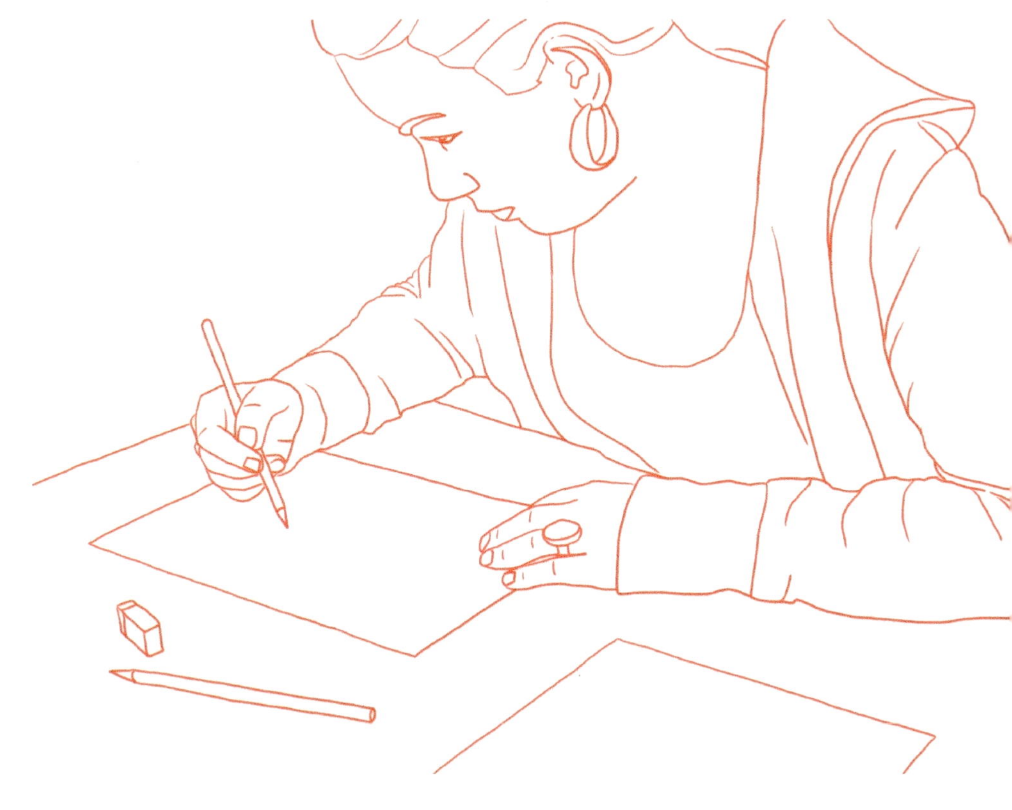

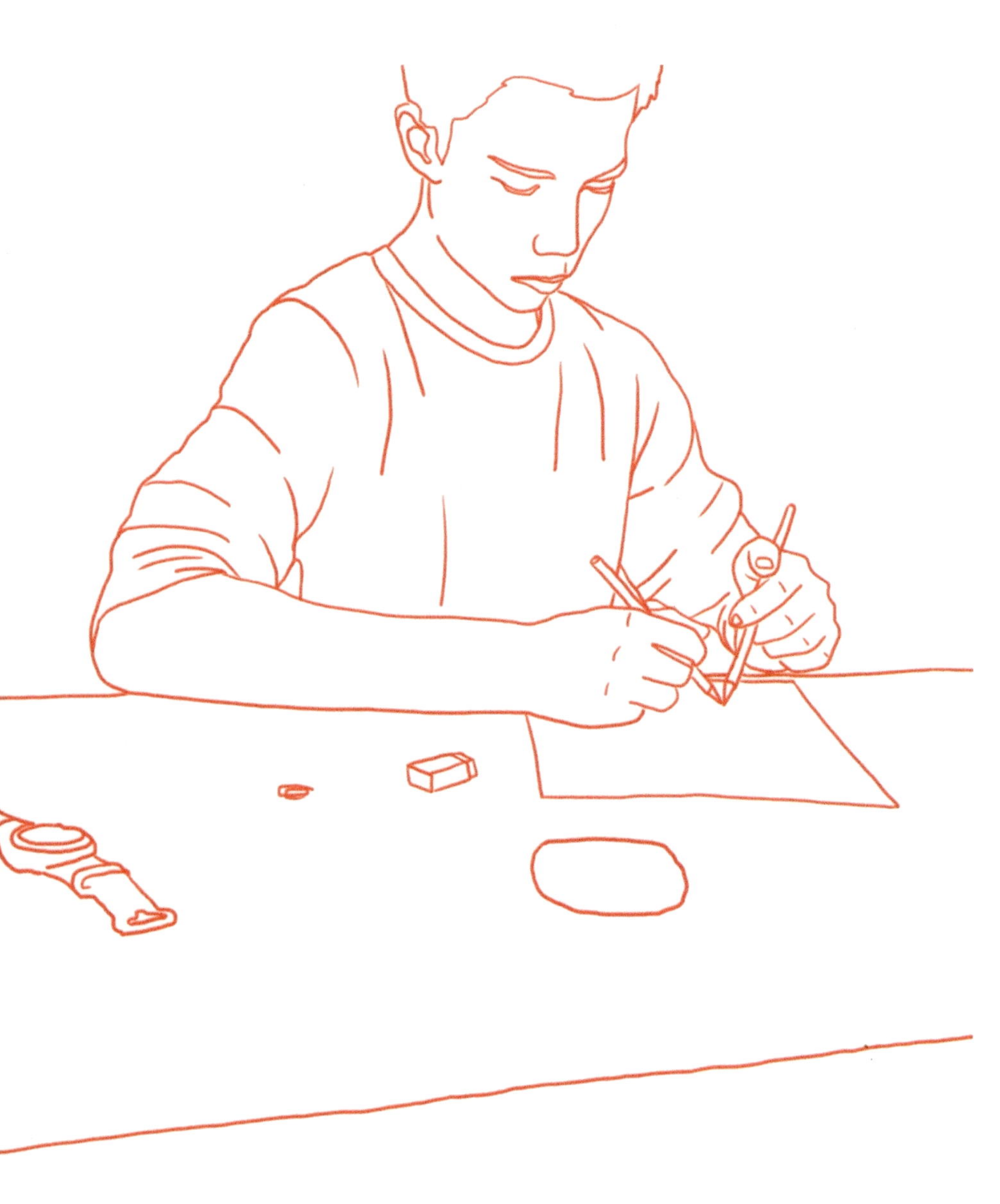

Materialteil

Der Materialteil S. 354-436 ist unter folgendem Link einsehbar:

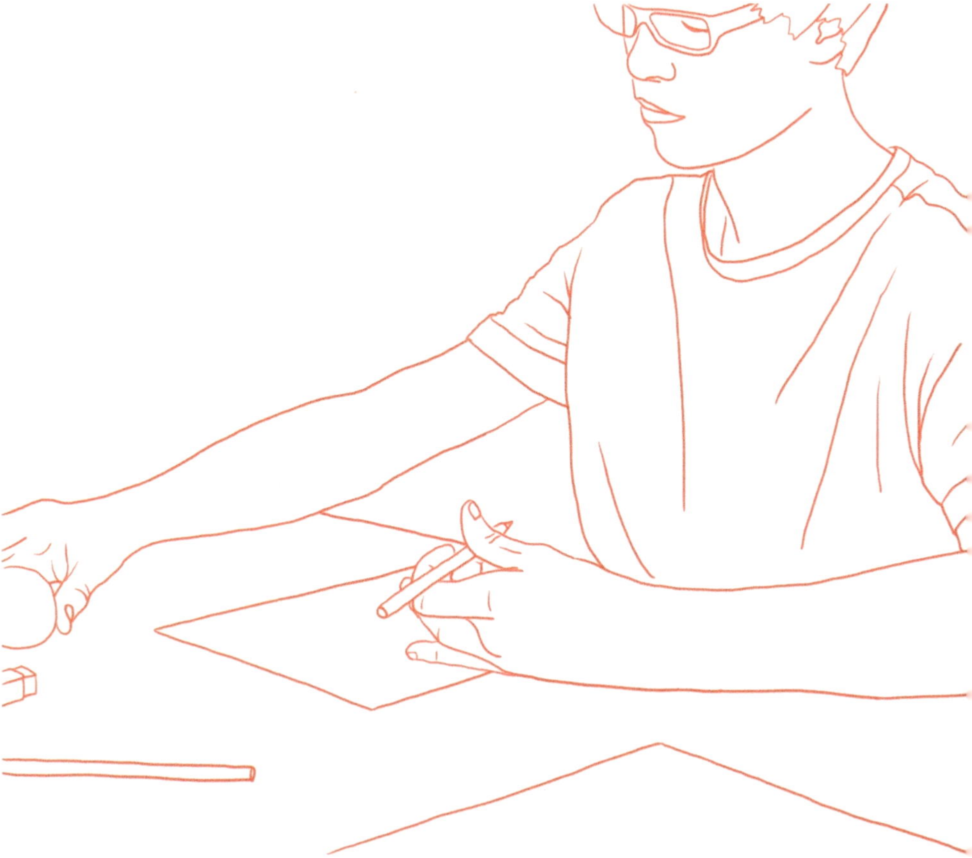

Dank

Zuvorderst möchte ich allen Schüler*innen für ihre Zeichnungen danken und für ihre Bereitschaft, in Fragebögen und Interviews Auskunft zu geben. Ebenso den beteiligten Lehrpersonen, ihren Unterricht für die Erhebung zu öffnen und sie mit ihrem Unterrichten zu ermöglichen. Prof. Dr. Torsten Meyer und Prof. Dr. Nora Sternfeld danke ich für die kontinuierliche, kritisch-motivierende Begleitung und Betreuung der Arbeit; Prof. Dr. Maria Peters für die fruchtbaren Gespräche sowie die konstruktiven Kommentierungen dieses Vorhabens. Prof. Martina Bramkamp für das Erfassen und Zeichnen der Bilder der Erhebung in ihrem Stil, Prof. Dr. David Espinet für Strukturskizzen, Verena Heber, Dr. Katja Mand, Kirstin Porsche, Katrin Zapp und Helge Richter für schulische Perspektiven, Dr. Ernst Wagner für europäische Kontexte der Kompetenzorientierung, Dr. Katrin Zapp und Claudia Althann-Birkner, durch deren konstruktives Feedback das Design der Erhebung sehr profitieren konnte – innerhalb und außerhalb des Graduiertenkollegs „Kompetenzorientierung in den künstlerischen Fächern und Fachbereichen der Schule" (2009–2011); Prof. Dr. Elizabeth Langhorne und Prof. Dr. Karsten Harries für die Eröffnung transnationaler Denkräume, Prof. Dr. Konstanze Schütze für kritische und magische Anmerkungen beim Schreiben, Dr. Tim Wolfgarten dafür, Ergebnisse der Erhebung *anders* sehen zu können und die Ermutigung, mehr zu zeichnen, Yvonne Janetzky für Ausblicke und Räume und die Rettung des Endspurts, Carina Herring, Ayşe Güleç, Dr. Rainer Mügel, Martin Schulz und Rahel Ziethen für Inspirationen und Kritik, Nina Jansen, Nanette Kolb, Raimund Kolb, Sonja Kolb, Kristin Marek, Bjoern Schirmeier, Jelena Toopeekoff, Gerhard Wissner für freundschaftliche und familiäre Unterstützung, Mischa Seifert für das Geraderücken, sowie Matthias Heß und Patricia Schneider für Arbeitstische, Semra Krieg für Korrekturen, dem meraki coworking space für die Arbeitsräume, uvm und Zizou für Gespräche, Spaziergänge und Essen sowie Angelia für das immer offene Feld. Judith Samen danke ich für Kartoffelzeichnungen. Wolfgang Jung danke ich für die Freude am Wissen, für den besten Support in Hard- und Software und ohne dessen Liebe alles nichts wäre.

Weiterhin danke ich für den produktiven Austausch den Teilnehmenden der Forschungsgruppen und Kolloquien: Promotionskolleg Gestalten und Erkennen: Kompetenzbildung in den künstlerischen Fächern und Fachbereichen der Schule, Kolloquium historische Bildungsforschung, Prof. Dr. Edith Glaser, Universität Kassel, Kolloquium *doc day*, Kunst und ihre Didaktik, Prof. Dr. Torsten Meyer, Universität zu Köln, Kolloquium Universität Bremen, Kunstpädagogik und Ästhetische Bildung, Prof. Dr. Maria Peters, Universität Bremen sowie den Studierendengruppen, insbesondere der Seminare „Projekt Zeichnung I & II" und „Wie Zeichnen Schule macht" an der Kunsthochschule Kassel für ihre wichtigen Beiträge. Sarah Winter danke ich für das Layout und die Umschlagsgestaltung und Dr. Ludwig Schlump für die verlegerische Begleitung.

Zur Autorin

Gila Kolb ist forschende Kunstpädagogin. Sie leitet die Forschungsprofessur Fachdidaktik der Künste an der Pädagogischen Hochschule Schwyz. Arbeitsschwerpunkte und -interessen: Zeichnen können im Kunstunterricht, Strategien und agency von Kunstvermittler*innen, Verlernen, Bedingungen postdigitaler Kunstpädagogik. Sie interessiert sich für antirassistische kunstvermittlerische Praxis, Memes als subversive Praxis, Nachhaltigkeit in Bezug auf künstlerische Bildung. Herausgaben: Kollektive vermitteln? Ver_anderung am Beispiel der Kunstvermittlung auf der documenta fifteen (2023), Kunstvermittlung zwischen Haltung und Verantwortung (2023), kunstpädagogisch fragen (2022), Post-Digital, Post-Internet Art and Education: The Future is All-Over (2021), vermittlung vermitteln (2020), Zur Zeit. Kunstpädagogische Forschung in der Schweiz. (2019), What's Next? Art Education (2015), Shift (2012). https://aligblok.de

Die Dissertation wurde im Rahmen des Promotionskollegs „Gestalten und Erkennen – Kompetenzbildung in den künstlerischen Fächern und Fachbereichen der Schule" (2011–2014) mit einem Stipendium der Hanns Seidel Stiftung gefördert.